# 大学专业
## 和你想的不一样

宋浩 杨哲 吴紫云 薛威 杨朝晖 李志超 于宇宁 范英男 ◎ 编著

- 大学专业精讲
- 填报技巧解读
- 高考政策分析
- 职业生涯规划

电子工业出版社
Publishing House of Electronics Industry
北京·BEIJING

未经许可，不得以任何方式复制或抄袭本书之部分或全部内容。
版权所有，侵权必究。

**图书在版编目（CIP）数据**

大学专业和你想的不一样 / 宋浩等编著. —北京：电子工业出版社，2024.4
ISBN 978-7-121-45714-2

Ⅰ.①大… Ⅱ.①宋… Ⅲ.①高等学校－专业－介绍－中国 Ⅳ.①G647.32

中国国家版本馆 CIP 数据核字（2023）第 098807 号

责任编辑：张春雨
印　　刷：河北正德印务有限公司
装　　订：河北正德印务有限公司
出版发行：电子工业出版社
　　　　　北京市海淀区万寿路 173 信箱　　邮编：100036
开　　本：787×1092　1/16　　印张：28.5　　字数：675.80 千字
版　　次：2023 年 6 月第 1 版
印　　次：2024 年 4 月第 2 次印刷
定　　价：160.00 元

凡所购买电子工业出版社图书有缺损问题，请向购买书店调换。若书店售缺，请与本社发行部联系，联系及邮购电话：（010）88254888，88258888。
质量投诉请发邮件至 zlts@phei.com.cn，盗版侵权举报请发邮件至 dbqq@phei.com.cn。
本书咨询联系方式：faq@phei.com.cn。

# 序言

选专业就像买鞋子。

要想买到一双满意的鞋子,不能只看鞋子的样式,还要了解鞋子的材质,选定合适的号码,甚至要穿上试试才知道合不合脚。

选专业,不能光看名字,更要亲自了解各个专业的具体内容,这样才能知道各个专业是什么、哪个专业最适合你。

如果不先了解、试穿鞋子,可能会买到磨破脚的鞋子。

选专业可没有反复试错的机会,不先真正了解各个专业,可能会选到影响个人前途的专业!

## 01/
如果您是考生家长,请不要问别人哪个专业好,哪个专业适合您家孩子!敢信誓旦旦回答这样问题的可能是不负责任的人!他又不是您家孩子,凭什么会知道哪个专业更适合您家孩子?就像没有人知道您穿哪双鞋子更合脚,穿哪双鞋子会挤脚,甚至把脚给磨破是一样的道理!

## 02/
每年上大学的学生那么多,进入大学荒废了四年时光的学生有多少,您知道吗?我敢说这样的学生大有人在!这不一定是因为孩子变了,有可能是因为在高考的时候选了不适合他的专业!就像给他选了双磨脚的鞋子一样,穿上磨脚的鞋子您还指望他天天开心跑步啊?选了不适合的专业您还盼着他用心去念?

## 03/
为什么同样是在一所大学,录取的时候分数都差不多的学生,毕业的时候找工作却有天壤之别?为什么有的孩子工作起薪就七八千元,有的孩子却连工作都找不到,就算找到也是可怜巴巴地连自己都养活不了?不是孩子不如别人,有可能是因为选错专业的原因!就像百米赛跑的时候,别人选的是跑步鞋,而您给孩子选的是高跟鞋,您还指望孩子能跑得飞快?

## 04/
不要告诉我您就打算只给孩子报几个熟悉的、常见的诸如金融学、经济学、会计学、建筑学、土木工程、财政学、临床医学、自动化、计算机科学与技术等人人都能说得上来的专业。有这样的想法只是因为您:(1)还不了解报志愿的真正步骤;(2)还没真正了解所有专业各自的优缺点。这就好像您只知道运动的时候穿运动鞋比较好,但不知道踢足球有专门的碎钉鞋,打篮球有减震鞋。您不了解别的专业,所以觉得自己知道的就是最好的!

## 05/
教育部规定的常见专业有 300 多个,您肯定不能了解所有的专业!您现在拿一个本子自己写写,能记起来的有几个?真正了解的有几个?您真正没有理解错的专业有几个?如果您只了解其中 100 个专业,那从某种意义上说相当于人为地把另外的 200 多个选择给孩子堵上了!另外,千万别觉得您对很多专业的理解是正确的,建议先看看 010102 逻辑学、040101 教育学、070102 信息与计算科学、100101K 基础医学、100301K 口腔医学、101006 口腔医学技术、100601K 中西医临床医学等专业,看看这些专业真正所学的内容与您所想的是不是一样。

## 06/
不用问这本书值不值得阅读!我只想说您拿上这本书去问一问曾经有过报志愿经历的大学生,让他告诉您如果让他再报一次专业,会不会选择看这本书!

另外,提醒一下家长,一定要关注孩子的观点,在选择大学与专业的时候,一定要了解清楚所选择的是否适合孩子,一定要听听孩子的心声,切勿擅作主张。

最后

感谢所有无私参与编写本书的本科生、研究生、博士生、大学老师、正在努力寻找工作或已经找到合适工作的毕业生,

衷心祝大家学业有成、工作顺利、生活幸福!

感谢所有寒窗苦读十数载的学生,是你们让家长有了奋斗的希望。

祝金榜题名!

感谢所有为了自己的孩子有个好前程而在背后默默付出十数载的家长。

您辛苦了!

扫码了解更多
选科填志愿知识

# 图书使用说明

## ❶ 专业介绍内容

本书对300多个常见大学专业及专业类进行了详细介绍，并邀请了各专业的学长结合自身学习和工作经历对曾就读的专业做了详细解说：

1. 用通俗的话告诉你每个专业是什么、学什么！
2. 告诉你每个专业毕业后的工作环境、工资状况、专业现状、发展前景，以及好不好找工作。
3. 告诉你什么性格不适合报什么专业、人们对哪些专业存在认识误区。

本书适用于所有想要了解大学专业选科要求、各专业详细情况、各专业常见误区、各专业考研方向、各专业就业前景的考生及家长。

## ❷ 专业类内容

本书对各个专业类的情况进行了详细统计，包括：不同选科组合能填报各个专业类的比例，各专业类中主要专业的男女比例及每年大致毕业人数，各专业类的主要考研方向等，方便学生在选科、填志愿、考研的时候参考。

其中特别要详细说明的是"各选科组合能报本专业类的比例"这项数据。

因为在部分实行"新高考"模式的省份，同样的专业类，不同大学在安排招生计划的时候对选科的要求不一样，导致同样的专业类，可能A学校你能填报，但B学校就不能填报。本书的这项数据统计的便是不同的选科组合，在某专业类的所有高校招生计划中，有多少高校能填报、有多少高校不能填报。

比如，如果"化学 生物 历史"组合能填报建筑类的比例显示为72%，那表示的意思就是，如果有100所学校招建筑类专业考生，采用"化学 生物 历史"选科组合能选择的学校大致有72所，剩下的学校都没法选。

再比如，如果"生物 历史 地理"组合能填报计算机类的比例显示为0%，那表示的意思就是，所有学校的计算机类专业，采用"生物 历史 地理"选科组合的考生都没有资格填报。

这项数据最大的作用就是能让学生一眼看出自己选择的学科组合究竟能不能报某个专业、有多大概率能报。

## ❸ 配套服务

在阅读本书的过程中遇到任何问题，皆可关注微信公众号"事事懂教育"，会有专业老师为你答疑解惑。

另外，我们还会为你额外提供一些高中选科、高考填志愿、大学四六级考试、教师资格证考试、初级会计考试、公务员考试、研究生考试等方面的指导。我们将努力为你的求学和就业之路保驾护航。

# 目录

**101 哲学类** ·········································· 1
   **本专业类概况** ······························· 1
   **本专业类重点专业解读** ··················· 2
      010101 哲学 ····································· 2
      010102 逻辑学 ·································· 3

**201 经济学类** ······································ 5
   **本专业类概况** ······························· 5
   **本专业类重点专业解读** ··················· 6
      020101 经济学 ·································· 6
      020102 经济统计学 ··························· 8
      020103T 国民经济管理 ···················· 10

**202 财政学类** ···································· 11
   **本专业类概况** ····························· 11
   **本专业类重点专业解读** ················· 12
      020201K 财政学 & 020202 税收学 ······ 12

**203 金融学类** ···································· 14
   **本专业类概况** ····························· 14
   **本专业类重点专业解读** ················· 15
      020301K 金融学 ······························ 15
      020302 金融工程 ····························· 17
      020303 保险学 ································ 19
      020304 投资学 ································ 20

**204 经济与贸易类** ······························· 22
   **本专业类概况** ····························· 22
   **本专业类重点专业解读** ················· 23
      020401 国际经济与贸易 ···················· 23

**301 法学类** ······································· 25
   **本专业类概况** ····························· 25
   **专业类重点专业解读** ···················· 26
      030101K 法学 ································· 26
      030102T 知识产权 ·························· 27
      030103T 监狱学 ····························· 29

**302 政治学类** ···································· 30
   **本专业类概况** ····························· 30
   **本专业类重点专业解读** ················· 31
      030201 政治学与行政学 ···················· 31
      030202 国际政治 ····························· 32
      030203 外交学 ································ 33

**303 社会学类** ···································· 35
   **本专业类概况** ····························· 35
   **本专业类重点专业解读** ················· 36
      030301 社会学 & 030302 社会工作 ······ 36

**304 民族学类** ···································· 38
   **本专业类概况** ····························· 38
   **本专业类重点专业解读** ················· 39
      030401 民族学 ································ 39

**305 马克思主义理论类** ······················· 40
   **本专业类概况** ····························· 40
   **本专业类重点专业解读** ················· 41
      030503 思想政治教育 ······················· 41

**401 教育学类** ···································· 42
   **本专业类概况** ····························· 42

本专业类重点专业解读 ………………… 43
   040101 教育学 & 040104 教育技术学 … 43
   040102 科学教育 & 040103 人文教育 … 44
   040106 学前教育 & 040107 小学教育 … 45
   040108 特殊教育 ………………………… 46

**501 中国语言文学类** …………………………… 48
   本专业类概况 …………………………… 48
   本专业类重点专业解读 ………………… 49
   050101 汉语言文学 & 050102 汉语言 … 49
   050103 汉语国际教育 …………………… 50
   050105 古典文献学 ……………………… 51

**502 外国语言文学类** …………………………… 53
   本专业类概况 …………………………… 53
   本专业类重点专业解读 ………………… 54
   050201 英语 ……………………………… 54
   050202 俄语 ……………………………… 56
   050203 德语 ……………………………… 60
   050204 法语 ……………………………… 63
   050205 西班牙语 ………………………… 66
   050206 阿拉伯语 ………………………… 68
   050207 日语 ……………………………… 71
   050209 朝鲜语 …………………………… 73
   050262 商务英语 ………………………… 76

**503 新闻传播学类** ……………………………… 78
   本专业类概况 …………………………… 78
   本专业类重点专业解读 ………………… 79
   050301 新闻学 …………………………… 79
   050302 广播电视学 ……………………… 80
   050303 广告学 …………………………… 82
   050304 传播学 …………………………… 84
   050305 编辑出版学 ……………………… 86
   050306T 网络与新媒体 ………………… 87

**601 历史学类** …………………………………… 91
   本专业类概况 …………………………… 91
   本专业类重点专业解读 ………………… 92
   060101 历史学 …………………………… 92
   060102 世界史 …………………………… 93
   060103 考古学 …………………………… 94
   060104 文物与博物馆学 ………………… 95

**701 数学类** ……………………………………… 97
   本专业类概况 …………………………… 97
   本专业类重点专业解读 ………………… 98
   070101 数学与应用数学 & 070102 信息与计算科学 ……………………………… 98

**702 物理学类** …………………………………… 101
   本专业类概况 …………………………… 101
   本专业类重点专业解读 ………………… 102
   070201 物理学 & 070202 应用物理学 …… 102

**703 化学类** ……………………………………… 104
   本专业类概况 …………………………… 104
   本专业类重点专业解读 ………………… 105
   070301 化学 ……………………………… 105
   070302 应用化学 ………………………… 106

**704 天文学类** …………………………………… 108
   本专业类概况 …………………………… 108
   本专业类重点专业解读 ………………… 109
   070401 天文学 …………………………… 109

**705 地理科学类** ………………………………… 110
   本专业类概况 …………………………… 110
   本专业类重点专业解读 ………………… 111

070501 地理科学 ……………… 111
070502 自然地理与资源环境 & 070503 人文地理与城乡规划 ……………… 112
070504 地理信息科学 ……………… 114

**706 大气科学类** ……………… 116
 本专业类概况 ……………… 116
 本专业类重点专业解读 ……………… 117
 070601 大气科学 & 070602 应用气象学 ……………… 117

**707 海洋科学类** ……………… 119
 本专业类概况 ……………… 119
 本专业类重点专业解读 ……………… 120
 070701 海洋科学 ……………… 120
 070702 海洋技术 ……………… 121

**708 地球物理学类** ……………… 123
 本专业类概况 ……………… 123
 本专业类重点专业解读 ……………… 124
 070801 地球物理学 ……………… 124

**709 地质学类** ……………… 126
 本专业类概况 ……………… 126
 本专业类重点专业解读 ……………… 127
 070901 地质学 & 081401 地质工程 ……………… 127
 070902 地球化学 ……………… 129

**710 生物科学类** ……………… 132
 本专业类概况 ……………… 132
 本专业类重点专业解读 ……………… 133
 071001 生物科学 & 071002 生物技术 ……………… 133
 071003 生物信息学 ……………… 134
 071004 生态学 ……………… 136

**711 心理学类** ……………… 138
 本专业类概况 ……………… 138
 本专业类重点专业解读 ……………… 139
 071101 心理学 & 071102 应用心理学 ……………… 139

**712 统计学类** ……………… 141
 本专业类概况 ……………… 141
 本专业类重点专业解读 ……………… 142
 071201 统计学 & 071202 应用统计学 ……………… 142

**801 力学类** ……………… 144
 本专业类概况 ……………… 144
 本专业类重点专业解读 ……………… 145
 080101 理论与应用力学 ……………… 145
 080102 工程力学 ……………… 146

**802 机械类** ……………… 148
 本专业类概况 ……………… 148
 本专业类重点专业解读 ……………… 149
 080201 机械工程 ……………… 149
 080202 机械设计制造及其自动化 ……………… 150
 080203 材料成型及控制工程 ……………… 152
 080204 机械电子工程 ……………… 153
 080205 工业设计 ……………… 155
 080206 过程装备与控制工程 ……………… 157
 080207 车辆工程 & 080208 汽车服务工程 ……………… 158

**803 仪器类** ……………… 160
 本专业类概况 ……………… 160
 本专业类重点专业解读 ……………… 161
 080301 测控技术与仪器 ……………… 161

**804 材料类** ……………… 163

本专业类概况 ·················· 163
　　本专业类重点专业解读 ············ 164
　　080401 材料科学与工程 ············ 164
　　080402 材料物理 ················ 166
　　080403 材料化学 ················ 167
　　080404 冶金工程 ················ 169
　　080405 金属材料工程 & 080406 无机非金属材料工程 ·················· 170
　　080407 高分子材料与工程 ·········· 172

**805 能源动力类** ·················· 174
　　本专业类概况 ·················· 174
　　本专业类重点专业解读 ············ 175
　　080501 能源与动力工程 ············ 175
　　080503T 新能源科学与工程 ········ 177

**806 电气类** ···················· 179
　　本专业类概况 ·················· 179
　　本专业类重点专业解读 ············ 180
　　080601 电气工程及其自动化 ········ 180

**807 电子信息类** ················ 182
　　本专业类概况 ·················· 182
　　本专业类重点专业解读 ············ 183
　　080701 电子信息工程 ············ 183
　　080701 电子信息工程 & 080702 电子科学与技术 & 080714T 电子信息科学与技术对比介绍 ·················· 185
　　080702 电子科学与技术 ············ 187
　　080703 通信工程 ················ 189
　　080704 微电子科学与工程 ·········· 191
　　080705 光电信息科学与工程 ········ 192
　　080714T 电子信息科学与技术 ······ 194

**808 自动化类** ·················· 196

　　本专业类概况 ·················· 196
　　本专业类重点专业解读 ············ 197
　　080801 自动化 ·················· 197

**809 计算机类** ·················· 199
　　本专业类概况 ·················· 199
　　本专业类重点专业解读 ············ 200
　　080901 计算机科学与技术 ·········· 200
　　080902 软件工程 ················ 202
　　080903 网络工程 ················ 205
　　080904K 信息安全 ··············· 207
　　080905 物联网工程 ··············· 209
　　080906 数字媒体技术 ············· 211
　　080910T 数据科学与大数据技术 ···· 214

**810 土木类** ···················· 217
　　本专业类概况 ·················· 217
　　本专业类重点专业解读 ············ 218
　　081001 土木工程 ················ 218
　　081002 建筑环境与能源应用工程 ···· 220
　　081003 给排水科学与工程 ·········· 222
　　081004 建筑电气与智能化 ·········· 224

**811 水利类** ···················· 227
　　本专业类概况 ·················· 227
　　本专业类重点专业解读 ············ 228
　　081101 水利水电工程 ············ 228
　　081102 水文与水资源工程 ·········· 229
　　081103 港口航道与海岸工程 ········ 231

**812 测绘类** ···················· 234
　　本专业类概况 ·················· 234
　　本专业类重点专业解读 ············ 235
　　081201 测绘工程 ················ 235

**813 化工与制药类** ·············· 238

本专业类概况 ················ 238
　　本专业类重点专业解读 ········ 239
　　081301 化学工程与工艺 ········ 239
　　081302 制药工程 ·············· 241

## 814 地质类 ······················ 243
　　本专业类概况 ················ 243
　　本专业类重点专业解读 ········ 244
　　081401 地质工程 & 070901 地质学 ····· 244
　　081402 勘查技术与工程 & 081403 资源勘查工程 ············ 244

## 815 矿业类 ······················ 247
　　本专业类概况 ················ 247
　　本专业类重点专业解读 ········ 248
　　081501 采矿工程 & 081503 矿物加工工程 ···················· 248
　　081502 石油工程 ·············· 250
　　081504 油气储运工程 ·········· 252

## 816 纺织类 ······················ 254
　　本专业类概况 ················ 254
　　本专业类重点专业解读 ········ 255
　　081601 纺织工程 ·············· 255
　　081602 服装设计与工程 ········ 257

## 817 轻工类 ······················ 259
　　本专业类概况 ················ 259
　　本专业类重点专业解读 ········ 260
　　081701 轻化工程 ·············· 260
　　081702 包装工程 ·············· 261
　　081703 印刷工程 ·············· 262

## 818 交通运输类 ·················· 264
　　本专业类概况 ················ 264
　　本专业类重点专业解读 ········ 265

　　081801 交通运输 & 081802 交通工程 ···················· 265
　　081803K 航海技术 ············ 267
　　081804K 轮机工程 ············ 268
　　081808TK 船舶电子电气工程 ··· 270

## 819 海洋工程类 ·················· 272
　　本专业类概况 ················ 272
　　本专业类重点专业解读 ········ 273
　　081901 船舶与海洋工程 ········ 273
　　081902T 海洋工程与技术 ······ 275

## 820 航空航天类 ·················· 276
　　本专业类概况 ················ 276
　　本专业类重点专业解读 ········ 277
　　082001 航空航天工程 ·········· 277

## 823 农业工程类 ·················· 281
　　本专业类概况 ················ 281
　　本专业类重点专业解读 ········ 282
　　082302 农业机械化及其自动化 ·· 282
　　082303 农业电气化 ············ 283
　　082305 农业水利工程 ·········· 284

## 824 林业工程类 ·················· 286
　　本专业类概况 ················ 286
　　本专业类重点专业解读 ········ 287
　　082401 森林工程 ·············· 287
　　082402 木材科学与工程 ········ 288
　　082403 林产化工 ·············· 289

## 825 环境科学与工程类 ············ 291
　　本专业类概况 ················ 291
　　本专业类重点专业解读 ········ 292
　　082503 环境科学 & 082502 环境工程 & 082501 环境科学与工程 ·············· 292

## 826 生物医学工程类 ········· 295
### 本专业类概况 ········· 295
### 本专业类重点专业解读 ········· 296
082601 生物医学工程 & 082602T 假肢矫形工程 ········· 296

## 827 食品科学与工程类 ········· 298
### 本专业类概况 ········· 298
### 本专业类重点专业解读 ········· 299
082701 食品科学与工程 ········· 299
082702 食品质量与安全 ········· 300
082703 粮食工程 ········· 301
082704 乳品工程 ········· 302
082705 酿酒工程 & 082706T 葡萄与葡萄酒工程 ········· 303

## 828 建筑类 ········· 305
### 本专业类概况 ········· 305
### 本专业类重点专业解读 ········· 306
082801 建筑学 ········· 306
082802 城乡规划 ········· 308
082803 风景园林 ········· 309

## 829 安全科学与工程类 ········· 311
### 本专业类概况 ········· 311
### 本专业类重点专业解读 ········· 312
082901 安全工程 ········· 312

## 830 生物工程类 ········· 314
### 本专业类概况 ········· 314
### 本专业类重点专业解读 ········· 315
083001 生物工程 ········· 315

## 901 植物生产类 ········· 317
### 本专业类概况 ········· 317
### 本专业类重点专业解读 ········· 318
090101 农学 ········· 318
090102 园艺 ········· 320
090103 植物保护 ········· 322
090105 种子科学与工程 ········· 323
090106 设施农业科学与工程 ········· 324

## 902 自然保护与环境生态类 ········· 326
### 本专业类概况 ········· 326
### 本专业类重点专业解读 ········· 327
090201 农业资源与环境 ········· 327
090202 野生动物与自然保护区管理 ········· 327
090203 水土保持与荒漠化防治 ········· 328

## 903 动物生产类 ········· 330
### 本专业类概况 ········· 330
### 本专业类重点专业解读 ········· 331
090301 动物科学 ········· 331

## 904 动物医学类 ········· 333
### 本专业类概况 ········· 333
### 本专业类重点专业解读 ········· 334
090401 动物医学 & 090402 动物药学 ········· 334

## 905 林学类 ········· 336
### 本专业类概况 ········· 336
### 本专业类重点专业解读 ········· 337
090501 林学 ········· 337
090502 园林 ········· 338

## 907 草学类 ········· 340
### 本专业类概况 ········· 340
### 本专业类重点专业解读 ········· 341
090701 草业科学 ········· 341

## 1001 基础医学类 ········· 343

本专业类概况 ·················· 343

本专业类重点专业解读 ·········· 344

100101K 基础医学 ············· 344

## 1002 临床医学类 ············· 345

本专业类概况 ·················· 345

本专业类重点专业解读 ·········· 346

100201K 临床医学 ············· 346

100202TK 麻醉学 ············· 347

100203TK 医学影像学 & 101003 医学影像技术 ················· 349

## 1003 口腔医学类 ············· 351

本专业类概况 ·················· 351

本专业类重点专业解读 ·········· 352

100301K 口腔医学 & 101006 口腔医学技术 ················· 352

## 1004 公共卫生与预防医学类 ········ 354

本专业类概况 ·················· 354

本专业类重点专业解读 ·········· 355

100401K 预防医学 ············· 355

100402 食品卫生与营养学 ······ 356

100404TK 卫生监督 ············ 357

## 1005 中医学类 ··············· 358

本专业类概况 ·················· 358

本专业类重点专业解读 ·········· 359

100501K 中医学 ··············· 359

100502K 针灸推拿学 ············ 360

## 1006 中西医结合类 ··············· 362

本专业类概况 ·················· 362

本专业类重点专业解读 ·········· 363

100601K 中西医临床医学 ········ 363

## 1007 药学类 ··············· 364

本专业类概况 ·················· 364

本专业类重点专业解读 ·········· 365

100701 药学 & 100703TK 临床药学 ······················ 365

100704T 药事管理 ············· 366

100705T 药物分析 & 100706T 药物化学 ··················· 367

100707T 海洋药学 ············· 368

## 1008 中药学类 ··············· 370

本专业类概况 ·················· 370

本专业类重点专业解读 ·········· 371

100801 中药学 ················ 371

100802 中药资源与开发 ········ 372

## 1009 法医学类 ··············· 373

本专业类概况 ·················· 373

本专业类重点专业解读 ·········· 374

100901 法医学 ················ 374

## 1010 医学技术类 ··············· 376

本专业类概况 ·················· 376

本专业类重点专业解读 ·········· 377

101001 医学检验技术 ·········· 377

101005 康复治疗学 ············ 378

## 1011 护理学类 ··············· 380

本专业类概况 ·················· 380

本专业类重点专业解读 ·········· 381

101101 护理学 ················ 381

## 1201 管理科学与工程类 ·········· 382

本专业类概况 ·················· 382

本专业类重点专业解读 ·········· 383

120102 信息管理与信息系统（第一篇）⋯
⋯⋯⋯⋯⋯⋯⋯⋯⋯⋯⋯⋯ 383

120102 信息管理与信息系统（第二篇）⋯
⋯⋯⋯⋯⋯⋯⋯⋯⋯⋯⋯⋯ 384

120103 工程管理 ⋯⋯⋯⋯⋯⋯⋯ 386
120104 房地产开发与管理 ⋯⋯⋯⋯ 387
120105 工程造价 ⋯⋯⋯⋯⋯⋯⋯ 389

## 1202 工商管理类 ⋯⋯⋯⋯⋯⋯⋯ 391
本专业类概况 ⋯⋯⋯⋯⋯⋯⋯⋯ 391
本专业类重点专业解读 ⋯⋯⋯⋯ 392
120201K 工商管理 ⋯⋯⋯⋯⋯⋯ 392
120202 市场营销 ⋯⋯⋯⋯⋯⋯⋯ 394
120203K 会计学 & 120204 财务管理 ⋯⋯
⋯⋯⋯⋯⋯⋯⋯⋯⋯⋯⋯⋯ 395
120205 国际商务 ⋯⋯⋯⋯⋯⋯⋯ 397
120206 人力资源管理 ⋯⋯⋯⋯⋯ 398
120207 审计学 ⋯⋯⋯⋯⋯⋯⋯⋯ 400
120209 物业管理 ⋯⋯⋯⋯⋯⋯⋯ 401
120210 文化产业管理 ⋯⋯⋯⋯⋯ 403

## 1203 农业经济管理类 ⋯⋯⋯⋯⋯ 406
本专业类概况 ⋯⋯⋯⋯⋯⋯⋯⋯ 406
本专业类重点专业解读 ⋯⋯⋯⋯ 407
120301 农林经济管理 ⋯⋯⋯⋯⋯ 407

## 1204 公共管理类 ⋯⋯⋯⋯⋯⋯⋯ 409
本专业类概况 ⋯⋯⋯⋯⋯⋯⋯⋯ 409
本专业类重点专业解读 ⋯⋯⋯⋯ 410
120401 公共事业管理 ⋯⋯⋯⋯⋯ 410
120402 行政管理 ⋯⋯⋯⋯⋯⋯⋯ 411

120403 劳动与社会保障 ⋯⋯⋯⋯ 412
120404 土地资源管理 ⋯⋯⋯⋯⋯ 414
120405 城市管理 ⋯⋯⋯⋯⋯⋯⋯ 415

## 1205 图书情报与档案管理类 ⋯⋯ 418
本专业类概况 ⋯⋯⋯⋯⋯⋯⋯⋯ 418
本专业类重点专业解读 ⋯⋯⋯⋯ 419
120501 图书馆学 ⋯⋯⋯⋯⋯⋯⋯ 419
120502 档案学 ⋯⋯⋯⋯⋯⋯⋯⋯ 420
120503 信息资源管理 ⋯⋯⋯⋯⋯ 421

## 1206 物流管理与工程类 ⋯⋯⋯⋯ 423
本专业类概况 ⋯⋯⋯⋯⋯⋯⋯⋯ 423
本专业类重点专业解读 ⋯⋯⋯⋯ 424
120601 物流管理 & 120602 物流工程 ⋯⋯
⋯⋯⋯⋯⋯⋯⋯⋯⋯⋯⋯⋯ 424

## 1207 工业工程类 ⋯⋯⋯⋯⋯⋯⋯ 427
本专业类概况 ⋯⋯⋯⋯⋯⋯⋯⋯ 427
本专业类重点专业解读 ⋯⋯⋯⋯ 428
120701 工业工程 ⋯⋯⋯⋯⋯⋯⋯ 428

## 1208 电子商务类 ⋯⋯⋯⋯⋯⋯⋯ 430
本专业类概况 ⋯⋯⋯⋯⋯⋯⋯⋯ 430
本专业类重点专业解读 ⋯⋯⋯⋯ 431
120801 电子商务 ⋯⋯⋯⋯⋯⋯⋯ 431

## 1209 旅游管理类 ⋯⋯⋯⋯⋯⋯⋯ 434
本专业类概况 ⋯⋯⋯⋯⋯⋯⋯⋯ 434
本专业类重点专业解读 ⋯⋯⋯⋯ 435
120901K 旅游管理 ⋯⋯⋯⋯⋯⋯ 435
120902 酒店管理 ⋯⋯⋯⋯⋯⋯⋯ 437
120903 会展经济与管理 ⋯⋯⋯⋯ 439

# 101 哲学类

## 本专业类概况

### 一、各选科组合能报本专业类的比例

该数据反映的是在该专业类的所有高校招生计划中,各科目组合有多少学校能填报。详解见图书使用说明。

| 物理 化学 生物 | 物理 化学 历史 | 物理 化学 地理 | 物理 化学 思想政治 | 物理 生物 历史 |
|---|---|---|---|---|
| 84.8% | 95.7% | 84.8% | 87.0% | 95.7% |
| 物理 生物 地理 | 物理 生物 思想政治 | 物理 历史 地理 | 物理 历史 思想政治 | 物理 地理 思想政治 |
| 84.8% | 87.0% | 95.7% | 100.0% | 87.0% |
| 化学 生物 历史 | 化学 生物 地理 | 化学 生物 思想政治 | 化学 历史 地理 | 化学 历史 思想政治 |
| 91.3% | 80.4% | 82.6% | 91.3% | 95.7% |
| 化学 地理 思想政治 | 生物 历史 地理 | 生物 历史 思想政治 | 生物 地理 思想政治 | 历史 地理 思想政治 |
| 82.6% | 91.3% | 95.7% | 82.6% | 95.7% |

### 二、该专业类的主要专业男女比例及每年大致毕业人数

| 专业类 | 专业代码 | 专业名称 | 各专业年度毕业人数 | 男女比例 |
|---|---|---|---|---|
| 哲学类 | 010101 | 哲学 | 2000~2500人 | 男37% 女63% |
| 哲学类 | 010102 | 逻辑学 | 50~100人 | 男54% 女46% |

### 三、本专业类主要考研方向

| 学科门类 | 一级学科 | 研究方向 | 学位授予 |
|---|---|---|---|
| 哲学 | 0101 哲学 | 学术硕士 | 可授硕士、博士专业学位 |
| 哲学 | 0151 应用伦理 | 专业硕士 | 仅可授硕士专业学位 |
| 参考往年可报考二级学科 | | | |
| 哲学 | 马克思主义哲学 | 中国哲学 | 外国哲学 | 科学技术哲学 |
| 逻辑学 | 伦理学 | 美学 | 宗教学 | — |

# 本专业类重点专业解读

## 010101 哲学

本人是北京大学哲学专业的毕业生,应"金榜事事懂"的邀请,介绍一下哲学专业。

在介绍专业之前我先强调一点:不可否认,学哲学会让人思维清晰,也会让人的思想高度有很大提升。但是,哲学不是一门用来赚钱的学问。对于绝大多数人来说,把哲学作为业余爱好还行,如果你想通过学习哲学专业在大学一毕业就赚很多钱,那本人是不建议报考这个专业的。

### ➤ 哲学是什么

哲学产生于人们对日常生活的思考和总结,是一门关于人生的学问,是一门探究宇宙本源的学问。哲学围绕着一些永恒无解的难题,尝试着一种又一种不同的解答方式。

哲学探究的问题有很多,比如:

1. 有关人类本质的各种问题,如人为什么活着、人活着的价值是什么。
2. 研究世界的本质和特性等,如世界是什么,以及研究由这个世界和宇宙产生的各种问题。
3. 研究真理、神、原理和秩序,研究人性,还有什么是真理等很多主题。

总之,哲学是世界观、是方法论,是关于自然、社会和人类最普遍问题的研究。

### ➤ 学哲学有什么好处

学哲学专业,主要是可以改变你看问题的方法与角度,可以使你看到事物表面背后的东西,可以使你透过现象看本质,会让你思维开阔、认识深刻、逻辑分明,使你对这个世界、对自己的整个人生都有全新的认识,有助于你更深层次地思考各种问题。举个例子:哲学里的一分为二法,就是让你能从一件事情的两方面进行分析对比,看到事情的内在和实质性内容,从而使你对事情有一个全面的了解,为你做出正确的判断提供科学的方法。

### ➤ 哲学学什么

第一,要掌握一定的自然科学知识。

第二,要研读大量的哲学史,如孔子的儒学、费尔巴哈的人本学、尼采的超人哲学等,研究和思考有关世界的本源问题。

第三,还要学伦理学、逻辑学、心理学、美学等。

大学哲学专业开设的课程主要包括哲学概论、马克思主义哲学原理、中国哲学史、西方哲学史、科学技术哲学、伦理学、宗教学、美学、逻辑学、心理学、中外哲学原著导读等,实践性教学环节包括社会实习、社会调查、社会公益活动等。

哲学专业的学习很大程度在于人的悟性,可以形容为"师傅领进门,修行在个人"。

### ➤ 官方补充

哲学是人文科学领域内的基础学科,是一门非常古老的学问。它的本质是认识和思考我们所处的世界。在希腊文中,哲学是爱智慧的意思。学哲学,就是学习智慧。学习哲学,最重要的就是锻炼和培养一种善于发现问题、提出问题并进行"前提批判"的理论思维能力。哲学的爱智慧,无论是对自然的惊讶,还是认识人自己,都不仅仅是一种对知识的追求,更重要的是一种对生活意义的关切,对生活境界的陶冶。哲学,是使人崇高起来的学问。哲学的爱智慧,还是一种反思的、批判的思想活动,它要追究各种知识的依据、思考历史进步的意义、询问真善美的标准、探索生活的信念。

### ➤ 什么人适合学哲学

不是所有人都适合学哲学,想学哲学有几点是必须具备的:第一,不追名逐利,不把学习视为获得功利的过程,而是享受学习和探索的乐趣;第二,要对社会问题和人类生存处境有普遍的关注,对知识有深切的好奇;第三,哲学本身要求学生具备批判性思维;第四,学哲学要热爱阅读,特别是对古今中外经典著作的研读、思考。

### ➤ 就业情况

哲学博士一般的就业方向是:高校任教。因为学哲学的人思维清晰独特,所以某些研究机构、出版社和期刊杂志社比较喜欢招哲学专业的人才。

哲学硕士一般是在初中、高中等学校任教,或者是去出版社工作,或者考公务员。这个层次的哲学人才比较受社会欢迎。

与研究生相比,本科生就业相对有一定的差距。主要是从事机关工作或者从事企业文秘工作,薪资待遇与硕士、博士毕业生有较大的差别。

就个人感觉,哲学专业就业率的高低与学校名气成正比,总体就业率可以参考每年的就业报告。

最后要提醒的是,如果你思维很混乱,对世界的认识很迷茫,那么哲学专业能帮助你;如果你对这个世界已经有了一种明确的认识,思维清晰,为人处世成熟稳重,而且也不想从事上述提及的相关行业的工作,那么不建议你报考哲学专业。

# 010102 逻辑学

本人是中山大学逻辑学专业的毕业生,应"金榜事事懂"的邀请,介绍一下逻辑学专业。

### ➤ 逻辑学专业误区

首先要提醒同学们的是:逻辑学属于哲学范畴,不属于数学范畴。不要因为这个理解误区而选错专业,以致后悔。

### ➤ 逻辑学是什么

逻辑,最初的含义即规律,逻辑的研究以推理为中心,主要目的是找出推理规律。现在更多的是指思维中的规律。逻辑学是一门研究思维的科学,是研究思维形式、思维规律、思维方法的科学。

第一个建立系统的逻辑学说的人是亚里士多德。亚里士多德关于演绎逻辑学的理论,特别是关于三段论的部分,直到今天仍有价值。现代逻辑学与数学有着非常密切的关系,数理逻辑是现代逻辑学的主流。

### ➤ 学习内容

逻辑学专业主修哲学方面的基本理论,同时涉及大量的数学和计算机基础知识,以及部分心理学知识。课程设置主要包括以下三个方面:

1. 哲学方面:哲学导论、认知科学、逻辑哲学、模态逻辑、科学哲学等。
2. 数学方面:数理逻辑导论、数学分析、几何与代数、概率与理性选择等。
3. 计算机方面:计算机理论、程序设计等。

## ➢ 注意事项

1. 学这个专业的学生就像哲学家们一样,不能单靠它去改变一定的生活状况。

2. 在刚开始学习的时候是非常枯燥的,没有足够的耐心是很难学下去的。要深入研究逻辑学,本科的课程只是打下了一个基础,研究生阶段才算是逻辑学的关键。

3. 全国大学中,本科阶段设置逻辑学专业的非常少,还不是每年都招生。本科阶段一般是先招哲学大类,以后再分方向。但招逻辑学专业硕士研究生和博士研究生的大学还是有很多。

4. 从课程设置上就能看出逻辑学专业需要学生有一定的数学基础,并对计算机感兴趣。但数学好不一定逻辑就好。有的人有数学天赋,能靠直觉去感觉到某个定理的正确性,但如果要求用严格的逻辑推导证明这个定理,他未必能做出来。

5. 因为不像理工科专业那样有具体方向,所以现在报考和坚持学习逻辑学的人越来越少了。

## ➢ 逻辑学专业的好处

学好逻辑学,可以提高自己的思维能力和正确表达思想的能力,还有识别错误和揭露诡辩的能力,可以少被某些假权威忽悠。总的来说,这个专业能培养严谨的思维能力、精密的推算能力和审慎的操作能力。

## ➢ 就业情况

逻辑学要想在企业找到对口的岗位相对较难,主要涉及下列四个工作方向。

1. 进大学教书,当教学科研人员,传授哲学知识,研究专门课题。高等院校都开设有逻辑课,中文系、政治哲学系、社会学系等,都把普通逻辑作为必开课,所以可以选择当教师。

2. 从事研究工作。如果你读到博士,可以成为一个学者。相对于国际学术界来说,我国的逻辑学研究相对滞后,在很多方面只是停留在对国外先进理论知识消化吸收的层面。因此,如果有意愿,可能会成为受重视的专业研究人员。

3. 其他的就业领域。如国家机关、企事业管理部门的管理工作也吸纳逻辑学专业的毕业生,从事的工作是利用计算机进行的现代化管理,工作待遇和工作环境比较好。

4. 报社、出版社编辑。学逻辑的人,观点是很独到的,很多报社需要这样的人才。如果你文采比较好,可以运用在学习中培养出来的观察问题和思考问题的能力从事编辑工作。

另外,由于重点大学的逻辑学专业学生的计算机水平相对还不错,所以也有一些逻辑学专业的同学毕业后从事计算机软件领域的工作。

# 201 经济学类

## 本专业类概况

### 一、各选科组合能报本专业类的比例

该数据反映的是在该专业类的所有高校招生计划中,各科目组合有多少学校能填报。详解见图书使用说明。

| 物理 化学 生物 | 物理 化学 历史 | 物理 化学 地理 | 物理 化学 思想政治 | 物理 生物 历史 |
| --- | --- | --- | --- | --- |
| 98.4% | 98.9% | 98.7% | 99.2% | 97.1% |
| 物理 生物 地理 | 物理 生物 思想政治 | 物理 历史 地理 | 物理 历史 思想政治 | 物理 地理 思想政治 |
| 96.8% | 97.3% | 97.3% | 97.9% | 97.6% |
| 化学 生物 历史 | 化学 生物 地理 | 化学 生物 思想政治 | 化学 历史 地理 | 化学 历史 思想政治 |
| 69.6% | 69.3% | 69.9% | 69.9% | 70.4% |
| 化学 地理 思想政治 | 生物 历史 地理 | 生物 历史 思想政治 | 生物 地理 思想政治 | 历史 地理 思想政治 |
| 70.1% | 69.6% | 70.1% | 69.9% | 70.4% |

### 二、该专业类的主要专业男女比例及每年大致毕业人数

| 专业类 | 专业代码 | 专业名称 | 各专业年度毕业人数 | 男女比例 |
| --- | --- | --- | --- | --- |
| 经济学类 | 020101 | 经济学 | 30 000~32 000人 | 男38% 女62% |
| 经济学类 | 020102 | 经济统计学 | 8000~9000人 | 男34% 女66% |
| 经济学类 | 020103T | 国民经济管理 | 350~400人 | 男45% 女55% |

### 三、本专业类主要考研方向

| 学科门类 | 一级学科 | 研究方向 | 学位授予 |
| --- | --- | --- | --- |
| 经济学 | 0201 理论经济学 | 学术硕士 | 可授硕士、博士专业学位 |
| 经济学 | 0202 应用经济学 | 学术硕士 | 可授硕士、博士专业学位 |
| 经济学 | 0251 金融 | 专业硕士 | 仅可授硕士专业学位 |
| 经济学 | 0252 应用统计 | 专业硕士 | 仅可授硕士专业学位 |
| 经济学 | 0253 税务 | 专业硕士 | 仅可授硕士专业学位 |
| 经济学 | 0254 国际商务 | 专业硕士 | 仅可授硕士专业学位 |
| 经济学 | 0255 保险 | 专业硕士 | 仅可授硕士专业学位 |
| 经济学 | 0256 资产评估 | 专业硕士 | 仅可授硕士专业学位 |
| 经济学 | 0258 数字经济 | 专业硕士 | 仅可授硕士专业学位 |
| 参考往年可报考二级学科 | | | |
| 理论经济学 | 政治经济学 | 经济思想史 | 经济史 | 西方经济学 |
| 世界经济 | 人口、资源与环境经济学 | 应用经济学 | 国民经济学 | 区域经济学 |
| 财政学 | 金融学 | 产业经济学 | 国际贸易学 | 劳动经济学 |
| 统计学 | 数量经济学 | 国防经济 | — | — |

## 本专业类重点专业解读

## 020101 经济学

本人是中央财经大学的毕业生,应"金榜事事懂"的邀请,介绍一下经济学专业。

### ➢ 经济学专业误区

很多同学认为经济学是教人如何赚钱的学科,其实这是一个很大的误区。

实际上经济学专业的培养目标并不是培养银行职员、证券人员等会操作具体实务的人员。经济学专业是基础学科,侧重经济学理论的学习,主要培养的是理论型人才。经济学注重的是理论的学习和研究。

利用掌握的经济学理论,分析各种经济政策,对经济现象进行解读才是经济学专业学生最核心的工作内容。比如,通过国家统计局公布的GDP(国内生产总值)和CPI(居民消费物价指数)数据,经济学专业的学生能够利用价格理论分析出经济的发展前景和通货膨胀的原因。

经济学专业离我们的生活很近,像电视里常说的宏观调控、收入分配、GDP、CPI等都与经济学有关。比如,政府就需要运用经济学专业的知识来安排税收和债券的比例,使宏观经济处于稳定发展的状态。

### ➢ 注意事项

在很多人眼里,经济学是一个"光鲜"的专业,毕业的学生可以成为叱咤商界的领军人物、指点江山的政策参与者、理性的经济学家、小资味十足的白领一族等。但你不能只看到表面的光鲜,更应该了解有什么东西需要学习。

1. 学习经济学要设定较高的目标,因为偏向理论研究,所以本科是打基础的阶段,硕士、博士才是我们应该追求的目标。

2. 经济学的理论是有趣的,但是这些理论的产生过程却是非常枯燥乏味的。在四年的本科经济学专业的学习过程中,我们要花费大量的时间与表格、数据、数字模型等打交道。你要想有成就就得接受这些枯燥和乏味的过程。

3. 如果想深入学习经济学专业,以过来人的角度看,最好是取得本科双专业,也就是"经济学+数学",这是深造的基础。因为经济学学到一定程度之后,就会涉及大量的数学符号。

4. 有人认为学了经济学专业之后可以对经济运行进行准确的预测,并以此投机赚钱。经济学的确有许多理论是研究经济预测的,但是经济学的预测有严格的假设条件,现实往往比理论要复杂千百倍。因此,不能将经济学的预测完全等同于现实的预测判断。

总体来说,经济学专业是社会科学领域的基础学科,其理论偏向比较明显。大多数的课程对数学要求比较高,学习中需要具备较强的抽象思维能力和逻辑思维能力。抽象思维能力不足、数学逻辑基础不够扎实的人,在经济学专业课程学习中往往会非常吃力。此外,经济学又是一门与现实经济问题紧密结合的学科,需要学生有敏锐的现实观察力。少数同学对现实经济问题缺乏兴趣,观察力不足,难以深入领会和掌握经济学理论,从而容易失去对经济学理论学习的兴趣。

### ➢ 学习课程

经济学专业学习的内容以经济学知识的"广"和"精"而著称。本科的学习一般强调广度,缺乏深度,无论是经济学理论基础,还是经济学分析方法,都有所涉及。本科的核心课程包括政治经济学、宏观经济学、微观经济学、计量经济学、西方经济学、统计学、会计学、金融学、财政学等,其余的都是围绕这几门课程展开的。相对来讲,经济实务类的课程较少。

### ➢ 适合什么类型学生

经济学青睐于具有如下特征的学生:

1. 有严密的逻辑思维能力的人。经济学的课程体系注重对学生的逻辑思维的培养和训练,尤其是形式化逻辑的训练,因此需要学生具有良好的、严密的逻辑思维习惯。在观察和分析问题时,能层层剖析、逻辑一致地加以研究。

2. 对理论学习具有较强兴趣的人。经济学是社会科学的基础学科,经济学培养以扎实的理论训练为重点,为下一步相关学科的学习、研究和实践奠定雄厚的基础,因此,经济学专业侧重基础技术训练和理论训练,而不是实用操作导向的训练。

3. 有良好人文关怀和科学精神的人。经济学作为最接近自然科学的社会科学,是将自然科学的科学精神和人文社会科学的人文关怀结合得最紧密的学科。

### ➢ 经济学与金融学的关系

有很多人不知道经济学专业与金融学专业的关联与区别,现在此粗略介绍一下。

1. 从名称上看比较容易理解,经济学的字面意思是经世济民。金融学的字面意思是资金融通。

2. 两者具体研究领域的区别:

(1)经济学的本质是研究资源配置问题,即如何用有限的资源达到效用最大化,是解决在"物力有限而人欲无穷"时如何使两者达到平衡。由此可以看到经济学更宏观,属于更典型的社会科学。主干学科宏观经济学和微观经济学基础模型都是从"需求—供给"模型中寻找均衡点出发的,结构较金融学简单,后期需要依赖计量手段对这些模型提出宏观关系并进行佐证。

(2)金融学研究的是资金的收益与风险的问题,更细地讲是解决在"收益越大则风险越大"时如何在风险一定的情况下提高收益或者在收益一定的情况下降低风险。由此可以看出金融学的视角较经济学更微观,更偏向实用。金融学的主干学科较多,但学习目标无非是学会衡量一个投资组合或者一种金融产品的盈利能力是否与其带来的风险相匹配,从而寻找投资甚至投机的机会。金融学使用的基础模型纷繁复杂,有简单的,如"资产=负债+权益"这种恒等式,以及一系列收益公式;也有复杂的,如最基础的 CAPM(资本资产定价模型)等。

3. 两者的专业所属:

在本科学科划分上,经济学专业和金融学专业在我国都属于经济学学科门类,但经济学专业属于 92 个专业大类中的经济学类(代号 0201),对应的研究生阶段的二级学科是理论经济,而金融学专业属于 92 个专业大类中的金融学类(代号 0203),对应的研究生阶段的二级学科是应用经济。

4. 如果简单分析就业的话,金融学专业偏微观方面,学生毕业后一般去投资银行、基金公司等工资收入较高的企业或机构工作;经济学专业的毕业生则更适合做学术工作。

5. 就目前情况而言,在我国本科教育里,两者是有极大联系的,属于相辅相成且不可分割的两门学科。学经济学的本科生肯定也会学金融学的课程,学金融学的本科生肯定也会学宏微观经济学的课程,两个专业的毕业生在就业方向上也有部分重叠。

### ➢ 就业情况

经济学专业针对的是整个经济领域,所以适合的行业和岗位比金融学专业相对更广泛一些,但两者有部分重叠。

1. 政府的综合经济管理部门和经济研究部门。中央级别的主要有财政部、审计署、中国人民银行等，但是这些部门一般对学历和个人能力的要求很高，竞争异常激烈。同样，地市级的财政局、统计局、外汇局等，也是经济学专业毕业生的选择方向。工作内容主要是根据需要进行数据核算、报告分析、调查计划和调查方案的设计、统计等。

2. 毕业生的对口单位是金融系统。主要是银行、证券公司、投资管理公司、资产管理公司等，主要从事研究、分析类工作。主要的证券公司有：中信证券、海通证券、广发证券、招商证券、国信证券、华泰证券、银河证券、光大证券等。

3. 毕业生也适合进入咨询行业。比如，管理咨询、营销咨询、IT 咨询等咨询机构及投资银行。国际大型咨询公司有埃森哲、麦肯锡、波士顿、罗兰等，国内知名咨询公司有北京华夏基石管理咨询、上海华彩管理咨询等。

4. 财经类媒体也是就业方向之一。一般而言，经济学专业硕士毕业生可以选择的媒体还是比较多的，可以选择一些经济类的报社、杂志社、出版社和网络媒体，如《财经》《财新周刊》《每日经济新闻》《21 世纪经济报道》等。

事实上，经济学专业的就业范围远比上面这些要广泛。但是，最后的就业情况仍然取决于个人的能力与素质。大学期间好好学习经济学理论基础，同时针对就业岗位提前做出职业规划，多积累一些实践经验，毕业时找到理想的工作并非难事。

# 020102 经济统计学

本人是经济统计学专业的毕业生，应"金榜事事懂"的邀请，介绍一下经济统计学专业。

## ➢ 专业介绍

经济统计学以前属于统计学的一个方向，但现在属于经济学大类里的一个小专业。

经济统计学，顾名思义，既与经济有关，又与统计有关。经济统计学就是把统计学的理论和方法应用在经济领域，对经济活动中的数据进行整理分析，找出经济活动的规律。

用一个超级简单的例子你就能明白经济统计学是干什么的：想必大家都对炒股有所了解吧？影响股票的数据有很多，运用经济统计学就可以对影响股票的大量数据进行整理、统计和分析，然后找出规律，预测股票的走势。

经济统计学是经济研究中最客观、最重要的工具之一。金融、证券、保险等行业会经常用到。

## ➢ 学习内容

经济统计学学习的内容比较广泛，不同的学校在课程设置上略有不同，但大部分相差无几。总的来说就是：高等数学课程＋经济学课程＋统计方法课程等。

高等数学方面的课程包括高等代数、概率论与数理统计、常微分方程、数学分析等。数学绝对是基础。如果大一数学学不好，以后的学科学起来会很吃力。

经济学方面的课程包括微观经济学、宏观经济学、运筹学、风险管理、证券期货投资技术分析、国民经济核算、市场调查与预测、会计学原理、货币银行学等。从这些课程的设置可以看出，将来也可以在银行等金融机构工作。

统计方法方面的课程包括多元统计分析、C 语言程序设计、SPSS（统计分析系统）、Eviews（数据模型统计软件）等统计软件课程。这些课程涉及毕业后工作的实际操作。

### ➢ 适合什么类型学生

因为目前你可能没有足够的时间去了解大学具体专业学习的内容,所以只能根据你高中的学习情况去判断。在高中的学习中,如果你对数学、经济非常感兴趣,喜欢加工整理数据,并从大量数据里找出某种规律、挖掘信息,或者愿意从事经济预测、信息分析、市场调查、数据挖掘等经济类的管理工作,那就可以选择经济统计学专业作为自己报考的专业。

此外,经济统计学是一门应用性较强的学科。通常从实际应用问题出发,经过加工提炼,形成统计模型,并最终指导实践。问题的完整解决往往需要设计调研方案、数据收集、数据整理及分析、撰写报告等。因此,经济统计学专业学生需要具备良好的文理综合素质、动手能力,以及一定的组织协调能力。

还有一点需要注意的是,经济统计学专业学习中涉及的概率论、随机过程、数理统计等数学课程,需要良好的逻辑思维能力和严密的计算能力。数学基础薄弱的学生,可能会有些不适应。

总体来说,在高中阶段的学习过程中,如果你对数学有很强烈的兴趣,同时对经济也非常感兴趣,可以考虑选择经济统计学作为自己报考的专业。

### ➢ 专业误区

因为经济统计学既涉及统计学又涉及经济学,所以社会上对经济统计学专业经常有两种误解。一种误解认为,统计学就是加工数据、填填报表、画画图表,容易学。从而导致一部分数学基础不好、甚至对数学没兴趣的学生选报了经济统计学专业,这些学生入校后学习会较为吃力。另一种误解认为,经济统计学涉及金融管理、保险投资等,未能录取到金融、会计等热门专业,录取到经济统计学专业也不错,希望自己未来在银行、保险、证券等金融单位就业。实际上,学习经济统计学专业只是给你提供了这种可能和条件,并不能确保你进入到相关行业就业。

### ➢ 就业情况

经济统计学属于技能型专业,专业适应性较广,如果读书的时候能考取一些职业技能证书,就业前景会更好。

对于本科生来说,由于所学范围宽广,涉及学科较多,属于学得广而不精,所以在就业的时候就存在一个转向的问题。数据处理是这个专业的优势所在,是会计、经济等专业都没有的优势,所以不必为就业的问题担心。就业可以面向金融、统计、经济、会计这四个大方向。

1. 可以到银行统计工作岗位,到证券公司等金融机构做风险管理、信用分析工作,到保险公司做后台风险管理控制等。很多金融单位和部门对经济统计学专业人才的需求,已经超过了一些热门的经济学专业。

2. 可以去考公务员。经济统计学专业的毕业生可以去统计局工作,主要是负责收集国民生产总值、就业、失业、价格等数据,但必须参加公务员考试。这些单位往往很少招本科生,一般要求硕士以上学历。

3. 可以从事更普遍一些的工作。可以从事经济咨询师工作,为企事业单位做咨询、调研等有关经济分析的工作等。不过,除了专门的统计调查和数据分析的企事业单位有需求,其他单位的需求量相对较少。

4. 毕业生中也有一些人从事会计、教师等岗位的工作。

总体来说,如果你找到专业对口的岗位,薪资水平还是不错的。

# 020103T 国民经济管理

本人是中国人民大学国民经济管理专业的毕业生，应"金榜事事懂"的邀请，介绍一下国民经济管理专业。

## ➢ 专业介绍

国民经济管理属于经济学类一级学科，是国家特设类专业，与经济学、金融学、财政学等专业相比，属于小众专业。

国民经济管理，是指从社会经济总体的角度统一管理、调整、完善生产关系，高效率地组织经济活动。这个比较难理解，用比较通俗的话解释就是：国民经济管理专业的前身是计划经济专业，是计划经济时期的产物。学习的部分内容是计划经济，是20世纪90年代最受欢迎的专业之一，培养了很多著名的经济学大师和进行宏观经济管理的高层政府领导。但是随着计划调控逐步让位于市场调控，这个专业慢慢地也改变了培养方向，转向培养经济管理的高级专业人才。

## ➢ 学习内容

从学习内容来说，国民经济管理是一个很宏观的专业，倾向于理论研究。正是由于它的学科特性，在本科阶段，这个专业的学习内容可以说是广而不精，应用性不强。大一学经济，大二学金融，大三学管理。学了这个专业你会觉得是博览群书了。正因为如此，这个专业比较难学。但这个专业考研优势巨大，比其他专业容易考研。

国民经济管理专业主要课程包括经济学基础、中级微观经济学、中级宏观经济学、财政学、货币银行学、国际经济学、金融经济学、计量经济学、统计学、会计学、政治经济学、国民经济管理学、发展战略与规划、投入产出分析、产业经济学、管理学基础等。

## ➢ 就业情况

国民经济管理专业的就业方向一般为政府机关、上市企业和金融证券机构等。

这个专业本科就业情况一般，这是由该专业的特点决定的，本科阶段难以掌握系统全面的理论。如果你不打算深入研究，想读完本科就去工作，那建议选择别的专业，如财政学类、会计学类、金融学类等，会更有利于就业。

但读完研究生后再就业就不一样了，成绩杰出者有可能成为国家经济规划的"资深人士"，或者进政府、银行、国企等从事高级管理工作。

# 202 财政学类

## 本专业类概况

### 一、各选科组合能报本专业类的比例

该数据反映的是在该专业类的所有高校招生计划中，各科目组合有多少学校能填报。详解见图书使用说明。

| 物理 化学 生物 | 物理 化学 历史 | 物理 化学 地理 | 物理 化学 思想政治 | 物理 生物 历史 |
|---|---|---|---|---|
| 98.8% | 100.0% | 98.8% | 98.8% | 100.0% |
| 物理 生物 地理 | 物理 生物 思想政治 | 物理 历史 地理 | 物理 历史 思想政治 | 物理 地理 思想政治 |
| 98.8% | 98.8% | 100.0% | 100.0% | 98.8% |
| 化学 生物 历史 | 化学 生物 地理 | 化学 生物 思想政治 | 化学 历史 地理 | 化学 历史 思想政治 |
| 98.8% | 97.6% | 97.6% | 98.8% | 98.8% |
| 化学 地理 思想政治 | 生物 历史 地理 | 生物 历史 思想政治 | 生物 地理 思想政治 | 历史 地理 思想政治 |
| 97.6% | 98.8% | 98.8% | 97.6% | 98.8% |

### 二、该专业类的主要专业男女比例及每年大致毕业人数

| 专业类 | 专业代码 | 专业名称 | 各专业年度毕业人数 | 男女比例 |
|---|---|---|---|---|
| 财政学类 | 020201K | 财政学 | 6000~7000人 | 男32% 女68% |
| 财政学类 | 020202 | 税收学 | 6000~7000人 | 男26% 女74% |

### 三、本专业类主要考研方向

| 学科门类 | 一级学科 | 研究方向 | 学位授予 |
|---|---|---|---|
| 经济学 | 0201 理论经济学 | 学术硕士 | 可授硕士、博士专业学位 |
| 经济学 | 0202 应用经济学 | 学术硕士 | 可授硕士、博士专业学位 |
| 经济学 | 0251 金融 | 专业硕士 | 仅可授硕士专业学位 |
| 经济学 | 0252 应用统计 | 专业硕士 | 仅可授硕士专业学位 |
| 经济学 | 0253 税务 | 专业硕士 | 仅可授硕士专业学位 |
| 经济学 | 0254 国际商务 | 专业硕士 | 仅可授硕士专业学位 |
| 经济学 | 0255 保险 | 专业硕士 | 仅可授硕士专业学位 |
| 经济学 | 0256 资产评估 | 专业硕士 | 仅可授硕士专业学位 |
| 经济学 | 0258 数字经济 | 专业硕士 | 仅可授硕士专业学位 |
| 参考往年可报考二级学科 | | | |
| 理论经济学 | 政治经济学 | 经济思想史 | 经济史 | 西方经济学 |
| 世界经济 | 人口、资源与环境经济学 | 应用经济学 | 国民经济学 | 区域经济学 |
| 财政学 | 金融学 | 产业经济学 | 国际贸易学 | 劳动经济学 |
| 统计学 | 数量经济学 | 国防经济 | — | — |

## 本专业类重点专业解读

### 020201K 财政学 & 020202 税收学

本人是中央财经大学财政学专业的毕业生，应"金榜事事懂"的邀请，介绍一下财政学和税收学这两个专业。

> **专业介绍**

财政学专业和税收学专业都属于财政学类专业，相关度很高。

财政学是个很宏观的专业，主要研究经济学、财政学、税收学等方面的基本知识和技能，包括政府部门在资金筹集和使用方面的理论、制度和管理方法，以及企业在生产经营过程中的税收问题等，从而进行税务规划、税务检查和资产管理等。国家要想正常运行就需要财政资金的支持，那么财政资金怎么获取、怎么管理、怎么使用呢？应该对哪种类型的企业征税？税率应该定多少？国家要发多少国债？这些都是财政学专业要学习和解答的。在现代社会，民众把税款交给政府，让政府提供国防、治安等公共产品，与此相关的收入组织、支出安排等活动，就是财政活动。总的来看，财政学主要是利用财政手段来更好地调节收入分配，对宏观经济进行调控和监督。

税收学相对财政学来说，专业范围就要小很多，仅仅涉及税收筹划、税收检查等方面的知识。

> **注意事项**

1. 这两个专业的学习内容都不是很难，但是都比较偏重文科，文字阐述的部分比重较大，所以要有足够的耐性。等你分纲目地学了之后会发现虽然文字很多，但是逻辑是有条不紊的。

2. 由于制度和法规是主要的学习内容，所以需要记忆很多内容。

3. 有的学校的税收学专业会细分不同方向，比如中央财经大学的税收学专业就分了税收学方向、税收学国际税收方向、税收学注册税务师方向。一般各方向税收学在必修课和专业主干课、限选课的差别都不大。指定方向的话，就多几门特别的专业主干课，例如税收学国际税收方向就比其他两个专业多一门外国税制的双语课，税收学注册税务师方向的就是把注册税务师考试的课程多学一些。不分方向的更侧重于综合学习。

4. 在择业方面，财政学专业的择业面稍微广一些，但由于繁杂，工作时会较为辛苦；而税收学专业比较单一，比较适合那些喜欢安静的人。

5. 如果想进入财政、税务、审计等部门工作，必须先通过公务员招录考试；如果想进入会计师事务所和税务师事务所工作，则须通过注册会计师考试。目前通过这两类考试均有一定的难度，并非想象的那么容易。特别是公务员招考，近些年竞争非常激烈，录取比例很低。

> **学习内容联系**

基础课安排：两个专业的基础课程基本是一样的，大一和大二的专业课程几乎完全相同。

专业课安排：在大三专业课上，财政学专业自然偏重于学习财政方面的专业知识，比如资产评估、财政学、财政模拟等，同时侧重于学习政府预算、政府采购、财税体制、制度和相关法律。财政学是一个较为综合的专业，学习内容涉及面广，理论性强。而税收学专业在大三更多学习税务方面的课程，侧重于税法、税收筹划、税收检查，比如中国税制、比较税制、国际税收、税法等税收方向的专业性知识。

虽然侧重点不同,但财政学专业的也会学习一些税务方面的课程,税收学专业的也会学习一些财政方面的课程,毕竟这两门专业的关系很密切。

> ➢ **学习内容**

1. 经济学和会计学的基本知识是财政学类专业的基础内容。

经济学方面,会深入学习微观经济学、宏观经济学等经济学入门课程,以及公共经济学、公债经济学等与政府相关的经济学知识。

会计学方面,学习财务会计学、成本会计学、审计学和税法等会计学中级课程。

2. 税收政策问题方向,学习国际税收、税收政策前沿等。

3. 财政政策问题方向,学习政府预算、公共经济学案例等。

概括起来说,学习财政学类的几个专业,既要掌握经济学、财政学、财务管理学等方面的基本理论和基础知识,又要在预算管理、税收管理和理财管理业务方面受到系统的训练,具有理论分析和实务操作的基本能力。

> ➢ **适合什么类型学生**

财政学是经济学的一个分支,很多财税现象总是与经济问题相联系,所以想学习财政学类专业的学生,首先,要对经济学以及财税现象和问题有较为浓厚的兴趣。其次,要想学这类专业,需要学生有较好的数理分析基础。最后,学生需要有足够的耐心,且对数字不烦躁。因为无论是税收征收,还是预算安排或者支出监督,都要与数字打交道,要静得下心,沉得住气。倘若一见数字就心烦意乱,那么还是不要选择财政学类专业。

> ➢ **就业情况**

财政学和税收学的区别不大,都可以参加公务员招录,或进入银行工作,或进入企业工作。

1. 如果考公务员的话,财政学方向的职位多一些。财政学专业的毕业生最主要的流向是财政部门(财政局)和税务部门。而税收学专业的毕业生基本只能到税务部门一个系统,因为财政局一般很少招税收学专业的毕业生,但是税务局一般会招财政学专业的毕业生。

2. 这两个专业学习的课程能够满足金融财会类的基本要求,所以毕业生在银行、会计师事务所、国企等单位也具有相当的就业优势。在我周围的同学中,从事会计工作的人就挺多的,在各个银行的也有不少。

3. 如果进入企业工作,通常是在财务部或审计部工作。

# 203 金融学类

## 本专业类概况

### 一、各选科组合能报本专业类的比例

该数据反映的是在该专业类的所有高校招生计划中，各科目组合有多少学校能填报。详解见图书使用说明。

| 物理 化学 生物 | 物理 化学 历史 | 物理 化学 地理 | 物理 化学 思想政治 | 物理 生物 历史 |
| --- | --- | --- | --- | --- |
| 99.4% | 99.7% | 99.4% | 99.7% | 98.1% |
| 物理 生物 地理 | 物理 生物 思想政治 | 物理 历史 地理 | 物理 历史 思想政治 | 物理 地理 思想政治 |
| 97.8% | 98.1% | 98.1% | 98.4% | 98.1% |
| 化学 生物 历史 | 化学 生物 地理 | 化学 生物 思想政治 | 化学 历史 地理 | 化学 历史 思想政治 |
| 62.9% | 62.6% | 62.7% | 62.9% | 63.0% |
| 化学 地理 思想政治 | 生物 历史 地理 | 生物 历史 思想政治 | 生物 地理 思想政治 | 历史 地理 思想政治 |
| 62.7% | 62.9% | 63.0% | 62.7% | 63.0% |

### 二、该专业类的主要专业男女比例及每年大致毕业人数

| 专业类 | 专业代码 | 专业名称 | 各专业年度毕业人数 | 男女比例 |
| --- | --- | --- | --- | --- |
| 金融学类 | 020301K | 金融学 | 70 000～75 000人 | 男37% 女63% |
| 金融学类 | 020302 | 金融工程 | 18 000～20 000人 | 男43% 女57% |
| 金融学类 | 020303 | 保险学 | 6000～7000人 | 男36% 女64% |
| 金融学类 | 020304 | 投资学 | 9000～10 000人 | 男41% 女59% |

### 三、本专业类主要考研方向

| 学科门类 | 一级学科 | 研究方向 | 学位授予 |
| --- | --- | --- | --- |
| 经济学 | 0201 理论经济学 | 学术硕士 | 可授硕士、博士专业学位 |
| 经济学 | 0202 应用经济学 | 学术硕士 | 可授硕士、博士专业学位 |
| 经济学 | 0251 金融 | 专业硕士 | 仅可授硕士专业学位 |
| 经济学 | 0252 应用统计 | 专业硕士 | 仅可授硕士专业学位 |
| 经济学 | 0253 税务 | 专业硕士 | 仅可授硕士专业学位 |
| 经济学 | 0254 国际商务 | 专业硕士 | 仅可授硕士专业学位 |
| 经济学 | 0255 保险 | 专业硕士 | 仅可授硕士专业学位 |
| 经济学 | 0256 资产评估 | 专业硕士 | 仅可授硕士专业学位 |
| 经济学 | 0258 数字经济 | 专业硕士 | 仅可授硕士专业学位 |
| 参考往年可报考二级学科 | | | |
| 理论经济学 | 政治经济学 | 经济思想史 | 经济史 | 西方经济学 |
| 世界经济 | 人口、资源与环境经济学 | 应用经济学 | 国民经济学 | 区域经济学 |
| 财政学 | 金融学 | 产业经济学 | 国际贸易学 | 劳动经济学 |
| 统计学 | 数量经济学 | 国防经济 | — | — |

# 本专业类重点专业解读

## 020301K 金融学

本人是金融学专业的学生,毕业于一所在全国财经类院校中排名靠前的大学,应"金榜事事懂"的邀请,介绍一下金融学专业。

### ➤ 专业介绍

金融学专业主要研究现代金融机构、金融市场,以及整个金融经济的运行规律。

金融是资金融通的简称,而资金融通在大多数情况下是通过货币流通实现的,也就是说金融就是与货币有关的事务。

广义的金融泛指一切与信用货币的发行、保管、兑换、结算、融通有关的经济活动,狭义的金融专指信用货币的融通。

在现代经济生活中,金融有一个庞大复杂的体系,由五个要素构成:一是货币流通,如家庭、个人、公司的货币收支;二是金融机构,如银行金融机构;三是金融市场,如资本市场、货币市场、外汇市场等;四是金融工具,如存款、贷款、商业票据、银行票据、保单等;五是制度和调控机制。总之,现代社会的金融,无处不在,渗透到了生活的方方面面。

### ➤ 学习内容

从研究领域来看,金融学大致有两个方向:宏观金融(货币银行等)和微观金融(公司治理等)。

系统地学习了金融学的专业知识后,你知道如何分析、预测股票和外汇价格的变动,掌握时机买卖证券赚取利润等。金融学还将告诉你银行、保险公司是怎样吸引存款和保险的,是怎样投资赚钱的。而这些就会涉及很多的课程:

1. 学习金融学有两门非常重要的基础课程:经济学和数学。经济学为金融分析提供了最为基础的思考模式,数学则为金融分析提供了可靠的研究工具。比如,数学中的概率统计理论为金融市场的不确定性提供了很好的刻画工具。

2. 既然是与货币有关的专业,那货币银行学这门课肯定必不可少。

3. 国际金融学,这是一门研究各国货币的课程。

4. 证券投资学,这是一门研究如何让钱"生"钱的课程,是金融学专业中最有魅力的课程。

5. 公司金融,又称公司理财,是所有现代金融学课程的重中之重。公司金融学是从公司价值最大化的角度分析其金融决策。公司通过哪种方式来融资更好?是增加债务,还是扩大权益?公司应该把当年收益中的大部分作为红利发给股东,还是留存作为下年资本?从一个学生的角度来看,这些问题难免有些抽象,但从一个未来公司经营者或者管理者的角度来看,这些却是最切实际的关键问题。

还有一些别的课程就不一一列举了。当然,如果是从大致分类来看的话,金融学的核心课程分为三类:第一类属于宏观金融领域,主要以金融学和国际金融学为代表;第二类属于微观金融领域,主要有证券投资学、商业银行经营与管理、保险学、公司理财、公司金融研究、国际财务管理、金融经济学、行为金融等;第三类属于工具类课程,主要有计量经济学与中级计量经济学等。

## ▶ 学习金融学需要哪些能力

1. 毕业生进入外企的机会相对较多,所以需要有良好的英语基础。

2. 证券投资及保险相关工作都需要大量的数据分析,因此,要掌握一部分数学基础并具备一定的计算机应用技能。

3. 因为投资有很大风险,经常会带来巨大的心理压力,所以从事金融工作还应具备良好的心理素质。

4. 金融行业对从业人员的分析能力要求很高。面对一个金融现象,它为什么发生,它会带来哪些影响,需要采取怎样的对策,都需要我们以专业的眼光和方法对其进行分析。

5. 金融行业的人还需要具有解决问题的能力。金融市场的复杂性、多变性和竞争性决定了身处其中的我们时刻面临危机,时刻要解决问题。

6. 选择决策的能力。金融学中有很多观点和模型,在具体问题上究竟要选哪一个?金融决策的结果可能是一夜暴富,也可能是倾家荡产。

如果你有这些方面的能力,那就可以考虑选择金融学专业了。

## ▶ 相近专业区分

与金融学相近的专业有:金融工程、投资学、保险学。

金融学主要研究金融理论。

金融工程专业主要研究新型金融工具与方法的设计、开发与实施,对计算机应用能力的要求更高一些。

投资学专业重在培养学生从事各类投资活动的决策和管理能力,其针对性、适应性更强。从就业层面上讲,金融学专业主要培养在各类金融和保险机构、大中型企业、投融资管理单位,以及与金融密切相关的部门从事金融与管理的人才;而保险学专业则主要培养在风险投资、精算,以及保险监管部门从事精算与管理的人才。

## ▶ 就业情况

由于我国金融机构的多元化,毕业生在金融行业的从业选择变得越来越宽泛,主要包括以下几个领域。

1. 进入行业监督管理部门从事金融管理工作。比如,进入银行业监督管理委员会、证券业监督管理委员会等。但想要进入这个行业的主管部门难度较大,尤其是本科毕业生难度更大,除非本人确实非常优秀。

2. 进入证券公司、信托投资公司、基金管理公司工作。很多基金经理、投资银行经理人的年薪都超过一百万元。但这其中风险较大,且对学历的要求也在逐步提高。相对于银行等金融机构,对个人投资管理、金融运营能力的要求则更高。有志于风险管理,不惧终日奔波的精英人才不妨选择这个行业。当然,不可否认的是,这个行业给你的回报与投入还是成正比的。

3. 进入商业银行工作,包括"四大行"和股份制商行、城市商业银行、外资银行驻国内分支机构。到银行做职员,负责银行存贷款以及投资业务的管理。进入国有四大银行工作是毕业生一个很好的选择。稳定的收入、相对较小的压力、较高的福利水平极具吸引力,尤其对于女同学来说是个不错的选择。在国有四大银行磨砺几年跳槽到城市商业银行、股份制商行,可以成为中坚力量。不过需要注意的是,近些年各种互联网金融平台和市场化财富管理机构逐渐兴起,对银行造成了不小的冲击,导致普通职员的收入有所下降。

4. 进入资产管理公司、保险公司、金融租赁公司、社保基金管理中心、上市（欲上市）股份公司的证券部、财务部等。

5. 进入高校或研究机构从事教学或研究工作。这是有志于做学术的同学的首选。

### ➢ 注意事项

1. 大学金融学专业对数学有一些要求，未来无论是从事证券分析、精算还是评估等方面的工作，都需要具有一定的数学基础，毕竟不是纸上谈兵，因为在此类工作中有大量的数据要处理！

2. 因为很多家长对金融学过度的追捧，导致这些年有太多学生学金融学，一些单位求职者甚多，竞争相当激烈。可能存在几年后由于人才过多而影响就业的情况。

# 020302 金融工程

本人是中央财经大学金融工程专业的毕业生，应"金榜事事懂"邀请，介绍一下金融工程专业，供大家填志愿的时候参考。

### ➢ 专业介绍

很多人不是很了解金融工程专业，但日常生活中的金融产品，比如股票、债券等已经被大家所熟悉。很多人把它们作为一种投资的手段，但是金融市场变幻莫测，这些金融产品存在很多风险，如何创造出一种更有效的方法或者金融产品来降低投资中的风险，就是金融工程专业所研究的问题。所以，金融工程界有一个基本的观点，即金融工程是金融领域中的一种保险。详细地说，金融工程就是用数学模型和计算机的一些手段创造出新的金融产品（金融衍生物，如期货、期权）来规避金融风险，并对其进行定价。金融衍生品定价、金融产品设计、风险管理工具的开发等是金融工程专业研究的主要对象。

金融工程更大意义上是金融创新的产物，也就是说金融工程实际上是在设计和制造新的产品，只不过这种产品不是实体的，而是金融的。

### ➢ 金融学与金融工程的区别

很多人不清楚金融学和金融工程的区别，其实从以下两点很容易区分：

1. 金融学为我们提供金融现象的一些规律和一些本质性的问题，而金融工程就是借助于计算机手段和数学模型，解决一些金融中的问题。

2. 金融学是一门基础学科，研究的不是一些具体的问题，是金融理论，而金融工程面向的是具体问题，是具体应用。

二者的关系就和地质学与地质工程的关系差不多，地质学是基础学科，侧重理论方面研究总结；地质工程就是对地质学研究总结的知识进行实际应用。

传统金融学的重点在于从大方向融资和投资，指的是证券投资、商业银行和国际金融这三大块。而金融工程重点是创造出新的金融衍生品，如期货等本来在金融里不存在的东西，来降低金融中的风险。

### ➢ 金融工程学习内容和应具备的能力

金融工程专业对计算机和数学要求比较高。为什么呢？因为在一个金融机构中，由于要投资的金融产品的品种非常多，所以需要借助一些计算机分析统计，而使用计算机前，就要先提炼出一些数学上的特征。所以大学除了要学经济学、金融学等主要课程，还要学计算机模块、数学模块等。

1. 金融部分：金融工程概论、公司理财、投资学、金融经济学、固定收益证券、衍生金融工具等。
2. 经济学部分：微观经济学、宏观经济学、财政学、会计学等。
3. 数学类部分：数学分析、高等代数、概率论、数理统计等。
4. 计算机部分：C语言、网站开发技术、计算机应用基础、数据库原理与应用等。

课程整体比较枯燥，不过有时会有很多实践性的课程，比如模拟金融市场的环境、模拟期货交易环境、模拟外汇交易环境等，学习之后还是比较有趣的。

### ➢ 金融工程实习

实习方向：一般来说，这个专业会与特定的证券公司、银行有联系，实习单位会给学生提供一定的岗位。

### ➢ 注意事项

1. 这个专业对数学、计算机要求非常高。如果不是确实对数学很感兴趣，不太建议学金融工程专业。
2. 毕业后工作薪酬确实不低，但是工作强度非常大。

### ➢ 金融工程就业方向

关于就业方向：主要是各大投资银行、证券公司、基金管理公司、保险公司（非销售）、风险投资公司等。

一般大型银行有些投资结算的问题，银行每天都会有一些资金上的缺口，需要去融资。那么，以什么样的利率去融资，就需要用金融工程的方法分析出一个合理的融资利率。

证券公司进行股票投资、债券投资的时候，也要为各种各样的金融产品寻找一个合理的价格，基金管理等涉及一些投资和资金管理的问题，都要用到金融工程。

这些如果你还不能理解的话，就拿美国的情况举例：在美国，金融工程专业的毕业生通常就是奔着华尔街去的。

### ➢ 就业率

这个专业本科就业率不高，以中央财经大学为例，三分之一的毕业生本科就业，三分之一的毕业生考研深造，剩下的毕业生则选择出国。为什么本科就业率不高呢？因为这个专业不仅有金融方面的知识，而且有数学、计算机方面的知识，在短短四年时间内掌握所有的知识是不太现实的。金融公司根本不会让一名本科生操作设计那些模型工具。因此，老师都会建议我们去考研。

### ➢ 金融工程薪酬状况

总体来说，金融工程工作相对辛苦，但收入比其他行业高许多。以 Quant Developer（量化算法工程师）为例，虽然实际工作和其他行业的程序员没有本质区别，但收入较高，而且很容易找到工作。我们班的同学毕业后就业情况就相当不错，很多人进了基金公司、期货公司或证券公司，还有一些人进了国企，平均薪酬都是较高的。

## 020303 保险学

本人是西南财经大学保险学专业的毕业生,应"金榜事事懂"的邀请,介绍一下保险学专业。

### ➢ 保险学专业误区

首先,保险学专业不等于要卖保险。大家总是认为保险学专业毕业后是去卖保险,实际上保险是一个完整的体系,从险种的设计、保费的制定到保险的销售,每一个环节都需要保险人才参与其中。卖保险只是保险业工作的一部分,其他诸如组训、培训讲师、核赔核保核损人员、资金运作人员、精算人员都属于保险学专业人员的范畴。举个简单的例子:电视里经常能看到道路上发生的撞车等交通事故,之后有保险公司的工作人员过来定损理赔,这些人一般也是保险学专业出来的专业人员。

### ➢ 保险学方向

保险学专业主要有保险管理和精算两个方向,一个偏文,一个偏理。

保险管理方向需要掌握的大部分是一些概念性比较强的东西,要对保险术语、保险概念、保险各个险种知识都有所掌握,因此就业面广一些。

保险精算方向注重的是数字的整合与处理,学起来非常非常难,需要有很强的数学功底。

保险学到了研究生阶段就会有更多的就业方向了,有社会保险、保险投资、企业年金等,可以结合自己的兴趣选择不同方向。

### ➢ 学习内容

保险学专业学习的知识范围很广,因为它毕竟是金融学科领域的细分,所以大一、大二的经济学基础是要打牢的,最基础的课程如货币银行学、计量经济学、宏观微观经济学、国际经济学、会计等都是要学习的。大三主要学习专业课程,如人身保险、财产保险、保险精算等。

概括而言,保险学专业学习的主要课程包括金融市场学、会计学、国际经济学、管理学、保险公司经营管理、保险学原理、保险精算、财产保险原理与实务、人寿与健康保险、财产和责任保险、保险公司财务管理、寿险精算等。

有人说,大学四年学的知识可以在保险公司代理人培训的课堂上一个月内学完,而且人家还教你实战经验。这个说得可能有点武断,但也并非没有一点道理,说明现阶段保险业还没发展到成熟阶段。

### ➢ 就业情况

保险学专业毕业生主要在保险公司、保险中介机构、保险监管机构、银行与证券部门或其他大中型企业风险管理部门从事保险业务、投资金融业务、保险精算、保险监管、政策研究、保险经营管理、风险顾问等工作。虽然保险学专业本科毕业之后基本上可以胜任保险公司中的各个岗位,但现实很残酷,因为学的知识比较浅,就业情况也就不太好。

1. 如果能做到精算师,说明能力很强,这属于凤毛麟角。
2. 普通人毕业后最好的工作是做组训、培训讲师,但这类工作很难找。
3. 内勤人员,主要是理赔或者核保人员。这两个岗位是保险公司比较重要的,而且大一点的有影响力的保险公司根本就不缺理赔或核保人员。如果想进国企保险公司更是难上加难。
4. 普通大学本科毕业生一般是从基层做起,然后得到提拔,也就是说想要得到提拔,得有销售保险的一线工作经验。

5. 保险学专业的毕业生在报考公务员时受到的限制较多。不过保险学毕竟也属于金融范畴，所以就算不做保险，往金融的其他领域发展，也不会太难。

如果统计一下，好一点学校的学生有去券商机构工作的，也有去银行的，但是这是少数。大多数是进入保险行业。有人觉得银行体制成熟，有人则希望所学有所用。一般可以去国内知名保险公司的总部，岗位有运营类、培训类、销售管理类等。比如，人保健康、中国人寿、PICC（中国人民财产保险股份有限公司）、国寿养老、泰康保险、平安保险等，都是可以尝试的。

以我本科同学为例，大部分去了保险公司，有的做外勤，就是要推销保险；有的做内勤，但是工资比较低；很少一部分去了银行。

### ➢ 注意事项

1. 对于本专业，不管是本科生还是研究生学历，如果是普通大学保险学专业的毕业生，绝大多数要从营销也就是跑保险干起，需要有过人的口才和心理承受能力，要有毅力，能坚持，有能力。未来10年是保险业发展的黄金阶段，关键是你能不能坚持到光明前景来临的时候。

2. 如果你不是外向型、能足够抗压的人，还是不要学保险学专业为好。

总之，如果想在保险领域发展的话，保险学专业还是有一定优势的，但是在找工作时，不得不承认是有一些限制的。有些公司不太认同保险学专业属于金融业。不过，行行出状元，主要还是看个人是否想在这个领域发展。

## 020304 投资学

本人是上海财经大学投资学专业的毕业生，应"金榜事事懂"的邀请，介绍一下投资学专业。

### ➢ 专业介绍

投资学专业是什么呢？理财顾问、理财规划师大家应该都熟悉吧？这就是投资学专业毕业生工作的一个方向。投资学专业是金融学的一个分支，主要是对资产投资策略进行分析，指导投资者如何正确地进行投资。简单地说就是研究如何投资才能最赚钱，研究如何把有限资源分配到诸如股票、国债、不动产等上面。

投资学分两种，一种是金融投资学，这个主要是面向商业银行、证券的，比如股票、债券等的投资研究；另一种投资学是经济学专业里面的投资学，主要是实业投资。

### ➢ 学习内容

投资学专业主要学习的是理财及相关的投资专业知识。我们在大学里的主要课程涉及经济、金融等方面，如政治经济学、西方经济学、计量经济学、国际投资、跨国公司经营与案例分析、投资项目评估、证券投资学、投资基金管理、项目融资、投资估算、家庭投资理财等。还有就是在课堂上会进行一些实训课程，模拟投资运作环境等。本科阶段学习的都是基础知识，并没有设置多少特色专业课。

### ➢ 注意事项

1. 如果你认为学了投资学就可以从事投资业，那就错了。大学只是教你基本的经济学基础，大学毕业之后想进投资银行、券商之类的机构工作基本不可能，除非你能在一流学校中出类拔萃。

2. 这个专业的毕业生基本上都能就业，但最终成功与否要看个人，要靠自身悟性，要看自己是否具备较强的逻辑推理能力、敏锐的市场"嗅觉",还要看自己有没有对金融市场的独特见解。

3. 想学习投资学,必须性格开朗,善于与人沟通。你得有能力说服投资者,让他相信你比他高明。怎样说服投资者听从你的投资建议呢? 一靠成功经验,二靠沟通。

## ➢ 就业方向

目前来看,在我国,投资学的未来出路还是比较广的,主要有以下四个去向:

1. 去证券、信托投资公司或投资银行从事证券投资工作。证券公司的起薪低,但是发展潜力较大。银行工作辛苦,但起薪高。投资银行的门槛较高,想要进入有一定的难度。

2. 到一些社会的投资中介机构、咨询公司、资产管理公司、金融控股公司、房地产公司等做投资顾问,参与操作或提供专业建议。

3. 到企业的投资部门从事企业投资工作,参与企业的投资策划与决策、理财、风险管理等工作。

4. 研究生毕业后可以从事市场分析,比如行情热点预测、宏观经济分析等工作。

## ➢ 就业情况

按就业方向来讲,投资学专业的毕业生肯定在资金投入与资金丰厚的地方就业。投资学是高风险与高收益并存的,想赚大钱又有能力,就学投资学吧。总的来说,专业本身不错,投资领域的优秀人才也很多,就看你自己的能力了。真正的优秀人才年薪几十万元是"小儿科",但是要去这些地方难度系数也是可想而知的。如果你确定自己是这方面的人才,那就勇敢填报吧,记住要选择比较知名的财经大学。

# 204 经济与贸易类

## 本专业类概况

### 一、各选科组合能报本专业类的比例

该数据反映的是在该专业类的所有高校招生计划中,各科目组合有多少学校能填报。详解见图书使用说明。

| 物理 化学 生物 | 物理 化学 历史 | 物理 化学 地理 | 物理 化学 思想政治 | 物理 生物 历史 |
|---|---|---|---|---|
| 98.6% | 99.0% | 98.8% | 99.0% | 98.6% |
| 物理 生物 地理 | 物理 生物 思想政治 | 物理 历史 地理 | 物理 历史 思想政治 | 物理 地理 思想政治 |
| 98.3% | 98.6% | 98.8% | 99.0% | 99.0% |
| 化学 生物 历史 | 化学 生物 地理 | 化学 生物 思想政治 | 化学 历史 地理 | 化学 历史 思想政治 |
| 98.1% | 97.8% | 98.1% | 98.3% | 98.6% |
| 化学 地理 思想政治 | 生物 历史 地理 | 生物 历史 思想政治 | 生物 地理 思想政治 | 历史 地理 思想政治 |
| 98.6% | 98.3% | 98.6% | 98.6% | 99.0% |

### 二、该专业类的主要专业男女比例及每年大致毕业人数

| 专业类 | 专业代码 | 专业名称 | 各专业年度毕业人数 | 男女比例 |
|---|---|---|---|---|
| 经济与贸易类 | 020401 | 国际经济与贸易 | 70 000~75 000 人 | 男 30% 女 70% |

### 三、本专业类主要考研方向

| 学科门类 | 一级学科 | 研究方向 | 学位授予 |
|---|---|---|---|
| 经济学 | 0201 理论经济学 | 学术硕士 | 可授硕士、博士专业学位 |
| 经济学 | 0202 应用经济学 | 学术硕士 | 可授硕士、博士专业学位 |
| 经济学 | 0251 金融 | 专业硕士 | 仅可授硕士专业学位 |
| 经济学 | 0252 应用统计 | 专业硕士 | 仅可授硕士专业学位 |
| 经济学 | 0253 税务 | 专业硕士 | 仅可授硕士专业学位 |
| 经济学 | 0254 国际商务 | 专业硕士 | 仅可授硕士专业学位 |
| 经济学 | 0255 保险 | 专业硕士 | 仅可授硕士专业学位 |
| 经济学 | 0256 资产评估 | 专业硕士 | 仅可授硕士专业学位 |
| 经济学 | 0258 数字经济 | 专业硕士 | 仅可授硕士专业学位 |
| 参考往年可报考二级学科 | | | |
| 理论经济学 | 政治经济学 | 经济思想史 | 经济史 | 西方经济学 |
| 世界经济 | 人口、资源与环境经济学 | 应用经济学 | 国民经济学 | 区域经济学 |
| 财政学 | 金融学 | 产业经济学 | 国际贸易学 | 劳动经济学 |
| 统计学 | 数量经济学 | 国防经济 | — | — |

# 本专业类重点专业解读

## 020401 国际经济与贸易

本人是国际经济与贸易专业毕业的,现就职于上海一家对外贸易公司,应"金榜事事懂"的邀请,介绍一下国际经济与贸易专业。

### ➢ 专业介绍

国际经济与贸易主要指国与国之间的经济贸易往来。国际经济与贸易专业,顾名思义,就是要具有从事国际贸易的能力,能够制作、处理各种单证,能够进行外贸谈判、接洽。

国际经济与贸易侧重研究国家与国家间的经济活动和经济关系。可口可乐、阿迪达斯、雀巢已成为国人耳熟能详的品牌,国外也越来越多地出现标有"Made in China"字样的商品。这种国际商品交换的现象,就是国际经济与贸易专业的研究对象之一。

### ➢ 相似专业区分

有一个与国际经济与贸易相似的专业叫贸易经济专业。在这里简单区分一下:

国际经济与贸易专业偏重研究的是国与国之间的进出口贸易,是带有"国际性"的专业,而贸易经济专业则是偏重研究国内贸易流通的专业。

国际经济与贸易专业和贸易经济专业一个主外,一个主内,除了贸易对象不同,其他的差别不大。

### ➢ 学习内容

国际经济与贸易专业是一个理论与实践并重的专业,刚开始接触课程时,大家会比较头疼。大一、大二会学一些其他专业都学习的基础课程,附带一些财经类专业的课程。大三、大四涉及一些专业课程,比如国际结算、外贸函电、外贸实务等。比较重要的是进出口的操作流程,以及做进出口生意中要用到的知识。

大三、大四的专业课程大致分为国际贸易理论、国际贸易实务和国际贸易政策三大块。

1. 国际贸易理论包括国际贸易学、国际经济学、国际商务和国际金融四门主要专业课。

2. 国际贸易实务又可细分为国际物流、国际结算、海上保险、国际税收与关税实务、商务谈判与冲突解决等众多专业课程。

3. 国际贸易政策包括国际贸易政策与规则、海商法等国内外法律法规、WTO(世界贸易组织)规则等。

数学和英语是国际经济与贸易专业必备的两项工具。本科阶段的数学学习会逐步接触到高等数学、线性代数、概率与数理统计、计量经济学和贸易计量学等;英语主要指外贸英语。

这个专业学的东西较多,样样学却不精。例如物流、税收、金融、银行、推销等很多课程都需要学习,国际金融、会计学、管理学、统计学等专业的知识也都有所涉及,但学得都不是很深。

### ➢ 就业情况

第一,可以选择进入外贸公司和国际贸易进出口公司工作。工作岗位有单证员、业务员、外销员、国际商务师、外贸经理。通常工作起来比较忙,但奖金会比较高,很锻炼人。这是大部分本专业学生的理想工作,但是很多时候僧多粥少,所以这样的工作不容易找到。

第二,进货运代理公司从事一些承运货物的国际物流工作。

第三,除了进公司,还可进海关、进出口商品检验、商务局等。海关要求较高,通常要求你持有报关员证书(这个证书比较难考,含金量较高),有的海关还通过公务员考试招人。报检员的工作,类似于做检验检疫的工作,配合海关检查出入境检验检疫。

第四,可以选择进银行工作。大型银行中外汇交易、国际贸易部等通常需要专业的外贸人才。主要工作是处理国际往来业务,还会负责开立信用证、信用证审单交单等。进银行的话,会计财务类的知识用到的相对较多,但是贸易方面的专业知识就相对用到的较少了。

第五,可以进三资企业(外商独资、外商合资、外商合作企业)。

> ## 误区分析

很多人有两个误解:

1. 有人认为在中国做外贸只是做出口,这是不对的,其实也能做进口。随着中国企业的做大做强和中国人均消费能力的不断提升,中国每年进口量也在逐渐增加。

2. 也有人以为学习国际经济与贸易专业将来毕业后只能从事对外贸易领域的工作,这也是不对的,其实也可以从事国内贸易领域的工作。

> ## 教授补充点评

国际经济与贸易专业的课程设置注重科研能力和学术能力的培养,囊括三大模块:一是经济学系统的基础理论训练,旨在培养学生理性的思维方式和缜密的经济学分析方法;二是国际经济理论,专业介绍国际经济运行的机理与发展,引领学生追寻该领域学术前沿;三是国际经济与贸易运行的实务模块,涉及国际经济中的货物贸易、资本流动、服务交易实务中各环节,包括商务、营销、商法、商务沟通、外汇、国际结算、物流、电子商务等。

前两个教学模块需要学生具备较好的数学基础。数学基础薄弱的学生学起来会感觉到有点困难。而第三个模块则需要具备良好的英语水平和跨文化的学习能力和适应能力。

关于课程设置,国际经济与贸易专业的课程设置符合国际主流的教学模式,即"本科广博,硕博精深"。在本科阶段要最大可能地涉猎相关的知识。致力学术研究的学生可以寻求真正感兴趣的研究方向,进而在硕博阶段有所专攻。

> ## 注意事项

1. 国际经济与贸易专业具有涉外性质,做外贸是要跟外国人交流,所以用人单位对应聘者的英语要求颇高,一般要求大学英语四级以上水平,口语要好,表达流利。

2. 要选这个专业,性格最好是比较外向开朗,交流能力好,因为国外的很多采购人员喜欢和开朗的人交往。

3. 就业地域方面,沿海城市比内陆城市机会多,南方比北方好,所以选学校一定要注意地域问题。

4. 前十年这个专业还是比较吃香的,但近些年毕业生就业率逐年走低。一方面是因为欧美经济有衰退的风险,而国家大力推动国内经济结构转型;另一方面是前几年开设此专业的学校太多了,导致外贸行业初级人才大量过剩。据粗略统计,我们系有一百多人,现在还在从事本专业工作的不到百分之二十。

总的来说,这个专业近几年是失业量较大、就业率较低的风险型专业。千万不能光看着专业名称就草率地做出决定,报志愿的时候要慎重一些。

# 301 法学类

## 本专业类概况

### 一、各选科组合能报本专业类的比例

该数据反映的是在该专业类的所有高校招生计划中,各科目组合有多少学校能填报。详解见图书使用说明。

| 物理 化学 生物 | 物理 化学 历史 | 物理 化学 地理 | 物理 化学 思想政治 | 物理 生物 历史 |
|---|---|---|---|---|
| 93.0% | 95.4% | 93.0% | 95.4% | 95.4% |
| 物理 生物 地理 | 物理 生物 思想政治 | 物理 历史 地理 | 物理 历史 思想政治 | 物理 地理 思想政治 |
| 93.0% | 95.4% | 95.4% | 100.0% | 95.4% |
| 化学 生物 历史 | 化学 生物 地理 | 化学 生物 思想政治 | 化学 历史 地理 | 化学 历史 思想政治 |
| 94.7% | 92.3% | 94.7% | 94.7% | 99.3% |
| 化学 地理 思想政治 | 生物 历史 地理 | 生物 历史 思想政治 | 生物 地理 思想政治 | 历史 地理 思想政治 |
| 94.7% | 94.7% | 99.3% | 94.7% | 99.3% |

### 二、该专业类的主要专业男女比例及每年大致毕业人数

| 专业类 | 专业代码 | 专业名称 | 各专业年度毕业人数 | 男女比例 |
|---|---|---|---|---|
| 法学类 | 030101K | 法学 | 85 000～90 000 人 | 男 33% 女 67% |
| 法学类 | 030102T | 知识产权 | 2500～3000 人 | 男 33% 女 67% |
| 法学类 | 030103T | 监狱学 | 800～900 人 | 男 83% 女 17% |

### 三、本专业类主要考研方向

| 学科门类 | 一级学科 | 研究方向 | 学位授予 | |
|---|---|---|---|---|
| 法学 | 0301 法学 | 学术硕士 | 可授硕士、博士专业学位 | |
| 法学 | 0306 公安学 | 学术硕士 | 可授硕士、博士专业学位 | |
| 法学 | 0351 法律 | 专业硕士 | 可授硕士、博士专业学位 | |
| 法学 | 0354 知识产权 | 专业硕士 | 仅可授硕士专业学位 | |
| 参考往年可报考二级学科 | | | | |
| 法学 | 法学理论 | 法律史 | 宪法学与行政法学 | 环境与资源保护法学 |
| 刑法学 | 民商法学 | 诉讼法学 | 经济法学 | 国际法学 |
| 军事法学 | 法律 | 法律(非法学) | 法律(法学) | — |

# 专业类重点专业解读

## 030101K 法学

本人毕业于一所普通的本科院校,所学专业是法学,目前是一名地级市的法官,应"金榜事事懂"的邀请,介绍一下法学专业。

### ➤ 法学现状

法学其实是个好专业,只要你努力了,将来会受益很多,也很有前途。但是现在有个非常大的问题,那就是学的人实在太多了。许多高校在设置法学专业的时候过于随意,不管是理工为主的高校、人文为主的高校,还是综合类的高校,几乎都有"法学"这个专业。结果就是学生素质参差不齐,数量严重过剩,就业形势自然越来越差。

法学涉及的范围非常广泛,我们每一天所接触到的人和事几乎都要用到法学知识,比如做生意签订合同要懂合同法,与工作单位发生纠纷要懂劳动法,当个人受到他人侵害时要以法律来保护自己,等等。像研究犯罪问题的刑法、研究如何打官司的诉讼法、研究国家之间关系的国际法等,也都在法学的研究范围之内。

### ➤ 学习内容

第一,一个法律工作者首先需要知道的是法学学科的一般运行规律,如法学的研究方法、法是如何运行的、法的形式是什么、法是如何发挥效力的。这些内容属于法学的基础课程——法理学。

第二,中国法制史课程主要学习我国法律制度发展演变的过程,现代法律法规的深刻含义,如何准确理解每个法律概念的含义。

第三,当一个法律工作者接到一个案子时,首先要对它进行归类,即案子的双方是平等主体还是非平等主体。这需要使用不同的法律,于是就涉及民法、刑法、行政法等课程。只有系统学习了这些法律课程,我们才能正确地分门别类,找到相关法律支持。

第四,由于现代生活的复杂性,相关法律问题日益细化,因而也就有了部门法的细分,如商法、经济法学、知识产权法、国际法、国际私法、环境法等。

第五,作为一个法律工作者,除了要掌握基本的法律法规内容,还需要了解解决法律问题的程序。民事诉讼法学、刑事诉讼法学、行政诉讼法学就是教给我们解决法律问题程序的课程。

这些专业课程是一个完整的法律体系,涵盖了一个法律工作者在工作中会用到的各种工具。

### ➤ 教授补充点评

不太了解法学专业的人,可能会认为学习法律需要记忆力好,需要背法律条文,特别枯燥,这是一种误解。法学专业的学生并不是只学习法律条文,而是以现行或古代的法律作为基本材料,来研究和探讨法律背后的规律、原则、原理与运用,以及培养法律思维能力等。

法律条文不是法学专业学习的目的,而只是研究、剖析、批判和将要改造的对象。与此同时,通过法学专业的学习,还能培养学生严谨的思维方式、深入分析解决复杂问题的能力和思辨的习惯。这些都离不开对案例的研习。而讨论案例是一件十分有趣的事情,不会那么枯燥。

### ➤ 注意事项

第一,很多学生认为被法学专业录取后,就会自然而然地做法官或律师,这显然是一个错误的想法。法律是一个精英行业,很多报考法学专业的学生希望毕业后做法官、律师及高校教师等社会地位较高的工作,但这些工作要求同学们一定要取得法学硕士学位,甚至博士学位。本科毕业后还必须通过国家统一法律职业资格考试,这样才能获得从事法律相关工作的资格,成为一名名副其实的法律人。如果你没有通过国家统一法律职业资格考试,就只能做一些法律辅助性的工作,在职业发展和收入方面是不太乐观的。

第二,关于学校,重点大学和普通大学的法学专业区别不大,因为它的资格准入是很高的。虽然知名的大学更受欢迎,但再知名的大学毕业生也得经过层层竞争才能胜出。

第三,需要注意的一点是,国家统一法律职业资格考试对考生的要求很严格,明确限定了报考人员的条件,如果立志要成为法律人,一定要提前了解相关规定。

### ➢ 就业现状

总的来说,最近这几年法学专业本科生的就业前景不容乐观。简单分析,造成就业困难的因素主要包括以下几个方面。

1. 法学教育是一种职业教育,法学专业的"毕业证"绝对不是"职业准入证"。法学教育与法律职业之间存在冲突,法学学士、硕士毕业后不能立刻从事与法律专业密切相关的法官、检察官、律师、法律顾问等工作,必须通过国家司法考试,而国家司法考试通过率近五年平均只有百分之十几。

2. 公务员职位有限,由于中国的法学院校实在太多,所以公务员考试往往是百里挑一。

3. 企业方面,本科毕业的学生进企业的话,一般是做法务专员。做法律顾问一般没戏,就算做法务专员,也可能有点难度,因为你没有任何相关的工作经验,企业可能会让你从法务助理开始干起。令人沮丧的是,法务专员最为重视工作经验,而刚毕业的学生又刚好最缺乏工作经验。

4. 想要从事法律工作一定要有专业的法律知识,然而在本科阶段学到的内容远远不够,像"五院四系"出来的本科生也不敢保证毕业后能立刻就业。研究生的深造和实践是非常有必要的。

## 030102T 知识产权

本人是知识产权专业的毕业生,应"金榜事事懂"的邀请,介绍一下知识产权专业。

### ➢ 专业介绍

知识产权专业其实是属于法学一类的专业。不过要特别注意的是,与法学专业不同的是这个专业偏重于理科,需要理工背景,而普通法学根本不涉及理工方面的知识。

为什么需要理工背景呢?因为知识产权中的专利法,对于发明、实用新型、外观设计的规定涉及一些理工知识。还有,两样同是创新的产品,它们的区别在哪里?为什么这个能申请到知识产权,而另一个不可以,这是很复杂的。所以具有理工背景相对来说好理解一些。

有人问知识产权是不是就是申请专利?实际上专利只是知识产权的一种,知识产权包括专利权利、商标权利和著作权等。比如发明、文学和艺术作品,在商业中使用的标志、名称、图像以及外观设计,都可被认为是知识产权。

我给大家举个较通俗的例子,就以你现在看的这本书为例,也是有知识产权保护的,如果出现盗版,公司就需要知识产权专业人员去处理。还有你们高三用的参考书,如果有人买的是盗版,正版的商家要追究印盗版书者的责任,就需要有知识产权的专业知识。

### ➢ 学习内容

因为知识产权属于法学类,所以法学类的基础课程都是要学的,但还要学习一些知识产权的专业知识课程。

大学里主要学习以下内容:知识产权方面的法律文书怎么写,例如,申请发明专利所需的请求书、说明书和其摘要,以及权利要求书怎么写;申请外观设计专利所需的请求书,以及对该外观设计的简要说明等如何写;另外,还要学习各种知识产权方面的法律程序,如申请注册商标的程序。

具体学习的课程主要有:知识产权法总论、法理学、民法学、国际法、国际技术转让法、民事诉讼法、专利法、商标法、著作权(版权)法、票据法、商业秘密法、法律文书等。

### ➢ 就业情况

第一,如果本科毕业后不想考研,可以先出来工作试试,在这个行业有商标代理人和专利代理人;如果想找个较理想的工作,那么你应该具备以下条件:1. 通过国家法考考试;2. 考取专利代理人资格证书;3. 英语水平过专业八级;4. 硕士毕业。

比较有可能从事的工作,是去专利事务所从事专利代理、商标代理、版权代理等方面的工作。目前的知识产权公司都是代理知识产权注册的,新人过去都是做电话营销。现在全国各地的代理公司数不胜数,竞争有些大。基本过程:专利工程师(准专利代理)—考专代证—拿证—专代或企业干两三年后—取得从业资格证—自己开专利事务所—招录刚毕业的大学生—负责跑案源—负责撰写案子—负责流程。

第二,也可以去规模较大的公司,专门负责知识产权保护的工作。大公司都有这样的部门,不过都是冷门部门。在重视专利工作的企业,没准还能有点存在感,否则就很悲摧。

第三,这个专业也能在公安局、检察院、法院等部门从事知识产权方面的法律事务,或者去版权局、商标局、专利局、科技局等单位。要做公检法、公证员、律师之类的话,肯定要通过国家司法考试,这是就业的最低要求。

薪酬水平不高不低。以北京、上海为例,都属于中下等收入水平。除了中大所合伙人,普遍的就是较低的收入水准。绝对收入看,也就是中等;相对收入看,肯定是较低。

### ➢ 现状和前景

1. 现在在欧美、日本等国这个行业还是比较好的。就我国当前状况而言,知识产权的普及率也在逐步提高,部分企业也开始具备这方面的意识了,尤其现如今信息透明,网络环境复杂,也不得不提高这方面的意识。知识产权代理公司以北京、上海、天津、深圳等城市居多,二级城市和三级城市还是相对较少的。另外,目前国内知识产权(代理)行业不稳定,许多公司一般停留在简单的代理,综合实力强并具有知名度的知识产权咨询管理类公司还比较少。

2. 至于前景,个人觉得是个朝阳专业,前景不错。国家越来越注重保护知识产权;如今侵犯专利权、著作权、商标权等知识产权的行为很多,做这方面的律师很不错。专利代理在国内来说依然是相对年轻的朝阳行业,未来怎样发展要看政府的引导,而且该行业也依托于企业的创新能力。

3. 至于说四年后就业容易还是难,我也说不准。只能说无论什么专业,只要你刻苦用心学习,出类拔萃,那就业就不是大问题。

# 030103T 监狱学

本人是山东政法学院监狱学专业的毕业生，应"金榜事事懂"的邀请，介绍一下监狱学专业。

## ➢ 专业介绍

监狱学是以监狱法作为基本研究对象的学科，属于部门法学。现在的监狱学专业是由原来的监狱法学与监狱学合并而来的，所以监狱学专业除研究监狱法律制度外，还研究监狱历史、狱政管理、罪犯教育、罪犯劳动、罪犯心理、监狱经济管理、监狱医疗卫生、监狱建筑和刑满释放人员的社会保护等内容。

现在本科开设监狱学专业的大学不多，比较好的学校有中央司法警官学院、山东政法学院、上海政法学院等。

## ➢ 学习内容

在学习方面，监狱学专业和普通专业有很大区别。监狱学专业注重把理论贯彻到实践中去，不仅对文化课成绩有较高要求，对体能、驾驶、射击等方面也会进行相应的训练。警校每天的课程都很满，还会有早操、早读和队列训练。

说一下我们的四年大学生活吧：大一，体能训练和翻越障碍训练；大二，警体拳、套路、英语四级；大三，警体练习实战、备战国家统一法律职业资格考试和公务员招录考试；大四，射击、考试、实习。

## ➢ 就业情况

监狱学专业是不包分配的，毕业以后也不属于内部公务员。不是上了大学就等于有了工作，关键还是要在警校里锻炼自己、磨炼自己、充实自己。不过监狱学作为一个特招专业，学校每年培养的人数不多，就业压力不算太大。在大四的时候，我们要学习公务员的课程，这样到时候竞争比较有优势。

就业面比较窄，除了做研究就是去监狱系统。做研究就要考研、考博，去监狱系统就要考公务员。

监狱学专业有一个特点，即大学毕业生就是三级警司，大学四年就相当于四年警龄了，不用再经过一级警员和二级警员的晋升，这一特点公安系统则不具备。现在监狱现代化、专业化水准越来越高，对人才的需求也很大。术业有专攻，科班出身也利于今后的发展。

# 302 政治学类

## 本专业类概况

### 一、各选科组合能报本专业类的比例

该数据反映的是在该专业类的所有高校招生计划中,各科目组合有多少学校能填报。详解见图书使用说明。

| 物理 化学 生物 | 物理 化学 历史 | 物理 化学 地理 | 物理 化学 思想政治 | 物理 生物 历史 |
|---|---|---|---|---|
| 0.0% | 0.0% | 0.0% | 94.8% | 0.0% |
| 物理 生物 地理 | 物理 生物 思想政治 | 物理 历史 地理 | 物理 历史 思想政治 | 物理 地理 思想政治 |
| 0.0% | 94.8% | 0.0% | 99.0% | 94.8% |
| 化学 生物 历史 | 化学 生物 地理 | 化学 生物 思想政治 | 化学 历史 地理 | 化学 历史 思想政治 |
| 0.0% | 0.0% | 92.8% | 0.0% | 96.9% |
| 化学 地理 思想政治 | 生物 历史 地理 | 生物 历史 思想政治 | 生物 地理 思想政治 | 历史 地理 思想政治 |
| 92.8% | 0.0% | 96.9% | 92.8% | 97.9% |

### 二、该专业类的主要专业男女比例及每年大致毕业人数

| 专业类 | 专业代码 | 专业名称 | 各专业年度毕业人数 | 男女比例 |
|---|---|---|---|---|
| 政治学类 | 030201 | 政治学与行政学 | 4000～4500人 | 男33% 女67% |
| 政治学类 | 030202 | 国际政治 | 1000～1500人 | 男28% 女72% |
| 政治学类 | 030203 | 外交学 | 400～450人 | 男25% 女75% |

### 三、本专业类主要考研方向

| 学科门类 | 一级学科 | 研究方向 | 学位授予 |
|---|---|---|---|
| 法学 | 0302 政治学 | 学术硕士 | 可授硕士、博士专业学位 |
| 法学 | 0355 国际事务 | 专业硕士 | 仅可授硕士专业学位 |
| 参考往年可报考二级学科 | | | |
| 政治学 | 政治学理论 | 中外政治制度 | 科学社会主义与国际共产主义运动 | 中共党史 |
| 国际政治 | 国际关系 | 外交学 | — | — |

## 本专业类重点专业解读

# 030201 政治学与行政学

本人是同济大学政治学与行政学专业毕业的,应"金榜事事懂"的邀请,简单介绍一下政治学与行政学专业。

### ➢ 专业介绍

政治学与行政学专业属于政治学类,在一般大学是隶属于政治系的。主要研究的是一个国家的政治制度和政治体制方面的情况。比如,研究什么是真正的社会主义制度,什么是三权分立等。所学的课程一般是政治类的理论课。

套用我们教授的话说,古希腊哲学家亚里士多德说过,政治学是"最高主宰的科学、最有权威的科学"。政治学当然是研究"政治"的一门学问,是研究权力分配、国家治理的社会科学。政治学与行政学专业以国家及其活动为主要研究对象,范围涉及政治理论、政治制度、政治行为、公共政策、公共行政和国际政治等领域。

个人认为,你是哪个学校哪个专业毕业的并不重要,重点是看你这个人是怎么样的,看你有什么样的性格,是否具备一些基本的社会常识和礼貌,是否懂得有效沟通、团队协作,是否有良好的人际关系,等等。这些是你进入社会要长期稳定工作下去所必需的素质。

### ➢ 学习内容

大学期间主要学习的课程有:政治学原理、行政学概论、中国政治制度史、当代中国政治制度、比较政治制度、中国政治思想史、当代西方政治思潮、中国社会政治分析等。总体偏重于理论的学习,实用性的知识不多。政治学与行政学专业学习的知识可以说是政治领域里面最权威的。

### ➢ 就业情况

很多人问政治学与行政学专业毕业后可以做什么,是不是很难就业。刚上大学的时候老师可能会说这个专业都是从政的,说百分之八九十会进政府部门。

第一,像这种偏理论性的专业,就业情况大部分不理想。最好的出路肯定是成为公务员或进事业单位。这个专业学习的很多理论知识对考公务员还是很有帮助的。一般去政府机关或者事业单位都是做一些文职工作,也就是写写材料什么的,工作很轻松,朝九晚五,现在算是最稳定的工作了。

第二,比较好的出路是考研,如果考本专业的研究生,主要是考马克思主义理论等主要课程。当然也可以考虑考其他专业的,具体看个人的想法了。我们班很多研究生毕业的同学去做大学辅导员了。现在研究生越来越多,并不是考完研就一定能找到合适的工作。

第三,如果不考公务员也不考研,也可以去公司做一些与行政相关的工作,比如做公司人事、行政专员、办公室内勤等。这些工作起点比较低,但是非常锻炼人,很适合刚毕业的学生磨炼一下自己。如果想去企业,就全凭个人本事了,很少有企业会专门需要一个政治学与行政学专业的人才。

### ➢ 认识误区

社会上相当多的人对政治学与行政学专业有一定误解。一是将学政治学的等同于搞政治的。

事实上,政治家并非都是学政治学的,学政治学的也未必都能成为政治家。但是,政治学知识对于成为政治家有重要的作用,这是千真万确的。二是将政治学看作意识形态,而有意或无意地将其简单化。事实上,在人类历史上政治学知识最为久远,是社会科学中的基础学科,有深厚的知识积淀、严格的学科规范,以及独特的方法论。

### ➢ 注意事项

学习本专业需要对政治课特别感兴趣,你需要关注中国古代和当代的政治制度,关心国家大事。如果你能够对社会政治现象,例如热点问题抱有浓厚的兴趣和高度的敏锐性,那可以考虑该专业。

## 030202 国际政治

本人是国际政治专业毕业的,应"金榜事事懂"的邀请,简单介绍一下国际政治专业。

### ➢ 专业介绍

国际政治专业是指全球性的政治活动,是对国际大事或问题进行深入研究,主要研究以国家为主体的国际互动行为,并从政治的视角研究影响这种互动关系的一切因素。国际政治偏重理论上的研究,经常结合国际舞台上最新发生的重大情况进行分析。比方说国际政治专业的人会结合叙利亚战事、朝韩领导人会谈、美朝领导人会谈、中美经济谈判等来研究各个国家之间的政治关系。

### ➢ 学习内容

大学期间主要学习的课程有:政治学原理、国际政治概论、国际法与国际组织、比较政治制度、当代国际关系、近现代国际关系、近现代中国外交、西方国际关系理论、国际政治经济学、美国外交政策、亚太地区政治与经济、欧洲地区政治与经济、各国政治与经济等。

### ➢ 需要具备的素质

国际政治专业有很多具体方向,因此需要具备的素质因方向而异。第一,需要有敏锐的直觉和洞察力,要紧跟时代发展的潮流,视野开阔,随时关注和思考电视、报纸关于国际时事的介绍和评论。第二,需要有较强的英语能力。对于选择国际政治专业的学生来说,较好的英文读、听、写能力是必需的。概括说来,理论功底深厚、良好的文字表达能力、对现实的敏锐洞悉力、熟练的外语是国际政治专业学生的核心技能和必备的素质。

### ➢ 专业优势

学国际政治专业的人一般分析能力都很好,能运用所学的一些政治原理来处理现实中的人际关系。即便是以后没有成为外交官或是没有在外事部门工作,良好的沟通能力也会对就业及今后的发展起到至关重要的作用。

国际政治专业的学生英语相对都还不错,这也是去外企的优势。

### ➢ 就业方向

首先,就是考公务员,在各级党政机关、外事部门工作,如外交部国际司或外交部其他部门、地方外事局、民政局、人事局等单位,负责行政与外事协商以及政策研究。

其次,就是考研。只有考研、考博后就业才有一定的优势。研究生毕业之后有机会到高等院校或科研院所工作,负责国际政治及相关专业的教学和科研工作。如果你是国际政治专业的博士,想当大学老师,那么很多高校任你挑。

此外,还可以考虑成为国际组织的工作人员,去向是联合国有关机构或相关国际组织的公务人员。

最后,可以做记者、编辑,在中央和地方新闻媒体机构从事国际新闻的工作。虽然比较辛苦,但是专业对口的程度还是挺高的。

### ➢ 注意事项

1. 这是一个"慢工出细活"的专业,因而要耐得住寂寞。
2. 这门学科对学习者的英语水平要求较高,而且对理论素养的要求也很高,并不是口才好就可以从事涉外工作。
3. 尤其需要注意的是,国际政治专业不等于外交学专业。国际政治只研究政治,外交学研究外交。国际政治偏向理论研究,而外交学偏向实践,致力于培养懂基本外交礼仪的应用型人才。

## 030203 外交学

本人是外交学专业毕业的,应"金榜事事懂"的邀请,简单介绍一下外交学专业。

### ➢ 专业介绍

外交学专业侧重于研究国家对外交往的实践活动,主要培养具备交际和谈判能力的外交家或涉外活动家。外交学专业的应用性和实践性比较强,与国际政治专业和国际关系专业联系比较紧密。

外交学专业的研究有两个方面:一个是一般外交学理论与实践;另一个是具体国家外交政策。在理论方面,研究外交的本质、目标和类型等;在实践方面,主要研究外交手段和技巧、外交礼仪和规范等。

### ➢ 学习内容

外交学专业的课程相对比较枯燥,在专业课方面,一半英文,一半中文。课程以政治类居多,所以学好政治是前提。

大学期间主要学习的课程有:外交学、国际关系理论、当代中国外交、国际政治导论、国际关系史、当代国际政治与多边外交、国际法与国际组织、外国政治制度、宗教与国际政治、谈判学等。

除了掌握基本的国际关系知识,还要学习基本的外交礼仪、各国风土人情,等等。

### ➢ 开设的学校

目前我国开设这一专业的高校不多,基本上都是一些知名院校,如北京大学、中国人民大学以及外语类院校等。

外交学院是外交部所属的专门培养外交外事、涉外经济人才的大学,被认为是外交官的"摇篮"。另外,广东外语外贸大学、北京外国语大学等外语类大学都有外交学专业,主要依托大学的外语优势。

如果你的英文很好,又博览群书,可以考虑报考;如果你不喜欢政治,那还是不要考虑这个专业了。

### ➢ 就业情况

外交学专业相对比较冷门,就业形势很一般。至于以后从事的工作,较理想的就是在外交部从事外事外交、政策研究、对外宣传等工作,或者是在新闻单位从事国际新闻采编之类的工作。

  就我们同学来说,大部分同学都是在一些外企公司工作,从事一些与英语相关的工作,毕竟在校期间的专业课程都是一半英文,一半中文;还有一部分同学又考了其他方向的研究生;最后剩下的同学有考公务员或事业单位的。

> 注意事项

  1. 学习本专业除了要有犀利的口才、灵活的头脑,还需对国际新闻时事比较敏感。

  2. 不要相信"只要你考进外交学院,就等于一只脚踏进了外交部的大门!"这句话。

  3. 不要因为想进外交部而选择外交学专业。因为在我们所有的毕业生中只有极个别非常优秀的同学才有可能被外交部录取。

  4. 涉外人员要对国际事务和中国外交有全面系统的了解,需要有较广的知识面,这意味着你要博览群书。

# 303 社会学类

## 本专业类概况

### 一、各选科组合能报本专业类的比例

该数据反映的是在该专业类的所有高校招生计划中,各科目组合有多少学校能填报。详解见图书使用说明。

| 物理 化学 生物 | 物理 化学 历史 | 物理 化学 地理 | 物理 化学 思想政治 | 物理 生物 历史 |
| --- | --- | --- | --- | --- |
| 90.9% | 96.3% | 90.9% | 92.5% | 96.3% |
| 物理 生物 地理 | 物理 生物 思想政治 | 物理 历史 地理 | 物理 历史 思想政治 | 物理 地理 思想政治 |
| 90.9% | 92.5% | 96.3% | 97.9% | 92.5% |
| 化学 生物 历史 | 化学 生物 地理 | 化学 生物 思想政治 | 化学 历史 地理 | 化学 历史 思想政治 |
| 96.3% | 90.9% | 92.5% | 96.3% | 97.9% |
| 化学 地理 思想政治 | 生物 历史 地理 | 生物 历史 思想政治 | 生物 地理 思想政治 | 历史 地理 思想政治 |
| 92.5% | 96.3% | 97.9% | 92.5% | 100.0% |

### 二、该专业类的主要专业男女比例及每年大致毕业人数

| 专业类 | 专业代码 | 专业名称 | 各专业年度毕业人数 | 男女比例 |
| --- | --- | --- | --- | --- |
| 社会学类 | 030301 | 社会学 | 3500~4000人 | 男30% 女70% |
| 社会学类 | 030302 | 社会工作 | 12 000~14 000人 | 男27% 女73% |

### 三、本专业类主要考研方向

| 学科门类 | 一级学科 | 研究方向 | 学位授予 |
| --- | --- | --- | --- |
| 法学 | 0303 社会学 | 学术硕士 | 可授硕士、博士专业学位 |
| 法学 | 0352 社会工作 | 专业硕士 | 可授硕士、博士专业学位 |
| 参考往年可报考二级学科 | | | |
| 社会学 | 社会学 | 人口学 | 人类学 | 民俗学 |

# 本专业类重点专业解读

## 030301 社会学 & 030302 社会工作

本人是社会学专业的硕士毕业生，应"金榜事事懂"的邀请，介绍一下社会学和社会工作两个专业。

### ➢ 专业介绍

社会学专业：随着经济的发展，很多新的问题困扰着人们的生活，如劳资关系恶化、犯罪问题等。一部分学者开始研究这些问题，于是社会学这个专业便产生了。社会学是一门分析各种社会现象、研究社会中人的行为、探求如何解决社会问题的专业。学习社会学专业，我们在课堂上会研究很多社会问题，比如女性在现代社会中充当的角色、社会福利问题、青少年犯罪问题等，然后研究如何解决这些社会问题。

社会工作专业：社会工作是一个新行业，包括社会救助、化解社会纷争、犯罪矫正、戒毒扶助等，属于实践行为。扶危济困是社会工作的宗旨。其目标就是帮助处于危机中的人们解决困难、增强生活能力。比如在我们生活的小区里处理和疏导家庭纠纷，在地震后从事灾后人员的心理疏导工作，在敬老院从事老年福利工作等，这都属于社会工作专业的范围。

### ➢ 两个专业的区别与联系

1. 社会学专业注重的是理论研究，探究社会问题的本质；社会工作专业注重实际工作，解决弱势群体在生活中遇到的问题，更偏重技术，应用性很强。

2. 大学学习内容方面，社会学专业学生对理论知识、研究方法、社会调查方法学得比较多；社会工作专业设有很多助人技术课程，如个体辅导、小组辅导等。如果不想从事研究工作就选择社会工作专业。

### ➢ 什么学生适合

有志于学习这两个专业的学生，需要具备一定的人文素养、社会观察力和理性思维能力，具体包括以下几点：第一，具有强烈的社会责任感和社会意识；第二，具有广阔的人文素养和文化背景；第三，具备独立思考和创新能力；第四，具有较强的团队合作能力、吃苦耐劳的精神和沟通能力，并具有开放和包容的心态；第五，要有从事社会调查的热情、能力和分析处理社会调查资料、数据的各种技能。

### ➢ 学习内容

社会学专业与社会工作专业开设的大多数课程都是相同的，两者的区别在于：社会学专业偏重于一些理论性的课程，如经济社会学、组织社会学、城市社会学、社会分层、社会运动、中国社会学史及国外社会理论；而社会工作专业则偏重于一些实践服务性的课程，如社会政策、社会福利、社会保障、个案工作、小组工作、社区工作及老年社会学等。

### ➢ 各大学本专业状况

个人认为，报考这两个专业的首选是北京的几所大学，如北京大学、清华大学、中国人民大学、北京师范大学、中央民族大学也不错。另外，南开大学、南京大学、中山大学、复旦大学、浙江大学、厦门大学、华中科技大学和华中师范大学等大学的这两个专业也不错。

## ➢ 就业方向

一、社会学专业毕业生的就业方向。

1. 把社会统计学和社会调查方法学好了,可以进调查公司、咨询公司工作。
2. 学好社会工作理论、社区研究,再考个社工证,可以进社区工作。
3. 如果有较好的文字功底,可以进报社、杂志社,因为社会学专业学生写稿子的时候往往具有独特的社会和分析视角。《南方周末》上许多文章的作者就是社会学专业毕业的。
4. 继续读研,以后从事教师工作或者从事社科类的学术研究。

二、社会工作专业毕业生的就业方向。

1. 进民政系统、街道办事处、社区居委会当公务员或选调生。社会工作专业进入公务员体系有极强的优势。
2. 进专业社工机构。社工机构发展日益强大,如青少年社工、老年社工、戒毒社工、家庭社工。上海、深圳等地的社工机构越来越多。
3. 进NGO(非政府组织)、非营利组织及民间组织,从事各类公益项目。
4. 进各种社会福利机构,如老年福利机构、心理咨询机构,或者妇联、工会等群体组织。

## ➢ 工作现状和前景

说到现状和前景,可以用一句话概括:前景很光明,现实不明朗。就说现在,在发达国家和地区,以及我国的一些发达省份、特区,从事社会工作是非常崇高而体面的,报酬也很不错。以我国香港地区为例,社会工作者的收入很稳定,甚至可以说比较高。但在内地,情况则大不相同,目前社工的薪资还没有统一的标准体系。除了每年民政部以公务员等形式招聘的一部分毕业生可以得到充分保障,其他如福利院或街道办社工的待遇尚谈不上十分理想。这直接影响了毕业生的对口就业选择。虽然像深圳、广州、上海等城市的社工发展已初具规模并有不少成功的经验,但真正发展起来还有待时日。

我国正处于重大的社会转型过程中,社会转型既向我们展现了美好的前景,同时又难免存在干扰社会和谐运行及健康发展的问题,如两极分化和社会阶层结构不合理问题、城市化和城市病问题、人口老龄化问题、富裕中的贫困问题、农民工问题、信任机制不健全问题、犯罪率升高问题、安全感缺失问题、环境治理问题等。所有这些问题都迫切需要了解社会总体运行的基本法则、懂得社会部门和组织的基本运作原理、掌握社会调查和分析的基本方法和手段的社会学专门人才去参与解决,所以未来对社会学专业和社会工作专业的人才需求应该会逐渐多起来。

总之,经济越发达,社会越进步,就越需要社会工作专业,因此,虽然目前整体就业情况一般,但社会工作专业未来的就业前景还是值得期待的。

## ➢ 注意事项

1. 很多人以为社会工作就是在街道工作,每天处理一些琐碎的事情,这是片面的认识。其实民政领域所涉及的救灾救济、优抚安置等方面的工作也属于社会工作的方向。
2. 想报这两个专业应具备一定的社会活动能力并富有同情心和爱心,外向型的性格比较适合。
3. 考虑这两个专业的同学可以多浏览"社工中国"这个网站。

# 304 民族学类

## 本专业类概况

### 一、各选科组合能报本专业类的比例

该数据反映的是在该专业类的所有高校招生计划中,各科目组合有多少学校能填报。详解见图书使用说明。

| 物理 化学 生物 | 物理 化学 历史 | 物理 化学 地理 | 物理 化学 思想政治 | 物理 生物 历史 |
|---|---|---|---|---|
| 0.0% | 81.8% | 0.0% | 0.0% | 81.8% |
| 物理 生物 地理 | 物理 生物 思想政治 | 物理 历史 地理 | 物理 历史 思想政治 | 物理 地理 思想政治 |
| 0.0% | 0.0% | 81.8% | 90.9% | 0.0% |
| 化学 生物 历史 | 化学 生物 地理 | 化学 生物 思想政治 | 化学 历史 地理 | 化学 历史 思想政治 |
| 81.8% | 0.0% | 0.0% | 81.8% | 90.9% |
| 化学 地理 思想政治 | 生物 历史 地理 | 生物 历史 思想政治 | 生物 地理 思想政治 | 历史 地理 思想政治 |
| 0.0% | 81.8% | 90.9% | 0.0% | 100.0% |

### 二、该专业类的主要专业男女比例及每年大致毕业人数

| 专业类 | 专业代码 | 专业名称 | 各专业年度毕业人数 | 男女比例 |
|---|---|---|---|---|
| 民族学类 | 030401 | 民族学 | 600~700人 | 男35% 女65% |

### 三、本专业类主要考研方向

| 学科门类 | 一级学科 | 研究方向 | 学位授予 |
|---|---|---|---|
| 法学 | 0304 民族学 | 学术硕士 | 可授硕士、博士专业学位 |
| 参考往年可报考二级学科 | | | |
| 民族学 | 民族学 | 马克思主义民族理论与政策 | 中国少数民族经济 | 中国少数民族史 |
| 中国少数民族艺术 | — | — | — | — |

## 本专业类重点专业解读

## 030401 民族学

本人是民族学专业的硕士毕业生，应"金榜事事懂"邀请，简单介绍一下民族学专业。

### ➤ 专业介绍与学习内容

民族学是研究民族的发生、发展和变化的专业，以民族及其文化为研究对象，主要通过实地调查、分析文献资料，研究民族的起源、发展以及消亡的过程，弄清各民族的社会经济结构、政治制度、风俗习惯、宗教信仰、语言文字等。

大学主要学习的课程包括文化人类学、民族学、生态人类学、民族学调查方法、中国民族概论、世界民族概论、民族经济学、族群与家族、宗教文化、民俗学、社会学、中国文化史等。一般在大学期间实习的话，至少需从事三个月的田野调查。

### ➤ 就业情况

民族学是冷门专业，毕业后进入政府机关宗教局是比较对口的就业选择，在宗教局工作相对比较稳定，但门槛较高，只有少数人才能进去。

简单概括，本科毕业生的就业主要有以下几个方向：

1. 党政事业机关，即我们所说的公务员。主要是进入各级党政机关中的民族、宗教、统战、民政、侨务、旅游、文物、博物馆等部门从事行政管理、材料编写的工作，但每年极少有对口岗位可以选择，所以竞争比较激烈。

2. 继续深造，包括考研、读博。

3. 大部分本科毕业的同学选择了与本专业无关的工作。

### ➤ 工资待遇

据一项就业调查显示，民族学专业毕业生（包括考上研究生的人）的就业率仅有约39%。与其他专业相比，不管你是刚毕业，还是工作三五年，薪酬水平都属于中等偏下。

### ➤ 注意事项

1. 民族学学起来挺有意思。

2. 如果你希望毕业后从事民族学方面的科研工作，不一定非要考名校。比方说云南大学和厦门大学，虽然在学校声誉上，云南大学和厦门大学完全不属于同一个档次，但从民族学专业来看，还是云南大学强。云南大学民族学专业的最大优势在于，云南是一个多民族的省份，其中人口超过2000的常住民族有二十六个，特有民族十五个，跨境民族十六个。民族语系多，语种复杂，村寨密布，这是厦门大学所处的地区无法相提并论的！

# 305 马克思主义理论类

## 本专业类概况

### 一、各选科组合能报本专业类的比例

该数据反映的是在该专业类的所有高校招生计划中,各科目组合有多少学校能填报。详解见图书使用说明。

| 物理 化学 生物 | 物理 化学 历史 | 物理 化学 地理 | 物理 化学 思想政治 | 物理 生物 历史 |
|---|---|---|---|---|
| 0.0% | 0.0% | 0.0% | 82.1% | 0.0% |
| 物理 生物 地理 | 物理 生物 思想政治 | 物理 历史 地理 | 物理 历史 思想政治 | 物理 地理 思想政治 |
| 0.0% | 82.1% | 0.0% | 100.0% | 82.1% |
| 化学 生物 历史 | 化学 生物 地理 | 化学 生物 思想政治 | 化学 历史 地理 | 化学 历史 思想政治 |
| 0.0% | 0.0% | 80.8% | 0.0% | 98.7% |
| 化学 地理 思想政治 | 生物 历史 地理 | 生物 历史 思想政治 | 生物 地理 思想政治 | 历史 地理 思想政治 |
| 80.8% | 0.0% | 98.7% | 80.8% | 98.7% |

### 二、该专业类的主要专业男女比例及每年大致毕业人数

| 专业类 | 专业代码 | 专业名称 | 各专业年度毕业人数 | 男女比例 |
|---|---|---|---|---|
| 马克思主义理论类 | 030503 | 思想政治教育 | 16 000~18 000人 | 男17% 女83% |

### 三、本专业类主要考研方向

| 学科门类 | 一级学科 | 研究方向 | 学位授予 |
|---|---|---|---|
| 法学 | 0305 马克思主义理论 | 学术硕士 | 可授硕士、博士专业学位 |
| 参考往年可报考二级学科 | | | |
| 马克思主义理论 | 马克思主义基本原理 | 马克思主义发展史 | 马克思主义中国化研究 | 国外马克思主义研究 |
| 思想政治教育 | 中国近现代史基本问题研究 | — | — | — |

## 本专业类重点专业解读

## 030503 思想政治教育

本人是江苏大学思想政治教育专业毕业的,现在是政治老师,应"金榜事事懂"邀请,简单介绍一下思想政治教育专业。

### ➢ 专业介绍

思想政治教育是一个偏理论的专业,目的是指导人们形成正确思想行为,主要研究人的思想观点以及人生观、世界观的形成规律。将来主要从事思想政治教育研究工作。

理论上来说,学习思想政治教育专业有机会进入各种国家机关、学校、科研单位、新闻出版等事业单位负责党务、宣传、行政、党团等工作。但实际上,也有很多毕业生毕业后从事教师工作。

### ➢ 学习内容

大学期间主要学习的课程包括马克思主义思想政治教育理论基础、思想政治道德观教育、中华人民共和国史、伦理学、教育学、管理学、心理学基础、思想政治教育史等。当然,大学后期会有大量的社会调查与专业实习。实习的话学生一般会到一些中小学学校从事思想政治教育工作。比方说担任中小学学生政治辅导员、少先队辅导员等,实习中能遇到许许多多课堂上没有学过的问题。

### ➢ 就业情况

1. 如果你是本科毕业,可以去考公务员,这样选择的面会广一些。另外,还可以考事业单位,主要是考教师类的,一般是去中小学教思想政治课,当然前提是你必须拿到教师资格证。总之,教师这个方向还是比较靠谱的。

2. 如果你是硕士研究生毕业,可以选择去高校做政治辅导员,待遇还不错。辅导员的晋升空间通常为办公室主任、行政部门主任、党委书记,基本走行政路线,整体的发展空间还是不错的。

3. 如果你是博士研究生毕业,可以留在高校从事相关专业的教师工作,那就是走学术路线了。既然读到博士,相对找工作也就没有那么难了。

4. 当然,本科毕业,如果你想从事其他行业也是没问题的。毕竟现在这种理论性较强的专业就业情况都差不多,只要做好合理的职业规划和定位,将来无论从事哪个行业,都有机会做出成绩。

### ➢ 注意事项

思想政治教育专业一般分为师范类和非师范类两类。师范类专业的毕业生一般是到中小学从事有关思想政治学科的教学,或者进学校党团组织。非师范类专业的毕业生主要进入党政机关、企事业单位,从事党务、行政、组织、宣传工作和管理工作。实际上,我们专业的毕业生大多数是从事教师工作和研究工作,少数是考取公务员后从事行政管理工作。

# 401 教育学类

## 本专业类概况

### 一、各选科组合能报本专业类的比例

该数据反映的是在该专业类的所有高校招生计划中,各科目组合有多少学校能填报。详解见图书使用说明。

| 物理 化学 生物 | 物理 化学 历史 | 物理 化学 地理 | 物理 化学 思想政治 | 物理 生物 历史 |
| --- | --- | --- | --- | --- |
| 97.2% | 98.8% | 97.2% | 97.4% | 97.4% |
| 物理 生物 地理 | 物理 生物 思想政治 | 物理 历史 地理 | 物理 历史 思想政治 | 物理 地理 思想政治 |
| 95.8% | 96.0% | 97.4% | 98.2% | 96.0% |
| 化学 生物 历史 | 化学 生物 地理 | 化学 生物 思想政治 | 化学 历史 地理 | 化学 历史 思想政治 |
| 84.7% | 83.1% | 83.1% | 84.7% | 85.3% |
| 化学 地理 思想政治 | 生物 历史 地理 | 生物 历史 思想政治 | 生物 地理 思想政治 | 历史 地理 思想政治 |
| 83.1% | 84.7% | 85.3% | 83.1% | 85.7% |

### 二、该专业类的主要专业男女比例及每年大致毕业人数

| 专业类 | 专业代码 | 专业名称 | 各专业年度毕业人数 | 男女比例 |
| --- | --- | --- | --- | --- |
| 教育学类 | 040101 | 教育学 | 5000~6000人 | 男14% 女86% |
| 教育学类 | 040102 | 科学教育 | 1500~2000人 | 男20% 女80% |
| 教育学类 | 040103 | 人文教育 | 600~700人 | 男19% 女81% |
| 教育学类 | 040104 | 教育技术学 | 6000~7000人 | 男25% 女75% |
| 教育学类 | 040106 | 学前教育 | 44 000~46 000人 | 男5% 女95% |
| 教育学类 | 040107 | 小学教育 | 32 000~34 000人 | 男11% 女89% |
| 教育学类 | 040108 | 特殊教育 | 2500~3000人 | 男17% 女83% |

### 三、本专业类主要考研方向

| 学科门类 | 一级学科 | 研究方向 | 学位授予 | |
| --- | --- | --- | --- | --- |
| 教育学 | 0401 教育学 | 学术硕士 | 可授硕士、博士专业学位 | |
| 教育学 | 0451 教育 | 专业硕士 | 可授硕士、博士专业学位 | |
| 教育学 | 0453 国际中文教育 | 专业硕士 | 可授硕士、博士专业学位 | |
| 参考往年可报考二级学科 | | | | |
| 教育学 | 教育学原理 | 课程与教学论 | 教育史 | 比较教育学 |
| 学前教育学 | 高等教育学 | 成人教育学 | 职业技术教育学 | 特殊教育学 |
| 教育技术学 | 教育法学 | 教育 | 教育管理 | 学科教学(思政) |
| 学科教学(语文) | 学科教学(数学) | 学科教学(物理) | 学科教学(化学) | 学科教学(生物) |
| 学科教学(英语) | 学科教学(历史) | 学科教学(地理) | 学科教学(音乐) | 学科教学(体育) |
| 学科教学(美术) | 现代教育技术 | 小学教育 | 科学与技术教育 | 学前教育 |
| 特殊教育 | 职业技术教育 | 学校课程与教学 | 学生发展与教育 | 教育领导与管理 |

## 本专业类重点专业解读

### 040101 教育学 & 040104 教育技术学

本人是教育学专业的硕士毕业生,应"金榜事事懂"的邀请,简单介绍一下教育学和教育技术学这两个专业。

> ➤ **误区解读**

光看专业名字,很多人会认为这两个专业的毕业生毕业后的就业方向是进入学校教书,这种想法是错误的。实际上,这两个专业毕业出来主要不是从事教师工作,特别是教育学专业。教育学是以研究教育现象和教育问题进而探索教育规律为对象的科学,因此,如果你的目标是当老师,应该慎选这两个专业。

其实,未来想当老师,可以考虑选择去读一些师范类专业,或者选择一个具体的学科就读,比如想当数学老师,可以选择数学相关专业,想当历史老师,可以选择历史学相关专业。

> ➤ **学习内容**

教育学专业是纯理论的学科,具体研究的是教育的理论、教育的原理、教育的方法、教育的目的、教育的制度、教育的管理等。而因为着重于研究理论,本科毕业生很难有好的就业机会。

教育技术学专业研究的就是怎样把多媒体技术、计算机网络技术等应用到日常教学中,让教学过程更丰富和多样化,让大家更容易懂、更容易学。教育技术学追求的是教学方式的创新。

举几个例子:现在有不少偏远地区的高中因为师资力量薄弱,就和重点高中合作,开展网络同步课堂,虽然相隔几千里,但偏远地区的高中生同样能接受最优质师资的教育,这就是教育技术学的应用。还有我国宇航员在中国空间站开设的"天宫课堂",以及新冠疫情没结束之前各个学校开设的在线网课等,都属于教育技术学的应用。通俗地讲,教育技术学专业就是学习如何利用合适的技术促进学习者更好地学习。

> ➤ **主要课程**

教育学专业是一个系统性的学科,核心课程又以哲学、历史学、心理学和社会学为四大基础。

核心课程主要包括以下三个方面:(1)分析教育中的形而上学问题的课程,如教育历史与文化教育、哲学与伦理等;(2)分析教育中的社会现象和个体的"人"的课程,如教育心理学、教育经济与社会等;(3)探讨教育活动的具体领域和实际问题的课程,如教育史学、国际与比较教育、课程理论与实践、教育理论与设计、教育领导与管理、现代教育技术等。

> ➤ **注意事项**

对于高中选择偏文的学生来说,将来上了大学后,学习高等数学可能会难一点;对于高中选择偏理的学生来说,文学、历史、哲学的功底可能不足,需要增加阅读量。

在有些人看来,从事教育工作没有像从事其他行业那样拥有高收入,但是,从教育行业的稳定性、教育收益的终身性和非经济回报的角度考虑,教育行业的幸福指数是相对较高的。

> ➤ **就业方面**

教育学专业的毕业生可以到各级教育行政部门、各级各类院校的教育管理部门、学生管理部门和外事部门，主要从事教育行政和教育研究工作，如省市县教育局和中小学管理工作。读研后可以去高校工作，但门槛较高。招生的时候对仪容仪表等略有要求，如口吃不能报该专业。

教育技术学专业，不同高校培养的目标不一样。这个专业主要就业方向是进入学校的教育技术系从事教育教学工作，还有进入各省、市、自治区下属的电教站从事电教管理、教育信息化建设相关工作，还可进入企业的宣传部门从事宣传工作。另外，还可以从事中小学的电教管理、课件制作、信息技术教育等方面的工作，以及各级电视台、广播电台的教育节目制作，也可以从事远程教育设计、开发和管理等方面的工作。

> ➢ 发展前景

发展前景：个人认为教育技术学专业可能会稍微好一些。毕竟随着教育内容的复杂化和信息技术的迅速发展，现代教育也需要综合利用各种先进方法提高教育质量。

就业率：一个学生的就业情况好不好，并不完全在于所学专业本身，更多要看自己的努力、能力、机遇等。但一定记住：这两个专业并非毕业后就从事教师工作。

## 040102 科学教育 & 040103 人文教育

本人是一名高中老师，应"金榜事事懂"的邀请，简单介绍一下科学教育和人文教育这两个专业。

> ➢ 专业介绍

这两个专业名字看起来很深奥，其实非常简单。人文教育，就是偏文方向的大综合教育，主要方向是小初高文科综合课程或文科单科课程的教学。科学教育就是偏理科大综合教育，主要是在学校进行理科综合或理科单科课程的教学工作。

> ➢ 学习内容

科学教育专业的核心课程：基础化学、基础物理学、普通生物学、地球概论、环境科学、教育心理学、科学课程与教学论、科学教学设计与技能训练、科技制作等。

人文教育专业的核心课程：中国文学、外国文学、中国通史、世界通史、中国哲学史、西方哲学史、经济学原理、心理学、教育学等。

从课程安排上就能看出，这两个专业学的内容比较广泛，能分别覆盖理科和文科。不过有的大学可能方向有所侧重，比如有的大学会明确说明学校开设的这两个专业是偏向地理方向的。

> ➢ 不同地域差异

有人问：这两个专业地区差异是不是比较大？确实，科学教育专业和人文教育专业地区差别比较大。不同地区不同省份的重视程度不一样，对专业的认可度也不一样。个人感觉南方的省份比北方的省份更重视一些。

不同地区对这两个专业的定位也是不一样的。身边科学教育专业的同学毕业后有去教生物、化学、物理中某一科的，也有直接教科学的。人文教育专业的同学毕业后有去教政治、历史、地理某一科的。但有些地区对这两个专业有些限制，他们在招录老师时，规定不招这两个专业毕业的学生，比方说他们招地理老师，虽然科学教育专业能教，但他们只招大学是学地理专业的，不招科学教育专业的。具体而言，需要根据学校和地区对比之后再做选择。

## ➤ 实习和就业情况

实习:一般就是到学校去代课锻炼。

就业:毕业生毕业后总体就业方向主要包括以下两个。

1. 当中小学教师,这是较好的出路。
2. 还可在相关教育行业从事研究、教学和管理等工作。

由于单科专业像大学学物理的也可以报考中学老师,所以就业竞争还是比较激烈的。

就业率:这就要看你自己本身的素质了。我们那一届大家都特别努力,经常举行讲课比赛什么的,最后都就业了(包括三个保研的),大家签的学校都不错,80%都考取了公立学校的教师资格。但我们下一届的就业率就不如我们这一届的高。

需要注意的是,这几年的学生都经历过三年疫情,疫情之后大家追求稳定,所以报名参加公务员考试和教师编制考试热情高涨,近些年竞争可能会比较激烈。

## ➤ 现状与前景

现阶段这两个专业的就业形式还是相对不错的。但教育专业受国家政策影响较大,国家政策的变化随时影响着其就业形势。

建议选专业的时候一定要多比较,多了解每个专业具体学什么,毕业出来做什么。千万不要在不了解某些专业的情况下就随意做出选择。

另外就是关于考取教师资格证的问题。近些年教师资格证考试一直在陆续改革,学习这两个专业的同学要提前多关注一下这方面的信息。

# 040106 学前教育 & 040107 小学教育

本人是一名教师,应"金榜事事懂"的邀请,给大家简单介绍一下学前教育和小学教育这两个专业。

## ➤ 专业说明及误区

这两个专业比较容易理解,学前教育是指针对从婴儿出生到六七岁儿童的教育,包括学前社会教育和家庭教育;小学教育是涉及小学生的教育。

不过有人会误认为学前教育就是幼师。其实幼师从属于学前教育,是学前教育的一部分。学前教育包含了幼师,所学范围要比幼师广,还包含婴儿教育。所以,这个专业的学生不一定要去做幼师,还可以去亲子机构、早教中心发展。

## ➤ 学习内容和工作方向

近几年国家很重视学前教育,在这方面的投入很多,出台了许多政策。另外,幼儿时期是形成性格、人格发展的重要时期,现在家长也都十分重视,所以该领域的社会认可度较高。目前社会并不缺少幼儿教师,而是缺少高水平、高素质的幼儿教师,因此就需要培养学前教育专业的人才。

不要简单地以为学前教育就是带幼儿园的娃娃。在大学,这个专业的学生不仅要学习如何针对儿童在语言、社会、科学、艺术、身体等方面的特点因循其规律来实施教育,还需要学习儿童游戏、儿童心理、儿童文学等课程。此外,还要根据学前儿童生理和心理发育的特点,开设卫生保健、搭配合理膳食、预防和处理各种疾病和意外事故等课程。其实这些都是在做老师的时候需要的专业知识,都是每天需要用到的,因为工作后每个学期甚至每天都要设计课程。当孩子出现行为问题时,你要用专业的知识进行辅导;如何给孩子进行生命教育、感恩教育、道德教育、健康教育等,只有利用你的专业知识才能给予孩子更好的教育,让他们更好地成长。另外,在理论学习的同时,也非常重视实践性教学。很多大学是从大二开始就要每周去幼儿园见习一天,接触幼儿园,接触孩子,了解老师平时需要做些什么,怎样带班,等等。

总之,学前教育学的课程没有难度,理论性不深,实践性较强(如经常做游戏),稍微用心观察一下儿童,这些课程就可以迎刃而解。

小学教育专业学的课程就是教师基本技能,包括教师口语、写字、讲故事、做课件、研究学生心理、生理健康等许多方面。小学教育包括中文、数学、外语、音乐、美术、科学、计算机。你在大学学哪个方向,毕业后就从事哪门课的教师工作,但现在有许多教师代好几门课,尤其是在偏远地区,一个教师既教语文、数学、外语,又教音乐、美术、体育。

> **本科学前教育工作细述**

学前教育专业的本科生毕业后工作方向主要有两个:一个是幼儿园教育经营与管理;另一个是教育产业运营。

1. 去幼儿园当教师,设计各种课程,每天与小孩子愉快地玩耍嬉戏,教育孩子,做好家园共育。当然,想做教师也有三个选择:一是公立幼儿园;二是私立幼儿园;三是营利性早教机构。做教师的话,大四毕业之前需考取"两学证"+"普通话证"+"教师资格证",这三个证是必需的,有了这三个证才能去幼儿园当教师。其余的还有"营养师证""感觉统合培训师证"等。如果你要做幼儿园教师,可能还是首选报考有编制的岗位,公立幼儿园目前更有保障,待遇也稳定,关键是可以在专业上有所发展。

2. 去各种教育机构及相关产业公司工作,从事与学前教育产业相关的工作。例如小到做绘本、玩具、教育 APP,大到开设早教培训机构、开发儿童用品等。总之,除了做教师,与学前教育有关的都能做。

> **报考时的注意事项**

需要注意的是,一些高校要求考生提前参加学校组织的面试,合格后方可报考,如天津师范大学学前教育专业。严重口吃、色弱、色盲、嗅觉或听觉迟钝、肝炎病原携带者或乙型肝炎表面抗原检验阳性者慎报。

> **就业情况**

就专业现在的情况来看的话,近两三年就业形势比较好。就业率相比其他大多数专业要好很多。

不过有个情况需要注意,虽然计划生育已经放开好多年,但统计结果显示近些年新生儿童数量较少,这可能会对学前教育的发展带来不利影响。

这两个专业相较而言,近几年是学前教育专业的就业率更高一些,但工资可能稍微比小学教育低一些。小学教育专业在大城市的小学竞争稍微有些激烈,如果你能避开大城市去中小城市就业,应该没有什么问题。况且小学教育属于义务教育,算是"一类事业单位",有国家财政支持。从这个角度上看,公立小学教师的工作属于"铁饭碗"。

# 040108 特殊教育

我大学学的是特殊教育专业,现在在一家康复中心工作,应"金榜事事懂"邀请,介绍一下特殊教育专业。

> **专业介绍**

特殊教育专业就是为了能满足特殊儿童的特殊学习需要而设计的,是针对非普通儿童的教育,如对聋哑、自闭症、智力落后、身体残疾、情绪障碍等儿童的教育。

特殊教育的目标是帮助特殊儿童逐步适应环境,使他们能尽最大可能地参与普通学习活动,达到能适应正常生活的目标。舞蹈《千手观音》中的聋哑表演者能达到那样的程度,就要归功于在背后默默付出的特殊教育老师。

### ➢ 学习内容

由于教育对象的原因,特殊教育一般使用的是经过特别设计的课程、教材和教学设备。比如针对聋哑儿童要学会手语,针对视力低下儿童要学会盲文,等等。

因为特殊儿童身体有缺陷,所以在大学就要学习残疾儿童的生理、病理实验,残疾儿童康复、特殊教育技术等方面的知识。

部分特殊儿童在心理上会存在或多或少的问题,因此要学习一些特殊教育导论、盲童心理与教育、聋童心理与教育、弱智儿童心理与教育等课程,目的是对特殊儿童进行心理疏导,完善他们的人格。

总之,特殊教育专业的学生既要学习教育理论,还要学习学前儿童和特殊儿童的生理、心理等方面的知识,以及针对这些儿童的教育方法。

### ➢ 就业方向

特殊教育专业的毕业生主要是到特殊教育机构及与特殊教育相关的机构从事特殊教育实践、理论研究及管理工作,具体包括以下三个方向。

1. 可以到特殊教育中心、盲聋哑学校、低能儿学校或设有低常儿童班、弱智儿童班的教育机构从事教育服务工作。

2. 也可以直接深入到每一个特殊儿童的家庭,进行直接有效的干预和指导。

3. 还可以开发和建立特殊儿童、特殊人群的教育和发展用品的市场。

### ➢ 就业情况

这个专业就业情况良好,一直以来,这方面的人才供不应求。由于是面对特殊的儿童,工作一般比较辛苦,工资待遇普遍较高,要比普通教育多一些特教津贴。

就业前景还可以,但是私立机构比较辛苦,待遇也不是很好。公办机构的环境轻松,待遇好,但是门槛高,想入编不容易。

### ➢ 注意事项

1. 从事特殊教育需要很大的勇气,面对各类身体有缺陷的适龄受教育儿童一定要付出比普通教育多百倍的耐心、爱心和恒心。所以这个专业适合有爱心、工作细致的同学,脾气不好的人或接受不了特殊小孩的人建议一定不要选择特殊教育专业。

2. 如果你想从事特殊教育工作,要做好心理准备,也算是一种挑战吧。长时间地面对孩子的残疾需要自己不断地调整好心态!

3. 这个专业待遇很不错,但如果只是一味地考虑待遇,建议你还是不要选择这个专业。

# 501 中国语言文学类

## 本专业类概况

### 一、各选科组合能报本专业类的比例

该数据反映的是在该专业类的所有高校招生计划中,各科目组合有多少学校能填报。详解见图书使用说明。

| 物理 化学 生物 | 物理 化学 历史 | 物理 化学 地理 | 物理 化学 思想政治 | 物理 生物 历史 |
|---|---|---|---|---|
| 80.3% | 96.2% | 80.3% | 80.4% | 96.2% |
| 物理 生物 地理 | 物理 生物 思想政治 | 物理 历史 地理 | 物理 历史 思想政治 | 物理 地理 思想政治 |
| 80.3% | 80.4% | 96.5% | 98.2% | 80.4% |
| 化学 生物 历史 | 化学 生物 地理 | 化学 生物 思想政治 | 化学 历史 地理 | 化学 历史 思想政治 |
| 95.9% | 79.9% | 80.1% | 96.2% | 97.9% |
| 化学 地理 思想政治 | 生物 历史 地理 | 生物 历史 思想政治 | 生物 地理 思想政治 | 历史 地理 思想政治 |
| 80.1% | 96.2% | 97.9% | 80.1% | 99.7% |

### 二、该专业类的主要专业男女比例及每年大致毕业人数

| 专业类 | 专业代码 | 专业名称 | 各专业年度毕业人数 | 男女比例 |
|---|---|---|---|---|
| 中国语言文学类 | 050101 | 汉语言文学 | 95 000～100 000 | 男14% 女86% |
| 中国语言文学类 | 050102 | 汉语言 | 1500～2000人 | 男26% 女74% |
| 中国语言文学类 | 050103 | 汉语国际教育 | 16 000～18 000人 | 男12% 女88% |
| 中国语言文学类 | 050105 | 古典文献学 | 150～200人 | 男27% 女73% |

### 三、本专业类主要考研方向

| 学科门类 | 一级学科 | 研究方向 | 学位授予 |
|---|---|---|---|
| 文学 | 0501 中国语言文学 | 学术硕士 | 可授硕士、博士专业学位 |
| 参考往年可报考二级学科 | | | |
| 中国语言文学 | 文艺学 | 语言学及应用语言学 | 汉语言文字学 | 中国古典文献学 |
| 中国古代文学 | 中国现当代文学 | 中国少数民族语言文学 | 比较文学与世界文学 | — |

## 本专业类重点专业解读

### 050101 汉语言文学 & 050102 汉语言

本人是汉语言文学专业毕业的学生,应"金榜事事懂"邀请,简单介绍一下汉语言文学和汉语言这两个专业。

汉语言文学是我们一般意义上对中文的理解。我们从小就学习语文,但大学里的汉语言文学专业则要学习更为深入的内容。简单地说,它包含了语言和文学两个领域。汉语言文学专业不仅要了解中外文学各种流派、理论、作家、作品,还要广泛涉猎语言、哲学、历史、政治、社会等多方面知识,掌握扎实宽厚的中国语言文学专业知识。

汉语言主要研究语言的本质、特点、结构、功能、起源和发展规律。一方面要探讨和总结汉民族几千年的文明史,另一方面也能为未来的汉语言发展开辟道路。

#### ➢ 专业区别

第一,学习课程。

相同的课程有:语言学概论、古代汉语、现代汉语。

不同的课程有:汉语言专业更多学习理论语言学、汉语史、语法学、语义学、语用学、文字学;汉语言文学专业更多学习文学概论、中国古代文学作品选、中国现代文学作品选、外国文学、写作。

第二,实践课程安排。

汉语言专业注重的是方言调查,汉语和其他语言现象研讨。汉语言文学专业注重的是对汉语言文学的研讨。从课程里就能看出:汉语言专业注重的是汉语理论、语法、语义方面的研究。而汉语言文学专业更多注重研究文学作品,赏析古今诗歌、散文等文学作品。通过对汉语言文学专业的学习,我们可以探究古代汉语和现代汉语在语音、文字、词组、语法和修辞等方面的差异。这不仅有助于我们建立扎实的中国语言功底,还能提高我们的写作能力,特别是文学作品创作能力。

总体来说:一个侧重研究的是语言,偏重基础理论研究;另一个侧重研究的是文学,偏重于文学素养的培养及文学作品的创作。

#### ➢ 就业情况

总体来说,由于历年报考人数过多,社会需求趋于饱和,这两年就业情况不是很理想。

#### ➢ 就业方向

汉语言专业是基础专业,就业方向一般倾向于研究方面。而汉语言文学专业的就业方向要更广一些:

1. 可以在新闻文艺出版部门,从事编辑、采写、企宣、文案等工作。
2. 可以考取教师资格证成为语文教师。
3. 考公务员、选调生。这也是很多人的选择,因为在写作和记忆上有优势。
4. 公司的文员,做文案、策划的内勤人员。很多公司需要文笔不错的人。还有同学当网络写手,不过比较少。

#### ➢ 注意事项

1. 一般高校的汉语言文学专业大致可分为师范类和非师范类两大类,在培养方式和方向上有所不同,但专业课程是相近的。师范类更重视教师职业素养的培育和教学能力的训练。

2. 学习汉语言文学专业需要一定的文化底蕴和素养,文字能力是汉语言文学专业毕业生最基本的素质,文字能力包括文字处理能力和文字写作能力。例如担任编辑,需要的是文字处理能力;担任记者,需要的是文字写作能力。

3. 很多人会误认为汉语言文学专业就是培养作家的,甚至有人问我们:你们中文系的教授写过几本小说?其实,作家与汉语言文学专业的求学经历并不是一回事,有些作家是汉语言文学专业出身的,有些作家则不是。他们的共同点是都必须具备较好的文字表达能力。

4. 大学四年这两个专业的学习过程相对比较轻松,有人说是所有专业里最轻松的两个专业。即使平常不是太努力,只要考前好好准备,都可以顺利过关。但如果想有所作为,就需要很深的文化积淀和很好的文学素养,所以要博览群书,多看多写。要学会给自己加压,不要浪费了大学四年的时光。

如果你具有一定的写作能力,对文学及写作又比较感兴趣,可以报考汉语言文学专业或汉语言专业。

# 050103 汉语国际教育

本人是汉语国际教育专业毕业的,应"金榜事事懂"的邀请,简单介绍一下汉语国际教育专业。

## ➢ 专业介绍

从专业名称就不难看出,这个专业今后主要的方向是教外国人学汉语,其实现在的汉语国际教育专业就是原来的对外汉语专业,算是一个比较冷门的专业。既然是教外国人学汉语,那你必须既要精通汉语,又要掌握一门外语。为什么?你想吧,如果你不精通汉语的基本理论和文化,你肯定没法教别人。而如果你不掌握一门外语,你和外国人沟通都成问题,肯定也是没法教的。所以学习本专业最基本的特点就是汉语得精通,外语也得精通。

## ➢ 学习内容

大学期间学习的课程主要包括汉语语言要素教学、汉外语言对比、中国思想史、国外中小学教育专题、中外文化交流专题、国别与地域文化、现代语言教育技术、汉语教材与教学资源、礼仪与国际关系、外语教育心理学等。

## ➢ 就业方向

在网上查找的时候你可能会发现有些人说这个专业很好,将来挣外国人的钱比较容易,汉语也受到越来越多人的欢迎。说实话,现在发展确实不错,但是真的没有想象的那么好。

就业主要包括以下三个方面:第一是出国任教,通过"国家汉语国际推广领导小组"的日常办事机构(简称汉办)当志愿者或国家公派教师;第二是留校当教师;第三是到私人的培训机构当对外汉语教师。

1. 出国任教方面,像我们学校,每年都有安排到海外的志愿者,去的国家有菲律宾、泰国、印度尼西亚等,去的大都是一些小学或中学,在那里中文课的地位就像国内的音乐、美术课似的。如果是北京第二外国语学院的话,估计去的国家会好些,但很少去英国、美国等国家。

2. 如果不出国还想相对稳定,就只能去学校。可以当普通老师,不过有那么多师范院校毕业的中文老师,竞争还是很激烈的。

3. 去私人培训机构的话，一般就是去教在中国的外国人，工资不错，但工作不是很稳定。

> ➢ **发展前景**

目前国家对汉语的国际推广势头在逐步加强，汉语正加快步伐走向世界。同时，来华留学生人数逐年增加。一个比较大的汉语学习市场正在形成，对汉语教师的需求也应该会有所增加。

> ➢ **注意事项**

1. 要消除一个误区：读了汉语国际教育专业就能出国教书，这是非常不切实际的想法。如果抱着这个想法来报考汉语国际教育专业，你很可能会失望的。汉语国际教育专业的人能出去的只是极少一部分。要知道，汉办选公派教师是按照外交官的标准来选的。

2. 外国学校在中国招这个专业的老师也是不太可能的。现在已在美国定居的华人到处都是，可以教中文的人大有人在，所以美国学校很少会到中国招老师。觉得学了这个专业就能到美国任教，只是一些人的幻想。

3. 有不少人认为现在很多国家兴起中文热，觉得现在国外出现很多的孔子学院，到国外孔子学院教书是一个出路，但需要注意的是，孔子学院远远用不了这么多汉语国际教育专业的老师。

4. 目前，不管是师范类方向的还是非师范类方向的，如果你想做老师，就要自己去考教师资格证。

> ➢ **就业情况**

我们专业50个人，除了两批是学校派出国做志愿者的，剩下三十几个人，毕业的时候顶多有三分之一找到对口工作。所以整体就业情况只能说一般，不是非常好。

希望你慎重考虑，如果真的很喜欢，可以选择。

## 050105 古典文献学

本人是古典文献学专业毕业的，应"金榜事事懂"邀请，简单介绍一下古典文献学专业。

> ➢ **专业介绍**

古典文献学研究的对象是流传到现在的所有古代典籍，包含以前的文书、碑铭、拓本、龟甲文等所有的古代文献。一般就是对古文献进行整理、研究、校勘等。古典文献学专业性强，研究内容较为冷僻，是一门极其冷门的专业。

古典文献学虽是一门古雅的学问，但是跟现实生活相距甚远，学起来非常枯燥，是个需要静下心来读古书的专业。

这个专业的学习任务非常重，同时又特别难学，既需要扎实的专业基础，又需要广泛的知识和开阔的思路，甚至需要学贯中西、汇通文理。有很多饱读诗书的大学者，在校勘古籍的时候仍然难免出错。但这个专业确实能学到很多中国古代文化的东西，想要从事古代文学或文化研究的话，适合选择这个专业。

> ➢ **官方简介**

古典文献学是关于中国古代文献研究和整理的一门学问，其研究内容包括古文献的形体（含古文献的载体、体裁和体例）、古文献整理的方法、古典文献学的历史、古典文献学的理论等。当然，这并不等于说，古典文献学专业的学生只需要学习目录学、版本学、校勘学等知识，还需要同时学习古代汉语、古代文学、中国文化史等方面的知识，以便今后进一步深造及从事相关专业工作。根据培养要求,本专业的本科毕业生应该具有文学、历史、哲学的基本知识,阅读古籍的基本能力,从事古籍整理研究以及用书面形式表达研究成果的基本能力。上述知识和能力应该互相结合,融会贯通。

### ➢ 学习内容

古典文献学要培养的是有扎实的文献学基础,能够进行古籍整理和研究的专门人才。所以学习的课程包括很多古代的文化。大学期间主要学习的课程有:中国古典文献学、目录学、版本学、校勘学、文字学、音韵学、训诂学、文科工具书使用、出土文献概论、古代文化概论、古文献学史、古代汉语、中国古代文学史等。

### ➢ 就业情况

从社会需求这个角度来讲,社会对这个专业的需求量确实有限,所以这个专业的就业情况整体很不理想。就业方向主要是图书馆古籍管理员、各种古文化研究所、相关专业教师等。比如古籍整理研究、古籍出版,以及图书馆古籍工作等都需要古典文献学专业的毕业生,有的岗位还指定只要本专业毕业生,但需求量不多。

本科毕业生比较好的出路是考公务员或者事业单位,有机会进博物馆或档案馆工作。

拿到硕士学位或博士学位后就业也不是很好,这个专业的博士想在高校任教也不容易。

所以选择了这个专业,就一定要提前做好规划,像我周围的同学基本是大三就开始准备公务员和事业单位考试了,等本科一毕业直接去考当地的事业单位,基本很少选择读硕士或者考博士,因为大部分人还是比较现实的。

### ➢ 注意事项

1. 学完这个专业后意味着要从事一个"坐冷板凳"的行业。如果没有读古书、做学问的专门兴趣和"坐冷板凳"的准备,那最好放弃。

2. 中文类专业就业都比较难,古典文献学属于其中更难的。而且由于必须深入研究,所以选了这个专业基本就得奔着考博去了。

鉴于古典文献学的这些特点,你在选择专业之前一定要慎重考虑,看自己是否是真心喜欢这个专业,今后是否能静下心来对古典文献进行研究和整理。一定不要盲目填报古典文学专业。

# 502 外国语言文学类

## 本专业类概况

### 一、各选科组合能报本专业类的比例

该数据反映的是在该专业类的所有高校招生计划中，各科目组合有多少学校能填报。详解见图书使用说明。

| 物理 化学 生物 | 物理 化学 历史 | 物理 化学 地理 | 物理 化学 思想政治 | 物理 生物 历史 |
| --- | --- | --- | --- | --- |
| 98.1% | 99.8% | 98.1% | 98.1% | 99.8% |
| 物理 生物 地理 | 物理 生物 思想政治 | 物理 历史 地理 | 物理 历史 思想政治 | 物理 地理 思想政治 |
| 98.0% | 98.0% | 99.9% | 99.7% | 98.0% |
| 化学 生物 历史 | 化学 生物 地理 | 化学 生物 思想政治 | 化学 历史 地理 | 化学 历史 思想政治 |
| 99.6% | 97.9% | 97.9% | 99.8% | 99.6% |
| 化学 地理 思想政治 | 生物 历史 地理 | 生物 历史 思想政治 | 生物 地理 思想政治 | 历史 地理 思想政治 |
| 97.9% | 99.8% | 99.6% | 97.9% | 99.8% |

### 二、该专业类的主要专业男女比例及每年大致毕业人数

| 专业类 | 专业代码 | 专业名称 | 各专业年度毕业人数 | 男女比例 |
| --- | --- | --- | --- | --- |
| 外国语言文学类 | 050201 | 英语 | 100 000人以上 | 男11% 女89% |
| 外国语言文学类 | 050202 | 俄语 | 6000～7000人 | 男19% 女81% |
| 外国语言文学类 | 050203 | 德语 | 4000～4500人 | 男18% 女82% |
| 外国语言文学类 | 050204 | 法语 | 5000～6000人 | 男16% 女84% |
| 外国语言文学类 | 050205 | 西班牙语 | 3500～4000人 | 男20% 女80% |
| 外国语言文学类 | 050206 | 阿拉伯语 | 1000～1500人 | 男35% 女65% |
| 外国语言文学类 | 050207 | 日语 | 22 000～24 000人 | 男22% 女78% |
| 外国语言文学类 | 050209 | 朝鲜语 | 4500～5000人 | 男13% 女87% |
| 外国语言文学类 | 050262 | 商务英语 | 26 000～28 000人 | 男14% 女86% |

### 三、本专业类主要考研方向

| 学科门类 | 一级学科 | 研究方向 | 学位授予 |
| --- | --- | --- | --- |
| 文学 | 0502 外国语言文学 | 学术硕士 | 可授硕士、博士专业学位 |
| 文学 | 0551 翻译 | 专业硕士 | 可授硕士、博士专业学位 |
| 参考往年可报考二级学科 | | | |
| 外国语言文学 | 英语语言文学 | 俄语语言文学 | 法语语言文学 | 德语语言文学 |
| 日语语言文学 | 印度语言文学 | 西班牙语言文学 | 阿拉伯语言文学 | 外国语言学及应用语言学 |
| 亚非语言文学 | 欧洲语言文学 | 翻译 | 英语笔译 | 英语口译 |
| 俄语笔译 | 俄语口译 | 日语笔译 | 日语口译 | 法语笔译 |
| 法语口译 | 德语笔译 | 德语口译 | 朝鲜语笔译 | 朝鲜语口译 |
| 西班牙语笔译 | 西班牙语口译 | 阿拉伯语笔译 | 阿拉伯语口译 | — |

# 本专业类重点专业解读

## 050201 英语

本人是英语专业毕业的,现在在一家全国性的英语培训机构工作,应"金榜事事懂"邀请,介绍一下英语专业。

英语概念就不讲了,你最起码学了十多年英语了,应该对其有清晰的认知了。不过需要强调的一点是,当英语成为专业时,就与高中所学的英语性质有所不同了。因为一旦你选了英语专业,那它就不是简单的语言交流工具了,而是你将来谋生的职业和手段。

### ➢ 不同学习方向

英语是国际通用语言,许多国家和地区都将英语指定为官方交流语言。在国际会议、论坛和学术研讨会、国际商务谈判、外资企业或合资企业等的工作中,英语已成为重要的交流工具。正因为英语可以应用的方向多,所以除了正统的英语专业,有些特色大学开设的英语专业方向会有所偏重。

比如中央财经大学英语专业,主要培养的就是财经方向的英语人才。天津医科大学的英语专业,主要培养的就是医学方向的英语人才。另外,还有一些院校的英语专业,主要培养的是国际贸易或旅游方向的英语人才等。

### ➢ 学习内容

在学校主要学习的课程:基础英语、高级英语、语音、词汇学、听力、口语、阅读、写作、口译、笔译、英美文化及文学、翻译等。

1. 首先在基础课里,精读和泛读是基础中的基础,无论是对于考试而言还是对于以后的运用来说,认认真真学完这两门课程对于打牢基础非常重要。这点我的体会很深,现在翻译一些句子和短语时有的地方不大明白,有些搭配也忘记了,而有些同学就相当熟练。为什么?就是因为他们在学习英语精读和泛读课时学得很透。

2. 除此之外,语音课也很重要。以前高中老师虽然都用英语授课,可毕竟对口语强调不多,到大学后系统的训练很有必要。我觉得我的发音和语调在大一时提高得最多。

3. 大一、大二除了上好基础课,还需要充分利用时间扩大词汇量,这真的是英语学习基本中的基本。如何提高?现在很多专家学者都反对背单词。但我个人认为,最高速、最有效的方法还是背单词。每个单词不仅要认识,还要会背会用。

具体要分为阅读词汇量、口语词汇量和写作词汇量。

所谓阅读词汇量就是你在阅读时看到认识但不会拼写,甚至不会读的单词量。这种词汇量是最容易提高的。口语词汇量当然就是指你在口语表达时能灵活运用的词汇量。而写作词汇量就是你在写作时能灵活运用的词汇量。

4. 要交流肯定少不了学口语和听力。现如今大家对英语口语都相当重视,口语和听力是分不开的。我们外教就曾经说过,要想提高听力首先就要提高口语。事实也确实如此,听力中有些词自己明明认识,可偏偏听不出来。为什么?就是因为自己对这个词的发音是错误的,以至于别人说这个词,自己不能正确识别。所以如果不认真学好口语和听力,将来工作中肯定要出岔子。

5. 英美文化方面的课程，这个也是必学的，你不懂得英美国家的风俗，如何能站在他们的角度交流？

总的来说，课程量还是不小的。对于英语专业的学生来说，要想把它当成你将来的职业，不下一番苦功夫是不行的。

## ➢ 官方介绍

英语专业的研究对象是英语国家的文学、文化学、语言学、翻译学和经济贸易，以英语语言为基本媒介。学生在读期间，主要进行下列五个方面的探索。

1. 阅读、理解、赏析英语国家的小说、诗歌、戏剧等文学作品，体悟英语国家的人们对天、地、人的关系的理解，感受他们心底最真挚的情感和思想，洞察他们对真、善、美的艺术表现和深刻见解，掌握文学分析和评论能力。

2. 阅读、考察、分析英语国家的文化现象，认知他们的生活习俗、知识信仰、艺术创造和道德法律，感悟文化表象之后的深层内涵和价值，辨析中国与英语国家文化之间的异同，掌握文化研究方法。

3. 细致分析和综合研究英语的语言结构与基本规律，知晓它的历史演变、社会功能，学习语音学、词汇学、语义学、语用学、语篇分析和二语习得等，参悟英语国家的话语、思想的构成规律和运行机制，掌握语言学研究方法。

4. 实践汉语与英语之间的交互翻译，了解两种语言在语法结构、文化背景和审美理念上的异同，辨明语言翻译的障碍和误区，探索中英互译的技巧和要义，熟练掌握翻译实践能力，领悟翻译理论。

5. 了解中国与英语国家经济贸易的现状，熟悉经济贸易的过程，学习基本商务技能和商务交往技巧，培养从事国际贸易事务的能力，掌握经贸分析方法。

总而言之，英语专业是综合性专业，它引领你由内而外全面把握美国、英国等世界大国的文化和思想。它不仅引导你感悟英语国家文艺的美、情感的真与思想的善，而且助推你穿越表象进入本质。它在提升你的语言表达能力的同时，帮助你实现自我认知，同时提高你的感悟力、分析力、翻译能力和商务能力等。

## ➢ 就业方向

大家报志愿想得最多的就是英语专业将来的出路问题，英语专业要是学得好的话，就业前景很广泛：英语教师、出版社及报社编辑、文秘、外贸谈判员、翻译等。

具体细分的话有以下几项选择。

第一，到学校当老师。

1. 留在高校执教，可以是在本科院校、专科院校等。在大学中，无论是外语类高校还是综合性高校，英语是多数大学生的必修课，所以英语老师必不可少。但必须强调的是，现在要在高校当老师，文凭这个敲门砖必不可少。

2. 当普通小学、初中、高中的英语老师，这也是非常大的一块。很多人选择做老师这一行多是因为待遇稳定，以及一年两次的假期。如果你就是一个普通院校毕业的本科毕业生，那么就去自己所在城市的小学、中学当个英语老师；如果继续考研攻读硕士、博士，那么可以留在高校当老师。

第二，到英语培训学校，像新东方、新航道之类的培训学校当英语老师。但需要注意的是自从前几年"双减"政策实施后，培训机构基本不再招新的老师。

第三，翻译。

外行人觉得外语系学生理所当然地做翻译会做得很棒,但殊不知,翻译真的是一条漫长而艰巨的旅途。不要以为过了英语专八,过了高级口译就可以很好地胜任。翻译要求的精准性与时效性不言而喻,不是随便拿来一段话自己认为翻译得不错就可以了。作为一个专业的翻译,除了对中英语言的掌握,一个人的综合知识及文化底蕴也相当重要。为什么这么说呢?相信做过翻译的人都有这样的体会:翻译原文中稍微涉及某专业的知识,尤其当该领域对你来说完全陌生时,翻译起来就颇不顺手。比如对女生来说,像政治、经济、体育什么的,翻译的时候就会有些困难。因此这就要求译者的知识面要相当广泛,任何领域都应有所涉猎。

第四,报考公务员——国家公务员和地方公务员,成为国家公职人员。外交部、中联部、各省市外事侨务办公室,每年都招收大量的英语专业毕业生,但竞争也很激烈。

第五,进涉外企业当翻译或从事国际贸易业务。

1. 进外企。英语专业是外企的对口专业,可以从事翻译和国际贸易工作,不过和你竞争的专业非常多,如国际经济与贸易专业。

2. 进国有企业和大中型民营企业。大型国有企业,一般设有外事办公室,或者国际贸易公司招收英语翻译,或者从事国际贸易,这个职业在大城市和沿海地区比较多一些。

> **注意事项**

1. 开设这个专业的学校比较多。你翻翻学校发的那本报志愿的指导书,基本十个大学有九个开设这个专业。

2. 枯燥。在很多人眼里,英语专业学生上课就应该环坐一圈,外教坐在桌上,大家谈笑风生。但请不要忘了,英语也是门学科、一门严谨的学科,英语也需要枯燥的学习和研究。你想想把那数以万计的词汇装进脑子里,能那么清闲?

3. 现在英语专业的优势已经受到威胁。我曾经思考过这样一个问题:英语专业学生和其他专业英语学得好的学生,两者做翻译谁更有优势?结果是,如果为专业性翻译,英语专业学生没有任何优势,反倒是相关专业中英语学得好的学生,再稍加训练,做起本专业的翻译更得心应手。如经济英语和计算机英语,固定的词条往往有固定的翻译,外行人恐怕很难正确翻译,即便想强行翻译,也需要查半天资料,而且错误率还极高。另外就是在英语如此普及的情况下,我们口语的战场已一步步沦陷,越来越多的非英语专业生的口语技能不得不让我们这些科班出身的人汗颜。

4. 很多大学的英语专业在招收的时候是需要口试的,具体口试情况一定要提前打电话询问清楚。

5. 想必你在近几年也听到了很多关于英语教育要改革的消息了,这个改革将来对英语专业的冲击或影响目前还说不准,这是国家层面的事。

6. 虽然毕业人数很多,竞争也比较激烈,但英语专业高端人才还是供不应求的。以同声传译为代表的高端英语人才,可以说比大熊猫还少,你要真有能力就朝着它奋斗吧。

7. 最后说一点,就我个人的看法,我觉得语言这东西还真是讲究点天分的,有的人就是开窍,学起来很快;但有的人却怎么学也学不会,如果属于这种情况,我劝你还是别报这个专业了。

# 050202 俄语

本人是北京外国语大学俄语专业毕业的,应"金榜事事懂"邀请,介绍一下俄语专业,供大家报考的时候参考。

相信对大多数的朋友来说，俄语是一门比较神秘的语言。很多人会问：俄语难不难学？俄语专业好不好就业？今天就来和大家谈一谈。

## ➢ 专业介绍

先简单说下俄语概况。俄语是俄罗斯民族的语言，它是联合国六个官方语言之一。俄语也是独联体各国人民互相交际的共同语。不过除了俄罗斯，俄语在其他几个国家都不是唯一通用的语言。近几年在乌克兰和几个独联体国家都有"去俄罗斯化"的趋势，俄语的地位似乎在削弱。

## ➢ 与汉语比较

俄语和汉语是两种不同语系、不同类型的语言。俄语属印欧语系，汉语属汉藏语系，在语音、词汇、语法等方面存在着很大的差别。俄语同阿拉伯语、汉语被称为世界三大最难学的语言。

## ➢ 与英语比较

俄语是一门词汇丰富、语法严谨、语言生动的外语。俄语中有许多英语里没有的语法概念，例如名词的性与格、动词的变位形式，大量的前置词、副动词、形动词。

第一，俄语有 33 个字母，比大家熟悉的英语要多，而且写法和读音上也和英语大相径庭，所以对于熟悉英语的学习者来说，语音阶段会有点苦恼。

第二，俄语形音非常一致。也就是说，如果学会了俄语的 33 个字母发音，掌握了原音弱化和清、浊辅音转化规则，初学者们就可以自己拼读新单词了。这可是比记音标省力多了。

第三，俄语的句子语序非常灵活，因为它是印欧语系中保留古代词形变化较多的语言之一，词与词的语法关系和词在句中的语法功能主要通过词形变化来表示。也就是说，俄语的语法系统比较庞大复杂。

## ➢ 俄语学习方法

要想学习并掌握好俄语，应注意以下几点。

1. 排除母语及英语的干扰

正如我上边说的，俄语和汉语是两种不同语系，在语音、词汇、语法等方面存在着很大的差别。因此，要学好俄语就必须改变长期形成的母语语言习惯；同时，在俄语专业学习的大部分学生从前在初高中学习英语，在刚刚接触俄语阶段，长期以来形成的英语发音习惯必定对俄语语音有较大的影响。因此，同学们在初学时就要克服困难、排除干扰，多听录音，多模仿朗读，以达到最佳效果，为以后的学习打下良好的基础。

2. 抓住重点、难点

学习俄语时只有抓住学习重点，逐个突破学习难点，才会达到事半功倍的效果。例如：辅音的清浊对应、硬软对应、颤音[р]、元音[ы]的发音；语法中名词性的区别，数和格的变化，形容词性、数、格的变化，动词体、时、人称的变化及其用法等。

3. 活学巧用，提高言语技能

学习语言的目的在于交际，为此在学习过程中切忌死记硬背。在基础阶段，为了打好听、说、读、写、译的基础，应该正确掌握发音要领，熟记一些语法规则、固定句型等，但在提高阶段，就应把学习注意力转移到提高言语技能上。除了掌握新学的语言知识，应该学会举一反三的学习方法，活学活用，利用一切实践机会张口说俄语，避免"哑巴俄语"现象。

实践中我发现，与俄罗斯人朝夕相处，效果最为神奇！半年的俄语交流能力相当于正常人学几年以上可得的能力！

## ➢ 学习内容

在大学里俄语专业学习的内容很广：发音、对话、课文等属于精读课程。除此之外，还有语法、阅读、俄罗斯概况、俄罗斯国情等，这些基本是大一、大二学习的内容。

到大三，就会有导游俄语、俄语写作、应用文写作、俄语通论、俄语互译、笔译口译、听力。课程全程有外教，外教也分很多种，我们上学的时候分侧重方向，根据不同学生学习俄语的方向，大三时针对方向开课，比如经贸俄语、商务俄语、师范俄语、法律俄语等。不过不同方向课程学习的内容差别不是很大。

本人是外贸方向，俄语基础和俄语外贸是基本课程，还有俄罗斯文学史、俄罗斯概况、商贸俄语、书信方式等。

我同学选择的是俄语师范方向，只是比我们多了教育方面的课程，毕业后就主要偏向考教师资格证了。

## ➢ 比较好的大学推荐

很多学校都开设俄语专业，一般来讲，我国俄语专业比较好的学校有北京外国语大学、上海外国语大学、黑龙江大学、北京师范大学、北京大学等。

论实力和权威：黑龙江大学不管从俄语教育、研究、社会认可、办学历史、教学资源、师资、应用环境，都是顶尖的。很多大学是"外国语学院俄语系"，而黑龙江大学直接是"俄语学院"，可见其实力、规模。

北京外国语学院（简称北外）的俄语专业应该是教学内容比较前沿、口语最好的学校，但是北外的俄语教学有一个很大的问题，即学生俄语口语都特别好，发音也特别标准，可是俄语文化底蕴不厚。此外，北外俄语专业最具优势的一点是就业率高，北京的各大企业、部委如果需要俄语翻译，都会先来北外找。

如果你分数很高也在意学校名气，可以报北京大学、北京外国语大学、上海外国语大学等学校。如果分数不是很高，也可以报像四川外国语大学、天津外国语大学等专业外语院校的俄语专业。还有像四川大学、兰州大学、苏州大学、新疆大学等也不错。新疆大学有个优势，就是同几个中亚国家有很多的外贸关系，就业前景能好一些。

## ➢ 就业情况

俄语专业的就业前景可以从以下几个方面看。

1. 毕业以后作为应届毕业生参加中央机关公务员考试或者中央直属事业单位的录用考试，招考俄语公务员的，例如外交部、商务部、中联（中共中央对外联络部）、文化部、国家安全部等这样的国家部委。也有一些省市的外事部门、公安部门、安全部门、海关、边检等。一旦考试通过录用，那就是国家的人了，在人事部备案，工资是财政拨款。

虽然上述列举的部门都比较光鲜，看似机会很多，但国家公务员考试只能报考一个岗位，地方的公务员考试可以另外报考。另外需要特别提醒的是，公务员考录整个过程非常漫长，如果背水一战，得到没有录取的消息后很可能已经错过了最佳求职期，所以一般需要做多手准备。

2. 新闻传媒机构。央视俄语频道、新华社、国际广播电台、外文局、人民网、中国网等一些国际性新闻传媒机构也会接收一些俄语专业的毕业生。这些单位不是政府机构，但都是党和政府的宣传部门，由政府拨款，也就是我们常说的事业单位。

因为是媒体机构，他们对俄语水平的要求较高，而且有诸多的条件。比如说新华社除了俄语水平还得要求你通过英语六级;国际广播电台会考虑你的形象、气质、音质、性格是不是符合相关的岗位需求;外文局大多需要研究生学历。这些机构是很多俄语学生容易想到的,但实际上每年它们接收的毕业生合起来也就十来个吧,只能是俄语专业的佼佼者才有机会。

3. 高校教师。俄语专业要进入高校成为教师,一般需要博士学历,北方开设俄语专业的院校相对较多,有些学校硕士也能进入。

4. 进国有企业。目前中国很多大企业已走向海外市场,中石油、中石化、中海油(当然这三家竞争特别激烈,待遇也非常好)、中水电、中国路桥等,这些都是国资委下属的央企,也算是比较好的单位,这些企业都会外派人员至俄罗斯和独联体国家。

5. 还有就是大型的私营企业,如华为、中兴等。美的、海尔等也曾招聘过俄语专业的毕业生。毕业生进入单位后需要外派和常驻国外,薪水待遇也较好。

6. 当然也有小型的外贸企业。一般毕业生进入公司以后,不会纯做翻译,而是要兼做业务员、跟单等,负责与客户用电话、邮件沟通、联络,开拓俄罗斯市场、完成订单等。外贸业务员一般做成每一单都有一定比例的利润提成,因此从经济角度来说有一定的发展空间。但大多公司规模都不大,有些对俄语人才有需求的公司在宁波、义乌、广州等地。如要进入该行业,则在工作过程中需要不断学习国际贸易方面的知识。待遇肯定没前几个那么有保障,但外贸行业目前是吸纳俄语专业的毕业生最多的行业。

7. 旅游公司。导游也是学俄语的人很容易想到的一个行业。要是不知道怎么入行的话,可以先去考个导游资格证,对俄语水平要求不算太高。导游的收入差异很大,主要取决于团的数量和质量,有月收入过万的导游,也有挣不到钱的导游。

8. 出版社。像外语教学与研究出版社(外研社)、上海外语教育出版社、上海译文出版社等一些出版社有时也有俄语专业人才需求,主要工作是编辑和校对,也有负责对外联络和市场开拓的。一般门槛也比较高,需要研究生以上学历。

9. 翻译类的,不过现在单纯做翻译的比较少。

> **专业现状及前景**

虽然近几年因为同乌克兰交恶,俄罗斯与欧洲的贸易出现了问题,可能导致俄罗斯经济有一些影响,但基本没有对中俄关系造成影响。在黑龙江、新疆一些边境地区,中俄贸易依然很活跃,就是在首都北京的核心地区,外交部旁边的雅宝路上,你去一趟就知道了,街上的路标,商店的招牌也都是中俄双语的,形成了一定的规模。

可以说俄语专业的就业整体上处于一个回暖的状态,通过观察这两年我国领导人和俄罗斯领导人交流的密切程度就知道了。

另外除了俄罗斯,中国还同中亚五国有很多的对外贸易,这些国家很大部分是苏联解体后分出来的,俄语是他们的"共同交际语言",外贸方面对俄语人才的需求量也很大。

> **注意事项**

1. 俄语是一门很难学的语言,语法复杂,词汇冗长,句型结构死板,单词量大。学习这样的语言需要有浓厚的兴趣和热情才行。

2. 近两年开俄语专业的大学应该超过140所,也就是说竞争还是挺大的。

3. 由于俄语被称为世界三大最难学的语言之一,所以学俄语很辛苦,要么做好吃苦的准备,要么干脆就别学。就业情况的好坏直接与你的水平有关系,如果你学得很好的话,过了八级,不愁就业。

## 050203 德语

我毕业于同济大学,目前担任德语教师,从事德语教学与研究工作。应"金榜事事懂"的邀请,就我比较熟悉的德语专业给大家一点参考意见。

这么多年下来,我看见了无数高三学生因为志愿、实力与理想之间的差异而失意。当然,我们身处高考大背景下,无法改变很多东西,我也无意去预测各个专业未来的走向。只希望我自己的亲身经历能够给予即将填报专业、确定自身未来走向的同学一些现实借鉴。

### ➢ 专业简介

先简单说一下德语专业,德语与英语同属印欧语系日耳曼语。目前国内有100多所大学开设德语专业。

德语的应用范围:

1. 从地域上来说,包括德国全境、瑞士、奥地利、波兰的西部和北部地区、捷克的一部分、法国东部和意大利北部山区(尤文图斯所在的都灵地区也有不少居民说德语)、北欧的丹麦和瑞典,挪威居民也懂德语。所以从地域上来看,说德语的地区基本上涵盖了中欧和西欧的所有发达国家。

2. 从应用领域来看,这些国家的汽车、机床、重型机械、电子电器设备、钟表和化学品,在全球罕有匹敌。很多知名汽车生产厂商位于德国。全世界高档机械表,如劳力士、朗格、浪琴等,绝大多数产于瑞士和德国。世界上一些最大的电子电器设备生产商,如西门子、博世、蒂森和莱茵金属,都在德国。而这些企业因为多是跨国公司,很多会在中国有贸易,所以从应用领域上来说,德语的应用面也不算小。

### ➢ 相关专业对比

学德语要做好吃苦的准备,特别是德语语法比英语语法复杂得多。

英语和德语虽然是亲属语系,但与英语相比,大多数人会觉得德语比较死板,也比较难学,德语的语法条款非常多,句式很固定,词性固定,词形变化也是固定的,要记忆的东西比较多。

比如词性,德语中,所有的单数名词,都有"性别",而且分为三个性别!分别是:阳性、中性和阴性;虽然复数名词都是阴性,但从单数变到复数,拼写要按照不同的方式变化。另外,词性不同,前面的代词和形容词的拼写形式也不同。同一个名词,在句中担任的成分不同,其拼写也要做微小变化等。

德语有个特点,就是它每一个词都必须和人称、性、数、格、时态、语态等相匹配,逻辑严密,这可能也是德国人思维严谨在其语言上的一种渗透吧。

### ➢ 学习内容

目前中国大多数院校招收的德语专业的学生德语是零基础,在四年本科期间,一般大一、大二系统学习语法、语音、词汇等基础知识。大三、大四开始涉及德国文学、语言学、经贸科技德语、翻译等方面的知识。

很多人可能会问大学里学德语会不会相当枯燥,其实,学外语未必一定是非常枯燥的,学外语是了解一个国家文化的过程,凡是和其语言相关的一切都可以去了解,影视剧、歌曲、文学作品、新闻事件、历史、风土人情、自然地理、结交外国朋友等都可以成为有趣的学习内容。

### ➢ 学习方法

德语学习可分成:语音、词汇、语法、听力、口语、阅读、写作。简单说一下我在大学期间各个方面的学习。

关于字母和发音:德语中,除了 26 个拉丁字母,还有 3 个变元音,以及字母组合 SS 的缩写 ß,这样就是总共 30 个字母,除了变元音、ß 和 r,其他字母的发音不难学。对于中国人来说比较难的就是 r 这个字母,就是标准德语里的小舌颤音,要振动喉管内的"小舌头"。

关于词汇:每个人记单词的方法不一样,由于德语的单词有"性",所以记起来挺麻烦;还有就是关于复数的问题,以及一系列像是不同格的变位,一分词、二分词什么的记起来也都很麻烦。最笨但是最简单的办法就是重复记忆。

关于语法:这应该是困难的部分了,德语语法由简入深会越来越难,但是都是有规律可循的。所以还是需要慢慢来,只要认真就可以学得很好。我在德国公司和很多外国朋友打过交道,他们自己都说一般情况下不会说到咱们在书本上学到的那些语法,比如虚拟式、第一分词等。

关于听力:平时没事的时候下载一些德语的听力材料,晚上睡觉前听一会儿,刚开始听不懂没关系,就是找一种感觉,慢慢地就会发现懂的越来越多了。稍微难一些的就是听新闻了,因为速度会变快且有许多专业的名词。

关于口语:语言就是拿来用的,所以口语还是要经常练习,最好找一个语伴儿,两个人没事就用德语聊聊。最简单的也行,比如吃什么饭啦、什么时候出门啦,日积月累地培养语感,先不要太在乎语法的对错,能开口说就是胜利!

关于阅读和写作,不是你现在需要关注的,等到你上了大学,自己慢慢琢磨吧。

> **就业情况**

德语的就业形势最近几年基本处于一种稳定的状态,不会让人太惊喜,也不会让人很失望。在中国目前大学生就业难这个大环境下,德语可以算就业中等偏上的专业了。这应该跟中德经贸往来日益密切有关,你去了解一下过去几年德国总理访华的情况就知道了。

> **就业方向**

很多人会关心学了德语专业后出来干什么。大致有以下几个方向。

1. 教师

做德语教师是最容易想到的就业途径。要做德语教师,有几个出路:

第一,进大学做教师。如果要进好的德语系,就必须有博士学位;如果进民办的或者一般的德语系,那么起码是硕士学位。说到这里,大家应该清楚了,你起码是硕士学位,否则进不了这个圈子。

第二,进中学做德语老师。目前,我国的中学里也在大力推广德语,但是总体而言平台比较小,不如大学那么大,而且,你面对的是学生,总之要看你是否热爱德语和教学了。

第三,进社会培训机构。这和进了一家普通的企业一样,基本是以时间换工资。

总体来说,教师是一个比较稳定的职业,对于那些只想安安稳稳生活的人来说是个不错的选择。

2. 翻译

第一,可以到国家外事、经贸等部门从事翻译工作。

第二,从事笔译,根据应试方提供的文章进行翻译。

第三,从事口译。口译分两种:一种是一次性的兼职口译,如展会翻译,要求口语流利即可,但时效性很强,主要看你收集信息的能力,很多时候甚至会出现先到先得的情况。还有一种是长期陪同翻译,当然口语要好,最关键的是一定要有某个行业的知识或者经验。由于需求量小,这就意味着纯德语专业毕业生,根本无法和在德国学习其他专业的毕业生竞争。因为别人既有专业知识,口语也不差。

在企业做翻译是个无定向的工作,以后的转行余地会很大。譬如你一开始去一家加工企业做翻译,通常不会用在基层员工身上,最低也是给培训员做翻译,如果本人不是很懒惰,1~2年内你会学到很多技术知识,并且很有可能学到一部分管理知识,这都为你转行提供了支持;也就是说你再找工作的时候,完全可以申请工艺工程师、生产主管或质量控制等职位,那时候德语就成了你的一种优势技能。

3. 导游

疫情结束后,来中国旅游的德国人会越来越多,而国内亦有一部分人也有兴趣到德国等西欧国家观光游览,因此懂德语、了解德国社会文化的导游也是个小去向。

4. 公务员

在政府机关事业单位(多与涉外事务相关)等工作。外交部和商务部是小语种的两个固定招聘户,也算是大户,但每年外交部接收的德语专业人数也就数十人。因此,不要把全部就业希望寄托在考公务员上。

5. 跨国企业

用人单位多为与德国有经贸关系的中资企业(做海外贸易营销、翻译等岗位,外派人员),小部分去德资企业(做翻译、秘书等)。这些年来,不仅有众多的德国企业瞄准中国市场进入中国,以独资、合资等形式投资建厂,而且国内一大批优秀企业也在积极拓展德国市场。

6. 出国留学

可能有人会觉得,如果国内就业形式不好,那么出国留学镀镀金是不是就会好很多?我个人认为,如果家里经济条件足够好,你可以考虑这个方向,出国对部分人而言确实能提高一些专业能力和国际视野,但作用有限。如果家里经济条件一般,建议就不要考虑这个方向了,因为现在海归已经没有那么大的优势了。

> **注意事项**

1. 一般德语专业毕业的同学都会有一个深刻的体会,英语在就业中也会占据相当大的分量,也就是说德国公司更愿意招收英语德语双语人才。为什么会这样?这得从德企的习惯说起,大多数德企的工作语言为英语,德方员工和中方员工用英语交流即可,如果你在德资企业里担任翻译任务,那么英语和德语的使用频率可以说不相上下,所以德语专业的人如果英语不够好,基本没有什么优势。

2. 大一时可能会感觉德语语法确实比较让人郁闷,当你被语法弄得一头雾水时,千万不要以为自己没有学习德语的天分,事实上,这是所有过来人都有的感受。只要硬着头皮学下去过了这一关,等你回头看时发现也就那么回事。

3. 近些年,国内有很多高校增开德语专业,目前德语专业每年的毕业生至少有3000人。招生数量的大增,其实就是相对降低了教学质量和德语毕业生的文凭含金量。在这个时代,唯一不贬值的还是你自身的实力和价值。

4. 语言类专业学生因为专攻一门语言,一般其知识面相对狭窄,大多只能从事单一的语言运用方面的工作,刚毕业的时候面对越来越多的复合型工作岗位难以胜任。但进入职场后你会更加明白,更多的人只是把语言(包括德语)作为一个工具来使用,并非专业。"技术+语言"才是最具竞争力的。所以建议你一进入大学就未雨绸缪,再去辅修一门专业,这样你既有专业,又有语言,在职场上的竞争力就大大加强了。

5.要选择德语专业的话,大学所在城市也是比较重要的。德国对华投资的特点之一是投资地点相对集中,80%～90%的德资企业集中在三个地区:一是长江三角洲;二是东北重工业区;三是珠江三角洲。其中,北京、上海、青岛和苏南地区是中国德资企业比较集中的地区。

北京:由于是政治中心的缘故,德资企业一般会在北京设有代表处。

上海:德资公司总部的集聚地,近年来因为生产成本的因素,工厂逐渐转到苏南地区。江苏目前已成为德资企业最多的省份之一,主要涉及化工、电子、交通设备和机械设备制造等行业,其中巴斯夫、西门子、博世、汉高、安联等德国大企业都已落户江苏,像苏州的太仓就有很多德资企业。

东北地区:德资企业主要集中在渤海湾地区的传统重工业城市。东北工业区是德国汽车企业投资的三大集中地之一。

珠江三角洲地区:主要是中小德资企业,多为电子企业、纺织企业。

青岛:因为曾经是德国的殖民地,所以德国印记比较深。

中西部:在西安、重庆、成都、湖南的湘潭有一些德资企业,不过相对比较少。

说了那么多,只是谈谈我那么多年学习德语的历程和感受,希望你在我的字里行间找到所认同的价值观和对你有借鉴意义的些许字眼。无论怎么样,在选择专业上一定要长远考虑,这样才是对自己负责的一个表现。

## 050204 法语

本人是法语专业的毕业生,现在从事法语在线教学网站维护的工作,应"金榜事事懂"的邀请,结合我周围朋友的情况,给大家详细说说法语专业。

➢ **专业介绍**

首先给你个警示:你是不是觉得法国很浪漫?你是不是觉得学了法语很容易就能到浪漫之都巴黎啦?你可千万别因为这样的想法就选择法语专业!因为学了法语专业毕业后去欧洲就业的机会极少,更多的是去非洲工作。你可能不信,这可不是危言耸听,而是事实!具体原因我会在后面的就业情况里详细说明。

法语是联合国的通用语种,因为历史原因,世界上目前至少有四五十个说法语的国家,特别是非洲许多国家还把法语当作官方语言,所以非洲市场对法语人才的需求量还是相对比较大的。但在大多数人的印象中,法语是个小语种,这导致学习法语的学生要比学习英语的学生少很多,所以就业方面来讲,自然竞争的压力也就要更小一些。

➢ **学习内容**

学习课程上,不同的大学有不同的安排,我们学校概括起来一句话:公共课(马克思主义哲学等思想教育一类的课)+各式各样的法语课。大一是基础法语+法语视听说;大二是精读法语+视听说+法语泛读+法语口语(外教);大三是高级法语+商贸法语+法语口语(外教)+法语系统语法;大四要上法语口译、法国文化之类的课程。

基本上所学的内容与各小语种都大致相同,均涉及精读、泛读、听力、词汇、口语、国家文化及风俗习惯等。

➢ **就业情况**

先介绍一下我们班的情况。我们班共有24人,男女生各半。毕业数年,有22人都一直在法语行业内工作。现在我给大家分析一下法语专业毕业后的工作方向。

一、先说主要方向

第一大方面是去非洲工作。

非洲是目前法语专业学生就业的主战场，去非洲的机会很多，其中也不乏中国建筑集团、中国土木工程集团、中国林业集团、中兴、华为等规模较大的企业，在工资待遇方面表现得较为突出，即便是对应届毕业生而言，年薪基本不会低于10万元。

第二大方面是考取公务员。

学而优则仕，在法语圈有这样理想的人，考公务员是一条捷径。招考法语公务员的有外交部、商务部、中共中央对外联络部等中央直属机关，也有一些省、市、自治区的外事部门。总体而言，大部分是政府部门的工作单位。

外交部是很多学习法语专业的学生所向往的工作单位，法语专业考公务员的毕业生中有许多人是冲着它去的。外交部每年都招法语专业的毕业生，人数也较多；但通常外交部只招收高层次重点高校和外语类院校的学生，而且是应届毕业生。对于非应届毕业生而言，外交部要求其具有多年的外事机构工作经验（附：外交部招人还有一条途径，大二的时候，在北京外国语大学、北京大学、外交学院等几所院校法语系进行选拔，重点培养，上学期间会将选中的学生送去法国学习一年，毕业后直接进入外交部）。

进入外交部、商务部等政府部门，工资可能不高，但福利较好。刚进外交部，月薪基本上就有七八千元了。被外派的话，不同馆类会有不同待遇，月薪都不会太低，条件艰苦的馆会更高，对拿工资的人而言，算是收入上的"金领"了。

凡事有利有弊，想进外交部也有一些要考虑好的地方：

1. 法语专业学生绝大多数要被派驻非洲，外交官的名字听上去很华丽，但在大使馆的小院子里憋上两年或是四年，滋味也并不如想象的那般好受。

2. 外交部一般是隔五年就要派出去一次，一去就是两年或是四年，如果恋人或夫妻是两地的话，不利于感情和婚姻的稳定。不过外交部有家属随任的说法，就是说可以带丈夫或妻子赴任。

第三大方面是从事教师工作。

目前我们班1/4的人在从事教师工作。法语教师是吸收法语专业毕业生比较多的职业，不过基本要求是研究生及以上的学历。

从事教师工作的优点如下：

1. 一年两个较长的带薪假期是哪个行业都享受不到的，平时不用坐班，时间好安排，可以做一些兼职，外出讲课或是翻译之类的。

2. 工作稳定，有受人尊重的社会地位，工作压力不大，尤其是把法语作为第二外语来教的。

第四大方面是去新闻传媒机构工作。

新华社、中国国际广播电台、外文局、人民网、中国网等一些国际性新闻传媒机构也会接收一些法语专业的毕业生。这些单位不是政府机构，但都是党和政府的宣传部门，由政府拨款，也就是我们常说的事业单位。

媒体机构对法语水平的要求较高，而且有诸多条件。比如说新华社除了要求法语水平，还要求英语六级；中国国际广播电台会考虑应聘者的形象、气质、音质、性格是否符合相关的岗位需求；外文局、人民网等基本需具备研究生学历。这些机构是很多法语专业的毕业生想进入的行业，但实际上每年接收的人数加起来也就一二十人。

第五大方面是去法资企业或中法合资企业工作。

法企不一定要求法语,这跟企业所属的行业有关。如神龙汽车、标致汽车、米其林轮胎等企业招法语专业的相对多一些;法国航空公司也可能招法语专业的学生,但欧莱雅、雅高等企业很少听说有招法语专业的;还有一家更为知名的纯法国企业——家乐福,从未听说过招人要求是法语专业的。倒是零零散散的一些法国中小企业经常会发招聘信息,招聘法语专业毕业的助理之类的职位。

第六大方面是去法国留学机构工作。

法语专业的毕业生入职以后,一般是既做留学顾问,又做文字材料翻译,翻译的难度不大,大多是套搬现有的格式。

第七大方面是去法语培训机构工作。

法语专业的毕业生去了之后在法语培训机构做讲师。但培训机构内部的管理人员很少有法语专业毕业的,这跟我们想象的可能会很不一样。中国人开办的几家较好的法语培训机构的负责人大都不懂法语,非法语专业的人比法语专业的更了解初学者的心态,也更懂得市场运作。

第八大方面是去旅游公司工作。

一些涉及跨境游的旅游公司的导游工作也是法语专业毕业生很容易想到的一个职业。

第九大方面是各省、市、自治区的外事机构。

我的两个同学毕业后去了此类机构,平时工作相对比较清闲,后来有一个觉得在此类机构工作没意思,工资又少,便辞职去了非洲。

第十大方面是去翻译公司工作。

翻译公司热衷于在网上发招聘信息,貌似需求很旺盛和永远招不满人的样子。此类招聘一般是伪招聘,翻译公司类似中介机构,很少培养专职法语翻译。翻译公司在网上发信息,主要是收集简历备用,同时为自己做个广告。所以虽然看似缺人,却没听说有谁在翻译公司任职。

第十一大方面是去出版社工作。

像外语教学与研究出版社、上海译文出版社等一些出版社都有专门的法语工作室,其主要工作是编辑,也有的负责对外联络和市场开拓。

二、再说其他方向

第一大方面:有人放弃所学的法语专业,转投其他行业。放弃法语专业有多种情况,有的是觉得法语找工作有难度;有的是考研换了专业;有的是确实不喜欢法语,学得不顺心,不想继续从事与法语有关的工作。所以你要是真心喜欢法语专业再填报志愿,若不喜欢这个专业就别浪费青春了。再有的人不想去非洲,在国内找份法语工作又太难,没办法就放弃了。当然也有遇到更好机会或者发现自己在其他方面更有潜力的,比如说毕业于国际关系学院法语系的刘欢老师,全国人民都知道他最适合的职业是唱歌。

第二大方面:也有人结合法语创业。创业比较适合男生,法语圈里男生这么少,有创业想法的又不多,这个问题不普遍,这条路非常独特,但也确实可行。

## ➢ 薪酬问题

1. 法语水平的高低影响的是择业方向,跟赚钱多少的关系不大。就法语专业而言,工作地点、性别和所从事的行业对收入的影响最大。

2. 在国内,对正常依靠工资收入的人而言,大部分人所从事的工作都与其薪水相匹配。在赚钱的问题上我个人认为应知足常乐,靠工资还想多赚钱的话,那最好是去非洲工作。

3. 事实上，法语圈的财富大部分集中在非法语专业的人手里，即便是在跟法语息息相关的法语培训和法国留学机构中，也很少有哪家老板是法语专业出身的。所谓"当局者迷"，过于注重法语，就容易限制思维、影响视野、看不清大局。因此，不要错误地认为法语是"摇钱树"，而要将法语放在商业大环境中合理运用。

> ➢ 注意事项

1. 记住不要因为听说法国浪漫就觉得要去学法语，这是比较幼稚的想法。

2. 虽然很多人在看专业排名的时候可能觉得法语挺靠前，挣的平均工资也不少，不过这个是建立在许多人去非洲的基础上的，自然就拉高了平均工资水平。

3. 很多人会担心从大学才开始学法语，会不会已经迟了？这个不用过于担心，绝大多数大学的法语专业新生都是零基础的，除非有些人在中学上的是外国语学校。

4. 我个人认为法语其实不能算小语种了。2023 年的一份统计数据显示，全国大约有 150 所大学开设法语专业，所以你学好了找个好工作挣钱还可以，但是学不好的话，竞争就相当激烈了。

## 050205 西班牙语

我毕业于南京大学西班牙语专业，在西班牙待过一年，现在在一个全国性的西班牙语培训学校当培训师，另外还兼职翻译，平时也帮想去西班牙留学的朋友出出主意等。应"金榜事事懂"邀请，给大家讲解一下我对西班牙语专业的认识。

> ➢ 专业介绍

有一种语言因语调优美，而被人们称为"与上帝交流"的语言，它的发源地有着灿烂多彩的文明、明丽奔放的弗拉门戈、激情澎湃的足球、勇武的斗牛士……这种语言就是西班牙语。

西班牙语，也被称为卡斯蒂利亚语。在我国，说到西班牙语，人们往往把它算作"小语种"，其实西班牙语是一个很大的语种。它是继英语和中文之后，世界上使用最广的语言，更是联合国六大工作语言之一(另外五种是英语、法语、汉语、俄语及阿拉伯语)。除了欧洲的西班牙、非洲的几内亚和亚洲的菲律宾，它还是美洲大陆近 20 个国家(如墨西哥、阿根廷、智利、古巴、哥伦比亚、委内瑞拉等)的官方用语，是五大洲使用人数最多的语言之一。

西班牙语是由罗马帝国的通俗拉丁语演变而来的，在语音、词汇、语法体系等方面继承了拉丁语的特点。与法语、意大利语、葡萄牙语等同属于印欧语系罗曼语族。

> ➢ 就业方向

学习西班牙语在就业方向上主要集中在以下几个领域：一是与西班牙语国家有贸易关系的大型国企和民企的外派人员；二是小型外贸公司；三是大型西班牙语外资企业驻中国办事处；四是西班牙语培训和留学机构；五是旅游公司；六是教师、政府公务员、各省市外办。

1. 大型国企和私企

大型国企：比如中国铁路工程集团、中石油、中石化、CMEC(中国机械设备工程股份有限公司)等都是大型的国企。这两年随着中石油、中石化等大型资源公司业务在南美的拓展，势必需要很多的西班牙语外派工作人员，所以西班牙语专业的毕业生还是挺抢手的。另外外派的工资远远于国内，还能在工作中快速提高自己的西班牙语水平，所以很多毕业生会选择这条路。

大型私企：像华为、美的、联想等也会招不少西班牙语专业的毕业生。

2. 小型外贸公司

小型外贸公司的种类很多,像生产红酒、礼品、手机等的企业,有很多会开发西班牙和南美市场,这就必须聘请西班牙语流利的职员了,又或者派遣职员去那边开设代表处。

3. 大型西班牙语外资企业驻中国办事处

西班牙语外资企业在中国的办事处也是不错的选择。在我国的许多沿海城市,如广州及整个广东珠三角地区、上海以及长江三角洲地区,都有非常多的西班牙和拉美国家的公司,有些甚至是很大的跨国集团的代表处和办事处。而且随着中国实力的迅速壮大以及中南美洲国家经济的快速腾飞,越来越多的西班牙语国家都注意到了中国这个世界上最庞大的贸易市场,从而纷纷进驻中国。

4. 西班牙语培训和留学机构

现在出国到西班牙语国家的人也不少,所以各地都会有很多的西班牙语培训或者留学机构,像朗阁、新东方、英华等好多的西班牙语培训机构都会招一些培训讲师,这也是一个容易想到的就业方向。

5. 旅游公司

目前国内的旅游市场上的西班牙语导游人员还是比较匮乏的,我认识的一个导游只会讲一些简单的西班牙语,就已经是他们旅行社里带国外团的台柱了,从中你就能看出在导游这块儿,还是比较有需求的。

6. 教师、政府公务员、各省市外办

这些岗位因为福利待遇比较好、社会地位比较高,所以大家毕业后也都是争着去,但这些岗位都是需要通过再次考试、公平竞争后才有可能被录取,所以录取难度较大。

> ➢ 就业情况

就业的话,相对现在大环境下很多专业找不到工作的情况,我觉得我们算是比较不错的了。就我所知,我们班绝大多数人找的工作基本和专业相关,并且进的企业还都不错,进入大国企的有三分之一。大部分签的是中国中化集团、中国铁路工程集团、江苏省建筑工程集团等公司。总体来说一半以上都外派,工资也不低。还有两个考上事业单位的,还有几个是到美的、哈飞等企业的。

至于上文说的旅游公司、高校教师等,虽然我们班同学目前还没有在这些机构任职的,但我认识的人里边是有人在这些机构工作的。不过相对来说,这些岗位在接收毕业生方面还是相对较少的。

目前西班牙语专业就业形势还可以的原因主要得益于两方面:一是前几年开这个专业的学校比较少;二是最近几年中国密切发展与中南美洲国家的商贸合作。

但目前工作好找不代表将来工作也好找,不出所料的话,开办西班牙语的院校这几年会激增。据我所知,2023年以后至少有80所大学开设这个专业,加上合适的岗位上逐渐有了合适的人,西班牙语就业在未来大概不会再有这么明显的优势。

> ➢ 与英语比较

按传统说法,西班牙语共有29个字母,除了3个字母,其余的26个字母在写法上与英语完全相同。

西班牙语发音的独特之处,在于它有些特别的颤音RR,即我们常说的大舌音,完全是靠舌头颤抖来发音。这个音可以说是西班牙语的标志,初学者在语音上都得经受这一关的考验——练习如何发颤音。

如果一定要把英语和西班牙语做个比较,我觉得,西班牙语的语音规则比英语要简单得多,西班牙语是不要音标的拼音文字,每个字母基本上对应一个发音。所以,只要知道了29个字母的发音规则,不管看到什么单词,你都能轻松地读出来。如果对英语的语感比较好,学习西班牙语会很快入门,毕竟,西方语言的思维是相通的。

但是,西班牙语的语法比英语要复杂,尤其是动词的时态、语态变位。西班牙语是重发音韵律的语言,所以名词的阴阳性、复数、形容词、冠词、动词变位等一系列的内容都要随着变,初学的时候可能有点难度。但也都是有规律可循的,大多数是按发音规则词尾变化的,这样发起音来比较押韵、有节奏感。这也是西班牙歌曲好听的原因!

### ➢ 注意事项

1. 有人担心西班牙语学起来比较难,但西班牙谚语中把最难做的事情比作"学汉语",那既然你中文水平都没问题,还怕西班牙语学不会?所以只要认真学,还是比较容易的。

2. 学了西班牙语专业将来最好能考上西班牙语类的公务员或者进国有背景的企业做翻译,但由于这几年西班牙语毕业生越来越多,进国家机关和企事业单位的只是少部分,大部分毕业生都投身外贸行业了。

3. 说西班牙语的国家可不止西班牙,其实学西班牙语能出国工作的大部分是去拉美国家,在拉美国家的中国人特别多,去投资的公司也非常多。

4. 外派出去生活还是有些苦的,不过不用担心不适应国外生活,其实和在中国没太大区别。比如去了西班牙,上网的话,中国的网站都能上,照样逛淘宝什么的。

5. 我个人认为女生语言天赋稍微比男生好些,女生学了可以在国内当翻译。

6. 西班牙语的竞争现在也是越来越大,不过比起其他专业已经很具有优势了。语言这个东西,你掌握好了,只要人品基本过关,毕业就业就不会太困难。但如果自己学不好,不管是什么专业,面对的竞争都很大。

7. 说到底语言只是一种工具,如果只掌握了语言而不多学习一些其他的东西,也很容易被淘汰。现在和西班牙语关系最大的就是工程和外贸,所以如果你高考选了西班牙语这个专业,到时一定要在这两个方面多充电。

## 050206 阿拉伯语

本人是阿拉伯语专业毕业的,目前在北京一家央企工作,应"金榜事事懂"邀请,介绍一下阿拉伯语专业。

### ➢ 专业介绍

先用几句话概括一下阿拉伯语,让你有个整体印象。

1. 世界人民有个共识:最难学的两门语言,一个就是我们的母语汉语,另一个就是阿拉伯语。

2. 在我国有三四十所大学开设阿拉伯语专业,开设的数量不算太多,学生总体来说女多男少。

3. 阿拉伯语是联合国六大工作语言之一,阿拉伯语是阿拉伯世界2亿多人的共同语言。阿拉伯语国家有20多个,从东边的伊拉克到西边的摩洛哥,从贫瘠的索马里到奢靡的阿联酋,从穷的要死的也门到富得流油的沙特,从弹丸之地卡塔尔到古老的文明大国埃及,用阿拉伯这一门语言便可以横跨西亚北非。

4. 阿拉伯语属于阿非罗——亚细亚语系闪语族,源于阿拉伯半岛。

## ➤ 阿拉伯语特点

1. 阿拉伯语的书写规则是从右往左,和汉语的书写规则正好相反。

2. 阿拉伯语是世界上最早出现的拼音文字,语法复杂和句子冗长晦涩是阿拉伯语的两大特点。

3. 阿拉伯语有28个字母,28个字母的发音部位涵盖了嘴内、鼻腔内、喉咙内的所有地方。阿拉伯语的发音比较重要,因为很多字母的发音是相似的,唯一的区别就是发音部位。如果发音部位不对,那意思也就完全改变了。

4. 阿拉伯语每个字母有12个音标,我个人觉得阿拉伯语的音标和汉语的四个音调差不多,音标能让你明白怎么去读,12个音标也就有12种读法,也就是说每个字母都有12种读法,总共的发音有 $28 \times 12 = 336$(个)。不过别被这么多的发音吓到,其实一点都不难,因为音标是有规律的,只要把握住规律,所有的字母就能顺着读出来。

5. 阿拉伯语字母无大、小写之分,但有印刷体、手写体和艺术体之别。书写时,每个字母均有单写与连写之分。

6. 阿拉伯语弯弯曲曲的文字,跟我们使用的汉语和学习的英语都没什么渊源,没有相当的功夫,真是很难分辨和记住。

## ➤ 普通大学情况

阿拉伯语专业一般是学制四年,学成后被授予文学学士学位。

由于现阶段大部分阿拉伯语专业学生并没有阿拉伯语基础,须入校从零学起,加之阿拉伯语在字体、书写上与大多数语言有较大区别,所以阿拉伯语专业常给人一种可惧的感觉。但事实上,与绝大多数语言类学科一样,阿拉伯语专业须学习概况、书法、听力、口语、阅读、语法、口笔互译、写作和阿拉伯语综合课。除此之外,针对阿拉伯语的自身特点,阿拉伯语专业还开设了经贸口译、经贸笔译、伊斯兰教相关知识等课程。

## ➤ 我的大学学习情况

在大学班级和课程方面,一般30多个学生为一个班(对于小语种教学这已经是大班了),一星期的课程并不算多,空余的时间还是不少的。

大一第一学期主要是字母、语音和一些简单的对话,也会有一些文化方面的课程,第二学期开始有阅读课程;大二会增加视听和语法,大二下学期会有一次专业四级的考试,大一、大二会有英语课程作为第二外语(俗称"二外")。这里需要说明的是,无论是阿拉伯语的教学还是二外英语的教学都不是以等级考试为最终目的的,所以对于英语四六级和阿拉伯语专业四级,需要你自己在课下准备和努力;大三增设经贸阿拉伯语、阿拉伯语传播史和翻译技巧、报刊选读;大四还会有文学史;等等。

至于四年下来你能达到什么水准得看你自己了,毕竟师傅领进门,修行靠个人。

一般来说,大一之后,就基本具备自学的能力了,当字母、发音和简单的词法都基本掌握之后,怎么扩充单词量、怎么练习口语就是你自己的事情了。这个专业毕竟还是个冷门专业,相关的辅导书远没有英语那样丰富,很多工具书甚至相当古老,但是如果能充分利用已有的资源,那进步也会是相当明显的。

大二第一学期过去之后,你会在某一天猛然发现,过去自己一点儿概念都没有的"满篇乱码"已经开始呈现出越来越清晰的轮廓了,如果学得还算认真的话,你还可以和阿拉伯的网友或外教进行一些简单的沟通了,那真是一个很大的跨越,你自己也会很受鼓舞的。

如此下来到了大四快毕业的时候,你的整体水平其实已经相当不错了。加上国内阿拉伯语人才原本就不算多,你已经是一个难得的人才了。

## ➢ 就业方向

阿拉伯语就业渠道相对较窄,大体上有以下几方面。

第一,传统的用人单位有国家政府部门,例如外交部、文化部、商务部、中联部、对外友协这样的国家部委的公务员,还有像海关,不过地方政府招的比较少。

第二,外文局和新华社、人民日报社、中央电视台、中国国际广播电台等媒体每年也会招收应届阿拉伯语专业的毕业生。

第三,石油类、化工类、基建类大型国企。像中石油、中海油等单位会招一些。

第四,涉外旅游部门,如中旅总社等。

第五,从事阿拉伯语教学或者研究工作。当教师,做语言的教学与研究。搞研究的话,工作会有些枯燥,但很稳定,收入和福利也会不错。

第六,外贸公司。外贸机构是吸纳阿拉伯语专业人才的大户。

关于就业方面,我也问过像北京大学、北京外国语大学等学校毕业的阿拉伯语专业的同事。据同事说,他们十几个参加就业的北京大学阿拉伯语系毕业生,主要到了外交部、文化部、商务部、中石油等传统强势用人单位。而北京外国语大学的同事说他们那一届30名毕业生中除2人考研、1人出国,剩下的人也分别被录用到外交部、文化部、新华社、中旅总社,还有人供职于中国电子进出口公司等企事业单位。不过这也可能是因为他们学校的牌子好一些,像普通大学的学生的话就需要努力一番,但只要学得好,不愁没人要。

## ➢ 注意事项

1. 想真正学好一门外语,想做一名资深的翻译甚至同声传译,那还是需要多年努力和积累的,大学四年你学的只是基础。前途光明,道路曲折,外语是个经验活儿,一蹴而就是万万不能的。

2. 由于阿拉伯语国家信仰伊斯兰教,受限于传统习俗,存在一些性别上的就业限制,虽然并不能由此判断阿拉伯语专业的女生不好就业,但要想有较好的发展,女生确实不易。而且,由于中国与阿拉伯国家经济往来主要局限于石油、石化、水利、交通、建筑等项目,长期驻外,女生在工作中确实存在各种不便的地方。于是造成了阿拉伯语专业男生各单位抢着要,而女生需要四处奔波找工作的现象。不过如果学得很精通的话,可以到中央电视台或者是政府部门的外交部工作,还有同声传译、教师等岗位是没有性别上的就业限制的,实力是最主要的。

3. 阿拉伯语虽是一种国际性语言,但其通用性较小,专业面较为狭窄。

4. 阿拉伯语和英语是不同语系,所以阿拉伯语专业的毕业生英语差点也属正常!但是英语好才好就业。

5. 与德语、日语等相比,阿拉伯语国家缺乏知名企业,学阿拉伯语进知名大型外企的想法比较不切实际,在中国做生意的阿拉伯人,多是集中在义乌这样的小商品批发市场。

6. 报考小语种专业,一定要谨慎结合自己的特长和兴趣爱好。况且小语种学起来有难度,并非适合每个人。

7. 学外语时间长了会有枯燥之感,当基础打下来之后,背单词、抠语法都是避免不了的,一个人、一间教室、一下午,当别人都在谈恋爱、打游戏的时候,你却要背单词,所以如果你已经决定这一生要跟它打交道,那就要做好长期奋进的准备,不能指望着一两天的心血来潮就能给你带来质的飞跃。如果你对学习外语没有那么大的热情,那还是不要太轻率地做抉择。

## 050207 日语

本人是浙江大学日语专业毕业的,应"金榜事事懂"的邀请,给大家介绍一下日语专业。

### ➢ 专业介绍

据我所知,日语在语言类专业里是除英语外开设最多的专业,本科阶段设置日语专业的大学有 500 多所。这还不包括专科的应用日语、旅游日语,还有各个培训机构培养的日语人才,以及日本留学归来人员,这也就是说将来竞争不小。

### ➢ 学习内容

日语专业在大学里上的课程基本分两大块。

第一大块是日语专业技能基础课程,包括基础日语、高级日语、听力、会话、阅读、写作、口译、笔译等。

第二大块是日语专业知识课程,包括日本概况、日语概论、日本文学、日本文化、翻译理论等。

在大一、大二日语专业基础阶段,我们会在轻松的学习氛围中通过严格训练逐渐掌握正确的日语语音语调,学习日语词汇、句型和语法知识,同时接受听说读写方面的基础训练,通过外教授课等方式达到自然、流利的会话水平。而在日语专业高年级阶段,专业知识课程会培养我们运用已掌握的日语知识去阅读理解日语原著,了解日语的表达习惯、日本人的思维方式,增强对日本社会文化内涵的了解。

另外,一般大学里都有口语角、演讲比赛等实践活动,能让大家在实践中检验自己的日语水平,总结出学与用的差距,在锻炼中不断巩固提高。

### ➢ 日语特点

日语复杂的书写系统是其一大特征,其书写系统包括了日语汉字(大多数的汉字又有音读和训读两种念法)、平假名、片假名三种文字系统。

在语序方面,句子由主语、宾语、谓语的顺序构成,属于主宾谓结构。

在语汇方面,除了自古传下来的和语,还有中国传入的汉字词。近来由各国传入的外来语的比例也逐渐增加。日语极富变化,不单有口语和书面语的区别,还有普通和郑重、男与女、老与少等的区别,以及发达的敬语体系。

日语因为音节较少,所以是世界上语速最快的语言之一。

### ➢ 学习方法和心得

1. 词汇:我认为对于中国人来说,背日语单词有着得天独厚的优势。初学日语的时候需要下苦功夫死记硬背,熬过了这一段初学期,每个人都会发现其中的规律。日语中有音读和训读之分,音读的规律很容易掌握。每个汉字都会有一个或几个音读的发音,一旦掌握其规律,词汇量就可以以几何级数增长了。麻烦一些的是训读,不过幸运的是,并不是特别多,每次见到就记在本子上,经常拿出来读一读,时间一长自然就记住了。

2. 文法:日语的文法是呈先易后难—再易—再难这样一个规律的。这就是人们总是说日语是笑着进哭着出的原因。在刚开始学习日语时我们会发现语法是很容易掌握并运用的。大概在学到动词的て型时麻烦就来了,这也是学习日语的第一个"瓶颈"。其实只要你一遍又一遍地练习,て型也很容易掌握。等到这一阶段熬过去,会有第二个"瓶颈"期,即使役态、被动态、被动使役态及敬语谦语的使用等。这个阶段确实是需要下狠功夫的,等到这两个"瓶颈"期过去,那就可以松口气了。

3. 听力:我认为除了在课堂上的学习,提高听力最好的途径就是看动漫、日剧、NHK(日语广播协会)。刚开始学习日语的话多看看动漫,像《海贼王》《火影忍者》《龙珠》,因为动漫中使用的日语往往要浅显易懂一些。在看动漫不看字幕听懂80%左右的时候就可以多看看日剧了。这是日本人平时使用的日语,和动漫又有很大不同。在练习听力的同时,也要多从日剧中学些东西,如日本人待人接物的基本礼仪、一些固定话语的应答方式、日本人的思维方式等。等到看日剧不用字幕也可以懂的时候,艰苦的NHK听力就可以开始了。可能开始时一遍听下来都不知道在说什么,这时不要急于求成,而要持之以恒,听力就会慢慢提高的。

4. 口语:所有语言的学习最终都要学会开口去说,只要肯开口说,口语进步就会很快。学口语关键是要不怕出错,说外语哪有不出错的,放好心态,错了就改,总会提高的。像我在上大学的时候,每周三都参加日语角,那里除了有日语系的学生,还有与日语有关的工作人员、专业翻译、日本留学生、日本在杭工作者等,在那里你能和日本人面对面地交流,从而口语水平就会提高极快。

## ➢ 与汉语比较

汉语和日语之间的关系很紧密,"日语的文字都是中国以前传过去的",相信很多人有这种想法吧。其实学习日语,对中国人来讲确实是有优势的,且不说它里面有很多汉字,就说它的发音,好多都跟汉语也很像。但是,如今的日语已经不是原来的日语了,就好比我们的汉语,每天都以飞快的速度变化着。汉语传入日本已经经过很长的历史时间了。这期间,中国也发生着翻天覆地的变化,用白话文代替了艰涩的古文。而如今的日本,也不只是受汉语的影响,还有来自美国和欧洲语言的影响,出现了大量的用片假名表达的单词。所以说,一个人的汉语水平不能完全地反映其日语水平,有些单词,看似是汉语,其意思却和汉语的意思完全不同。但是,确实不能否认汉语对日语学习的重要性,特别是一个人古文学习水平的高低在一定程度上的确能够影响日语学习的效率。

## ➢ 就业方向

1. 日语专业毕业生就业去的最多的是日资企业中国分部,大致分为以下几类。
(1)商社:商社看重一个人的整体能力,尤其是沟通能力、语言能力,喜欢外向一点的同学。
(2)制造业:丰田、索尼、日立、松下、夏普等。但是将来选这类企业要当心,尤其像日立、松下这样的公司,由于其规模太大,其实已经不能看作单纯的制造业了,对于这种有实力的集团,下属机构之间的差距是很吓人的,但是都是打着总公司的名义招人,去之前一定要调查清楚,制造业没有原来那么好,但是能够进顶级的公司还是不错的,当作将来跳槽的跳板也是很好的。
(3)来华投资设厂的除了世界知名大型日企,还有许多中小企业,以及一些不那么有名但待遇不错的公司。不要一心只想着大公司和知名公司,一些规模名气稍小但在业界同样拥有影响力的公司也是很好的选择,而且往往待遇福利更好。还有一些合资企业,同样也是不错的选择。
2. 除日资企业外,国内许多公司、企业对日贸易也在不断增加,也需要很多外贸人员。
3. 国家机关(包括外交部、各级政府、海关、外经贸办公室和贸易促进协会等)也招不少毕业生。
4. 可以从事翻译、日语导游等职业,不过相对数量较少。
5. 听得比较多但需求量比较少的有本科、专科大学的日语教师、日语培训机构的老师。
另外,如果要去高校做老师的话,硕士学历也未必够,可能需要博士学历了;去培训机构做老师的话要求不是非常高。

> ➢ 就业情况

根据这几年的企业招聘信息反馈,日资企业不仅仅需要从事翻译工作的日语人才,更需要了解市场行情、有一定英语能力、有一定技术、能用流利的商务日语接待客户的一职多能的复合型日语人才。像"日语+秘书""日语+会计""日语+计算机"等复合型人才更受企业青睐。

对从事外贸工作的日语专业求职者,要求既懂日语知识又具备商务操作能力。对财务人员,除了要求具有日资企业财务工作经验,具有"语言+专业"者更受青睐。而IT行业的日语从业人员,不仅要掌握日语、英语,而且要熟悉计算机应用、编程、软件开发等。

> ➢ 发展前景

最初的日企在中国发展较快是因为中国的劳动力成本较低而市场又大,但随着我国劳动力成本和土地价格上升,提高了日企在华的运营成本,这使得日企在华的大规模投资渐趋式微,日语专业毕业生的就业形势也由乐观逆转为严峻。

> ➢ 注意事项

1. 大家所说的学日语是笑着进哭着出倒也不一定,但确实比较辛苦。个人经验是:一开始确实是简单,但到中间有个坎,过了就好了。

2. 有人说我以前没有接触过日语,还是零基础,大学开始学会不会和别人有差距?其实大可放心,学校里的大部分人都是英语考生,对于日语的接触应该是从上大学才开始的,都是从零开始学习日语,所以不用怕基础不好。

3. 在大学里考证的话,作为日语专业学生,毫无疑问的最好要达到国际日本语能力一级及专业八级,一级是以后就业的重要凭证,没有这个证书就相当于大学的时光白白浪费。有时间可以去考J.TEST(实用日本语鉴定考试),全国及日本国内都通用,对于找工作很有用。

4. 如果将来深造的话,方向其实也挺多的,可以朝"语言"(语言学,语法研究方面)、"文学"(古典或现代文学研究)、"文化"(风俗、宗教等)、"同声传译、高级翻译或商务日语"(这个最实用但要求很高,开设此类专业的学校也很少)等方向深造,当然出国也是一个选择。

5. 日企有一大特点是讲求纪律性和论资排辈,需要每个员工遵从企业的法则。

6. 选日语专业的大学,我建议最好是选沿海一带的城市。前些年对于日语人才的需求主要来自大连,以及东北其他一些对日交流比较频繁的地区。这些年,南方一些城市,比如深圳、广州、上海的一些独资企业、合资企业、商社、旅行社对日语人才的需求量都比较大;另外,像烟台、威海、青岛等北方的沿海城市对日语人才的需求量也比较大。

7. 日企的高级管理人员大多为日本人,日企需要的是精通日语的人来充实一般管理层及辅助性管理工作。在中国找一份日企的工作不难,但是如果你想在日企谋求高薪、高职,则不是长久之计。

## 050209 朝鲜语

本人是青岛大学朝鲜语专业毕业的,应"金榜事事懂"邀请,介绍一下朝鲜语专业。

> ➢ 专业介绍

朝鲜语专业大家可能平常不说,但是一说韩语大家应该都挺熟悉的吧?于是很多人会问一个问题:本科招生书上写的是朝鲜语专业,而平常大学设置的是韩语系,大家平常说的也是韩语培训什么的,这有什么区别吗?按照我们老师的说法,朝鲜语专业是广义的,包括朝鲜、韩国以及中国的朝鲜族所说的语言。

虽然专业上叫的是朝鲜语而不叫韩语,但这主要是一些特定历史原因造成的约定俗成的说法,在课程设置和专业内容上和韩语专业并无任何不同。

虽然专业一般叫朝鲜语,其实现在大学里主要学的是韩国语方向,绝大多数学校的做法是在朝鲜语专业的后面加注释(韩国语方向)。你平常看到朝鲜语专业的时候,就当平常大家所说的韩语理解就可以了。

➢ 专业特点

朝鲜语是字母音节文字,共 40 个字母,包括 21 个元音和 19 个辅音。朝鲜语以音节为单位拼写,组成一个个方块字,是一种"音节式"拼音文字。一般只要学会读这 40 个字母,以后看到朝鲜语文字即使不懂意思也能拼读出来。也正是因为它的这套语言科学、易学,所以韩国基本上没有文盲。

平常看原版韩剧的时候你应该会发现它与汉语很多词语发音相似,其实现代朝鲜语中的词汇有近 70% 是标准的古汉语词汇,正是因为朝鲜语和汉语之间有一定的联系,所以中国人学朝鲜语相对而言比学别的语言容易一些,应该是外语中最好学的科目了。

朝鲜语里的外来语非常丰富,除了上边说到的一部分来源于中国的汉字和词汇,还有一部分来源于西方的词汇,以英语为主。

学习朝鲜语的难点在于三个地方:一是发音部分;二是语法部分;三是敬语部分。

1. 发音难度在于它的音变之多,很难咬准。

2. 语法。朝鲜语的语法点可谓纷繁复杂,许多初学者被迎面冲来的语法知识冲击得头昏脑胀,但也没有难到学不会。

3. 朝鲜语里的敬语特别发达。朝鲜语依讲话人和听话人之间的年龄、身份、地位的不同而采用最敬阶、普通敬阶、普通卑阶、最卑阶四种阶称。

➢ 学习内容

在大学里学的内容不光是听说读写和翻译等,还要学习朝鲜国的历史、文化等,涉及的内容很多,就连朝鲜国的报纸都会在课堂上讨论。开设朝鲜语专业的几所大学的主要课程大致如下。

1. 对外经济贸易大学朝鲜语专业的主要课程有:基础朝鲜语、朝鲜语精读、朝鲜语文学选读、朝鲜语翻译理论与实践、朝鲜语经贸应用文、朝鲜语修辞与写作、朝鲜语报刊选读、谈判与口译、朝鲜(韩国)概况、朝鲜语语法。

2. 北京外国语大学朝鲜语专业的主要课程有:大一、大二基础阶段,学基础朝鲜语、语音、语法、会话、听力、朝鲜语精读。大三、大四提高阶段,包括口译、笔译、朝鲜语精读、写作、泛读、视听说、韩国概况、韩国文选、报刊选读。

3. 黑龙江大学朝鲜语专业的主要课程有:中级朝鲜语、高级朝鲜语、基础朝鲜语会话、朝鲜语视听说、朝鲜语泛读、翻译理论与技巧、韩国文学作品选、韩国(朝鲜)概况、朝鲜语概论、韩国社会文化、朝鲜语写作、商务朝鲜语、报刊选读等。

青岛大学的主要课程基本和以上差不多,总结一下,基本上是为了达到下面的目的。

1. 朝鲜语阅读学习目的:提高阅读速度和理解能力,扩大知识面。

2. 朝鲜语写作学习目的:让我们了解常见的应用文和记叙文(比如便条、通知书、书信、日记、自荐书等),掌握其格式,做到文通字顺。

3. 朝鲜语视听说学习目的:提高学生看懂朝鲜语电视节目和听懂广播的能力,能用朝鲜文和中文简要说出主要内容。

4. 韩国文化学习目的:了解韩国的历史文化、风俗习惯、宗教信仰、生活方式、思维模式等。

5. 朝鲜文学学习目的:了解朝鲜的文学史,提高学生对朝鲜文文学作品的理解和欣赏能力。

6. 朝鲜文报刊选读学习目的:让我们了解朝鲜国时事等。

7. 经贸朝鲜语学习目的:了解一般的国际经贸知识,熟悉各种经贸应用,为将来毕业从事外贸工作打基础。

8. 韩国概况学习目的:了解韩国国情,从历史、社会、文化、政治、经济等各个方面充分了解韩国。

➢ **就业方向**

一、企业类

1. 大型韩企:大型韩企工资较高,部门分工比较细。大四的时候,会有很多企业来学校举办专场招聘会,不过这种大的韩企进去较难,一般要求朝鲜语六级,有时候还要求英语六级。

2. 很多中小韩企,工资普遍还行,都能学到很多东西,缺点就是中小韩企可能待几年遇上经济危机就撤了,不过那时自己的朝鲜语水平就很不错了,跳槽很容易。

3. 中国的涉韩企业也会招收很多朝鲜语专业的学生,比如富士康就来我们学校招朝鲜语方向的毕业生。

二、公务员类

到外交部,商务部,宣传部,各地海关边检,沿海省份对外办公室,市区各级对外经贸局、外事办、招商局等,这类岗位需参加各级考试竞聘,竞争较为激烈。

三、翻译类

从事翻译文件的工作,比如翻译介绍性文章、连续剧、网页、韩国游戏等,可以较为自由地支配时间,薪酬高,但时间和工作不是很稳定。

四、教师类

特别优秀的话或许可以进大学教书,还有一种就是进培训机构当老师。

五、导游类

导游,听说也算一条不错的路,但周围人从事这个职业的不多。

➢ **就业情况**

朝鲜语专业的就业形势,我总结了这么一句:"宏观上比较乐观,微观上不容乐观。"什么意思呢?就是说从大的宏观形势上来看,就业前景还可以,但是具体到每个人身上就不乐观了。为什么会出现这种情况呢?下面我们就来分析一下。

宏观上,韩国这个国家虽然不大,但与中国经济交往密切,像山东半岛是韩国投资和经商最集中的省份,有着大量的韩资企业。山东省的外资企业,韩国占了1/3,也就是说每3个外资企业中就有一个韩资企业。现在,韩国前30位大企业集团中有很多已来山东投资。既然有这么多韩资企业,其中又有许多大企业,它们都需要大量的人才,所以从宏观上说大家的就业是不成问题的。

但具体到每个人身上,就业就有一定的困难了。为什么?

1. 目前国内开设朝鲜语专业的学校太多,每年都有大量的毕业生。

2. 国内有很多以朝鲜语(韩国语)为母语的朝鲜族,他们对朝鲜语专业的学生就业产生很大的影响。

3. 韩企一般喜欢招聘朝鲜族的学生,因为他们比较有优势,而且在沿海地区(例如青岛)有很多朝鲜族人及留学生。

### ➢ 注意事项

1. 有一部分中国人很热衷韩国的文化,而大部分想学朝鲜语的人多少是受了"韩流"的影响,但上大学选专业不是脑子一热就可以决定的。首先要确定你对朝鲜语专业是不是三分钟热度,因为无论哪种外语都有它的难度,没有耐心是不行的。

2. 好多开始学朝鲜语的同学想着毕业以后可以做朝鲜语翻译来谋生,对这样的想法我要给你一个大大的"NO"。其实韩资企业很少招聘单纯的翻译,韩资企业招聘的岗位一般有现场管理、资材管理、人力资源担当、进出口业务担当等,会朝鲜语只是最基本的要求。可以说朝鲜语翻译现在基本上就是兼职的工作了,不大可能有一个正儿八经的工作只干翻译的事情。

3. 从某种程度上说,毕业找工作的时候,会朝鲜语可以帮你锦上添花,但把它看作安身立命的本钱,恐不长久。这是因为一来朝鲜语相对容易掌握;二来中国很多朝鲜族的人天生就是中朝双语人才;三来现在在华的韩国留学生和职员众多,汉语好的也不少,而且有聚居的态势,对朝鲜语翻译的依赖性很小。所以说朝鲜语只是作为工具使用,要想找个好工作,你得想办法提高自己的竞争力。

4. 韩企在华分布有很强的地域性,山东、东北、江浙、广东比较多,而且多是在一些二线、三线城市,像大连、青岛、烟台、威海、日照、东莞等,所以选择大学的时候最好能选靠近沿海的这些城市的大学。

## 050262 商务英语

本人是北京第二外国语学院毕业的,应"金榜事事懂"的邀请,简单介绍一下商务英语专业。

### ➢ 专业介绍

用通俗的话来说,商务英语专业就是既要学外贸又要学英语的专业。说句实在的,这个专业比较普遍,很多大专或者是私立大学有这个专业,竞争异常激烈。再加上英语专业本身就有特殊性,不管你是英语教育专业还是商务英语专业,只要你有过硬的英语口语和综合的个人能力,基本上各个领域的工作都是可以胜任的。举个例子,现在我有很多英语师范专业毕业的朋友在从事外贸方面的工作,大部分是做跟单,当然也有个别的做翻译。因此,既然你选择了英语这个大的专业就不要局限自己,争取多考取几个资格证,多去一些私人企业或者外企打工,慢慢积累经验之后再给自己合理定位,从而选择适合自己的行业。在这里,还要强调一点,如果你今后非常想从事贸易方面的工作,那么就别局限于自己专业课方面的学习,建议可以在大学期间选修国际贸易专业或者市场营销专业的第二学位,这样可以更好地丰富自己国际贸易方面的知识,从而将两个专业更好地融合。当然,最现实的还是毕业的时候找工作会相对容易一些。

### ➢ 学习内容

大学期间主要学习的课程有:高级英语、英语听力、英语口语、英语写作、翻译理论与实践、英美文学史及选读、西方经济学、国际贸易、国际商务、市场营销等。

### ➢ 就业情况

理论上来说,商务英语专业的毕业生能在国家机关、外事、外贸、外企、各类涉外金融机构、商务管理公司、专业翻译机构、出版、新闻、旅游、高级宾馆酒店等部门承担商务管理、商务翻译、外贸洽谈、经贸文秘、英语编辑、英语记者、驻外商务代理、涉外公关、涉外导游等工作，也可在中学、中专、职高、技校和英语语言培训中心及科研部门等从事教学和科研工作。

上面的就业方向是比较理想化的，个人能力不同、学历不同可能就业情况也不一样。下面我谈一下现实的情况。

这个专业毕业生的第一大去向就是去外语培训机构。这类工作门槛较低，比较小的私人外语培训学校到处都是，这类工作的薪资待遇水平不是很高。

第二大去向就是从事外贸方面的工作。通常是去私人公司或企业，做一些跟单或者翻译方面的工作。比如说，你在一家服装外贸公司工作，一个美国公司需要加工一批外套，那么你就需要跟美国方面打电话或者发邮件，沟通一下具体细则，如衣服的材质、尺寸、扣子的大小以及衣服的颜色，等等。再往后你就需要找合适厂家进行加工，做好了去看样品，过程中会有很多问题，还需要跟国外的客户进行沟通。总之，这单衣服就是你从头跟到尾，一直到客户收到货打给公司尾款才算完成。虽然这方面的工作很烦琐，操心的事也很多，但是工作起来还是比较有乐趣的，非常锻炼人，而且工资待遇方面还是比较理想的。

第三大去向就是做导游。因为每年都有大量外国游客到中国来旅游，国内旅游市场还是很有潜力的。毕业之后，可以考一个导游证，然后多挂几个旅行社，一般国外的团都很小，大部分是一家几口人，当然也有一些商务团，不过人都不会多。一般外国的游客素质都还不错，沟通起来会比较愉快，再就是一般外国人都会给小费，特别是对当天的行程非常满意时，会给很多小费。

除了以上这几个大的方向，还可以从事很多其他方面的工作，比如星级酒店或宾馆、驻外商务代理、涉外金融机构等。总之，我个人认为：英语方面的相关专业是很矛盾的，将来发展的好与不好关键不在于你选择了哪一个专业，而是在于你是否有能力以及你是否能够把握好机遇。

# 503 新闻传播学类

## 本专业类概况

### 一、各选科组合能报本专业类的比例

该数据反映的是在该专业类的所有高校招生计划中，各科目组合有多少学校能填报。详解见图书使用说明。

| 物理 化学 生物 | 物理 化学 历史 | 物理 化学 地理 | 物理 化学 思想政治 | 物理 生物 历史 |
|---|---|---|---|---|
| 92.7% | 97.4% | 92.7% | 94.5% | 97.4% |
| 物理 生物 地理 | 物理 生物 思想政治 | 物理 历史 地理 | 物理 历史 思想政治 | 物理 地理 思想政治 |
| 92.7% | 94.5% | 97.6% | 99.4% | 94.5% |
| 化学 生物 历史 | 化学 生物 地理 | 化学 生物 思想政治 | 化学 历史 地理 | 化学 历史 思想政治 |
| 97.1% | 92.4% | 94.2% | 97.2% | 99.0% |
| 化学 地理 思想政治 | 生物 历史 地理 | 生物 历史 思想政治 | 生物 地理 思想政治 | 历史 地理 思想政治 |
| 94.2% | 97.2% | 99.0% | 94.2% | 99.7% |

### 二、该专业类的主要专业男女比例及每年大致毕业人数

| 专业类 | 专业代码 | 专业名称 | 各专业年度毕业人数 | 男女比例 |
|---|---|---|---|---|
| 新闻传播学类 | 050301 | 新闻学 | 20 000～22 000 人 | 男 21% 女 79% |
| 新闻传播学类 | 050302 | 广播电视学 | 10 000～12 000 人 | 男 20% 女 80% |
| 新闻传播学类 | 050303 | 广告学 | 18 000～20 000 人 | 男 26% 女 74% |
| 新闻传播学类 | 050304 | 传播学 | 4000～4500 人 | 男 24% 女 76% |
| 新闻传播学类 | 050305 | 编辑出版学 | 2500～3000 人 | 男 18% 女 82% |
| 新闻传播学类 | 050306T | 网络与新媒体 | 7000～8000 人 | 男 33% 女 67% |

### 三、本专业类主要考研方向

| 学科门类 | 一级学科 | 研究方向 | 学位授予 |
|---|---|---|---|
| 文学 | 0503 新闻传播学 | 学术硕士 | 可授硕士、博士专业学位 |
| 文学 | 0552 新闻与传播 | 专业硕士 | 仅可授硕士专业学位 |
| 文学 | 0553 出版 | 专业硕士 | 可授硕士、博士专业学位 |
| 参考往年可报考二级学科 | | | |
| 新闻传播学 | 新闻学 | 传播学 | — | — |

## 本专业类重点专业解读

### 050301 新闻学

本人是新闻学专业的毕业生，应"金榜事事懂"的邀请，介绍一下新闻学专业。

#### ➢ 专业介绍

从字面理解这个专业就是关于新闻的专业了。新闻学大家应该再熟悉不过了，电视上天天都能看到记者举着话筒在外面采访报道，那个记者一般就是新闻学专业毕业的。但新闻学远不止如此。你想吧，谁给记者录像？谁把稿件编辑整理好的？记者背后是有许多人在忙活着的，而这些都是新闻学专业所涉及的。

新闻学专业起源于最初的报纸新闻，那时候还没有广播电视，在整个新闻传播类的专业里面是最正宗的，也是传媒界比较认可的本科专业。但也正因为最初对象是报纸，所以直到现在大学里面的新闻学最主要对象还是像报纸、新闻类期刊等平面媒体，这也或多或少限制了新闻学的发展。新闻学虽然也学习一些新的传播媒体的知识，但不如广播电视学、传播学等专业那么明确。

#### ➢ 学习内容

新闻学专业主要有理论新闻学、中外新闻史、应用新闻学、广播电视新闻学、新闻摄影、编辑出版等专业分支。每个大学学习的具体内容稍微有些不同，但主要包括新闻实务和新闻理论。新闻实务包括新闻的采访、写作、摄影、摄像、非线性编辑等。同时大学里也学习一些理论知识。

具体课程上，可以分为两大块：第一就是要学习文学、哲学类的基础课；第二就是学习新闻学原理、传播学原理、媒介伦理与法规、新闻采访与写作、新闻编辑、新闻评论、新闻摄影、音视频节目制作等专业课。

#### ➢ 官方介绍

新闻学专业的学习研究对象既包括新闻的采、写、编、评、摄，又包括新闻传播理论、新媒体实践。要学习如何在不同的新闻媒体上写新闻报道、新闻评论，做社会事件的分析，学习利用各种不同的表达手段——声音、文字、多媒体进行信息呈现，同时也需要研习一些大众传播理论、传媒与社会之间的关系等。

#### ➢ 就业情况

新闻学专业的就业面还是比较广的，主要包括以下几个方面。

1. 比较对口的工作单位主要集中在传统的媒体和新闻单位，如报社、杂志、广播电视台等，或省、市级新闻单位，进去以后就是朝记者、编辑、主持人、节目编导的岗位发展。
2. 进入自媒体公司，很多规模较大的自媒体公司也需要大量新闻学专业的毕业生。
3. 进入出版社、广告公司、网络公司等企业从事编辑、策划、文案、宣传等工作。
4. 去学校从事教学工作或考公务员去政府部门从事宣传工作。

对于就业率来说，我觉得各人有各人的看法，好学校里学得好的学生觉得就业也挺容易的；学得差点的总觉得找工作很难，因此要看学校和个人能力了。

### ▶ 什么人适合

新闻学专业的学生,第一要知识面广,思维活跃,能够对新鲜事物有非常高的敏感性;第二要对媒体技术感兴趣,并且能够非常快地掌握;第三要有较好的人文基础,同时要有基本的数理知识;第四要乐于与人交流,具有良好的沟通能力。

### ▶ 注意事项

1. 新闻学表面看上去是很风光的专业,其实新闻行业是个很苦的行当,特别是记者,不论刮风下雨,天天得往外跑,甚至越是环境恶劣的地方才越有新闻价值,比如灾害现场或者战争现场等。例如:如果想第一时间报道地震灾害,就得冒着余震的危险深入灾害现场;还有,像俄乌战争期间,想知道冲突的最新情况,就得深入冲突现场去。

2. 现在大多数媒体都按板块或者部门招人,比如财经板块的就要懂经济金融专业的,法律新闻板块的就需要懂法律知识的。总之,新闻学专业学起来容易,但是实践性很强,如果真想进媒体,并且有好发展,你还需要精通一门其他专业才能适应就业的高门槛。例如,做经济方向的记者,连宏观经济运行规律都搞不清,连利率汇率关系都不明白,甚至连公司财报都看不懂,能指望写出地道优秀的财经新闻?学校的教育,更多地倾向于培养学生认识问题和分析问题的能力,不太可能非常细致地教会学生对于一个行业的习惯的掌握。一些行业习惯,是需要从业者亲自实践才能领悟的。

3. 想报这个专业,需要性格比较开朗,喜欢与人交流。毕竟学习新闻以后,要与人打交道,甚至自己出去采写新闻,如果性格比较害羞、内敛,那么这方面就很难做到得心应手。

4. 学新闻学专业最好不要到不发达的地区,在那里你可能学不到足够的知识,去发达一些的地区才有可能能学到更多先进的理念。新闻的实践性很强,在学校学到的只是理论,实际知识来源于社会和实践,而这恰恰是学校所缺乏的。

如果对时事很感兴趣,对新闻热点也比较敏感,同时文笔又很好,且善于交际,可以考虑选报新闻学专业。要是你真喜欢,高考成绩又不错的话,中国人民大学、中国传媒大学、复旦大学、武汉大学等学校的新闻学专业是相对较好的,毕业后相对有挺多机会和较大的发展空间。

## 050302 广播电视学

本人是河北大学毕业的,现在在一个市级电视台工作,应"金榜事事懂"的邀请,介绍一下广播电视学专业。

### ▶ 专业介绍

广播电视学以前叫作广播电视新闻学,后改为现在的名称,经过几年的发展已经逐步形成了完整的新的体系。看广播电视学专业名称中的"广播",你应该能联想到《音乐之声》《交通之声》之类的广播节目;"电视",你应该能想到《新闻联播》《动物世界》等。而广播电视学专业学的也是广播和电视两方面的内容。具体来说,广播电视学专业学的是用声音和影像记录、展现事件。如何让人们通过直观的影像、声音、语言、神态直面事件,就是广电人要做的事情。

总体而言,广播电视学专业是属于新闻传播学大类的,既然是新闻传播类的专业,那新闻类最基础的采、写、编、评肯定都要学,但是与普通的新闻类专业不同的是:广播电视学专业还要学广播电视节目的策划、拍摄(录制)、视频音频的合成、节目的播控等内容。

### ➢ 学习内容

接下来我就以《新闻联播》为例介绍一下广播电视学专业的学生需要掌握的知识和基本技能：

第一，首先，《新闻联播》是一档节目，每天要播出很多内容，那具体每天计划要播什么、需要安排记者和摄像师们去哪些地方采访录制，就需要学习广播电视节目策划和管理方面的课程了。

第二，接下来定了去哪里采访，然后记者和摄像师们就会赶到不同的地方进行采访拍摄，采访的时候最起码得有一个记者、一个摄像师。对于记者而言，你就得学习并掌握现场报道、镜前表现能力方面的课程。对于摄像师而言，你就得学习并掌握音视频采集、声画组合、电视摄像等方面的内容，同时你得熟悉各种录像设备的使用及操作原理，这样即使在一些比较恶劣的天气情况下，万一设备出现小故障也能确保自己都能修理好。

第三，拍摄采访之后，不是所有拍摄的东西都能用得上，这就需要对采集回来的内容进行剪辑，因而就需要你在大学里面学习视频和音频剪辑方面的课程。你需要学会并熟练应用一些视频剪辑软件，比如 Premiere、After Effects 等。

第四，拍摄了几十条不同的新闻后，要想播出，作为主持人，你总不能随便抓起一条就念吧？这就需要先把各个新闻组合好，先播出哪条、后播出哪条，每条新闻之间如何衔接，用什么话语来衔接，这些都得提前组织好语言。这就需要有一定的写作功底，在大学也都会学到。

第五，一切准备就绪就该播出了，播出的时候虽然在电视上只看到两个主持人在那儿播报，其实他们周围有好多人和设备：导播、灯光师、若干台摄像机等。播报什么时候该停顿、什么时候该切换到不同的镜头上，这些都需要导播在那里指挥，这就需要懂得更多的知识与内容，像灯光处理、播音与主持、节目播控等内容都得学会并掌握。

总体来说，如果想成为一名优秀的广播电视人员，上边列举的课程在大学里就都得学习，你需要具备采访、写作、摄录、编辑、评论、现场报道与主持、节目策划等专业能力，熟悉广播电视节目采制技术，包括视音频采集、数字摄影摄像、暗房技术、灯光处理、非线性编辑、节目播控、多媒体制作等。

### ➢ 相近专业区别

和广播电视专业相近的专业有新闻学专业。新闻学主要针对的是新闻采集、编辑、播报。例如报社的记者，比较注重文字功底。

广播电视学专业除了简单涉及新闻学的基础课程，还要接触一些电视媒体及计算机知识，如非线性编辑软件的使用等，侧重于电视新闻和电视节目制作，怎么用摄像机拍摄、编辑电视新闻，甚至后期的剪辑、制作等。

### ➢ 就业情况

广播电视学专业的毕业生的第一就业方向是进入电视台，从事编辑、策划、摄像等工作，但是现在进电视台工作没那么容易，大多数电视台人员接近饱和。因为开设新闻传播类专业的学校数量实在是太多了。

进不了电视台的话，也可以去一些电视节目制作机构，从事摄像和剪辑等工作。

即使进不了这些单位，摄像、主持、策划这方面的技能也是可以用在很多其他地方的，比如可以去一些广告策划公司从事宣传片制作方面的工作，最后哪怕实在找不到工作，也可以尝试去大型婚庆公司从事摄像、主持、策划等方面的工作。

### ➢ 什么人适合

如果你是影视爱好者，对动态画面有良好的感知能力，那你可以报考广播电视学专业。此外，本专业强调动手能力,如果你在高中期间已经对摄影、视频制作有浓厚的兴趣,甚至有些许实践尝试,那上大学后更容易学好。

> ➢ **注意事项**

1. 有些情况下,广播电视行业的人的工作十分辛苦,比如报道重大事件时常会遇到人群拥挤的情况,或者报道台风暴雨等恶劣天气的时候,摄像记者总得扛着那么重的设备,因此常有摔倒受伤的危险。

2. 建议你自己考虑清楚将来发展的方向,想当记者、主持人、摄像者,还是编辑。如果仅仅是记者或编辑,建议你报考新闻系普通的专业就可以了,可以多练练采访和写作技能,不一定非要报广播电视学专业。如果你今后更想向广电产业发展的话,可以报广播电视学专业,能相对有更多的机会学习那些大型设备的使用。

3. 有的大学偏重广播电视理论方面的学习,有的大学偏重技术和设备的操作方面的学习。进入社会工作后,侧重技术的学生刚开始很容易上手,但是时间一长,后劲不足。侧重理论的刚工作时不容易上手,但一两个月下来后,技术活会很快熟练。具体的哪个学校侧重什么,建议自己与相关学校联系、咨询。

## 050303 广告学

本人是中国传媒大学广告学专业毕业的,现在在一家广告公司做策划工作,应"金榜事事懂"的邀请,介绍一下广告学专业。

> ➢ **专业介绍**

广告学是个很容易理解的专业,平常看电视剧的时候隔一会儿就会插播好多的广告,还有生活中常见的电影海报、影视片头、灯箱广告、企业包装、书刊广告、网络广告等。总的来说,广告已经渗透到我们生活中的各个方面。广告的目的是宣传,但怎么样才能达到有效的宣传效果呢?这其中就有很多的内容:比如首先要做好策划,要有好的创意,设计出好的广告内容,令人印象深刻;再比如你要针对目标人群选对合适投放广告的渠道。所有这些都会在广告学这个专业里边学到。

> ➢ **学习内容**

广告学研究的中心问题,是探讨和揭示广告活动在商品促销中的运动规律,着重研究下述几项内容。

1. 广告的基本原理。包括广告的基本概念,广告在商品经济中产生和发展的必然性,广告在商品经济中的地位和作用以及广告的基本任务等。

2. 广告策划。包括广告调查、广告计划、广告预算、广告策略、广告实施及效果测定等。

3. 广告设计与制作。针对广告公司和专业设计公司的需求,培养具备综合素质和技能的平面设计师,使学生掌握平面设计不同职位需求的专业设计技能,并具备独立完成各种设计项目的能力。

4. 广告心理学。要想让广告方案深入人心,必须研究广告心理学。

> ➢ **注意事项**

1. 很多人以为广告学就是广告设计,以为喜欢设计或有点创意就能很轻松地学习广告学专业,其实这是错误的理解。广告学包含很多,广告策划、广告文案、广告设计、广告制作、广告发布等都是广告学专业要学的。就以策划为例,做一个策划首先是市场调查,然后是媒介分析,判定广告预算……最后才出策略。如果你以后想单纯从事关于平面设计的一些工作,建议不要报考广告学专业,可以报考艺术设计、工业设计等专业,否则广告学专业可能会令你失望。

2. 有些学校有美术特长的要求,并且会在学生进校后进行美术测试,报专业以前要看清楚要求。

3. 不要错误地以为学了广告学专业就能进广告公司,真正能进入广告公司或者广告部门的很少,因为设计不光靠技术,还要有创意、文案,而创意和文案都不轻松,进入国际4A(国际性有影响力的公司)的那毕竟是少数人。

4. 做广告没有表面上看起来的那样轻松,广告公司加班很正常,并且广告是一个充满压力的行业,压力来自你的上司、同事、客户等,你要想方设法满足他们各种各样的要求。而且要能够承受经常加班、出差带来的各种"综合征"。

5. 薪酬方面。广告专业算是中等吧,比上不足比下有余。做得好,薪酬上升得也比较快。

## ➢ 专业方向

广告学本科一般分为两个方向:

一是广告设计方向。毕业之后主要从事一些广告设计、创意、脚本编写等工作。

二是广告文案方向。毕业之后主要从事广告策划、市场推广、文案创作等工作。主要在电视台、电台、广告公司、出版社及其他企业的广告策划等宣传部门就业。

## ➢ 学习内容

广告学专业主干科目是传播学、经济学、营销学。

一方面,广告学专业在专业分类上属于新闻传播学,和新闻学专业是同一个分类。因此,广告学专业的学科体系中有很多传播学类的课程。

另一方面,广告在实际操作中,与市场营销又有很紧密的关系。因此,在一些偏重营销的学校会设置许多和市场营销、管理类相关的课程。

当然,作为广告本身,并不仅仅是"营销+传播"那么简单,还有很多广告特色的课程,如广告创意与策划、广告文案写作、广告设计等。

## ➢ 教授补充

1. 广告学专业是以促进销售为目的,以各种营销方式及营销对象作为研究对象,并将广告作为核心内容进行学习,掌握广告学的基本理论和基本概念,能够对从生产者到消费者、从消费心理到广告美学有全面了解,能够独立完成广告行业的相关任务。广告学名之为学,其实质在于学以致用,尤其注重专业技能的培养和训练。技能方面主要包括从头开始学绘画、零起点学习摄影摄像和平面设计、手把手教你学影视广告制作,专业训练包括广告文案写作、市场调查研究等。

通过广告学专业的学习,不仅具备各类市场产品的广告促销能力,同时掌握全面的营销、公关与宣传能力,拥有较为宽广的知识面和全面的人文素质。

2. 广告学专业的学习过程中可能会遇到以下一些问题。

第一,貌似非广告专业的课程问题。遇到文学、写作、哲学、美学等课程,学生会认为与广告无关,不感兴趣或重视不够。广告学是一门综合性学科,需要懂得文学、哲学、心理学、经济学、社会学、美术、音乐、绘画等。如果仅就广告学广告,是不可能成为一名优秀的广告人的。同时,还会从专业上将自己的就业局限于很窄的区域。总之,涉猎的学问越广泛,越有利于在广告业做出优异的成绩,越有利于个人的成长与发展。

第二,学习内容庞杂,专与博的矛盾十分突出。广告学的每一门课程通常都会涉及多个学科,学习过程中需要不断地补充相关知识,会感到在各个学科中间疲于奔命而不能深入学习。事实上,广告学习重在实践,在实践中补充相关的知识,内容明确具体且印象深刻。在具体问题的解决过程中,所涉及的多学科知识是活泼的例证,不会因专与博而产生冲突,而是为一个共同的目标服务。

第三,实践的场所哪里去找？广告学的实践分三种:第一种是知识转化为应用,即通过新知识的学习,将日常生活中的广告现象作为研究对象,进行论证分析,得出自己对现实问题的新看法;第二种是书面知识转化为技能,即在学习后,能够利用实验室、画室、影视制作设备制作广告作品;第三种是进入实习单位从事具体的实践活动。

3. 学广告学专业的学生需要具备一些特质。首先,要有一颗充满创意和激情的心,学习广告学需要有开阔的思路、丰富的想象力和创造力。其次,要有较强的分析策划能力,因为广告并不仅仅是天马行空的设计,还要建立在理性的分析和策划基础上。最后,要想学好广告学,丰富的知识面是必备的,广告学是一门涉及各个领域、融合各方面知识的学科。

> ➤ **就业情况**

广告学专业的毕业生就业面相对较广,主要有以下企业和机构:

1. 最理想的是进入广告公司。广告公司有许多不同的部门,一般包括客户部、媒体部、市场部、创作部等,主要从事调查、策划、创意、媒体投放、公关促销等工作。

2. 可以进入各种媒体(既包括期刊、杂志、报纸、广播、电视等传统强势媒体,又包括网络这一新兴媒体)。这些媒体的正常运转,大多依靠广告收入。办好栏目、办出品牌是吸引厂家赞助的重要手段,但这一系列运作,包括谈判、敲定播出时间、播出价格、播出形式、后期协议都需要有专门的人才,广告部已成为各媒体中越来越重要的部门。

3. 进入大中型企业。在大中型企业的市场部(我们会学市场营销等)、公关部(我们会学公共关系)等从事企业广告品牌工作。

如果从岗位分类而言,主要有以下几种:

1. 平面设计师——运用计算机技术、软件进行广告创意、设计。

2. 影视多媒体策划人员——负责整个媒体设计过程的统筹、宣传和组织实施。

3. 报纸、杂志广告、网站编辑——主要从事广告设计美术编排工作。

4. 企业、集团的CI(企业形象识别)部门员工——主要从事企业形象设计、宣传、市场推广等工作。

总的来说,工作比较好找,但好的工作比较难找。

# 050304 传播学

本人是传播学专业的研究生,现在在一家网络公司实习,应"金榜事事懂"的邀请,介绍一下传播学专业。

> ➤ **专业介绍**

传播学研究人类一切传播行为和传播过程发生、发展的规律,以及传播与人和社会的关系。简言之,传播学是研究人类如何运用符号进行信息交流的学科。研究传播的本质和规律,从而可以更正确地指导包括宣传活动在内的一切传播活动。传播学涉及的面很广，一般人都会理解为跟媒体有关的工作。其实，凡是跟交流与沟通有关的内容这个学科都有所涉及。我们平常的生活都会受到传播学的影响，比如我们知道的电视和网上各种品牌的广告、我们所接收到的新闻，都是传播的结果。

传播学研究的重点是信息的传播者、传播的内容是什么、用什么媒介传播、信息接收者是谁、怎么传播更有效果，即传播学上的"5W模式"。以美国总统竞选为例，传播者就是竞选的人和他的推广团队；媒介就是报纸、电视、广播、网络等；传播的信息就是谁竞选总统；信息接收者就是选民；传播要达到的效果就是让选民更多地了解竞选者的优点。

➢ 学习内容

因为传播学涉及的内容很多，所以传播学专业的课程十分庞杂。该专业的学生主要学习新闻、影视、广告、网络、公关等很多方面的理论和实践。专业课主要有：新闻学概论、传播学概论、新闻采访与写作、媒介融合概论、人际传播学、政治传播、公共危机传播管理、公共关系学、演讲与修辞、传播统计软件应用。

另外，还要学习摄影、摄像、美工基础，平时除了重视文笔的训练，实际动手操作也很多。

因为传播学的理论根源是社会学和社会心理学，所以还要学习一些社会学、心理学、统计学、文学史、伦理学等知识。

实习一般是到新闻媒体（报纸、电台、电视台）、新闻网站以及大型企事业单位从事公关实习。

➢ 注意事项

1. 现在这类职业对新闻业务素质要求非常高（指对新闻的采、写、编综合能力），而且就业压力非常大，许多人被迫转业。

2. 学习传播学专业需要有社会责任感、一定程度的好奇心、敏捷的思维、出色的表达能力和优秀的沟通能力。这个行业的门槛不是太高，但是要想做出成绩，需要比他人多付出数倍的努力。

3. 传播学专业的就业职位都是比较新鲜且充满挑战的，如果只是为了找一份朝九晚五的稳定工作，最好不要选择这个专业。

➢ 传播学与新闻学的区别

传播学与新闻学在研究方向上有诸多相近之处，虽然我们在研究生入学考试时两个专业用相同的试卷，但两者是不能画等号的。

一般认为：新闻学是报刊新闻时代的产物，涉及采、写、编等实际工作；传播学是电子新闻时代的产物，侧重于理论研究。

新闻学侧重新闻采访，研究对象是新闻信息，具体到各类媒体的新闻采制和运作；传播学偏向理论研究，研究人类社会活动中的各种传播活动，与社会学、心理学、哲学、经济学、文化研究等紧密结合。

如果是走理论研究路线就选择传播学，若是想冲上新闻一线当记者、做采访就选新闻学。

➢ 就业情况

1. 如果打算今后向新闻方面发展的话，争取进入报社或电视台从事采编工作，但门槛较高。也可以做一些非主流媒体（包括网站）的编辑，但通常工作十分辛苦，工资低，优点是可以积累经验，为以后的职业发展做好铺垫。

2. 当教师是不错的选择，但你必须考博士，哪怕是到一些普通的大学教书，你也得考博士，除非你有非常强的学术能力,能够带着几个项目过去。

3. 我个人觉得最好的出路是去出版社做编辑,这个工作适合女同学,工资收入稳定,年底有提成。出版社虽不好进,但比媒体要容易得多。

4. 我们同学也有很多人去了文化传播公司、公关公司等,从事宣传或项目策划方面的工作,这些也是不错的选择。

### ➤ 如何选择学校

如果你确定要报传播学专业,最好提前了解各个学校此专业优劣。可以从以下几方面确认:

1. 了解这个专业的硕士点开设时间,如果开设时间较早,就会有一些固定的就业资源。

2. 了解是否有博士点,有博士点的学校一般很强。

3. 了解该学校的教授在社会上的职务,比如有的教授会担任某媒体的领导等,可以帮助你就业。

4. 了解当地最有影响力的媒体的主编、副主编等是哪个学校毕业的,比如上海大部分媒体的老总都是复旦大学毕业的,那就知道,复旦大学的传播学专业甚至整个新闻方面的专业很强。

## 050305 编辑出版学

本人是编辑出版学专业的本科毕业生,目前有一个小小的图书发行公司,应"金榜事事懂"的邀请,介绍一下编辑出版学专业。

### ➤ 专业介绍

有人问:编辑出版学专业出来是做什么的呢?学了编辑出版学专业将来主要是能在出版社、报社、杂志社、网站等地方从事图书内容策划、编辑、出版项目经营、版面设计、审读、改稿、校对等工作。我们平常看到的报纸、图书、杂志,网上看到的网页、电子书等,所有这些都是通过编辑出版学专业的人员加工、制作形成的。

总的来说,编辑出版学专业一方面要学习出版知识,另一方面要学编辑知识。

### ➤ 专业方向

从全国来看,编辑出版学主要有两个方向,一部分划归新闻系,一部分划归中文系。划给新闻系的,大多是按照传播学的理念进行培养;划给中文系的,是按照传统的文字编辑方向培养。

### ➤ 学习内容

编辑出版学专业学习内容主要有两个方面:一个是语言文字方面;另外一个是新闻业务方面。所学习的课程主要分五大类:文学文化类、写作类、编辑类、出版及文化经营类、现代传播技术类。

主要设置的课程包括:现代汉语、大学语文、文学欣赏及评论、编辑概论、新闻写作、新闻采访、出版社管理、新闻事业、书籍编辑史、图书装帧设计、大众心理学、传播学等。

另外,还要学习一些软件方面的知识,如方正飞腾排版软件和 Photoshop 图像处理软件等。

总之,编辑出版学专业所学内容十分丰富,几乎涉及各个方面的知识,但精通一门非常重要。

### ➤ 教授补充

1. 随着文化的大发展,特别是公共文化事业和文化产业的迅速发展,编辑出版工作的面也愈来愈广阔,除了传统的文字编辑,电子编辑、网络编辑、动漫编辑、影视(像)等多媒体数字化编辑也层出不穷。编辑出版学专业学习(研究)的核心是文化的汇聚、整理、设计、创意和传播,其中包括文化史、文学史、语言文字学、出版思想史、文化传播、文化市场营销等。

2. 编辑出版学专业核心课程主要分三个层面：一是专业主干课，有编辑学、目录学、校勘学、资料检索学、训诂学、出版学、中外编辑出版史、图书装帧设计、出版策划与营销等。二是专业实践课，有电子音像编辑、网络编辑、文字与图形编排和设计、书刊版式设计、数字出版与编辑、多媒体策划、出版市场调查与营销等。三是专业基础课，有中国古代文学史、中国现当代文学史、比较文学与世界文学、现代汉语、古代汉语、文艺学、美学、语言学概论等。

### ➢ 就业方向

这个专业在新闻类专业中，考研率最低，就业率最高。毕业后就业方向主要有以下三个方面。

1. 可以做编辑，编辑分为很多种，工作内容差别很大，如书刊编辑、电台编辑、影视编辑等。同是编辑，你去出版社是做图书编辑，去杂志社是做刊物编辑，去报社是做专栏或版面编辑，也可能兼做记者。如果是电子音像编辑出版方向，那么主要是到网络媒体负责新闻出版编辑。还有就是电子影像企业的编辑工作。

2. 可以做出版策划、印务管理等。

3. 可以先到出版社的发行部有意识地锻炼自己，因为有出版就有发行，如果你肯在图书发行市场摸爬滚打两三年，拥有了书感和敏锐的眼力后，再从事编辑工作，大概率会有一定的发展机会。

总之，从实体出版物到虚拟信息出版物，编辑出版学专业都可以做。就以此书为例，"金榜事事懂"把我们总结的这些专业心得既印成了纸质书，又做成了电子书和视频，印成的纸质书就是实体出版物，做成的电子书和视频就是虚拟信息出版物，这些都涉及编辑出版学专业的人员。

### ➢ 注意事项

1. 从目前来看，现在大部分大学教的内容仍然以纸媒为主，主要面向文字出版方面，而事实上，数字传媒是未来的发展方向，所以建议报这个专业的时候能尽量朝数字出版的方向发展。纸媒毕竟渐渐式微，而且将来要去一家优秀的纸媒单位也非常有难度。

2. 编辑出版学出来是杂家，要处理各种各样的稿件，所以必须要有广博的知识，特别是出版专业及文化、语言方面的知识。

3. 现在很多学校重理论、轻实践，实践课太少，培养出的学生缺乏动手操作能力，没有一点编辑校对经验，这种学校的毕业生肯定很难找到好工作。所以选专业的时候一定要重视实践的大学。

4. 需要强调的是，编辑出版学的确属于新闻传播类，但实际上和新闻的关系不大，只不过是因为编辑出版也有传播的功能，所以被归入了同属于传播学科的新闻类，真正属于新闻类的专业是新闻学、广播电视学。报专业的时候一定要根据自己的兴趣选择专业。

5. 如果决定报编辑出版学专业，最好选择一些新闻出版事业比较发达的城市，如北京和一些省会城市，实习的机会多一些。编辑出版实践是非常重要的。

## 050306T 网络与新媒体

本人是网络与新媒体专业毕业的，应"金榜事事懂"的邀请，介绍一下网络与新媒体专业。

### ➢ 专业形成

如果你仔细分析一下我们的日常生活，就会发现互联网和移动互联网已经深深影响着每个人的生活和工作了,微信、微博、抖音等新型媒体已经成为我们日常接收新消息的重要途径,而电视、报纸等传统媒体的影响力逐渐减弱。传统媒体为了适应新的社会需求,都在加速向新型媒体战略转型,为了适应互联网和移动互联网的发展对新媒体人才的需求,网络与新媒体专业便应运而生。

### ➢ 专业介绍

从专业名称分析,网络与新媒体专业包含"网络"与"新媒体"两个词。

先说"网络"。"网络"可以简单理解为我们日常所接触到的计算机网络、无线通信网络和各种互联网平台等。

再说"新媒体"。"新媒体"是与"传统媒体"相对应的,在互联网还没有现在这么普及的时候,我们获取信息的方式主要是电视、报纸等传统媒体。随着移动网络的普及,人们获取信息的方式逐渐增多,类似于微博、哔哩哔哩、抖音等各种网络媒体不断涌现。而这些网络媒体相对于报纸和电视就属于新型的媒体,就叫"新媒体"。

那么综合起来讲,网络与新媒体专业指的是结合计算机网络的技术,利用各种新型媒体的方式,所进行的媒体信息传播。

### ➢ 专业特点

网络与新媒体专业是传统媒体顺应数字化时代传媒产业变革趋势而逐步发展起来的,是具有较强的跨学科和应用性特征的新兴前沿专业。另外该专业还具有综合性和交叉性的特色,它是"文"和"理"的结合、"艺术"与"技术"的结合、"网络技术"与"数字媒体"的结合。

从所属的一级学科看,网络与新媒体专业属于新闻传播学类,是和新闻学、广播电视学、广告学等专业属于同一个一级学科。作为新闻传播学类专业之一,网络与新媒体专业最核心、最基础的是新闻传播相关的一些理论知识和方法,这一点与其他新闻传播学类专业有相同之处。与其他新闻传播相关专业比,它的特色在于通过网络新媒体的技术和网络平台来传播新闻报道等。

### ➢ 学习内容

因为网络与新媒体专业是一个综合性跨学科的专业,所以各高校会根据自身的基本定位制定不同的课程,但整体上不外乎以下几方面的内容。

第一,因为属于新闻传播学类,所以需要学习新闻传播理论类的课程。

第二,因为与网络相关,所以需要学习网络传播相关理论,学习专业的网页制作和数据处理技术。

第三,因为新媒体的传播会涉及图片和视频内容,所以需要学习摄影摄像以及图片剪辑和视频后期制作方面的课程。

第四,另外还需要学习运营推广,品牌策划等相关的课程。

一般大一主要学习"理论",大二学习"理论+技术",大三学习"技术+实践",大四主要实践。

### ➢ 教授补充

网络与新媒体专业课程体系在内容上强调以新闻为魂,以视听新媒体为主体;在方法上以"实践赋能"为突破口,践行"新闻教育实践观"。通过专业学习,学生可以了解网络新媒体最新知识方法和新闻传播学基础理论,掌握网络新闻采编、视听新媒体创作、数字交互设计、网页设计、数据挖掘分析和新媒体运营等技能,同时拥有广阔的国际传播视野和面向未来的创新能力。

以瞬息万变的互联网为主导,网络与新媒体专业的知识图谱必须保持更新才能与时俱进。因此,在课程设置上,网络与新媒体专业对标最前沿的新事物动态调整,在变动中前进。

以中国传媒大学本科阶段开设的课程为例，目前专业的具体课程包括：新媒体导论、新媒体编辑、融合新闻报道与制作、新媒体作品编创、网页设计与制作、新闻理论、传播学概论、新闻写作、电视采访、视频画面编辑、数据挖掘与可视化、新媒体运营与管理等。

## ➢ 专业方向

开设网络与新媒体专业的院校较多，如今有300多所，各院校会有自己的专业特点和侧重，比如有的侧重新闻采编，有的侧重运营。

如中国传媒大学的网络与新媒体专业，就有媒体创意、智能融媒体运营等不同的专业方向，分别开设在电视学院、新闻学院、广告学院内。

北京印刷学院的网络与新媒体专业在培养模式上以新闻传播教育融合艺术素养、计算机技术为特色。

浙江传媒学院则着力培养学生在艺术创意、技术应用、市场拓展及文化创造等几个层面的能力，主要设置"内容传播与运营""网络视听"等专业方向。

暨南大学网络与新媒体专业开创"宽阔的文科＋精干的理科"的跨学科交叉型创新人才培养模式，专业课程设置体现文理兼容的特色。

我所在的本科学校当时主要细分为运营和采编两大方向，通俗地说运营就是前期，包括我们常见的抖音运营、微博运营等；采编就是后期，采编对于运用各种软件有硬性要求，比如各种剪辑软件、建模软件、设计软件、动画制作软件等。

所以考生在选择心仪高校的同时，也要注意不同的专业方向。

## ➢ 哪些学生适合

第一，新闻传播学一级学科整体是属于人文社会学科，所以后期在工作中需要学生具有深厚的人文及社科素养。

第二，网络与新媒体专业又有一些特殊性，它涉及网络媒体技术、数据分析等方面的内容，如果将来是想朝着网络方向发展，就需要学生具备一定的网页制作、数据处理、编程代码写作等方面的能力。

第三，因为是新媒体，运用的自然都是新技术，而互联网的发展日新月异，所以学生需要具备快速自学和适应新事物的能力。

## ➢ 就业情况

1. 毕业生可以进入各企业的新媒体部门，现在很多大公司有自己的新媒体部门。因为在网络如此发达的情况下，任何公司想要宣传自己的品牌和产品，新媒体都必不可少。各大公司的新媒体部门主要有方案策划、互联网运营、短视频编剧、视频拍摄、视频剪辑等岗位。

2. 毕业生可以进入新媒体传播机构，从事各种新媒体的创意策划、内容生产、产品开发、网络营销、设计制作、服务推广等工作。

3. 毕业生可以进入传统传媒机构，比如可以进入报刊、广播、电视台等传统媒体下设的融媒体平台担任编辑、记者、编导、主播、美工等。

4. 毕业生也能够胜任机关、企事业单位的新闻宣传、形象策划、广告传播等工作。

5. 本科毕业生也可以继续攻读硕士学位研究生或出国深造。

## ➢ 发展前景

1. 我国不管是互联网还是移动互联网，用户规模都非常大，而随着5G网络的普及，人们阅读新闻资讯的习惯悄然转变,微信、微博和抖音等新型媒体平台成为主流的获取信息的渠道,所以新媒体产业会在近些年有较大规模的发展,而行业蓬勃发展一定会带来人才需求量的增长,所以只要认真学习,近些年网络与新媒体专业的就业机会就不会差。

2.由于新媒体是新兴行业,早期进入这个领域的前驱者并不是专业性人才,而新媒体行业的红利期过后,非专业人才运营理论不完备的弊端就体现了出来,导致工作容易遇到瓶颈和扩展性问题。而受过网络与新媒体专业培训的学生因为有成体系的运营理论,可以使用多样化的运营工具,更容易突破工作瓶颈,发展得更快更好。

### ➢ 注意事项

1.网络与新媒体专业并没有悠久的专业历史,从开设到现在也就十多年的时间,虽然目前呈现出高速发展的良好态势,但是因为专业太年轻,导致专业体系的建设还不是特别系统化,大部分高校目前是边教学边完善。

2.网络与新媒体是一个跨学科的专业,所以要学的内容会很多,老师只能是把你领进门,剩下的就需要自己去深入研究每一门课程,否则很容易会出现因为学得太多而导致各项都学不精的情况。

3.不同高校在开设网络与新媒体专业的时候侧重方向会有所不同,报该专业之前一定要详细了解清楚各个大学本专业具体的侧重方向。

# 601 历史学类

## 本专业类概况

### 一、各选科组合能报本专业类的比例

该数据反映的是在该专业类的所有高校招生计划中，各科目组合有多少学校能填报。详解见图书使用说明。

| 物理 化学 生物 | 物理 化学 历史 | 物理 化学 地理 | 物理 化学 思想政治 | 物理 生物 历史 |
| --- | --- | --- | --- | --- |
| 53.3% | 97.6% | 53.3% | 53.3% | 94.0% |
| 物理 生物 地理 | 物理 生物 思想政治 | 物理 历史 地理 | 物理 历史 思想政治 | 物理 地理 思想政治 |
| 49.7% | 49.7% | 95.2% | 94.0% | 49.7% |
| 化学 生物 历史 | 化学 生物 地理 | 化学 生物 思想政治 | 化学 历史 地理 | 化学 历史 思想政治 |
| 95.8% | 51.5% | 51.5% | 97.0% | 95.8% |
| 化学 地理 思想政治 | 生物 历史 地理 | 生物 历史 思想政治 | 生物 地理 思想政治 | 历史 地理 思想政治 |
| 51.5% | 94.0% | 92.8% | 48.5% | 95.2% |

### 二、该专业类的主要专业男女比例及每年大致毕业人数

| 专业类 | 专业代码 | 专业名称 | 各专业年度毕业人数 | 男女比例 |
| --- | --- | --- | --- | --- |
| 历史学类 | 060101 | 历史学 | 16 000～18 000人 | 男30% 女70% |
| 历史学类 | 060102 | 世界史 | 500～600人 | 男31% 女69% |
| 历史学类 | 060103 | 考古学 | 450～500人 | 男37% 女63% |
| 历史学类 | 060104 | 文物与博物馆学 | 1000～1500人 | 男23% 女77% |

### 三、本专业类主要考研方向

| 学科门类 | 一级学科 | 研究方向 | 学位授予 |
| --- | --- | --- | --- |
| 历史学 | 0601 考古学 | 学术硕士 | 可授硕士、博士专业学位 |
| 历史学 | 0602 中国史 | 学术硕士 | 可授硕士、博士专业学位 |
| 历史学 | 0603 世界史 | 学术硕士 | 可授硕士、博士专业学位 |
| 历史学 | 0651 博物馆 | 专业硕士 | 仅可授硕士专业学位 |
| 交叉学科 | 1451 文物 | 专业硕士 | 可授硕士、博士专业学位 |
| **参考往年可报考二级学科** | | | |
| 考古学 | 中国史 | 历史文献学 | 中国古代史 | 中国近现代史 |
| 世界史 | 文物与博物馆 | 考古学 | 博物馆学 | 文化遗产 |
| 文物保护 | — | — | — | — |

## 本专业类重点专业解读

### 060101 历史学

本人是四川大学历史学专业毕业的,应"金榜事事懂"的邀请,简单介绍一下历史学专业。

➤ **专业介绍**

历史学就是研究历史的,具体来说是以人类过去的生活轨迹为研究对象,主要研究人类发展演变的轨迹、不同地域社会时期的文化生活、不同民族的发展轨迹以及古代所遗留下来的古籍、文献、社会制度、历法等,通过研究总结,为今天的社会生活提供借鉴。

➤ **学习内容**

历史学的学习,记忆能力是非常重要的。学习历史学专业不但要掌握基本的研究和分析方法,还要学习一些计算机知识,方便进行文献的检索和整理。

大学期间的课程主要包括中国通史、世界通史、史学导论、中国史、西方史学史、考古学通论、历史地理学、古代汉语、中外历史文化原典导读与选读、中国断代史等。

➤ **研究对象**

历史学是一门相当古老的学问。在传统时期,史学的主要功能是作为统治术的基础性知识,所谓"资治""以史为鉴"等说法所指即是。历史学的研究对象相当广泛,凡是业已逝去的人类社会各个方面以及人与自然互动历程皆可纳入历史学的研究范畴中。从传统来看,政治史、军事史、外交史等是历史学研究的主流。近几十年来,随着经济史、文化史、社会史等兴起,历史学更加注重跨学科借鉴,研究对象日益多样化。另外,史学研究的方法理论以及史学自身的发展演变都是历史学不可或缺的一部分。

➤ **教授补充**

作为一门学科,历史学主要以人类历史及其规律为研究对象,主要学习和掌握中国历史和世界历史发生、发展的过程,理解和弄清历史上重要人物、重大事件以及相关史实的原委、作用和影响,并力图发现和总结其中的经验和教训,为今天的社会生活提供借鉴。

在大学学习的历史学和在高中学习的历史还是有很大区别的。进入大学后,需要逐渐改变中学应试教育模式下被动式学习、等待式学习和死记硬背历史知识的状况;学生要善于独立思考,增强问题意识,积极利用各类图书资源和数据库资源,接受系统的历史学专业训练,重新梳理历史知识体系。

学好历史学必须要有博学之思、敬畏之心。博学之思是指学生必须了解天文、地理、文学、经济、管理、自然科学等知识,只有以这些学科作为基础,才能在学历史学的过程中有深刻的体会;敬畏之心是指对历史上人物与故事必须"理解之同情",切不可以今日之标准来随意臧否古人的得失,因为彼时与今日形势不同,必须要用发展的眼光看问题,如此才能真正看清历史。

➤ **就业情况**

目前毕业生主要从事理论研究、历史编纂出版工作;还可以在博物馆、文化馆等从事历史研究、博物馆管理工作;师范类的可以从事教师工作。

说实话这个专业本科的就业情况不是很理想。在就业形势很严峻的今天,历史学专业可以说一直是冷门,甚至未来相当长一段时间还将继续是冷门。就拿我们班来说,大四的对口就业率也就百分之十几,剩下大部分的同学都考研、考公务员或转行了。

曾经有一个很著名的历史学者说过"把历史学当职业是一种悲哀"。历史学是理想和现实的矛盾斗争最激烈的一个专业。如果你选择它作为挣钱养家或谋求功名的一种专业,那对你来说是一种悲哀,因为在历史行业能出人头地、荣耀显赫的人风毛麟角。

### ➢ 注意事项

1. 值得注意的是,历史学专业需要有深厚的学术功底与长时间专业知识的积累,如果希望有所建树,必须深造。

2. 各个大学的历史学专业方向是不同的。专业历史和师范历史学的就不一样,如果想当历史教师,最好是报师范教育方向。虽然其他大学的历史学也行,但毕业后需要加考教育学、心理学、普通话等级证,取得教师资格证后还要通过入编资格考试才能被公办学校聘用,会比师范方向的学生难不少。所以报志愿的时候就要特别注意。

3. 因为毕业后可能就业困难,所以在选择专业的时候,建议你一方面考虑自己的爱好和兴趣,一方面要考虑今后就业的实际情况。当然,如果你确实热爱历史学这个专业,一门心思地继续深造未必没有前途,研究生或者博士毕业,有机会从事研究员方面的工作。

总之,在高考填报志愿之前一定要审慎考虑,多和家人、朋友以及毕业的大学学长们交流一下,充分做好准备。现在的选择很大程度上会决定你将来的人生轨迹。

## 060102 世界史

本人是武汉大学世界史专业毕业的,应"金榜事事懂"的邀请,简单介绍一下世界史专业。

### ➢ 就业情况

首先,我要给你打一剂预防针:目前整个历史学类专业的就业前景十分不乐观,而世界史是历史学专业类里边的冷门,也就是说,这个专业是冷门中的冷门。毕业后有的人去了学校当老师,但必须具有高学历;有的人去了研究所从事研究工作;还有的去了涉外部门从事涉外工作。

### ➢ 学习内容

世界史专业主要是以世界全局的观点,综合研究各地区、各国家、各民族的历史。世界史专业的主要课程包括世界通史、中国通史、史学概论、英文原版教材阅读指导、外文历史文选阅读指导、外文历史文献选读、世界文明史、西方史学史、历史地理学等。

### ➢ 注意事项

在讨论专业的时候,人们习惯于把中国史和世界史对比,几乎把世界历史作为外国历史的代称。实际上,中国历史和所有其他国家历史一样,也是世界历史的组成部分。

### ➢ 历史类专业对比

接下来对比一下历史学专业和世界史专业。

普通的历史学专业,特别是中国近代史,毕竟从初高中就学起,从事这方面研究的学者很多。也就是说,学习研究的潜力不大。而世界史专业呢?上大学以前学的东西都是一笔带过,没什么深入研究。国内的研究者相对较少,研究潜力很大。并且由于一些客观原因,诸如外语条件的限制及缺乏国际交流，很多学者不愿意涉足。所以说在研究方向的竞争上，世界史专业比较占优势。

还有更重要的一点，那就是未来发展和经济问题。在国内，历史学专业方面国家每年给的研究经费少得可怜，基本上也就相当于物理、化学类等热门研究领域的十分之一！而学了世界史专业，外语比较好的话，出国交流、留学深造的机会就相对比较多，会有机会参与国际研究项目，可能研究经费会充足一些。

总体来说，历史学类专业的就业前景不是很好，本人现从事历史教师工作，对此深有体会。世界史专业由于语言方面的优势，在硕士的就业中可能略微比其他方向的历史学类专业好一点。但前提必须是提高自己的外语水平，要看得懂外文原版书。

## 060103 考古学

本人是南京大学考古学专业毕业的，应"金榜事事懂"的邀请，简单介绍一下考古学专业。

### ➢ 专业介绍

考古学是通过对古代遗迹、遗物的发掘和调查，或者通过查找古代书籍文献等来了解古代社会的一个专业。比如，通过发掘，考古学家发现了秦始皇兵马俑、马王堆汉墓、海昏侯墓等；通过考古研究知道了北京人、元谋人、山顶洞人的存在和发展。提到考古学专业，一般人的第一反应是拿着小锤子、铲子，小心翼翼挖土找文物的场景。这个确实就是考古，但这只是考古工作的一个方面。

### ➢ 就业情况

考古学专业本科毕业生，一般都是考进文保所、文物局等相关部门。当然考事业单位也行，可以进当地的博物馆。

如果说学了这个专业，本科毕业就想去当个考古学家，肯定是不靠谱的。想从事考古这个行业，那只能继续深造，硕士生或者博士生毕业之后进个考古研究所还是不成问题的。不过这项工作十分艰苦，而且要耐得住寂寞，一般比较适合男生。

除了上边主流的方向，有些专业杂志也需要考古学专业的毕业生，有些测绘单位也需要考古学专业的毕业生。

### ➢ 学习内容

根据研究的具体对象、年代、研究手段等不同，考古学可以划分为史前考古学、历史考古学、田野考古学及各种特殊考古学（包括古钱考古学、古文字学和铭刻学、水底考古学）等。正因如此，考古学涉及的知识面也非常广。比如说，你想查找一下古代的资料，就需要古汉语方面的知识；你想野外发掘，就需要了解地质测绘方面的知识；因为发掘出来的东西可能包罗万象，你要深入研究，就需要各方面的知识。

所以在大学期间，除了学习一些基本的考古学理论和田野发掘的知识，还会学习绘图、摄影、测量、全站仪使用等。如果愿意的话，可以自己深入学习相关的计算机软件（GIS、Photoshop）等，不仅考古能用，以后就算不从事考古方面的工作，也可以从事设计方面的工作。

大学期间主要学习的课程有：中国通史、世界上古史、中国考古学史、考古学导论、旧石器时代考古、新石器时代考古、夏商周考古、战国秦汉考古、隋唐考古、宋元明考古、田野考古等。

### ➢ 注意事项

学习考古学专业，今后就有机会从事考古方面的工作，但如果你确实想成为一名考古工作者，还得做好一定的心理准备。

1. 一年里大部分时间在野外，你是否会受得了？
2. 这个专业一般要干十来年才能有所作为。因为考古需要经验的积累，学得再好，没有若干年的实践，是出不了成绩的。
3. 考古有时候需要运气，你能否成为著名的考古学家，要看你是否有什么不错的发掘成果。谁知道地下具体哪里会有什么呢？
4. 不同学校偏重的方向可能会有所不同，比如西部的大学会偏向丝绸之路考古、秦汉隋唐考古，而北方的大学会偏向一些北方民族考古等。
5. 考古没有"钱途"，它可以让你成为一个学者，但成不了富翁。就算你挖出金币来，那也不属于你。比如说江西南昌的海昏侯墓出土了那么多金饼、马蹄金，那都不能归自己所有。

当然，如果你真的对考古学专业非常感兴趣，有足够的耐心、细心，将来能做好每次的考古发掘工作，能对每项考古发掘认真地研究，并有足够开阔的思维来判断，那你就可以毫不犹豫地选择考古学专业。

## 060104 文物与博物馆学

本人是南京师范大学文物与博物馆学专业的毕业生，应"金榜事事懂"邀请，简单介绍一下文物与博物馆学专业。

### ➢ 专业介绍

之前这个专业叫博物馆学，后来改名为"文物与博物馆学"，不过内容上相差不大。

这个专业比较好理解，顾名思义，就是跟国家文物，还有平常参观的那些博物馆有关的专业。主要学习博物馆展品的征集、鉴定、保管、陈列等工作的方法，还研究博物馆的建筑设备，文物怎么鉴定修复，等等。

### ➢ 学习内容

文物与博物馆专业大学期间主要学习的课程包括文物学概论、博物馆学概论、文物保护管理、博物馆陈列设计、博物馆藏品管理、博物馆经营管理、物质文化史、文化人类学、文物学概论、文物管理与法规、古代工艺美术等。

### ➢ 就业方向

毕业后一般能在政府文物管理和研究机构、各类博物馆和陈列展览单位、考古部门、文物与艺术品专营单位从事文物与博物馆管理、研究工作。

比较理想对口的是在各地博物馆从事技术或行政管理等方面的工作。不过博物馆也有不同的岗位。如果是到了博物馆的宣传教育岗位，就有点大材小用了，就是平常你在博物馆见到的负责讲解的那些讲解员；如果是研究岗位就比较好，但刚毕业的学生分到研究岗位的概率很小，从事研究的大部分是有资历、有经验、有成果的中年职工。还有博物馆的库房保管之类，一般毕业生去的机会比较少，因为从用人角度来讲，年轻人一般多会被派到一线岗位，保管工作很少能轮得上。

除此之外，还有陈列方面的工作，可以评估一下自己有没有设计、策划以及独自出方案的能力。能力强，陈列效果能让上司满意，那肯定能找到一份不错的工作。

当然，如果有幸入馆工作，一般从基层做起，慢慢锻炼。记得一个老师傅曾经多次教育我说：

"要耐得住清贫与寂寞,这就是文博工作的实际。"

博物馆学专业当然不只是在博物馆求职,像文物商店、海关、古玩鉴定机构和拍卖公司等也有机会,因为这些单位需要文物收藏鉴定方面的专业人员。不过总体而言所需人数是少之又少,能否进入全凭运气。

需要说明一点,在很多学校硕士就要分方向了,因为这个学科"文物"和"博物馆"之间虽然用"与"连接起来,但是学习的内容和方法截然不同。文物方向的偏考古,未来去向是考古机构和博物馆,当然展览公司和拍卖公司也在选择范围之内;博物馆方向也要分理论和实务:理论方向的,一般是考公务员;实务方向的,则是去博物馆和展览公司。

> ### 就业情况

相较其他专业来说,这个专业的就业情况一般,想进博物馆的话必须参加并通过事业单位考试,但现在全国的博物馆每年招聘的人数很少,每年的毕业生又很多,难度可想而知。如果想当教师的话得继续深造,通常需取得博士学位。

# 701 数学类

## 本专业类概况

### 一、各选科组合能报本专业类的比例

该数据反映的是在该专业类的所有高校招生计划中,各科目组合有多少学校能填报。详解见图书使用说明。

| 物理 化学 生物 | 物理 化学 历史 | 物理 化学 地理 | 物理 化学 思想政治 | 物理 生物 历史 |
|---|---|---|---|---|
| 100.0% | 100.0% | 100.0% | 100.0% | 0.0% |
| 物理 生物 地理 | 物理 生物 思想政治 | 物理 历史 地理 | 物理 历史 思想政治 | 物理 地理 思想政治 |
| 0.0% | 0.0% | 0.0% | 0.0% | 0.0% |
| 化学 生物 历史 | 化学 生物 地理 | 化学 生物 思想政治 | 化学 历史 地理 | 化学 历史 思想政治 |
| 0.0% | 0.0% | 0.0% | 0.0% | 0.0% |
| 化学 地理 思想政治 | 生物 历史 地理 | 生物 历史 思想政治 | 生物 地理 思想政治 | 历史 地理 思想政治 |
| 0.0% | 0.0% | 0.0% | 0.0% | 0.0% |

### 二、该专业类的主要专业男女比例及每年大致毕业人数

| 专业类 | 专业代码 | 专业名称 | 各专业年度毕业人数 | 男女比例 |
|---|---|---|---|---|
| 数学类 | 070101 | 数学与应用数学 | 50 000～55 000人 | 男36% 女64% |
| 数学类 | 070102 | 信息与计算科学 | 22 000～24 000人 | 男63% 女37% |

### 三、本专业类主要考研方向

| 学科门类 | 一级学科 | 研究方向 | 学位授予 |
|---|---|---|---|
| 理学 | 0701 数学 | 学术硕士 | 可授硕士、博士专业学位 |
| 参考往年可报考二级学科 | | | |
| 数学 | 基础数学 | 计算数学 | 概率论与数理统计 | 应用数学 |
| 运筹学与控制论 | — | — | — | — |

## 本专业类重点专业解读

### 070101 数学与应用数学 & 070102 信息与计算科学

本人是学信息与计算科学专业的,应"金榜事事懂"的邀请,介绍一下数学与应用数学专业和信息与计算科学专业。两个专业一起介绍是因为它们都是数学类的专业。

> 专业介绍及误区识别

数学与应用数学这个专业重基础,主要研究纯粹的数学,基本就是纯理论。简单地说,数学与应用数学专业是数学类专业中最基本、最扎实的一个专业,如果你想打好数学理论基础,就去学数学与应用数学专业。如果你准备深入研究数学,就选择数学与应用数学专业。在绝大多数人看来,这个专业是相当枯燥的,但是在像陈景润、华罗庚之类的人看来,却是相当有趣的。

信息与计算科学,名字好听,很多同学当初报志愿时以为是计算机类的专业,其实这个专业主要是学数学和一些计算机知识。理智地讲,信息与计算科学要比数学与应用数学多几门计算机课程,但既没有数学与应用数学深入,又没有计算机类专业学得变通,所以本该是很有优势的交叉学科却不得不让学生望而却步。

> 学习内容

总的来说,两个专业相差不大,专业课差不多,学习的课程主要是关于数学理论的知识内容。譬如,数学分析、高等代数、常微分方程、偏微分方程、C++语言、数值计算、复变函数、泛函分析等。这些内容比较枯燥,而且理论性很强,也比较难。两个专业唯一的区别是信息与计算科学专业会多学一些有关信息论的知识。

> 专业分支

数学与应用数学专业,方向比较单一。信息与计算科学专业,大体有三个分支:第一个分支是以北京大学为首的,偏数学,分属理学院;第二个分支是偏重计算机的,分属信息学院;第三个分支就是以郑州大学为代表的,不偏不正,数学专业该学的专业课学二分之一,计算机专业学的专业课也学二分之一。填志愿的时候最好根据自己的兴趣,在核实之后再做出选择。

> 单论数学与应用数学

数学与应用数学专业涵盖了数学的两个方面:基础数学和应用数学。基础数学研究的是数学的基本理论与发展规律,如著名的哥德巴赫猜想、庞加莱猜想等,应用数学研究的是由大量的实际问题引发的数学理论,其中包括应用数学中的理论研究,以及运用数学知识解决现实生活或其他学科与科学技术中碰到的问题。这些问题可能实用性很强,如医学图像处理、密码编译或破解、计算机图形学、金融数学等;也可能理论性很强,如研究理论物理中的广义相对论等,与基础数学没有什么本质区别。

数学与应用数学专业的课程偏重基础数学理论,核心课程有分析基础、高等代数、几何学、常微分方程、实变函数、概率论、科学计算、抽象代数、微分几何、复变函数、泛函分析等。

学数学与应用数学专业最重要的是兴趣,因为数学是一个偏重理论研究的基础学科。希望自己将来从事数学基础理论研究的同学,首先,要对数学有浓厚的兴趣。其次,最好是有一定的数学天赋,比如较好的逻辑思维能力,较好的图形、图像想象力及代数运算能力等。再次,学习数学仅有天赋是不行的,数学学习是不能突击的,凭天赋临时抱佛脚也许能应付考试,但是要真正地学好数学,必须要踏踏实实,静下心来打好基础,不能急功近利、投机取巧。最后,要有强烈的探究欲。

在数学与应用数学专业的学习过程中,往往会遇到一些问题,比如有些同学会很难理解抽象的数学概念,学到的知识不会运用。但是对于本科学生来说,打好数学基础是最重要的,是为以后的学习、深造奠定基础。不过,数学与应用数学专业的学生毕业后真正从事数学理论研究的人大概不会超过15%,从目前的课程设置来看,数学系的专业课程主要还是理论课,这在一定程度上影响了毕业生的职业生涯规划,社会适应性不是很强。

## ➢ 单论信息与计算科学

信息与计算科学专业涵盖了两部分内容:一部分是计算数学;另一部分是信息科学中的数学。前者涉及计算数学的基本理论和基本方法,主要研究数值计算方法的复杂性、稳定性和收敛性等问题;后者研究如何运用计算数学的方法和计算机科学的知识来解决信息学科中的问题,主要涉及计算数学理论、信息科学理论、图形图像处理、数值算法应用和科学计算软件设计等内容。

信息与计算科学专业在注重应用的同时,偏重信息与计算理论,所以,适合选报本专业的学生应当是:①爱思考,肯动脑,对数学、信息科学和计算科学兴趣浓厚;②喜欢运用计算机技术开展一些有关科学计算、程序设计、信息处理等方面的实践活动,具有一定的动手能力、思维严谨、条理清楚。

信息与计算科学专业究竟难不难学也是因人而异的。该专业要求学生有较宽的知识面和较强的计算能力,既要能够在实践中完成算法编程,又要能够在理论上分析算法的性质,也就是说,要具备数学、信息科学和计算科学等方面的基础知识和建模、分析、算法实现、理论分析等方面的综合应用能力。

## ➢ 就业情况

总体而言,数学与应用数学专业和信息与计算科学专业的毕业生的就业情况很不乐观,尤其是那些只会数学,而没有其他专业相关知识的毕业生。我们本科毕业的同学刚开始找工作的时候非常迷茫,不过实际工作一段时间以后倒是觉得挺好。

其实我们数学类专业的毕业生很少会从事纯数学方面的工作,大家找工作各凭本事,就业方向大致如下:

1. 教师。这个不需要太高深的数学知识,但一般教高中的老师需要取得研究生学历。

2. 计算机方向。如数值计算、软件开发、测试、数据分析等,也是不错的选择。如果你的数学专业很强,且编程学得很好的话,像软件编程之类的工作会很好找。很多编程公司专门需要学数学专业的人。理论上:数学+编程水平很高=有工作。

3. 金融方向。毕竟金融的基础是数学,学了数学类专业以后可以进银行、证券公司。具体工作有数据分析、金融软件的开发测试,甚至精算工作。金融数学家是华尔街最抢手的人才之一。最简单的例子,保险公司中地位和收入最高的,可能就是总精算师了。在美国很吃香的保险精算师,很多都是数学专业毕业的。

## ➢ 注意事项

1. 从我们周围的同学来看,把数学作为专业去学习确实太辛苦了,而且没有一定的天赋很难有大的成就,所以最好不要将数学作为谋生的手段。当然数学的外延很广,你倒可以将数学作为学习计算机、经济、金融等专业的基础,因为这些行业的高端技术都要求初学者具有一定的数学知识。

2. 这两个专业的理论性较强,适合有理科头脑的人。如果你具备以下条件,数学类专业就是一个不错的选择:

(1)热爱数学,迷恋数学的美及严密的逻辑推理。

(2)有数学天赋,对数学理论的理解比较容易,逻辑思维好。

(3)吃苦耐劳,工作相当努力。

(4)专心于学术。

具备以上几点的人在数学方面有所建树的概率比较大。

## ➢ 选择学校

如果确定要报数学与应用数学专业或信息与计算科学专业,我强烈建议你多关注和了解数学类专业较好的学校,比如北京大学、浙江大学、南京大学、山东大学、四川大学等。可以参考各个学校的重点学科,争取到重点学科中包含或倾向这两个学科的"211工程"或"985工程"院校学习。

# 702 物理学类

## 本专业类概况

### 一、各选科组合能报本专业类的比例

该数据反映的是在该专业类的所有高校招生计划中，各科目组合有多少学校能填报。详解见图书使用说明。

| 物理 化学 生物 | 物理 化学 历史 | 物理 化学 地理 | 物理 化学 思想政治 | 物理 生物 历史 |
|---|---|---|---|---|
| 100.0% | 99.6% | 99.6% | 99.6% | 0.0% |
| 物理 生物 地理 | 物理 生物 思想政治 | 物理 历史 地理 | 物理 历史 思想政治 | 物理 地理 思想政治 |
| 0.0% | 0.0% | 0.0% | 0.0% | 0.0% |
| 化学 生物 历史 | 化学 生物 地理 | 化学 生物 思想政治 | 化学 历史 地理 | 化学 历史 思想政治 |
| 0.0% | 0.0% | 0.0% | 0.0% | 0.0% |
| 化学 地理 思想政治 | 生物 历史 地理 | 生物 历史 思想政治 | 生物 地理 思想政治 | 历史 地理 思想政治 |
| 0.0% | 0.0% | 0.0% | 0.0% | 0.0% |

### 二、该专业类的主要专业男女比例及每年大致毕业人数

| 专业类 | 专业代码 | 专业名称 | 各专业年度毕业人数 | 男女比例 |
|---|---|---|---|---|
| 物理学类 | 070201 | 物理学 | 18 000～20 000人 | 男54% 女46% |
| 物理学类 | 070202 | 应用物理学 | 8000～9000人 | 男75% 女25% |

### 三、本专业类主要考研方向

| 学科门类 | 一级学科 | 研究方向 | 学位授予 |
|---|---|---|---|
| 理学 | 0702 物理学 | 学术硕士 | 可授硕士、博士专业学位 |
| 参考往年可报考二级学科 | | | |
| 物理学 | 理论物理 | 粒子物理与原子核物理 | 原子与分子物理 | 等离子体物理 |
| 凝聚态物理 | 声学 | 光学 | 无线电物理 | — |

# 本专业类重点专业解读

## 070201 物理学 & 070202 应用物理学

本人毕业于应用物理学专业，应"金榜事事懂"的邀请，给大家介绍一下物理学和应用物理学这两个专业的情况。

### ➢ 概念介绍

物理学是研究物质运动最一般规律和物质基本结构的学科。物理学研究大至宇宙，小至基本粒子等一切物质。高中生都应该知道物理书上那个"蛇吞尾"的图吧，那个图就形象地表示了物理研究的范围有多大。

### ➢ 专业对比

1. 物理学主要研究物理的基本理论、基本规律，是基础学科。应用物理学主要把物理学原理和定律应用于实际，以应用为目的。比如说牛顿第二定律，应用物理学是拿它来求生活中的 $F=ma$，如运用到"推东西、开车"这些事上面，而物理学则是探究这个公式的正确性，做实验来证明这个定律。

2. 在学习内容上，对本科生而言，因为学得不是那么深入，所以可以认为本科阶段两个专业没有太大的区别，都涉及力、热、光、电以及四大力学（理论力学、电动力学、量子力学、热力学与统计物理）等这些基础课程。只是大三之后的专业课上略有些区别。物理学的专业课会更注重理论方向，深入研究物理世界的根本原理，学得比较深。而应用物理学专业课主要研究物理的某一个领域，可以是生物物理方向，可以是激光物理方向（是研究激光的），也可以是应用物理的微电子系统设计方向（是研究半导体的），还有可能是其他的方向。

3. 在培养人才上，物理学侧重培养学者型人才，毕业后主要从事科研和教学工作。而应用物理学则侧重培养物理应用方面的技能型人才。

4. 如果想从事科学研究，当科学家，物理学专业可能更适合你。但如果希望所学的知识更贴近生活的应用，本科或研究生毕业后就立即工作，则应用物理学更适合你。

### ➢ 专业补充

1. 物理学的研究对象很广，大体可以分为两类：第一类是为了满足人类好奇心的研究，在宏观上探索、研究宇宙的状态，在微观上研究构成世界的基本粒子。这些可能在很长一段时间内都不能够得到直接应用，但能改变我们的世界观、宇宙观。第二类则是研究现实生活中的基本现象，其中很重要的一个方面就是物质存在的状态。对它们的研究影响到当代世界一些很重大的课题，如等离子状态——物质的第四态，未来的新能源跟它有很大的关系；量子态决定了我们未来能不能发明更先进的计算机、更快的通信方式等。

物理学要探索的是未知的领域，是别人从未了解过的领域，这一点跟工科很不一样。比如说等离子体物理，先要由物理学家研究基本现象和规律，逐渐实现可控的核聚变，等到它成为一个常规、成熟的技术并开始建设聚变电厂时，就不再是物理学研究的重点了，就进入了工科的范畴。

2. 物理学的本科课程最基本的是普通物理，包括力学、热学、电磁学、光学和原子物理。数学物理方法也是核心课程之一,因为物理学研究强调精确定量和数学建模,这就需要数学方法和物理思维的紧密结合。因为它实际上要做的就是把复杂的物理问题用数学的形式表达出来,然后求解,并做物理的解释。对很多学生来说,这是一门比较难的课。还有四大力学,包括理论力学、电动力学、量子力学、热力学与统计物理。

3. 物理学的方法论与其他专业有所不同。除了掌握今后从事研究所需要的基础知识,物理学学习过程中更重要的是培养解决问题的能力。物理学非常强调透过现象看本质,找到那种普适的规律。因此,我们很重视建模的能力,通过各种手段把复杂的问题简单化。比如我们在研究单摆的时候,就做了很多物理假设:假设它没有阻力,假设摆线长度不变,假设单摆是在平面内运动,等等。在种种假设之下得到一个方程或模型之后,你会发现理论结果跟实际结果非常接近,也就是说抓住了本质,得到了很好的近似。建模就是要抓住最根本的问题,然后随着精度要求的提高,再逐步考虑更多的因素。

在做实验的思维方式上也会有所不同。一个优秀的物理学学习者或研究者,在做实验之前,一般要先构建一个理论的模型,猜测可能发生的结果。这样不仅能减少实验的次数,而且如果实验结果符合理论模型,那么这个理论或模型就更可信。特别是现在的大型实验,比如欧洲的大型强子对撞机,它运行一次成本很高,所以物理学家会在实验前做很多预测,当然它有一定失败的概率,但是失败也是有用的,可以拿来重新修正理论。

➤ **专业方向**

特别说明一下,有的学校物理学专业分师范类和非师范类,这个在志愿指南书上会有提示。物理学专业师范类和非师范类开设的课程基本相同,但师范类大三之后要学习一些教育学方面的知识,例如教育心理学、青少年心理学、物理教学论、普通话培训等。

应用物理学专业,方向更多一些。报考的时候需要特别留意一下,看看是不是你喜欢的方向。

➤ **就业情况**

总体来说,这两个专业就业面较窄。学应用物理学专业的还好一些,朝着对口方向找工作就行,比如很多IT产业公司,如IBM(国际商业机器公司)、朗讯等,对应用物理学专业的毕业生情有独钟;还有去做光缆、电子、半导体方面的;也有做电器、集成电路设计的。

物理学专业的对口单位通常是学校和研究所。从事教师工作,相对来说工作不累,假期还很长。

说到研究所,特别好的学校的毕业生可以到中国科学院各大物理所,可以到北京大学物理系研究理论物理,也可以到清华大学研究凝聚态。

➤ **注意事项**

1. 在我看来,在大学开设的所有专业中,物理学是最难学的专业之一,本科毕业生很难有所作为。对于理论性强的专业,建议选择以前最好想想自己有无深造的计划;如果不是决心从事研究工作,最好不要选物理学专业。

2. 很多学校的应用物理学专业会有具体的专业方向,报考时要注意。

# 703 化学类

## 本专业类概况

### 一、各选科组合能报本专业类的比例

该数据反映的是在该专业类的所有高校招生计划中,各科目组合有多少学校能填报。详解见图书使用说明。

| 物理 化学 生物 | 物理 化学 历史 | 物理 化学 地理 | 物理 化学 思想政治 | 物理 生物 历史 |
|---|---|---|---|---|
| 100.0% | 99.5% | 99.5% | 99.5% | 0.0% |
| 物理 生物 地理 | 物理 生物 思想政治 | 物理 历史 地理 | 物理 历史 思想政治 | 物理 地理 思想政治 |
| 0.0% | 0.0% | 0.0% | 0.0% | 0.0% |
| 化学 生物 历史 | 化学 生物 地理 | 化学 生物 思想政治 | 化学 历史 地理 | 化学 历史 思想政治 |
| 0.0% | 0.0% | 0.0% | 0.0% | 0.0% |
| 化学 地理 思想政治 | 生物 历史 地理 | 生物 历史 思想政治 | 生物 地理 思想政治 | 历史 地理 思想政治 |
| 0.0% | 0.0% | 0.0% | 0.0% | 0.0% |

### 二、该专业类的主要专业男女比例及每年大致毕业人数

| 专业类 | 专业代码 | 专业名称 | 各专业年度毕业人数 | 男女比例 |
|---|---|---|---|---|
| 化学类 | 070301 | 化学 | 24 000~26 000 人 | 男 32% 女 68% |
| 化学类 | 070302 | 应用化学 | 28 000~30 000 人 | 男 52% 女 48% |

### 三、本专业类主要考研方向

| 学科门类 | 一级学科 | 研究方向 | 学位授予 | |
|---|---|---|---|---|
| 理学 | 0703 化学 | 学术硕士 | 可授硕士、博士专业学位 | |
| 参考往年可报考二级学科 | | | | |
| 化学 | 无机化学 | 分析化学 | 有机化学 | 物理化学 |
| 高分子化学与物理 | — | — | — | — |

# 本专业类重点专业解读

## 070301 化学

本人是武汉大学化学系毕业的，应"金榜事事懂"的邀请，简单介绍一下化学专业和应用化学专业。

### ➢ 专业对比

在所有专业里，化学和应用化学关联特别紧密。下面我就通过两者的对比让你更清晰地了解这两个专业，方便报考的时候做选择。

这两个专业的区别是：化学专业偏重基础理论的研究，偏向于化学理论性的学习；而应用化学专业是结合生产实践的研究，偏重工程方面，更倾向于化学知识实践性的学习。简单地说，化学是纯粹的理科，应用化学是将理科与工科相联系的学科。

### ➢ 学习内容

化学类专业的主要理论课程是很相似的。主要有有机化学、无机化学、物理化学、分析化学等基础课程。区别主要在大三以后的专业课的设置上。化学专业更多的是继续研究原理类的东西，将进一步学习关于物质的结构、功能、性质等方面的基础知识，比如以研究物质结构为内容的结构化学和结晶化学等课程。另外除了基础课程，化学专业还会开设包括数学、物理和生物在内的辅助性的课程。而应用化学则会更多地学习化学实践类的课程，融理论与实践于一体，例如在石油方面的应用、在药物合成方面的应用等。因为与生产实践相结合，应用化学需要学习具体的化工单元操作、化工反应器的设计、化工生产的流程以及化工制图、精细化学、现代分离技术等。

从就业方面来看，因为化学专业学的是非常理论化的东西，所以将来主要从事基础研发的工作。因此，化学专业的学生一般会选择继续深造，从事化学教育或者科研方面的工作。而应用化学专业倾向实践应用，所以就业相对容易一些，毕业之后有机会去化工厂、炼油厂、冶金厂等企业工作，一般从事技术开发、生产管理或者工程设计方面的工作。

### ➢ 教授补充

化学的本科核心课程有普通化学、无机化学、有机化学、物理化学、分析化学、生物化学、结构化学以及相关实验课程等。按照现代的定义，化学是一门中心的、实用的、创造性的科学。化学与很多的科目有联系，如生化、理化等，于是成为一个中心；日常生活中的衣食住行都离不开化学，这便是化学的实用性；地球上天然存在的物质有400多万种，20世纪末人类合成的新物质已经超过了3000万种，这就是化学的创造性，正是化学家所创造的物质改变了我们的生活。为什么这个世界千变万化？如何能够掌握、控制并利用这些变化？这就是化学的终极问题。

提起化学，大家常常会想到"危险""有毒"……确实，我们不能否认，化学在给人们的生活带来便利的同时也带来了很多问题，但是我们不能只看到这些坏处而忽视了化学的好处。举个例子，提起粮食，大家都会想到"杂交水稻之父"袁隆平。但是人们不知道的是，粮食能有今天的产量更主要的是来自化学的进步。首先，化肥是运用化学方法制成的，没有化肥提供的养分，我们不可能生产这么多粮食；第二，为了满足人们的生活需要，过去中国将近有一半的土地用来种棉花，高分子材料的诞生大大减轻了人们对棉花的依赖,将原本用来种棉花的土地改种粮食。化学大幅解决了物质的匮乏,彻底地改善了人们的生活。

### ➤ 就业情况

因为化学专业太过理论化,毕业生一般会搞研究,而本科不可能研究得很深入,所以对于本科毕业生来说,就业比较有难度。化学专业的本科毕业生最好继续攻读化学专业或者相关专业的研究生,因为可以选择具体的方向,这样到时候就业会容易一些。

### ➤ 注意事项

1. 一定要记住化学是基础专业,偏向理论研究。开设化学专业的大学有很多,但这种研究型的专业最好选择有国家重点实验室或者是在化工方向有特色的大学,因为在普通学校学这个专业发展比较困难。

2. 化学是实验性很强的专业,对学生的动手能力要求比较高。在我看来,喜欢动手和动脑的人适合学化学。报考以前,考虑一下自己的动手能力。

## 070302 应用化学

本人是应用化学专业毕业的,应"金榜事事懂"的邀请,简单介绍一下应用化学专业。

### ➤ 专业介绍

广义上说,应用化学专业就是将化学基本原理应用到现实的生活、生产中的专业。在我们的日常生活中,应用化学无处不在。例如,我们天天用的手机电池,就是应用化学专业电化学方向研究的内容之一;洗衣粉为什么能很快去污?是因为添加了去污能力强的化学物质,这是应用化学精细化工方向研究的内容;还有化妆品的祛斑、美白、去皱纹等功效都是因为里面的化学物质在起作用,而这些也都是应用化学的产物。

### ➤ 专业方向

因为应用化学涉及的范围很广,本科阶段想精通基本不可能,所以一般大学都会有一些特定的研究方向,大致分为以下几个方面:

1. 电化学方向(包括电池及电池材料)。
2. 药物合成方向,就是用化学的方法快速合成药物。
3. 材料方向,包括有机高分子材料、纳米材料等,研究如何来合成、制备、改良这些材料。
4. 精细化工方向,就是通过合成、提取技术来加工生产精细化工品,例如生产制作香水中的香料和香精、化妆品等。
5. 传统能源及新能源方向,包括在冶金、矿物、石油等方面的应用。

### ➤ 学习内容

应用化学专业学习的主要课程包括无机化学、分析化学、有机化学、物理化学(含结构化学)、高分子化学、精细化学、化学工程基础、化工制图、结构化学、化工原理等。

特别说明一点,应用化学很注重实验课程,因此本科阶段会开设许多非常专业的实验课。

### ➤ 就业情况

总体来说,因为应用化学涉及面很广,所以就业面也很广。

如果倾向于电化学方向,毕业后可以去生产锂电池、铅酸蓄电池等的企业。

如果倾向于药物合成方向,可选择的制药企业比较多,不过会有制药工程等专业毕业生和你竞争。

如果倾向于材料方向,毕业后可以去企业做研发,比如研究婴幼儿尿不湿的材料和性能,提高它的皮肤亲和力等。

如果倾向于能源方向,像一些石油企业的研发部门就是不错的就业选择。

如果倾向于精细化工方向,毕业后可以到制造洗发水、洗手液、洗衣液等产品的公司,如宝洁、联合利华、威露士、蓝月亮等。另外,还可以选择像涂料、塑胶等行业的企业,其待遇也不错。

我个人认为,应用化学这个专业只要你学好了,前景是乐观的。以我个人来说,我曾经有一天接到过4家单位的入职邀请。大学没有毕业时,我签约了民营企业的一家集团企业,后来跳槽去了中国日化行业排名靠前的一家企业。我自己没有经历过所谓的就业困扰。有人或许会问,你成绩很好吧?那么我告诉你,我的成绩在我们班级很一般,周围同学整体的就业情况也都不错。

你可能会发现网上有很多人说应用化学专业的毕业生找工作很不容易,对有的人来说,的确如此,在我的朋友当中也有重点大学毕业但工作很一般的。我觉得问题的核心不是专业的好坏,而是个人的素质和能力!大学只是提供了一种学习的机会和环境,你要是不努力,又没把握住提高自己的机会,能找到好工作岂不是天方夜谭。

> ➢ **注意事项**

1. 要读这个专业你得做好充分的心理准备,到大二实验就会比较多,就拿有机实验来说,花的时间非常多。不过做实验还是比较有趣的,能培养自己的动手能力。

2. 虽然这个专业和化学专业相比,多了一些应用性的东西,但坦白地说,大学本科一共就四年,哪里能学到那么多的应用,所以总体上这个专业还是属于基础学科的,和热门无缘,所以报考前要做好权衡。

3. 再次提醒一下,当你准备考虑这个专业的时候,你要冷静地想想,你对这个专业有多了解,你是不是喜欢化学,这个专业和你的性格是否相符。学习、工作都是一样的,最好是自己感兴趣的。对化学不感兴趣而报这个专业,将来可能会很痛苦。

# 704 天文学类

## 本专业类概况

### 一、各选科组合能报本专业类的比例

该数据反映的是在该专业类的所有高校招生计划中,各科目组合有多少学校能填报。详解见图书使用说明。

| 物理 化学 生物 | 物理 化学 历史 | 物理 化学 地理 | 物理 化学 思想政治 | 物理 生物 历史 |
|---|---|---|---|---|
| 100.0% | 100.0% | 100.0% | 100.0% | 0.0% |
| 物理 生物 地理 | 物理 生物 思想政治 | 物理 历史 地理 | 物理 历史 思想政治 | 物理 地理 思想政治 |
| 0.0% | 0.0% | 0.0% | 0.0% | 0.0% |
| 化学 生物 历史 | 化学 生物 地理 | 化学 生物 思想政治 | 化学 历史 地理 | 化学 历史 思想政治 |
| 0.0% | 0.0% | 0.0% | 0.0% | 0.0% |
| 化学 地理 思想政治 | 生物 历史 地理 | 生物 历史 思想政治 | 生物 地理 思想政治 | 历史 地理 思想政治 |
| 0.0% | 0.0% | 0.0% | 0.0% | 0.0% |

### 二、该专业类的主要专业男女比例及每年大致毕业人数

| 专业类 | 专业代码 | 专业名称 | 各专业年度毕业人数 | 男女比例 |
|---|---|---|---|---|
| 天文学类 | 070401 | 天文学 | 150~200人 | 男66% 女34% |

### 三、本专业类主要考研方向

| 学科门类 | 一级学科 | 研究方向 | 学位授予 |
|---|---|---|---|
| 理学 | 0704 天文学 | 学术硕士 | 可授硕士、博士专业学位 |
| 参考往年可报考二级学科 | | | |
| 天文学 | 天体物理 | 天体测量与天体力学 | — | — |

## 本专业类重点专业解读

### 070401 天文学

本人是南京大学天文学专业的毕业生,应"金榜事事懂"的邀请,介绍一下天文学专业。

#### ➤ 专业介绍

天文学专业是研究一切天体、天体系统乃至整个宇宙的专业。天文学研究范围很广,小到星际物质尘埃粒子,大到整个宇宙,研究内容包括它们的位置、运动情况、物理状况、演化过程等。比方说用天文望远镜观测火星的表面状态,或通过天文望远镜从宇宙中得到数据和信息,推断宇宙是如何形成的。

#### ➤ 学习内容

天文学专业本科阶段学习的课程主要包括宇宙物理学、天体物理学、天体力学、天文观测研究等。

1. 天文入门课非常有趣,经常有参观或动手实验环节。但学天文根本不像有些人想得那么浪漫——老师整天带着看星星。经常坐在显示屏前面倒是真的,那是因为大部分学天文的都是从事理论或是计算之类的工作,每天做得最多的就是学习如何分析数据,你会经常看见他们抱着一摞资料在那里埋头苦算。

2. 天文学家要应用大量的物理理论来解释宇宙中的种种现象,而物理理论的推演自然离不开许许多多的数学工具,因此天文专业的学生要学习很多数学和物理课程。天文学专业对理科基础的要求非常高,数学、物理、英语,甚至是计算机,一个都不能少。

3. 天文学与其他专业不同,很多学习的内容要靠观测。一般的学校都有望远镜,不过很多学校都在城市,光学污染比较严重,达不到观测效果,而天天去天文台观测又不现实,所以基本的观测学习就是与天文台联网,坐在教室里看。

4. 天文台作为实习基地,在实习时可以去参观见习。学习天文学专业的学生人数较少,有学得好的学生在本科阶段就能跟着导师参加科学研究,去天文台观测。

#### ➤ 就业情况

因为天文学专业的专业性较强,所以找工作的范围比较窄。对口的话,可以选择天文台、科技场馆、大学等单位。但本科毕业生就业很难,因为本科生的水平距离真正的天文研究还相距较远。如果要继续走天文学的道路,那就需要深造,通过考研进入研究生阶段的学习,直到博士毕业,然后才能有机会进入大学或研究所从事科研工作。一般来说,深造比例在60%以上。

总的来说,我国非常缺乏天文专业人才,尤其缺乏从本科开始就学习天文学专业的"根正苗红"的专业人才,所以不用太担心在国内读研的问题。

#### ➤ 注意事项

1. 天文学是一个纯学术专业。它不像工科专业那样能制造出对社会有立竿见影效果的具体产品,要想有成就得慢慢积累。

2. 研究天文学的人和天文爱好者还是有区别的。业余爱好只是图个乐趣。但如果真正当专业来学,就会觉得有些枯燥,因为涉及数学、物理、计算机等课程。

3. 人们说星星在晚上才能看见,那学天文学专业的人是不是天天晚上工作呢?其实不然。恒星光学观测的确是在晚上,但更多的观测不是在晚上进行,不存在天天熬夜工作的情况。

# 705 地理科学类

## 本专业类概况

### 一、各选科组合能报本专业类的比例

该数据反映的是在该专业类的所有高校招生计划中,各科目组合有多少学校能填报。详解见图书使用说明。

| 物理 化学 生物 | 物理 化学 历史 | 物理 化学 地理 | 物理 化学 思想政治 | 物理 生物 历史 |
|---|---|---|---|---|
| 22.5% | 22.5% | 98.7% | 22.5% | 0.0% |
| 物理 生物 地理 | 物理 生物 思想政治 | 物理 历史 地理 | 物理 历史 思想政治 | 物理 地理 思想政治 |
| 76.6% | 0.0% | 77.1% | 0.0% | 76.2% |
| 化学 生物 历史 | 化学 生物 地理 | 化学 生物 思想政治 | 化学 历史 地理 | 化学 历史 思想政治 |
| 6.5% | 73.2% | 6.5% | 74.0% | 6.5% |
| 化学 地理 思想政治 | 生物 历史 地理 | 生物 历史 思想政治 | 生物 地理 思想政治 | 历史 地理 思想政治 |
| 73.2% | 67.5% | 0.0% | 66.7% | 67.5% |

### 二、该专业类的主要专业男女比例及每年大致毕业人数

| 专业类 | 专业代码 | 专业名称 | 各专业年度毕业人数 | 男女比例 |
|---|---|---|---|---|
| 地理科学类 | 070501 | 地理科学 | 10 000~12 000人 | 男27% 女73% |
| 地理科学类 | 070502 | 自然地理与资源环境 | 2500~3000人 | 男43% 女57% |
| 地理科学类 | 070503 | 人文地理与城乡规划 | 6000~7000人 | 男40% 女60% |
| 地理科学类 | 070504 | 地理信息科学 | 8000~9000人 | 男50% 女50% |

### 三、本专业类主要考研方向

| 学科门类 | 一级学科 | 研究方向 | 学位授予 | |
|---|---|---|---|---|
| 理学 | 0705 地理学 | 学术硕士 | 可授硕士、博士专业学位 | |
| 参考往年可报考二级学科 | | | | |
| 地理学 | 自然地理学 | 人文地理学 | 地图学与地理信息系统 | — |

## 本专业类重点专业解读

### 070501 地理科学

本人是首都师范大学地理科学专业毕业的，应"金榜事事懂"的邀请，简单介绍一下地理科学专业。

> **专业介绍**

地理科学是一门从各种角度研究地球表面的形态、地理环境（包括自然地理环境、社会文化环境、经济地理环境），同时也研究地域与人们生活之间关系的专业。

我们看到的地形地貌、山川河流和盆地峡谷都是地理科学的研究范围。不仅如此，由于地形、地域不同所形成的气候和植被的不同也是地理科学的研究内容。

> **注意事项**

简单来说，地理科学这个专业是对地上100米到地下30米左右的中间地带进行研究。距离地面100米以上的高空那是大气科学研究的范围，地下30米以下是地质学研究的范围。

我们现在看到的地形地貌有什么特点？属于高原还是丘陵？是海洋还是湖泊？它们都分布在什么位置？这些都属于地理科学的范畴。

> **专业方向**

地理科学专业方向一般划分为人文和自然。在人文领域里又划分为经济地理、社会文化地理和旅游地理。其中，旅游地理主要研究国内外的旅游资源分布，如何保护和开发利用旅游资源，怎样设计合理的旅游路线。比如说杭州的整体旅游规划就是我们学校设计的。

> **地理科学的应用**

地理科学有很广泛的应用，比如旅游开发、生态环境整治、沙漠化治理、大江大河整治等。中国南水北调工程等重大开发建设项目，都需要地理科学理论的参与指导。以青藏铁路为例，铁路沿线的雪山、湖泊、河流、草原等特有地形地貌属于地理科学研究范围，因此铁路修建中面临的多年冻土带、高寒缺氧、生态脆弱等问题，就需要地理科学专业的人员指导。三峡大坝修建的时候也请地理学家对防洪、发电、灌溉、航运、旅游等多方面问题进行了综合论证研究。

> **学习内容**

一说到地理，我们就会想到中学时上过地理课，比如四大洋、七大洲等，这些都是常识性的知识。但是上了大学以后，你自然要学习一些地理科学专业的基础理论和规律性的知识。

地理科学专业本科阶段学习的主要课程包括中国地理、世界地理、地质学、人文地理、计量地理、经济地理、水文学等，这些都是理论层面的知识，个人认为，本科阶段对上述课程的学习基本上属于蜻蜓点水式的学习，如果想深入研究就得考研。像我们师范类院校还要多学些教学技能方面的课程。

实习考察时，我们是去异地野外考察。同学们都非常愿意去，因为去异地考察通常需要去三周左右的时间，跨省市也比较多，能见识不同的地形地貌。同学们回来以后，感觉非常兴奋。不过据我所知，在全国高校里面有这种远距离考察的学校不多。

> **就业情况**

就现在来看,地理科学专业毕业生的就业范围还是比较广的。本科毕业后从事的工作主要就是到初中、高中当地理老师。我现在就是在高中做老师。现在高中的地理老师也是相对紧缺的,因此相对好就业一些,待遇问题就得看你找的学校怎么样了。

当然你也可以考研,丰富与提高自己的知识层次之后再去找工作。地理科学专业考研主要有以下几个方向:人文地理、自然地理、地图学与地理信息系统等。研究生的就业选择主要是教师、工程测绘人员、地图出版社编辑、公务员以及各类研究人员。

## 070502 自然地理与资源环境 & 070503 人文地理与城乡规划

本人是北京大学地理科学类专业毕业的,应"金榜事事懂"的邀请,介绍一下自然地理与资源环境专业和人文地理与城乡规划专业。

> **专业介绍**

因为自然地理与资源环境和人文地理与城乡规划这两个专业都属于地理科学类,并且在十多年前都属于资源环境与城乡规划管理专业,是该专业的两个细分方向,所以为了大家方便理解,我在这里就统一对比分析一下。

那什么是自然地理?什么是人文地理?教育部划定专业时,特别做了以下区分。

1. 自然地理与资源环境毕业后能从事自然地理过程、环境变化研究和资源管理、环境保护或应用。

2. 人文地理与城乡规划专业的毕业后立足于宏观、中观区域规划和土地管理,从事城乡建设与区域经济发展规划的研究、教学、开发或应用。

这个区别比较拗口生涩,我举例说明你可能就比较容易明白了。以我们在大学时的实习为例,我们实习去的地点是山西省大同市。

1. 自然地理方面:到了大同后观察死火山,了解死火山的形成。查看地震形成的断裂带,研究河谷是如何形成的等。这个是自然形成的,属于自然地理。

2. 人文地理方面:大同是一个历史文化古城,有云冈石窟、悬空寺等古建筑。这些都是人类规划建设的,我们会研究这些古建筑的整体规划,以及古建筑中所蕴含的古文化信息,这就是人文地理。

> **学习课程**

1. 自然地理与资源环境的核心课程:地质学基础(72学时)、现代地貌学(54学时)、气象学与气候学(63学时)、地图学(54学时)、植物地理学(54学时)、土壤地理学(54学时)、水文与水资源(54学时)、全球环境变化(双语)、人文地理学(54学时)、经济地理学(54学时)、计量地理学(54学时)、GIS理论与应用(54学时)。

2. 人文地理与城乡规划的核心课程:人文地理学(54学时)、城市地理学(54学时)、经济地理学(54学时)、工业地理学(54学时)、交通地理学(54学时)、区域分析与规划(72学时)、城市规划原理(72学时)、城市总体规划(72学时)、修建性详细规划(54学时)、控制性详细规划(54学时)、社会调查研究方法(54学时)。

这个课程表只是指导性的课程表,很多学校的课程设置会有自己的体系。

> **教授补充:人文地理与城乡规划**

1. 人文地理与城乡规划专业是研究人地关系的专业,是地理理论与技术应用相结合的专业。

本专业主要学习地理学,以地理学为基础,研究人类的各种活动规律,按研究对象不同可以划分为自然地理、人文地理和地理技术科学。人地关系错综复杂,我们不仅重点研究经济活动区位、空间组织以及与环境的关系、文化地理现象规律、自然地理条件与自然资源条件对经济活动和空间组织的影响,也研究如何更客观准确地分析呈现地理现象,如何改进相关技术理论等问题。

2. 一般来说,人文地理与城乡规划专业本科阶段的核心课程包括人文地理学、经济地理学、城市地理学、地图学、自然地理学、地理信息系统、普通地质学、环境学原理等。在这些课程的基础上,进一步学习遥感与图像处理基础、房地产开发与策划、土地资源管理、乡镇规划与管理、旅游规划学、区域分析与规划等专业课程,还可以个性选择中国历史文化地理、人口研究、地图设计与编绘技术、水文水资源学、海洋生物化学等课程,去了解地理相关理论与进展,了解地理学在旅游、地产、城市规划、区位选择中所起的作用。

人文地理与城乡规划专业综合性较强,不仅需要学生有广泛的学科基础,也需要有较强的逻辑推理能力和发散性思维能力。比如,城市地理学需要学生有较强的历史、政治基础等,只有这样才能理解城市经济的变化和城市社区的变迁;计算机图形学课程需要同学们有较强的逻辑推理和C语言等计算机基础,只有这样才能编写出高效的程序;地图学等需要同学们细致、认真、耐心,并且需要对颜色、规则等有所掌握。不同的课程对不同的人来说难易不同,但是只要大家认真对待、虚心求教,这些课程学习中遇到的困难都是容易克服的。

## ➢ 学习内容

1. 人文地理与城乡规划,用一句话概括就是研究人地关系的专业。具体来说是研究一个城市应该如何发展、发展到多大。比方说人口规模达到多少比较合理;用地规模达到多少比较合理;城市具体应该发展什么产业,重工业还是轻工业,高科技还是文化产业。

现在电视上天天说的城镇化建设,越来越多的人涌进城市,城市不断向四周扩张,很多人因为房价问题选择在郊区居住,但郊区交通、商业的发展相对较晚,给人们上班、购物带来不便,这些状况如何解决?如何城乡统筹发展,营造周边近郊较好的环境?如何形成一些配套服务设施、增加近郊就业岗位?这些都是人文地理与城乡规划专业研究的内容。

另外,这个专业研究的不只是城市近郊发展规划,也涉及城市经济发展。比如建多少工厂?规划多少地?土地如何合理利用?在不同的土地上应该是建住宅还是写字楼等涉及房地产的研究也是这个专业扩展的研究领域。还有如何规划才能体现城市的个性与文化,不让城市看起来千篇一律,也是这个专业研究的一个方向。

2. 自然地理与资源环境专业的学习就是要立足于地球表层特征及其变化,掌握和了解不同地貌的自然地带本身的特征,如自然地带内部结构、自然区的划分以及土地系统的分异和组合规律等。如东北师范大学自然地理的野外实习路线为:索伦—乌兰浩特—长春—长白山。此路线横穿了几个自然地带,经历了干旱—半干旱—半湿润—湿润区的气候过渡。沿此路线,学生们不仅能够观察到气候要素的变化,也能考察植被、土壤、地形等地理要素的变化,同时还可以思考不同的自然资源该如何开发利用以及保护。

## ➢ 就业方向

1. 可以去应聘城市规划设计、旅游规划类的单位,譬如说城市规划设计单位,旅游规划设计公司、城乡规划设计研究院等。

2. 可以去自然资源和规划局之类的单位,不过这类单位一般要考公务员。

3. 可以去大型的地产类企业应聘企业规划设计部内的一些园林规划、规划设计助理等职位。

4. 从事电子地图开发研究。

5. 可以去土地评估公司。

但连续好几年我们这类专业没有什么竞争优势,整体就业情况都不乐观(当然如果你能上个"985工程"级别的学校除外)。以我当时毕业的情况为例,我参加过好几个招聘会,发现在几百家企业里只有两三家接收地理科学类专业的毕业生。

今年我为了写这篇文章专门统计了一下不同大学本类专业的毕业生和在校生对这类专业的评价,约有80%的人认为这类专业学的东西太杂,以后很难就业,剩下的人大多建议在校生努力考研、考公务员等。

## 070504 地理信息科学

本人在中国科学院地理信息科学专业读研究生,应"金榜事事懂"的邀请,介绍一下地理信息科学专业。

### ➢ 专业介绍

地理信息科学用很专业的话来说:它是在计算机硬、软件系统支持下,对整个或部分地球表层(包括大气层)空间中的有关地理数据进行采集、存储、管理、运算、分析、显示和描述的技术系统。这样讲可能很难理解。简单说,就是把采集的相关地理信息数据整理后直观展示出来。具体是什么意思呢?我来举例说明让大家有个很直观的认识。

导航仪上能显示现在你的位置,能显示出周围的建筑,能给你指示出到达目的地的最短路线。这些导航仪上的道路、建筑物的信息是谁采集的、谁统计出来标在地图上的?这些都是地理信息科学的贡献。真正的导航后台都是GIS(地理信息系统)在做。

另外,通过人口分布图,可以直观地看出各个省、直辖市、自治区的人口数目、人口密度。这也是用GIS将各个数据先采集统计,然后再制作出来的。

还有天气预报,我们能看到各个地区降雨量分布图,这个图是怎么制成的?也是地理信息科学先采集好各地的降雨数据,然后经过计算展示在地图上的。

因此,概括地说,地理信息科学就是一门把很多不直观的地理数据直观地表现出来,让你一眼能看明白的学科。

### ➢ 官方介绍

地理信息科学是近30年来新兴的一门集地理学、计算机、遥感技术和地图学于一体的边缘学科,主要培养具备地图学、地理信息系统、测量学和遥感技术等方面的基本理论、基本知识、基本技能,能在科研机构或高等学校从事科学研究或教学工作,能在城市、区域、资源、环境、交通、人口、住房、土地、灾害、基础设施和规划管理等领域的政府部门、金融机构、公司、规划设计院所,从事与地理信息系统有关的应用研究、技术开发、生产管理和行政管理等工作的高级专门人才。

地理信息科学专业主要包含三个方面的内容:一是科学方面,研究地理信息的本质、度量、表达,以及人与地理信息、社会与地理信息的关系和规律等基本的科学问题,如地理信息的认知、地理信息的模型表达、地理信息的加工处理方法、地理信息的可视化等;二是技术方面,与地理信息的采集、加工、处理、传输、管理、分析、显示相关的方法、技术的研究和工具、软件开发,有关的技术如计算机、网络、三维、交互、遥感、云计算等;三是应用方面,主要指地理信息的社会化服务问题,包括传统的工程建设中的地理信息服务(如地理信息4D产品的提供、规划、选址等),社会管理中的地理信息服务(如数字地球、智慧城市、空间决策支持、预测等),社会生活中的地理信息服务(如移动 GIS、车载导航等各类基于位置的服务)。

> ➤ 具体应用

GIS 把采集好的大量数据直观表示出来以后能有什么用途呢?

1. GIS 可以让你直观地获取地图上的大量信息。像平常用的高德地图和百度地图就是很直观的应用。

2. 可视化应用:以数字地形模型为基础,建立城市、区域、大型建筑工程、著名风景名胜区的三维可视化模型,实现多角度浏览,可广泛应用于宣传、城市和区域规划、大型工程管理和仿真等领域。

3. 还可以通过 GIS 获取大量的其他信息,比如消防站建在哪里可以覆盖最大面积,同时到各个地方最快呢?还有警车和救护车的路径优选、交通流量的研究、地下管线突发事件(爆管、断路)的应急处理等都能用上。要在一个城市建一个大型商场,具体建在哪里好呢?

这就得综合考虑交通流量、消费水平、周围居民数量等很多因素,这时候地理信息科学就能派上较大用场。

相信说了这么多,你应该对这个专业的应用有些直观了解了。

> ➤ 专业方向

因为地理信息科学在很多方面能运用到,所以专业细分的方向也不少,比方说我们本科的时候学校就开设了水资源 GIS、房产 GIS、城市规划 GIS 等。

> ➤ 学习内容

地理信息科学专业本科阶段学习的主要课程包括地理学,其中包括自然地理、人文地理等;计算机科学,主要涉及计算机基础知识;一些地理数据获取手段方面的学科,其中包括测量学、遥感,等等。而真正的 GIS 只有研究生才能接触到,才能了解和学习。所以我个人认为要想在这个专业有大的发展必须读研。

实习的话,一般可以到出版电子地图的公司做一些基础工作,例如地图的校正,与所学的专业就有较密切的联系。

> ➤ 就业情况

我认为地理信息科学专业本身是一个非常好的专业,因为在本专业的学习过程中能学到好多新的知识,但是由于需要学的知识内容比较多,所以好一点的岗位招人一般会限定在硕士以上。因此对本科生来说,地理信息系统的社会需求面不是很广。本科生往往只能从事数据生产等方面的工作或者从事简单程序员工作。

1. 男生可以做测绘方向的工作,女生可以在室内做些数据处理方面的工作,如资源勘察、环境监测、建筑设计领域等。

2. 去软件公司从事地理信息系统软件开发工作。

3. 学习测绘遥感方向的(主要适合男生,因为要跑野外)可以选一些相关的事业单位,如自然资源和规划局。

4. 去地理信息系统公司从事数据整理或绘图方面的工作。

另外,GIS 的发展情况具有很强的区域性。目前地理信息系统公司基本在比较发达的城市,如北京(GIS 公司最多)、上海和广州等,这些地方的薪水待遇比较有竞争力。

以上内容代表我以及周围几个同事的观点,仅供参考。

# 706 大气科学类

## 本专业类概况

### 一、各选科组合能报本专业类的比例

该数据反映的是在该专业类的所有高校招生计划中,各科目组合有多少学校能填报。详解见图书使用说明。

| 物理 化学 生物 | 物理 化学 历史 | 物理 化学 地理 | 物理 化学 思想政治 | 物理 生物 历史 |
|---|---|---|---|---|
| 100.0% | 100.0% | 100.0% | 100.0% | 0.0% |
| 物理 生物 地理 | 物理 生物 思想政治 | 物理 历史 地理 | 物理 历史 思想政治 | 物理 地理 思想政治 |
| 0.0% | 0.0% | 0.0% | 0.0% | 0.0% |
| 化学 生物 历史 | 化学 生物 地理 | 化学 生物 思想政治 | 化学 历史 地理 | 化学 历史 思想政治 |
| 0.0% | 0.0% | 0.0% | 0.0% | 0.0% |
| 化学 地理 思想政治 | 生物 历史 地理 | 生物 历史 思想政治 | 生物 地理 思想政治 | 历史 地理 思想政治 |
| 0.0% | 0.0% | 0.0% | 0.0% | 0.0% |

### 二、该专业类的主要专业男女比例及每年大致毕业人数

| 专业类 | 专业代码 | 专业名称 | 各专业年度毕业人数 | 男女比例 |
|---|---|---|---|---|
| 大气科学类 | 070601 | 大气科学 | 1500～2000人 | 男48% 女52% |
| 大气科学类 | 070602 | 应用气象学 | 300～350人 | 男50% 女50% |

### 三、本专业类主要考研方向

| 学科门类 | 一级学科 | 研究方向 | 学位授予 | |
|---|---|---|---|---|
| 理学 | 0706 大气科学 | 学术硕士 | 可授硕士、博士专业学位 | |
| 理学 | 0751 气象 | 专业硕士 | 可授硕士、博士专业学位 | |
| 参考往年可报考二级学科 ||||| 
| 大气科学 | 气象学 | 大气物理学与大气环境 | — | — |

## 本专业类重点专业解读

### 070601 大气科学 & 070602 应用气象学

本人是兰州大学应用气象学专业毕业的,应"金榜事事懂"的邀请,介绍一下大气科学和应用气象学这两个专业。

#### ➤ 专业介绍

大气科学专业和应用气象学专业同属于一个大类——大气科学。两个专业之间究竟有什么差异呢?简单地说,大气科学专业研究的是基本的理论和方法,而应用气象学专业则是将大气科学的基本理论和方法,以及一些研究成果应用在农业、航海、航空、军事等生产生活实践中的各个方面。

举例说明可能就更容易明白了:天气预报里每天都有温度是多少,风力是几级,适不适合晨练,应该穿什么衣服等内容。温度是多少,风力是几级,属于大气科学专业范畴。因为温度反映了近地层大气冷暖的程度,风力表示了大气运动的强度。但适不适合晨练,应该穿什么衣服,这就属于应用气象学专业的范畴了。因为这些指数是根据温度和风力得出来的,用于提示和指导生活。

比如说,预测今年是干旱还是水涝,这是大气科学专业研究的内容。如果预测到有水涝,就应该提前修好水库,在雨季把水收集起来,等干旱的时候,就可以开闸放水,这就用到了应用气象学专业的知识。

再比如,预测明天某个城市的雾霾严不严重、会不会风很大把雾霾吹散了,这是大气科学专业研究的内容。而应用气象学研究的是雾霾很严重的话该怎么防护,比如说,尽量不出门,出门戴口罩等。

概括起来说,大气科学是研究地球大气的特性、结构、运动规律及大气中各种现象的发生和发展的一门学科。它偏重理论研究,偏向于天气动力学,主要分析天气图,做观测预报。而应用气象学主要侧重气象在人们生活中的应用,比如气象对交通的影响,气象与人体健康的关系,气象在农业种植业中的作用,等等。它的研究目的就是如何利用气象提高我们的生活质量。

#### ➤ 官方介绍大气科学

大气科学不仅是一门基础学科,而且是研究地球大气中发生的各种现象及其变化规律,进而利用这些规律为人类服务的科学。

随着人们对极端天气和全球气候变化的日益关注,大气科学的范畴也变得越来越宽泛,现在大气科学已经不仅仅是研究大气的科学,而逐步发展成为研究包括大气、海洋和陆地的整个地球系统的科学。大气圈、水圈、海洋圈、陆地圈、生物圈,这些自然系统和我们人类的活动有着密不可分的联系。可以说,现在的大气科学,不仅仅是传统意义上的理解和预测天气变化的"小"学科,而是已逐步发展为理解和认识我们人类赖以生存的地球系统各圈层,认知我们人类对地球系统影响的一门"大"科学。

#### ➤ 学习内容和方向

这两个专业在专业课程上的区别不大,专业课学的基本上一样,只是在专业方向选修课上有些差别。

大气科学要求有很强的数理计算能力,要学习天气学原理、天气学分析、天气动力学等。大气科学与高新技术关系密切,是一门技术含量较高的专业。

应用气象学因为可以应用到很多方面,所以方向也分很多,主要分农业气象学、海洋气象学、医学气象学以及城市气象学等方向。中国农业大学,从资源上来看,侧重的是农业气象学这样一个分支。中国海洋大学开设的应用气象学,侧重于海洋气象,主要研究海洋和大气的相互作用,以及如何利用气象来开发海洋等问题。

### ➢ 就业情况

这两个专业的就业面相对较窄,只能去气象类的部门。这是每个特色专业都不可避免的问题。但因为开设这些专业的院校相对较少,所以整体就业状况还不错,我认识的这两个专业的同学,对口就业在90%以上。

第一,主要是到中国气象局下属的各省(市、自治区)、地、县的气象部门,特别是到气象台工作,做一些预报工作。本科毕业生大部分会去县一级的气象局,主要是从事观测工作,工作相对轻松。好一些的能进市气象局,市气象局以上没有观测类的工作,工作更宏观,分工更固定和细化。

第二,也可到空管局(航空公司有自己的气象部门)或者到民航系统的气象台,为航空方面提供气象保障。

第三,去部队,尤其是空军部队,几乎每一个空军基地都有飞机场,每个飞机场都有气象台。

第四,进入气象科研企业(研究太阳能、风能等的企业,但不是主流)或继续读研深造。

大气科学专业学的都是气象理论,更倾向于研究。相对而言,应用气象学专业的就业面稍微广一些。

另外,说到工作,有人可能会问苦不苦,其实现在气象部门的办公手段已经很现代化了,只有一些大气探测的工作需要到野外去,更多的还是在室内,所以工作环境比人们想象的要好得多。

# 707 海洋科学类

## 本专业类概况

### 一、各选科组合能报本专业类的比例

该数据反映的是在该专业类的所有高校招生计划中,各科目组合有多少学校能填报。详解见图书使用说明。

| 物理 化学 生物 | 物理 化学 历史 | 物理 化学 地理 | 物理 化学 思想政治 | 物理 生物 历史 |
|---|---|---|---|---|
| 100.0% | 100.0% | 100.0% | 100.0% | 0.0% |
| 物理 生物 地理 | 物理 生物 思想政治 | 物理 历史 地理 | 物理 历史 思想政治 | 物理 地理 思想政治 |
| 0.0% | 0.0% | 0.0% | 0.0% | 0.0% |
| 化学 生物 历史 | 化学 生物 地理 | 化学 生物 思想政治 | 化学 历史 地理 | 化学 历史 思想政治 |
| 0.0% | 0.0% | 0.0% | 0.0% | 0.0% |
| 化学 地理 思想政治 | 生物 历史 地理 | 生物 历史 思想政治 | 生物 地理 思想政治 | 历史 地理 思想政治 |
| 0.0% | 0.0% | 0.0% | 0.0% | 0.0% |

### 二、该专业类的主要专业男女比例及每年大致毕业人数

| 专业类 | 专业代码 | 专业名称 | 各专业年度毕业人数 | 男女比例 |
|---|---|---|---|---|
| 海洋科学类 | 070701 | 海洋科学 | 1000~1500人 | 男62% 女38% |
| 海洋科学类 | 070702 | 海洋技术 | 900~1000人 | 男64% 女36% |

### 三、本专业类主要考研方向

| 学科门类 | 一级学科 | 研究方向 | 学位授予 |
|---|---|---|---|
| 理学 | 0707 海洋科学 | 学术硕士 | 可授硕士、博士专业学位 |
| 参考往年可报考二级学科 | | | |
| 海洋科学 | 物理海洋学 | 海洋化学 | 海洋生物学 | 海洋地质 |

## 本专业类重点专业解读

## 070701 海洋科学

本人本科毕业于中国海洋大学的海洋科学专业,然后在中国科学院读研究生,现在在中国科学院工作,应"金榜事事懂"的邀请,简单介绍一下海洋科学专业。

### ➢ 专业介绍

海洋科学,顾名思义是研究海洋的自然现象、性质及其变化规律,以及与开发利用海洋有关的知识体系。它的研究对象是占地球表面71%的海洋,包括海水、溶解和悬浮于海水中的物质、生活于海洋中的生物、海底沉积和海底岩石圈,以及海面上的大气边界层和河口海岸带。

海洋科学专业分很多方向,不同大学本科阶段学习的重点方向不一样。我学的是偏向物理海洋,所以主要研究海洋的物理现象,例如潮汐、环流、内波等。而厦门大学的海洋科学专业则倾向于海洋生物。中国地质大学的海洋科学专业偏向于海洋地质与资源,他们系里的教师大多数是从事油气项目工作的,因此侧重于油气课程。

### ➢ 学习内容

如果说偏向物理方面,本科阶段就是学习一些基础性的课程:如高等数学、计算机、物理、物理海洋、环流、大气物理、流体力学、内波等。研究生阶段,会详细地划分方向,例如,海洋调查、海气相互作用、数据同化、数值模拟等。各个学校的情况不一样,可以根据自己的选择,具体询问和了解各个学校的特点。

### ➢ 工作内容及待遇

一般来说,海洋局是业务+科研,就是需要出海,也需要处理数据,或者是做一些实验等。待遇还不错。好学校的研究生月薪差不多能到一万元左右。从事研究工作岗位的收入可能不是很高,但一些做环境测评类项目岗位的收入相对比较高一些。

### ➢ 认识误区

人们对一个专业的认知往往来源于生活工作的日常接触,若被问及海洋科学这个专业,往往回答与"远洋捕捞""近海养殖""石油天然气开采""海上货物运输""海上观光旅游""海洋自然灾害"等方面相关。由此看来,社会上对海洋科学专业的认识存在一定的偏差。海洋科学作为一个综合性学科体系,分支学科庞大,包括物理海洋学、海洋气象学、化学海洋学、生物海洋学、地质海洋学、渔业海洋学、河口生态学、珊瑚礁生态学等,同时还有别的学科的渗透交叉。其研究内容既面向宏观方向的大尺度发展(如全球气候变化、大洋环流等),又面向微观的微小尺度发展(如湍流、细结构、基因、细胞、微生物等),在研究空间上则有向上发展(如臭氧层、海洋卫星遥感等)和向下发展(如海底板块运动、海底资源探测和开发等),在研究范围上则从区域性海洋到整个大洋系统都有。

### ➢ 就业情况

就业方面,我在大学快毕业的时候曾经参加过招聘会,参会企业对于海洋科学专业的基本要求都是硕士以上。所以,如果你打算选择海洋科学专业,就一定要明白,考研是必然的选择。至于以后要从事的方向,其实挺多的,各海洋局和涉海企业,都会招收海洋科学专业的毕业生。

首先，海洋局、气象局、国家海洋预报中心、国家海洋信息中心、国家海洋技术中心，都是比较理想的单位，但本科毕业生想进去不是很容易。

其次，到地级市以上的气象局或科研单位，前景还不错。

最后，如果是到一般的县气象局或比较偏远的市气象局，享受公务员待遇，生活比较稳定。研究生就业前景比较广阔，目前虽然不是最好的专业，但也算是很有潜力的专业。

为什么说这个专业本科生很难就业？因为海洋科学是一门很庞大的学科，仅靠本科这几年学习的知识根本不可能去从事研究和应用工作，最多只能在观测站从事测数据等方面的工作。

## ➢ 什么人不适合

在这里我说一下我的个人观点。

第一，海洋科学专业对数学、物理的理解力要求很高，对此不擅长的人在报该专业时还是要做好心理准备。

第二，女生学海洋科学专业有些吃亏，在出海作业时，老师一般不愿带女生出去，因为很多时候要上船和干体力活，不过只要你足够优秀，这也不是问题。

# 070702 海洋技术

本人是中国海洋大学海洋技术专业毕业的，目前从事电声行业，应"金榜事事懂"的邀请，简单介绍一下海洋技术专业。

## ➢ 专业对比简介

一般有海洋技术专业的学校同时都会有海洋科学专业，而很多人不懂海洋技术和海洋科学这两个专业有什么不同。所以在说海洋技术专业前，我把这两个专业给大家区分一下。

总的来说，海洋科学研究的是海洋自身的奥秘和规律，侧重理论研究。海洋技术研究的是海洋资源的开发与利用，侧重开发应用。我举几个例子对比一下，大家就知道了。研究海水的组成成分是海洋科学，研究用什么把海水中的盐分提取出来是海洋技术；研究海底有哪些资源是海洋科学，研究用什么方法手段把海底的石油等资源开采出来是海洋技术；研究海洋的潮起潮落有什么规律是海洋科学，研究怎么用潮汐发电是海洋技术。

## ➢ 专业介绍

海洋技术是以海洋资源勘查和开发为核心的新兴技术，主要包括海洋矿产开采、海洋生物捕捞及增养殖、海水化学资源提取、海洋空间利用等。

1. 海洋矿产资源开发技术：开发海底石油、天然气、大洋锰结核等。

2. 海洋生物资源开发技术：深海远洋捕捞（远洋捕捞要有大型捕捞船、冷藏加工船、一套新的探测技术）。

3. 海水增养殖技术：人为创造海洋经济生物生长所需要的环境条件，同时对这些生物进行必要的改造，提高它们的质量和产量，例如把海洋（包括滩涂）围起来搞池养、围养等。

4. 海洋药物开发技术：由于海洋环境的光照和营养等特殊条件，使很多海洋生物能产生带有杀菌、抗癌、抗病毒、抗凝血、镇痛、生长抑制等活性物质。海洋生物是人类巨大的医药宝库。

5. 渔业资源开发技术。

6. 海洋化学资源开发技术：利用太阳能蒸发法、电渗析法、冷冻法等提取海水中的盐。

7. 海洋淡水资源开发技术:用蒸馏法或反渗透法进行海水淡化处理。

8. 海洋能源资源开发技术:用海洋潮汐能、海水温差等技术发电。

9. 海洋空间资源开发技术:(1)滩涂开发技术(开辟盐田、围涂造地);(2)海上设施开发技术(海上设施是指建立在海面上的各种机场、油库等);(3)海底设施开发技术(修建海底隧道、海底管道等)。

所有以上海洋各方面的开发,都需要获取大范围、精确的海洋环境数据,需要进行海底勘探、取样、水下施工等。要完成上述任务,就需要一系列的海洋开发支撑技术,包括深海探测、深潜、海洋遥感、海洋导航、水下声学技术、水下光学技术、海上无线通信、水声通信等。这些都是海洋技术专业要涉及的。

> 专业方向

因为涉及的开发技术太多,大学不可能一一学到,所以很多大学细分了方向。就拿中国海洋大学来说,我们在校的时候就分了三个方向,刚开始是偏重海洋声学方向,后来又加了海洋技术遥感方向和海洋光学方向。别的学校的研究方向也各有侧重,例如海洋生物技术方向以及海洋技术测绘方向。

> 学习内容

在学习内容上,我以声学方向举例说明:声学方面的主要课程有声学基础、水声学原理等,也会涉及一些海洋学的基础知识,如海洋技术概论、海洋科学导论等。除此之外也会学一些信号、电子、计算机方面的知识,如电路分析基础、模拟电路、数字电路、C语言、数据结构等。因为属于理科,所以要求学好数学和物理。

> 就业情况

与电子、计算机等专业比较起来,海洋技术专业的就业面比较窄,因为行业需要的人才相对于其他专业来说比较少。

无论是谁都很难预测一个专业四年后就业前景的好与坏。但依据目前的就业情况来看,我国海洋方面的专业还是比较冷门的,普通大学的就业前景只能用一般来形容,本科毕业之后很难找到专业对口的工作,一般得考研究生。从最近这几年的就业形势来看,一般要读到硕士,甚至是博士。当然你要能考上中国海洋大学这样的学校,读了研究生后,就业前景就相当不错了。

# 708 地球物理学类

## 本专业类概况

### 一、各选科组合能报本专业类的比例

该数据反映的是在该专业类的所有高校招生计划中,各科目组合有多少学校能填报。详解见图书使用说明。

| 物理 化学 生物 | 物理 化学 历史 | 物理 化学 地理 | 物理 化学 思想政治 | 物理 生物 历史 |
|---|---|---|---|---|
| 100.0% | 100.0% | 100.0% | 100.0% | 0.0% |
| 物理 生物 地理 | 物理 生物 思想政治 | 物理 历史 地理 | 物理 历史 思想政治 | 物理 地理 思想政治 |
| 0.0% | 0.0% | 0.0% | 0.0% | 0.0% |
| 化学 生物 历史 | 化学 生物 地理 | 化学 生物 思想政治 | 化学 历史 地理 | 化学 历史 思想政治 |
| 0.0% | 0.0% | 0.0% | 0.0% | 0.0% |
| 化学 地理 思想政治 | 生物 历史 地理 | 生物 历史 思想政治 | 生物 地理 思想政治 | 历史 地理 思想政治 |
| 0.0% | 0.0% | 0.0% | 0.0% | 0.0% |

### 二、该专业类的主要专业男女比例及每年大致毕业人数

| 专业类 | 专业代码 | 专业名称 | 各专业年度毕业人数 | 男女比例 |
|---|---|---|---|---|
| 地球物理学类 | 070801 | 地球物理学 | 700～800人 | 男76% 女24% |

### 三、本专业类主要考研方向

| 学科门类 | 一级学科 | 研究方向 | 学位授予 |
|---|---|---|---|
| 理学 | 0708 地球物理学 | 学术硕士 | 可授硕士、博士专业学位 |
| 参考往年可报考二级学科 | | | |
| 地球物理学 | 固体地球物理学 | 空间物理学 | — — |

## 本专业类重点专业解读

## 070801 地球物理学

本人是中海油天津分公司的,大学学的是地球物理学专业,应"金榜事事懂"的邀请,简单介绍一下地球物理学专业。

### ➢ 专业介绍

地球物理学专业,从字面意思理解,就是在研究地球的时候用到了物理学的方法。具体来说,就是用物理学的原理和方法对地球及其周围空间的介质结构、物质组成、形成和演化规律进行研究,在此基础上为探测地球内部构造,寻找能源、资源和环境监测提供理论方法和技术,为地震等灾害预报提供依据。

### ➢ 专业方向

关于地球物理学,一般可以分为两部分:应用地球物理(俗称物探)和理论地球物理。

第一,应用地球物理的研究范围比较广。简单来说,学了地球物理学之后可以去找矿,比方说找金属矿床、找石油、找地下水资源,因为这些矿产资源都是在地底下,用肉眼没法直接看到,就得用物理学的方法。主要手段包括地震勘探、电法勘探、重力勘探、磁法勘探、地球物理测井和放射性勘探。还有就是可以勘察大型工程基址等,比方说三峡大坝的建设,你用肉眼肯定看不出地底下的构造,就得用物理学的方法探测。

第二,理论地球物理是对地球本身做研究。比如探究地球的起源、地球年龄、地球内部圈层结构等。再比如用物理学的方法研究大陆漂移学说,划分地球板块,研究地震活动、地震带分布。

### ➢ 比较好的学校

本科阶段,理论地球物理专业(固体地球物理)比较好的学校主要是北京大学和中国科学技术大学(如果你想做研究,这两所大学挺好,因为在这两所学校本科阶段肯定会学得更扎实,但是就业面不是那么广)。应用地球物理专业好的学校很多,例如:中国地质大学、中国石油大学(但是中国地质大学貌似更全面)、吉林大学(曾经出过很多行业内的优秀人才)、中南大学(地震法方向一般,电磁法方向国内居前列)、同济大学、中国海洋大学(主要是做海洋方向的)等。

### ➢ 学习内容

地球物理学专业学习内容广泛,由于地球本体、地球动力、环境与灾害预报、地球大气、地磁与高空物理、近地空间环境研究领域等很多物理现象都是研究对象,所以有关的物理、人造卫星、计算机、雷达和空间遥感等高新技术在学习过程中都会涉及。学习中还会安排一定时间的野外地质实习。

足够的耐力和相当的务实精神对学习地球物理学专业是非常必要的。另外对数学、物理、计算机要求都比较高,但是都不会涉及太难的东西,比如物理只要求明白力学、热力学、电磁学等较为基础的学科就足够了。

相关联的专业还有地质学专业、资源勘察工程专业、勘察技术与工程专业等。

## ▶ 教授补充

1. 研究对象:地球物理学专业主要是用地质和物理学的基本原理相结合来研究我们所居住的地球,主要包括四个方面的内容:(1)地球的起源、进化及动力学过程;(2)地球圈层的结构及相互作用和影响;(3)地球资源的时空分布和储量;(4)陆地与海洋、陆地与大气圈的相互作用和影响。

2. 什么人适合:地球物理学专业的学生,首先要具备良好的数理知识,要学会用物理的概念和方法去看待问题。举例来说,我们通过地表上观测到的地球物理场(例如,重力场、地磁场、地电场、地震波场等)的数据可以预测地下是否存在含油、含煤、含矿构造。由此发展起来的各种地球物理场的观测技术以及数据反演解释的方法技术均属于地球物理学的范畴。根据实际观测数据,建立所要研究对象的数学模型,然后采用正、反演的方法去解决实际问题。

因此地球物理学专业需要较强的空间思维能力、数据解释能力以及计算机编程能力。从专业知识学习的角度来说,地球物理学专业还需要学习地质学方面的基础知识,例如矿物学与岩石学基础、地层与古生物基础等,进而为随后的数据解释增加地质学的内涵。

除了上述要求,由于地球物理学是一门观测科学,所以有时需要进行野外地球物理场的数据观测和采集,但多数时间还是在室内进行数据处理和解释方面的工作。

## ▶ 就业情况

相对当前的信息科学而言,地球物理学是冷门专业,且需要相当长的学习时间。不过其广泛的应用范围可以帮助你找到一份好工作。

1. 以科研工作为主要方向,从事地质研究。可以到地质调查局、海洋局等相关单位或科研院所、大专院校从事相关的研究、教学工作。

2. 预测诸如地震、火山、滑坡及岩爆等自然灾害,利用各种数字地震台网和台站观测数据,为地震发生机理研究与地震预测提供理论指导。开展工程与城市防震减灾基础理论和应用技术研究;开展地震区划理论研究,编制地震区划图;开展强震观测、震害调查场地勘测与工程结构测试与分析;开展城市灾害预警和减灾技术、地震紧急救援技术与方法研究。

3. 从事工程探测类工作,保证重大工程的安全构筑与运行。

4. 勘察石油、天然气和煤田的地质构造,寻找金属与非金属矿产,可以到涉及煤田、油田、矿井性质的国有大中型企业从事相关的技术性工作。中国石化、中国石油、中国海洋石油等大型国企都需要大量的地球物理学专业人才。物探一个小项目至少十几万元,大项目可以到几千万元。当然,这得达到一定水平的人才能干。

5. 从事相应的地球物理软件程序设计、地球物理仪器开发等工作。

## ▶ 注意事项

1. 地球物理学专业属于艰苦行业,选择了地球物理学就是选择了吃苦!

2. 学地球物理学专业最好是男生,女生在就业上稍微有点困难(理科强人、科研强人除外),因为我们有时需要出野外上井,短则10来个小时,多的时候需要连续好几天在野外待着。

# 709 地质学类

## 本专业类概况

### 一、各选科组合能报本专业类的比例

该数据反映的是在该专业类的所有高校招生计划中,各科目组合有多少学校能填报。详解见图书使用说明。

| 物理 化学 生物 | 物理 化学 历史 | 物理 化学 地理 | 物理 化学 思想政治 | 物理 生物 历史 |
|---|---|---|---|---|
| 100.0% | 100.0% | 100.0% | 100.0% | 0.0% |
| 物理 生物 地理 | 物理 生物 思想政治 | 物理 历史 地理 | 物理 历史 思想政治 | 物理 地理 思想政治 |
| 0.0% | 0.0% | 0.0% | 0.0% | 0.0% |
| 化学 生物 历史 | 化学 生物 地理 | 化学 生物 思想政治 | 化学 历史 地理 | 化学 历史 思想政治 |
| 0.0% | 0.0% | 0.0% | 0.0% | 0.0% |
| 化学 地理 思想政治 | 生物 历史 地理 | 生物 历史 思想政治 | 生物 地理 思想政治 | 历史 地理 思想政治 |
| 0.0% | 0.0% | 0.0% | 0.0% | 0.0% |

### 二、该专业类的主要专业男女比例及每年大致毕业人数

| 专业类 | 专业代码 | 专业名称 | 各专业年度毕业人数 | 男女比例 |
|---|---|---|---|---|
| 地质学类 | 070901 | 地质学 | 1000~1500人 | 男73% 女27% |
| 地质学类 | 070902 | 地球化学 | 300~350人 | 男71% 女29% |

### 三、本专业类主要考研方向

| 学科门类 | 一级学科 | 研究方向 | 学位授予 | |
|---|---|---|---|---|
| 理学 | 0709 地质学 | 学术硕士 | 可授硕士、博士专业学位 | |
| 参考往年可报考二级学科 | | | | |
| 地质学 | 矿物学、岩石学、矿床学 | 地球化学 | 古生物学与地层学 | 构造地质学 |
| 第四纪地质学 | —— | —— | —— | —— |

## 本专业类重点专业解读

### 070901 地质学 & 081401 地质工程

本人是地质学专业毕业的,应"金榜事事懂"的邀请,介绍一下地质学专业和地质工程这两个专业。

> **专业简单对比**

地质学专业与地质工程专业是极易混淆的,平常说的地质是地质学,但在很多没有地质学专业的院校,会将地质工程专业也简称为地质。

其实地质学专业属理学专业,是一个基础性的专业,主要是在地质理论方面为从事地质工作打基础,更注重研究性。

而地质工程属于工学类专业,是一门应用型专业,主要是将地质学的理论运用到生产实践、工程建设中。

> **专业详细区分**

地质就是泛指地球的性质和特征,比如地球的物质组成、结构、构造、发育历史等。地质学专业的学习内容都是围绕地球展开的,地质学是所有与地质相关的如采矿、地质工程、石油工程等专业的理论基础。

而在查找开发地球的矿物资源的过程中,需要借助于一些工程手段,于是就有了地质工程。地质工程是以地质为对象,做一些勘探、开发之类的工作,直接应用于工程实践,是属于工程方面的。

> **学习内容**

大学里边地质学专业学习的主要课程包括构造地质学、矿物岩石学、地球化学、地球物理、古生物地史学等。通过学习地质学专业的基础课程,可以了解地球的年龄,不同地层的形成年代,不同地层具有什么样的特点和构成,不同地层含有什么不同的物质和能源等。

而地质工程专业的课程除了地质学的基础知识,还包含应用方面的课程。比如了解了地质基础知识后,就要知道影响工程的一些因素,例如,水文地质学方向的课程会介绍地下水的形成、运移规律、对地质构造的影响、对能源储存和开采的影响等;而构造地质学方向的课程主要讲述地下岩石的运动、构成等规律,这样就能让你知道在工程进行过程中会遇到什么困难,可以提前做好预防措施。除了这些,地质工程专业还需要学习一些诸如工程地质学、基础工程施工、钻掘工程学等课程来提高实践能力。

> **就业情况**

1. 地质学注重理论研究,所以大部分地质学专业的本科毕业生是到对理论要求较高的行业工作,当然细分后到实践类行业也可以。地质学的就业方向主要有以下几个方面。

(1)地质队。主要是跑野外探矿的,即利用地质方法、物理方法、地球化学方法以及地质遥感等找矿,多集中于金属矿种,像中国石油大学的主要是从事油田的勘探。很辛苦,出一次野外常常要1~2个月。

(2)区调队填图,做地质调查。

(3)勘察设计研究院,此类工作也需要跑一些野外,但多是技术指导方面的工作。

(4)如果不喜欢出野外的可以去矿山企业。

研究生毕业可以做构造分析(如地质灾害、理论找矿等)、矿产研究、地史研究、地层划分以及一些元素鉴定等。

2. 地质工程注重运用,主要从事与各类工程建设相关的地质技术工作,包括研究、设计、施工等。大部分本科毕业生是去施工和建筑单位做基础施工,比如修桥梁、建铁路公路、边坡治理、地基处理、建隧道修地铁等。这些工作中,铁路、水电勘察工作,环境相对艰苦,在野外待的时间很长,但是赚钱多。工民建勘察相对轻松些,但收入往往稍微少点。

细细比较这两个专业,关联还是很多很多的,具体工作得看个人发展,地质学毕业出来的还是有很多走向了生产实践。

总的来说,如果你喜欢干工程,应用能力较强,那选择地质工程稍微好些;如果你喜欢搞理论研究,喜欢发现和研究地质规律,则选择地质学比较好。

## ➢ 什么人适合

作为地质学专业和地质工程专业的学生,首先,要有非常强的空间思维。地质数据(或者信息)与其他学科的有很大的差异性,地质的数据是有空间属性的,也就是要确定数据所在的空间位置(地理坐标),因此需要很强的空间思维能力。

其次,从专业知识的角度来说,地质学专业和地质工程专业需要学生有较强的数理化和信息类的基础知识。例如现代的地质学需要遥感与地球物理、地球化学为工具,需要对大量的遥感、地球物理数据进行分析,提取相关信息,就需要很好的数学和计算机能力。

最后,地质学专业和地质工程专业是实践性很强的学科,在整个大学阶段会安排很多的课内实习和野外实习实践教学环节,户外工作会相对较多一些,学生最好是户外活动的爱好者。

## ➢ 地质学教授补充

1. 地质学研究对象是地球的固体圈层,也就是地球表层以下的部分,包括岩石圈、软流圈、下地幔和地核。地质学是研究固体地球的物质组成、结构构造、地质作用过程、形成演化规律的一门自然科学。随着科学技术的发展,如卫星、航天、深钻技术、海洋物探、高温高压实验、电子显微镜、计算机、遥感遥测、红外摄影、激光等新技术、新手段的不断应用,地质学的研究范围也不断扩大。从地球表层向深部发展,出现了深部地质学;从大陆向海洋发展,出现了海洋地质学;从地球向外层空间发展,出现了月球地质学、行星地质学、宇宙地质学。

2. 在学习的过程中,学生需要注意地质思维的培养。地质学具有历史悠久、空间庞大、地质记录不完整等特殊性,因此应逐步培养资料收集即调查研究,归纳、综合和推理即推断解释,推论的验证即实践检验的地学思维方式。

3. 很多家长认为这个专业要常去野外考察,会很艰苦。其实这只是以前交通、通信不发达的时候出现的工作情景。一方面,现在考察的条件和设施都有了改善,吃住交通都很方便,基本上可以说是不辛苦。我想我们的工作状况比"驴友"要轻松多了。另一方面,如果你到了一个新的地方一定会有很多新的感受,可以说野外考察不光是学习和工作,还能在考察之余领略到当地的风土人情。所以认为"野外考察很辛苦"这个观点完全是个"误区"。

## ➢ 地质工程教授补充

地质工程和我们的生活息息相关。大家都知道,衣、食、住、行是人们生活的最基本需求,而地质工程就与我们的住和行有着直接的关系。

先说住的问题。生活在平原地区的老百姓在盖房子时,会在墙体下方先开挖一深槽,再逐层夯实,把墙砌在夯实的土或砌体上。这看似简单的一项工程,却融入了老百姓在长期的生活实践中积累起来的经验知识,也就是最简单的地质工程范畴的内容。可是对于大的工程,就不那么简单了。例如现在的大城市,寸土寸金,很多楼房要盖到30层以上,盖楼之前,你就得知道它下面的土层能不能承受那么大的荷载。而现代城市不仅向大扩展、向高处发展,而且向地下延伸,我们建有大量地下商场、地下停车场、地下厂房、地下铁路,这些工程在开挖之前就得清楚开挖对象是什么样的、有没有水、如何保证开挖过程中周围不会坍塌、如何保证水不会灌进来等,这些正是我们地质工程师要解决的问题。

再说行的方面。现代交通大大缩短了人们之间的距离。公路、铁路是最古老、最普通的交通方式。早期的道路"一挖一填"就修好了。而现代高速公路、高速铁路迅速发展,技术要求越来越高。路要修得直,就得遇水架桥、遇山开洞;路要修得平,就得有稳固的地基、坚实的路面。公路、铁路不仅跨河、跨海,而且穿河、穿海,如上海地铁就穿过黄浦江下面,日本的新干线通过海底隧道将四大岛连为一体,英吉利海底隧道成为连接英、法的一条纽带。这些工程只有在地质工程师对地质情况精细勘测的基础上才能建设完成。

可以想象,这些复杂而浩大的工程,仅靠经验知识是远远不够的。它需要专门知识和专门技术来解决,而地质工程专业正是培养这类人才的。

> **注意事项**

1. 学习地质学和地质工程这两个专业都要做好吃苦耐劳的思想准备。虽然从事地质学专业的工作者注重研究,但并不是说就不去野外了,不去野外怎么能研究地质啊?工作辛苦是专业性质决定的,很多五十来岁的高级工程师,甚至教授级高级工程师都得亲自去实地工作。

2. 虽然辛苦,但不得不说毕业生的就业率和就业后的待遇与其他专业相比确实高一些,哪怕是在最近这些年行业不太景气的情况下。当然最近这些年行业不景气是事实,但是这只是暂时的。

3. 其实现在的地质工程已经不是像大家想的那样天天风餐露宿。如果你是勘探队的初级技术人员,待在野外的时间可能稍长;如果是级别高一些的工程师,那待在野外的时间就会短一点。毕竟去野外只是采集数据,真正重点的分析处理还是在室内靠仪器做出来的。

4. 只要你是男生,学地质就很好找工作;但女生找工作确实非常非常难。比如跑野外的话,绝大部分是男性,女性很不方便。所以女生一定要慎重报考啊。

# 070902 地球化学

本人是中国地质大学地球化学专业毕业的,应"金榜事事懂"的邀请,简单介绍一下地球化学专业。

> **专业介绍**

1. 用通俗一点的话说,地球化学就是搞地球化学勘探(简称化探)的,主要是研究岩石的化学成分,通过化学成分来指导地质学的岩石鉴定、地层划分、年龄确定以及找矿等。毕业后通常进地质队,利用化学的方法寻找油气和矿藏。

2. 用专业一点的话说,地球化学是用化学的方法研究地球及其子系统的化学组成和化学演化的专业。主要研究地球(包括部分天体)的化学组成;研究地质过程中化学作用机制和条件、元素的共生组合及其赋存形式及元素的迁移和循环;通过元素和微量元素的研究来揭示地球及地质构造单元的演化,从而为矿产的寻找、评价和开发提供理论指导。

### ➢ 学习内容

地球化学专业在大学里学习的主要内容包括以下三个方面。

1.研究地球和地质体中元素及其同位素的组成,定量地测定元素及其同位素在地球各个部分(如水圈、气圈、生物圈、岩石圈)和地质体中的分布。

2.研究地球表面和内部及某些天体中进行的化学作用,揭示元素及其同位素的迁移、富集和分散规律。

3.研究地球乃至天体的化学演化,即研究地球各个部分,如大气圈、水圈、地壳、地幔、地核中和各种岩类以及各种地质体中化学元素的平衡、旋回,在时间和空间上的变化规律。

地球化学专业在本科阶段学习的主要的课程包括普通地质学、结晶学与矿物学、晶体光学与光性矿物学、岩石学、古生物学和地史学、地球化学、勘察地球化学、资源地质学等。总的课程都是围绕着化学类和地质勘探类开展的。

### ➢ 专业方向

对于地球化学专业,各个大学的方向稍微有些差别,但差别不是太大。中国地质大学(北京)侧重岩石地球化学,中国地质大学(武汉)侧重环境地球化学,其他大学以侧重岩石方向的为多。如果偏基础就是岩石学,如果偏应用就是化探。

### ➢ 就业方向

一、对于硕士、博士研究生学历的毕业生

1.主要是到科研院所。(1)中国科学院系统的有地质地球物理研究所、地球化学研究所、广州地球化学研究所等。(2)中国科学院以外系统:如核工业部地质研究院、自然资源与规划局下属的地质调查中心、地震局系统、省级的地矿部门和地方基础单位也是挺好的。

2.到高校从事教师工作或从事科研工作,如中国地质大学(北京)、吉林大学、成都理工大学、昆明理工大学等。

二、对于本科学历的毕业生

1.可以去矿业企业,如紫金矿业、西部矿业、澳华黄金等国企或外资企业。

2.也可以去地质调查中心、地质队等(有的收入较高)。

3.还可以去石油企业,如中石油、中石化、中海油等,但进后两者的很少。

我们学校去矿业、石油、地质调查中心的偏多。如果学的是偏向地球化学专业环境方向的话,也可以考公务员,如生态环境局、环境监测机构等。

### ➢ 就业情况

总体来说,这个专业虽然就业面较狭窄,但找工作还是比较容易的,特别是研究生毕业基本没有太大问题。像我们中国地质大学毕业的,这个专业就业率就比较高。

一般来说,只要你找到工作,工资也比一般的专业要高一些,只要不怕苦,除了基本工资,出野外每天补助30～100元(视地区而定),年终还有奖金,等等。

### ➢ 发展前景

现在处于地球化学的发展时期,一些理论已经较为完善,比如说同位素地球化学,地球化学用于勘察隐伏矿床的理论也已经运用到很多地区。从目前科研领域和矿产领域的行情来看,虽然地球化学算是冷门，但前途相对而言还是不错的。

> 注意事项

1. 地球化学专业考研的比较多，老师都是极力建议我们考研的。

2. 地球化学专业女生报的比较少，我们两个班一共60人，只有五六个女生。女生就业有些困难。女生一般就是研究生毕业后从事室内分析测试方面的工作，专门负责实验室的运行，不用出野外。

3. 因为就业面狭窄、单一，所以如果赶上行业有什么大的变动，可能会持续好几年影响整体就业形势。

4. 如果喜欢野外工作，也可以报地质工程之类的专业，本科就业可能会更容易一些。

当然以上仅是我自己及周围朋友的一些观点，报志愿选专业的时候一定得多比较，千万不能马虎。我亲眼见过许多上了自己报的专业之后后悔的同学，希望你能做出正确的选择。

# 710 生物科学类

## 本专业类概况

### 一、各选科组合能报本专业类的比例

该数据反映的是在该专业类的所有高校招生计划中,各科目组合有多少学校能填报。详解见图书使用说明。

| 物理 化学 生物 | 物理 化学 历史 | 物理 化学 地理 | 物理 化学 思想政治 | 物理 生物 历史 |
| --- | --- | --- | --- | --- |
| 100.0% | 91.7% | 91.7% | 91.7% | 0.0% |
| 物理 生物 地理 | 物理 生物 思想政治 | 物理 历史 地理 | 物理 历史 思想政治 | 物理 地理 思想政治 |
| 0.0% | 0.0% | 0.0% | 0.0% | 0.0% |
| 化学 生物 历史 | 化学 生物 地理 | 化学 生物 思想政治 | 化学 历史 地理 | 化学 历史 思想政治 |
| 0.0% | 0.0% | 0.0% | 0.0% | 0.0% |
| 化学 地理 思想政治 | 生物 历史 地理 | 生物 历史 思想政治 | 生物 地理 思想政治 | 历史 地理 思想政治 |
| 0.0% | 0.0% | 0.0% | 0.0% | 0.0% |

### 二、该专业类的主要专业男女比例及每年大致毕业人数

| 专业类 | 专业代码 | 专业名称 | 各专业年度毕业人数 | 男女比例 |
| --- | --- | --- | --- | --- |
| 生物科学类 | 071001 | 生物科学 | 22 000~24 000人 | 男27% 女73% |
| 生物科学类 | 071002 | 生物技术 | 18 000~20 000人 | 男43% 女57% |
| 生物科学类 | 071003 | 生物信息学 | 1000~1500人 | 男50% 女50% |
| 生物科学类 | 071004 | 生态学 | 1500~2000人 | 男0% 女100% |

### 三、本专业类主要考研方向

| 学科门类 | 一级学科 | 研究方向 | 学位授予 |
| --- | --- | --- | --- |
| 理学 | 0710 生物学 | 学术硕士 | 可授硕士、博士专业学位 |
| 理学 | 0713 生态学 | 学术硕士 | 可授硕士、博士专业学位 |
| 参考往年可报考二级学科 | | | |
| 生物学 | 植物学 | 动物学 | 生理学 | 水生生物学 |
| 微生物学 | 神经生物学 | 遗传学 | 发育生物学 | 细胞生物学 |
| 生物化学与分子生物学 | 生物物理学 | — | — | — |

## 本专业类重点专业解读

### 071001 生物科学 & 071002 生物技术

本人本科学的是生物科学专业,研究生学的是生物技术专业,应"金榜事事懂"的邀请,介绍一下生物科学和生物技术这两个专业。

#### ➢ 专业介绍

生物科学和生物技术这两个专业都属于生物科学类专业,两者非常相似。不同的是生物科学专业偏重理论研究,生物技术专业偏重技术训练。打个比方,大家都知道的甲型流感病毒,生物科学专业侧重研究病毒的致病机理,而生物技术专业更侧重把理论研究的成果转化为制作抗病疫苗的技术。那这两个专业究竟是学什么的呢?克隆羊听说过吧?转基因大豆听说过吧?这些都是这两个专业主要研究的内容。这两个专业就是研究怎样利用现代技术手段对生物体进行改造,让生物为人类服务的。说得专业一点,生物技术的核心是以 DNA(脱氧核糖核酸)重组技术为中心,人为地对各种生物的分子、细胞、组织等进行设定,定向地创造出有特定形状的新物种或新品种。比如高中生物课上学的如何让小白鼠身上长出人耳朵,或者研究转基因大豆之类的,就是这个专业的内容。

#### ➢ 学习内容

从教学上看,在同一所大学里,这两个专业的课程设置基本相同,主要包括以下三类。

第一类,基础课程:无机化学、有机化学、分析化学等。

第二类,专业必修课:微生物学、遗传学、分子生物学、细胞生物学、基因工程、生化工程、微生物工程、代谢控制发酵等。

第三类,专业选修课:可以根据你的兴趣、爱好进行选择。如果你喜欢学习动物方面的知识,那么可以选一些跟动物有关的课程;如果你喜欢学习环境方面的知识,就可以选与环境生物有关的课程。

课程整体来说难度不是很大,在大学里做实验比较多。

#### ➢ 就业情况

这两个专业听起来不错,可能在一二十年以后是个不错的专业,但是就我身边认识的学习相关专业的朋友来说,最近这几年的就业情况比前些年略有好转,但整体上还是有点不尽如人意。因为本科毕业很难找到对口的工作,毕业后一般需要继续深造。

如果能上名校,可以出国或者读到博士,前景还是不错的,如果能研究出好的成果,则有可能是具有划时代意义的。

当然,如果你毕业的时候国内生物行业在国家支持下受到很大的关注,那你就赶上机会了。我不推荐去读二本院校的这两个专业。

总的来说,整个生物科学类专业都是高起点、高要求的学科,如果你希望自己是读到博士学位以上,一直潜心搞研究的话,可以考虑。如果你没有足够的勇气和信心成为一名科学家,那么请慎重选择生物技术专业和生物科学专业。

## ➤ 教授补充

生物科学的研究对象是整个自然界所有生物，研究它们的发生、生长发育、发展及绝灭。这其中有两个研究热点：一个是微观世界，从分子到细胞结构内部的生命现象，比如研究人类疾病的分子机制、植物光合作用的机理等。另一个是宏观世界，研究生物和生物的关系、生物和环境的关系，研究自然界中的几百万种生物是怎么来的，它们如何进化，物种和物种之间的关系，物种和环境之间的关系。这是我们通常所说的生物多样性的保护和利用。我们要搞清自然界生物的基本规律，保护地球的生物多样性，以此来保护我们的环境，使人类可持续发展。

生物科学专业的毕业生就业途径，除了与生命科学有关的科研单位、高校，其他与生物科学专业相关的行业也有很多，如生物医药企业、海关（动植物检疫）、商检、公安、专利等部门。利用生物本身的代谢机制来制造药物，或从生物中发现一些代谢产物来创造新的药物都需要有生物科学知识背景及技术的毕业生。

除了生物科学，很多学校还有生物技术、生物工程专业，三者是什么关系呢？可以把三者看作是从基础研究到应用开发研究的上游、中游和下游的关系。生物科学的研究重点是探索自然的规律、揭示生命的本质和奥秘，是最基础的学科；生物技术是利用生物科学揭示的规律、机制和途径，创造利用生物、改造生物的手段和技术，如我们常提到的转基因技术、分子育种技术、器官移植技术、发酵技术、生物制药等，都是利用前人揭示的生物基本规律和生命本质基础创造出来的；而生物工程则是研究如何把这些技术通过工艺、工程的设计，实现产业化、商品化，供人类利用。当然，三者的界限也不是绝对的，而是互相交叉的，因为生物工程也需要研究与生物技术有关的问题。一些生物科学专业的学生毕业后会去与生物技术有关的行业，很多学生物技术的学生毕业后也会到生物科学各二级学科去深造。

下面是另一个教授从他的角度讲的生物科学和生物技术两个专业的区别和联系。

生物科学专业：该专业的人才培养目标是为生物学领域的基础研究或应用基础研究培养高素质的研究型专门人才。在培养方案和课程设置上注重学生对生物科学方面的基本理论、基本技能以及宏观生物知识的掌握和理解，更加突出学生的科学思维和实验技能的培养和训练。

生物技术专业：该专业的人才培养目标是为生物技术产业培养从事相关的应用研究、技术开发与推广、经营管理等方面工作的应用型、复合型人才。在培养方案和课程设置上注重学生对现代生物科学与技术的基本理论、基本方法的理解和掌握，更加突出理论与应用的结合、学生复合型知识结构的构建。

## ➤ 大学推荐

生物科学专业比较好的学校有中山大学、上海交通大学、中国科学技术大学、首都医科大学、华中科技大学、中南大学、南方医科大学。北京大学、清华大学、复旦大学、南开大学、浙江大学等名校也肯定很好，就不用比较了。

另外还有一个生物工程专业，生物工程是把生物科学的理论成果和生物技术的技术成果应用到大规模的生产实际中，属于工学类，不属于理学类。

以上仅代表个人观点，仅供大家填报志愿的时候参考。

# 071003 生物信息学

本人是学生物信息学专业的学生，应"金榜事事懂"的邀请，简单介绍一下生物信息学专业。

## ➢ 专业简介

在介绍专业之前,我先提醒一点:就目前而言,生物信息学专业的就业出路是做学术科研,进公司有很大的难度,所以绝大部分人需要读博士,个别硕士毕业后可以到研究所做助理。因此,你要想做科研可以考虑,如果对科研没有非常强烈的兴趣,建议你不要选择生物信息学专业。

生物信息学在日常生活中是不怎么被提起的,不过高中学过生物的同学应该都知道人类基因组计划,在人类基因组计划的研究过程中产生了非常庞大的生物信息数据,而生物信息学这个专业就是随着人类基因组计划的启动而兴起的,目的就是处理那些庞大的数据。生物信息学的实质就是利用计算机科学和网络技术来解决生物学问题。

## ➢ 深度介绍

从广义上说,生物信息学是对基因组研究相关生物信息的获取、加工、存储、分配、分析和解释。包括两层含义:一是对海量数据的收集、整理与服务,也就是管好这些数据;二是从中发现新的规律,也就是用好这些数据。具体来说生物信息学是把基因组DNA序列信息分析作为源头,在获得蛋白质编码区的信息后进行蛋白质空间结构模拟和预测,然后依据特定蛋白质的功能进行必要的药物设计。

基因组信息学、蛋白质空间结构模拟,以及药物设计构成了生物信息学的三个重要组成部分。如今生物信息学界的大部分研究人员都把注意力集中在序列比对、序列分析、基因组、蛋白质组、蛋白质结构以及与此密切相关的药物设计方面。

## ➢ 专业发展及前景

我国生物信息学研究近二三十年来发展迅速,并且研究领域和应用范围也得到了进一步的拓展,因此发展前景广阔。但到目前为止,生物信息学专业还是比较边缘的专业,如果到公司就业的话,生物信息学专业人才的市场需求较少。生物信息学专业本科阶段学习的内容比较空泛,但是颇具潜力。生物信息学当前研究的主要内容集中在科研领域。

生物信息学专业的学生就业情形每年都有一些变化,有几年生物信息学很受关注。人类基因组计划刚完成的时候,以为生物信息学可以解决一切,但是事实证明生命科学领域远比我们想象的要复杂。后来经历了一段低潮后,现在的生物信息领域趋于平稳的上升期。

## ➢ 就业现状

列举几点他人的看法,不代表我的观点:

A说:这么说吧!近十多年中十大难就业专业,经常上榜的就有生物类的。

B说:我大学四年,听室友骂这个专业骂了四年,研究生听了两年!如果我要考博还得听三到五年!

C说:可以这么说吧,生物类专业如果不是中国科学院、清华大学、北京大学毕业,想找一个好工作是很难的!

我只能这么总结,就现在来说,如果你问100个正在学习生物信息学专业的人,应该会有很大一部分人建议你去选别的专业,只有少部分人眼光看得特别长远,比较看重发展前景的人会建议你报这个专业。

至于你自己如何决定,还是你说了算,毕竟四年以后的前景如何,谁也无法预测。

# 071004 生态学

本人是北京大学生态学专业的毕业生,应"金榜事事懂"的邀请,介绍一下生态学专业。

## ➢ 题外话

先说几句题外话:我从大一起就开始兼职管理一个生态学专业论坛,从开始管理到现在,我在论坛里亲眼见证了太多太多生态学专业的大学生从选择这个专业,到进入大学学习,再到毕业,再到深造或者工作的整个过程。很多学生努力过也奋斗过,过程中有过梦想,有过希望,但更多的是毕业后的心酸与迷茫。每届大一学生都在期待他们毕业后生态学专业能好起来,但到目前为止,我的感觉是生态学专业的就业前景依然黯淡。如果你还想期待,或许下一个四年会好吧。据我统计大约只有不到10%的学长学姐们力挺生态学专业。

## ➢ 专业介绍

什么是生态学?生态学是研究生物与其生存环境相互关系的专业,特别是生态系统在人类活动干预下的各种运行机制及变化规律。

生态学研究的是生物如何去适应它周围的环境,比如生物在怎样的条件下才能生存,生物的生长与繁殖需要在怎样的条件下进行,作为整体的生物及群落的结构和动态如何,生物与它们的环境所形成的生态系统的结构和动态如何,种群的分化、原始森林破坏对种群的影响等,怎么去保护生态环境,或者说怎么恢复已经破坏了的生态环境。

## ➢ 专业方向

生态学专业有好多分类方向,根据研究尺度的大小可以把它划分成好几个方面。

说到尺度最小的,我们可以研究一株植物,它属于个体生态学研究的范畴。

更大一些的尺度,有景观生态学、种群生态学。种群生态学是指同一个种的很多生物聚在一起有什么样的规律。比如蝗虫,如果少量聚在一起不会对农作物造成影响,但如果种群特别大就会暴发蝗灾,这也是生态学研究的一个范畴。

还有更大的尺度,就是全球变化生态学,研究影响全球生态变化的过程。比如现在很多地方使用化肥,那么有一些氮就会到大气里边,然后随着雨水降落到各个地区,这就会增加陆地系统氮的含量,造成全球生态系统的变化。这些就是全球变化生态学涉及的内容。

如果从学校方面的侧重点来看,每个大学都有自己的特色。比如内蒙古大学,因为它本身坐落在草原上,所以在草原生态学方面做得非常好。复旦大学在进化生物学方面做得不错。北京师范大学在理论生态学、全球变化生态学方面有很好的研究。兰州大学在植被生态学、半干旱区的农业生态学方面做得很好。而北京大学在植被生态、生态系统生态学、全球变化生态学以及生态模型这些方面都做得不错。

## ➢ 学习内容

我们在大学主要是对生态学进行研究,学习生态监测与评价、区域规划与自然保护、生态管理等。主要学习的课程有:动物生物学、植物生物学、微生物学、生态学、细胞生物学、分子生物学等。

生态学专业在学习上有个特点,就是要经常到野外去,和生物在一起,研究动物(比如研究昆虫)等。很多大学都有固定的野外台站,这些野外台站里有很好的研究设施,还有住所、实验室,有很多工作的地方。我们上学的时候就去过这样的野外台站,并对生态系统进行长期观察和采样,以测定一些重要的数据。

## ➢ 注意事项

1. 生态学专业对高三考生没有特别的要求,但会对色盲或者色弱有限制,因为要在野外或者实验室里做很多的观察,要能够区分各种颜色。

2. 有人会问经常在野外做研究,会不会很辛苦。我觉得不会,其实很多人对生态学还是有一些误解。其实生态学涵盖的领域很多,野外固然是很重要的一部分,但是除此之外,有些方面的生态学,比如理论生态学,基本是不去野外做研究的。

## ➢ 就业情况

一、就业方向

1. 可以从事高等教育工作。在高校任教,待遇、福利、地位都很好,但需要较高的学历。

2. 可以从事科研工作。如果是搞学术研究,有两个大方向:一个是分子水平的研究,待在实验室里,与分子细胞的实验相关联;另一个是宏观的生态学研究,与植物的系统分类学、进化方面有密切的联系,较多进行野外的调查等。从事生态学科学研究的人,要想在专业上有所建树,一定要做长期的打算,因为这一过程是相当艰难而漫长的。

3. 可以考公务员。在政府机构从事生态监测和保护动物工作,但名额比较少。

二、就业压力

从现实情况来看形势严峻,没有真正对口的职业。可以这么说,现在好就业的专业,必然与国民经济直接挂钩。目前,我国对保护生态环境的呼声很大,但由于保护生态不能带来经济利益,所以难以发展相关产业。

以上仅代表个人观点,仅供大家填报志愿时参考,更希望你多听听各方面的意见。

# 711 心理学类

## 本专业类概况

### 一、各选科组合能报本专业类的比例

该数据反映的是在该专业类的所有高校招生计划中,各科目组合有多少学校能填报。详解见图书使用说明。

| 物理 化学 生物 | 物理 化学 历史 | 物理 化学 地理 | 物理 化学 思想政治 | 物理 生物 历史 |
| --- | --- | --- | --- | --- |
| 100.0% | 98.7% | 98.7% | 98.7% | 96.8% |
| 物理 生物 地理 | 物理 生物 思想政治 | 物理 历史 地理 | 物理 历史 思想政治 | 物理 地理 思想政治 |
| 96.8% | 96.8% | 96.1% | 96.1% | 96.1% |
| 化学 生物 历史 | 化学 生物 地理 | 化学 生物 思想政治 | 化学 历史 地理 | 化学 历史 思想政治 |
| 87.0% | 87.0% | 87.0% | 86.4% | 86.4% |
| 化学 地理 思想政治 | 生物 历史 地理 | 生物 历史 思想政治 | 生物 地理 思想政治 | 历史 地理 思想政治 |
| 86.4% | 87.0% | 87.0% | 87.0% | 86.4% |

### 二、该专业类的主要专业男女比例及每年大致毕业人数

| 专业类 | 专业代码 | 专业名称 | 各专业年度毕业人数 | 男女比例 |
| --- | --- | --- | --- | --- |
| 心理学类 | 071101 | 心理学 | 3500~4000人 | 男22% 女78% |
| 心理学类 | 071102 | 应用心理学 | 12 000~14 000人 | 男27% 女73% |

### 三、本专业类主要考研方向

| 学科门类 | 一级学科 | 研究方向 | 学位授予 | |
| --- | --- | --- | --- | --- |
| 教育学 | 0402 心理学 | 学术硕士 | 可授硕士、博士专业学位 | |
| 教育学 | 0454 应用心理 | 专业硕士 | 可授硕士、博士专业学位 | |
| 参考往年可报考二级学科 | | | | |
| 心理学 | 基础心理学 | 发展与教育心理学 | 应用心理学 | 应用心理 |

## 本专业类重点专业解读

## 071101 心理学 & 071102 应用心理学

本人是北京师范大学应用心理学专业的本科毕业生,现在从事的职业是心理咨询,在一个心理咨询工作室工作,应"金榜事事懂"的邀请,介绍一下心理学和应用心理学专业。

### ➢ 专业对比

第一,心理学专业是系统的心理基础理论,研究人的心理发生与发展规律。而应用心理学专业是指在各种生活实践中探讨心理发生、发展的规律。

第二,心理学专业偏重的是心理学基础知识的研究,包括认知、言语、神经生理、脑科学等方面,其研究成果为心理学的应用打下了良好的基础。

而应用心理学偏重的是在实际生活中的运用,与生活的联系更加密切一些。例如应用心理学有医学应用方向、学校教育方向、人力资源及社会管理方向,等等。不同的大学在专业培养目标方面各有侧重,在本科培养方面也各有特点。

第三,就本科阶段来说,心理学专业理论类的学习程度没有那么深,还无法从事研究工作。所以心理学专业与应用心理学专业的本科毕业生差不了多少,可以都按心理学大类来对待。

### ➢ 就业情况

随着社会经济的发展,人们开始关注自己的心理。心理学专业的人从给人排解心理障碍、教书,逐步发展到能够在各类企业、公司、机构中从事人力资源管理,培训和考核员工等工作;还有一些人专门从事市场研究,比如做消费心理调查、广告市场调查。目前就业主要集中在以下几个方面。

第一,普通高校。这是心理学硕士生、博士生毕业以后的主要去向。近年来高校对于学生的心理健康问题越来越重视,纷纷开设心理学的公共课,这无疑扩大了就业面。大学的心理咨询中心也为心理学硕士提供了就业机会。不过,一般情况下优先考虑女生。

第二,中小学。本科毕业的女生大多做了中小学的心理健康教育课的老师,教授学生如何做学习计划,怎么跟同学相处,怎么完善个性,等等。如果学校重视心理健康还好,不重视的话,心理课老师在学校是没什么地位的。

总之,心理学的博士生毕业就去好点的大学工作,硕士生毕业去大中专院校,从事心理健康教育工作。本科生就去中学、小学当心理健康课老师。

第三,公务员。招心理学研究生做公务员的一般是公安系统,公安局、劳教所、监狱(跟犯人讲话)、边检站等都是可能的去处。部分单位对于受聘人员的身体要求比较严格,有的还需要进行体能测试。

第四,企业。去企业主要从事猎头(人才中介)工作、企业咨询和人力资源管理工作。但是由于人们对心理学这个专业还不是很了解,心理学专业的学生不如人力资源管理专业的学生有竞争力。还可以从事市场调研的工作,但是需求人数较少,一般是本科生稍多。

第五,心理咨询工作者。从现状来看,如果单纯从事心理咨询工作未必能够维持一定的生活水准,要想有发达国家同行的薪水,市场有待开拓。

第六，医院和诊所。学习临床心理学和医学心理学的学生，可以去医院或心理诊所从事心理咨询和治疗的工作，但是以我国现今对心理医生的需求，再加上去医院需要有行医执照，难度比较大。

总体来说，随着社会的发展、社会压力的剧增，心理咨询行业迎来了发展的春天，心理学也逐渐从理论研究转向实际应用。在一些欧美国家，心理学专业从业者的收入水平一直处于前列；但是在国内，目前情形还没有那么乐观。

> 周围同学情况

把我们班同学的就业情况简单分析一下。

首先，当老师的是最多的。有去正规学校当心理辅导老师的，有去培训班做早教工作的，例如情商训练师、学而思等机构的教育咨询师等。

其次，就是像我一样，在心理咨询工作室工作。一般来说，大学刚毕业，缺少工作经验，工资相对是较低的，但是随着案例的累积，收入也会逐渐增多。

最后，也有去各大公司的人力资源部的。还有一部分去了心理网站，做网络编辑。

> 教授补充

这个专业适合有志于探索人类自身奥秘，对人的心理现象和规律有浓厚的兴趣，并拥有理科的逻辑思维能力，同时又有丰富的文科想象能力的学生。

心理学是一门关于人类自身行为的规律性的学科，而人类的心理与行为又是最深奥最神秘的。没有浓厚的兴趣，就无法深入地领会和掌握相关的理论与研究技术。

另一方面，心理学又是一门实证定向的学科，采用实验的手段，定性与定量的研究方法揭示人类心理的奥秘和规律性。在学习和研究过程中，无论是理论的表达、模型的构建、数据的分析、心理过程的仿真，都需要用逻辑严谨的思维方式和量化的办法进行。同时，由于心理现象的复杂性，机械的、线性的思路无法完美地构想心理现象背后的机制，丰富的人文想象力能够让我们到达理性逻辑不能达到的高度。

> 注意事项

1. 坦白地说，学心理学对个人的自我认识的确有很大帮助，听课就好像在做自我心理探索、评估、修复。我们以前上课时就戏称："学了心理学即使以后找不到工作，回家带孩子都有点经验。"从这个意义上来说，我不后悔学了这个专业。但实际上，在现在的情况下，在面临毕业择业的时候，你就会发现社会需求量太小了。

2. 心理学是特殊的专业，像国外开个心理诊所，薪金可观，而且心理咨询是长期的过程，还是很有前景的。但是目前在我国还不行，发展还不成熟，一般不会有人愿意出大价钱来做咨询，甚至很多人不愿承认心理有问题。

3. 我觉得高三学生报心理学类专业的时候，大多是很盲目的。因此，在此提醒大家，报专业一定要多比较、多考虑，充分了解了这个专业之后再做决定。

# 712 统计学类

## 本专业类概况

### 一、各选科组合能报本专业类的比例

该数据反映的是在该专业类的所有高校招生计划中,各科目组合有多少学校能填报。详解见图书使用说明。

| 物理 化学 生物 | 物理 化学 历史 | 物理 化学 地理 | 物理 化学 思想政治 | 物理 生物 历史 |
|---|---|---|---|---|
| 100.0% | 100.0% | 100.0% | 100.0% | 0.0% |
| 物理 生物 地理 | 物理 生物 思想政治 | 物理 历史 地理 | 物理 历史 思想政治 | 物理 地理 思想政治 |
| 0.0% | 0.0% | 0.0% | 0.0% | 0.0% |
| 化学 生物 历史 | 化学 生物 地理 | 化学 生物 思想政治 | 化学 历史 地理 | 化学 历史 思想政治 |
| 0.0% | 0.0% | 0.0% | 0.0% | 0.0% |
| 化学 地理 思想政治 | 生物 历史 地理 | 生物 历史 思想政治 | 生物 地理 思想政治 | 历史 地理 思想政治 |
| 0.0% | 0.0% | 0.0% | 0.0% | 0.0% |

### 二、该专业类的主要专业男女比例及每年大致毕业人数

| 专业类 | 专业代码 | 专业名称 | 各专业年度毕业人数 | 男女比例 |
|---|---|---|---|---|
| 统计学类 | 071201 | 统计学 | 10 000～12 000人 | 男35% 女65% |
| 统计学类 | 071202 | 应用统计学 | 8000～9000人 | 男34% 女66% |

### 三、本专业类主要考研方向

| 学科门类 | 一级学科 | 研究方向 | 学位授予 |
|---|---|---|---|
| 理学 | 0714 统计学 | 学术硕士 | 可授硕士、博士专业学位 |
| 经济学 | 0252 应用统计 | 专业硕士 | 仅可授硕士专业学位 |
| 参考往年可报考二级学科 | | | |
| 应用统计 | 统计学 | — | — |

## 本专业类重点专业解读

## 071201 统计学 & 071202 应用统计学

本人是统计学专业毕业的,应"金榜事事懂"的邀请,简单介绍一下统计学专业和应用统计学专业。

### ➢ 专业介绍

统计学专业侧重于理论统计学,主要学习统计学原理、理论和方法,主要在理论范畴探讨统计学的问题。

而应用统计学则是将统计学的原理运用到实际生活的各个领域。最关键的是用统计软件运行程序,然后从结果中得到一些我们需要的数据,代入已知的理论得出相应的结论。

事实上,两个专业是紧密相连的。

### ➢ 举例介绍

统计学现在无处不在,在现实生活中,我们经常遇到各种各样的数据。按道理来说,数据里面包含了我们要的全部信息,可是这些数据通常太多,比如你想知道北京高中生的身高,你不能把每个人的身高数据都查看一下吧?所以就必须要有一套科学的方法来压缩信息,并且尽量不丢失有用的内容。这就需要统计学。

简单举一些例子:

大的方面。在电视上经常听到这么报道:"根据国家统计局公布数据,一线城市房价同比上涨1%。"这个数据怎么来的?是采集好多信息最后统计出来的。

小的方面。北京地区高三学生平均身高 1.7 米,这个数据怎么来的?也是先抽取很多学生的身高,然后统计出平均结果得来的。

而要得出这些最终结果,需要大量的数据,因此统计学多半建立在"大量数据"的基础上。所以从步骤上来说,统计学就是先搜集数据,然后整理数据,再运用数理的方法对数据进行分析,最后得出规律。

当然统计学远没有这么简单。比如要研究中国教育和收入的关系,那就不是这么简单了,这个时候,"建模"就成为必要环节。

### ➢ 学习内容

一般来讲,本科阶段开设的统计学类课程包括高等数学、概率论、数理统计、多元统计分析、随机过程、时间序列等。

数理统计的部分是统计学的核心,一定得掌握,不然到软件课连按钮是什么意思、原理是什么、怎么算的都不知道,甚至输出结果的表达式都不知道。

各个学校统计学原理性的课程一般出入不大。但对应用统计学来说,因为不同学校应用方向不同,所以课程内容极为不同,你在填报的时候需要详细了解。比如广东财经大学、上海金融学院的统计类专业倾向于金融方向,课程中包含很多金融类。而广东医学院、滨州医学院和海南医学院的统计类专业倾向于医学方向,课程中包含很多医学类的。

➢ **特别说明**

1. 任何程度的统计学,都一定要学高等数学和线性代数,因为这两门课程是学习统计学的基础。

2. 统计专业的特点是本科学一遍非常基础的内容,研究生再更深入地学习。这也就是说,本科毕业就业是比较尴尬的,一方面应用能力不足,一方面理论又远远没有达到一定的高度。

3. 我个人认为,如果你对纯数理和统计更感兴趣,并且以后想要有相对广一些的职业选择,可以考虑报考统计学专业。如果已经有具体的目标和方向,就可以考虑应用统计学专业。顺带提一句,如果对经济学比较感兴趣,期望将来进金融机构工作,还有一个叫经济统计学的专业可能更适合你。相近的专业较多,千万别搞混了。

➢ **教授补充**

统计学是一门多学科交叉、应用性强的学科。统计学通常从实际应用问题开始,经过加工提炼,形成概率统计模型,并最终指导实践。一个问题的完整解决往往需要设计试验、数据处理分析、撰写总结报告等。因此,统计学专业学生需要具备良好的文理综合素质,需要良好的动手能力以及一定的组织协调能力。

社会上一种观点是,统计学就是统计数据、画画图表,比数学、物理、化学等基础性理科要简单得多,容易学。从而,一部分数学基础不好,甚至对数学没有兴趣的学生都选报统计学。这是一种误解。其实学生在专业学习过程中就会发现,统计学中的概率论、随机过程、数理统计等理论课程是严谨的数学学科,需要良好的抽象逻辑思维能力和严密的计算能力。如果你的数学基础薄弱,可能会难以适应。

➢ **就业情况**

就业前景要看各方面的原因。这个专业在国内还不是很热门,至少目前是这样。但你要知道这是一个工具学科,所以不用担心它没有用。不管以后从事什么工作,统计学都可以帮助你高瞻远瞩。

第一,现在有些公司招聘数据分析方面的人才,不过要看你在哪个城市,一些中小城市这种大型企业还比较少。

第二,专门的数据分析及调研企业,比如零点调查,需要统计学专业的毕业生。

第三,保险公司也有专门的数据分析岗位,这个应该是比较对口的,银行一般也招统计学专业的毕业生。

第四,考公务员进统计局。

总体来说,除了专门的统计调查和数据分析的企业有需求,其他的企业需求量比较少,如果有专业对口的岗位,薪资总体还是不错的。作为过来人,我觉得多学习统计软件的应用,并且具备相当的计算机应用能力,对将来就业有很大的帮助。

# 801 力学类

## 本专业类概况

### 一、各选科组合能报本专业类的比例

该数据反映的是在该专业类的所有高校招生计划中,各科目组合有多少学校能填报。详解见图书使用说明。

| 物理 化学 生物 | 物理 化学 历史 | 物理 化学 地理 | 物理 化学 思想政治 | 物理 生物 历史 |
|---|---|---|---|---|
| 100.0% | 100.0% | 100.0% | 100.0% | 0.0% |
| 物理 生物 地理 | 物理 生物 思想政治 | 物理 历史 地理 | 物理 历史 思想政治 | 物理 地理 思想政治 |
| 0.0% | 0.0% | 0.0% | 0.0% | 0.0% |
| 化学 生物 历史 | 化学 生物 地理 | 化学 生物 思想政治 | 化学 历史 地理 | 化学 历史 思想政治 |
| 0.0% | 0.0% | 0.0% | 0.0% | 0.0% |
| 化学 地理 思想政治 | 生物 历史 地理 | 生物 历史 思想政治 | 生物 地理 思想政治 | 历史 地理 思想政治 |
| 0.0% | 0.0% | 0.0% | 0.0% | 0.0% |

### 二、该专业类的主要专业男女比例及每年大致毕业人数

| 专业类 | 专业代码 | 专业名称 | 各专业年度毕业人数 | 男女比例 |
|---|---|---|---|---|
| 力学类 | 080101 | 理论与应用力学 | 400~450人 | 男81% 女19% |
| 力学类 | 080102 | 工程力学 | 4000~4500人 | 男87% 女13% |

### 三、本专业类主要考研方向

| 学科门类 | 一级学科 | 研究方向 | 学位授予 | |
|---|---|---|---|---|
| 工学 | 0801 力学 | 学术硕士 | 可授硕士、博士专业学位 | |
| 参考往年可报考二级学科 | | | | |
| 力学 | 一般力学与力学基础 | 固体力学 | 流体力学 | 工程力学 |

## 本专业类重点专业解读

## 080101 理论与应用力学

本人是理论与应用力学专业的研究生,应"金榜事事懂"的邀请,介绍一下理论与应用力学专业。

### ➢ 专业介绍

理论与应用力学,看名字就知道,这个专业应该介于力学的理论研究和实际应用之间,是理论与应用之间的桥梁。虽然说这个专业在研究理论力学的同时尽量联系工程实际解决问题,但不可否认的一点是,在大多数学校,这个专业太偏向"理论"了。知道太偏向"理论"是什么意思吗?那就是本科以后注定得深造。虽然说在绝大多数的工科专业里,力学是基础中的基础,修桥、修路、建筑都离不开力学原理,机械设计也离不开力学分析,但是你如果只学了基础也无用武之地。

### ➢ 学习内容

课程整体比较难。主要课程都是力学的基本知识,比如理论力学、材料力学、弹性力学、流体力学、实验力学、计算力学等。除此之外,还需要学习工程计算分析、大型工程软件、计算机编程语言。

### ➢ 就业情况

相对来说,理论与应用力学专业的就业面比较窄,这也是由专业的性质所决定的。社会对理论与应用力学专业的需求,可以概括为少而精,如果想有比较好的发展,必须继续深造,读硕、读博,毕竟是从事研究或者教学工作,要求会比较高。学好了以后可以当教师,不一定教力学,可以教数学及某些工程科学,或者做工程分析师;还有就是到设计院做科研人员,如轴承研究、机器人研究等。

### ➢ 注意事项

1. 一般工作方向都是进设计院从事设计工作,因此本科生毕业后常常就业前景不乐观,但如果你想得长远,有志向于科研设计,学这个专业是非常合适的。

2. 许多本科阶段就读实用类专业(桥梁、道路、隧道)的学生,在他们学到一定程度后,常常因为力学知识不够,又回头研究力学。有个比喻很好,说学力学的就是在"练内功",可能最初不会让你所向披靡,而一旦你内功练好了,再学一套招式,就可以所向披靡了。

3. 这个专业有理工兼修的特点,它既不同于单纯的理科,比如数学、物理,也不同于单纯的工科,比如计算机技术、电子技术。它需要学生既有很强的理论研究能力,又要有很强的解决实际问题的能力。理论与应用力学专业适合数学逻辑思维比较强的学生报考,对计算机编程能力要求也比较高。

综上所述,如果打算本科毕业后就参加工作,真的不建议你报这个专业;但要是有长远打算,坚持下去,这个专业会为你未来的发展打下深厚的基础。

# 080102 工程力学

本人是工程力学专业毕业的,应"金榜事事懂"的邀请,简单介绍一下工程力学专业。

## ➢ 专业介绍

工程力学研究的就是在工程建设中用到的力学。比如修建鸟巢等建筑的时候就涉及许多力学的问题,还有设计制造起重机的时候也需要考虑很多力学方面的问题,这都需要工程力学的专业知识去解决。

可以说工程力学专业是工科里最基础的专业。它是机械、土木、交通、能源、材料、仪器仪表等所有相关行业的力学基础。它几乎与所有工科专业交叉,用它能直接解决工科专业发展和工程实际中的力学难题。小到盖房子、交通运输,大到航空航天、国防行业,都会用到工程力学的知识,所以很多学校开设工程力学专业,只是侧重点可能有所不同。

## ➢ 学习内容

我们大学课程包含很多力学基本知识,比如理论力学、材料力学、弹性力学、结构动力学、实验力学、流体力学。

因为力学问题涉及大量的计算,所以对数学知识要求很高。以后在实际工程中可能要使用大型工程力学分析软件,或者利用计算机测试系统进行工程测试和分析,所以计算机课程也很重要,甚至直接关系到就业的质量。

除了这些理论课程,还有大量的实习和实验课程。总体来说,课程比较难。

## ➢ 教授补充

工程力学是力学一级学科下的二级学科,属于应用科学的范畴,以理论、实验和计算机仿真为主要手段,研究工程技术中的普遍规律和共性问题,并直接为工程技术服务,涉及航空、航天、建筑、机械、汽车、造船、环境和生物医学等诸多领域。近代计算机技术和近代实验技术的应用,使工程力学增强了解决工程问题的能力,根据力学原理开发的各项技术已直接应用于生产。

考生如果想报考工程力学专业,需仔细了解各院校招生专业目录、专业设置等信息,结合自身情况选择心仪院校。国内各高校对工程力学专业的定位有所区别,会根据各自学校的优势而定位。例如:以长安大学为代表的交通土建领域,以清华大学、同济大学等为代表的建筑领域,以上海交通大学、西安交通大学等为代表的机械领域,以哈尔滨工业大学、西北工业大学等为代表的航空航天领域,以河海大学等为代表的水利领域,等等。

## ➢ 就业情况

由于力学能运用到工程建设的各个方面,所以工程力学的就业范围较广,如在土木建筑行业从事结构分析,在飞机、汽车制造企业从事强度设计和校核等,因此就业前景整体来说还是比较好的。

第一,作为现代工程技术的基础,工程力学号称行业内的"万金油",可以选择的职位较多,无论是历史较久的土木工程、建筑工程、水利工程、机械工程、船舶工程等,还是后起的航空工程、航天工程、核技术工程、生物医学工程等,都或多或少有工程力学的用武之地。

第二,毕业后可以到科研单位从事结构总体设计、结构强度与刚度计算、工程软件设计与开发、力学环境实验分析等工作。

第三,还可以去爱默生、福特等外资企业。做的工作包括有限元计算、优化、软件开发等,待遇相对好一些,当然劳动强度也比较大。

第四,因为是基础学科,本科毕业后最好选择继续深造。

总体来说,工程力学是一个技术含量比较高的专业,如果在掌握专业力学知识的同时,掌握一技之长,比如熟悉某种计算机语言,掌握了某个大型软件,就业相对容易得多。力学不好学,但是学得好的人必定能够游刃有余。

> ### 注意事项

1. 既然工程力学属于工科类,那肯定男生比较受欢迎。如果女生想报的话,建议选专业或者考研的时候倾向于研究性的,比如微电子方向、工科行业需要的软件开发方向等。

2. 个别学校设置的工程力学专业因倾向性不同可能就业方向不同,比如工程力学在哈尔滨工业大学隶属于航天科学与力学系,与普通大学相比,有鲜明的航天、航空特色和优势。

3. 不得不说的一点是,作为基础专业,工程力学相对别的工科专业,如土木工程、自动化、机械类来说,肯定没这些专业学得精,学得有针对性,所以同等情况下,企业可能会选有具体方向的,因而在找工作时会有一种被边缘化的感觉。

# 802 机械类

## 本专业类概况

### 一、各选科组合能报本专业类的比例

该数据反映的是在该专业类的所有高校招生计划中，各科目组合有多少学校能填报。详解见图书使用说明。

| 物理 化学 生物 | 物理 化学 历史 | 物理 化学 地理 | 物理 化学 思想政治 | 物理 生物 历史 |
|---|---|---|---|---|
| 100.0% | 100.0% | 100.0% | 100.0% | 0.2% |
| 物理 生物 地理 | 物理 生物 思想政治 | 物理 历史 地理 | 物理 历史 思想政治 | 物理 地理 思想政治 |
| 0.2% | 0.2% | 0.2% | 0.2% | 0.2% |
| 化学 生物 历史 | 化学 生物 地理 | 化学 生物 思想政治 | 化学 历史 地理 | 化学 历史 思想政治 |
| 0.0% | 0.0% | 0.0% | 0.0% | 0.0% |
| 化学 地理 思想政治 | 生物 历史 地理 | 生物 历史 思想政治 | 生物 地理 思想政治 | 历史 地理 思想政治 |
| 0.0% | 0.0% | 0.0% | 0.0% | 0.0% |

### 二、该专业类的主要专业男女比例及每年大致毕业人数

| 专业类 | 专业代码 | 专业名称 | 各专业年度毕业人数 | 男女比例 |
|---|---|---|---|---|
| 机械类 | 080201 | 机械工程 | 18 000～20 000人 | 男92% 女8% |
| 机械类 | 080202 | 机械设计制造及其自动化 | 90 000～95 000人 | 男93% 女7% |
| 机械类 | 080203 | 材料成型及控制工程 | 18 000～20 000人 | 男83% 女17% |
| 机械类 | 080204 | 机械电子工程 | 22 000～24 000人 | 男91% 女9% |
| 机械类 | 080205 | 工业设计 | 12 000～14 000人 | 男51% 女49% |
| 机械类 | 080206 | 过程装备与控制工程 | 7 000～8 000人 | 男86% 女14% |
| 机械类 | 080207 | 车辆工程 | 22 000～24 000人 | 男91% 女9% |
| 机械类 | 080208 | 汽车服务工程 | 10 000～12 000人 | 男79% 女21% |

### 三、本专业类主要考研方向

| 学科门类 | 一级学科 | 研究方向 | 学位授予 |
|---|---|---|---|
| 工学 | 0802 机械工程 | 学术硕士 | 可授硕士、博士专业学位 |
| 工学 | 0855 机械 | 专业硕士 | 可授硕士、博士专业学位 |
| 参考往年可报考二级学科 | | | |
| 机械工程 | 机械制造及其自动化 | 机械电子工程 | 机械设计及理论 | 车辆工程 |
| 机械 | 机械工程 | 车辆工程 | 工业设计工程 | — |

# 本专业类重点专业解读

## 080201 机械工程

本人是机械工程专业的在校教师,应"金榜事事懂"的邀请,介绍一下机械工程专业。

### ➢ 研究对象

任何现代产业和工程领域都需要应用机械。机械工程是以有关的自然科学和技术科学为理论基础,研究和解决机械在开发、设计、制造、运行和维护中的全部理论和实际问题的一门应用学科。其学习对象包括机械制造过程、机械零部件、机械装备、智能机电系统等。

### ➢ 核心课程

机械工程专业本科阶段主要学习的课程包括机械设计、微机原理及应用、控制工程基础、机械工程测试技术、机械创新设计与实践、机械制造工程、数控技术与装备自动化、计算机辅助设计与制造、机电控制技术、自动化制造系统、机械工程综合训练等。

### ➢ 适合对象

从对学生的要求来说,机械工程专业与大多数的工科专业差不多。如果你对机械方面有一定兴趣,乐于动手实践,并具有较强的逻辑分析能力和较好的数理基础,尤其是具有较强的空间想象能力,那么这个专业比较适合你。这个专业会有大量的团队作业,所以对学生的合作能力有一定的要求。除此之外,还有非常重要的一点,就是我们希望学生具有一定的独立思考能力和创新能力。

学习机械工程专业,关注的重点是运用知识分析问题、解决实际问题的能力。这对于以知识获取为主要学习方式的学生,可能有些不适。数理基础较弱,特别是空间想象能力较弱或是动手能力较差的同学,可能会在这个专业的学习过程中感到有些吃力。

### ➢ 理解误区

很大一部分人对我们这个专业的认识来自电影。有些人认为机械工程人员从事的工作类似于"工匠"的工作,这其实是一种误解。机械工程是一门独立的学科,它包括理论部分和实践部分。机械工程专业主要研究、设计、开发、管理各种节省人工、提高效率的自动化设备,从数控机床、IC(集成电路)电子加工设备到航空航天装备都属于其研究范围。在国际上,各国机械工程学会大多是历史悠久、规模较大、会员较多、活动范围较广的学术团体。

### ➢ 应用范围

就像机械在现实生活中的广泛分布一样,机械工程专业人才是一个覆盖面很广的群体。例如,研究和发展可以实际和直接地应用于机械工程的技术、理论和方法,需要我们专业的人才;研究、设计、发展及生产制造新的机械产品,需要我们专业的人才;制造企业的经营和管理以及机械装备的应用,也同样需要我们专业的人才。

### ➢ 就业方向

机械工程专业毕业生的就业服务领域十分广阔,凡是使用机械、工具,包括能源和材料生产的部门，无不需要机械工程专业人才。现代机械工程有五大应用领域：设计制造能量转换机械；设计与制造产业机械；设计制造各种服务机械；设计制造家庭和个人生活中应用的机械；设计制造应用于国防的武器装备。

本专业的就业面十分宽广，除高等院校机械工程专业教师、科研院所的科研工作者外，许多专业人才会在上述五大应用领域中从事设计、制造、技术管理、设备维护等工作。常见的职位包括机械设计工程师、机械制造工程师、新产品研发工程师、设备工程师、技术支持工程师、供应链工程师等。

# 080202 机械设计制造及其自动化

本人是太原理工大学机械设计制造及其自动化专业毕业的，应"金榜事事懂"的邀请，介绍一下机械设计制造及其自动化专业。

## ➢ 专业介绍

机械设计制造及其自动化专业属于机械类大专业。一说到机械，大家就会想到汽车、飞机、农用机械等，也会想到电动机、发动机、减速器等这些十分重要的机械。这里不讨论学术问题，依我个人观点来看，机械的核心在于两点。一是机械零件：即各式各样最简单、最基础的零部件。不同的需求会对零件的结构、形状、精密度、强度有不同的要求。二是机械原理：即如何将零件组装成有相关功能的机械。需要对结构、运动、辅助系统做很好的安排，做到最优化设计。机械零件和机械原理是整个机械的精髓。

说了机械，那何谓机械设计制造及其自动化？其实从专业名称上就能分出该专业至少包括三个部分：机械设计、机械制造、机械自动化。

1. 机械设计人员以设计开发为主，一般是从事产品（零件）的开发、调试、图纸的绘制等工作，应该能熟练运用三维制图软件，如计算机辅助设计（CAD）等。

2. 机械制造人员也即工艺人员，一般从事生产制造任务的安排等工作，比如解决对所需零件制造用什么材料最合适，用什么机床生产最经济，各个工艺流程怎么安排会使车间内的机器得到更合理的利用等问题，还有就是做车间的管理工作等。机械制造人员与一线工人的关系是最密切的。

3. 机械自动化人员以信息处理、自动控制为主。

以上三个部分的内容构成了机械设计制造及自动化专业。总体来说，该专业主要就是根据自己或者单位的需求，运用所学的机械材料属性、加工条件等因素，选择适合的材料来设计所需的机械产品，并且用图表示出来，最后制定出加工步骤（专业术语叫加工工序）。但凡选择了该专业，基本上就是和"铁疙瘩"打交道了。观察你的周围，只要是和铁挂钩的东西都是这个专业以后可能会涉及的。

## ➢ 专业详述

与机械设计制造及其自动化专业类似的专业有机械工程专业，这两个专业的区别在于：机械工程专业偏重于装配与维修，而机械设计制造及其自动化专业偏重于自己设计和制定加工工艺。

有的学校在大四的时候会把本专业分成几个大方向：机械设计、机械制造、车辆工程、液压、机电一体化等。每个学校的侧重点不同，到时候可以根据自己的兴趣进行选择。这几个方向有时也会对你以后的职业方向起到一定的作用，如果你学习的方向与招聘单位的需求正好吻合，那么你大可以着重强调这一点。

> ### 学习内容

机械设计制造及其自动化专业本科阶段主要学习的课程包括画法几何、机械制图、理论力学、材料力学、流体力学、机械原理、机械设计、电工技术、工程材料、金属工艺学、微机原理、互换性原理与测量技术、测试技术、控制工程基础、机械计算机辅助设计等。掌握绘图和看图能力，对该专业的学生来说尤为重要。

> ### 就业情况

近几年本专业的就业形势还是相对乐观的，能选择的方向比较多，比如汽车行业、煤机行业、工程机械行业、矿山机械行业、钢铁冶炼行业、机床制造企业、研究院等。到了这些单位可以从事的岗位有技术类，像结构设计工程师、工艺工装夹具设计工程师、品管质检人员等；也可以从事生产类的，像调度员、生产管理人员（比如车间主任）、设备维护工程师等。

第一，个人认为，去设计院是最好的选择，因为在那里能得到很好的锻炼。但是，应聘这个岗位会比较难，适合专业课成绩较好的同学。

第二，要是去不了设计院的话，可以去汽车厂，从事与汽车制造生产相关的工作。这个工作算是比较对口的了。其实在汽车制造业当中，涉及诸多的机械问题，像金属材料成型，以及汽车的板料和曲轴，还有结构设计、传动机构、传动件、加工制造过程等。我有不少同学进了一些有名的汽车厂（比如比亚迪、大众、奔驰、宝马、本田等）。当然也有的同学去了一些生产汽车零部件的工厂。

第三，去工程机械行业，如三一重工、中联重科等。

第四，去矿山机械行业，如很多煤炭企业和黄金矿企业。机电人员一般为工厂、矿山、建筑等企业的生产与辅助设备提供维护、维修等技术方面的支持。特别是矿山机械、大型机械的许多企业，安全性要求高，维护人员很重要。我个人觉得，矿山设备制造企业相对较好。

第五，还有很多别的企业，像车床厂。我的同学中有进济南飞机场的维修厂的，有去路桥施工单位的，还有的去钢厂、煤矿、码头等。

这个专业找工作相对容易，不过毕业后刚开始工作的阶段可能会比较辛苦。如果发展好的话，可以考虑去重工业发展比较好的城市发展。眼下这些城市非常需要这方面的人才。国内还是汽车行业这一块的发展潜力比较大，而且中外合资的企业比较多，可以考虑这些方向。

但有一个不利因素，即入行时的工资待遇不是很高，一般刚毕业的工作人员的工资和普通专科毕业生的工资差不多。至于是否需要继续深造要看自己想进什么单位、做什么方向的工作。如果你想做设计方向的工作，还是选择继续深造比较好一点。如果是做工艺方向的工作，我本人觉得还是实践经验丰富一点好。就我们学校来讲，选择继续深造的并不是很多。

> ### 注意事项

1. 学习机械类专业的男女生比例可以达到10∶1左右。女生打算报这个专业的时候一定要考虑清楚。

2. 选择了工科，就选择了与穿上西服坐在办公室的生活擦肩而过，就算是领导，通常也不会脱离一线，因为一线是工业生产的核心。一线工人的工作你肯定要会做，工作初期会有大约一年的实习期，就是为了熟悉你所在厂矿或公司的生产、制造、设计、设备，以及人员配置等很多方面的实际情况。如果这样的生活状态与你将来的生活规划不同，就请慎报。

# 080203 材料成型及控制工程

本人是哈尔滨工业大学材料成型及控制工程专业毕业的,应"金榜事事懂"的邀请,简单介绍一下材料成型及控制工程专业。

## ➢ 专业介绍

材料成型及控制工程专业用最简单的话概括,就是把某种材料按照要求用特定的工艺加工制造成特定的形状。

联系日常生活可能会让你更好地理解这个专业:

1. 平常大家喝水用的塑料杯就是把塑料用模具注塑成型的。吃饭用的不锈钢饭盒,也是用不锈钢冲压成型的。

2. 汽车的外壳,以及车内的各种零件都是由特定的材料锻造和冲压形成的。在制造这些东西的时候,涉及用哪种材料,是金属材料、非金属材料还是超导材料?制作过程中是通过铸造还是通过压力加工让材料成为特定形态的呢?所有这些都是材料成型及控制工程专业的学生需要学习和研究的。

## ➢ 专业方向

材料成型及控制工程专业一般开设在理工科大学材料科学与工程学院或者机电、机械学院。这个专业主要分焊接、锻造、铸造、模具(主要是塑模和冲模)四个方向。因为几个方向差别较大,一般各高校不可能全包括,所以各有侧重。例如哈尔滨工业大学侧重于焊接,华中科技大学侧重于模具,北京科技大学侧重于锻造,西北工业大学侧重于热加工和铸造,陕西科技大学则侧重于塑料模具等。四个方向中,铸造最普遍,模具更受青睐。

## ➢ 学习内容

虽然专业主体属于机械类,但是这个专业是材料、机械、控制等多学科交叉融合的高技术专业,所以在大学里需要学习的课程也是多样化的。主要有工程力学、机械原理及机械零件、电工与电子技术、热加工工艺基础、热加工工艺设备及设计、检测技术及控制工程、CAD基础等。

不管将来是做设计还是做技术控制都离不开计算机,所以计算机知识是非常重要的。另外在实践性的课上,会有各类专业实验,比如塑性成型工艺过程综合实验、铸造工艺过程综合实验、焊接工艺过程综合实验,以及金工、电工、电子实习,认识实习,生产实习等。

## ➢ 就业情况

比较而言,材料成型及控制工程专业的毕业生毕业后找工作相对容易一些。就业大方向主要是工业制造业,像汽车厂、钢厂、电厂、机械厂、模具厂等企业,也可以到汽车制造企业(如广本、丰田、北京戴姆勒—克莱斯勒等公司),或者到电子行业(如手机外壳成型等企业)就业。可以说就业面比较广。

从所从事的行业来说,可以到机械制造业、汽车船舶制造业、金属及橡塑材料加工业等领域从事与焊接材料成型、模具设计与制造等相关的生产过程控制、技术开发等方面的工作。

虽然就业不成问题,但不得不提的是毕业后的工作环境可能不尽如人意。至于薪水待遇,你可能要失望了,刚入行时工资都不是很高,很多重点院校的毕业生起步工资也就5000多元,所以你的期望别太高。但是随着经验和工作能力的增长,以后的工资待遇会越来越好。

### ➢ 学长经历

我本科学的是焊接专业，但并不意味着毕业以后就是当焊接工人，我们是不上一线操作的（进厂初期除外，时间很短），平时主要工作是画图，并为工人制定工艺卡，然后工人师傅按照你的要求对材料进行焊接。这就是大家所说的焊接工程师，也是毕业以后大部分人的工作模式。

当然还有一些别的选择，我有学模具方向的朋友，他们有人现在就在做连接器的模具设计，比如那些USB接口的塑胶件部分。也有同学在汽车厂做汽车零部件和显示器之类的设计。

### ➢ 注意事项

1. 我个人认为，这个专业的男生相对而言都非常好找工作，但女生不太好找工作，当然女生研究生毕业后就好多了。

2. 很多考生把这个专业误认为是材料类专业，其实这是地地道道的机械类专业。该专业的重点不在材料而在成型和控制。

3. 选择这个专业的时候，一定要了解清楚要报的学校所在城市的产业布局适不适合机械类的就业，比方说看看制造业发不发达，因为这直接关系到毕业后的就业难易程度。

4. 总的来说，材料成型及控制工程专业找工作不用愁，工资也能填饱肚子。毕竟这专业是慢热型的，大部分是在35岁以后出成绩，因为那时你才有足够的理论加实践积累。

## 080204 机械电子工程

本人是湖南大学机械电子工程专业毕业的，应"金榜事事懂"的邀请，简单介绍一下机械电子工程专业。

### ➢ 专业介绍

机械电子工程专业是机械工程与自动化的一种，俗称机电一体化。机械电子工程是将机械学、电子学、信息技术、计算机技术、控制技术等有机融合而形成的一门综合性学科，也就是把机械制造和电子工程技术有机结合在一起的一个专业。

机械电子工程听着比较陌生，其实在我们的日常生活中很多用品运用了机械电子工程的技术，比如说安全气囊、防滑刹车系统、复印机以及自动售票机等。这个专业致力于将传感器、执行元件和信息处理等融合在一个机械设计中，从而让这三个功用能协同工作，给人们提供便利。

### ➢ 学习内容

如上所述，这个专业由好几个学科的内容交叉而成，所以课程的设置也是如此，包括了上述各个传统专业要学的课程。

1. 机械方面的课程：机械制图、工程力学、机械设计基础、机械制造基础、液压与气动技术、机械制造技术基础。

2. 电子方面的课程：电工与电子技术、电工学。

3. 控制技术方面的课程：数控原理与维修、电气控制与PLC（可编程逻辑控制器）。

4. 计算机方面的课程：C语言程序设计、微机原理等。

5. 另外，还有单片机原理与接口技术、机电一体化系统设计、先进制造技术导论等。

总体来说，这个专业和机械类别的专业（像机械设计及自动化专业）前几年学的内容是相同的，只是后期会有所不同。

> **教授补充**

为了让大家清晰地了解机械电子工程专业,用我们人体来进行一下类比。我们人类自身有躯体、四肢和手脚,要吃饭、喝水,当然还可以进行各种各样的劳动。同时,我们也知道人类的这些行为都是在大脑的指挥下,通过神经传导使躯体、手脚配合动作来完成的。

一台机器尤其是现代机器很像人类,它也是用来完成某种工作的,要让这种机器工作得更好、更快,同样需要我们指挥它按照一定的顺序、一定的力度、一定的路线轨迹完成动作。那么,它也需要大脑和神经系统。机械电子工程专业就是既研究机器的结构,又研究它的大脑和神经的专业,让机器具有像人一样做工的能力。

机械电子工程专业首先学习的核心课程是机械原理、机械零件和工程材料,这些课程让你了解一台能够做工的机器的构造,就像生物解剖学让医生了解人体构造一样,包括提供动力的心脏和完成各种动作的肌肉和关节等。

机械电子工程专业还要为机器安装头脑和神经。头脑的任务是根据特定条件判断、分析并做出某种决定。所谓特定条件就是有没有做功的指令、做什么功、其他条件是否容许你做动作等信息,所以需要学习传感器与测试技术,传感器就像人的器官和皮肤一样可以获得这些信息,接下来进行分析,所以,需要数学、力学、机械原理、电工电子基础、计算机控制技术、机械控制过程、机电一体化技术、工程机械设计理论、液压传动、机械计算机辅助设计(CAD)及仿真等课程。这些课程可以帮助机器的大脑做出正确的分析并做出科学的决定,使机器的各部分像人体的手脚一样协同动作。

> **专业细分**

1. 机械电子系统(传动和模拟技术、机器和设备、机械人技术及其运动系统、传感和执行元件技术、测量技术和图像处理等)。

2. 微型、超微型机械(微系统技术、微型和精密仪器的功能组、微系统的测量技术等)。

3. 生物机械(机器人技术、生物系统、仿生执行技术、控制和设计、控制系统等)。

不同大学的专业具体方向和培养重点不同,不过就本科来说,学的内容基本是一样的。

> **就业情况**

在当前就业形势下,工科专业相对于其他专业在找工作上有优势,而机械电子工程又因为应用面非常广泛,所以就业相对容易些。

因为各行各业几乎都跟机械沾点边,随便一个工厂就有机械设备要维护,所以这个专业毕业之后不用愁工作的事情。

可以到企业从事机电系统设计、电气控制、工程设计与开发、控制系统设计等方向的试验测试、产品开发、技术管理等工作。

我们班大部分同学是在一些公司里做中层的管理(与机械有关的,如品质管理员、质检员等),当然也有在一线操作的,有搞设计的,还有到本田、丰田的。具体到地区,主要集中在东北、山东、湖北、江苏等机械工业发达的地区。

不过话说回来,虽然工作不难找,但要找个好点的还是挺不容易的。因为是和机械设备打交道,所以整个机械行业的工作环境都不是很优越,起薪也不是很高。

> **注意事项**

1. 很多工科专业知识体系是建立在数学基础上的,因此,学机械电子工程专业需要有一定的数学基础。

2.女生读机械电子工程专业基本只能考研。

3.学机械电子工程专业也要做好心理准备,刚开始工资不是很高,经验是至关重要的,通俗点说就是越老越吃香。

4.对男生来说,这是一个本科毕业就能找到工作的专业。可以说,本科生和研究生的待遇基本差不多。

5.这个专业就业一般有两种选择,可以朝机械方向发展,也可以朝电子方向发展。偏机械类的就业比较容易,甚至很抢手,但工资水平一般;而偏电子类的就业稍显困难,但工资水平较高。

6.因为这个专业实践性较强,动手能力强的学生会更受用人单位的青睐。

## 080205 工业设计

本人是工业设计专业的研究生,应"金榜事事懂"的邀请,简单介绍一下工业设计专业。

### ➢ 专业介绍

工业设计是什么意思呢?

从狭义上讲,工业设计就是对工业产品的设计。它可以是一个工业产品的外形设计,比如汽车的车身外形设计;也可以是工业产品内部结构设计,比如汽车内部的零部件之间是如何合理设计连接的。工业产品不仅要经久耐用,而且还要漂亮美观。工业设计专业就是为了达到这个目的而开设的。

从广义上讲,现代工业设计涵盖了机械设计、视觉传达设计、建筑设计、室内设计、环境艺术设计、家居家具设计、产品设计等。

现代工业设计所包含的行业范围是非常广泛的,包含产品的功能设计、结构设计、形态及包装设计等各个方面。工业设计在设计产品时不仅需要考虑产品的形态和功能,同时还需要考虑市场需求和产品的定位,如为哪一类人群而设计,产品的定价应该是多少,产品应该用什么材料制作,产品的生产流程设计等。除此之外,工业设计还要考虑如何使产品便于包装、贮存、运输、维修等。所以工业设计的要义就是研究如何通过对产品的综合设计,既增强其外形质量,又让人便于使用。

### ➢ 专业细分

因为涵盖面比较广,各个大学的工业设计教学都有所侧重。比如,同济大学偏建筑,东华大学偏产品设计(工业品、小家电类),江南大学偏汽车,清华大学则以交通工具造型设计为主,甚至还有的学校包括室内设计。所以选择的时候一定要看你要报的大学针对方向是什么。

### ➢ 学习内容

工业设计专业学的东西不少,主要包括以下四部分:

1.基础知识:包括工业设计的基本原理、工业设计的程序与方法、工业设计表达等。

2.理论知识:包括人机工程学与设计心理学、工业设计历史与理论、知识产权保护、设计管理等。

3.技术知识:包括工业设计工程基础、机械设计基础、工业设计材料与成型工艺、产品形态设计、结构设计、系统设计、产品开发设计等。

4.实践知识领域:包括工业设计实践,比如金工、电工、电子实习等。

总的来说，包含的内容比较多，并且不同大学因为专业方向不同，学的东西也会稍有不同。比如，车身造型设计方向会补充工程力学、汽车概论、车身造型设计、人机工程学、汽车空气动力学等课程；艺术设计方向会补充图形创意、产品包装设计、VI设计、装帧设计、广告与招贴设计、室内设计等课程。特别说明的一点是，大学会安排美术基础课程，像手绘这类的必不可少。

> **关联专业对比**

这里说一下工业设计与艺术设计、工程设计的区别。

工业设计不同于艺术设计，艺术设计偏重于文化性和艺术性的视觉设计，如海报招贴、插画、服装、动漫等，而工业设计考虑的是如何创造社会需要的产品、系统和服务，目的是协调人、社会、环境之间的关系。

工业设计不同于工程设计，工程设计偏重于方案如何实现，如机械机构、公差配合等，而工业设计是从需求和问题出发，综合使用方式、人机关系、外观造型、功能构造、文化内涵等各方面因素，给出合理完善的解决方案。

> **注意事项**

1.学工业设计专业最好有一点美术功底或者喜欢美术，因为在大学期间需学好手绘和软件应用。

2.很多人误认为工业设计就是产品外观设计，觉得学工业设计的学生必须有坚实的美术功底。其实这种认识是片面的，美术功底当然很有用，但其并非学习工业设计的必要条件，因为工业设计的根本是产品设计。一个优秀的产品设计，其外观要有特色，但最重要的还是功能的实现。

> **就业方向**

就业的难易程度因人而异，如果你在工业设计这方面天赋异禀，大学期间又很努力，毕业后只要自己有能拿得出手的"作品"，找个工作不在话下，并且找到好工作的概率也很大。近几年来，工业设计专业毕业生的就业方向主要有以下几类。

一是大型外企，比如苹果公司。这类企业待遇高，发展潜力大，机会多，当然，条件优厚也就意味着竞争激烈。

二是国内大型通信类企业，比如中兴、华为等。这类企业吸引力也是非常大的，待遇较高，发展潜力大，机会多。和大型外企一样，竞争也相对激烈。

三是国内其他大型企业，如联想、海尔等。这类企业相对福利较好，发展潜力也很大，但是薪资方面参差不齐，有的企业待遇较高，有的却非常低。

四是各类专业设计公司。比如大的有深圳嘉兰图等，待遇等各方面都非常不错。小型设计公司很多，工作较辛苦，经常加班，有时甚至通宵加班。

五是中小型企业的工业设计部门。这类企业的设计部门一般规模较小，待遇、发展等各方面均不能和大型企业的设计部门相提并论。

从我周围的同学毕业去向来看，汽车生产厂是一大块，比如大众、比亚迪、奔驰、丰田等，去了主要做汽车设计或者车身平面设计。还有其他制造业相关公司，比如海尔、联想、华为等，去了做手机、冰箱、电视的外观设计。当然也有去各种类型的设计公司的。有的设计公司通常只招聘来自好学校的工业设计专业的毕业生。

最后特别提醒一句：报专业需谨慎选择，它关乎你未来的职业和生活。

# 080206 过程装备与控制工程

本人是天津大学过程装备与控制工程专业的毕业生，应"金榜事事懂"的邀请，简单介绍一下过程装备与控制工程专业。

## ➢ 专业介绍

过程装备与控制工程专业，简称"过控"。它的前身是化工机械专业，随着现代技术的发展和需要，越来越多的自动控制技术应用到化工机械里面，发展成为现在这个专业。

从名称上解读一下这个专业的含义。

过程装备：化工生产分许多步骤，每个步骤需要用到不同的化工机器和化工设备（如各种过滤机、离心分离机、搅拌机，以及各种容器，如干燥器、蒸发器、电解槽等），这些机器设备连在一起就是过程装备。

控制：在整个生产流程中还涉及机器设备的各项参数，比如压力、温度、液位、浓度等，为使生产稳定有序进行就需要对这些化工机器设备及参数进行检测、控制。

两者合起来就是：过程装备与控制工程。

平时我们很容易见到与过程装备与控制工程专业相关的内容。比如，药厂的原材药液如何精确过滤，如何在恰当的时候接到指令倾入反应池中等，都得由这项专业技术来控制。

## ➢ 学习内容

过程装备与控制工程专业是机械类的一个分支专业，它本身属于机械领域，同时又服务于物料加工业。另外，自身的发展还需要机电控制。因此大学要学的课程较多。

机械方面的课程包括机械原理、机械制图、工程力学等。

物料加工方面的课程包括流体力学、粉体力学、化工计算、化工原理等。

控制方面的课程包括控制工程、计算机控制技术、控制与管理技术等。

## ➢ 就业情况

过程装备与控制工程专业的毕业生就业面很广，可从事化工、炼油、医药等过程设备与过程自动控制的设计、制造等工作。一般来说，只要是有设备、有机器的企业都需要过程装备与控制工程专业的毕业生，只不过有的偏装备设计制造方向，有的偏控制方向（比如中控室操作员）等。

第一，深造。这个专业本科毕业后要不要考研看自己的选择。工科专业早点工作的话会有更多的实践经验积累，如果考研的话，会有更强的专业能力。如何选择就得看你自己想要怎么发展了。

第二，再简单说下对口行业就业，主要包括以下两类。

一类是设计制造，像压力容器设计、压力容器制造。

另一类是操作管理，像化工厂设备管理等。设备管理就是对设备进行监管，包括设备运行状况监控，定期对设备进行检查检修、报废设备以及引进新的设备等。通常是待在办公室，不用时刻盯着机器，只是出故障了要第一时间去解决。这个工作刚毕业的人需要锻炼几年，等积累了一定的经验之后才可以胜任。整体工作还是比较轻松的，因为设备不会整天出故障，但相对来说收入不会很高。虽然最初可能工资一般，但是等你积累了一定的经验，工资待遇就会有较大的提升。比如，对于一些比较复杂的机器，像一些国外进口的精细机器，如果一般人修不了，而你能修，那你就是专家,甚至在机器年度检修的时候都要请你去,这就是通常所说的专业工程师了,成为这个级别的工程师通常你就不会为工资待遇发愁了。

> ➤ 注意事项

1. 这个工作也不是看起来那么容易的。很多设备管理是到生产中的化工厂去,一些小疏忽就有可能造成大事故,所以需要细心和责任心。

2. 女生报考这个专业的话,去车间做设备维修管理师比较辛苦,最好去设计院或者到一些外企做设计研究,这样比较轻松一些,但前提是你得考研。

> ➤ 比较好的学校

这个专业比较好的学校有:西安交通大学、北京化工大学、浙江大学、山东大学、天津大学、燕山大学、中国石油大学、西南石油大学、中国矿业大学等。

## 080207 车辆工程 & 080208 汽车服务工程

本人是吉林大学车辆工程专业的毕业生,应"金榜事事懂"的邀请,简单介绍一下车辆工程和汽车服务工程这两个专业。

> ➤ 专业对比释义

首先报专业之前你必须得明白这两个专业之间的差异:车辆工程主要研究车辆本身的设计研发、生产制造的技术;汽车服务工程主要关注的是汽车生产出来以后的营销以及维修等服务,是汽车附加的一些产品。

车辆工程专业主要研究汽车、拖拉机、机车车辆、军用车辆及其他工程车辆等陆上移动机械的理论、设计及制造技术,比如车辆的设计开发、生产制造、质量检测等。

汽车服务工程专业主要研究汽车技术、汽车运用、汽车服务、汽车诊断、检测与维修技术、汽车保险与理赔、汽车评估等知识等。

> ➤ 学习课程对比

两者有许多相同的课程,比如机械原理、机械设计、工程力学、工程图学、电工与电子技术、汽车构造等。

对车辆工程专业而言,还要学习内燃机理论、汽车设计、汽车试验学等与汽车生产研发密切相关的课程;而汽车服务工程专业则要学习汽车维修技术、汽车性能评估、汽车营销、汽车保险与理赔、汽车服务经营管理等营销服务类的课程。

可以看出,两个专业尽管有相似之处,不同之处也比较明显。车辆工程专业学习的内容比较单一,就是车辆本身的设计、制造、研发等,而汽车服务工程专业是用来培养汽车的高级服务人才的,主要适用于汽车生产出来以后的服务市场。

> ➤ 就业情况对比

1. 就业方面,车辆工程专业毕业生可以去做设计研发,但是一般要去工厂车间先锻炼一段时间。可以从事汽车整车及零部件的设计开发、车身及造型设计等,也可以从事车辆电子技术应用、车辆的性能测试和实验研究、汽车制造工艺、工装以及生产管理等技术性工作。

主要去向:(1)汽车厂,如上汽通用、一汽、广汽、比亚迪等;(2)进研究院,一般是搞汽车设计、底盘设计、稳定性校核、发动机设计等;(3)继续读研;(4)车辆设计,主要是工程师一类的;(5)汽车销售、高校教学工作。

2. 学汽车服务工程专业，毕业后可以从事的职业比较广泛，可以从事汽车营销、汽车检测、汽车维修与保养、汽车贸易、汽车运输技术与管理、车险鉴定与理赔等。

我认识的学汽车服务的同学很多就去了汽车4S店，担任汽车销售和维护顾问；也有人考二手车评估师，从事相关工作；也有人去了保险公司做车险理赔；还有人从事汽车评估与理赔。

随着国民消费力的逐步提高，汽车服务行业发展空间还很大。之前从事相关工作的都是中专生等，随着家家户户都有车了，对相关服务人员的素质要求也提高了，所以这个专业的毕业生找到工作是不成问题的。

### ➢ 教授补充：汽车服务工程

许多人认为汽车服务工程专业就是教大家怎么修车，学生出来就是个汽车修理工，毕业后就是去汽车维修企业工作。

首先，就检测维修而言，随着汽车技术的发展，汽车维修已不是传统意义上榔头、螺丝刀、扳手的作业，关键在于汽车故障诊断，而故障诊断好比医生给病人看病，需要较强的理论指导和技术积累。

其次，汽车服务行业涉及面极广，汽车检测维修只是我们学习的一部分内容，是从事检测维修技术管理工作的基础。其他学习内容还包括汽车售后服务、车辆鉴定评估、汽车营销、金融保险以及企业管理等。学生毕业后更多是去往各大整车制造企业从事汽车试验、研发、生产中的技术和管理服务性工作、汽车营销和售后服务工作。

最后，汽车服务工程专业涵盖面极广，它涉及汽车自规划、设计、生产、销售到使用报废全生命周期过程的方方面面。例如利用可靠性知识，在汽车的整个寿命周期中进行可靠性管理，保证汽车产品的可靠性；基于服务型制造理念，实现汽车制造业的转型；通过对汽车在使用过程中故障出现规律的统计分析，为改进产品设计提供技术支持；通过故障诊断与故障机理分析，在提高维修质量和维修效率的同时，指导汽车的合理使用，充分发挥汽车的潜在工作能力；对车辆技术状况进行鉴定，评估其价值；对交通事故进行勘察和保险定损等。

### ➢ 比较好的学校

车辆工程专业比较好的学校有西南交通大学、清华大学、湖南大学、吉林大学、北京理工大学等。汽车服务工程专业比较好的学校有吉林大学、北京理工大学、清华大学、西南交通大学等。

### ➢ 注意事项

1. 学习这两个专业都必须要学好英语，因为汽车相关工作的国际合作性很强。有条件的甚至可以自学德语等外语，尤其是想出国深造或者出国工作的人，这样才能更好地提高自身能力，找个好工作。

2. 如果你确定要选车辆工程专业的话，一定要看看大学所在城市周边汽车相关产业是不是比较发达，最好不要选择太偏的城市。

# 803 仪器类

## 本专业类概况

### 一、各选科组合能报本专业类的比例

该数据反映的是在该专业类的所有高校招生计划中,各科目组合有多少学校能填报。详解见图书使用说明。

| 物理 化学 生物 | 物理 化学 历史 | 物理 化学 地理 | 物理 化学 思想政治 | 物理 生物 历史 |
|---|---|---|---|---|
| 100.0% | 99.2% | 99.2% | 99.2% | 0.0% |
| 物理 生物 地理 | 物理 生物 思想政治 | 物理 历史 地理 | 物理 历史 思想政治 | 物理 地理 思想政治 |
| 0.0% | 0.0% | 0.0% | 0.0% | 0.0% |
| 化学 生物 历史 | 化学 生物 地理 | 化学 生物 思想政治 | 化学 历史 地理 | 化学 历史 思想政治 |
| 0.0% | 0.0% | 0.0% | 0.0% | 0.0% |
| 化学 地理 思想政治 | 生物 历史 地理 | 生物 历史 思想政治 | 生物 地理 思想政治 | 历史 地理 思想政治 |
| 0.0% | 0.0% | 0.0% | 0.0% | 0.0% |

### 二、该专业类的主要专业男女比例及每年大致毕业人数

| 专业类 | 专业代码 | 专业名称 | 各专业年度毕业人数 | 男女比例 |
|---|---|---|---|---|
| 仪器类 | 080301 | 测控技术与仪器 | 16 000～18 000人 | 男77% 女23% |

### 三、本专业类主要考研方向

| 学科门类 | 一级学科 | 研究方向 | 学位授予 |
|---|---|---|---|
| 工学 | 0804 仪器科学与技术 | 学术硕士 | 可授硕士、博士专业学位 |
| 工学 | 0811 控制科学与工程 | 学术硕士 | 可授硕士、博士专业学位 |
| 工学 | 0854 电子信息 | 专业硕士 | 可授硕士、博士专业学位 |
| 参考往年可报考二级学科 | | | |
| 仪器科学与技术 | 精密仪器及机械 | 测试计量技术及仪器 | 仪器仪表工程 | 控制工程 |
| 控制科学与工程 | 控制理论与控制工程 | — | — | — |

## 本专业类重点专业解读

### 080301 测控技术与仪器

本人毕业于北京交通大学测控技术与仪器专业,现在在华为工作,应"金榜事事懂"的邀请,简单介绍一下测控技术与仪器专业。我们部门的人很多是测控技术与仪器专业毕业的,来自不同的大学,所以我也征询了他们的看法,在此总结一下,希望能对报考这个专业的同学有所帮助。

#### ➢ 专业介绍

测控技术与仪器专业用一句话简单来说就是检测并控制。如果觉得难以理解,我举几个例子你就明白了。

很多商场和酒店有自动门,当有人走过去的时候,门就自动打开了。自动门是怎样检测到人靠近的呢?检测到有人后又怎么自动地打开呢?这就是测控技术与仪器专业所学的。还有博物馆的自动报警系统,当红外监控系统检测到有人进入时就会自动报警。这也是测控技术与仪器专业所研究的。

专业一点说,测控技术与仪器就是先检测到外界信息,然后对检测到的信号进行处理,再发出控制指令。

比如刚才说的自动门,自动门上边有个红外传感器,当有人经过时,它就会检测到,然后把检测到的数据进行处理,最后就会发出开启门的控制指令。

再比如空调的控制,空调就是靠温度传感器来采集房间内的温度,并与设定的温度相比较,然后再控制空调的压缩机进行工作。这是一个典型的测控系统的例子。

其实测控专业在我们身边的应用中随处可见,小到走廊声控灯的自动开闭,大到卫星火箭发射的监控。

#### ➢ 学习课程

在课程方面,有人会告诉你说这个专业涉及面广,学得太杂,我不这么认为。

整个测控专业课程安排,应该说是有一条主线的,并不是说这个也学那个也学,它还是围绕着信息的获取、信息的传输、信息的处理、信息的控制这样一条主线进行的。

具体课程如数电模电、传感器、测控电路、自动化仪表、单片机等。

这个专业对实践的能力要求比较高,基本上每门课程都需要拿出两到三周的时间来做课程设计,也就是自己要动手,要进行硬件电路的设计或者软件程序的编写。

在全部课程学完后,还要做一个对整个专业的综合实践。从题目、选择方案设计到整个过程的实施,包括元器件的购买、电路的搭接,全部都由学生自己来完成,挺锻炼人的。

如果有机会,在学校多参加一些电子竞赛,会为你将来找工作带来好处。

#### ➢ 专业方向

因为开设测控技术与仪器专业的学校很多,专业涉及的面也较广,概括起来主要有以下三个方向。

一是检测技术与自动化装置方向;二是测试计量技术及仪器方向;三是工业自动化控制及过

程控制方向。

具体对各个学校而言,由于学校特色不一,测控技术与仪器专业的小方向更多。

像清华大学、华中科技大学等有精密仪器方向;而华北电力大学、上海电力大学等则偏重电力或电厂方向;东北石油大学、西安石油大学、中国石油大学的测控专业基本都是给石油产业方向提供毕业生;西南交通大学主要以道路建筑工程方面的学习为主;兰州交通大学是偏向铁路方向;长春理工大学、上海理工大学等偏重光学;等等。具体你自己想学哪个方向,可以与各个学校的招生办联系并确认。

### ➢ 就业情况

因为这个专业可以应用在各行各业,所以就业面比较宽。近几年就业率也不低,只要认真学习,基本都能找到工作。

将来的工作方向,取决于你所报学校的重点偏向,主要包括以下四个行业:

1. 仪器仪表行业。主要从事以下三个岗位的工作:研发工程师、测试工程师、结构工程师。一般在企业中,工作内容为安装和维护仪表。如果你学得好,可以从事仪器的设计开发或者是机械电子仪器的故障诊断工作。

2. 电力行业。不同的电站(比如火力、核电等)有不同的工作内容,其中很多是热工与计量检定方面的工作,例如中国核工业集团、国家核电技术公司、中国大唐集团、国家电力投资集团等。电力行业收入相对较高,工作内容上也不会太辛苦(相对于私企),不过门槛较高。

3. 计量检定行业。主要从事四大计量,一般到计量院、质监局及企业品保验证部门,能进入计量院与质监局当然是好事,但要进去也有点难度。

4. 建筑行业。例如中核建设、各种建筑公司等。在这个行业出差比较多,例如去现场做监工。

总的来说,方向非常多,像华为、艾默生,还有很多汽车企业也需要测控技术与仪器专业的毕业生。

### ➢ 发展前景

我觉得将来工业会朝大型化、现代化、信息化方向发展,所以将来对测控技术还是有很大需求的。而且现在这个测控技术也是逐渐向网络化、智能化、虚拟仪器方面发展。在我看来整个前景还是很乐观的。

# 804 材料类

## 本专业类概况

### 一、各选科组合能报本专业类的比例

该数据反映的是在该专业类的所有高校招生计划中，各科目组合有多少学校能填报。详解见图书使用说明。

| 物理 化学 生物 | 物理 化学 历史 | 物理 化学 地理 | 物理 化学 思想政治 | 物理 生物 历史 |
|---|---|---|---|---|
| 100.0% | 99.5% | 99.5% | 99.5% | 0.0% |
| 物理 生物 地理 | 物理 生物 思想政治 | 物理 历史 地理 | 物理 历史 思想政治 | 物理 地理 思想政治 |
| 0.0% | 0.0% | 0.0% | 0.0% | 0.0% |
| 化学 生物 历史 | 化学 生物 地理 | 化学 生物 思想政治 | 化学 历史 地理 | 化学 历史 思想政治 |
| 0.0% | 0.0% | 0.0% | 0.0% | 0.0% |
| 化学 地理 思想政治 | 生物 历史 地理 | 生物 历史 思想政治 | 生物 地理 思想政治 | 历史 地理 思想政治 |
| 0.0% | 0.0% | 0.0% | 0.0% | 0.0% |

### 二、该专业类的主要专业男女比例及每年大致毕业人数

| 专业类 | 专业代码 | 专业名称 | 各专业年度毕业人数 | 男女比例 |
|---|---|---|---|---|
| 材料类 | 080401 | 材料科学与工程 | 16 000~18 000 人 | 男 72% 女 28% |
| 材料类 | 080402 | 材料物理 | 3500~4000 人 | 男 72% 女 28% |
| 材料类 | 080403 | 材料化学 | 7000~8000 人 | 男 59% 女 41% |
| 材料类 | 080404 | 冶金工程 | 3500~4000 人 | 男 84% 女 16% |
| 材料类 | 080405 | 金属材料工程 | 5000~6000 人 | 男 77% 女 23% |
| 材料类 | 080406 | 无机非金属材料工程 | 6000~7000 人 | 男 75% 女 25% |
| 材料类 | 080407 | 高分子材料与工程 | 12 000~14 000 人 | 男 68% 女 32% |

### 三、本专业类主要考研方向

| 学科门类 | 一级学科 | 研究方向 | 学位授予 | |
|---|---|---|---|---|
| 工学 | 0805 材料科学与工程 | 学术硕士 | 可授硕士、博士专业学位 | |
| 工学 | 0806 冶金工程 | 学术硕士 | 可授硕士、博士专业学位 | |
| 工学 | 0856 材料与化工 | 专业硕士 | 可授硕士、博士专业学位 | |
| 参考往年可报考二级学科 | | | | |
| 材料科学与工程 | 材料物理与化学 | 材料学 | 材料加工工程 | 材料与化工 |
| 材料工程 | 冶金工程 | 有色金属冶金 | — | — |

## 本专业类重点专业解读

### 080401 材料科学与工程

本人毕业于清华大学,本科和研究生学的都是材料科学与工程专业,应"金榜事事懂"的邀请,简单介绍一下材料科学与工程专业。

➢ **专业概述**

材料科学与工程专业属于工科专业。这个专业算是材料类的一个总括专业吧。学校发的志愿填报指南上肯定还能看到材料物理、材料化学、金属材料、无机非金属材料等专业名称。材料科学与工程专业基本就是以上材料类专业的总括。每个方向的知识我们都会学习一些,但是学习得不是很深入。

因为材料科学与工程专业囊括知识太多,所以很多学校有侧重方向,比如说,清华大学就有材料物理与化学、材料加工工程、无机非金属材料、金属材料及复合材料等方向。一般大学会在"材料"这个大背景下,再细分专业方向。比如,在大二学完基础知识之后,有的学校都会让学生们进行专业方向的选择,可以选的专业方向有金属材料、无机非金属材料、高分子材料、耐磨材料、表面强化、材料加工工程等。

➢ **专业详解**

说了这么多,那究竟什么是材料科学与工程?可能大部分人的第一反应是"一头雾水"。的确,与其他诸如"电子信息""计算机""物流工程"等一眼就可以看出"研究什么的"专业相比,"材料"这一概念显得相当宽泛。

其实这个专业理解起来也很简单,观察一下我们的周围,处处都可以看到与这个专业相关的内容。

你坐在家里看电视——电视机显示图像的元器件,还有遥控器里的发信号的装置是什么做的?是电子信息材料和光电材料。出门逛街要坐车,汽车是什么做的?车外壳是金属材料;挡风玻璃是非金属材料,可能是有机的,也可能是无机的;车内饰是橡胶材料。逛街累了要回家做饭,买晚饭的食材,到了超市购物要付钱,纸币是有机木纤维加有机印刷油墨印制的,硬币是金属材料冲压制成的。如果你不用现金而选择刷卡,信用卡是什么做的?有机聚合物材料,还有磁性材料。买好东西拎着袋子回家,用的是现在大力提倡的环保可降解塑料袋——这是有机生物材料的。你想吧,生活中有这么多材料的影子,总得有人去详细地研究了解吧,只有这样以后才能更好、更合理地开发利用。比如汽车外壳、挡风玻璃的材料怎样才能更坚固?塑料袋用哪种材料才能更环保?

套用教育部官方的解释,我们的专业就是要掌握各类型材料的成分、结构、性能以及加工工艺,从而能对材料进行设计,能对材料性能进行优化,能开发新材料等。

➢ **学习内容**

材料科学与工程专业的课程不是很多,但是涉及的知识面比较多,接下来我就按年级分析一下。

大一、大二是学基础课程,高等数学、英语、思想道德基础与法律修养、马克思主义哲学等自不必说。除了这些,还学习专业基础平台课程,包括无机化学、有机化学、物理化学、分析化学、材料生产设备、材料科学与工程概论等。看到这一连串的化学课程,可能有些同学会问:这到底是材料系还是化学系啊？其实无论什么材料，影响其性能的因素无外乎其化学结构，分子也好、原子也好、离子也好。因此，这几门与化学相关的课程可以说是我们研究材料性能的基础，是材料学的基石。而且化学知识是我们制造合成材料的基础，将来我们搞材料方面的研发也好，生产也好，只有在了解其是"怎么来的"这一基础上，才能进行下一步的工作，改性、深加工、塑形、精制，诸如此类。

升入大三后将深入学习更为专业的知识，包括材料物理性能、材料力学、材料工程基础、电化学、工程材料力学性能、物理冶金原理、现代材料研究技术。无论你将来选择材料专业中哪个方向，这几门课程都是必不可少的。材料学是一门综合性相当强的学科，即使你的主要研究或者工作方向只是某一种材料，比如说，专门研究陶瓷或者专门从事工程塑料的生产，对于其他材料的基本性质也是要知道的，因为材料的工作环境不是单一的，它只有与其他材料共同合作才能更好地发挥功效。比如"神州十五号"飞船的合金外壳和外面附着的吸热耐高温涂料，一个是金属，一个是非金属化合物，如何将两者牢固地结合起来？这一问题就涉及两种材料各自的结构及性质。

之后，一般的大学就会让你选方向了，具体哪个方向学什么，建议你看一下"金榜事事懂"材料类细分的专业，那里说得更细。

### ➢ 什么学生更适合

仅从"材料科学与工程"的名字上看，就要求学生既要懂"科学"——会理论、会基础，又要懂"工程"——会实践、会动手。

材料专业对学生的特质要求并不高，只是要求知识结构相对比较全面、比较均衡。

因为从材料的合成制备来说，侧重需要化学方面的知识；从材料的性能测试来说，侧重需要物理的知识；从材料的理论分析来说，侧重需要数学的知识。

### ➢ 选择学校

我高三报这个专业的时候，自己是不知道这个专业还会分这么多方向的。这个专业有时会给人一种"泛而不专"的感觉，如果让我重新选择的话，有可能会直接选择材料物理、材料化学、金属材料工程这些细分专业。

但反过来说，选择材料科学与工程这种基础专业也有很多好处。通过本专业的学习，能把材料类的概况都了解清楚，有利于以后的职业定位。

这个专业比较好的学校有清华大学、北京科技大学、哈尔滨工业大学、西北工业大学等。当然，能考上什么大学就要看你的能力了。你要有实力能考上清华大学的话，基本上研究生也就能确定了，因为我们学校会推荐本硕连读，也就是说你后面的方向和工作就有着落了。

### ➢ 就业情况

材料科学与工程专业是基础，涉及的面也很广，所以就业的时候给人的感觉就是"通吃"，可以去的单位还是挺多的，如各种材料的制备、加工成型、材料结构与性能等领域的企业，化工、新材料、高分子等科研院所。

某些大学专业倾向性比较强，比如，侧重金属方向的，主要就去钢厂、铝厂、铜厂之类的企业；侧重高分子以及非金属方向的，主要去陶瓷、玻璃、涂料、橡胶、皮革、塑料、模具行业等。学的不同，就业方向也不同。

要问材料专业的就业前景，根据我的经验，一要看你所在的学校的知名度；二要看你个人能力强不强；三要看你的具体方向是不是热门方向。总体来说，相对于其他专业，材料专业的就业前景居于中等偏上水平。

另外，一般大学里金属方向一个班只有两三个女生吧，电子元器件半导体材料、高分子材料之类的方向会稍微多点，不过女生可以考研究生，毕业后做科研之类的工作。如果你想报的话，建议同时了解一下材料类的其他专业，这样能对这个专业有更深入的了解。

## 080402 材料物理

本人是复旦大学材料物理专业研究生毕业的，应"金榜事事懂"的邀请，简单介绍一下材料物理专业。

在介绍之前，我强调一下，这是个争议非常大的专业。为了写这篇文章我询问了不下100人，总结出以下几种差别：

（1）不同大学材料物理的学习方向有差别。有的大学学习课程偏工科，有的大学偏理科。

（2）不同大学本科就业情况有很大差别。特定城市非常好的那几个大学毕业的就业比较容易，但一般的本科院校，甚至一般的"211工程"或者"双一流"学校毕业的就业也比较困难。

（3）研究生与本科就业差别很大。因为专业理论性的特点，研究生找工作还是比较轻松的，但本科生几乎很难找到合适的工作。

（4）同样班级、同样能力的学生进入不同的单位后薪酬相差巨大。关键是看能不能找到能发挥自己优势和能力的企业。

### ➢ 专业介绍

材料物理专业，在一般大学里属于材料科学与工程系学院下属的专业之一，主要涉及材料的宏观与微观结构，尤其是微观结构，材料的物理性能基本参数以及这些参数的物理本质，是从物理角度研究材料的组成、结构、性能、改性、加工及应用。

虽然在日常生活中并不会接触太多材料物理，但在高科技领域必不可少，比如现在颇为流行的纳米材料、环境材料、电子材料、信息材料，其大部分研究的是材料的物理性能在各特殊领域的应用。比如纳米材料，就是纳米尺度下的材料物理学。

另外，材料物理专业所研究的磁学及光学性质在信息材料领域有着巨大的应用空间，是现代半导体、微电子、光电子产业发展的理论及应用基础。

### ➢ 学习内容

由名称就可以清楚地看出，材料物理专业学习的内容以材料学、物理学两方面为重点。

物理学中的力、热、光、声均在材料物理专业有着十分广泛的应用，当然侧重点还与将来各个大学的研究方向有关。比如说，对于偏重研究信息材料磁存储技术的，铁磁学是中心课程，但是力学、电学、热学多少也有所涉及。另外，原子物理、固体物理、晶体学、X光技术、电子显微分析等课程也是比较重要的课程。

材料物理专业在大学本科阶段开设的主要课程包括大学物理、大学化学、数学物理方法、材料力学、热力学统计物理、量子力学、材料科学与工程基础、材料表征、固体物理、材料物理、无机非金属材料工艺学等。

从课程上大概就能发现，这个专业比较适合那些对微观结构和理论物理感兴趣的同学。

### ➢ 就业总括

报志愿最关心的就是这个专业的就业问题了。别人都说，理工科的学生将来是很好就业的，尤其是男生就更不用担心。虽然话是这么说的，但是说实在的，学材料物理，本科毕业后真的不好就业。回想当年本科毕业，我也参加过就业招聘会，至今都清晰地记得那时候我们宿舍所有的人都找不到工作的失落感。

不过读完研究生就完全不同了。材料物理这个专业真正能出彩的，还是要到研究生水平以上。比如，复旦大学材料系的研究生这两年还没等毕业，每个人就都有好几个企业的录取通知书了，所以要想报我们这个专业就一定要把眼光放长远一些，要从事本专业的工作就要读研。

### ➢ 就业详情

现代工业对材料的要求越来越高，相应地产生了更多的需求，例如大型钢铁企业、飞机制造业、汽车制造业、太阳能研究企业、电子研究企业、核工业集团等，都需要精密的材料技术，所以材料物理最合适的去向是高新技术领域。

你从网上肯定能了解到这样的情况：材料物理的毕业生能够在汽车、机械、冶金、电子、化工、军工、航空航天、仪表等部门从事材料的生产、研究和开发等；还可以到某某科研机构去工作；或者是从事电子材料、微电子、信息技术及其相关领域的研究，例如微软、英特尔等公司都很需要材料物理专业的毕业生；等等。但是，你一定要记住，这不是一般的本科生能够做到的。

### ➢ 发展前景

作为其他产业的基础，材料物理专业是不可缺少的，随着技术的成熟和产业化，材料物理专业的毕业生的就业范围正在逐渐拓宽，所以前景还是可以的。

### ➢ 注意事项

1. 材料物理专业的目的在于培养高水平的材料基础研究人员。所以如果选择学校，最好是选择比较有名的学校或者材料物理方面比较强的学校，这样也有利于以后就业。

2. 搞材料研究的前景光明而且薪水待遇都不错，但有两个必要条件：
(1)具备研究生水准和资深研究人员资质。
(2)找到一家好企业、一个好的实验室和一个好的团队，比如某个新科财团下属的研究室或是世界一流学府的研究室。

## 080403 材料化学

本人毕业于北京科技大学材料化学专业，应"金榜事事懂"的邀请，简单介绍一下材料化学专业。

### ➢ 专业介绍

材料化学是材料类专业下的一个分支，是研究新型材料在制备、生产、应用和废弃过程中的化学特质，包括无机和有机等各类应用材料的化学性能的一门学科。

材料化学专业研究的主体是材料，不是化学，材料化学主要的研究范畴并不是材料的化学性质，而是材料在制备、使用过程中涉及的化学过程、材料性质的测量。比如陶瓷材料在烧结过程中的变化(也就是怎么才能烧出想要的陶瓷)，金属材料在使用过程中的腐蚀现象(怎样防止生锈)，冶炼过程中条件的控制对产品的影响(怎么才能炼出优质钢材)，等等。

材料化学专业所研究的大多跟传统产业有关，比如说冶金行业，在钢铁、有色金属冶炼过程中效率低、产品质量差，生产过程中浪费严重等问题，都需要用材料化学的知识来解决。再比如，中国虽然一直以陶瓷闻名于世,但实际上,世界上的精密陶瓷(用于电子材料中,价钱非常昂贵)绝大部分是由日本制造的,因为我们在配料、控制烧结条件等环节技术力量太差,而材料化学正是解决这些问题的一门学科。

> ➢ 专业方向

目前,材料化学涉及的领域极为广泛:如建筑材料中混凝土外加剂的应用,聚合物混凝土、薄膜材料在玻璃深加工上的应用,有机高分子材料用于水泥砂浆的改性和对陶瓷工艺的改进,这些都会涉及材料化学。因此不同大学对材料化学定位会有所不同,像塑料、橡胶、纤维属于高分子材料化学,水泥、玻璃等属于无机非金属化学材料。

> ➢ 学习内容

材料化学专业的基础课程主要涉及物理学、热力学、材料化学、冶金学、电化学等方面的知识,特别是无机化学、物理化学。当然,由于专业方向的不同,有些专业也需要很多有机化学、生物化学的知识,像反应中的薄膜技术、胶体技术(在生产中以薄膜和胶体作为反应介质)的应用等。

具体课程有材料科学基础、结晶化学、高分子化学、材料研究与测试方法、材料性能学、材料化学、材料工艺学以及材料基础实验、材料化学专业实验等。

> ➢ 就业情况

在材料科学与工程各专业中,材料化学专业的毕业生就业情况还是比较不错的,不过目前专业比较对口的单位也就只有这几种选择:进国企化工厂、私企化工厂、大型钢铁制造公司,还有考研、出国、做化工贸易、做检测,或者是进设计院、公司搞研发(不过这都要硕士、博士学历)等。

第一,化工行业是材料化学专业主要就业的领域。随着人们环境意识的增强,越来越多的传统重污染、高消耗的材料逐渐被淘汰,而沿海地区的化工企业正迫不及待地在改进生产工艺,建设新的环保材料生产线,正需要大量材料化学专业的毕业生。但有时候我们不得不和其他化学专业的学生抢碗饭。进化工厂就是靠经验吃饭,基本得从基层干起。化工行业中有些材料是有毒性的,必须做好防护,否则对身体有害。

第二,材料化学专业的其他就业领域,还有金属材料集团,比如可以去宝钢、武钢的技术研究所等,从事金属材料化学行为的研究工作。

第三,在一些涉及边缘学科类的岗位,诸如环境、药物、生物技术、纺织、食品、林产等领域,材料化学专业的人才也有用武之地。

第四,化工贸易类岗位。有产品就得有销售人员,对化工原材料的辨别必须建立在扎实的专业基础之上,否则无法向客户解释产品的优劣。因此,化工销售人员基本都需要化工专业科班出身,也就是说材料化学专业可以到化工贸易类的岗位从事销售工作。

第五,本科毕业后也可以继续考研。考研的选择也不少,很多工科比较齐全的学校开设了相关专业。另外材料化学专业的毕业生出国难度不是很大,不过出国之后从事的也是基础研究,比如测相图等比较繁杂琐碎类型的工作。

第六,也可以去公司做检测,比如进仪器公司从事质检工作等。

总体看来,本科毕业找工作不难,但是高薪难求。

> ➢ 注意事项

1. 研发人员要长年待在实验室里和仪器打交道,工作枯燥而单调;而有些产品的研发环境也不好,像香精、涂料等容易引起一些职业病。

2. 大多数化工企业都位于城市边缘,工作和生活环境相对单调,如果处于施工阶段则可以用艰苦来形容。

3. 目前,由于新旧材料(化学)企业的效益存在很大的差别,使得材料化学专业的毕业生在收入方面有很大的不同。在新兴的材料产业当中,工作环境能相对较好,薪水也相对高一些。

4. 化工行业是个讲究资历与积累的行业,在这里很少能有人遇到什么"一飞冲天"的特别机遇。毕业生初入行从事技术类工作,需要的是脚踏实地、一步一步积累技术和工作经验,到了一定程度后,才能获得比较好的待遇和地位。

5. 女生如果想报这个专业须注意,因为不少工作是接触有毒性的材料,而女生最担心这一点。所以女生一般得往上考,读硕、读博,然后去研究院或设计院工作。

总之,材料化学专业似乎不是一个非常吸引人的专业,但也有其自身的优势,希望报志愿的时候慎重考虑。

# 080404 冶金工程

本人是冶金工程专业毕业的,应"金榜事事懂"的邀请,讲一下冶金工程专业。

## ➢ 专业介绍

冶金工程,这个名称比较好理解,就是研究金属冶炼的。它是一门研究从矿石中提取钢铁或有色金属材料并进行加工的应用性专业,主要学习黑色金属和有色金属(包括重、轻、稀有和贵金属)冶金的基本理论、生产工艺和设备。冶金工程是一个比较容易让人"误解"的专业。一提到它,人们往往会将它和那些数不清的烟囱高炉,看不完的冰冷的钢材铁板等联系在一起。因此,很多考生在面临专业选择时,往往视其为"畏途",鲜有将它作为首选专业的。

其实冶金工程也是分很多研究方向的,特别是到了研究生阶段后,如果从事研究类的工作,是可以不用去一线的,只需要偶尔进工厂。

## ➢ 专业研究方向

冶金工程专业有很多的研究方向,比如有冶金物理化学方向,学习内容包括冶金新理论与新方法、冶金与材料物理化学、材料制备物理化学、冶金和能源电化学等。还有冶金工程有色金属钢铁方向,学习内容包括钢铁和有色金属冶金新工艺、新技术和新装备的研究,现代冶金基础理论和冶金工程软科学,冶金资源的综合利用,优质高附加值冶金产品的制造和特殊材料的制备技术等。还有能源与环境工程方向,学习内容包括冶金工程环境控制、燃料的清洁燃烧与能源极限利用、工艺节能与余能回收技术等。还有其他的一些研究方向,就不一一列举了。

## ➢ 学习内容

冶金工程专业主要学习冶金物理化学、钢铁冶金和有色金属冶金等方面的知识,具体科目有:冶金物理化学、金属学、冶金传输原理、冶金原理、钢铁冶金学、有色金属冶金学、冶金设计基础、材料现代分析方法、稀土冶金原理及工艺、冶金能源与环境、冶金质量分析等。此外,还有实践性教学,有金工实习、生产实习、专业实验等。

## ➢ 选择学校

冶金工程专业比较好的大学有北京科技大学、东北大学、昆明理工大学、中南大学、重庆大学;有色金属冶金专业比较好的大学有东北大学、昆明理工大学、中南大学;钢铁冶金专业比较好的大学有北京科技大学、东北大学和上海大学。北京科技大学的冶金物理化学专业不错。

> **就业情况**

冶金工程专业的毕业生就业比较乐观,全国仅有几十所高校开设这个专业,每年培养的毕业生数量有限,但是市场需求量特别大,所以前几年都是供不应求。毕业生可以在冶金、有色金属、稀土公司等从事科研、生产、设计、管理等工作,也可在行政机关、学校、部队、公安等部门从事科研和教学工作等。做技术的话就是从技术员做起,慢慢到冶金工程师,如果有一定的管理能力,锻炼之后提拔上去做生产管理的可能性也比较大。

国内钢铁和有色金属行业基本是国有企业,到学校招聘的大部分是实力非常雄厚的企业,比如金川公司、厦门钨业、中国铝业等,公司整体待遇和福利比较好。

不过冶金工程专业的工作环境相对差点,工作比较辛苦,一般需要倒班。女生要是想报考该专业需要慎重考虑。

可以这么说,在现在整体就业情况比较差的环境下,冶金工程专业还是一个不错的选择。就拿我们班来说,毕业时60多个人中有50多个很顺利签约了,剩下的几个也是因为他们有自己的打算而不是找不到单位。我觉得比好多重点大学的普通专业就业强多了,所以你如果没有别的更合适的专业,而且属于吃苦耐劳型的人,可以考虑一下这个专业。

## 080405 金属材料工程 & 080406 无机非金属材料工程

本人是北京某普通本科大学材料工程系的系主任,应"金榜事事懂"的邀请,给大家介绍一下金属材料工程专业和无机非金属材料工程专业。之所以把两个专业合在一起比较着介绍,是因为很多大学这两个专业是同时招生的,填志愿的学生往往分不清自己更适合哪一个。

> **研究对象**

虽然金属材料工程专业和无机非金属材料工程专业都属于材料系的专业,在大学里前两年学的课程也都是材料类专业的课程,并且很多大学大一、大二是先按材料科学与工程大类来进行教学,后再细分专业,但这两个专业的区别还是很明显的。

首先两者研究的对象完全不同,前者主要研究的是与金属有关的材料,后者主要研究的是无机非金属材料。

对于无机非金属材料,大家可能不是很明白,无机非金属材料分为传统无机非金属材料和无机非金属新材料。传统的无机非金属材料就是大家平常见到的大宗无机建筑材料,包括水泥、玻璃、陶瓷与建筑墙体材料等,这些占无机非金属材料的大部分。无机非金属新材料是一系列具有耐磨、耐高温、抗氧化以及特殊的电、光、声等优异的综合性能的新型材料,也就是传统普通材料难以替代的功能材料和结构材料。比如说二氧化硅气凝胶是导热系数最低、最轻的固体材料,被广泛应用于管道以及设备保温;再比如说最常见的地砖,不同性能的地砖,防滑性、吸水性、隔热性能等可以满足不同的要求。

> **研究内容**

因为研究对象完全不同,两者具体的研究内容就有很大的差异。

首先说金属材料工程专业。金属材料工程专业主要研究金属材料以及金属基复合材料的成分、组织结构、生产工艺(如热处理、冶炼铸造、塑性成型、焊接、粉末冶金等)、环境与性能之间的基本规律,学习金属表面防护的基本知识和常用方法,以及通过合适的合金设计和工艺设计提高材料的性能、质量和寿命,并开发新的材料和新的制备工艺。

金属材料存在于生活、生产的方方面面,金属材料工程专业的研究方向也是多方面的:

一是提高应用面广的金属材料的综合性能;二是提高材料表面的耐磨性、耐腐蚀性等;三是以金刚石为主的超硬材料;四是先进纤维材料;五是以能量转换(电—热,声—电等)材料为主的功能材料;六是以人体缺损硬组织修复和替代为主的生物医用材料。

然后再说无机非金属材料工程专业。无机非金属材料工程专业主要研究无机非金属材料及复合材料的生产过程、工艺及设备的基础理论、组成、结构、性能及生产条件间的关系,培养学生具有材料测试、生产过程设计、材料改性及研究开发新产品、新技术和设备及技术管理的能力。

无机非金属材料也有一些新的研究方向。按照国家可持续发展的战略,节能肯定是一个好方向。建筑材料的安全性的智能诊断、能满足多种功能要求的复合非金属材料等都是无机非金属材料工程专业的前沿研究方向。

### ➢ 学习内容

本科最初都会学习材料科学与工程类的基本课程。

只不过金属材料工程专业后来还会侧重学金属学、金属学与热处理原理、金属材料学、金属工艺与材料工程、金属材料工程测试技术等。

而无机非金属材料工程专业会再学无机材料性能、无机材料工艺学(含硅酸盐、复合材料)、结晶学与岩相学、无机材料科学基础、无机材料物理性能、无机材料热工技术、无机材料测试技术、矿物材料加工学等课程。

### ➢ 就业方向

金属材料工程专业的毕业生可以在冶金、材料结构研究与分析、金属材料及涂装防护材料制备、金属材料成型、材料的腐蚀与防护等领域工作。行业涉及航空航天、能源化工、国防军工、冶金机电等各行各业。比较对口的一些单位的技术中心及研究所,工作环境比较好。热处理和质检等工作会在生产现场比较多,有一定的危险性。在单位实验室做性能分析等工作的工作环境还是比较好的,实验室的工作比较适合女生。具体来说:

1. 在钢铁、有色金属冶炼、金属成型工厂及粉末冶金厂等企业,从事工艺编制、工装设计、新产品研制开发、产品质量的检验与控制,以及生产技术、质量管理工作。

2. 在交通机械,矿山机械,工程机械,车辆、船舶等制造厂或修理厂,以及轴承、阀门、弹簧等零部件、标准件制造厂,从事金属零件的铸造、锻造、压力加工、焊接、热处理等热加工工序的工艺编制、工装设计,新材料、新技术的推广应用,零件内在质量的检验与控制及车间、工段的现场技术服务等工作。

3. 在建筑、矿山、化工、交通运输等行业,从事该行业生产用金属材料(如螺纹钢筋、盘条、钢板等)的选用和材料质量的检验;从事相应机械设备的维修件、备用件材质的选用、改进及其质量检验;从事各相应机械设备修理的热加工工序(焊接、热处理)的工艺编制及现场技术服务。

4. 在有关材料研究院所,如冶金研究院、钢铁研究院、有色金属研究院、铸造研究所、焊接研究所等,从事新材料、新工艺、新设备的开发研究工作;在高等院校、中等专业学校的材料系从事金属材料的教学和科研工作。

由此可见,学金属材料工程,可以做的工作很多,就看你想往哪方面发展了。

下面再说一下无机非金属材料专业毕业后的去向。这个专业的毕业生可从事无机非金属材料结构研究与分析、材料的制备、材料成型与加工等领域的工作。该专业的毕业生一般去玻璃厂、陶瓷厂、水泥厂等建筑材料公司,工资待遇普遍不高。如果有能力去建筑材料研究设计院,那是很好的,待遇好、稳定。如果能从事无机新材料方面的研究工作,那就更好了。

# 080407 高分子材料与工程

本人是高分子材料与工程专业毕业的,本科毕业于青岛科技大学,硕士毕业于浙江大学。应"金榜事事懂"的邀请,简单介绍一下高分子材料与工程专业。

## ➢ 专业介绍

提到高分子这个词,学过化学的高三学生应该知道它的意思吧?高分子材料与工程主要研究的就是高分子材料的组成、结构与性能方面的知识,研究高聚化合物的化学和物理基本原理,以及以高分子化合物为原料的新兴合成材料的成型加工技术。

高分子材料与工程以研究为主,主要面向新材料的研发与生产,以环境材料、生物医用材料、纳米材料等新材料研究与开发为特色。

高分子材料与工程主要分为合成和加工,不同的学校有不同的专业方向,如高分子合成、聚合物成型加工、环境材料等专业方向。如果细分的话,有橡胶、塑料、纤维、涂料、黏合剂、复合材料和新材料等方向。

## ➢ 研究对象

提及高分子材料的研究对象,人们肯定很陌生,但是谈及我们身边的各种高分子材料,大家却都很熟悉,其实从天然的羊毛、蚕丝、纤维素、淀粉和天然橡胶到合成的塑料、橡胶、纤维等,无一不是高分子的研究对象。如果按照高分子材料的物理形态和用途来划分,高分子材料与工程专业的研究对象分为塑料、橡胶、纤维、黏合剂、涂料、聚合物基复合材料、聚合物合金、功能高分子材料、生物高分子材料等。如果按照高分子材料形成及制造过程来分,本专业的研究对象分为:(1)高分子的结构与性能的关系,也就是研究什么样的分子结构对应什么样的宏观、微观性能,解释为什么有的高分子具有弹性,有的高分子是硬质塑料,有的高分子却可以做纤维纺丝;(2)高分子的合成及改性技术,其中包括怎样使小分子变成高分子的各种合成工艺,以及各种特性不同的新产物;(3)高分子的成型加工及模具设计,研究内容主要是怎样将我们合成的高分子粉状、粒状等产物变成产品,比如同样都是聚丙烯材料,为什么既可以做成塑料杯,又可以做成薄膜?它们在成型过程中经历了哪些变化?还有现在很热门的快速成型技术是怎么实现的? 等等。

## ➢ 学习内容

在大学课程方面,以化学系列课程为主干学科基础;选修生物、环境、仪器等相关学科知识;有强化高分子化学与物理、高分子合成、高分子材料成型加工、高分子材料研究方法等专业核心课程;突出聚合物制备工程、材料加工工程、环境材料、生物医用材料等专业方向的自主选修。

具体科目有:有机化学、物理化学、高分子化学、高分子物理、聚合物流变学、聚合物成型工艺、聚合物加工原理、高分子材料研究方法等。

部分学生在学习过程中,有可能会遇到一些困难。困难主要源于从经典化学到高分子化学的改变。在经典化学中,化合物有明确的分子式,但高分子是混合物,其化学式、结构都不明确,故在讲述高分子化学的过程中,很多时候只能说大概是这样,比较含糊,令学生困惑。而且,高分子是大分子混合物，每一个大分子的分子量可能从几万变化到上百万，分子量庞大，且混合在一起，必须采用统计理论来总结规律。例如高分子物理中就引入大量统计理论，但统计理论对大多人来说都难以理解。

在学习高分子物理时，高分子的长链结构是抽象的微观结构，无法直接观察，各种表征手段也均是间接方法，因此在学习过程中掌握高分子的长链结构在很大程度上依赖学生的空间想象能力，这也是难点之一。加之高分子物理中烦琐的数学公式，例如描述黏弹性和橡胶弹性等公式，难记易混，学生经常会怀疑其是否有用。

### ➤ 教授补充

高分子材料与工程是一门理工结合的专业，高分子的设计合成需要化学知识，高分子的性能测试需要物理知识，高分子的理论计算和分析需要数学知识和计算机基础，生物医用高分子的研究需要生物知识，因此高分子材料与工程专业需要具备不同特质的理科学生。

很多人认为高分子材料与工程专业只是做做塑料而已。事实上，高分子材料远远不止塑料，包括塑料、纤维、橡胶、涂料和黏合剂，随着各种功能高分子材料的出现，其应用领域日益广泛，在工农业生产、国防技术、环境保护、生命科学，尤其是在一些高精尖（包括航空航天）领域均有着非常广泛的应用。

许多人认为学习高分子材料与工程专业可能对学生身体有很大伤害。但事实上，这个专业在相关学科中是危害最小的学科之一。顾名思义，高分子即分子量较大的分子，与一般的小分子相比，其分子量往往达到几万甚至几十万。这么大的分子量，人体细胞是不能吸收的，因此，虽然很多小分子是有生物毒性的，但一旦变成高分子就会成为低毒甚至无毒材料。

### ➤ 就业形势

高分子材料在各行各业都用得到，所以只要毕业的时候企业招这个专业，你都可以去。21世纪是高分子的世纪，就业前景十分广阔。

就业方向主要有橡胶、塑料、纤维、涂料、黏合剂、复合材料和新材料等的合成和加工。总体来说需求量很大，但薪资待遇在化工行业里一般。

如果选择继续深造，选择读研、读博、出国留学都是不错的，能大大提高毕业之后的待遇。

具体就业的岗位可以给大家举几个例子：

(1)一汽、大众、广州本田等汽车研究机构的高分子研究。
(2)海尔、美的等生产电器的高分子研究。
(3)比亚迪汽车公司的电池研究、改进、制作等。
(4)电线电缆生产行业，可以从技术岗位升迁到管理岗位。
(5)石化公司。
(6)橡胶轮胎、日常用的塑料袋、胶水、墙面漆等的生产企业。

### ➤ 注意事项

高分子材料与工程专业要接触的东西都是高分子，很多小分子在变成高分子之前是有生物毒性的，虽然现代的保护措施很好，但是你既然打算选择这个专业，就要做好在这样的环境下工作的准备。总的来说，合成对身体的损害相对大一些，加工相对好一些，模具设计、配方设计、技术销售、研究教学等对身体的影响较小。

# 805 能源动力类

## 本专业类概况

### 一、各选科组合能报本专业类的比例

该数据反映的是在该专业类的所有高校招生计划中,各科目组合有多少学校能填报。详解见图书使用说明。

| 物理 化学 生物 | 物理 化学 历史 | 物理 化学 地理 | 物理 化学 思想政治 | 物理 生物 历史 |
|---|---|---|---|---|
| 100.0% | 100.0% | 100.0% | 100.0% | 0.0% |
| 物理 生物 地理 | 物理 生物 思想政治 | 物理 历史 地理 | 物理 历史 思想政治 | 物理 地理 思想政治 |
| 0.0% | 0.0% | 0.0% | 0.0% | 0.0% |
| 化学 生物 历史 | 化学 生物 地理 | 化学 生物 思想政治 | 化学 历史 地理 | 化学 历史 思想政治 |
| 0.0% | 0.0% | 0.0% | 0.0% | 0.0% |
| 化学 地理 思想政治 | 生物 历史 地理 | 生物 历史 思想政治 | 生物 地理 思想政治 | 历史 地理 思想政治 |
| 0.0% | 0.0% | 0.0% | 0.0% | 0.0% |

### 二、该专业类的主要专业男女比例及每年大致毕业人数

| 专业类 | 专业代码 | 专业名称 | 各专业年度毕业人数 | 男女比例 |
|---|---|---|---|---|
| 能源动力类 | 080501 | 能源与动力工程 | 20 000～22 000 人 | 男 84% 女 16% |
| 能源动力类 | 080503T | 新能源科学与工程 | 4000～5000 人 | 男 75% 女 25% |

### 三、本专业类主要考研方向

| 学科门类 | 一级学科 | 研究方向 | 学位授予 |
|---|---|---|---|
| 工学 | 0807 动力工程及工程热物理 | 学术硕士 | 可授硕士、博士专业学位 |
| 工学 | 0858 能源动力 | 专业硕士 | 可授硕士、博士专业学位 |
| 参考往年可报考二级学科 | | | |
| 动力工程及工程热物理 | 工程热物理 | 热能工程 | 动力机械及工程 | 流体机械及工程 |
| 制冷及低温工程 | 化工过程机械 | 能源动力 | 电气工程 | 动力工程 |
| 核能工程 | 航空发动机工程 | 燃气轮机工程 | 航天动力工程 | 清洁能源技术 |
| 储能技术 | — | — | — | — |

# 本专业类重点专业解读

## 080501 能源与动力工程

本人是能源与动力工程专业的毕业生,应"金榜事事懂"的邀请,简单介绍一下能源与动力工程专业。

### ➤ 专业介绍

能源与动力工程专业是由十多年以前的热能与动力工程专业、能源工程及自动化专业、能源动力系统及自动化专业等几个专业合并而来的。

能源与动力工程学什么呢?第一就是学习如何利用各种能源,比如煤、石油、风能、核能等发电、发热。第二就是用发出的电和热做动力,包括汽车、火车、轮船的发动机。第三就是制冷的相关技术。

别看专业名称很深奥,其实这个专业离我们很近,比如电厂发电、汽车发动机、空调制冷等,都与这个专业有关系。

### ➤ 学习内容

因为涉及面广,每个学校培养方向可能略有不同,概括起来主要有热能方向、动力方向、制冷方向这三个方向。比如江苏大学这个专业就有流体机械方向、电厂热能工程方向和工程热物理过程方向等。

虽然不同学校方向不同,但学的基础课程大都差不多。重点是三大专业课:工程热力学(主要是热力学第一、二定律)、工程流体力学(流体即空气、水蒸气、烟气的流动规律和各个参数之间的相互关系)、传热学(热量是如何传递的,如何提高传热效率,提高热量的利用率,减少热量的损失)等。

### ➤ 就业方向

从整体上说,能源与动力工程就业方向较多,近几年就业率也比较高。

根据专业方向不同,就业大方向也同样有三个:热能方向、动力方向、制冷方向。但每个方向又可分为不同行业。

第一,热能方向可以去三个行业。

1. 电厂热能属于电力行业,著名的有"五大集团""四小豪门""两大电网",分别是中国华能集团公司、中国大唐集团公司、中国华电集团公司、中国国电集团公司、中国电力投资集团公司,华润电力、国华电力、国投电力、中广核,南方电网和国家电网。进入上述企业后可以从事巡检岗、维修岗、运行岗、采购岗等工作。

2. 核能属于核动力行业,著名的公司有中广核、中核、国家核电技术中心。

3. 冶金热能(加热炉、热处理炉)属于冶金行业,国内著名的冶金公司有宝钢集团、鞍钢集团、武钢集团(湖北武汉)、首钢集团(北京、迁安)、浦项制铁等冶金钢厂及其设计院。

第二,动力方向有两大块。

1. 船舶动力(涡轮机)是船舶制造行业。著名的船舶集团有大连船舶重工集团、上海外高桥、上海沪东、上海江南造船、中远船务、葫芦岛造船厂等造船厂及其设计院。

2. 汽车、火车动力（内燃机）是汽车机车行业。著名的公司有一汽、江淮汽车、铃木、吉利、奇瑞、比亚迪。机车方面著名的公司有中国中车（由过去的南车集团与北车集团合并组建，原南车集团在株洲、贵阳、戚墅堰、眉山、南京、洛阳、成都、襄阳等南方城市分属制造企业，原北车集团在齐齐哈尔、哈尔滨、长春、大连、北京、唐山、青岛等北方城市有下属的单位）、庞巴迪、阿尔斯通、西门子等。

第三，制冷方向：压缩机、空调等属于家用、商用电器业。著名的公司有海尔、西门子、松下、远大等。

你能去什么方向的单位，主要取决于你准备填报的大学的特色，有的偏向电厂，有的偏向动力机械，有的偏向制冷空调，等等。

### ➢ 教授补充

能源与动力工程分为能源工程和动力工程两部分。能源工程主要研究能源的合理、高效利用和转换，着重于系统节能技术；动力工程主要研究工程领域中能源转换、传输、利用的理论、技术和设备相关的工程技术，着重于动力机械。

因为不同的大学有不同的侧重方向，所以报志愿的时候首先要看院校特色。目前，全国开设能源与动力工程专业的院校近200所，代表院校如清华大学、哈尔滨工业大学、上海交通大学、浙江大学、华中科技大学、西安交通大学、北京航空航天大学、华北电力大学等。因为专业涵盖面广，各院校根据自身的特色开设的专业方向也各有优势。

如西安交通大学、上海交通大学、天津大学的内燃机方向都非常有优势，很多是国家重点学科；北京航空航天大学的该专业更偏重于航空发动机；江苏大学能源与动力工程侧重流体机械，其流体机械及工程学科是全国唯一以泵为研究特色的国家重点学科；华北电力大学该专业最早曾叫"电厂热能动力工程"，从专业名称也能看出该专业主要侧重如何将热能转化成电能。在报考时，考生可根据学校特色、自己的兴趣爱好和分数情况等综合考虑。

报考的时候还要看看专业方向，能源与动力工程专业所对应的考研一级学科为动力工程及工程热物理，涵盖的二级学科有很多，如热能工程、动力机械及工程、流体机械及工程、化工过程机械等。各院校开设的专业方向也很多，如热能动力工程、能源与环境工程、制冷与空调工程、建筑环境与能源应用、内燃机、汽车及发动机等专业方向。很多院校的能源与动力工程是由热能与动力工程调整而来，所以开设的专业方向中，以热能与动力工程最为普遍。例如，北京交通大学能源与动力工程专业分设热能工程专业方向和汽车及发动机专业方向，学生从第六学期起，可以根据自身爱好选择方向。天津大学的能源与动力工程专业含内燃机和热能工程两个方向，以内燃机为研究方向的动力机械与工程学科为国家重点学科，热能工程以中低温热能高效利用、制冷为研究方向。华北电力大学该专业包括三个专业方向：热能动力与工程、电厂集控运行、燃气轮机及联合循环。

值得注意的是，上述专业方向很多，不可能每个学校都开设，有些即使开设也不是全国招生。考生报考时可以查阅所在省、市、自治区当年下发的《招生专业目录》，查看招生计划和专业方向。

### ➢ 注意事项

1. 女生少，男女比例大概为10∶1。女生就业在某些企业比较难一些，但有时也能找到不错的工作。我们班的女同学有的就是做核电科研工作，也有去美的空调做中央空调系统设计的。

2. 本科毕业生不要对技术研发设计岗位抱太多希望。一般的大公司研发设计岗是只招研究生。

3. 不同高校有的培养方向是"研究型"，有的是"技术型"，报志愿的时候需要多加留意，看看哪个更适合你。

4. 学能源与动力工程专业的不一定非要从事电厂运行、发动机、空调等类型的工作，我的同学中有的签了华为，也有的签了创维，都是通过校园招聘渠道签约的。

## 080503T 新能源科学与工程

本人是新能源科学与工程专业毕业的，目前在中国大唐集团工作，应"金榜事事懂"的邀请，简单介绍一下新能源科学与工程专业。

### ➢ 专业介绍

新能源是指传统能源之外的各种形式的能源，从名称看，一个"新"字将它与传统能源区别开来，所以又称非传统能源。简单地说，所有采用新技术系统开发利用的能源都可以称之为新能源，如核能、太阳能、氢能、风能、生物质能、地热能等。而新能源科学与工程专业便是对这些新能源进行深入研究并使之应用于生活的专业。

接下来我就简单介绍一下几种常见的新能源。

首先是太阳能。太阳能是比较常见的新能源。太阳能的主要利用形式有太阳能的光热转换、光电转换以及光化学转换等。太阳能清洁环保无污染，利用价值高，更没有能源短缺的问题，其优点决定了其在能源更替中的不可取代的地位。

其次是风能。风能最常见的利用形式为风力发电。风能蕴藏量大，分布广泛，作为一种无污染和可再生的新能源有着巨大的发展潜力。

再次是生物质能。目前能被人类利用的生物质能主要有农作物秸秆、农林废弃物、动物粪便、垃圾及藻类等。生物质能常见的利用形式是通过微生物作用生成沼气，也可以采用热解法制造液体和气体燃料。生物质能也是世界上最为广泛的可再生新能源之一。

然后是核能。核能现今主要用于发电，主要流程大致如下：核能→水和水蒸气的内能→发电机转子的机械能→电能。

最后是地热能。地热能主要是地热发电，就是把地下的热能转变为机械能，然后再将机械能转变为电能。

目前新能源在我们日常生活中应用的已经很广泛了。比如很多城市的道路两旁能看到一种"风光互补路灯"。这种路灯顶部多出了两顶"小帽子"，一顶是小型风能发电机，一顶是太阳能电池板。这两顶"帽子"既可以独立发电，也可以联合发电。这就是新能源技术在我们生活中的应用之一。再比如中国空间站的"梦天"实验舱采用的太阳能帆板，应用的也是新能源技术。

### ➢ 专业方向

目前国内有很多高校开设了新能源科学与工程专业，但由于新能源的形式较多，所以各高校根据社会需求和自身已有的专业积累，设立了不同方向的新能源科学与工程专业，其培养目标、课程设置、专业方向等都有较大差别。

比如华北电力大学新能源科学与工程专业主要有风能、光伏发电、生物质能几个专业方向。

厦门大学新能源科学与工程专业是面向核能、太阳能、风能、生物质能、化学储能等国家急需的新能源产业方向。

河海大学新能源科学与工程专业以风能为主要方向。研究的是新能源发展所涉及的基本气动力学理论、控制理论和发电运行理论。除了学习空气动力学、电路、控制理论等专业基础课，还要学习风力机、风力发电机组控制、风力机塔架与基础、海上风电场、风电场规划与选址等专业课。

> ## 就业状况

新能源科学与工程专业本科毕业生一般是去一线的生产单位,研究生毕业去研究所、设计院工作的比较多一些。毕业生也会根据不同的专业方向,选择相对应的对口工作单位。

比如生物质能方向就业对口单位主要有华能、大唐、神华、中电投等发电集团公司的燃煤电厂、生物质电厂,华北电力设计院、西北电力设计院、西南电力设计院、中南电力设计院、华东电力设计院这五大电力设计院,以及各省级电力设计院、电科院,环卫集团、广大集团等环保企业,东方电气旗下东锅、上海电气旗下上锅以及哈电旗下哈锅等锅炉、汽机等制造单位。

光伏发电方向的学生毕业后主要从事太阳电池设计与制造、光伏系统设计、光伏电站规划、设计、施工、运行与维护等方面的工作。

风电方向就业对口单位主要有五大发电集团的风电场(如华能、国电、大唐、华电、中电投);电力设计院(如华北、西北、西南、中南、华东等);各省设计院、电力勘测设计院;风电整机制造企业、叶片制造企业、电气设备厂和其他相关的工作。

另外,因各校的专业方向不同,各高校毕业生的主要就业领域也有一定的区别。如华中科技大学新能源科学与工程专业的毕业生主要在电力、动力、化工、冶金、机械等部门从事节能减排和太阳能、风能、生物质能等新能源及自动化等相关方面的研究。河海大学毕业生到风电场运营单位的比较多,毕业生一般在风电场从事运行和维护工作,也有少量学生会去大型设备厂从事研发工作等。

> ## 发展前景

21世纪人类面临的两大基本问题是能源问题和环境问题,现在世界能源消耗的主力还是煤炭、石油、天然气三大传统能源,但传统的化石能源在地球上的储量是有限的,并且在燃烧过程中会产生大量污染或有害气体。与传统的化石能源相比,新能源的利用过程往往是可循环的,对环境没有污染或者污染很小,所以,未来大力发展新能源是解决这两大问题的必由之路。因此,新能源科学与工程专业的发展前景还是比较好的。

> ## 注意事项

1. 由于新能源科学与工程专业在不同高校开设的方向不同,考生在报考时,最好对学校特色和专业方向有所了解,看准目标后再选择符合自身情况的学校和专业。

2. 新能源科学与工程专业的学科基础来自物理、化学、电气、动力、机械、自动化等,所以这个专业对理工科基础要求较高,如果考生具备扎实的基础学科理论和良好的工程素养,学习这个专业将更具优势。

3. 新能源科学与工程专业如果是本科毕业立即就业,不管是哪个专业方向的,就业条件一般不会太好,甚至可能说比较差,有很多是在偏远地区。

4. 我们学校的本专业的本科毕业后直接就业的很少,大部分人是先考研,但是准备找工作的都能找到。我们学校是原来的电力部直属高校,所以在电力对口找工作相对会容易一些,不过如果是普通院校毕业的话,就业可能就没有这么理想了。

5. 新能源科学与工程专业女生就业可能会难一点,这也是工科专业的一个通病。

# 806 电气类

## 本专业类概况

### 一、各选科组合能报本专业类的比例

该数据反映的是在该专业类的所有高校招生计划中，各科目组合有多少学校能填报。详解见图书使用说明。

| 物理 化学 生物 | 物理 化学 历史 | 物理 化学 地理 | 物理 化学 思想政治 | 物理 生物 历史 |
|---|---|---|---|---|
| 100.0% | 100.0% | 100.0% | 100.0% | 0.0% |
| 物理 生物 地理 | 物理 生物 思想政治 | 物理 历史 地理 | 物理 历史 思想政治 | 物理 地理 思想政治 |
| 0.0% | 0.0% | 0.0% | 0.0% | 0.0% |
| 化学 生物 历史 | 化学 生物 地理 | 化学 生物 思想政治 | 化学 历史 地理 | 化学 历史 思想政治 |
| 0.0% | 0.0% | 0.0% | 0.0% | 0.0% |
| 化学 地理 思想政治 | 生物 历史 地理 | 生物 历史 思想政治 | 生物 地理 思想政治 | 历史 地理 思想政治 |
| 0.0% | 0.0% | 0.0% | 0.0% | 0.0% |

### 二、该专业类的主要专业男女比例及每年大致毕业人数

| 专业类 | 专业代码 | 专业名称 | 各专业年度毕业人数 | 男女比例 |
|---|---|---|---|---|
| 电气类 | 080601 | 电气工程及其自动化 | 90 000～95 000人 | 男84% 女16% |

### 三、本专业类主要考研方向

| 学科门类 | 一级学科 | 研究方向 | 学位授予 |
|---|---|---|---|
| 工学 | 0808 电气工程 | 学术硕士 | 可授硕士、博士专业学位 |
| 工学 | 0858 能源动力 | 专业硕士 | 可授硕士、博士专业学位 |
| 参考往年可报考二级学科 | | | |
| 电气工程 | 电机与电器 | 电力系统及其自动化 | 高电压与绝缘技术 | 电力电子与电力传动 |
| 电工理论与新技术 | 电气工程 | — | — | — |

## 本专业类重点专业解读

### 080601 电气工程及其自动化

本人是哈尔滨工业大学电气工程及其自动化专业毕业的，应"金榜事事懂"的邀请，简单介绍一下电气工程及其自动化专业。

➢ **专业介绍**

电气工程及其自动化专业学习的是电力行业的相关内容，通俗地说就是研究发电、电力输送、配电、用电整个过程中的所有内容，还学习相关电力电气设备的制造和检测维护。发电阶段，比如涉及发电机的检测维护；输电阶段，比如涉及高压线路的设计维护；配电阶段，比如变压器的安装维护等。凡是生活中有电的地方都有这个专业的用武之地，比如发电厂就需要大量的电气工程及其自动化专业毕业生，每个城市和农村都有高压线路、变压器之类的，这些东西的检测维护也都离不开电气专业的工程师。

➢ **学习内容**

电气工程及其自动化专业学的内容较多，主要学习电力系统、电力器件方面的内容。

课程方面：电力系统及其自动化、电机与电力拖动、电力电子与电气检测、电力设备与高压电技术、计算机技术等方面的课程都会学。课程整体挺难的，比如高等数学对很多普通专业的同学来说就挺难了，但是到了电气，那算是最简单的课程。

➢ **专业方向**

从狭义来讲，这个专业有弱电和强电之分。弱电侧重于电力控制，就业一般是去电子企业、研制控制器的公司，比如通用电气公司、西门子之类的。强电侧重于发电机、电力传输，通常在电网公司、发电厂或电业局就业。

电气工程及其自动化专业通常可以分为五个方向：电力系统自动化（专业课一般为电路、电力系统分析）、高电压与绝缘技术、电力电子与电力传动、电机与电器、控制理论与控制工程方向（专业课一般为自控原理）。

不同学校可能方向不同，但是整体没有特别大的差别。

➢ **就业情况**

电气工程及其自动化专业最大的特点就是容易就业，就业面非常广，电力和电子行业都能从事，发电厂、变电所、配电所、电力局、船舶、汽车等只要涉及电的生产企业都可以去。

第一，毕业后可以进电网中心、发电厂、供电局等电力系统。电力系统是强势用人单位，个人认为最好的就业单位是电网，工作相对轻松舒适，工资待遇好。其次是大型电站、电厂。再次是设计院的中小型电站、电力施工单位。电力行业在中国目前为国家垄断，利润极为可观，但由于很难进入，大多数本科毕业生只能供职于外企、民企或县市级事业单位。这些单位适合稳扎稳打型的学生。

第二，也可就业于制造电动机、变压器、继电保护、各种控制等电力电气设备的企业，比如西门子、国电南瑞、国电南自、顺特电气等。本科毕业基本上都是去做调试、设备维护等方面的工作。虽然待遇不如电力系统的优厚、稳定，但是如果你的能力很突出，在这里可以比在电力系统发展得更快。这些单位适合打拼型的学生，因为经常要出差。

第三,也有毕业生到通信设备生产企业工作的,如华为、中兴等公司。当然还有很多其他岗位可以去,在此就不一一介绍了。

### ➢ 适合什么样的学生

第一,中国的电网非常庞大,电力系统是工业上最大最复杂的系统,电力供应及控制涉及现代社会的方方面面。要做这方面的工作首先需要有全局观,具备团队精神,要有很强的责任心。

第二,电气工程及其自动化专业的特点是强弱电结合,电网、用户侧、电机驱动系统都属强电,电压高、电流大,如电力系统中特高压输电线的电压就高达百万伏,这些强电系统是通过弱电(计算机、电子装置等)来控制的,因此胆大心细的素质是必不可少的。

第三,电气工程及其自动化专业对数学基础要求较高,基础课程中开设的数学课程种类较多,专业课程与数学相关的课程较多,如自动控制原理、现代控制理论、电路原理等,有些课程比较抽象,如电机与电力拖动基础、电子技术、计算机原理与应用等,这些课程具有一定的难度,要求学生具有较强的逻辑思维能力。

第四,课程综合实验等实践环节也可能是学习过程中的一个难题,它需要学生具有较强的知识综合应用能力、发现问题解决问题的能力和动手能力。

### ➢ 周围同学工作情况

先说本人,哈尔滨工业大学研究生毕业,现在就职于国际知名电梯公司,年薪15万元多一点,这工资水平在我认识的研究生毕业的朋友里算中等。

我认识的两个比较优秀的师兄毕业后到了省调(省电力公司调度),分别是吉林省调和山东省调,年薪都是20多万元。

还有一位硕士师妹,在电科院南京分院工作,转正后底薪7000多元,剩下的靠项目。一位硕士师弟刚毕业,在重庆一家建筑设计公司搞机电安装,一年也是近15万元。

另外我还特意询问了兰州交通大学的朋友,他们到了铁路局、北京通号等地方,普遍月薪在8000元以上。

所以总的来说,电气工程及其自动化专业相对很好找工作,而且工资不会太低。不过这只是这一两年的状况,四年后谁也无法预测会有多少人报考这个企业。

### ➢ 注意事项

1. 电气工程及其自动化专业的女生找工作时有些难度。因为女生出差或者去现场不太方便。

2. 进电网公司或电网中心工作的工资高,但需要的是文凭,一般学校的本科毕业生进不了电网,得考研,除非你是华中科技大学、华北电力大学这类很知名的学校。

3. 如果你想有一份比较稳定安逸的工作,电力方向的国企比较适合,报志愿的时候可以选倾向于电力系统方向的大学。如果你想有一份有挑战性的工作,就选倾向于电气电子方向的,其实这个方向也可以去电网公司、发电厂之类的企业,只是与电力方向的学生相比,优势略有不足。

4. 如果目标是进电网公司工作,要先确定你要考的高校跟电网公司是否有密切的关系。电网是一个相对封闭的企业系统,校招有固定的范围。

5. 因为热门,所以同一个学校电气工程及其自动化专业的录取分数线往往要比其他专业方向高一些,要量力而行。

# 807 电子信息类

## 本专业类概况

### 一、各选科组合能报本专业类的比例

该数据反映的是在该专业类的所有高校招生计划中，各科目组合有多少学校能填报。详解见图书使用说明。

| 物理 化学 生物 | 物理 化学 历史 | 物理 化学 地理 | 物理 化学 思想政治 | 物理 生物 历史 |
|---|---|---|---|---|
| 100.0% | 99.5% | 99.5% | 99.5% | 0.0% |
| 物理 生物 地理 | 物理 生物 思想政治 | 物理 历史 地理 | 物理 历史 思想政治 | 物理 地理 思想政治 |
| 0.0% | 0.0% | 0.0% | 0.0% | 0.0% |
| 化学 生物 历史 | 化学 生物 地理 | 化学 生物 思想政治 | 化学 历史 地理 | 化学 历史 思想政治 |
| 0.0% | 0.0% | 0.0% | 0.0% | 0.0% |
| 化学 地理 思想政治 | 生物 历史 地理 | 生物 历史 思想政治 | 生物 地理 思想政治 | 历史 地理 思想政治 |
| 0.0% | 0.0% | 0.0% | 0.0% | 0.0% |

### 二、该专业类的主要专业男女比例及每年大致毕业人数

| 专业类 | 专业代码 | 专业名称 | 各专业年度毕业人数 | 男女比例 |
|---|---|---|---|---|
| 电子信息类 | 080701 | 电子信息工程 | 60 000～65 000人 | 男75% 女25% |
| 电子信息类 | 080702 | 电子科学与技术 | 12 000～14 000人 | 男78% 女22% |
| 电子信息类 | 080703 | 通信工程 | 50 000～55 000人 | 男68% 女32% |
| 电子信息类 | 080704 | 微电子科学与工程 | 5000～6000人 | 男79% 女21% |
| 电子信息类 | 080705 | 光电信息科学与工程 | 14 000～16 000人 | 男77% 女23% |
| 电子信息类 | 080714T | 电子信息科学与技术 | 18 000～20 000人 | 男72% 女28% |

### 三、本专业类主要考研方向

| 学科门类 | 一级学科 | 研究方向 | 学位授予 | |
|---|---|---|---|---|
| 工学 | 0809 电子科学与技术 | 学术硕士 | 可授硕士、博士专业学位 | |
| 工学 | 0810 信息与通信工程 | 学术硕士 | 可授硕士、博士专业学位 | |
| 工学 | 0803 光学工程 | 学术硕士 | 可授硕士、博士专业学位 | |
| 工学 | 0854 电子信息 | 专业硕士 | 可授硕士、博士专业学位 | |
| 参考往年可报考二级学科 | | | | |
| 电子科学与技术 | 物理电子学 | 电路与系统 | 微电子学与固体电子学 | 电磁场与微波技术 |
| 信息与通信工程 | 通信与信息系统 | 信号与信息处理 | 光学工程 | 电子信息 |
| 新一代电子信息技术（含量子技术等） | 通信工程(含宽带网络、移动通信等) | 光电信息工程 | — | — |

## 本专业类重点专业解读

### 080701 电子信息工程

本人是西安电子科技大学电子信息工程专业毕业的,应"金榜事事懂"的邀请,介绍一下电子信息工程专业。

➢ **专业介绍**

电子信息工程就是用电子方式保存和传递文字、声音、图像等信息的一种技术。像各种电话信号是怎么处理的,手机是怎样传递声音的,家用电器的遥控开关是怎样工作的,电子邮件是怎样传送的,这些日常生活中的方方面面都涉及电子信息工程。

电子信息工程和计算机、通信工程都有交叉。它主要研究信息的获取与处理、电子设备与信息系统的开发和应用。

电子信息工程专业理工兼备,倾向于工科,强调实际操作的技能。它的应用范围广,上至神舟飞船的控制系统、宇宙空间站的控制电路,下至深海潜艇的超声波检测仪,以及身边的日用电器,如电脑、手机、移动硬盘……在这些领域中,我们都可以看到电子信息工程的身影。

➢ **学习内容**

在大一、大二时,电子信息工程专业和其他工科专业一样,主要学习一些专业基础课程。专业基础课程主要包括以下三类。

1. 数学类和物理类的基础课。
2. 电子类:电路分析、电气技术实践、数字电路、模拟电路、高频电路等。这些都是很重要的专业基础课,在大学四年的专业学习中有着举足轻重的地位。
3. 计算机类:C语言、C++语言、数据结构、计算机软件技术基础、微机原理等专业软件的使用等,目的是培养基本的编程能力。电子类产品硬件和软件的设计、仿真乃至最后实现都离不开编程,所以基本的计算机编程技术(C语言/C++语言、Java)等都要学会。

在大三、大四时,电子信息工程专业的学习内容主要分为专业核心课程、专业选修课程和实践环节三部分。

专业核心课程包括信号与系统、数字信号处理、图像信号处理、信息论、自动控制原理、通信原理、电子系统设计等。

电子信息工程专业的选修课程的覆盖面很广,与电子相关的技术都可以列在专业选修课程的范围之内。学生可以根据自己的兴趣爱好自由选择。常见的专业选修课程包括移动通信、软件无线电、无线电导航、专用集成电路设计、生物医学信号处理、可编程控制器及应用、电子测量与仪器、嵌入式系统及应用、DSP(数字信号处理器)技术、智能传感技术等。

实践环节有多种形式,包括电工电子实验、生产实习、课程设计等。在实践的过程中,可能会要求按软件工程规范开发一款完整的软件;完成小规模电子电路从设计、制版到调试的全过程,在该过程中要使用设计工具(EDA);经历从信号采集到处理的软硬件的完整训练。总之,电子信息工程是一个对实践和动手能力要求较高的专业。

学习电子信息工程专业的学生通常会觉得课程负担特别重,并且专业课程晦涩难懂,为了通过考试，很大一部分同学都是硬着头皮学。

## ➢ 专业方向

如果你对这个专业确实感兴趣，并考虑得比较长远的话，我再从工程师和研究生的专业方向方面介绍一下，以便你对这个专业有更清晰的了解。

1. 数字电子线路方向。从事单片机（一种集成电路芯片）、数字逻辑电路、微机接口（串口、并口、USB、PCI）的开发，要求会写驱动程序，会写底层应用程序。单片机主要用 C 语言和汇编语言开发，复杂的要涉及实时嵌入式操作系统的开发、移植。大部分搞电子技术的人都是从事这一方向，主要用于工业控制、监控等方面。

2. 通信方向。该方向的一个分支是工程设计、施工、调试（基站、机房等）；另一分支是开发，比如路由器、交换机、软件等，要懂 7 号信令和各种通信相关协议，开发平台从 ARM、DSP 到 Linux、Unix 都有。

3. 多媒体方向。该方向主要从事各种音频、视频的编码、解码，开发平台主要是 ARM、DSP、Windows 等。

4. 电源方向。电源属于模拟电路，包括线性电源、开关电源、变压器等。电源是所有电路中必不可少的部分。

5. 射频、微波电路方向。射频、微波电路也就是无线电电子线路，包括天线、微波固态电路等，属于高频模拟电路，是各种通信系统的核心部分之一。

6. 信号处理方向。这里包括图像处理、模式识别。从事该方向的研究需要有相关数学知识，主要是矩阵、代数、概率和随机过程、傅里叶分析。从如同乱麻的一群信号中取出我们感兴趣的成分是很吸引人的事情，有点人工智能的意思。比如雷达信号的合成，图像的各种变换，CT 扫描，车牌、人脸、指纹识别等。

7. 微电子方向。集成电路的设计和制造分成前端和后端，前端侧重于功能设计，后端侧重于物理版图的实现。

8. 还有很多其他方向，比如音响电路、电力电子线路、汽车、飞机等的控制电路和协议。不过这是本科毕业后该考虑的事，报考该专业时只需大体了解下就行。本科的时候是通才教育，各方面都会涉及一些。

## ➢ 就业情况

电子信息工程专业的人才一直都是信息社会人才需求的热点，无论是在管理水平较高的 IBM、英特尔等跨国公司，还是在华为、大唐、中兴等国内知名企业，处处都有电子信息工程专业毕业生的身影。

从工作岗位来看，电子信息工程专业的毕业生可以有很多种选择：

1. 做电子类的硬件工程师，设计开发一些电子、通信器件。

2. 做软件工程师，设计开发电子、通信类的各种软件。

3. 性格偏外向，善于人际沟通的，可以做电子产品的技术支持、市场、销售等要求有技术背景的工作。

4. 性格偏内向，喜欢生活稳定一些的，可以选择继续深造，之后进入电子、航空航天等行业的科研院所，从事科研工作。

5. 做项目主管、系统架构师等，策划一些大的系统，这要求有一定的管理和策划能力。

不同的岗位需要精通不同的知识内容，比如：

1. 如果想找工作容易一些,大学期间应多学学单片机、ARM、FPGA。这类工作很多,工作几年后一般收入在 8000 元/月以上。

2. 如果大学期间不畏惧编程、数学和算法,毕业后会继续深造,那么信号处理、DSP 是很好的选择,将来能够承担项目的人收入可达 1 万元/月。

3. 如果大学期间能熟悉网络,毕业后可以做企事业单位的网管、网络维护、建网站等工作,这类工作相对轻松些。

4. 如果大学期间能熟练使用 C++编程,熟悉操作系统,毕业后可以做专职程序员,熟悉底层软件的话还可能成为系统工程师。这类工作一般较累,但收入也较高。

5. 如果大学期间能熟练使用 Java,将来可以从事公司企业 Web 页面设计、Internet 可视化软件开发及动画,或者 Web 服务器手机上的 Java 游戏开发,等等。这是现在很时髦的工作,工作时的心情很重要。

6. 如果大学期间能熟练使用 Protel,可以找排线路板方面的工作,如设计 PC 机板卡等。这类工作循规蹈矩,安安静静。

7. 如果大学期间学好单片机,那么就可以找单片机开发编程应用方面的工作。帮助企业开发产品和自己感兴趣的东西,其中也自有一番乐趣。

8. 如果大学毕业或继续深造后对 DSP 有一定了解,可以在人工智能、模式识别、图像处理或者数据采集、神经网络等领域谋求一个职位。

就业方向还有好多,就不一一介绍了。

### ➢ 注意事项

1. 电子信息工程专业偏电学,因此动手能力很重要,对数学和英语的要求也不低,学起来比较枯燥。要拿高薪,学好英语是必需的;要吃技术这碗饭,动手能力和数学知识是基本功。

2. 虽然和一些冷门专业比较起来,电子信息工程专业就业前景不错,但由于这两年几乎所有高校都开设了电子信息工程专业,毕业生人数高速增长,就业压力逐年增大,也开始面临"僧多粥少"的局面。但真正学好了,找个不错的工作还是没太大问题的。

## 080701 电子信息工程 & 080702 电子科学与技术 & 080714T 电子信息科学与技术对比介绍

本人是南京一所本科院校的讲师,应"金榜事事懂"的邀请,给大家分析一下几个容易混淆的专业。

### ➢ 从职业前景对比

电子信息工程专业:做软件工程师、电子工程设计师。

电子科学与技术专业:开发计算机硬件,做电路设计工程师,偏重于硬件方面。

电子信息科学与技术专业:电子方面,可以做电路设计工程师;信息方面,可以做电信工程师;计算机方面,可以开发软件、硬件。

要想了解这三个专业的区别,先让我们看看这些专业未来从事的是什么工作。

第一,电子信息工程专业。

南京大学电子信息工程专业的张某同学毕业后到中兴某研发中心工作。该研发中心非常大,他所在的手机设计中心房间里摆放了各式各样的手机。他的专业侧重于"信息",与通信业密切相关,像现在使用的彩信手机,可以传输图片,甚至录音,这就是他工作研发的范畴。

现在,电子信息工程已经涵盖了社会的诸多方面,像各种电话信号是如何处理的、我们周围的网络怎样传送数据,甚至信息化时代军队在信息传递中如何保密等都涉及电子信息工程的应用技术。

电子信息工程的毕业生除了可以做电子工程设计师开发电子、通信器件,做软件工程师为各类硬件设备"量身"开发软件,还可以在积累几年的工作经验后,主持策划一些较大的系统开发工作。有去外企的,比如西门子、朗讯科技;有去国企的,比如国家无线电测量中心、航天五院;有去国内大公司的,比如华为、联想、中兴;还有去小公司做研发的。

第二,电子科学与技术专业。

与张某同学工作环境不同的是,毕业于华中科技大学电子科学与技术专业的张某某同学进了一家知名的电器有限公司。最初是在生产流水线上做最基层的工作,不久就被调到技术组做生产线技术员。与电子信息工程专业相比,这个专业偏向硬件,它在制造业中有着不可替代的作用。

因为电子科学与技术专业偏向硬件,所以它的知识更新不如软件的快。

英特尔之所以霸气逼人,是因为它掌握着世界上最先进的电子科学与技术,能够生产出速度最快、运行最稳定、质量最好的计算机硬件。美国"硅谷"最大的成功之处就在于紧紧抓住了电子科学与技术专业的发展,从而抓住了世界半导体工业发展的脉搏。

而各类争相走智能化道路的家电企业,都把电子科学与技术人才视为镇"企"之宝,像液晶电视、高清电视、等离子电视、数字广播等都要用到这个专业的相关知识。

计算机硬件开发师、电路设计工程师是这个专业的标志性职业。

第三,电子信息科学与技术。

从南京信息工程大学电子信息科学与技术专业毕业的李某某同学,毕业后就到了一家知名集团的技术服务部工作,主要从事所在地区的计算机售后服务工作。每天的工作就是维护计算机。最初是做顾客回访、产品市场调查、计算机系统维护,后来就是参与一些详细的工作,比如约定顾客、维修单开立、对外宣传以及维护工作。

"电子信息科学与技术"是物理电子+机械电子+微电子+光电子的统称,偏重后两者。

该技术对应的是IC产业,即集成电路,简称芯片。芯片是电子信息产品的核心器件,相当于各种电子设备的脑细胞,承担着运算和存储的功能,是电子信息制造业的源头。可以说,在"血缘关系"上,这个专业与电子科学与技术专业相当接近,有很多交融之处,甚至可以把它认为是后者的子专业。

电子信息科学与技术专业的毕业生就业范围非常广泛,在电子方面,可以做电路设计工程师,有线无线都能上手;在信息方面,可以做电信工程师;在计算机方面,可以开发软硬件。

## ➢ 从学习内容对比

电子信息工程专业:重"信息",学习硬件电路、软件编程。

电子科学与技术专业:重"电子元器件",学习物理电子、光电子和微电子学。

电子信息科学与技术专业:重"电路设计",学习电子、计算机、信息技术。

这三个专业同属于电子信息类专业,就像是三胞胎一样,它们之间有许多共同点,如它们的工作领域交叉,对学生的数学、物理、英语基础要求都很高。然而它们也有着不同特点,从其所开设的专业课程便可看出。

第一,电子信息工程专业。

相对于电子科学与技术,电子信息工程专业更偏重于"信息"工程,主要是信号的处理以及电子设备的集成与开发。就课程而言，电子信息工程专业与通信工程专业十分相似，但学习内容比通信工程专业广泛，重要课程有硬件电路、软件编程，还有通信方面的。由于学得多而杂，所以建议学习这个专业的学生先找到自己的爱好。要是喜欢做硬件设计，那就好好学硬件设计，但最好再自学一些设计软件，如 CAD；要是喜欢软件编程，那就认真学习软件、汇编知识，了解 Java，最好到毕业的时候能有一技之长，不然找工作比较困难。

电子信息工程专业对动手操作和使用工具的要求也是比较高的，比如自己连接传感器的电路，用计算机设置小的通信系统。学习这个专业还可以参观一些大公司的电子和信息处理设备，理解手机信号、有线电视是如何传输的，并有机会在教师的指导下参与大的工程设计。

该专业的科技含量很高，学起来比较辛苦，因为要掌握的知识都是与时俱进、时常更新且技术含量很高的东西。学这个专业，要有"钻劲"，无论课堂上还是课余时间都置身其中，才能"泡"出真才实学。

第二，电子科学与技术专业。

电子科学与技术专业的着重点在于"电子元器件"，它的学习范围是物理电子、光电子和微电子学。

电子科学与技术专业有两个内容十分重要，可以说决定了学生今后工作的前景。

一个重要内容是集成电路设计，也就是芯片设计。5G 智能手机所具有的各种多媒体功能，如视频下载、在线娱乐、数据共享、视频电话等对手机芯片提出了更高的要求，导致市场对 GPS、图像处理、手机电视、音频处理、视频处理、FM 等功能芯片的需求大增。因此，51 单片机、电路原理、传感器等有关芯片的知识很重要。

另一个重要内容就是嵌入式系统。当你坐在舒适的车内享受着驾驶的乐趣时，是否会想到车身控制安全技术正为你保驾护航；当你打开冰箱挑选新鲜的果蔬时，是否会想到是温度自动调节系统使你的食物保持新鲜……这就是嵌入式系统的重要应用。从传统工业领域到汽车、通信、网络、数字医疗和消费电子等新兴领域，嵌入式系统与软件的应用浪潮席卷了整个电子产业。所以，电子科学与技术专业的学生一定要学好大一、大二的基础课，例如数字电路、模拟电路、C 语言等。

第三，电子信息科学与技术。

这是一个宽口径的专业，偏向于"电路设计"，毕业后的就业方向是技术类，如超大规模集成电路设计或研发等，学习内容非常广泛，涉及电子、计算机、信息技术三大知识板块。

学电子信息科学与技术专业的学生常常觉得"很赚"，一是学的东西很多；二是实践机会多，乐趣多。如何应用信息理论、电路与系统理论、电子学技术、计算机技术的获取、传输、处理、设计电子信息系统等，都是它的使命。因此，这就决定了该专业拥有理论与实践结合这个鲜明的特点。学生寓学于玩：攒机子装电脑、修手机，甚至为心仪的女孩制作电动小玩具等都是他们的拿手好戏。

此外，电子信息科学与技术专业的学习内容与电子科学与技术专业的内容在很大程度上是相似的。

# 080702 电子科学与技术

本人是西安交通大学电子科学与技术专业毕业的，应"金榜事事懂"的邀请，简单介绍一下电子科学与技术专业。

## ➤ 专业介绍

电子科学与技术听着深奥，其实是一个离我们生活很近的专业，这个专业主要是在培养电路工程设计师。到电脑城去买电脑，常常会听到英特尔这个品牌，英特尔就是全球较大的半导体芯片制造商。要是选择这个专业,将来有可能到类似的公司去设计、开发硬件。

电子科学与技术专业是一门关于电子的运动特性的学问,电子科学与技术其实只是一个笼统的称呼,到了大学会分好几个方向,会涉及微电子技术、光电子技术、电子材料与元器件、物理电子技术等。但一般大学主要是微电子方向和光电子方向两大块。

微电子方向主要从事集成电路设计,要学好二极管和三极管等,研究半导体微纳多一些。说得简单点,就是学习复杂的电路和微电子方面的元器件的原理。

光电子方向主要是和光有关,很多学习内容与激光、光物理相关。光电子方向是现在和以后的发展趋势,是新兴技术行业,如果能找到对口的工作,工资应该比较高。

➢ 学习内容

大学期间主要学习的课程有:电子线路、计算机语言、微型计算机原理、电动力学、量子力学、理论物理、固体物理、半导体物理、物理电子与电子学以及微电子学等。

➢ 教授补充

在真空、气体或固体中,利用和控制电子运动规律而制成的器件称作电子器件。电子科学与技术专业正是一门以电子器件及其系统应用为研究对象的学科。

在电子科学与技术中,信息的载体是数据,数据的载体是信号,而信号的载体是场与波,电子科学与技术专业本科阶段的核心课程便是围绕这条主线构建而成的,包括信息电子学物理基础、电磁场与电磁波、信号与系统(甲)、信息、控制与计算、数字系统设计、电子电路基础,以及半导体物理与器件、射频电路与系统、数字信号处理、通信原理、数据分析与算法设计、计算机组成与设计等专业选修课程。

➢ 什么学生适合

与其他电子信息类本科专业相比,电子科学与技术是一个重视理论知识的基础专业。要求学生具有较扎实的数学、物理基础,较强的逻辑思维及推理能力,热爱学习电子技术与物理相关的课程,喜欢科学实验和实践动手,具有深入研究基础理论知识的兴趣。

电子科学与技术专业具有较强的理科特征,专业课程中设置有"理论物理""固体物理""微电子器件"等专业基础课程,如果没有扎实的数理基础与兴趣较难学好。尤其是本专业的实验现象都表现在微观层面,较少有可以直接观察的宏观物理现象。因此本专业所设置的设计与实践类课程,要求学生既要有较强的动手和实践能力,又要有过硬的基础理论知识和分析推理能力。

电子科学与技术是发展最快的学科之一,唯有具有扎实的理论基础和熟练的专业外语知识,才能在将来更容易地适应知识的更新和变化。

➢ 就业情况

这个专业能做的工作有很多,主要是电子、通信类产品的研发,包括软硬件的设计等,也可以在相关公司从事产品的销售工作。

主要的职位:硬件工程师、软件工程师、嵌入式系统工程师、PCB工程师等。

微电子方向就业一般是到集成电路设计单位;光电子方向就业一般是到光学研究所、光学器件工厂等,比如中航光电、北方光电集团、华为、中兴、东软等。

就现在来说,全国的就业形势是微电子方向比光电子要好一些,微电子方向找工作的面要广一些,在长三角地区、浙江地区或珠三角地区很容易就能找到工作,如果专业课学得非常好的话,可以拿到很高的工资。总体就业情况很好,像我这届的同学,除了继续深造的,其他基本找到工作了。

> ➤ 注意事项

1. 学电子科学与技术专业要有坚实的数学基础,还要对电路、芯片感兴趣。学好这个专业要有很强的逻辑思维能力,我个人认为比较适合数学、物理基础好的人去学。

2. 电子科学与技术专业总体是偏向硬件的。

3. 电子科学与技术专业总体就业形势良好,不过现在开设这个专业的院校较多,从业人员也很多,如果学得不好,工资不会太高,唯有多学多练,慢慢积累经验才能找到好的就业方向。

另外,我看"金榜事事懂"还邀请了一位老师详细介绍这个专业和别的相似专业的区别,说得挺好的,可以参考一下。

# 080703 通信工程

本人是北京邮电大学通信工程专业毕业的,现在在中国通信建设第二工程局工作,从事接入网和传输设备方面的工作,应"金榜事事懂"的邀请,介绍一下通信工程专业。

➤ 专业介绍

通信工程是高考选报的热门专业,那具体什么是通信工程呢?通信工程专业其实很简单,离我们的生活也非常近。手机打电话的信号、手机上网的5G网络以及与这些相关的设备等,统统都与通信工程专业有关系。

通信工程关注的是通信过程中的信息传输和信号处理的原理和应用,学习的是通信技术、通信系统和通信网等方面的知识,通信工程专业毕业的学生可以在通信领域中从事研究、设计、制造、运营、开发通信技术与设备等工作。

举例来说,假如你毕业之后去中国移动工作,一般就是做一些线路维护或者设备管理等方面的工作;再假如今后有机会去华为之类的通信设备厂家工作,一般就是从事设备仪器测试或者工程管理方面的工作。

➤ 学习内容

通信工程专业本科阶段是通才教育模式,本科阶段学习的核心知识是电子线路、数字逻辑电路、计算机基础、信号与系统、数字信号处理、电磁场与微波技术、通信原理、通信网理论基础、现代通信技术等。

核心课程有电子电路基础、通信电子电路、数字电路与逻辑设计、C++高级语言程序设计、数据结构、微处理器与接口技术、信号与系统、随机信号分析、数字信号处理、通信原理、电磁场与电磁波、通信网理论基础、现代通信技术等。

通信行业涉及面非常广,所以在大学里除了要学习一些基础课程,还要学习一些技术类课程,其中涉及传输技术、交换技术、IP技术、接入技术、通信网络技术及各种新技术。由于课时限制,这些技术类课程的教学不会非常深入,是一种概述性课程。

此外,在平常生活中也能感觉到通信业发展迅速,比如4G网络发展没多久5G网络就出现了,所以在通信工程领域,随着微电子技术、光电子技术、计算机技术及光纤技术等相关技术的发展,尤其是计算机技术与通信技术的结合,现代通信正经历着一场变革,各种新技术层出不穷,大学里教授的课程也会随之改变。

还有,通信工程专业对动手能力要求很高,其课程特点就是实验多。另外要有一定的编程能力,如果没有掌握这项技能,毕业后就很被动了。如果去通信工程专业的专场招聘会上逛一逛,就不难发现,C、C++等编程语言一定是很多单位所要求的,不具备这方面的能力,在通信行业找工作路就窄了许多。

还有一点,外语水平也很重要,像华为、中兴这样的公司虽然并不要求毕业学校(当然,名校的毕业生更受欢迎),但一般要求英语要过六级。

## ➢ 教授补充

简单地说,通信就是指通过某种媒质进行的信息传递,通信的基本问题就是在彼时彼地精确或近似地再现此时此地发出的消息。因此,本专业主要研究信息产生的来源、信息传输的方式及信息的接发设备。以大家日常生活中的打电话为例,首先用电话的话筒把声音信号转变为随声音变化的电信号,然后按照一定的格式要求通过有线或无线方式传输到接收方的电话上,在接收方的电话上通过喇叭播放出打电话者的说话内容,这就完成了一次通信。这里面打电话者称为信源,听电话者称为信宿,相应的格式要求称为信源、信道、编码、译码,有线/无线称为传输通道,也称信道。通信工程专业正是围绕着信源、信道、编码、译码、信宿、传输等相关内容进行研究的。

通信工程专业属于工学中的电子信息类,是电子工程的一个重要分支,同时也是其中一个基础学科。作为一门科学、一种技术,现代通信所研究的主要问题概括地说就是如何把信息大量地、快速地、准确地、广泛地、方便地、经济地、安全地从信源通过传输介质传送到信宿,该学科关注的是通信过程中的信息传输和信号处理的原理和应用,并运用各种工程方法对通信中的一些实际问题进行处理。

通信工程专业跨电子、计算机专业,所修课程兼有两者的特点,需要学生有较好的数学、物理基础以及较强的动手应用能力。逻辑思维能力强、善于分析的学生会更加适合。考生在报考该专业时,一定要以自己的兴趣爱好、学科特长和实际分数为参考。另外,该专业要求考生满足《普通高等学校招生体检工作指导意见》电子信息科学类专业的相关规定。

## ➢ 就业情况

因为现在通信很发达,所以通信专业毕业生的就业面比较宽,如软件工程师——编制、调试各种程序;硬件工程师——设计、调测各种硬件系统;网络工程师——设计、维护各种网络;项目经理——主持规划一个通信系统的设计、实现;技术支持——为客户提供各种技术服务。

具体比较理想的就业方向有以下几个方面。

1. 通信施工单位,比如中国通信服务股份有限公司、中国通信建设集团有限公司,做技术和项目管理,还有各省电信工程局,薪资一般比较高。

2. 各大通信的科研院所,比如中国信息通信研究院。

3. 通信咨询和设计单位,如中讯邮电咨询设计院、中国移动通信集团设计院、广东电信设计院、浙江华信院。

4. 各大运营商(移动、电信、联通),工作种类较多,比如工程管理、设备和线路维护、财务、市场、技术支持等。

5. 各通信设备厂家(华为、中兴、爱立信、阿朗科技),从事工程管理、工程督导、设备销售、培训部、合同管理等工作。

6. 各通信测试仪表厂家,从事销售、技术支持等工作。

7. 通信业内的各大监理公司,比如广东公诚通信建设监理、北京煜金桥监理、郑州华夏监理等。

8. 各党政机关、企事业单位,从事专网的建设与运行维护,比如公安、税务、高速公路、交警交通监控等。

9. 自己创业，从事通信工程建设、设计、监理、设备调测或仪表销售代理等。

以上这些行业除了搞研发和教学，别的对基础知识要求都不是太高，大学的基础通信理论就行了。技术应用的话，男生更有优势；女生的话，可考虑电信行业的技术管理、后台支持等方面的工作。

总的来说，近两年通信专业的学生只要在大学认真学习，毕业后找工作就不会太困难，并且薪资水平也不会太低。

我认为现在通信行业很有发展前景，是一个稳定的行业。在选择的时候可以多研究一下这个专业。

## 080704 微电子科学与工程

本人是复旦大学微电子科学与工程专业毕业的，应"金榜事事懂"的邀请，简单介绍一下微电子科学与工程专业。

### ➢ 专业介绍

微电子科学与工程专业，说简单点就是研究集成电路的，也就是做各种芯片的。微电子是随着集成电路，尤其是超大型规模集成电路而发展起来的一门新技术，其目的就是将超大规模的集成电路小型化、微型化。

比如说，世界上发明的第一台计算机，当时使用了 18 000 个电子管，另加 1500 个继电器以及其他器件，需要用一间 30 多米长的大房间才能存放，是个地地道道的庞然大物。那为什么现在的微型计算机变得很小了呢？就是因为应用了集成电路，也就是微电子科学与工程技术。

也许你对集成电路还不是很熟悉。集成电路是一种微型电子器件或部件，是采用一定的工艺，把一个电路中所需的晶体管、二极管、电阻、电容和电感等元件及布线互连，制作在一小块半导体晶片或介质基片上，然后封装在一个管壳内，成为具有所需电路功能的微型结构，这样就使电子元件更加小型化。其实你很可能见过集成电路，比如老式的收音机，拆开以后后边就有一个上边密密麻麻的全是电阻、电容、铜线之类的小板，那个就是集成电路板，也就是微电子科学与工程专业研究的重点。

用官方语言描述，微电子科学与工程专业主要研究新型电子器件及大规模集成电路的设计、制造，计算机辅助集成电路分析，各种电子器件的基础理论、新型结构、制造工艺和测试技术，以及新型集成器件的开发。

### ➢ 学习内容

微电子学专业的课程主要有四大类：

1. 数学、物理基础（高等数学、基础物理和现代物理）。
2. 电子电路基础（模拟电路、数字电路和电路实验等）。
3. 计算机和软件技术（计算机概论、微机原理、计算机系统与结构等）。
4. 专业课（半导体物理、半导体器件物理、集成电路原理和设计、集成电路工艺等）。

整体上微电子科学与工程专业大学所学的课程和别的电子信息类专业的课程都差不多，主要是要掌握半导体物理、器件与工艺的理论和技术，还要掌握集成器件的设计方法与制造工艺。

另外，各个学校微电子科学与工程专业研究的内容可能稍微有些差别，研究方向大致分为两大类：一类是工艺，另一类是设计。不过除非志愿书上特别说明，一般在学习内容上没有很大倾向。

### ➢ 相似专业区分

有一个与微电子科学与工程很相似的专业，即电子科学与技术。

微电子科学与工程要比电子科学与技术的范围小，可以说微电子科学与工程下辖于电子科学与技术。微电子科学与工程主要学的是集成电路。而电子科学与技术分两大方向：一个是微电子，一个是光电子。也就是说，可以简单地理解为微电子科学与工程专业是将电子科学与技术专业中的微电子方向研究得更深入了。

一般大学这两个专业开设的课程基本相同，考研方向也基本相同，只不过微电子科学与工程专业研究得更专一些，而电子科学与技术专业就业面稍微广一点。

### ➢ 就业情况

该专业毕业生可以在集成电路设计和制造业、半导体器件设计和制造业以及各类电子产品和通信行业工作，主要的就业方向是：

1. 集成电路芯片的设计研发（包括版图设计）。
2. 集成电路制造企业、封装测试企业的工艺技术、生产管理、产品研发和设备维护等。
3. 各种电子材料、元器件、太阳能电池以及电子设备的设计、制造、测试和新产品、新技术、新工艺的研发。
4. 集成电路企业的技术支持和技术管理。

毕业生一般有机会去华为、中兴之类的公司从事与集成电路、各种芯片有关的工作。

到目前为止，开设微电子科学与工程专业的学校不是很多，再加上该专业的专业性比较强，所以微电子科学与工程专业的整体就业情况还是不错的。

### ➢ 注意事项

1. 大家可能会想，这么好的就业前景，为什么开设这个专业的学校不多呢？不是大学不想开，而是因为这个专业的门槛比较高，需要巨额的资金投入。

2. 也正是因为门槛比较高，一般的大学没有足够的资金投入，基本的教学设备跟不上，学生没有一个良好的学习平台，可能毕业出来后能力达不到工作的要求。所以这个行业的企业在招人的时候特别看重学生学历和本科所在的学校。普通大学和有名气的大学出来后待遇会相差很多。

3. 和别的一些电子信息工程、电气工程及其自动化等专业相比，由于微电子科学与工程专业的学习内容没有那么宽泛，所以就业面会窄一些，就业率低一些，但微电子专业学生一旦找到工作，薪资水平一般来说是很高的，前提是你有真本事。

## 080705 光电信息科学与工程

本人是江南大学光电信息科学与工程专业毕业的，应"金榜事事懂"的邀请，简单介绍一下光电信息科学与工程专业。

### ➢ 专业介绍

首先说一下，这个专业名称相对比较新，十多年前专业名称大调整的时候，教育部把原来的两门理学专业"光信息科学与技术""光电子技术科学"和三门工学专业"信息显示与光电技术""光电信息工程""光电子材料与器件"这五个专业整合成这个专业名称，然后经过十年多的发展逐渐开始成熟。

光电信息科学与工程专业就是研究如何将光造福于人类的专业。主要包括：(1)如何扩展人类的视觉能力，使人们看得更远，远到宇宙的边缘；看得更小，小到分子、原子；看得更快，快到能分辨飞秒以下。(2)如何更有效地实现信息的记录、传输和重现，使人们能够随时随地通过信息联系在一起。(3)如何更好地利用太阳光这个取之不尽用之不竭的能源，以应对日益严重的能源短缺问题等。因光电信息科学与工程专业涉及面广，各个大学过去都是建立在原来各自优势专业的基础上开设的，所以课程体系也不尽相同，各有侧重，所以你要是想报这个专业，一定要了解学校侧重的方向。

### ➢ 主要研究方向

各个学校侧重不同，但大致可分成以下几个方向：

1. 以光电器件、材料和激光技术为主的光电子方向。包括各种激光器、光电器件及红外探测器、特殊光器件、光学材料、光电成像器件等。
2. 以光电信息的获取、传输、处理、存储、显示为主的光电信息方向。
3. 以光学设计、光电检测技术、光电仪器及系统为主的技术光学方向。包括光学/光电仪器的结构设计、光学镜头与系统设计及其工艺等，各种专用光学仪器，如军用光学仪器、测量光学仪器、天文光学仪器、物理光学仪器等。

针对以上这几个方向，具体细分学习情况如下：

第一，激光，学习起来很难，就业前景还可以。

第二，光电信息，就业前景还可以，薪资水平也不低。

第三，光学图像，最好继续深造，之后就业前景较好。

第四，与几何光学相关，毕业后一般进军工企业，一般企业很少涉及这个方向。

第五，光电材料，比如光伏发电，最近光伏企业发展不太乐观。

### ➢ 学习内容

基础课程不在此介绍，这里主要说一下专业课程。

专业必修课：

1. 物理类：近代物理学及实验，包括量子力学、固体物理、电动力学、热力学与统计物理等。
2. 机械类：工程制图基础。
3. 电子类：电路基础及实验、电子技术基础及实验(包括模拟电子技术、数字电子技术)。
4. 信息基础：信号与系统、计算机原理与接口技术。
5. 光电类基础：工程光学(包括应用光学、物理光学)、光电技术基础与实验。

专业选修课：

1. 物理类：半导体物理、工程力学、近代物理学其他内容(工学)。
2. 电子类：电子线路设计与仿真、电路与信号系统实验、可编程逻辑电路设计等。
3. 机械类：精密仪器及机械设计、公差与误差理论等。
4. 信息基础：单片机技术、控制理论基础、通信原理、数据结构等。
5. 光电类基础：光学设计、光电子学基础、辐射度学与光度学、色度学等。

### ➢ 就业情况

光电信息科学与工程专业的毕业生可到光通信(光纤通信)、光电工程、光电子技术与器件、光电测控与传感以及电子信息技术和计算机应用等领域的工厂、公司、研究所和院校，从事研究、开发、技术应用等工作。

就业去向也有很多，主要包括以下几个方向：

1. 光学镜头（组件）设计类：比较有名的有日本尼康株式会社、佳能株式会社、柯尼卡美能达株式会社等。

2. 光伏产品类：比如硅片生产企业排名前几的保利协鑫新能源、中环光伏、晶澳太阳能，比如电池片生产企业排名前几的晶科能源、广东爱旭，比如组件生产排名前几的阿特斯太阳能、韩华科技、乐叶光伏等。

3. 液晶显示行业：海尔、海信、联想等生产电视机、液晶显示器的企业。

4. 照明及新能源类：雷士照明、实益达（中国）等。

5. 电子类：无锡国家集成电路设计中心、熊猫电子等。

6. 通信类：中兴、华为等。

如果有的学校的专业是别的方向，那么建议在网络上查询了解一下。

> **发展前景**

虽然光伏企业最近几年起起落落，但是整个光电是一个新兴产业，国家正在大力投入发展光电产业。如果今后想从事这个行业的话，可以去北京、上海、广东、武汉等城市发展，这些城市的光电企业比较多，就业也相对容易一些。

光电信息科学与工程专业有个特点，比较好的学校，像华中科技大学这样的以光电为特色的学校每年都有好几次光电专场招聘会，工作非常好找。而像不擅长光电的一些学校，每年招聘会来几百个单位也没有一个是光电企业的。

# 080714T 电子信息科学与技术

本人是东南大学电子信息科学与技术专业的毕业生，应"金榜事事懂"的邀请，简单介绍一下电子信息科学与技术专业。

> **专业介绍**

电子信息科学与技术虽然听起来是很遥远、很深奥的一个专业，但其实生活中其应用随处可见。你肯定听说过"芯片"吧？其实我们通常用的公交卡里边就有一个小芯片。还有大学里边的饭卡、小区的门禁卡、身份证、IC卡，也都内置有芯片。芯片是电子信息产品的核心器件，相当于各种电子设备的脑细胞，承担着运算和存储的功能，是电子信息制造业的源头。电子信息科学与技术专业的一个重点研究内容就是怎样制造芯片，包括研究芯片内部结构及芯片的某个功能是怎么实现的。不过这只是这个专业的其中一个方向而已。

电子信息科学与技术是一个宽口径的专业，包括电子科学与技术和信息科学与技术两项内容，学习内容非常广泛，涉及电子学、信息技术、计算机三大知识板块。

首先介绍信息技术。生活中有很多信息，怎样把各种信息组织起来，方便人们的使用呢？信息技术就是专门研究这个问题的。从信息技术的角度看，若想把信息充分利用起来，要经过很多技术环节。首先需要把数据采集起来，然后通过技术手段使其变换、传输、存储、处理、再现，从而提供一组有用的信息。信息技术就是研究这一系列信息技术手段的科学。

那信息技术依托什么介质来实现这一系列技术过程呢？主要的媒介就是电子及电磁波，即信息技术必须借助电子与电磁波才能实现。电子与电磁波的运动规律以及如何利用它们为人类服务，这些都是电子学的学习内容。电子学为当代各种信息作业提供了强有力的技术手段，如计算机、通信网、广播电视网、雷达、遥感技术等，极大地增强了人类的感官和大脑的作用，使现代人类社会的生产活动、经济活动和社会活动的效率大大提高。

而电子信息科学与技术专业就是将电子学、信息技术、计算机这三大知识板的块内容有机结合起来的一个专业。

## ➢ 专业方向

电子信息科学与技术专业的方向有点繁杂，包括通信与信息系统、信号与信息处理、网络工程、电子系统设计等方向。具体到每个学校，方向往往是不一样的，有的本科院校有其中的两三个方向，有的只有一两个。整个专业里的各个方向的课程90%是一样的，其余的就是不同方向的几门专业选修课。选择专业方向的时间一般是在大二下学期或者大三上学期。

通信与信息系统：主要的研究对象是以信息获取、信息传输与交换、信息网络、信息处理及信息控制等为主体的各类通信与信息系统。它所涉及的范围很广，包括电信、广播、电视、雷达、声呐、导航、遥控与遥测、遥感、电子对抗、测量、控制等领域，以及军事和国民经济各部门的各种信息系统。

信号与信息处理：主要研究现代各种信息、信号（雷达信号、通信信号、图像与视频、随机信号）的获取、变换、处理的理论与技术。比如，多分辨率分析方法和小波变换及其应用，以及高速实时信号的处理技术（含数字信号处理的快速算法和高速DSP技术），还包括手写体文字、语音识别与鉴别技术、人体生物信息智能识别技术、多媒介的人机通信技术等。

网络工程：以学习计算机局域网的构建、管理与维护和计算机网络配置为主，如计算机及计算机网络技术研究、系统集成、网络管理与维护、网络应用程序开发等。

电子系统设计：以学习完整的电子系统的设计方法和概念为主。掌握常见的单元电路，包括信号检测、处理、变换和驱动放大电路、光电耦合电路、集成稳压电路等；了解以单片机为核心的智能型电子系统的设计方法和概念，包括单片机基本系统设计、系统扩展和通道设计等。

## ➢ 培养对象

通过学习，电子信息科学与技术专业的同学们可以掌握基本电子理论、电子电路的设计方法和计算机及网络的工作原理，并接受良好的实验技能训练，具有一定的软硬件开发能力，掌握因特网等各种获取信息的手段。也就是说，电子信息科学与技术专业将教你如何使用Protel画PCB板、识别与选用电子元器件、使用基本的仪器仪表等；如何用VB或C语言编写程序；如何用单片机实现自动控制；怎样查资料、查芯片、查管脚；怎样实现数据信号的分割采样和数字电路设计；怎样运用现代信息技术获取相关信息，如滤波器的设计与使用、电子波的产生、无线电信号的发射传输等。

## ➢ 就业情况

毕业生就业的范围非常广泛，可以从事电子设备的设计，进行各种电子电路、设备及系统的研究、设计、开发、管理与维护工作；可以做软件、网络工程师，设计开发与硬件相关的各种软件，管理与维护计算机网络；还可以继续进修成为教师，从事教学、科研工作等。总体来说，该专业的毕业生工作还是比较好找的。其实这个专业在找工作上与其他电子信息类的专业没有多大区别，所以也可以参考电子科学与技术专业的就业方向。

# 808 自动化类

## 本专业类概况

### 一、各选科组合能报本专业类的比例

该数据反映的是在该专业类的所有高校招生计划中,各科目组合有多少学校能填报。详解见图书使用说明。

| 物理 化学 生物 | 物理 化学 历史 | 物理 化学 地理 | 物理 化学 思想政治 | 物理 生物 历史 |
| --- | --- | --- | --- | --- |
| 100.0% | 99.8% | 99.8% | 99.8% | 0.0% |
| 物理 生物 地理 | 物理 生物 思想政治 | 物理 历史 地理 | 物理 历史 思想政治 | 物理 地理 思想政治 |
| 0.0% | 0.0% | 0.0% | 0.0% | 0.0% |
| 化学 生物 历史 | 化学 生物 地理 | 化学 生物 思想政治 | 化学 历史 地理 | 化学 历史 思想政治 |
| 0.0% | 0.0% | 0.0% | 0.0% | 0.0% |
| 化学 地理 思想政治 | 生物 历史 地理 | 生物 历史 思想政治 | 生物 地理 思想政治 | 历史 地理 思想政治 |
| 0.0% | 0.0% | 0.0% | 0.0% | 0.0% |

### 二、该专业类的主要专业男女比例及每年大致毕业人数

| 专业类 | 专业代码 | 专业名称 | 各专业年度毕业人数 | 男女比例 |
| --- | --- | --- | --- | --- |
| 自动化类 | 080801 | 自动化 | 48 000~50 000人 | 男83% 女17% |

### 三、本专业类主要考研方向

| 学科门类 | 一级学科 | 研究方向 | 学位授予 | |
| --- | --- | --- | --- | --- |
| 工学 | 0811 控制科学与工程 | 学术硕士 | 可授硕士、博士专业学位 | |
| 工学 | 0854 电子信息 | 专业硕士 | 可授硕士、博士专业学位 | |
| 参考往年可报考二级学科 | | | | |
| 控制科学与工程 | 控制理论与控制工程 | 检测技术与自动化装置 | 系统工程 | 模式识别与智能系统 |
| 导航、制导与控制 | 控制工程 | — | — | — |

# 本专业类重点专业解读

## 080801 自动化

本人是自动化专业的毕业生,应"金榜事事懂"的邀请,简单介绍一下自动化专业。

### ➢ 专业介绍

什么是自动化呢?通俗地讲,是在无人情况下,让机器自动运转,替代人工作。比如居民楼的门禁系统,刷一下卡自动就开了;全自动洗衣机,不用人动手就能把衣服洗干净。这都是自动化设计的产品。

用专业的话说,自动化专业主要研究的是自动控制的原理和方法在各类控制系统中的应用。它不仅把人类从繁重的体力和部分脑力劳动中解放出来,而且可以完成仅靠人类自身无法完成的许多精密、复杂的工作。例如在高温、高压、危险环境下必须采用自动化装备。

自动化涉及的范围极其广泛,小到一个普通的电动机、自动运行的电梯、空调的自动调节,大到钢铁厂、石油企业的自动化仪表,甚至导弹自动追踪、"嫦娥号"和"玉兔号"在月球自动采集岩石,等等,这些都与自动化技术有关。

### ➢ 学习内容

因为涉及面广,必须学习很全面的知识,因此自动化专业的课程、课时要远远多于大部分工科专业,学习起来相对要吃力一些。

在课程上,自动化专业的课程设置覆盖面广,涵盖了电子工程、计算机、电机工程等内容,甚至连化学工程都有所涉及。

1. 电路课程(基础课程)。
2. 自动控制理论(自动化专业的"看家科目",是实现控制系统的理论基础)。
3. 微机原理(单片机、DSP等硬件的基础)。
4. C语言/C++语言(不会编程,学会再多理论算法也没有用武之地)。
5. 数电/模电(电子电路设计的基础)。
6. DSP/单片机/PLC(精通其中任意一种硬件的结构和编程,找工作相对容易一些)。

另外,在学习过程中可以参加一些电子竞赛(如焊电路板,自己动手设计一些小玩意儿),基本各个学校都会定期举办一些电子竞赛。

### ➢ 专业方向

在方向上,各个大学的自动化专业都有自己的主攻方向,例如北京航空航天大学、中国民航大学的自动化以飞行器控制为主;东北大学、北华大学的自动化和冶金方面结合得比较密切;北京交通大学、兰州交通大学的自动化专业偏重交通方向;中国石油大学的自动化专业主要是石油系统方向;哈尔滨工业大学偏向于生产线的控制;等等。所以在选择学校的时候,也要考虑一下自己对专业的应用领域是否感兴趣。

### ➢ 适合什么样的学生

如果想选择这个专业,学生需要看看自己是否具备以下几点。

第一，要喜欢数学、物理等学科。因为要实现对一个对象（如温度的自动控制），既需要了解对象的基本机理（如热交换方面的知识），又需要知道实现自动控制的方法，这就需要数学和物理方面的知识。

第二，要具有较强的动手能力。自动化的一些方法最后还是要运用到实际生产生活中，我们研究出的自动控制的相关理论要转化成相关的硬件和软件，这就需要较强的动手能力。

### ➢ 注意事项

1. 自动化是典型的工科专业，学的是技术，本科毕业后一般先到工作现场去安装、调试和维护。也就是说，在工作对口的情况下一般从"蓝领"做起。

2. 自动化专业的就业面比较宽，就业方向多。如果你对控制工程、航空航天、电子技术比较感兴趣，可以选择自动化作为本科阶段的专业。

### ➢ 就业情况

自动化专业，俗称"万金油"专业。刚入校时老师给我们讲，只要有电、有工业的地方，自动化专业的毕业生就可以去。

第一，对口的工作大致有两个大的方向，即工程设计和生产应用。

工程设计主要是做项目，包括理论上的软硬件设计和现场的调试。此类工作比较辛苦，但是很锻炼人，能学很多技术，适合刚毕业的学生来做。

生产应用大多是从事现场维护的工作，这样的工作相对比较轻松，但是如果想从中学到更多的东西，同时想进一步提高自己，则需要自己平时努力。

第二，毕业之后主要从事以下三类工作：

1. 自动化工程师（自动化系统的维护、优化）。
2. 自动化设计师（自动化系统的设计开发）。
3. 软件工程师（自动化系统中相关软件的设计开发）。

第三，具体到各个大学：

如果偏航空方向，可以从事机场的机电设备维护，或者从事管理机场的弱电系统、机场跑道的助航灯光、灯光站等工作。

如果偏交通方向，可以去铁路、地铁系统，也可以去中国铁道通信信号集团有限公司、中国铁道科学研究院等。

如果偏冶金方向，主要就是去冶金钢铁企业，如北京首钢集团、鞍山钢铁集团等从事自动化设备的维护和操作等方面的工作。

第四，具体到我们班，当时有的同学签了做工程的企业，从事线路施工、线路布控、生产流水组装和维护等方面的工作；有的同学签了水电类的企业；也有的同学签了继电保护产品公司从事产品的调试和维护方面的工作；也有少数同学从事设计工作的。总之各类工业研究所，电厂（包括各个公司、工厂的配电室），水利、石油、自动化设备厂家，电力设计院，仪器仪表厂等都能去，本科毕业生绝大多数都是从事机器设备的维护检修或安装调试等方面的工作。

# 809 计算机类

## 本专业类概况

### 一、各选科组合能报本专业类的比例

该数据反映的是在该专业类的所有高校招生计划中，各科目组合有多少学校能填报。详解见图书使用说明。

| 物理 化学 生物 | 物理 化学 历史 | 物理 化学 地理 | 物理 化学 思想政治 | 物理 生物 历史 |
|---|---|---|---|---|
| 100.0% | 99.5% | 99.5% | 99.5% | 0.2% |
| 物理 生物 地理 | 物理 生物 思想政治 | 物理 历史 地理 | 物理 历史 思想政治 | 物理 地理 思想政治 |
| 0.2% | 0.2% | 0.2% | 0.2% | 0.2% |
| 化学 生物 历史 | 化学 生物 地理 | 化学 生物 思想政治 | 化学 历史 地理 | 化学 历史 思想政治 |
| 0.0% | 0.0% | 0.0% | 0.0% | 0.0% |
| 化学 地理 思想政治 | 生物 历史 地理 | 生物 历史 思想政治 | 生物 地理 思想政治 | 历史 地理 思想政治 |
| 0.0% | 0.0% | 0.0% | 0.0% | 0.0% |

### 二、该专业类的主要专业男女比例及每年大致毕业人数

| 专业类 | 专业代码 | 专业名称 | 各专业年度毕业人数 | 男女比例 |
|---|---|---|---|---|
| 计算机类 | 080901 | 计算机科学与技术 | 100 000人以上 | 男70% 女30% |
| 计算机类 | 080902 | 软件工程 | 85 000～90 000人 | 男78% 女22% |
| 计算机类 | 080903 | 网络工程 | 28 000～30 000人 | 男73% 女27% |
| 计算机类 | 080904K | 信息安全 | 6000～7000人 | 男70% 女30% |
| 计算机类 | 080905 | 物联网工程 | 28 000～30 000人 | 男68% 女32% |
| 计算机类 | 080906 | 数字媒体技术 | 14 000～16 000人 | 男50% 女50% |
| 计算机类 | 080910T | 数据科学与大数据技术 | 150～200人 | 男65% 女35% |

### 三、本专业类主要考研方向

| 学科门类 | 一级学科 | 研究方向 | 学位授予 |
|---|---|---|---|
| 工学 | 0812 计算机科学与技术 | 学术硕士 | 可授硕士、博士专业学位 |
| 工学 | 0835 软件工程 | 学术硕士 | 可授硕士、博士专业学位 |
| 工学 | 0838 公安技术 | 学术硕士 | 可授硕士、博士专业学位 |
| 工学 | 0839 网络空间安全 | 学术硕士 | 可授硕士、博士专业学位 |
| 工学 | 0854 电子信息 | 专业硕士 | 可授硕士、博士专业学位 |
| 参考往年可报考二级学科 | | | |
| 计算机科学与技术 | 计算机系统结构 | 计算机软件与理论 | 计算机应用技术 | 电子信息 |
| 计算机技术 | 软件工程 | 人工智能 | 大数据技术与工程 | 网络与信息安全 |
| 公安技术 | 网络空间安全 | — | — | — |

## 本专业类重点专点解读

# 080901 计算机科学与技术

本人是天津大学计算机科学与技术专业毕业的,应"金榜事事懂"的邀请,简单介绍一下计算机科学与技术专业。

### ➢ 专业介绍

首先这个专业不是像我们平常想的那样只是单纯地摆弄计算机,真正的计算机科学与技术专业所涉及的内容比我们能想到的多得多。在现代生活中,计算机技术已经渗透到我们生产生活的方方面面。

我们通过网络可以了解到世界各地的新闻快讯,通过聊天软件可以联系到远在海外的朋友,通过计算机能对照片进行后期处理;在咖啡厅或图书馆能看到使用笔记本电脑处理事务的人;用手机听音乐、看电影、刷短视频、上网,甚至自己为手机添加专用的程序,已经成为新潮流;人们在网上购物也越来越普遍。

上述所列举的这些行为中分别蕴含着互联网技术、计算机硬件技术、计算机软件技术、嵌入式移动计算技术、可信计算技术、分布式计算技术等,这些技术都是计算机科学与技术专业所涉及的内容。

### ➢ 学习内容

计算机科学与技术包括计算机硬件、软件与应用的基本理论和技能。

具体来说,计算机硬件主要是指计算机运行所需要的物理部件,如手机中处理数据的嵌入式计算机系统、笔记本电脑、台式计算机、"银河"系列巨型计算机等。虽然它们统称为计算机,但在外观和能够完成的任务上是显著不同的。

计算机硬件设计即根据不同的用途,设计出可在计算机系统上运行,并且能实现一定功能的程序。如何让程序运行得快而稳定、结果准确、所需资源少?这就是计算机软件与应用需要研究的内容。

### ➢ 开设课程

一、基础课程

计算机科学与技术专业的基础课程主要包括数理类课程、电气类课程、计算机类课程。

1. 数理类课程

计算机科学与技术是以理学相关学科为专业基础的。因此,数理类课程是学习本专业后续课程的基础,主要包括数学分析、高等代数、概率统计与随机过程、大学物理和离散数学等。

例如,用计算机来解决高中数学常见的相遇问题:首先要建立计算模型,划分问题集合——是相向还是追击,确定对象集合——是两车还是多车,建立工具集合——交通工具的速度、起始位置等参数设置,数学定义——用数学符号来表示上述计算模型。其次是解算方法。最后才是用程序语言实现。而上述整个过程,就涉及了数学分析、离散数学甚至高等代数的相关知识。

那为什么要学物理知识呢?比如同学们玩的电脑游戏,越接近真实世界的游戏越受欢迎,而在设计这些游戏时,碰撞、行走、翻滚等看似简单的动作,必须依赖物理模型才能通过计算机来达到真实的效果。

2. 电气类课程

计算机跟常见的电视机、电冰箱一样,属于电气设备。因此,计算机科学与技术专业也要学习很多电气类基础课程。主要课程包括电路分析、模拟电子技术、数字电路技术基础、信号与系统等。

电气类课程是学习计算机硬件课程的基础,也是开展计算机硬件、计算机体系结构等相关研究方向的先决条件。计算机的芯片、主板,甚至整个系统的设计,都会运用到这些课程的相关知识。

3. 计算机类课程

计算机基础课程包括软件、硬件、应用所需的通用课程,主要有高级语言程序设计、算法与数据结构、计算机组成原理与汇编语言、编译技术、软件工程、数据库系统原理、计算机系统结构、计算机网络、操作系统等。

计算机类课程的特点是"软硬结合,强调实践"。也就是说,学习软件方向的专业课程时,同学们需要考虑这些程序能够运行在何种计算机上;学习硬件方向的课程时,同学们需要思考这种机器可以执行哪些程序。

举个简单的例子,大家在购买计算机的时候都希望买到的计算机配置高、性能好,这就是从硬件角度考虑问题,即硬件越好可以运行的程序就越多,处理速度也就越快;另外,当只有一台配置较低的计算机而又需要运行大型程序时,就要考虑如何在这个硬件条件下尽可能满足软件的需求,可采取关闭其他程序等方法来实现。

大一会学习高级程序语言,而这之后的学习中都会强调实践能力和编程能力。也就是说,学习了软件类课程,就需要编写实现其中一些数学和逻辑方法的程序;学习了硬件类课程,就需要编写可以在相应机器上运行的程序。

二、专业课程

计算机科学与技术专业的专业课一般开设在高年级阶段,普遍开设的计算机专业方向课包括接口与通信技术、高级语言程序设计方法、分布式计算系统、数字图像处理与模式识别、软件过程基础、人机交互、互联网软件新技术、Web 信息处理和 Web 服务技术、电子商务、计算机网络安全技术等。很多专业方向课以选修课的形式出现,以便同学们根据自己的专业兴趣和需求,对某一方向的内容进行更深入的学习。

总的来说,课程多、学业压力大是计算机科学与技术专业公认的特点。

> 就业情况

从就业单位及工作内容来看,计算机科学与技术专业的毕业生主要到以下单位工作。

1. 信息技术(IT)类的外资企业、国营企业和民营企业。

在 IT 企业中,一般有下列几类工作岗位:

(1)管理类,如项目经理、软件架构师、硬件架构师等。

(2)研发类,如软件工程师、硬件工程师、系统开发员等。

(3)测试类,如软件测试工程师、硬件测试工程师、系统测试工程师等。

(4)服务销售类,如售前服务、售后服务、市场营销、市场推广等。

2. 非 IT 类的外资企业及非 IT 类的国营企业的计算机部门。

比较常见的就业单位包括金融业的摩根士丹利国际银行、高盛集团等;咨询业的埃森哲、麦肯锡咨询公司等;工业类的通用电气、西门子、大众汽车等;国有商业银行、保险类的企业等。比如近年来工商银行软件开发中心、建设银行北京数据中心等单位吸引了越来越多的计算机专业毕业生。

3. 政府部门。

随着信息化进程的推进，政府部门信息化办公机构由于工作相对稳定，工作压力较小，也成为毕业生就业的热门选择。工作的职责主要是完成政府部门电子政务系统的开发与维护、信息化工作流程培训和推广等工作。

4. 对于师范院校的计算机科学与技术专业的毕业生，还可到小学、中学等学校从事计算机类课程的教学工作；对于具有专业特色的高校，比如航空类院校、石油类院校、地质矿业类院校、农业类院校等，还有较大的可能进入相关对口单位的计算机部门工作。

总的来看，到计算机类的企业工作，今后的发展空间较大，能得到较高的认可，但比较辛苦，工作压力相对较大，甚至需要长时间加班；到非计算机类企业的计算机部门工作，往往扮演的是IT技术支持、保障、维护等角色，工作相对轻松，但是很难成为公司的主流。

> ➢ 特别说明

1. 如果打算报计算机科学与技术专业，首先要衡量对计算机的学习内容是否真的感兴趣，如果不感兴趣，这将会是一个非常枯燥的专业。

2. 虽然社会对计算机科学与技术专业的需求量很大，但因为开设这个专业的学校较多，如果学得好，找工作不成问题，但如果学得一般或不好，近几年找工作也很困难。有的岗位月薪可过万元，有的岗位月薪则不过寥寥几千元。

总之，具体选择专业时要多做比较，因为这有可能决定你未来的人生轨迹。

## 080902 软件工程

本人是东北大学软件工程专业的毕业生，应"金榜事事懂"的邀请，简单介绍一下软件工程专业。

> ➢ 专业介绍

知道什么是"程序猿"吗？知道什么是传说中的IT男吗？知道什么是码农吗？是的，这说的就是软件工程专业毕业的人。知道现在各类计算机软件是什么人编出来的吗？也是软件工程专业的人员所为。

从我周围的同学来看，很多人当时高考填报志愿时对软件工程专业并不十分了解，只是图新鲜，觉得它是信息时代的宠儿，与高科技相关，而且"软件工程"这四个字听起来也特别让人"来劲儿"，于是懵懂间就报了这个专业。平时人们常会接触到"软件工程"这个词，但要详细解释一番时，却又语焉不详。今天我就详细地介绍一下软件工程。

用比较专业的话来讲，软件工程是研究用工程化方法构建和维护有效、实用、高质量的软件的学科，它主要关注软件开发技术和软件工程管理技术两方面，涉及程序设计语言、数据库、软件开发工具、系统平台等方面的知识。

用实例来说明软件工程的应用领域或许更直观一些。

第一个例子：就拿在超市购物来说，结账时收银员一般通过计算机进行业务操作，先扫描物品的条形码，使之传输到计算机得出销售价格并累加，汇总出物品总金额，再计算找零数目，并记录结账时间、金额和购物地点。这里的条形码和价格间的相互转换以及金额汇总的功能便是通过内嵌在计算机的软件程序发布指令来实现的。

第二个例子：对于电力工业来说，电力网络的规模越来越大，但电力调度人员数量有限，而且坐镇调度中心的调度员也不可能对发生在异地的电力故障进行实时现场指挥和维修，只能依靠远动操作来完成，这些远动操作便需要软件赋予一些设备的操作任务来完成，研发这些软件的目的就是帮助电力调度人员快速、高效地管理整个电网。

第三个例子：很多人每天在使用微信、抖音等各种应用程序（APP），这些APP是如何运行的，各项功能是如何实现的，人与人之间是如何在APP上产生交互的等，这些都是软件工程专业的人员通过所学的知识实现的。

以上只是软件工程在实际应用中的三个具体实例。其实小到购物，大到工业自动化，都离不开软件的功劳。

### ➢ 学习内容

和其他专业的课程设置一样，软件工程专业也是从最基础的学科逐步过渡到专业课的。软件工程专业的主要课程包括微积分、数据结构、C语言/C++语言、计算机组成原理、编译原理、网络工程等，这些都是非常重要的课程。学习的过程中应牢牢掌握这些知识，夯实基础，为毕业后就业做准备。

其他课程有项目管理、软件质量与测试、Java语言、离散数学、电子电路等。因为软件工程专业是在计算机科学与技术专业的基础上衍生出的实用型专业，所以粗略比较一下，软件工程专业和计算机科学与技术专业前两年所学的内容相差无几，只是在大学的后两年，软件工程专业对动手能力的要求相对较高一些。

### ➢ 课程特点

软件工程专业在大一时就要学习编程语言。大部分学生在刚接触编程语言时会感觉比较难。

进入大二后，实验课程和专业课程增多了。课程总数较多，忙碌是软件工程专业的特色。

进入大三以后，软件工程专业的魅力就体现出来了。当其他专业的同学忙碌于教室和图书馆之间的时候，我们已经在挑选各自的实习单位了。如果实习时接触的实际工程较多，在大学学习期间就有了项目经验，毕业时找工作就会比较占优势。

软件工程专业需要同学们具备很强的学习能力，因为IT行业变化很快，发展也很迅猛，具备自主学习能力则是保障就业路途坦荡的通行证。在我看来，无论是编写软件程序还是架构系统，具备缜密的思考能力和开阔的设计思路才是自身不断进步的"王道"。

### ➢ 就业情况

软件工程专业的毕业生除了继续攻读硕士研究生，普遍能到国内外IT企业从事专业的软件开发、硬件设计、软件测试等相关工作。不论是著名IT外企，如Microsoft、IBM、Intel、Google，还是国内IT企业，如联想、百度、抖音、阿里、华为、中兴等，均能看见数量众多的软件工程专业的毕业生。

详细来说，软件工程专业毕业后可以到软件公司开发软件，可以到软件测试公司做软件测试，可以到软件销售公司做销售员，可以到研究所做程序员，可以进行网页制作、动态商务网站开发与管理，也可以和几个同学共同组建网络工作室。现在政府、公共事业单位也很倾向于招聘软件工程专业的毕业生做网络和系统维护员，但发展可能不如软件公司。

### ➢ 相近专业比较

与软件工程专业最相似的一个专业是计算机科学与技术专业。但它们之间的区别其实还是挺大的：

一是在培养人才上,计算机科学与技术专业立足于培养科研型、研究型人才,而软件工程专业则是立足于当前 IT 人才需求,培养能够"直通"IT 企业的实用型软件人才。

二是在主要学习内容上,计算机科学与技术专业主要学习的是计算机原理和应用,而软件工程专业主要针对某一特定方面从事软件开发。计算机科学与技术专业的学生将学习更多的基本理论,而软件工程专业的学生在某一方面的编程能力将更加娴熟。

> ## 发展前景

软件工程专业的人一般不会找不到工作,除非全面实现人工智能,否则就业市场永远有软件工程专业人员的一席之地。

IT 企业收入也不用担心,软件工程专业毕业生工资起薪一般高于全国平均工资水平,而且工资涨幅在很大程度上取决于技术的高低,但前提是你要有"真本事",具有认证资格的软件工程师、软件设计师、系统架构师、程序员、测试员一般实行年薪聘用制度。

> ## 注意事项

1. 软件工程专业对数学和英语要求较高,这两门课程分数在高考录取时会作为比较重要的参考依据。

2. 学习压力非常大。软件学起来不仅困难而且非常枯燥,你将会面对数不尽的代码。

3. 软件工程专业的同学毕业后工作的特点是每天必须面对电脑。另外,进度的压力是所有程序员必须面对的,经常需要加班。

4. 软件工程专业有一个非常大的特点,就是专业方向特别多,但实习的单位或岗位不尽相同。

5. 由于目前软件开发基本上采用项目化运作,一个小组往往负责完成其中的某一个模块,因此团队协作精神显得尤为重要。例如,微软的 Windows 2000 操作系统在开发期间,动用了 5000 名程序员进行开发,代码超过 3000 万行。

> ## 题外话

最后列几个笑话让你轻松感受一下软件工程专业。

第一个笑话:同学们,现在向我们走来的是程序员方阵!他们穿着拖鞋,披着毛巾,左手拿着键盘,右手举着鼠标,腋下夹着 USB 转换器。他们因睡眠不足而显得精神不振,喊着微弱的口号走过主席台。主席问候:程序员们辛苦了!

程序员方队异口同声地答道:Hello World!

第二个笑话:去 IT 公司面试应该穿得不修边幅一点,头发蓬乱一点,眼圈描黑一点,神情装得憔悴一点,至少看上去要像个程序员……

第三个笑话:小女儿睡前非要爸爸给她讲一个故事,爸爸想了想说:"很久很久以前,有一个青年,是一个程序员,他会 C、C++、C#、Perl、Python、Ruby、ActionScript、Shell、Java、Php……"女儿听着听着,很快就睡着了。(比较枯燥)

第四个笑话:一程序员去面试,面试官问:"你毕业才两年,这三年的工作经验是怎么来的?"程序员答:"加班加出来的。"(加班是常态)

我能总结的也就这些了,如果还不懂的话,可以自己再查找一下相关信息,或者直接找"金榜事事懂"咨询,他们那里有各个专业的老师。

## 080903 网络工程

本人是西安电子科技大学网络工程专业毕业的,应"金榜事事懂"的邀请,简单介绍一下网络工程专业。

### ➢ 专业介绍

相信大家一定从各种渠道大概知道了网络工程是个什么专业。从前如果有人问我网络工程是做什么的,我都会开玩笑地说是拉网线的(其实是布线),或者说是做网管的(其实是企业的网络管理人员)。其实网络工程这个专业是一个集网络规划、建设、维护为一体的专业,是一个偏硬件的工科类专业,主要学习网络规划、综合布线、防火墙、路由器、交换机的配置等。

用比较专业的话来说,网络工程是按照工程设计图、工程实施计划来实施网络综合性工作,主要分为硬件设备安装、配置、集成、调试工程和布线工程,包括网络需求分析、网络设备选择、网络拓扑结构设计、网络系统集成以及网络施工技术等。

### ➢ 学习内容

网络工程专业一般是在计算机学院或者计算机系开设的专业,当然也不排除有的学校把它放在了通信学院。

大一看到课程表的时候,你会发现这个专业与计算机科学与技术专业学的专业课基本相同。或许你会觉得它们和网络工程没什么太大联系,但如果你去看了其他计算机相关的专业就会发现,大家学的都一样,唯一不同的可能是我们学了一门网络工程导论,计算机专业的学了计算机科学与技术导论,别的专业学了一门相关专业的导论。其实大一就是这样,大部分是公共课,或许你觉得和真正的专业课联系不大,但这些是以后学习专业课的基础。

大二其实和大一时的情况差不多,同一年级计算机相关专业的课程几乎相差无几。

但是大三的时候你会非常辛苦,大三是一个专业课"爆发"的学年,要学习各种专业课,比如计算机程序设计、数据结构、操作系统、数据通信、互联网协议分析与设计、网络工程、网络应用开发与系统集成、路由与交换技术、网络安全、网络管理、移动通信与无线网络、接入网技术、网络测试与评价等。

另外,不少人会在大学考一些证,如 CCNA、CCNP、CCIE,这些都是思科的认证。虽然是思科的认证,但是一般公司都认可这些证书。国内的公司也有华为、中兴的认证,这些都能在一定程度上体现学生理论和实践的掌握程度。

同时大三一般就要选择方向了,具体有哪些方向呢?

### ➢ 专业方向及需要具备的能力

一、网络设计方向

需要具备网络设备相关技术与产品(如交换机、路由器等)研究、设计、开发与生产能力,网络协议分析和实现能力。

工作岗位:网络硬件工程师、网络协议分析师、网络硬件测试工程师。

二、网络应用方向

需要具备基于 C/S 的网络应用系统设计与开发能力,基于 B/S 网络应用系统设计与开发能力。

工作岗位:网络软件工程师、网站设计师、网络软件测试工程师。

三、组网工程方向

需要具备网络规划、组网设计能力,网络设备与系统安装、配置与调试能力。

工作岗位:网络规划师、网络架构工程师、网络组网工程师、系统集成售前工程师。

四、网络管理与网络安全方向

需要具备网络系统管理与维护能力,网络系统安全策略制定、网络安全系统部署、网络安全事故维护的能力。

工作岗位:网络管理员、网络安全工程师、网站维护工程师。

第一个方向更多地倾向于科研型,第二个方向是应用型,最后两个方向是工程型。不要问我什么方向好,因为各花入各眼,如果不是你喜欢的,专业再好你也没办法学好它。

## ➤ 就业情况

首先来说说大家都雄心壮志想去的工作岗位。

第一个是几乎所有专业的学生都能去考的公务员,第二个就是银行,基本和公务员差不多,工作相对轻松,尤其是技术类的,只要按流程做事,出了问题找设备商就行。

除了大家都雄心壮志想去的,接下来就说说绝大部分对口的去向。

1. 刚毕业时,因为没有经验,一般是去小企业当网络管理员;在小公司可以做网管,维护 PC,维护服务器,处理公司一些网络故障和电脑故障等。

2. 等积累了一定经验,比如有了实际的网络布线、设计规划,服务器的配制、安全管理,以及网络管理经验以后,就可以进入大中型企业,做路由器、交换机等网络设备的设置,服务器负载平衡方案,网络优化设计,网络协议编程,薪资待遇相比小企业会有明显的提升。也可以做设备商、外包商、运营商及公司运营维护,设备商、外包商、运营商对网络技术的要求相对要多一些。

3. 再往上可以成为侧重于某一专业的网络工程师,如网络存储工程师、综合布线工程师、网络安全工程师等。如去新浪网负责公司防火墙、路由器、交换机等所有相关设备的管理,包括网络平台的运行监控和维护;或者负责网络紧急故障处理和判断;再或者负责网络和相关设备的定期更新,维护网络系统安全。

4. 还有一个方向就是编程。本来这不是网络工程专业毕业生就业的主要方向,但这和学校教育导向和个人兴趣有关。程序员的工资高,但有项目时会经常加班,比较辛苦。

5. 说完技术类的,还有网络设备销售类的,一般一个大型路由器价格在几十万元,销售一般会按业绩拿提成。这个行业也挺好,但并不适合所有人,除非你感兴趣且擅长营销。

对于网络工程专业的就业前景,只能这样说,如果你是一个网络水平特别高的人,那么前途绝对是光明的,百度、新浪、微软、Cisco、华为、电信、移动、电网、联想等大公司随时欢迎你。我就在新浪工作。而对于水平特别一般的人,只能干一些网络技术含量较低的工作,如各企业的网络管理。

## ➤ 注意事项

因为涉及就业问题,所以我不得不提醒一下,现在开设网络工程专业的学校较多,和这个专业相关的各类计算机类专业学的人也非常多,所以虽然社会需求不小,但是竞争也不小。

最后,祝高考报考顺利。

# 080904K 信息安全

本人是信息安全专业毕业的，应"金榜事事懂"的邀请，简单介绍一下信息安全专业。

## ➢ 专业释义

黑客你肯定听过吧？QQ被盗号也都听说过吧？电脑木马、病毒等也是常常听说吧？为了保护电脑资料安全，你的电脑里肯定也装了360杀毒、百度杀毒或者金山毒霸之类的杀毒软件吧？其实近年来网络环境有所恶化，你天天用电脑，肯定不希望自己在网上付款的时候密码被破解吧？也不希望自己存在电脑里边的一些照片被黑客盗取吧？几年前我们不太关注的信息安全变得越来越重要，而如何处理这类问题就是信息安全专业需要学习的内容。

用稍微专业点的话说，广义上的信息安全指的是网络系统的硬件、软件及其系统中的数据受到保护，不因偶然的或者恶意的原因而遭受破坏、更改、泄露，使系统能持续、可靠、正常地运行，网络服务不中断。狭义上的信息安全指的是凡是涉及网络上信息的保密性、完整性、可用性、真实性和可控性的相关技术和理论都是信息安全的研究领域。

## ➢ 学习内容

一、大一、大二的课程设置和学习内容

信息安全作为国家控制招生的专业，录取分数比计算机专业高，但大一、大二的课程却跟普通计算机专业大同小异，只是多了信息安全数学基础和信息安全概论等几门课程。虽然课程内容差不多，但这时的信息安全专业的学生还是自信满满的，比计算机专业多一门密码学也能"嘚瑟"很久，总认为自己将来会是个酷帅的黑客。

我所在学校信息安全专业大一、大二的主要课程：

大一：计算机科学导论、高级程序设计语言Ⅰ（C语言）、信息安全数学基础。

大二：信息安全理论与技术、高级程序设计语言Ⅱ（C++语言）、计算机网络、通信原理基础、密码学原理、数据结构与算法、数字逻辑、网络综合实验。

二、大三的课程设置和学习内容

大一、大二基本是学习计算机基础知识，真正涉及信息安全专业相关的也仅仅是一些理论知识。对信息安全专业的学生来说，最关键的一年是大三。大三两个学期全是专业课程，或枯燥，或精彩，因人而异！因为经过前两年对计算机的认知和了解，每个人都开始有了自己的方向和目标。有的同学对信息安全越发着迷了；有的同学发现自己对网页、软件等方面的研发更感兴趣；还有的同学钟情于NISP等网络认证的考核。当然，也有的同学还迷茫着，甚至有的同学发现自己不喜欢信息技术（IT）这个行业。从而衍生出"技术痴迷群"、"考研深造群"和"无所事事群"三个团体。

我所在学校的信息安全专业大三专业课程包括网络编程、网络攻击与防御技术、组网技术、NET程序设计、数据库系统、操作系统、网络安全、计算机病毒原理与防治、计算机系统安全、入侵检测技术、计算机组成与结构、信息安全综合实验、信息安全工程与管理等。

看似很丰富的大三课程，各个方向均有所涉及，但不是每一个学生都能认真学好每一门课程。大家的学习方法也不尽相同，造成了同学们专业知识质与量的参差不齐。

上述各学年专业课程，都是理论与实验相结合的，就是说，一半的课时在教室，另一半的课时在实验室。有的学校很重视实验，所以实验的成绩在该科目期末考试的最终成绩中占一定比例。毕竟学校也深知"纸上得来终觉浅，绝知此事要躬行"。

说到实验，就不得不说实验室，那可是同学们一展拳脚的地方。请别小瞧平时有挂科的同学，人家的动手实验能力绝对会让你刮目相看；相反，平时理论考试满分的同学，在实验室就不一定有所作为了。所以当听到某某年年得奖学金求职时却屡屡被拒，谁谁挂科不少却处处绿灯时，没有人会吃惊。信息安全本来就是一个技术行业，考的就是本领，靠的就是技术。在实验课上，老师往往用抛砖引玉的方法，引导、诱发同学们的兴趣。例如攻防课上，老师在虚拟机上架设一个简单的网站，让同学们学习怎么一步步攻破；病毒课上，老师让我们关掉杀毒软件，然后扔几个常见的病毒给我们体验体验，我们则用这些病毒偷偷地相互恶搞。当然，最后还是要对病毒进行分析，重点学习怎么摘毒、防毒。

信息安全专业的每一位教师都如此悉心地教育着我们，理论上讲，每个系统学习了信息安全知识的学生都是优秀的，可为什么现实却是好多安全企业都认为信息安全专业的学生还不如对信息安全感兴趣的其他专业的学生呢？是教育的模式不适合学生吗？的确，兴趣才是第一大导师。或许很多人认为，当信息安全成为一门专业的时候，当学生们无论喜欢与否都要为完成学分而学习的时候，学习信息安全的态度就变了，信息安全专业当初设立时的目标也达不到了。其实，本人也这样认为，所以前面才会谈到，到了大三，每个学生基本都知道自己喜欢什么，想要什么了，因此最后坚持要走信息安全这条路的学生已经不多了。所以，要报专业前记得查看并了解专业课程，看看你是不是真的对信息安全专业感兴趣。

大四课程很少，学生可以做一些实习工作，为毕业找工作做准备。

## ➢ 学完之后你会有哪些能力

1. 具备计算机组装调试与维修、利用高级语言编制程序的能力。
2. 具有对常见网络操作系统和硬件设备熟练使用和管理的能力。
3. 具有局域网、Internet网络的设计与维护能力。
4. 具有数据加密、文件加密能力。
5. 具有实现数据备份与恢复的应用能力。
6. 能掌握常用的网络设备的工作原理，具备设备选型和配置的能力。
7. 具备根据用户实际需求，初步设计网络安全应用解决方案的能力。
8. 具备对网络系统防病毒、入侵防范、数据加密等的能力。

## ➢ 就业方向

信息安全专业的就业方向大体包括以下几种。

1. 公安局信息监察，网络警察，政府各个重要部门的网络安全监测部门。网络警察是以网络技术为主要手段，集打击犯罪、管理防范等于一体的综合性实战警种。除了侦破案件，还肩负着监控公共信息、参与互联网有害信息专项清理整治工作，协调有关部门、网站删除有害信息等。网络警察每天最主要的工作就是进行网上搜寻，检索出网上的淫秽、诈骗等有害信息，根据线索对网络犯罪协查破案。

2. 病毒杀毒公司，反病毒工程师。信息安全问题日益严峻，基本上每台电脑上都装有杀毒软件，所以杀毒软件公司会招不少信息安全专业的人。从某种角度来说，反病毒工程师是对抗网络隐患的最有威力的守护神。类似的公司有360安全、金山毒霸、百度安全等。

3. 一些大型企业的公司网站维护。一些大型企业的网站比较重要，为了网站运行良好，需要招一些专业的信息安全人员，主要工作内容包括对办公场所计算机及网络系统的维护工作，以及做好企业网络的攻击防御工作。

4. 中国电信、中国移动等涉及能网上交费的这些企业肯定有专门的技术安全维护部门，也可以考虑。

5. 现在的银行对信息安全都有较高要求。现在国内四大商业银行，还有招商银行、交通银行都招信息安全相关的专业人员。

6. 大型IT企业，如腾讯、淘宝、百度、抖音等，也都需要信息安全行业的人才。目前信息安全的分支Web安全和系统安全比较热门，如果懂Web安全或系统安全，找工作没有任何问题。

### ➢ 周围同学就业情况

通常，每年10月至来年3月，大大小小的校园招聘会有很多，但信息安全相关的职位不是太多，即使有也是要求具有硕士研究生以上学历。面对如此残酷的现实，不少开始希望往信息安全方向发展的学生有的放弃了，有的选择继续深造。

根据我所在学校这几年信息安全专业毕业生的就业情况来分析，除去四成考研的同学，剩下的毕业生中，已往或欲往研发方向发展的占了六成多，脱离计算机行业的也有两成多，仅剩下一成多从事信息安全相关工作。

### ➢ 注意事项

1. 信息安全专业是需要终身学习的，特别是反病毒这一领域，可能很多老师、教授不如学生，这都是很正常的，因为他们所学的知识已经过时了，如果不接收新的知识，很快就落伍了。

2. 曾经在网络安全峰会上，在谈到"企业视角下的信息安全人才培养需求与期待"这个话题时，很多安全相关的企业单位纷纷发言表示对信息安全专业的毕业生不感兴趣，认为目前这个专业的学生到毕业时连最基础的安全知识都掌握得不扎实。也许这样的表达带有其个人情绪，换句中肯的话，应该是相关的安全企业单位对高校的信息安全人才培养期待较高吧。

3. 全国开设这个专业的大学不是很多，也就50多所，因为教育部对这方面是严格控制的。学习信息安全，搞不好就成黑客了，所以学校把对学生的思想教育工作当重点来抓。

4. 学信息安全一定要数学好，否则信息论和编码都很难学懂。还有，密码学里的数论、离散对数、椭圆曲线这些都很抽象。

5. 因为涉及面很广，大多数开设这个专业的学校在学生的本科阶段只是简单传授一些知识，所以学生要想学得更精，得继续攻读硕士研究生。大部分学生本科毕业后和计算机专业的毕业生一样，去做Java、C++语言、Python等有关的开发工作。而像数字签名的开发、认证系统、智能卡安全、网络安全、恶意代码、信息隐藏等工作，以本科毕业生的知识来讲很难胜任。换句话说，本科毕业生想做信息安全方面的工作比较困难。

## 080905 物联网工程

本人是北京理工大学物联网工程专业的学生，应"金榜事事懂"的邀请，简单介绍一下物联网工程专业。首先说明一下，这是个非常年轻的专业，最早是在2011年开设的，北京理工大学算是第一批开设这个专业的学校。

### ➢ 专业介绍

顾名思义，物联网就是"物物相连的互联网"。物联网是把物体通过信息传感设备（如传感器、射频识别技术、全球定位系统、红外感应器、激光扫描器、气体感应器等各种装置）与互联网连接起来，实时采集所连接物体的各种信息，然后对其实现智能化管理。可能这样说还是比较难理解，下面举例说明。

例一："物联网电梯"就是在电梯上装上物联网监控系统，系统对电梯运行状态进行24小时实时监控，一旦电梯发生故障，感应器就会感应到，然后故障报警信号会自动弹出，在线分析诊断，并第一时间告知救援人员。

例二：如果家里用的电器应用上物联网工程，那么你在公司准备下班的时候，只要用手机发出一个指令，家里的电饭煲就会自动加热做饭，空调就开始运行……

例三：物联网可以应用在保障家里的安全方面。假如你在外面工作时，家里的煤气发生了泄漏，这时部署在室内的有毒气体传感器可以获得室内有毒气体的浓度，并通过无线传输方式将数据传输到后方的数据库，然后将这些数据和设定的安全值进行比较，如果高于安全值，那么智能终端就会发出关闭阀门的指令，同时会向窗户发出打开指令。等室内煤气浓度降低到设定的安全值以下时，会发出关闭窗户的指令。

终端还可以向用户发送简讯，打开家庭摄像头供用户远程查看情况，当然用户也可以进一步远程操纵室内的智能物体。这也是一个简单的物联网应用案例。

看了这几个例子你应该大致对物联网工程有个简单了解了吧。我国官方对物联网工程的定义是：物联网是通过射频识别装置、红外感应器、全球定位系统等信息传感设备按照约定的协议把需要进行智能应用的物体接入网络，然后进行信息的交互，以实现智能化定位、跟踪和管理的一种网络。

### ➤ 学习内容

从上面举的煤气泄漏的例子可以看出，物联网工程可分为三个层次：

第一层就是利用传感器感受外界的环境信息，我们称之为感知层。感知层除了各种传感器，应用比较广泛的还有各种射频标签以及二维码、全球定位系统(GPS)和摄像头等感知终端。

第二层就是把收集的数据传输到数据中心，我们称之为传输层。传输层除了三大网络运营商提供的服务，还有各种近距离的传输方式，比如广泛用于智能家居的ZigBee技术(一种应用于短距离和低速率下的无线通信技术)和应用于移动支付的NFC(近场通信)技术，都为物联网的数据传输提供了保证。

第三层是对收到的数据进行分析并对物体实行智能控制，我们称为智能处理层。

通过物联网工程的三层构建，可以知道物联网工程的学习内容：

对于感知层，要学一点射频识别的技术，总的来说就是物联网感知技术和应用，当然电路原理、数电/模电是基础。

对于网络传输层，当然要学ICT/IP协议(传输控制协议/网际协议)、信号与系统、通信原理和ZigBee技术等。

对于智能处理层，就比较复杂了，数据库和基本的编程语言都是需要掌握的，另外每个学校根据其具体的条件会有所侧重，但是基本都是按照上面的规则选择课程。

概括起来，物联网工程专业毕业生需要做到：一懂计算机网络编程；二懂无线通信传输协议；三懂嵌入式电子技术软硬件；四懂自动化测控和检测技术。

### ➤ 就业情况

关于物联网工程的发展前景，我持非常肯定的态度，我认为物联网是社会发展的趋势。

那么物联网工程专业的毕业生好就业吗？因为这个专业不像别的专业那样成熟，仅有的为数不多的毕业生也还没有经过社会的长期检验,所以这个问题还无法回答。

但据我个人对大学生活的了解,物联网工程本科毕业的学生与电子信息、通信等其他相近专业的毕业生相比没有优势,原因是物联网工程专业涉及的技术太多,学习的知识众多繁杂,很多人如果只是本科毕业的话可能仅仅是打打基础,没有一技之长,所以一定要深造。

物联网工程适合女生吗?最近有很多高三家长问我这个问题,面对这个问题,我不知所措,但是我想说的是专业无性别。据我所知,很多女生只是觉得物联网工程的前景好而不是自己的兴趣所在,但我觉得报考专业的时候还是应遵从内心的想法,因为兴趣是最好的老师。女生具有自身的优点,比如自制力强、思想缜密。关于女生是否适合,我觉得首先要对物联网工程有足够的了解,然后结合自己的性格特点和能力做出详细的考虑。

### ➢ 就业方向

因为物联网工程专业将来会涉及生活中的各个方面,所以就业方向肯定会很多,如自动化企业、智能家电、智能家居、工业控制企业、数字娱乐公司、共享单车服务企业、智能打车软件企业、智能物流等领域。但就目前来看,像一些手机、通信、医疗、家用电器、安防等发展比较快的行业,例如思科、华为、西门子、飞利浦、通用电器、大唐电信等IT知名企业都已经开始招物联网工程师了。

具体就业岗位有射频识别开发工程师、物联网/嵌入式硬件开发工程师、物联网/嵌入式硬件测试工程师、物联网/嵌入式硬件驱动工程师、物联网/嵌入式系统软件工程师、物联网系统集成工程师等。

### ➢ 注意事项

1. 物联网工程是多学科的综合,涉及微电子、无线电、自动控制、传感、通信、计算机等多个学科,所以学的东西很杂,而且物联网现在还处于市场探索和培育期,学校也是在摸索着开设这个专业,从事物联网应用的公司正在探索如何发展,所以该专业的毕业生有可能碰上物联网发展的黄金时段,但也有可能耽搁几年。

2. 需要特别关注的是,尽管这个专业的发展还不是很成熟,但近些年国内有好几百所大学相继开设了这个专业,那么四年之后这个专业的毕业生一定会激增,有可能形成激烈的竞争。

说了这么多,相信大家已经对物联网工程有了初步的了解,个人觉得还是很有前景的,关键是要靠自己的判断来选择。

## 080906 数字媒体技术

本人是江南大学数字媒体技术专业毕业的,应"金榜事事懂"的邀请,简单介绍一下数字媒体技术专业。本文不是我一个人的观点,我曾咨询了北京大学、福州大学、浙江大学、中国传媒大学、成都理工大学、山东大学、苏州大学、黄冈师范学院、广西财经大学等许多大学的同学,然后把大家的意见做了一下汇总。

### ➢ 专业介绍

数字媒体技术虽然是个新兴专业,但数字媒体在现实生活中其实很常见,如日常生活中的数字电视、数字电影,现在的3D/4D都属于数字媒体范畴,当然数字媒体技术远不止这些,下面从官方的说法和个人的理解介绍一下数字媒体技术。

官方的说法:数字媒体技术是通过现代计算和通信手段,综合处理文字、声音、图形、图像等信息,使抽象的信息变成可感知、可管理和可交互的一种技术。

数字媒体技术主要包含场景设计、角色形象设计、游戏程序设计、多媒体后期处理、人机交互技术等。

个人的理解:数字媒体技术是个很宏观的专业,主要是针对游戏开发、影视后期处理、网站美工还有创意设计这类工作开设的专业。

## ➢ 专业方向

通过汇总数字媒体技术专业各个大学同学的情况,能看出这是个很广泛的专业,基本上每个学校的这个专业都会在大二让学生选小方向。

概括起来主要有两个大方向。

1. 一个大方向是影视后期制作,这个方向主要从事影视动画、影视特效、影视后期合成、视觉设计等方面的工作,大家比较熟悉的就是影视特效制作。接下来就用比较通俗的例子说明一下。相信大家对《变形金刚》《猩球崛起》《阿凡达》等电影都不陌生吧,这些电影里有很多震撼的场景,比如机器人的变形、大型建筑物轰然倒塌、外星人在丛林间飞跃奔跑等,这些场景在现实中是不可能实现的,需要后期通过数字媒体技术中的影视特效来制作。

当然这个方向还可以进行广告动画设计、视频包装、三维动画制作等,因为用到的技能都一样。现在电视里很多动画广告设计离不开数字媒体技术。

2. 因为数字媒体技术是属于计算机大类里边的一个专业,所以另一个大方向就是计算机和软件工程方向,该方向学习很多编程方面的内容,包括软件或者网络知识,比如游戏制作、网页设计和制作等就是这个方向。这个方向现在提的比较多的是毕业后开发游戏,比如学习游戏引擎实现、游戏脚本编程、3D程序开发等游戏制作核心内容。比如平常玩的很多手机游戏、PC单机游戏、电视游戏等,都是数字媒体技术专业的人员参与制作的。

## ➢ 需要具备的能力

因为这个专业方向较广,所以需要具备各方面的能力,也就要求学习很多技术,接下来我把这些能力罗列一下。

1. 影视设计与制作能力:影视摄像技术、影视节目编导与制作、数字音频处理技术、非线性编辑技术。
2. 动画设计与制作能力:二维矢量动画设计、三维动画设计与制作。
3. 平面设计与制作能力:图形图像处理技术、平面广告设计、AutoCAD辅助设计。
4. 动态网站开发能力:网页设计与制作、数据库应用技术、交互式多媒体网站开发。
5. 流媒体技术应用能力:计算机网络基础、多媒体数据压缩技术、流媒体技术。
6. 虚拟现实应用系统开发能力:矢量图形设计、三维建模技术、虚拟现实技术等。
7. 多媒体应用系统开发能力:数据库应用技术、面向对象程序设计、多媒体应用系统开发。

## ➢ 学习内容

数字媒体技术专业的核心知识是程序设计、网络与应用、计算机图形学、数字图像处理、数字音视频处理、计算机动画、计算机视觉、人机交互、虚拟现实技术等。概括起来就是计算机学科基础类课程＋计算机应用技术类课程＋部分艺术方向课程。

以广西财经大学的朋友给的课程表为例进行介绍:

1. 专业基础课程:数字媒体导论、高级语言程序设计、美术基础、图形图像设计基础、动画设计基础、数码影像技术、面向对象程序设计、数据结构、多媒体数据库、计算机网络、计算机图形学、数字图像处理及应用。

2. 专业核心课程：视觉传达设计、二维造型与动画技术、影视特技与非线性编辑、三维造型与动画技术、多媒体编创技术、动画角色与场景设计、影视动画合成。

3. 专业限修课程：网站开发设计、动画运动规律、虚拟现实技术。

4. 专业选修课程：计算机辅助几何设计、游戏设计与开发基础、高级影视动画等。

这个课表基本上代表了大部分学校的数字媒体技术专业开设的课程，不过一些名校，比如北京大学的课程可能稍微难一些，像计算机动画脚本语言、动作捕捉系统及表现力、CGI 编程高级课程、游戏引擎原理与分析、游戏制作与程序开发、建模与角色设定应用等课程可能会稍多一些。

如果你想往游戏设计方向发展，就要多学习编程类的专业课程。例如程序设计语言（C 语言、C++语言、数据结构、Java）、软件工程、Windows 编程、视觉传达设计、游戏程序设计、游戏相关的动画制作、3D 编程、3D 引擎。数字媒体学编程方向或多或少会去尝试做一些小游戏，做游戏就会考虑到界面、角色，当然也少不了美术的平面色彩构成、素描、场景设计等。

如果你想往影视后期制作方向发展，大二就要多学一些摄影、摄像、Photoshop 等课程。平常在学校可以把自己拍的照片进行专业处理，简单制作一些宣传单、海报等。大三多学些 AE 的特效后期制作、Flash、3ds Max 等，这时候可以尝试做些宣传片，像房地产公司的演示动画片。

> 就业方向

第一，选择了影视后期制作方面，毕业后就业选择一般就是以下三个方向。

1. 进电视台、数字电影制作公司、互动娱乐公司、电视频道及栏目包装部门、电视剧制作部门、动画公司及其他各影视制作机构等，从事数字影视节目策划与创作、数字电影电视特效制作、电视片头设计与制作、电视栏目及频道包装等工作。

2. 进广告公司做广告平面设计、宣传片设计。

3. 也可以把摄影、摄像、后期修图、视频制作学精通，去影楼或者婚庆公司工作。

这个方向就业前景不错，不过好工作难找，大公司难进，像我们班有两个同学进入江苏电视台工作，还有五六个同学进入电影公司从事后期制作方面的工作，也有进入较大的广告公司工作的。

第二，选了编程方向的话可以朝平台开发或游戏引擎开发和维护编程类方向发展，或者从事网页制作。在我认识的朋友里有七八个进了游戏公司做程序员，还有几个做手机游戏的，还有做游戏策划的，比较好的有进腾讯的。

当然规模较大的游戏公司也不多，虽然小公司有不少，可是真正发展较好的就那么几个，国内技术水平还不够高，找工作还是要看个人能力。

> 注意事项

1. 计算机相关专业学起来普遍比较辛苦，报考时要做好准备。学了这个专业，如果在设计方面有天赋，可以考虑以后做交互、影视后期等；如果对编程感兴趣，可以做游戏、软件开发之类的工作。如果选择编程方向，基础知识和计算机专业差不多，只是增加了艺术相关的知识。数字媒体技术专业影视后期制作方向与计算机和软件工程方向的最大区别是前者多一些游戏、动画、交互、音频视频处理方面的课程，而后者更多的是学习硬件、信息安全、嵌入式开发等。

2. 与数字媒体技术专业有关联的还有一个数字媒体艺术专业，主要偏重设计、美工等。数字媒体技术还要把设计出来的东西用技术应用起来。

3. 数字媒体确实也上素描课、绘画课、摄影课等，但是除非学校在招生时特别说明，一般是不需要你有美术功底的。不过如果决定报这个专业，可以趁着高考后的时间提高一下美术修养，这对学习该专业很有帮助。

4. 学习数字媒体技术专业，掌握好计算机技术是非常重要的，而学习使用专业软件，需要性能好的计算机。

5. 因为这个专业学习方向较广，刚开始选这个专业的学生通常会比较迷茫。甚至很多同学到了大三都很迷茫，因为学的内容太多了。很多同学学完的一致忠告是：学这个专业一定要找到自己的兴趣所在！一定要选好自己的方向，并且尽早定下来，好好学习专业知识，尤其是自己发展的那个方向。专业的内容多，这是好事，但自我定位不清，就会迷失。如果迷失错过机会，就会发现在找工作的时候到处碰壁。

## 080910T 数据科学与大数据技术

本人是数据科学与大数据技术专业的毕业生，应"金榜事事懂"的邀请，介绍一下数据科学与大数据技术专业。

### ➢ 专业介绍

数据科学与大数据技术专业包含数据科学和大数据技术两方面内容。

先说数据科学。如果你详细了解过大学专业设置，就会明白，在大学专业名称中，科学二字一般指的是对某个方面做系统性的研究，那数据科学便可以简单理解为对数据进行系统性的研究。

再说大数据技术。大数据技术指的是对海量的信息进行采集、存储、分析、整合、挖掘、利用等。大数据技术的意义不在于掌握庞大的数据信息，而在于对这些数据进行专业化处理。

数据科学和大数据技术相结合，便形成了数据科学与大数据技术这个专业。

进入互联网时代，我国的网民人数已超过10亿，大数据的应用涉及生活的方方面面。例如，你在抖音上刷视频，抖音平台就会根据你的观看习惯自动为你推送相关的视频；你在淘宝上买书，淘宝平台就会根据你的购物喜好为你推荐另外的相关书籍；我们日常的手机定位数据和道路交通数据可以帮助市政管理部门合理进行城市规划；等等。所有这一切，都离不开数据科学与大数据技术的支持。

### ➢ 学习内容

数据科学与大数据技术是一个以大数据分析为核心轴线，以统计学、计算机科学和数学为三大基础支撑性学科，以生物学、医学、环境科学、经济学、社会学、管理学等为拓展性学科的交叉专业。

首先，无论是哪个学校，数据科学与大数据技术专业的基础课程中都包含大数据分析、数学、统计学、计算机四大部分。具体课程大致如下。

数学：主要学习数学分析、线性代数、高等代数、离散数学等课程。

统计学：主要学习概率论与数理统计、多元统计分析、随机过程等课程。

计算机：主要学习数据结构、计算机组成原理、操作系统、数据库系统原理、C++程序设计、Java程序设计、Python等课程。

大数据分析：主要学习数据科学导论、机器学习与数据挖掘、信息检索与数据处理、自然语言处理、智能计算、推荐系统原理、大数据分析技术基础、数据可视化、大数据存储与管理、大数据分析实践等课程。

各高校会在上述课程的基础上,结合学校的特色,额外增加一些专业课程,比如财经类院校一般会额外增加一些财经类课程等。

> **就业情况**

数据科学与大数据技术专业毕业生的就业形势相对比较好,可以选择的工作岗位也很多,常见的岗位有大数据系统研发类、大数据应用开发类、大数据分析类、大数据运行维护类等。

这里特意列举两个比较容易理解的就业方向做详细介绍,一个是统计学方向,另一个是运筹学方向,以便你更深入地理解数据科学与大数据技术专业。

一、统计学方向的企业和岗位

(1)这个方向最典型的是以互联网公司为代表的信息化程度较高的企业,这类公司常见的有百度、腾讯、抖音、淘宝、京东等。进入公司后主要从事的工作内容包括两方面,一方面是运营分析,另一方面是产品开发分析。

因为互联网公司在日常业务中会产生大量的数据,数据分析人员必须从繁杂的数据中挖掘出有效信息,为运营和决策提供支持,这就是运营分析。

做产品开发的分析一般是把相关的数据抽象出来建模,做一些用于判断的模型,比如回归模型等,以应用程序接口(API)的形式给到客户。客户只要把相关的数据导入,就能通过这个模型做出判断。比较典型的例子就是一些反诈骗的产品,这些产品的背后是通过分析大量好人的行为数据和一些坏人的行为数据,做出一个[0][1]的好坏判断模型。当你把一个不知道结果的数据,通过 API 接口输入这个模型后,就会得出这是好人还是坏人的结论。

(2)除了互联网公司,咨询公司也非常注重数据这方面的工作。比如麦肯锡公司,相关的数据分析已经成为公司的重要驱动力之一。另外,其他几家咨询公司,比如埃森哲、波士顿咨询等,以及一些本土的咨询公司,比如正略、中大、汉哲、久谦等,也有相应的数据分析岗位。

对于咨询公司来讲,数据分析主要运用在管理咨询业务中,作为企业领导决策的支持。比如说,我们经常做的 CRM(客户关系管理)这一类系统,在我们拿到很多客户的数据后,会做一个用户画像,做完用户画像之后,就会知道这个客户有什么特点,就可以基于概率或者回归做一个推荐系统,把相关的广告或者产品推送给客户。

(3)有一类常用到数据分析的公司是金融企业,比如各大银行、各大保险公司等。比如当打开招商银行的 APP 时,你会发现它会根据你的使用行为和习惯,做一些相关的理财产品推荐。另外一个比较典型的例子是蚂蚁金服,打开支付宝就会发现有一个芝麻分,这个芝麻分也是通过数据分析、建模打出来的,根据不同的信用分,你会得到一些不同的待遇。

(4)有一类会用到数据分析的就是软件公司。软件公司一般通过将这些模型标准化、产品化,做好交互之后,将一个完整的产品卖给客户。客户拿到这类产品后,只要将自己的数据导入,进行一定的操作,就能得到一些有价值的结论。

(5)有一类公司是一些比较大的传统企业。之前我在一个大公司实习过,公司内部就有一个很庞大的数据库,记载了公司许多年的销售数据,我们就会拿这些销售数据,做时间序列分析,发现它在某一个时间区间内的趋势,并拿这个趋势来对未来的销售情况进行预测。这样公司就会知道在某一个时间段它的订单量会上升,会上升到什么程度,那么就可以让生产部门提前做好生产准备,来应对销售的高峰。

二、运筹学方向的企业和岗位

运筹学方向的工作主要是解决一些优化的问题。除了最简单的线性规划,还衍生了很多其他的优化方案,比如动态优化、随机优化、排队等。就是说在有限的约束条件下,能够得到一个最优或者局部最优的解。这些方案在实际应用中也非常广泛。比如我们生活中用到的打车软件里的路线规划问题,就是个动态优化的问题,在拼车的时候,系统怎么才能自动给司机安排最优线路。

(1)运筹学方向主要的就业公司还是咨询公司。对于咨询公司来讲,它会给客户提供优化方案。比如在制造企业里面,怎么去提升生产线的效率就是一个排产的问题。要规划好先生产什么,再生产什么,才能达到总的用工时间较短,或者说中间产生比较少的堆积情况。

(2)另外就是专门做一些优化软件解决方案的软件公司,较典型的软件公司如 Aspen Tech,其产品在石油行业里面是优化排产比较有名的一款软件,全球很多的石油公司或者说炼油企业会用这款软件给自己的生产线做排产。因为石油企业的产品种类、原料种类都比较多,流程环节也比较复杂,这款软件解决了怎样排产能够在完成这个月生产计划的情况下,成本最低,利润最高的问题。

(3)除了这些第三方企业,还有一些直接会用到这些软件的企业,比如滴滴、顺丰等,都有相应的大数据分析岗位。

总之,哪里有大数据,哪里就需要数据科学与大数据技术专业的人才。

> **注意事项**

1. 因为数据科学与大数据技术专业近几年比较受热捧,所以该专业的录取分数近几年还是比较高的。

2. 数据科学与大数据技术专业是个交叉性强、跨学科的专业,各大学开设方向差距较大,因此有志于学习数据科学与大数据技术专业的考生,可以从大学的传统优势领域和行业背景考虑选择。

3. 数据科学与大数据技术专业是一个新的热门专业,但专业人才培养的周期较长,而热门专业往往会不断更新轮替,中间产生的时间差使得新兴专业的志愿填报存在一定的风险。

4. 数据科学与大数据技术专业对于学生的数学基础有相对比较高的要求,所以如果数学基础比较薄弱,在选择数据科学与大数据技术专业时要慎重。

# 810 土木类

## 本专业类概况

### 一、各选科组合能报本专业类的比例

该数据反映的是在该专业类的所有高校招生计划中,各科目组合有多少学校能填报。详解见图书使用说明。

| 物理 化学 生物 | 物理 化学 历史 | 物理 化学 地理 | 物理 化学 思想政治 | 物理 生物 历史 |
|---|---|---|---|---|
| 99.9% | 99.9% | 100.0% | 99.9% | 0.0% |
| 物理 生物 地理 | 物理 生物 思想政治 | 物理 历史 地理 | 物理 历史 思想政治 | 物理 地理 思想政治 |
| 0.0% | 0.0% | 0.0% | 0.0% | 0.0% |
| 化学 生物 历史 | 化学 生物 地理 | 化学 生物 思想政治 | 化学 历史 地理 | 化学 历史 思想政治 |
| 0.0% | 0.0% | 0.0% | 0.0% | 0.0% |
| 化学 地理 思想政治 | 生物 历史 地理 | 生物 历史 思想政治 | 生物 地理 思想政治 | 历史 地理 思想政治 |
| 0.0% | 0.0% | 0.0% | 0.0% | 0.0% |

### 二、该专业类的主要专业男女比例及每年大致毕业人数

| 专业类 | 专业代码 | 专业名称 | 各专业年度毕业人数 | 男女比例 |
|---|---|---|---|---|
| 土木类 | 081001 | 土木工程 | 85 000～90 000人 | 男85% 女15% |
| 土木类 | 081002 | 建筑环境与能源应用工程 | 10 000～12 000人 | 男70% 女30% |
| 土木类 | 081003 | 给排水科学与工程 | 10 000～12 000人 | 男69% 女31% |
| 土木类 | 081004 | 建筑电气与智能化 | 3500～4000人 | 男80% 女20% |

### 三、本专业类主要考研方向

| 学科门类 | 一级学科 | 研究方向 | 学位授予 |
|---|---|---|---|
| 工学 | 0814 土木工程 | 学术硕士 | 可授硕士、博士专业学位 |
| 工学 | 0859 土木水利 | 专业硕士 | 可授硕士、博士专业学位 |
| 参考往年可报考二级学科 | | | |
| 土木工程 | 岩土工程 | 结构工程 | 市政工程 | 供热、供燃气、通风及空调工程 |
| 防灾减灾工程及防护工程 | 桥梁与隧道工程 | 土木水利 | 农田水土工程 | — |

# 本专业类重点专业解读

## 081001 土木工程

本人是土木工程专业毕业的,应"金榜事事懂"的邀请,简单介绍一下土木工程专业。

### ➢ 专业介绍

土木工程专业很容易理解,简单地说就是搞建设的专业,比如各类场馆的建设,各类大厦的修建,各种桥梁、隧道的工程建设,还有建造过程中应用的材料、设备和所必需的勘测、设计、施工、保养维修等技术活动,等等。这都是土木工程专业所涉及的领域。通俗地讲,土木工程专业的学习对象就是怎样实现"建楼、修路、架桥、开隧道、修地铁"。

### ➢ 土木工程与建筑学的区别

第一,建筑学一方面是要设计建筑的外观,另一方面是设计建筑内部空间的划分。比如说设计一栋大厦,外观是什么样,里边哪里是大厅,房间格局怎么样,哪里是过道,哪里是洗手间,等等,这些都是建筑学所研究的内容。建筑学注重设计构想。

第二,土木工程主要是按照建筑师构思好的外形,根据力学原理来确定需要什么样的梁板柱支撑、要用多少钢筋支撑等,最后把建筑物安全地搭建起来。土木工程注重把建筑物修建起来。

### ➢ 专业方向

土木工程专业覆盖面比较广,各个大学侧重点不同。你在志愿填报书上看到的带括号的字样,如土木工程(道路与桥梁)、土木工程(铁道工程)、土木工程(工民建)、土木工程(工程管理)、土木工程(工程造价)等,就是土木工程专业不同的分支。

概括起来说,土木工程专业有两个主要方向:一个是道路桥梁工程方向,另一个是建筑工程方向。道路桥梁工程方向主要研究道路、桥梁等的施工修建。建筑工程方向主要涉及普通的工业和民用建筑,如各种大厦、厂房等的修建。

具体到各个大学的话,不同院校会有一些自身的特色,像矿业类大学,其土木工程应该说在矿井建设方面非常强,而像北京交通大学等交通类的大学,铁路建设,桥梁、隧道等是其强项。

具体专业方向只能根据自己的兴趣爱好进行筛选。

### ➢ 学习内容

土木工程专业在学习的过程中仅仅停留在听课是远远不够的,还必须把设计做出来。在大学四年中会有一系列的设计,比如钢筋混凝土楼盖设计、钢结构设计、混合结构设计等,到了毕业的时候,会用将近一个学期的时间,从头到尾完整地设计一个比较大的工程,通过这个毕业设计把四年学到的知识融会贯通地做一个全面的总结。

### ➢ 实习情况

土木工程是实践性非常强的一个专业,在大学四年中有不少实践环节的训练,如认识实习、测量实习、施工实习等。

认识实习时会参观一些工地和一些已经建成的大型项目,对自己将来要做的事情有一个初步的认识。

测量实习是土木工程专业在学习的过程中比较重要的一个环节,通常选择到郊区去做测量实习。

施工实习,一般会选择去一个较大的工地,学生在工地上要从事具体的施工技术、管理等工作,方方面面都要去做,一个部门一个部门地实习,对施工的全过程要做到心中有数。

## ➢ 教授补充

土木工程涉及的领域非常广泛,典型的如住宅、体育馆、剧院、桥梁、隧道、铁路、公路、地铁等。土木工程的主要特点是体型大、造价高、建造周期和使用寿命长,每一个工程都必须进行单独设计施工以适应独一无二的环境条件和使用要求。土木工程就是研究保证这类工程结构长期安全的综合性的一门学科。

国务院学位委员会在学科简介中对土木工程下的定义是:土木工程是建造各类工程设施的科学技术的总称,它既指工程建设的对象,即建在地上、地下、水中的各种工程设施,也指所应用的材料、设备和所进行的勘测设计、施工、保养、维修等技术。因此,土木工程的范围非常广泛,它包括房屋建筑工程、公路与城市道路工程、铁道工程、桥梁工程、隧道工程、机场工程、地下工程、给水排水工程等。

土木工程师的使命就是创造各种各样适合人们居住以及人类可持续发展的工程结构物。具体来说,土木工程师主要从事房屋建筑、隧道和地下建筑、公路与城市道路、桥梁、市政工程等方面的设计、施工、管理、研究和开发等工作。不同大学的土木工程专业方向不同,如有结构工程、岩土工程、桥梁与隧道工程、道路与铁道工程、市政工程、工程管理等。结构工程工作的对象是各种结构,包括建筑结构、空间结构、钢筋混凝土结构等;岩土工程工作的对象主要是各类地下结构,包括隧道、地铁、基坑开挖、基础工程、边坡、地基处理、土工合成材料等;市政工程工作的对象主要为给水排水、市政道路等为城市基础设施服务的工程;桥梁与隧道工程工作的对象主要为各类桥梁与隧道的设计、施工、运营、维护等;道路与铁道工程工作的对象主要为道路材料、线路设计、安全运营、管养维护等;工程管理包括建筑企业管理、项目管理、工程经济分析、施工组织与管理、房地产开发与经营、建设监理等。土木工程师从事各种土木工程结构的分析、设计、施工、管理、维护,土木工程师的作品包括挡风遮雨的住房,购物的商场,生产各种产品的工厂,给排水的管道,出行的各种道路、桥梁和机场以及挡水发电的大坝,等等。可以这么说,是土木工程师创造了我们生活、工作、学习的空间。

## ➢ 就业情况

土木工程专业就业方向非常宽,主要包括以下几个方面。

1. 施工单位。这是大部分土木毕业生的选择,如建工集团、城建集团、市政集团等。

中建、中铁等大型施工单位的待遇通常比一般施工单位要好一些。但是大型施工单位通常是天南地北到处做工程,不利于人脉资源的积累,对自己的成家立业也有一定的影响,而且竞争激烈,适合那些希望从事技术工作的人。

小型施工企业基本是在一个地区做工程,开始可能待遇不高,不过由于经常在一个地区施工,能建立自己的人脉资源,对自己以后创业会有帮助。

2. 设计单位。如设计院,但比例应该说相对要少一些。由于结构设计关系到建筑物的安全,大部分设计院对于学历和经验非常重视。一般重点院校的毕业生可以去一些比较大的设计院试试。普通院校的毕业生,可以去市县级的设计院试试。设计单位工作稳定,一般有双休,这是施工单位没法比的。

3. 预算单位。土木工程专业毕业后做预算也是一个不错的选择,预算单位通常分为三类,即在工地上的预算单位、第三方预算单位、甲方的预算单位。

4. 其他单位。主要包括以下四类:

(1)房产、监理、大企业的基建处等。大企业有工程建设,需要专业人员去规划及与设计院协调,女生也比较适合。

(2)一些通信工程设施、交通设施的施工以及设计单位,例如造通信塔和路灯钢杆,一般是事业单位。

(3)工装、道路桥梁、暖通、水电、园林施工的施工单位通常也招土木工程的毕业生,在这些单位如果一直干下去的话,收入也是可以的。

(4)另外有不少同学毕业以后经过几年努力,开起了自己的施工公司、设计公司,规模虽然不大,但是回报都很好。

> 发展前景

个人认为,从目前情况看,我国还处在一个发展的时期,未来几十年还会大兴土木,所以土木工程的学生本科毕业后只要自己不过分挑剔,找一份工作还是不成问题的。

> 注意事项

1. 部分岗位不适合女生,但女生可以选择该专业的设计方向。

2. 现在的实际情况是,土木工程本科毕业生绝大多数是去施工单位工作,刚开始条件会艰苦一些。

## 081002 建筑环境与能源应用工程

本人是同济大学建筑环境与能源应用工程专业毕业的,应"金榜事事懂"的邀请,简单介绍一下建筑环境与能源应用工程专业。

> 专业介绍

这个专业名字挺长,仅凭字面理解一般会出错,常人也比较难理解。

先将建筑环境与能源应用工程专业的名称拆开,从字面上解释一下。

一是"建筑环境":主要指建筑物的室内环境,包括室内的温度、湿度、洁净度,室内空气品质,声环境,光环境等。人的一生大部分时间是在各种建筑物内度过的,因此建筑的室内物理环境对人的生理、心理健康以及工作效率影响很大。

二是"能源应用":为了保证室内环境舒适宜人,有合适的温度、湿度及清新的空气等,就需要考虑到冬天如何供热、夏天如何制冷、如何排换气等问题,就要用到各种供热装置、空调装备、通风设备、制冷装置等。而在供热、制冷等过程中必然涉及很大的能源消耗,能源应用工程就是要考虑如何消耗最少的能源,创造最适宜的室内环境。

合起来理解就是,随着人们生活水平的逐步提高,人们对居住环境舒适性的要求也越来越高,为了使室内保持一个较舒适的温度、湿度环境,就需要采用一系列建筑设备来进行调节,而在建筑设备的运行调节过程中要充分考虑如何合理利用和节约能源,努力创造低能耗的建筑设备系统。这就是建筑环境与能源应用工程专业学习和工作的重点。

> 培养什么样的人

建筑环境与能源应用工程专业主要培养能够从事以下三方面工作的专业技术人才:

1. 能从事建筑物采暖、空调、通风除尘、空气净化和燃气应用等系统与设备以及相关的城市供热、供燃气系统与设备的设计、安装调试与运行工作。

2. 能够以工程技术为依托,以建筑智能化系统为平台,对工业建筑及大型现代化楼宇中的环境系统和供能设施的设计、安装、估价、调试、运行、维护等进行技术经济分析和管理。

3. 能适应低碳经济建设与社会可持续发展的需要,具备建筑节能设计、建造、运行管理的能力。

在我国,目前有一些新型建筑内部的环境与设备尚存在不尽如人意之处,许多方面仍然处在探索和尝试的阶段。如某些高层写字楼和外观华丽的建筑物内部,明显存在通风不良导致空气质量下降,或者夏季制冷、冬天供暖不到位等问题。这都需要从事建筑环境与能源应用工程专业的技术人员与建筑设计师进行良好的配合,以对建筑结构和用户需求有完整的认识和了解,做出切实可行的设计,同时对系统的智能化控制、节能降耗进行深入的分析。

## ➢ 学习内容

建筑环境与能源应用工程专业是土木类下属的一个专业,所以要学习一些土木类的课程,如工程制图、理论力学、机械设计基础、工程项目管理、建筑设备工程预算等。

在室内温度调节设备上要学习的课程有:工程热力学、传热学、热质交换原理与应用、暖通空调、制冷技术、燃气供应、热质交换理论与设备等。

在空气净化调节上要学习的课程有:流体力学、空气调节、通风工程等。

在建筑环境总体上要学习的课程有:建筑环境学、建筑环境测试技术、建筑设备自动化、建筑设备安装技术等。

## ➢ 就业情况

一、从不同的学历来看工作状况

1. 本科毕业后可以从事工矿企业供暖、通风、空调及制冷系统的设计、施工及安装等工作;或者从事城镇建筑环境的供暖、通风、空调及制冷系统安装、调试及运行管理等工作。

2. 硕士或博士毕业后可以到相关的研究院(所)、高等院校从事供暖、通风、空调及制冷系统设计、研究、开发、教学等工作。

二、从具体工作内容上来看工作状况

1. 从事设计方面的工作:到建筑设计单位、制冷空调设备工程公司进行暖通空调系统设计、建筑给排水工程设计;或者从事制冷空调设备制造企业的设备设计等工作。

2. 从事造价预算方面的工作:如暖通空调、建筑给排水工程预决算和安装工程招投标。

3. 从事施工组织管理方面的工作:建筑安装工程公司(包括建筑消防工程公司)暖通空调、建筑给排水及建筑电气工程施工组织管理。

4. 从事工程监理:质量检查部门(质量监督局、检测站)的设备安装质检工作、安装工程监理公司的监理工作。

5. 从事运行管理方面的工作:对高级商厦、宾馆、饭店、办公大楼、机场大厅、邮政大楼、医院治疗室等民用建筑;医药厂、卷烟厂、纺织厂、飞机/汽车/船舶制造厂、冷冻厂等工业建筑;物业管理公司等的建筑设备进行运行管理。

6. 从事销售与管理工作:如果口才好可以从事制冷空调设备工程公司的产品(中央空调和小型中央空调设备)销售及管理等工作。

### ➢ 毕业后能考什么执业资格证书

1. 注册公用设备工程师——从事设计工作用。
2. 注册监理工程师——从事监理工作用。
3. 注册建造师——从事施工工作用。
4. 注册造价师——从事工程预、决算、工程审计、招投标代理等用。以上各种注册证书都有较高的含金量。

### ➢ 注意事项

1. 刚毕业学生的工资基本能高于其他普通专业的薪酬,当然我说的是大概情况,毕竟工作地点、公司差异性很大。

2. 对于女生,可以进设计单位从事设计工作,或者就是方案策划,也可以进施工单位做资料员、造价员。用人单位可能有时候会倾向于招收男性员工,这是由岗位性质决定的。但也有例外,据我所知我们班五名女生中,两人做造价方面的工作,两人做设计方面的工作,一人在设备公司做方案。

3. 工作辛苦程度

施工方向:首先去施工单位不是干体力活,而是撰写施工方案、编制施工资料、签发联系单、指导施工等,最主要的是与施工现场人员的沟通问题。如果选择施工方向,唯一的不足就是施工居无定所,而且一待就是几个月,住的大部分是活动板房,也有条件好的施工单位,因公司、项目而异。

设计方向:许多人说设计比施工轻松,我不这么认为。说设计轻松的估计没有感受过刚毕业的学生连续熬夜加班画图的那种焦头烂额的感觉,也没有感受过他们每天对着电脑10小时以上那种腰酸背痛的感觉,设计院就是如此。尤其刚毕业的学生,学得好,熬个一年半载可以熬出头,干得不好的工作几年还是如此。但是在设计院工作的优点是,工作稳定,不用日晒风吹。

## 081003 给排水科学与工程

本人是同济大学给排水科学与工程专业毕业的,应"金榜事事懂"的邀请,简单介绍一下给排水科学与工程专业。

### ➢ 专业介绍

在城市中生活,你家每天喝的水、用的水是怎样来的?是如何净化的?又是如何输送到你家的?生活用完的污水是通过什么管道途径排走的?排到哪里了?最后怎么处理的?这些问题就是给排水科学与工程这个专业学习的内容。

### ➢ 专业方向

给排水科学与工程专业主要有三个方向:一是给水工程,二是排水工程,三是建筑给排水。下面分别进行介绍。

第一,给水工程主要是指和自来水公司有关的一些事宜,如自来水厂的设计、施工、供水管道、泵房、滤池、沉淀池等,从事的工作也都是和自来水公司有关。

第二,排水工程分两个方面:

(1)市政排水,即和城市排水管道有关的。

(2)水处理,目前发展趋势比较好,主要是污水处理厂和回用水处理等,在北方水资源紧张的情况下发展空间很大。

第三,建筑给排水主要涉及建筑内的给排水及消防管道相关内容。只要涉及建筑的问题就要考虑建筑给排水,因此应用范围较广。

至于难度,前两个方向有很强的专业性,但就业范围比较有限。建筑给排水方向较简单,但在就业时会有其他的如暖通、环境等专业的学生参与竞争。

### ➢ 学习内容

大学主要课程有:给水工程、排水工程、建筑给水排水工程、工程力学、水力学、测量学、水泵与泵站、水处理微生物学、水分析化学、工程制图、电工与电子学、计算机技术与应用等(工程力学和电工与电子学无疑是比较难学的)。

### ➢ 教授补充

给排水科学与工程专业以水的社会循环为研究对象,水质水量并重,以水质为核心,以化学、生物学、水力学为学科基础,以城镇和工业为服务对象,研究水的开采、净化、加工、输送、回收、利用、再生回用以及清洁排放等。研究内容涉及城市水资源、城市市政水工程、建筑水工程、工业水工程、消防等领域。

专业覆盖领域主要有:城市水资源、市政给水排水、建筑给水排水、工业给水排水、农业给水排水、城市水系统、水环境保护和修复、节水减污与水的回用、水循环再生、生态建设与修复、环境评价。

### ➢ 就业方向

在土木工程行业里,给排水专业的就业机会可以说是最广的,其他土木专业的人能去的单位,给排水科学与工程专业的人几乎无一例外都能去;同时,建筑结构等专业的人不能去的环保部门等,给排水科学与工程专业的人却能去。具体分为以下几个方面。

1. 设计院。最好有甲级资质(特指给排水专业甲级资质)。设计院又分好多种:

(1)建筑设计院。比较好的有:北京市建筑设计研究院、天津市建筑设计研究院、上海现代建筑规划设计研究院、同济大学建筑设计研究院以及中国建筑东北设计研究院,还有若干规模较大的省级建筑研究院。主要做建筑单体的给水排水,有时候也会做小区外网。

(2)市政设计院。比较好的有:北京市政工程设计研究院、上海市政工程设计研究院、华北市政工程设计研究院、西北市政工程设计研究院、中南市政工程设计研究院、东北市政工程设计研究院、天津市政工程设计研究院等一流的市政设计院。主要做污水处理、给水的规划、科研、初设、施工图以及城市管网综合敷设,有时候可能也会做垃圾处理工程。

(3)规划设计院。比较好的有:中国规划院、浙江省城市规划研究院等。

(4)工业设计院。

这些设计院对学历一般要求比较高,可能研究生才行。本科生不是很好进去,但也不是没有可能,综合能力强的学生可能不会被拒绝。

2. 施工单位。可以走三条路:施工管理、监理、概预算。

3. 房地产公司。像中国海外发展有限公司、中国建筑国际工程总公司等。如果从事房地产行业的工作,就要看自己的发展了。

4. 自来水厂、污水处理厂。

5. 设备厂家。

6. 考研读博,毕业后进高等院校从事教学工作。

反正出路很多,看个人意愿和职业发展规划了。

# 081004 建筑电气与智能化

本人是建筑电气与智能化专业的毕业生,目前在一家设计院工作,应"金榜事事懂"的邀请,介绍一下建筑电气与智能化专业。

## ➤ 专业简介

建筑电气与智能化专业的名称有点长,理解起来略有难度,但你把它分成两部分来理解就容易了:第一是建筑电气,第二是建筑智能化。

1. 建筑电气一般指的是建筑物的强电配电部分,包括变配电、照明、供电等。建筑及建筑群用电一般指交流 220 V/50 Hz 及以上的强电,主要向人们提供电力能源,将电能转换为其他能源,举例的话,像空调用电、照明用电、动力用电、电梯用电等都是。在建筑物中,电气设施为基础设施,是一个建筑物必备的,这是我们专业学习的一部分。

2. 建筑智能化其实也不难理解,我以一个高档小区为例来说明一下。

首先你下班想进小区的大门,你会碰到门禁系统,小区内的居民要刷卡才能进入小区。这个门禁系统就属于建筑智能化这一块。如果某些人没有卡想翻小区的墙进去的话,就会被红外自动报警系统发现并自动报警,这个自动报警系统也是建筑智能化。

然后你走进了楼道,平常楼道没人的话,声控灯是关着的,当楼道内声控系统感觉有人走进来了,就会自动亮灯,当然在楼道里你肯定能发现有应急指示灯,这也是建筑智能化。如果你住的是高层的话,就需要电梯了,电梯本身就是建筑智能化的体现,因为平常是没有人在那儿操作的。一般电梯里都有监控设备,这个整套的监控设备也是建筑智能化的内容。

接下来你进家门了,想要约个朋友到你家来玩,那你可以用固定电话打个电话,当然你也可以在手机上直接用微信找他;如果你想玩电脑游戏,你可能需要连网线,也可以无线上网;等等。那电话线、网线等这些是不是在你搬进房子里的时候就有人给铺设得整整齐齐的,而不是不同的线散乱地放在屋子里吧?其实这个就涉及建筑电气与智能化专业的综合布线这一块。

你朋友过来玩了,到了你家楼下,然后按门铃,如果你家里安的是视频门禁,那你在视频门禁里就能看到是不是你朋友,这视频门禁也是建筑智能化的内容。

把这两部分汇总一下,主要概括为以下几个系统:

1. 通信、网络、电视信号系统:电话线路、有线电视系统、宽带网络线路等。
2. 照明控制与管理系统:工作照明、事故照明、特种照明、应急指示灯等。
3. 智能消防系统:火灾报警与消防联动、消防自动喷淋系统等。
4. 安全防范系统:(1)闭路电视监控系统;(2)保安报警系统;(3)周界防范系统;(4)门禁系统;(5)访客对讲系统;(6)电扶梯监视与控制系统。
5. 公共照明和办公设备感应系统:楼道声控系统、电扶梯运行速度、自动调节系统等。

当然还包含很多别的系统,以及这些系统的综合布线工程,这些都是建筑电气与智能化专业所涉及的,也是你将来如果学了这个专业出来要做的。当然,将来毕业后你一方面可以对其进行设计,另一方面也可以直接参与施工,对设备进行维护、检修、调试、安装等。

## ➢ 专业涉及范围汇总

为了让你更清晰地了解建筑电气与智能化专业具体能做什么，现总结如下。

比如一幢大楼建成了，照明、空调、电梯、供水设备、排水设备等的电源如何配置，电话线、网络线、有线电视等如何布线，消防区域如何划分、火灾探测器与喷淋头如何设置，门禁、闭路监控系统如何设置和布防等，是建筑电气与智能化专业的研究范畴。

另外，工作照明、景观照明、空调、电梯、供水设备、排水设备等的控制，也属于建筑电气与智能化专业涉及的范畴。

然后，如何对电梯、空调、照明、通信装置、办公设备、停车场等进行统一的、有效的监控管理，为我们提供舒适、便捷、安全、高效的生活和工作环境，也是建筑电气与智能化专业的研究领域。

面对能源短缺，采用先进控制技术节约能源、把新型能源应用于建筑，也是建筑电气与智能化专业需要考虑的问题。

## ➢ 学习内容

因为建筑电气与智能化专业是介于土建和电气两大类学科之间的，所以在学习内容上这两方面都要学。一要学土木建筑方面的课程，二要学电气工程、控制科学与工程等方面的课程。细分的话，主要的课程包括以下两方面的内容。

1. 专业基础课

电路理论与电子技术、电气传动与控制、检测与控制、网络与通信、计算机应用技术、建筑设备、土木工程基础、建筑智能环境学、建筑电气工程、建筑智能化工程、工程技术基础、建筑节能技术、现场总线技术、工程力学等。

2. 专业课。专业课程又可以分成四大模块，分别是：

(1)强电模块：供配电与照明系统、建筑电气系统设计、电气与 PLC 控制等课程。

(2)弱电模块：建筑弱电系统、建筑设备控制技术、综合布线、建筑消防工程等课程。

(3)建筑环境模块：空气调节、供热工程、建筑给水排水工程等课程。

(4)施工管理模块：项目管理与建设管理、施工技术与组织、概预算与招投标等课程。

## ➢ 教育部范例课程

下面这个课程是教育部给出的范例课表之一，可以参考一下。

课程示例：电路理论(90 学时)、模拟电子技术基础(78 学时)、数字电子技术基础(54 学时)、自动控制原理(54 学时)、计算机原理及接口技术(72 学时)、数据通信及计算机网络(54 学时)、电气控制技术(40 学时)、建筑设备(32 学时)、建筑智能环境学(72 学时)、建筑供电与照明(72 学时)、建筑设备管理系统(46 学时)、公共安全系统(36 学时)、信息设施系统(40 学时)、建筑智能化系统集成技术(30 学时)。

主要专业实验：建筑供配电与照明实验、建筑设备管理系统实验、公共安全系统实验、信息设施及信息化应用系统实验、楼宇现场总线系统实验、系统集成及其组态编程实验等。

## ➢ 就业方向

概括起来，就业方向一般是施工、设计、监理、房地产等几个方向，具体主要包括以下几类。

1. 毕业以后最好的是去设计院。如果你能力比较强，可以进设计院从事电气施工图和电气系统图规划的设计工作，虽然有时候需要加班，但这个方向的工作性质总体来说比较稳定，并且体面。除我之外，我朋友还有在辽宁城市建筑设计院、广州城建沈阳分院、南京长江都市建筑设计院、上海世纪都城建筑设计研究院等不同级别的设计院工作的。

2. 再一个大方向就是施工现场的电气施工管理。像中建、中铁都是相对比较好进的企业,我们学校每年都有一大批毕业生入职中建、中铁。如果你爱交朋友,想出去见见世面,就可以去施工单位。收入不差,不过缺点是比较辛苦、经常漂泊。工作到了一定年限,可以评电气专业工程师。

3. 可以到监理单位,从事电气专业的现场监理工作。和上面一样,有了一定工作年限,可以评监理类电气专业工程师。

4. 到房地产开发公司。做甲方电气专业代表,代表甲方和设计院沟通(一般房地产开发公司是甲方,设计和施工方是乙方)。这个工作也需要你学到真本事,要具备一定的能力。

5. 到厂矿、冶金等相关行业。从事生产管理的电气专业维护和维修工作,厂区新建、扩建或者改建的时候,可以作为电气专业的甲方代表。还可到大型物业管理公司从事电气设备维护等工作,不过这些方向去的人就很少了。

> 注意事项

1. 女生学这个专业的总体不多。女生的话,一般就朝设计院这个方向找工作,工作比较舒服,不过,好的设计院需要研究生学历。

2. 对于男生,选择方向就比较多。如果从事施工现场工作的话,因为漂泊,对恋爱、家庭影响较大。

# 811 水利类

## 本专业类概况

### 一、各选科组合能报本专业类的比例

该数据反映的是在该专业类的所有高校招生计划中,各科目组合有多少学校能填报。详解见图书使用说明。

| 物理 化学 生物 | 物理 化学 历史 | 物理 化学 地理 | 物理 化学 思想政治 | 物理 生物 历史 |
|---|---|---|---|---|
| 100.0% | 100.0% | 100.0% | 100.0% | 0.0% |
| 物理 生物 地理 | 物理 生物 思想政治 | 物理 历史 地理 | 物理 历史 思想政治 | 物理 地理 思想政治 |
| 0.0% | 0.0% | 0.0% | 0.0% | 0.0% |
| 化学 生物 历史 | 化学 生物 地理 | 化学 生物 思想政治 | 化学 历史 地理 | 化学 历史 思想政治 |
| 0.0% | 0.0% | 0.0% | 0.0% | 0.0% |
| 化学 地理 思想政治 | 生物 历史 地理 | 生物 历史 思想政治 | 生物 地理 思想政治 | 历史 地理 思想政治 |
| 0.0% | 0.0% | 0.0% | 0.0% | 0.0% |

### 二、该专业类的主要专业男女比例及每年大致毕业人数

| 专业类 | 专业代码 | 专业名称 | 各专业年度毕业人数 | 男女比例 |
|---|---|---|---|---|
| 水利类 | 081101 | 水利水电工程 | 8000~9000人 | 男79% 女21% |
| 水利类 | 081102 | 水文与水资源工程 | 2500~3000人 | 男61% 女39% |
| 水利类 | 081103 | 港口航道与海岸工程 | 1500~2000人 | 男80% 女20% |

### 三、本专业类主要考研方向

| 学科门类 | 一级学科 | 研究方向 | 学位授予 |
|---|---|---|---|
| 工学 | 0815 水利工程 | 学术硕士 | 可授硕士、博士专业学位 |
| 工学 | 0859 土木水利 | 专业硕士 | 可授硕士、博士专业学位 |
| 参考往年可报考二级学科 | | | |
| 水利工程 | 水文学及水资源 | 水力学及河流动力学 | 水工结构工程 | 水利水电工程 |
| 港口、海岸及近海工程 | 土木水利 | 农田水土工程 | — | — |

## 本专业类重点专业解读

## 081101 水利水电工程

本人是河海大学水利水电工程专业毕业的,应"金榜事事懂"的邀请,简单介绍一下水利水电工程专业。

➢ 专业介绍

三峡工程很熟悉吧?葛洲坝水电站也在课堂上听过吧?还有长江、黄河上的各个防洪堤,这些都是水利水电工程专业人员的成果。水利水电工程就是专门研究这些水工建筑的,研究内容包括这些水工建筑的规划、设计、施工修建以及后期的管理。

➢ 学习内容

因为是工程,也算是搞建筑的,只不过是研究水工建筑罢了,所以土建类的课程都会涉及,像工程力学、理论力学、材料力学、工程制图、工程测量、工程经济学、建筑材料、岩土力学、工程地质等。

当然水利水电方面的课也必不可少,如水力学、河流动力学、水文地质学、工程水文学、水工建筑物、水电站、水利水电工程施工等课程。

➢ 教授补充

水利水电工程是研究水利水电工程规划设计、运行控制,以及与之相关联的环境问题和可持续发展问题的理论与技术的应用科学。水利水电工程专业的培养计划着眼于人与自然的和谐相处,致力中国水能与水资源的可持续利用,注重培养学生在水工程、水资源、水环境、水灾害及水管理等方面的综合知识能力。主要研究对象包括各种水利枢纽建筑物与水文循环过程。比如三峡水利枢纽工程,它的主要建筑物包括拦河大坝、泄洪建筑物、水电站厂房和船闸等,水利水电工程专业研究这些建筑物的设计建造、运行维护和安全保障技术,研究如何掌控和预测其水文循环过程,并在此基础上研究如何通过三峡水库乃至整个流域各大水库的联合调控,以达到防洪、环境、供水、发电和航运等综合效益的最大化,同时尽量降低其负面效应。

➢ 就业方向

水利水电工程专业的毕业生主要有以下几个就业去向。

1.业主单位,譬如三峡开发总公司、二滩水电开发公司等。这些单位就是水电工程的投资单位,所以这些单位的待遇相对较好,工作轻松,但是,需要到远离城市的工程现场或者水电站工作。

具体来说,有水电开发国有企业,如中国能源集团、三峡集团(金沙江中下游)、二滩公司(雅砻江流域)、国电集团(大渡河公司,主要在大渡河流域)。其他还有一些小流域的开发公司。各水利机关(如水务局、河湖管理处)、各流域主管机构及其下属单位,以及南水北调各段建管局等。

2.设计单位,比如众多水电设计院。这些单位由于近几年水电开发的高潮,项目较多,待遇不错,工作辛苦。但好点的设计院门槛很高,基本都需要研究生学历。

具体来说,各省市级设计院、流域部委下属设计院、地方性及私人性质的小设计院、各级水利行政单位的设计室等。

3. 监理单位。由于水电项目的特殊性,国家强制规定必须要有监理。监理单位的人也是常年待在工地上,但是工作相对施工单位较轻松。

4. 施工单位,如各水电工程局等。施工单位也是大部分水利水电工程专业毕业生去的单位。这种单位工作辛苦,节假日一般不休息,而且工作强度也挺大。但由于是处在水电建设的第一线,能接触到很多工程实践,所以很容易积累大量经验。

上面几种类型的单位就是水利水电工程专业毕业生的主要选择,但是由于大学扩招,一般来说本科生想要到业主单位、设计单位是比较困难的(除非是几个水利水电工程专业的老牌名校,如清华大学、武汉大学、四川大学,还有河海大学等),监理、施工单位是主要选择。

### ➢ 发展前景

首先,国家对防洪防旱一直很重视。

其次,现在提倡清洁能源,水电就是其中的一种,所以水利水电国家还会比较重视。

我国现在正处在新一轮的水电开发高潮中,而且一般水利水电工程的周期都比较长,常常是十年以上才能够完成一个工程,所以在你毕业后几年内前景应该还是不错的!

### ➢ 注意事项

1. 水利水电建筑工程的专业面比较窄,但是比较专。专门研究水工建筑的,与一般建筑有所不同。

2. 一般来说,水电都是在高山峡谷中,人迹罕至,工作环境比较恶劣(如果你去过水电工程的工地就知道了)。水电工程远离城市,工作枯燥,而且作为水电建设者,休假基本上得不到保证,常年在工地,时间长了,真的会无法适应城市的生活。

3. 水利水电分大水利和小水利,大水利主攻水电大坝,小水利主攻农业水利,也就是灌溉,选专业的时候需要留意这方面的问题。

4. 这个专业的女生不好找工作,一般得考研,可以考造价、设计方面的专业。

## 081102 水文与水资源工程

本人是河海大学水文与水资源工程专业毕业的,应"金榜事事懂"的邀请,简单介绍一下水文与水资源工程专业。

### ➢ 专业介绍

"更立西江石壁,截断巫山云雨,高峡出平湖。"当年三峡大坝的建成,不仅让毛主席的宏伟畅想成为现实,其巨大的防洪、发电效益,更是圆了长江两岸人民的美好愿望。如此庞大工程的建成和运行,背后凝聚着一批专业人士的智慧和汗水,他们的专业背景就是水文与水资源工程。水文与水资源工程专业,可以分两个方面:一个是水文,一个是水资源。

说到水文,这是一个古老的学科,因为人类治水已经有数千年的历史。可以说,一部人类文明史就是一部人与水打交道的历史。李冰的都江堰,让原本蛮荒的四川盆地变成了千万亩良田;举世闻名的京杭大运河更是便利了南北交通并巩固了中央政权在全国的统治。水文科学的核心是讨论水如何循环的问题。

而水文学科派生出的水资源工程学科,它的出发点是遵循水文循环的原理,并以此来为实际工程中的水资源合理配置提供技术支持。

水文与水资源工程专业就是由这两门学科共同组成的。本专业学生主要学习水文、水资源及环境信息的采集及处理、水旱灾害的预测及防治、水资源规划、水环境保护、水政管理等方面的知识。

## ➢ 学习内容

用科目繁多形容水文与水资源工程专业的课程，一点也不为过。但这种繁多并不是混乱地堆砌在一起，而是注重课程与课程之间一环套一环的衔接，构建起立体的知识体系。

1. 先说基础课。高等数学、线性代数、概率统计、大学物理、VB编程设计等是基础课。不要觉得这些不重要，高等数学的思想方法将渗透在日后的每门专业课中，比如积分、水力学中的静水压力、三维流体运动、水文学中的土壤下渗公式、汇流卷积公式等都与此密不可分。概率统计在汇流理论、洪水频率计算中是不可或缺的理论工具。另外是计算机编程，水文专业非常需要计算机建模的能力，学到蓄满产流模型、单位线方法、马斯京根法演算这几个模型方法时，如果可以自己编程运算，不仅能够提高效率，而且可以获得巨大的成就感。

2. 说到专业课，不得不提到其中最精彩的部分——课程设计。教师会下发一个任务书，要求学生运用所学的原理，自己编程计算，并分析结果，给出论证。通常，上专业课更多的是对众多知识点进行识记，而如何灵活运用这门课所教的理论去解决实际问题，则在课程设计中体现。一门课程设计通常需要花费一周甚至更多的时间，每到这时，你会看到自习室里摆满了笔记本，大家都在加班加点地编程或者调试程序。然后，笔耕不辍地写上几大页纸，等到一份完整的课程设计报告出炉后，才能舒一口气。

其实在以后的工作中，常常需要做一个项目的算稿，要给出工程所用到的具体计算方法和详细计算结果，当结果通过总工程师的审查后，才能将其写在最终报告上。而这种算稿，和大学时期做的课程设计类似，因此大学阶段的课程设计是为以后的工作奠定良好的基础。

3. 再说实习，水文属于自然科学和工程科学，因此在这门学科的学习中少不了野外实习。以河海大学为例，我们需要进行自然地理实习、气象实习、水利工程实习、水文综合实习、水文测验实习，实地参观大坝、抽水站、水文站、污水处理厂等，并与专家进行交流。实习的魅力之一就在于它将书本上的理论鲜活地展示在眼前。

(1) 自然地理实习在宜兴的丘陵。大家根据书本认识了各种岩石、植被形态、河谷地貌。

(2) 气象学实习在北极阁的江苏省气象台预报中心。在那里，我们了解了天气预报制作的全过程。

(3) 水利工程实习，参观了江都水利枢纽。在水电站机组的轰鸣声中，我们感受着南水北调这一宏大工程的脉动。

(4) 水文综合实习，在污水处理厂。我们使黑臭的污水变成了涓涓清流。

(5) 最有意思的水文测验实习，是泛舟于宣州水阳江上。同学们通过各种方法对江水的流速和流量等进行分析。然后回到水文站里进行资料整编和制图，在实习老师的指导下，以前上课提到的几个理论问题全都在这里得到了解决。就是这样，带着好奇、带着疑问，在领略一路风景之余，既系统复习了课堂上的知识，又学到了很多课堂以外的内容，真是收获颇丰。

## ➢ 就业情况

说到就业，我感觉水文与水资源工程专业就业基本没有压力，比一般专业的就业率高多了，而且除了就业率高，对口也是我们专业就业的一大特点。如果有人说这个专业找不到工作，只能说一是因为怕辛苦；二是因为能力差。

具体说来,水文与水资源专业培养的方向大致可分为以下五类:

(1)民生水利方向,侧重于培养学生对小水利、小水电、农村饮水工程及灌溉工程的设计、施工、监理能力,可去各级水利局及其下属的设计院所就业。

(2)水土保持方向,侧重于培养学生的水土保持设计、管理能力,可去各级水保局及水保站就业。

(3)水文测验方向,侧重于培养基础水文部门的技术人员,可去各级水文局、水保站就业,如省水文局、流域委员会水文局等。

(4)水库水电站运行方向,侧重于培养学生的水库水电站调度运行管理能力,可去各类水电开发企业、梯调中心就业。

(5)水文地质方向,侧重培养学生的工程水文地质调查能力,可去各类水文地质单位就业。

此外,一些大型民营企业在招聘会上也吸引了不少同学的眼球,比较有名的有北京江河瑞通科技、北京清流科技、福建四创电子等。学水文的主要从事水文仪器、防洪预报系统、水库调度系统的研发。还可以去电力口的单位,如南瑞集团、国电南自控股有限公司,从事水利水电自动化方面的工作。

### ➢ 继续深造

此外,还有相当一部分同学选择继续深造,深造可以选择出国或者在国内读研。水利知名学府河海大学、清华大学、南京大学、武汉大学向来都是水文学子们最向往的圣地。另外,四大科研院——中国水科院、南京水科院、长江科学院、黄河科学院也是大家冲击的目标。在国外,美国、德国、荷兰的水文科研实力雄厚,其中荷兰 DELFT 大学的水利学科世界一流,并且和国内一些水利学校有联合培养计划。如果想探究水文科学之究竟,那就需要读博士。博士需要具备独立从事科研的能力,需要在理论上创新,需要发表 SCI 检索论文,而且博士论文的答辩采用一票否决制,此过程之艰辛,真可谓"衣带渐宽终不悔,为伊消得人憔悴"。

### ➢ 注意事项

1. 很多人说女孩子不适合这个专业,我觉得只能是相对吧。虽然有些辛苦,也确实有少部分女生放弃本专业,但就我周围女生来说,绝大部分后来工作得还可以。

2. 因为各个大学的研究方向不同,比如有侧重地表水的,有侧重地下水的,选专业时一定要擦亮眼睛。

# 081103 港口航道与海岸工程

本人是中国海洋大学港口航道与海岸工程专业毕业的,应"金榜事事懂"的邀请,简单介绍一下港口航道与海岸工程专业。

### ➢ 专业介绍

被誉为亚欧大陆东方"桥头堡"的连云港、货物吞吐量连续十几年蝉联世界第一的上海港……或许这些港口大家都有所耳闻,它们之所以拥有如此大的知名度,一方面归功于它们所处的地域和环境;另一方面还得归功于幕后英雄——港口航道与海岸工程专业的人才。

看见港口航道与海岸工程专业这个名字,你的第一印象肯定是它与港口和海岸有关。事实上,港口航道与海岸工程涉及的内容相当多,比如规划航道的深度、宽度,设计码头的长度、深度,河堤的建造等。学习这个专业，今后主要从事港口工程、航道工程、海岸工程的规划、设计、施工和管理等工作。

细致分析的话，这个专业有三个关键词：港口、航道和海岸工程。港口，就是为船舶靠岸停留的地方选址、规划、设计；航道，就是要通过设计、开发和整治，为船舶停留和出发提供合适的"通道"；海岸工程，就是在河口海岸带区域修建各种工程（防波堤、围海造田、跨海大桥等）及其相关问题上，做专业的设计和规划，防止海浪等环境要素对海岸带结构物的破坏和对陆地的冲刷和侵蚀。总的来说，这些工作都是"岸边"的工作。

我们的工作也适用于河道。比如长江口的河道泥沙淤积很厉害，河床会慢慢变高，船舶无法通行，就需要进行航道的治理。

### ➢ 学习内容

1. 首先是基础课不少，和别的专业都一样，不一一列举。但大学里学的任何课程内容都有用，只是你自己会不会去用。像高等数学、线性代数等，有人说没多大用，那是因为层次太低，还用不到。

2. 再说专业课，大家在大学期间主要学习港口工程、航道工程和海岸工程方面的基本理论。主要课程有：水力学、水文学、土力学、工程力学、钢筋混凝土、河流动力学、海岸动力学、港口工程学、航道工程学、海岸工程学。力学学得比较多，不过在大学里，上课认真听讲，作业做完了，基本都没什么问题。港口工程学的课程也很多，是路桥、交通等专业的1.5倍。

3. 开设该专业的大学都会为学生安排比较多的实践课程，如一些大学会利用寒暑假的时间，组织一批学生深入设计院、工程局、港务局等地参观学习；也有一些大学会在学生学习期间组织一些实践活动；最常见的是，许多大学都集中安排大四学生参加长达半年的实习工作，这时大家主要是以施工员或技术员的身份来到工地，主要实习内容有：一是熟悉设计图纸及有关技术资料，参加图纸会审、技术会议及各种技术活动；二是学习工程施工组织设计，参加施工组织设计的编制工作；三是参加施工预算和施工图纸预算的编制；四是在施工现场协助施工员和技术员，从事技术计算和管理工作，学会签发工程任务单、处理施工问题等。

### ➢ 就业情况

港口航道与海岸工程专业毕业的主流去向有四种单位：业主单位、施工单位、设计单位、公务员或事业单位。

1. 业主单位固然好，工作轻松，收入丰厚，但是门槛很高。普通本科生想进去比较有难度。

2. 施工单位是港口航道与海岸工程专业大部分同学的就业去向，我就多说一些。

（1）可以去航道局，这个跟本专业相关度最高，可供大家选择的单位也很多，比如大家熟悉的上海航道局、天津航道局、中国航天科技集团、中国海洋石油总公司等。这些单位大部分工作环境比较艰苦，主要工作就是挖泥、清淤、吹填。有的要在工地上风吹日晒，有的可能要长期住船。

一般航道局的项目部遍布全国各地海岸线（内河、内陆不多）。新人时期，一般就是施工员的岗位。施工员可以做内业和外业。所谓内业，就是从事资料整理工作，一个工程从开始到竣工的资料一般需要小货车来运，你就知道有多少资料了。外业就是需要你跑现场，在现场进行质量和进度的监控，及时发现和处理问题，对艰苦一点的项目部来说，风吹日晒是家常便饭。

以上海航道局为例，可供选择的有：东方电器集团、中国交建、中港疏浚集团、宁波第二建筑公司等。东方电器集团和中港疏浚集团的主业都是航道疏浚以及吹填；中国交建的主业是围堤、防波堤、地基处理等。

具体给大家介绍一下中国交建的一些情况,让你有个更深入的了解。来中国交建工作的人一般会被分到各地的项目部,项目部具体有工程部、技术部、材料部。

工程部相对辛苦一些,围堤、防波堤都是海上工程,施工的时候需要住船,一线的工作虽然辛苦,但是成长很快。

技术部一般不去现场,主要在项目部做一些资料的报验整理工作。

材料部,顾名思义,就是管各种施工建材的。

(2)可以去港口工程,主要建造码头、船坞、船闸,就是所谓的施工管理人员。

3. 设计单位,一般是大型设计院,如四大航务局设计院等,年薪10万元以上。设计院的工作环境确实比施工单位好多了,但是想必大家也都了解,进设计院很难,除非你特别优秀。其实对于女生来说,进设计院是个不错的选择,设计院待遇不错,干得多,挣得多,和你付出的劳动成正比。

4. 现在比较热门的考公务员或事业单位,比如海事局或者港航局、航道管理局等单位。就工作环境来说,显然是最好的,当然,如果你想赚大钱,这个不可能,只能说这是个舒服的工作,过过日子够了。考公务员这件事不好说容易还是不容易,只能说我们这行比普通的公务员竞争小很多,与热门岗位动辄几千人争一个岗位相比,有些岗位甚至只有二十几个人竞争一个岗位,所以被录取的概率会比较大。

> **注意事项**

下面针对工作性质,给报志愿的朋友一点点忠告。

1. 恋家,将来忍受不了和女朋友长期分居两地的,请慎重考虑。
2. 如果没有吃苦的心理准备,请慎重考虑。
3. 对自己没有信心的,就别去了。
4. 想过得安逸一点的,也别去了,这工作和安逸扯不上关系。
5. 将工作的性质和家里人说一说,你需要得到家人的支持和理解,这很重要。

最后概括一下:港口航道与海岸工程专业近两年的毕业生找工作一点也不愁,并且工资相对许多其他专业要高不少,但工作一般比较辛苦。

# 812 测绘类

## 本专业类概况

### 一、各选科组合能报本专业类的比例

该数据反映的是在该专业类的所有高校招生计划中,各科目组合有多少学校能填报。详解见图书使用说明。

| 物理 化学 生物 | 物理 化学 历史 | 物理 化学 地理 | 物理 化学 思想政治 | 物理 生物 历史 |
|---|---|---|---|---|
| 98.5% | 98.5% | 100.0% | 98.5% | 0.0% |
| 物理 生物 地理 | 物理 生物 思想政治 | 物理 历史 地理 | 物理 历史 思想政治 | 物理 地理 思想政治 |
| 0.0% | 0.0% | 0.0% | 0.0% | 0.0% |
| 化学 生物 历史 | 化学 生物 地理 | 化学 生物 思想政治 | 化学 历史 地理 | 化学 历史 思想政治 |
| 0.0% | 0.0% | 0.0% | 0.0% | 0.0% |
| 化学 地理 思想政治 | 生物 历史 地理 | 生物 历史 思想政治 | 生物 地理 思想政治 | 历史 地理 思想政治 |
| 0.0% | 0.0% | 0.0% | 0.0% | 0.0% |

### 二、该专业类的主要专业男女比例及每年大致毕业人数

| 专业类 | 专业代码 | 专业名称 | 各专业年度毕业人数 | 男女比例 |
|---|---|---|---|---|
| 测绘类 | 081201 | 测绘工程 | 10 000~12 000人 | 男76% 女24% |

### 三、本专业类主要考研方向

| 学科门类 | 一级学科 | 研究方向 | 学位授予 |
|---|---|---|---|
| 工学 | 0816 测绘科学与技术 | 学术硕士 | 可授硕士、博士专业学位 |
| 工学 | 0857 资源与环境 | 专业硕士 | 可授硕士、博士专业学位 |
| 参考往年可报考二级学科 | | | |
| 测绘科学与技术 | 大地测量学与测量工程 | 摄影测量与遥感 | 地图制图学与地理信息工程 | 测绘工程 |

## 本专业类重点专业解读

## 081201 测绘工程

本人是武汉大学测绘工程专业本科毕业的，做过一段时间工程测量，现在在市自然资源和规划局上班。应"金榜事事懂"的邀请，介绍一下测绘工程专业。

### ➢ 专业介绍

测绘工程：一个是测，测量；一个是绘，绘制。测绘工程专业就是通过测量地球表面自然形状和人工设施的几何分布，并结合某些社会信息和自然信息的地理分布，绘制全球和局部地区各种比例尺的地形图。测量工程研究和测绘的对象十分广泛，主要包括地表的各种地物、地貌和地下的地质构造、水文、矿藏等，如山川、河流、房屋、道路、植被等。

在高考填志愿的时候很少有人关注测绘工程这个专业，以为它很生僻。其实，测绘专业和我们的联系还是相当多的。通常我们见到的地图、交通旅游图都是在测绘的基础上完成的。小到一张普通的地图，大到铁路网、公路网的分布，生活中几乎无处不见测绘的踪影。

在经济建设方面，测绘工程有着相当广泛的应用。比如在地质勘探、矿产开发、水利交通建设等项目中，必须进行测量并绘制地形图，方便施工建设工作的顺利展开。

在城市建设规划国土资源利用、环境保护等工作中，必须进行土地测量和测绘，供规划和管理使用。

实际上，我国一系列影响深远的大型工程，如南水北调、西气东输、青藏铁路等，都需要测绘工程师的积极参与。

(1) 比如进行大型工程建设前，必须由测绘工程师测量绘制地形图，并提供其他信息资料，然后才能进行决策、规划和设计等工作。

(2) 在工程建设过程中，也经常需要进行各种测绘、测量，以确保工程施工严格按照方案进行。

(3) 工程完工后，还需要对工程进行竣工测量，以确保工程质量。因此，工程测绘贯穿整个工程建设过程，所起的作用非常重要。

### ➢ 学习内容

测绘工程专业的专业课主要包括大地测量学基础、地理信息系统原理与应用、平差理论与应用、数字测图、大地测量学、工程测量学、摄影测量与遥感、GPS测量原理与应用等。

对测绘工程而言，如果是施工这方面的工作，大地工程测量学、平差理论与应用、GPS测量原理与应用一定要着重学透。

从事测绘院或者国土部门的工作，就要侧重学习数字测图、平差、大地测量学、GPS测量原理与应用。

还有，就是大三、大四的实习，主要的实践课程都是工程测量方面的。实习时要认真学习如何操作仪器，将来进了工程局或设计院才能直接上手，毕竟将来就是靠这个吃饭的。

### ➢ 教授补充

测绘，简单地说就是测量与绘图。测绘工程是利用各种现代化方法来采集、测量、分析、存储、管理、显示、传播和应用各类地学信息的一门综合的信息科学。现代测绘科学与技术以卫星导航定位、遥感和地理信息系统为代表。它被认为是当今世界上最重要、发展最快的专业领域之一。

测绘是以地球为研究对象,对地球进行测定和描述的工作。随着科技的发展,现代测绘和地理信息科学、遥感科学与技术是分不开的,它们可以用三个S代表:GPS——测绘;GRS——地理信息科学;RS——遥感科学与技术。具体工作中会运用很多高科技技术,如空间测量、摄影测量、激光测量、遥感测量,绝非我们想象中的仅仅拿着卷尺、游标手工测量。

多数人认为测绘离我们的生活很遥远,其实小到一张普通的地图,大到铁路网、公路网的分布,生活中几乎无处不见测绘的踪影。国防、能源、农业、林业、水利电力、城市建设、交通规划、土地管理等都离不开测绘。举个最简单的例子,如果没有了测绘,也就没有了地图。如果没有大地测量中的GPS测量,我们汽车上的导航仪、手机上的导航软件也就都"不认路"了。

测绘工程专业与社会生活诸多方面密切关联。测绘工程专业是一门实践性较强的专业,从传统的地形图测绘、线性工程、建筑物安全监测、地籍与房产测绘,到现代的以空间卫星测绘为主的GPS测量,车载GPS导航,航空航天航海定位与导航,地壳形变监测,地震监测与预报,地质灾害监测,空间天气(电离层与对流层)监测,精密时间传递与授时,高低轨卫星精密定轨,中国探月工程与载人航天,卫星测控,中国第二代卫星导航系统(北斗二代)的精密定位、导航与授时,珠峰测高等,均与测绘工程的核心技术高度相关。全球卫星导航系统GPS的出现给测绘工程带来了革命性的变革,使测绘工程由传统的地面测绘转向空间的卫星测绘,极大地拓展了测绘工程的研究与应用领域。繁华城市中密集高楼的安全性如何监测?特大桥梁、重大线性工程(高铁、地铁)的安全性如何保证?北斗二代卫星导航系统是如何工作的?拥堵的城市出租车、繁忙的物流车辆、高度安全的运钞车辆是如何实现精密导航与实时监控的?国家授时中心如何统一全国的时间基准?载人航天如何进行安全测控?月球的地表是什么样子?日常生活中大家使用的手机地图是如何进行导航定位的?测绘工程专业全面系统的课程设置将会全面解答上述问题。

## ➢ 就业情况

测绘工程专业在几乎所有专业中相对算是一个就业情况相当不错的专业:

第一,最好的情况是能够进入事业单位。有需求的事业单位挺多,比如测绘局、自然资源和规划局、房产局、航道局、勘测院、水利水电等单位,这些单位的工作和收益都很稳定,而且不是那么辛苦,但事业单位基本上只招硕士及以上学历的人。

第二,去一些大型国企,像中铁集团、路桥集团,或者工矿类企业,但这些单位的工作比较奔波劳累,出差很多,外业也非常多。

第三,也可以去一些设计单位,包括私人的测绘公司,像灵图公司等。

第四,还可以到工程测绘行业的上下游产业。上游产业:包括测绘仪器行业、计算机信息行业和航空航天行业,这些产业的发展为工程测绘行业提供了仪器、技术和方法,去了可以做测绘仪器销售。而工程测绘行业的下游产业:笼统地说就是基础设施建设,具体包括房屋建筑工程行业、矿产勘查开发行业、轨道交通工程行业、公路工程行业、铁路工程行业、水利工程行业、市政工程行业、海洋工程行业等。这些行业的发展为工程测绘提供了市场需求。

## ➢ 就业形势

整合最近几年测绘工程专业的就业率来看,这个专业的就业是很有保障的,因为最近几年国家的工作重心都在国家建设上,对于优秀的测绘工程人才需求不断增大,基本上是学生还没毕业,用人单位就直接把学生要走了。

我们几个班100人左右,除了考上研究生的,其他都找到了工作,并且基本是国企。

### ➢ 就业待遇

再说收入,劳动和收获总是成正比的,因而测绘人的工作待遇是可观的。

本科毕业生要是能进设计院、测绘院,收入就会相对稳定,并且工资比普通专业要高。大型的国企,外业比较频繁且时间较长,工资能更高一些。

去工矿类的,收入比较稳定,但一般要去郊区或者荒无人烟的地方施测,环境相对较差,但也能拿到不错的工资。

当然,以上只是大致情况,这跟你的学历、你毕业的学校、你所进的单位、你的能力等都息息相关,工资无法说出一个确定的数字。总之,测绘专业还是非常有前景的,算是比较稀缺的。如果你能够吃苦的话,从挣钱角度来看,还是个不错的行业。

### ➢ 发展前景

随着人们迫切地需要更为方便、快捷、准确、实时地获取全球信息,测绘工程的全球定位系统GPS必将会有巨大的发展前景,同时地理信息系统GIS也将得到充分的发展,真正实现"所见即所得"的地理信息管理模式,极大地方便了人们的应用。这些都将推动测绘工程产业化的进程,所以我认为前景还是不错的。

### ➢ 注意事项

1. 测绘工程,我觉得是一个被严重误读的潜力专业。它在招生和就业上呈现出冰火两重天的状况,一般大学这个专业的录取分数都比较靠后,但就业率却稳居前列。

2. 从事测绘工作的人经常进行野外作业,不是在深山野岭,就是在建筑工地,大都是未开发的山区、林地、农村,还有偏僻的水域,所以要有面对艰苦环境的心理准备。一年四季到处跑。

3. 另外,测绘工程专业需要很强的耐心,也要求你非常细心,因为大量的图纸可能会让你觉得有些枯燥。

4. 女同学可能会受不了外业严酷的作业环境和劳作强度,所以女生一般可以考虑考研,毕业后在室内从事内业的数据处理,包括程序设计、数据传输、软件成图、编辑修改、管理完善等。

5. 因为工作来回跑的因素,这个行业的男性一般结婚都比较迟,很多人都是40多岁才结婚生子的。

### ➢ 题外话

有一首描述测绘工程工作辛苦的诗,也许会对你理解将来的工作状况有帮助:

本人是一个测绘郎,背井离乡在外闯。白天累得腿发软,晚上仍为资料忙。

铁鞋踏破路るえ长,测量仪器肩上扛。晴天烈日照身上,雨天泥地印两行。

思乡痛苦挂心里,四海漂泊习为常。长年累月奔在外,不能回家陪爹娘。

终身大事无心管,亲戚朋友催喜糖。心中有苦说不出,答案只能笑里藏。

恋人分别各一方,弟盼大哥早还乡。相思之苦终不散,距离拉得爱情黄。

好女不嫁测绘郎,一年四季守空房。家中琐事无暇问,内心愧对妻和娘。

朦胧月色洒地上,兄弟把酒聚一堂。无悔走上这条路,同舟共济把帆扬。

最后,希望有缘看到我的分析的朋友们,一定要告诫自己周围即将填报高考志愿的学生,选择志愿一定要谨慎!

# 813 化工与制药类

## 本专业类概况

### 一、各选科组合能报本专业类的比例

该数据反映的是在该专业类的所有高校招生计划中,各科目组合有多少学校能填报。详解见图书使用说明。

| 物理 化学 生物 | 物理 化学 历史 | 物理 化学 地理 | 物理 化学 思想政治 | 物理 生物 历史 |
|---|---|---|---|---|
| 100.0% | 99.4% | 99.4% | 99.4% | 0.0% |
| 物理 生物 地理 | 物理 生物 思想政治 | 物理 历史 地理 | 物理 历史 思想政治 | 物理 地理 思想政治 |
| 0.0% | 0.0% | 0.0% | 0.0% | 0.0% |
| 化学 生物 历史 | 化学 生物 地理 | 化学 生物 思想政治 | 化学 历史 地理 | 化学 历史 思想政治 |
| 0.0% | 0.0% | 0.0% | 0.0% | 0.0% |
| 化学 地理 思想政治 | 生物 历史 地理 | 生物 历史 思想政治 | 生物 地理 思想政治 | 历史 地理 思想政治 |
| 0.0% | 0.0% | 0.0% | 0.0% | 0.0% |

### 二、该专业类的主要专业男女比例及每年大致毕业人数

| 专业类 | 专业代码 | 专业名称 | 各专业年度毕业人数 | 男女比例 |
|---|---|---|---|---|
| 化工与制药类 | 081301 | 化学工程与工艺 | 30 000~32 000人 | 男59% 女41% |
| 化工与制药类 | 081302 | 制药工程 | 18 000~20 000人 | 男40% 女60% |

### 三、本专业类主要考研方向

| 学科门类 | 一级学科 | 研究方向 | 学位授予 | |
|---|---|---|---|---|
| 工学 | 0817 化学工程与技术 | 学术硕士 | 可授硕士、博士专业学位 | |
| 工学 | 0860 生物与医药 | 专业硕士 | 可授硕士、博士专业学位 | |
| 工学 | 0856 材料与化工 | 专业硕士 | 可授硕士、博士专业学位 | |
| 参考往年可报考二级学科 | | | | |
| 化学工程与技术 | 化学工程 | 化学工艺 | 生物化工 | 应用化学 |
| 工业催化 | 制药工程 | 化学工程 | — | — |

# 本专业类重点专业解读

## 081301 化学工程与工艺

本人是武汉科技大学化学工程与工艺专业的学生,应"金榜事事懂"的邀请,介绍一下化学工程与工艺专业。

### ➢ 专业释义

化学工程与工艺专业包含化学工程和化学工艺两个部分的内容。其实工程与工艺是两回事。

首先是化学工程。化学工程主要是研究化学工业及其相关生产过程中所进行的化学和物理过程,探究具体的设备设计原理、操作方法、系统优化、反应器调优等。

而化学工艺主要以产品为目标,主要是研究把原料变成产品,利用已有的化学工程的研究成果为化学工业生产提供技术上更先进、经济上更合理的方法、设备与流程。这个是要真正用到实践中的。

合起来也就是说,化学工程与工艺专业包括从原料到最终产品的化学反应和物理反应的研究,以及实现这一转变的全部措施和设备的研究。

工业中比如石油炼制、冶金、建筑材料工业、食品工业、造纸工业等都会用到化学工程与工艺。这些都是从石油、煤、天然气、盐、石灰石、其他矿石和粮食、木材、水、空气等基本原料开始,借助化学过程或物理过程,改变物质的组成、性质和状态,使之成为多种价值较高的产品,比如化肥、汽油、塑料、水泥、玻璃、钢铁、铝和纸浆等。

### ➢ 学习内容

化学工艺的化学生产过程一般包括三个主要步骤:第一步是对原料进行处理;第二步是化学反应;第三步是对生产的产品进行精制。

以上每一步都需要有特定的设备,在一定的操作条件下完成。每个生产过程因为原料或者产品不同而有各自的特殊性,但都涉及原料和生产方法的选择、流程的设计、所用的设备、结构以及操作、催化剂,还有其他物料、操作条件的确定、生产控制、产品规格及副产品的分离和利用以及安全技术和技术经济等问题。这就是化学工程与工艺专业在大学需要学习的内容。

### ➢ 大学课程

大学期间需要学习数学、化学和物理等学科的基础知识。首先,无机化学、分析化学、有机化学、物理化学,是必学的。其次,还要学习化工原理、化工热力学、反应工程、分离工程、化工工艺学、环境工程、煤化工工艺学、天然气综合利用、系统工程以及化工过程分析与合成等专业课程。最后各个学校选择的科目可能会稍有不同。实践教学包括化学与化工基础实验、认识实习、生产实习等。

大学期间,还可以学到一些很有意思的知识,比如,洗发水怎么配比?怎样的配方会有怎样的效果?肥皂、洗涤剂生产工艺怎样最合理?怎样制作擦脸油、雪花膏……学生通常要通过学习产品设计、物质分离和转变等过程中物质和能量的转化和传递规律,掌握产品与工艺开发、生产装置设计与从实验室到大规模生产线的放大、过程系统优化、过程安全与环境的理论和方法,掌握物质分离与转变过程及其设备设计与操作的共同规律。

> ➢ 专业方向

不同学校的化学工程与工艺专业会有不同的方向,例如炼油、医药、煤化工。具体包括以下三个方向。

1. 一般前身是钢铁冶金矿业学院的(如北京科技大学、鞍山科技大学、武汉科技大学、华东理工大学、河北理工大学、安徽工业大学等)学校,其化工专业都偏向于煤化工方向,以前叫焦化专业,就业就是进钢铁厂或者焦化厂。本科毕业生进去转正后就是助理工程师,然后考工程师、高级工程师(我们学校的老师还有教授级高工),可以做技术员、安全员、车间主任等从事技术工作,或者进科室,从事人力资源管理等方面的工作。我们班有的女生还有做化学分析工作的,在钢铁厂或焦化厂的实验室工作。

2. 一般一些石油方面的大学自然就是偏向石油化工了,如石油炼制,就是生产柴油等。毕业生就业主要是进中石油或者中石化工作。中国石油大学在这方面就很强,中石油和中石化每年都组团去学校招聘。

3. 另外还有一些偏向制药化工方向和精细化工方向的。

> ➢ 就业方面

重点说一下就业吧,相信这也是大家最关注的。刚才在专业方向里已经提到过一些,现在这里再概括一下。

整体来说,化学工程与工艺专业就业面宽,可以说化工、能源、信息、材料、环保、轻工、制药、食品、冶金等企业的项目开发、工程设计和技术管理等岗位都可以去,也可以去科研院所和各企业的研究部门。

因为化工和国家经济发展息息相关,所以就业绝对不成问题,但是怎么做后期发展好、工资待遇好就是另一个问题了。

相对来说,国内的化工行业比较落后,企业主要还是做一些低级生产和加工,本科毕业就去工作的同学很多是在化工企业做技术人员。

不想当技术员的,可以继续读研究生,现代化学生产技术的主要发展趋势是:基础化工生产的大型化、原料和副产物的充分利用、新原料路线和新催化剂(包括新反应)的采用、生产控制自动化、生产的最优化等。减少浪费、防止环境污染的可持续发展的生产方式越来越受到青睐。所以,如果研究生毕业以后掌握了专业的高精尖技术,就业和待遇就更乐观了,可以到研究所做科研。

像我周围认识的人,有签了设计院的,有签了研究所的,有签了石油化工和煤化工两个大化工行业的炼化厂的,有签了各式化工厂的,甚至还有签了涂料厂、农药厂的,当然也有签了强生和宝洁这样的日化公司的。虽然工作环境不尽如人意,但过上小康生活是没有任何问题的。

> ➢ 注意事项

缺点是很多化工行业是高毒、高热、高粉尘行业,比如涂料、塑料、农药厂车间会比较容易接触到有毒有害物质。做研究能好一点,但也会接触到一些。如果能去食品业等行业的话就会好很多了。

# 081302 制药工程

本人是中南大学制药工程专业的学生,应"金榜事事懂"的邀请,简单介绍一下制药工程专业。

## ➢ 专业介绍

制药工程,看名字就很容易理解,就是关于药品研制的专业。要解释制药工程,先来看看制药工程的前身吧。在这个名称出现以前,国内有很多与此相关的专业,比如化学制药专业、中药学专业、抗生素专业、精细化工专业、微生物制药专业等。随着专业转型,化学制药专业改为制药工程,其他专业也有不少改为制药工程专业,说明制药工程专业更加贴近以上各专业的学习内容,所以更受各学校的青睐。

目前的制药工程专业在原来精细化工专业的基础上,侧重于化学制药,探索药物制备的基本原理以及实现工业生产中的工程技术,包括新工艺、新设备、药品生产质量管理规范(GMP)等方面的研究、开发、放大、设计、质量控制及优化等。可以看出来,制药工程专业是一门工程技术科学,是一门化学、药学(中药学)和工程学交叉的工科类专业。

## ➢ 学习内容

因为制药工程专业是交叉型专业,所以要学习的课程也比较多,主修的是化学以及和药物有关的专业课。

大一的时候学的全是医药类基础课,包括物理学、高等数学、解剖学、生理学、医药数理统计学等。大二、大三一般学的都是专业课,包括物理化学、有机化学、无机化学、药物化学、药物分析、天然药物化学、药剂学、化工原理等。大四的课比较少,有人准备实习,有人忙着考研,就业的忙着找工作。总体而言,学习的过程不是很累,学习的绝大多数课程也不是很难理解。

## ➢ 教授补充

制药工程专业面向的对象是和我们日常生活息息相关的"药物",广义上包括医药、农药、兽药等,通常所称药物仅指人体使用的医药。从来源看,可以分为天然药物、合成药物和生物药物。制药工程是一个化学、生物学、药学和工程学交叉的工科类专业,主要培养从事药物制造与生产管理、新药物、新工艺、新设备的开发等的高级专业人才。制药工程与化工或精细化工的区别在于有一系列的法规要求,这些法规涵盖了药物研发、生产、质量控制、注册报批等各个环节;与药学院药学类专业的区别则在于,制药工程更注重研究药物的工业化制备过程,是将实验室研究成果放大转化为大规模生产的科学和技术。

## ➢ 就业状况

制药工程专业本科毕业生的就业情况相对而言还是不错的,研究生肯定会更好一些。本科生毕业后可从事一切与药物有关的工作,例如:

研发人员——在药厂、大学、研究所的研究部门从事药物研发工作;

生产、技术人员——在药厂从事药品生产、技术工作;

质检化验人员——在药厂、食品厂、药检所从事食品药品质检化验工作;

管理人员——在药厂从事药物的生产技术管理等工作;

营销人员——在药厂、医药营销公司从事药品营销、内勤等工作,平常说的"药代"就是一大部分;

药剂师——在医院药剂科从事制剂、质检、临床药学等工作；在药店、医药营销公司从事药品使用指导咨询等工作；

药检人员——在药品检验所从事药物的质量鉴定和制定相应的质量标准等工作；

公司职员——在医药贸易公司或制药企业从事药品流通及国内外贸易等工作；

药品监督人员——考取公务员，在国家、省、市、县药品监督局从事食品、药品质量监督等工作。

如果你口才可以，交往能力也不错，可以去做医药公司的销售人员，这个工作的收入很可观。如果你追求安静、稳当，那你可以去做一名质检员、化验员。如果你能为自己的未来拼上个半年，那你可以去考一个市或者县的药监局公务员，这个待遇就更好了。

### ➢ 注意事项

制药行业近年来飞速发展，为毕业生就业提供了有利条件。但是药品是一种特殊商品，制药企业不会无限制地膨胀；同时，这个行业属于高新技术产业和非劳动密集型产业，对技术人员和操作工的需求量不是很大，但是对人员的素质和能力要求相对较高。而且，许多药学类、医学类、化工类、化学类专业的毕业生都能参与制药企业的工作，他们是制药工程专业毕业生的竞争对手。所以要是选择这个专业的话，对就业不能盲目乐观。建议想在这个行业有所建树的同学可以在本科之后继续深造一下，考研时可以选择药学方向或化工类。

### ➢ 学校方面

虽然制药工程专业是工科专业，需要较强的工科知识，同时也要求有一定的药学知识，但是能同时有这两方面办学基础的学校不是很多，所以考生在选择专业的时候，可以根据自己的需求慎重选择。

这个专业比较好的学校有中国药科大学、沈阳药科大学、浙江大学、华东理工大学、青岛科技大学、四川大学、天津大学等。当然，这些学校录取分数也比较高，根据自己的分数选择最合适的学校是最重要的。

# 814 地质类

## 本专业类概况

### 一、各选科组合能报本专业类的比例

该数据反映的是在该专业类的所有高校招生计划中，各科目组合有多少学校能填报。详解见图书使用说明。

| 物理 化学 生物 | 物理 化学 历史 | 物理 化学 地理 | 物理 化学 思想政治 | 物理 生物 历史 |
|---|---|---|---|---|
| 100.0% | 100.0% | 100.0% | 100.0% | 0.0% |
| 物理 生物 地理 | 物理 生物 思想政治 | 物理 历史 地理 | 物理 历史 思想政治 | 物理 地理 思想政治 |
| 0.0% | 0.0% | 0.0% | 0.0% | 0.0% |
| 化学 生物 历史 | 化学 生物 地理 | 化学 生物 思想政治 | 化学 历史 地理 | 化学 历史 思想政治 |
| 0.0% | 0.0% | 0.0% | 0.0% | 0.0% |
| 化学 地理 思想政治 | 生物 历史 地理 | 生物 历史 思想政治 | 生物 地理 思想政治 | 历史 地理 思想政治 |
| 0.0% | 0.0% | 0.0% | 0.0% | 0.0% |

### 二、该专业类的主要专业男女比例及每年大致毕业人数

| 专业类 | 专业代码 | 专业名称 | 各专业年度毕业人数 | 男女比例 |
|---|---|---|---|---|
| 地质类 | 081401 | 地质工程 | 3000~3500人 | 男82% 女18% |
| 地质类 | 081402 | 勘查技术与工程 | 2500~3000人 | 男84% 女16% |
| 地质类 | 081403 | 资源勘查工程 | 3500~4000人 | 男80% 女20% |

### 三、本专业类主要考研方向

| 学科门类 | 一级学科 | 研究方向 | 学位授予 |
|---|---|---|---|
| 工学 | 0818 地质资源与地质工程 | 学术硕士 | 可授硕士、博士专业学位 |
| 工学 | 0857 资源与环境 | 专业硕士 | 可授硕士、博士专业学位 |
| 参考往年可报考二级学科 | | | |
| 地质资源与地质工程 | 矿产普查与勘探 | 地球探测与信息技术 | 地质工程 | — |

## 本专业类重点专业解读

### 081401 地质工程 & 070901 地质学

具体内容详见070901地质学部分。

### 081402 勘查技术与工程 & 081403 资源勘查工程

本人是中国地质大学勘查技术与工程专业毕业的,应"金榜事事懂"的邀请,在这里对比介绍一下资源勘查工程和勘查技术与工程这两个很相近的专业。

#### ➢ 专业对比简介

先说一下资源勘查工程这个专业是怎么来的。我们生产生活中常用的能源主要指矿物能源,包括石油、天然气、煤炭等。矿物能源能够进入生产生活,需要查找、开采。在查找矿物资源的过程中,必须借助一定的勘查方法。早期的勘查方法只能找到埋藏很浅或直接暴露在地面的石油和煤炭资源。随着人类对能源的不断利用,人们对勘查方法的要求越来越高。为了解决这个实际问题,资源勘查工程这个专业就出现了。

这个专业侧重于对矿物资源的勘查、评价与管理。比如,首先通过了解石油的构成成分和形成年代,以及石油的物理化学性质,根据这些性质寻找石油;然后对勘查到的石油进行评价,看看有多大的开采价值等。资源勘查工程专业虽然属于工学类专业,但是要学习不少理论知识。

那么勘查技术与工程这个专业又是怎么来的呢?随着地质条件的变化和开采条件的不同,查找矿物资源的工作遇到很多技术难题,对勘查技术的要求就越来越高。勘查技术与工程这个专业就逐步分离出来了,这个专业专门培养掌握高端勘查技术的地质工作者。这个专业主要学习地球化学方法和地球物理方法这两大类勘查技术。除学习必需的地质学方面的知识外,还要学习勘查工程技术课程,如钻探工艺与设备、基础工程施工、工程地质等。另外,还要掌握基本的钻探工艺、勘探工程施工方法等。

通俗地说,资源勘查工程和勘查技术与工程专业就是要让学生知道一些基础的地质知识,知道地球的结构和组成,知道地球的运动规律,知道能源的储藏与地球的构造和运动的关系等。

在懂得这些基础知识后,用一定的理论和方法去寻找石油、煤炭等能源的储藏地点、储存量,评价这些能源的优劣等。

同时让大家了解一些和实际的勘查、开采技术有关的诸如钻井工艺、设备等知识,以及具体的施工过程等。很多这两个专业的学生毕业后都在从事资源寻找、开发管理等工作。

#### ➢ 相似之处与区别

资源勘查工程和勘查技术与工程这两个专业具有很多相似的地方,有很多大学这两个专业的学生是一起上课的,两者都是针对地矿资源勘查而设置的专业。

这两个专业的课程设置很相近。两个专业相同或相近的课程有:地质学、地球化学、地球物理、能源勘探学、构造地质学、钻探工艺与设备、基础工程施工、工程地质学、计算机应用基础、水文地质学。并且这两个专业的毕业生具体的工作差别也不会很大。

但相比较而言,勘查技术及工程专业更注重技术,在技术层面学习得比较深;资源勘查工程专业涉及从能源开采中的勘查选位置、评价找到的矿产的价值,到矿产开发全过程的地质、技术、经济及环境等方面的内容,注重对资源勘查的整体把握和控制。

## ➢ 具体开设课程

1. 目前所说的石油、天然气、煤炭等能源都是蕴藏在地壳下面的,所以我们要想对其进行勘查,就需要先对地球的构造和一些基本的运动有所了解,这就是地质学基础这门课程所涉及的。

2. 另外,地球的基本结构、构造、运动规律,地下矿物的形成、存储规律等知识在矿床学、构造地质学中会讲到。

3. 要开采一种能源,我们需要知道这种能源的构成成分和形成年代等。例如,石油是由古代动物的尸体形成的,不同的石油是由不同年代的动物死后聚集形成的。矿物岩石学、古生物地层学会讲到这些知识。

4. 既然是勘查,肯定要对地球和一些能源的基本物理、化学性质有所研究,然后根据这些性质寻找能源,这就是应用地球物理、应用地球化学要涉及的内容。

5. 勘查到某个地方有某种能源后,需要对其进行分析和评价,看有多大的开采价值和意义,应该采取什么样的开采管理方法等,这是资源管理与评价这门课程所学的内容。

6. 勘查工作和地下水的运动密切相关,要想勘查得准确,还需要学习水文地质学等课程。

7. 学校还会开设诸如钻探工艺与设备、基础工程施工、工程地质学等课程,让你对和勘查技术相关的一些钻探技术和设施有所了解。

8. 开设一些计算机课程来指导你绘制勘查地图并处理数据。

9. 另外,这些所有与地质相关的课程,都会进行很多的野外实习。

## ➢ 就业方向

1. 自然资源和规划部门:进去后从事对全国或者局部的土地资源等进行区域地质调查及综合开发利用和规划等方面的工作。

2. 能源部门:这里的能源部门指的是各级政府机关的能源部门。

3. 环保部门:同学们毕业后可以进入各级政府机关的环保部门工作。我有两个本科同学和三四个硕士同学在不同级别的环保部门工作,具体就是从事一些相关的管理工作。

4. 安监部门:这主要是针对石油、矿山企业的安全监察工作。

这几个属于公务员行列,待遇就是公务员的标准,进入以上这些部门的竞争比较激烈。

5. 高等院校:我们国家拥有较为庞大的地质、资源勘查、勘查技术的科研群体,包括和这两个专业相关的很多高校、研究院、研究所等。有一部分同学毕业后从事这方面的工作的,待遇不错。但本科生的机会不大,这些单位一般要硕士生,很多单位只要博士生。在高校里,除了要求跟着自己的学术带头人进行相关的科学研究(以理论研究为主),有的还需要给本科生上课,工作具有一定的挑战性。也许偶尔会去现场考察,但几乎大部分时间都是在学校里。

6. 科研院所:科研院所也是从事地质、资源勘查、勘查技术等方面的科学研究工作,不过现在很多科研所与一些相关单位联合做项目(我们称为横向项目,纵向项目是指国家级、省部级的理论研究相关的项目),更多的是和现场接触,和实际勘查接触,做实践性工作。所以会比在高校里面到野外跑得多一些(可以锻炼身体、历练社会能力),但是待遇也会相对高一些,并且可以学到很多现场经验,这对自己今后的职业发展很有利。

7. 石油部门:像中石油这样的知名企业,我们都可以去,因为石油属于矿产资源,开采前需要地质勘查,开采中需要研究地质条件的变化等。我的硕士同学中有好几个毕业后进入中石油工作,主要从事横向项目和工程方面的工作。在这样的企业工作会有很多出差、出国机会。根据国家政策和我国石油存储战略,很多石油实体公司都在国外购买油田进行开发、合作。我的一个硕士同学就经常出差去南美。我现在的一个博士同学,上过几次课后,就一直在阿尔及利亚出差。工作比较辛苦,但是工资很高。

地方的石油部门出国机会较少,收入也没有那么高。但是石油行业一直是高收入行业,所以肯定不会差的。

8. 设计部门:工程项目需要在施工前进行相关的设计,而设计的前提之一就是地质结构和地质条件勘查。现在国内有很多拥有甲、乙级资质的设计单位。很多设计院需要资源勘查工程、勘查技术专业的毕业生。

9. 咨询机构:我有一些同学毕业后进入了与地质、资源勘查、勘查技术相关的咨询机构工作。基本上是在办公室办公,做一些和地质相关的数据的统计和调查工作,写一些报告。

10. 煤矿部门:还有一部分同学毕业后去了煤矿。虽然很多煤矿处在比较偏远的地方,但是这两个专业的毕业生毕业后主要是去大型的国有煤矿。煤矿企业的职工待遇都很好,主要是因为这是特殊工种,所以补贴很多。

11. 程序开发公司:现在有很多的软件公司和石油、煤矿、冶金等部门合作开展项目,需要开发设计相关的软件。因为这两个专业的毕业生在地质专业方面的素养优于计算机专业的毕业生,知道在程序设计中需要什么、怎么设计比较好,所以软件公司更愿意招聘一些地质专业编程能力比较强的毕业生做这方面的工作。

12. 冶金部门:这个部门的工作主要是在办公室处理从现场采集回来的数据。

13. 出国、读研:本科毕业的时候,有些同学选择出国深造,准备在国外考取硕士、博士学位。这是一条不错的出路,前提是要有很好的外语水平和一定的经济实力。在国内继续深造也很好,可以选择继续学习地质专业,将来再读个地质博士,更有可能会在我国地质领域做出一番事业。也可以选择考跨专业的硕士研究生。

> 注意事项

这两个专业都属于"艰苦"专业,因为在人们的印象中多为野外作业,工作很辛苦,所以一般报的人不是太多。另外,由于其专业的特殊性,相比计算机、管理等通用专业,进行职业跨越时也非常困难。很多原因导致了该专业人才短缺,所以这两个专业的毕业生现在找工作相对比较容易,基本没毕业就被相关单位聘走了。

其实站在我自己的角度来看,这些专业没有想象中那么艰苦,最起码我周围同学还没有一个改行的。如果你能吃苦,可以考虑选择这两个专业中的一个。

# 815 矿业类

## 本专业类概况

### 一、各选科组合能报本专业类的比例

该数据反映的是在该专业类的所有高校招生计划中，各科目组合有多少学校能填报。详解见图书使用说明。

| 物理 化学 生物 | 物理 化学 历史 | 物理 化学 地理 | 物理 化学 思想政治 | 物理 生物 历史 |
| --- | --- | --- | --- | --- |
| 100.0% | 100.0% | 100.0% | 100.0% | 0.0% |
| 物理 生物 地理 | 物理 生物 思想政治 | 物理 历史 地理 | 物理 历史 思想政治 | 物理 地理 思想政治 |
| 0.0% | 0.0% | 0.0% | 0.0% | 0.0% |
| 化学 生物 历史 | 化学 生物 地理 | 化学 生物 思想政治 | 化学 历史 地理 | 化学 历史 思想政治 |
| 0.0% | 0.0% | 0.0% | 0.0% | 0.0% |
| 化学 地理 思想政治 | 生物 历史 地理 | 生物 历史 思想政治 | 生物 地理 思想政治 | 历史 地理 思想政治 |
| 0.0% | 0.0% | 0.0% | 0.0% | 0.0% |

### 二、该专业类的主要专业男女比例及每年大致毕业人数

| 专业类 | 专业代码 | 专业名称 | 各专业年度毕业人数 | 男女比例 |
| --- | --- | --- | --- | --- |
| 矿业类 | 081501 | 采矿工程 | 3000～3500人 | 男95% 女5% |
| 矿业类 | 081502 | 石油工程 | 2500～3000人 | 男84% 女16% |
| 矿业类 | 081503 | 矿物加工工程 | 1500～2000人 | 男75% 女25% |
| 矿业类 | 081504 | 油气储运工程 | 2500～3000人 | 男73% 女27% |

### 三、本专业类主要考研方向

| 学科门类 | 一级学科 | 研究方向 | 学位授予 |
| --- | --- | --- | --- |
| 工学 | 0819 矿业工程 | 学术硕士 | 可授硕士、博士专业学位 |
| 工学 | 0820 石油与天然气工程 | 学术硕士 | 可授硕士、博士专业学位 |
| 工学 | 0857 资源与环境 | 专业硕士 | 可授硕士、博士专业学位 |
| 参考往年可报考二级学科 | | | |
| 矿业工程 | 采矿工程 | 矿物加工工程 | 安全技术及工程 | 石油与天然气工程 |
| 油气井工程 | 油气田开发工程 | 油气储运工程 | — | — |

# 本专业类重点专业解读

## 081501 采矿工程 & 081503 矿物加工工程

本人是中国矿业大学矿物加工工程专业毕业的,现在在武钢设计院工作。应"金榜事事懂"的邀请,简单介绍一下采矿工程和矿物加工工程这两个专业。

### ➢ 专业介绍

采矿工程专业、矿物加工工程专业都属于矿业类专业,与施工生产关系较大。

采矿工程主要研究学习矿床开采的理论和方法,发展矿业新技术。采矿是从地面开凿一系列井巷通达地壳中的矿床,然后用现代化的打眼爆破技术把含有矿物的矿石崩落下来,或用化学方法直接把有用的矿物分离出来,并把它们运送到地面。

而矿物不是开采出来直接就能用的,所有的矿物都要经过加工后才能被继续利用,像铁矿石,要经过筛选加工后才能进行冶炼。再像煤炭,现在国家要求所有的煤矿必须配备自己的洗选厂。所以这就要用到矿物加工工程这个专业。

矿物加工工程是用物理或化学方法将矿物原料中的有用矿物和无用矿物分开,或将多种有用矿物分离开来的工艺过程,因此也叫选矿。

### ➢ 详细比较

采矿工程主要针对矿区规划、矿山开采设计、岩层控制技术、矿山安全技术及工程设计等,是一个系统的学科。地质学、考古学、科学技术史,无一不在采矿工程专业方面有所渗透。

而矿物加工工程是一门应用性比较强的专业,目的是要找出原矿石最经济的处理方式,最大限度地得到有价值的矿物。例如通过重选、磁选和浮选等方法,将品质较低的原矿富集为人造富矿,为进行下一步的冶炼工作(冶炼过程属于冶金工程专业)做准备。还有像在煤炭行业,用重选和浮选的办法选出精煤,抛弃煤矸石。

### ➢ 采矿工程就业方向

不同大学采矿工程专业的倾向不同,分煤和有色金属,所以选的时候要根据自己的喜好看一下学校的方向。采矿工程专业本科毕业后,偏煤方向的,可以去煤矿工作,现在矿上的管理者大部分都是采矿工程毕业的;偏有色金属的,可以去金属、矿山和隧道工作,还可以去设计院工作。采矿的工作基本上都要下矿井,工作环境较差,但工资高。

### ➢ 矿物加工工程就业方向

矿物加工工程专业的毕业生可以进选煤厂或设计院工作,工作环境相对比采矿工程的好,一般不下井。

现场工程师:主要在矿山的选矿厂里工作,控制生产指标。工作较为轻松,工资较为可观。

设计人员:主要在设计院工作,为新厂建立和老厂改造做出设计依据。

研究人员:开发新技术、新工艺、新设备,或者从事技术服务。

还有,就是事业单位,去矿上也是做辅助性工作。

去现场工资比较高,福利也比较好,吃住在矿上,条件艰苦一点;要想去大城市,就去设计院或者机械厂。本科生一般只能去矿厂上班,而研究生可以在设计院工作,两者工作环境相差甚远。另外,选矿环境最差的是选煤厂,有色金属的选矿环境相对要好一些。

### ➢ 教授补充(矿物加工工程专业)

我们在游山玩水的时候,经常会发现岩石中有一条白色的岩脉,仔细观察,会发现这条岩脉由各种颜色的"小石子"构成,这些不同颜色、不同形状的"小石子"通常就是不同的矿物。有时候,我们会发现岩脉中还有闪闪发光的矿物分布于其中,比如金色的黄铁矿、银灰色的方铅矿、红棕色的闪锌矿……当这些有用矿物达到一定含量时,这条存有有用矿物的岩脉就变成了矿脉。你知道吗?我们日常生活中接触的金属都来自矿石。如果你能够将有价值的金属矿物从矿石中分离开来,那么你就拥有了一根"点石成金"的魔法棒。

矿物加工工程专业的研究对象是矿石中的各种矿物。加工方法可以分为粗加工和深加工:矿物粗加工是在矿石性质和矿物性质分析的基础上,利用矿物之间的性质差异对有用矿物进行分选。矿物深加工则是对粗加工产品进行进一步加工处理(如造块、超细化、功能化、高纯化等),便于工业利用。技术进步总是会扩大人们对自然资源的利用范围,过去没有价值的矿物,可能由于新选矿技术的革新,分离出具有很高经济价值的矿物来。这是一个没有止境的探索过程,也是矿物加工工程专业最吸引人的地方。

### ➢ 身边人的情况

我可以很负责任地告诉你,以我们武钢设计院来说,学采矿工程专业的去现场施工工作的人比矿物加工工程专业在实验室工作的人工资高。

采矿工程专业毕业生在现场工作相对来说要艰苦一点,但是采矿工程专业比矿物加工工程专业应用广泛;如果你是男生,又吃得了苦,建议学习采矿工程专业。

学采矿工程专业的刚开始挣钱是多,但要是不从事管理岗位,工资上涨就很难。但学矿物加工工程专业的,就算你天天泡实验室,可能最初的工资收入比不过采矿工程专业的,但只要你有成果,那你的收入一定会很快增加的。

具体选哪个,就看你自己的定位了。

### ➢ 注意事项

1. 因为工作环境的问题,女生最好慎报。

2. 很多原因导致选择这两个专业的人比较少。相对其他专业,这两个专业竞争要小得多。在当下很多专业的本科生就业难的情况下,这两个专业的就业率却是比较高的。当然,如果是碰上国家大型的产能调整,比如煤炭、钢铁转型,相对应的专业方向比如采煤方向肯定会受一定的影响。

3. 需要注意的是,地矿类专业有时会对身体条件稍微有些要求,报考的时候多留意一下。

4. 由于这两个专业技术性强,一旦从事这两个专业的学习、工作之后,很难再改行。可能要一辈子远离喧嚣的城市,到条件艰苦、地方偏远的矿厂发挥自己的才华。只有在兴趣支撑的基础上才有可能更深入地把这类技术性和实践性很强的专业掌握好。

5. 矿物加工专业是地矿类专业里面最安全的一个专业,因为它不需要下矿井,远离采勘现场。如果准备考煤炭院校的话,大可不必担心安全问题。

# 081502 石油工程

本人是中国石油大学(北京)石油工程专业毕业的,现在在中石化工作,应"金榜事事懂"的邀请,简单介绍一下石油工程专业。

## ➢ 专业介绍

石油工程专业就是学和石油有关的东西,主要是针对油田的工程建设,包括油藏、钻井、采油和石油地面工程等。

首先是油藏:研究油田的地质资料,掌握地下油气的分布状况,制定合理的开发方案。

其次是钻井:确定钻井方法和钻井工艺技术,建立一条开采油气的通道。

最后是采油:把石油采上来,并通过有效措施,提高原油采收率等。

这些在学校都要学到,更主要的是到油田后,要和老师傅学习。实践最重要。

## ➢ 专业方向

石油工程专业通常分为两个方向:

一个是钻井方向,一般去钻探公司,工作比较辛苦。

一个是采油方向,是去上市公司的采油厂,工作相对轻松一些。

所以报志愿的时候要仔细查看你报的是哪个方向。

## ➢ 就业情况

对于石油工程专业的毕业生而言,如果是在石油行业正常发展的情况下(注意我说的是正常发展),就算各个石油院校一直对石油工程专业人数保持现在的招生状态,也还是相对比较容易就业的,可以说这是各油田比较喜欢招聘毕业生的专业。我们班毕业的同学现在基本上分布在全国各大油田工作,还有的去了研究院工作。

1. 去研究院工作的,大都能待在城市里,收入没一线好,但工作相对安逸。

2. 到油田工作的,可去两种公司:油公司和钻井公司。总体上看,在油公司工作,轻松又有钱,在钻井公司工作会比较辛苦。

(1)油公司就是像中石油、中石化、中海油这样的公司,是油田的所有者。油公司的基础工作就是在一个采油站上看井,每天记录一些数据,非常轻松安稳。比如去中海油,一般是在海洋平台上工作,收入不错,但比较难进。对英语要求较高,因为平台上可能有外国人。一般是在海上干一个月,回陆地休息一个月,不过在海上平台的生活挺好,就是不自由。

(2)钻井公司是油田服务单位,我们叫油服,一般就是钻井队。油公司发现了新的油田之后,不是自己去钻井。他们是招标,找钻井公司来打井,进行开采作业。这个工作比较艰苦,一般被分配到井队,然后就是哪里需要打井,就去哪里,都是在野外。

我们行业里有句话说得很形象:钻井苦,修井累,吊儿郎当采油队。

3. 还有极少数的人能去外资企业,比如壳牌、斯伦贝谢等。收入当然可观了,能不能去,就看你的英语水平和综合能力了。

## ➢ 注意事项

1. 选择了石油工程,就选择了寂寞,能自由支配的时间有限。要是报石油专业的话,要做好这方面的心理准备。

2. 作为能源行业,近几年有很多的说法,说由于新能源的发展,石油行业已经跨入夕阳行业了。但是,看看这些新能源,其技术、条件、广泛程度短时间内都是无法代替石油能源的。所以说,从你们大学毕业算起,至少 10 年,这个行业应该都不会衰落的。

3. 因为不少系统内的人员都在前几年经历过降薪潮,有人会担心石油行业将来工资会降很多,我觉得即使再碰上如前几年似的油价暴跌,对毕业生的影响也是暂时的,因为石油这种东西怎么可能一直亏损,石油产业如果一直不景气,别说俄罗斯、沙特什么的受不了,世界也会乱的(要不然发改委不会设定成品油价格调控下限)。当然这个发展形势谁也不好说,正如前几年谁也想不到会出现行业大萧条,如果再碰到的话,石油行业的招聘人数就会大幅缩减。

4. 还有一个要注意的是,看近几年的情况,石油行业在不断尝试进行机构的精简和调整,不知道过两年会不会有大动作。总之,你需要注意的就是这几年暂时属于本行业的大动荡期。

因为我本人没有读研,所以专门请读过石油工程专业研究生的朋友从研究生阶段也总结一下,具体如下。

### ➢ 研究生问题

有的同学可能不太愿意吃苦,不太愿意在井场的泥浆油污中浪费自己的青春,于是现在就考虑四年后大学本科毕业时考研,但不知道像石油工程这种重视现场实践的专业读研有没有用,我在这里就应邀讲一下。

其实石油工程考研还是有用的。各行各业对于学位的要求都是一样的,比如本科、硕士和博士的薪酬待遇是不同的。随着本科毕业生的增多,很多公司本科毕业生基本饱和,很难以本科学位脱颖而出。于是考研成了一个比较好的选择。读研究生能够干什么呢?很多人会觉得石油工程的研究生没有什么意义,因为石油工程相对于电子工程(EE)、机械工程(ME)等专业来说,更加偏重于现场的实践。但是,这不代表石油工程领域没有可以研究的问题。其实在石油开发、集输、炼制过程中,有很多现在难以解决的问题。单就油田的提高采收率这一个方面,就有非常多的研究方向。所以,石油工程不是没有研究可以做的。相反,石油工程作为一个多学科相结合的学科,它的很多问题的复杂性,要远远超出某些学科。国内的硕士生,一般会跟导师做一些项目,偏重于与实践结合,与现场具体项目结合。博士生则更为偏重于较为理论一些的研究。通过硕士、博士的学习,你能够一方面增多和企业界的接触,另一方面,学习和掌握解决实际现场问题的能力。通过这样的学习和合作,企业能够更好地了解你,有可能帮助你就业。另外,考研也是一个人生的跳板,如果你高考考得不是很理想,觉得你可能被录取的学校不是很好,那么考研可以帮助你上一所更好的学校,这其实是人生在高考之后的第二次选择。

因为研究生同样会有不同的方向,比如钻井,或者是油藏方向,我也稍微细讲一下不同方向的区别,便于你了解本科阶段不同大学的不同方向。

1. 整体上来讲,钻井方向比较偏重实践,油藏方向比较偏重理论和室内工作;如果数学功底好,理论水平好且喜欢室内研究,可以选择油藏方向;如果喜欢理论结合实践,喜欢现场工作,不怕苦,可以选择钻井方向。

2. 油藏方向偏重室内工作,所以对人才的理论水平要求很高。我个人感觉,油藏的博士比较多,油藏硕士毕业的学生,其竞争力不如同样的钻井毕业的。举个例子,本人曾在一家国企的海外项目部工作过,当时我在钻井部,在这个部门硕士算比较高的学历了。可是在油藏部,却是一整套英国留学的油藏博士班底,你想想,跟我同样毕业的油藏硕士如果去了那里,会遇到多大的挑战。

3. 专业方向实际上只限于在学校的学习,到了工作单位后,专业方向已经不重要了,到时候,工作需要什么，就要学什么。一个油田的开发是个系统工程，搞钻井的也需要知道油藏、地质方面的知识，搞油藏的也要了解工程方面的知识。如果去了油田公司，语言、管理、财务、法律，这些知识都是必备的。所以，无论选择哪个方向，都要锻炼自己的理解和学习能力，无论是科研、设计、管理和施工，多学科的知识都是非常重要的。真用到的时候，没人会考虑你是什么专业的，你要说我是学油藏的，钻井的我不懂，那机会有可能就溜走了。

4. 再浅谈一下工作后甲、乙方的关系。本人在一所研究院工作，由于工作的关系，经常和各种甲方和乙方打交道，总体上看甲方地位比较高。直接进入甲方的年轻毕业生，在有乙方存在的情况下，很多具体工作甲方会委派乙方来做，但毕业生无形之中就少了锻炼和承受压力的机会。不过，一个油田方案的编制要涉及勘探、地质、油藏、地面、钻井、采油、财务、法律、合同管理等各个方面，可以很好地锻炼综合素质和宏观视野，这个是在专业公司不一定能学到的。如果年轻人能吃苦，到了乙方，经过几年的锻炼，虽然受气多、干活多，比较辛苦，但是能真正学到东西的机会也更多。

# 081504 油气储运工程

本人是中国石油大学油气储运工程专业毕业的，应"金榜事事懂"的邀请，简单介绍一下油气储运工程专业，供各位考生报志愿的时候参考。

## ➢ 专业介绍

先举几个例子：2013年11月，发生了震惊全国的青岛输油管道爆炸事件，事故的起因是原油的输油管道泄露，最终引起爆燃。2022年俄乌冲突期间，北溪天然气管道发生重大泄露。2022年9月长春市高新区的饭店液化石油气储罐爆炸事件，爆炸的是油气储藏罐。这里所提到的输油管道、燃气管道、油气储藏罐等都是油气储运的一部分。

油气储运工程专业主要研究的是石油和城市燃气的储存、运输以及管理。油气储运工程分为油、气、储、运四大类，分别对应石油、燃气、储存、运输。

例如，你要把新疆油田产的石油运到上海。首先，你怎么运？用管道运、用卡车运，还是用火车运？其次，在运送过程中可能出现哪些问题？怎么解决？在运送的过程中质量怎么保证？怎么保证运输过程中没有人偷油？最后，运到目的地之后，交给谁？卖多少钱？怎么计量？用升还是用吨计算？这些都是油气储运工程专业需要解决的问题。

## ➢ 教授补充

油气储运工程是石油及天然气储存与运输的简称。作为石油、天然气工业的重要组成部分，它是连接油气生产、加工与消费的纽带。打个比方，如果说石油是现代工业社会的血液，油气储罐和管道等储运系统就像工业社会的血管和血库，那么油气储运工程专业人才的工作就是按照社会和工业所需，安全、持续、高效地输送油气资源。油气储运工程专业既属于石油主干专业，又是横跨交通运输和石油工程两大学科的复合型专业，培养目标是使学生掌握各类油气储运设施（矿场油气集输与处理系统、油气长输管道、油气装卸与储存设施等）及城市油气输配设施的规划、设计、施工、运行维护、技术开发等方面的专业知识和技能。

## ➢ 就业情况

油气储运工程专业是一个前景和前途都相对乐观的专业。

第一,大部分人就业去了中石油、中石化和中海油三大国企石油公司。具体就是去各个石油公司的设计院、研究院、管道局。比如中石油工程设计公司、廊坊管道局,都是脑力劳动工作。设计院在大城市,生活稳定,收入也不错,只是由于多劳多得,加班较多。非国企石油公司有斯伦贝谢、贝克休斯等,待遇非常好,但对外语要求很高。

第二,各大油田也不错。储运工程专业的人去油田较对口的应该是集输公司,工作环境相对于钻井、采油来说比较轻松,都是在固定泵站工作,一般不会去野外工作。储运在油田这样的上游单位比较弱势。

第三,石油销售公司、油库、加油站等。如果在销售公司,就和城市里的白领差不多,当然待遇没有在野外工作的人那么高。

第四,油建单位的监理部门,监督油建干活,工作也很累。

油气储运工程专业目前处于供需基本平衡状态。石油企业每年都需要引进大批人才,很少会有就不了业的状况。总体待遇较好,各种福利也相对较多。大学生毕业后待遇也因单位而异,好单位的竞争还是比较激烈的。

当然有人会反映,近两年石油行业很多地方新入员工数控制得很严,同时碰上国际油价剧烈波动,而油价波动还引起许多连带产业受到影响。不得不承认石油行业最近一两年因为一些特定原因确实不如原来景气,但能否找到好工作主要取决于个人能力。

> **注意事项**

油气储运系统存在诸多问题,如油气储运过程中的火灾隐患、储运过程中的油气蒸发损耗、油气管道的腐蚀等,要是你选了这个专业,这些问题必须引起相当大的重视。

# 816 纺织类

## 本专业类概况

### 一、各选科组合能报本专业类的比例

该数据反映的是在该专业类的所有高校招生计划中，各科目组合有多少学校能填报。详解见图书使用说明。

| 物理 化学 生物 | 物理 化学 历史 | 物理 化学 地理 | 物理 化学 思想政治 | 物理 生物 历史 |
|---|---|---|---|---|
| 100.0% | 100.0% | 100.0% | 100.0% | 47.1% |
| 物理 生物 地理 | 物理 生物 思想政治 | 物理 历史 地理 | 物理 历史 思想政治 | 物理 地理 思想政治 |
| 47.1% | 47.1% | 47.1% | 47.1% | 47.1% |
| 化学 生物 历史 | 化学 生物 地理 | 化学 生物 思想政治 | 化学 历史 地理 | 化学 历史 思想政治 |
| 38.2% | 38.2% | 38.2% | 38.2% | 38.2% |
| 化学 地理 思想政治 | 生物 历史 地理 | 生物 历史 思想政治 | 生物 地理 思想政治 | 历史 地理 思想政治 |
| 38.2% | 36.8% | 36.8% | 36.8% | 36.8% |

### 二、该专业类的主要专业男女比例及每年大致毕业人数

| 专业类 | 专业代码 | 专业名称 | 各专业年度毕业人数 | 男女比例 |
|---|---|---|---|---|
| 纺织类 | 081601 | 纺织工程 | 3500～4000人 | 男44% 女56% |
| 纺织类 | 081602 | 服装设计与工程 | 50人以下 | 男9% 女91% |

### 三、本专业类主要考研方向

| 学科门类 | 一级学科 | 研究方向 | 学位授予 |
|---|---|---|---|
| 工学 | 0821 纺织科学与工程 | 学术硕士 | 可授硕士、博士专业学位 |
| 工学 | 0856 材料与化工 | 专业硕士 | 可授硕士、博士专业学位 |
| 艺术学 | 1357 设计 | 专业硕士 | 可授硕士、博士专业学位 |
| 交叉学科 | 1403 设计学 | 学术硕士 | 可授硕士、博士专业学位 |
| 参考往年可报考二级学科 | | | |
| 纺织科学与工程 | 纺织工程 | 纺织材料与纺织品设计 | 纺织化学与染整工程 | 服装设计与工程 |
| 设计学 | — | — | — | — |

# 本专业类重点专业解读

## 081601 纺织工程

本人是浙江理工大学纺织工程专业毕业的,应"金榜事事懂"的邀请,简单介绍一下纺织工程专业。

### ➢ 专业介绍

很多人都以为我们专业就是织布做衣服的。以前的同学都喜欢开玩笑说要我帮他们织毛衣防寒。但是纺织工程专业课是教学生织布吗?不全是。纺织工程其实包含纺织制品的纺织加工工艺、纤维及其制品的性能研究、生产与产品的检测和控制等好多方面。举个例子来说,去纺织公司工作,可以从事技术员的工作,也可以对纺织设备进行维护和管理,当然也可以在纺织公司研究设计新品。如果在检测公司,就是做一些跟纺织品质检有关的工作,就是检测一下纺织品合不合格。在服装贸易公司工作,主要的工作内容就是纺织品的买卖,跟客户沟通或者做订单。

用专业一点的话来说,纺织工程专业培养的是具备纺织工程方面的知识和能力,能在纺织行业从事纺织品设计开发、纺织工艺设计、纺织生产质量控制、生产技术改造的工程技术人才。

### ➢ 专业方向及学习内容

纺织工程专业按纺织产业链的结构布局大概分成五个专业方向:纺织科学与技术方向、纺织品设计与应用方向、纺织与服装贸易方向、纺织品商务与检验方向、针织与针织服装方向。

1. 纺织科学与技术方向:侧重纺织的技术。主要学习纺织新技术、新工艺、新设备、新材料相关的内容。

开设的课程有:现代纺纱技术、现代织造技术、纺织质量控制、新型纺织机械机电一体化、纺织复合材料等。

2. 纺织品设计与应用方向:侧重纺织新产品的设计和应用。主要学习运用新工艺、新材料进行纺织品的组织结构、图案、色彩等方面的创新设计。目的是纺织新产品的开发和设计。

开设的课程有:织物结构与设计、服用纺织品设计、装饰用纺织品设计、产业用纺织品设计、纺织品艺术设计、织物色彩及应用、设计素描等。

3. 纺织与服装贸易方向:做好纺织品就得有贸易,这个方向就侧重于纺织与贸易营销的交叉。

开设的课程有:纺织与服装外贸、国际贸易与实务、国际商法、国际营销、商品学、纺织品检验学、纺织电子商务、外贸案例分析、商务谈判、外贸函电、纺织品进出口操作实务等。

4. 纺织品商务与检验方向:任何产品在生产前、中、后都得有一套检验其是否合格的标准,这个方向就是学习检验纺织原材料、纺织生产过程、纺织成品各个过程是否合格。

开设的课程有:纺织仪器学、纺织商品标准与检测、现代测试技术、计量与检验实践、国际管理体系与认证、纺织复合材料、产业用纺织品等。

5. 针织与针织服装方向:大学里边侧重针织与针织服装的生产工艺及产品设计的学习,在保持传统针织特色的同时,加强针织新技术、新工艺、新产品的开发。

开设的主要专业课程有:针织学、针织服装设计基础、针织毛衫设计与工艺、纸样原理、成型针织产品设计、针织服装生产工艺、针织新技术等。

注意,针织与纺织不同。针织是利用织针将纱线弯曲成圈并相互串套而形成的织物。针织就是以线圈套线圈的方式编织,最直观的特点是你看不到织物的经纬线呈垂直相交,基本单位是一个个的线圈,再者就是针织物的手感柔软,垂感较强。针织可以是手工针织,也可以是机器针织。和针织不同的是梭织,梭织就是用线横竖垂直的那种。一般像T恤、运动服、毛衫、手套、袜子、内衣等弹性大的是针织,而衬衫、西装等笔挺的是梭织。

当然,还有些学校可能有染整之类的方向,纺织品染色与功能整理、纺织材料开发与产品设计等。虽然分以上几个不同方向,但一般大学学习的几个方向都是相互关联、相互交叉的。

> ➤ 就业情况

1. 毕业生如果英语好的话,可以去外贸公司,从事纺织外贸方面的工作,主要是跟客户进行沟通洽谈,努力把订单谈下来,帮助客户跟单,最后结了尾款之后,你可以拿提成。这类工作虽然很辛苦,但是回报也很丰厚。只要你有能力,够努力,发展前景还是不错的。

相比较而言,做外贸要赚钱多一点。就拿我一个朋友来说吧,他现在在一家比较大的外贸公司做业务,底薪 4000 元,业务提成和奖金另外算。因为有过几年的经验积累,他说他现在手上的单子有:日本的精纺(日本人要求非常高,接缝滑移、撕破强度、色牢度、PH 等都要测试合格)、阿拉伯人的头巾,还有少量美国印花、色织的单子等。

2. 不少同学毕业后就去厂里从事技术、上机工艺、产品设计等方面的工作。如果运气好或能力强,可以直接进入管理层和技术部门。要是机遇一般,你就得进工厂、下车间。公司会给你一个冠冕堂皇的理由,说这是要让你对基层有所了解。可是很少有人想进工厂的,因为很多纺织厂条件不是很好,工厂里的温度、湿度、噪声,还有机械式的操作,不是现在大部分大学生喜欢的地方。

3. 如果是偏向检测方向的大学生,毕业后可以考虑到纺织品第三方检测公司从事技术支持之类的工作,比如 TUV 认证、ITS 检测、SGS 认证、BV 检测等,这方面工作的工资待遇不算非常高,但是相对比较稳定,挺适合女生的。

4. 当然还有比较偏门一些的:做与纺织相关的营销,比如胶辊、胶圈等;或者也可以做服装面料采购之类的工作,不过采购岗位一般不会要刚毕业的学生;如果学习成绩出色,可以读博士,之后可以从事教学或科研工作。

本人是前几年纺织工程专业毕业的,在学校组织的招聘活动中进了一家杭州的服装公司。工作整体相对轻松,有双休,早八点半上班,晚五点下班,忙时根据工作需求加班,无加班费。现在工作三年多了,工资虽然不是很高,但是能养活自己。不过,我们单位的好处是包吃包住,没有多少额外开销。

总的来说,纺织类工作好找,但是工作环境相对较差,待遇也一般。

> ➤ 注意事项

1. 纺织工程在东南沿海地区发展得比较快,选学校时可以注意一下大学所在的区域。
2. 绝大多数学校这个专业录取分数相对较低。
3. 因为污染较大,不太环保,纺织工厂大多位于郊区,离繁华的市区较远。

> ➤ 发展前景

纺织总的来说还是劳动力密集型的产业,受中国劳动力价格提升的影响,部分纺织行业已经开始并逐步向其他第三世界国家(如越南、缅甸、老挝等)转移。加上纺织制造出口减少,国内纺织业竞争激烈,一部分中小型企业面临亏损或破产的境地,我个人感觉传统的纺织工程在国内的发展前景总体一般。

## 081602 服装设计与工程

本人是苏州大学服装设计与工程专业毕业的,现在任职于宁波太平鸟集团女装部,应"金榜事事懂"的邀请,简单介绍一下服装设计与工程专业。

### ➢ 专业介绍

人生在世,衣食住行必不可少,而"衣"打头则更说明了它对我们生活的重要性。服装设计与工程,顾名思义就是服装设计和工程的结合。单就设计而言,属于工艺美术的范畴,而工程则是实用性的体现,所以这个专业是将服装的艺术性和实用性相结合的一门专业。

### ➢ 服装制作过程

其实一件服装从设计到最终穿到我们身上,需要四个过程:设计、打版、车位、销售。

1. 创作设计,这个就是我们在电视里看到的那种服装设计师进行设计的过程,包括设计出服装的款式、色彩等。设计师就是要设计好设计图,设计是需要创意和灵感的。

2. 但光有设计图是没法做出衣服的,接下来还要服装打版师进行打版。服装打版就是把服装创意设计图做出样板,也叫服装纸样,正确的名称应该是服装结构设计。

打版师(厂里称纸样师傅)根据创作设计师的服装效果图和规格,通过平面的或者立体的结构设计手法,按照人体结构,先做出净样的底图,然后通过不同的方法(或者通过电脑打印,或者通过手工复印等)从底图上用硬纸板把样片剥离出来,再在样片上加上我们出纸样的九个方面(缝份、剪口、布纹、款号、名称、数量、尺码、黏合衬、颜色)。打版是服装设计的重要组成部分,是服装厂的核心技术。它是把设计图转变为成品的桥梁,也是服装设计与工程专业学习非常重要的内容。

3. 接下来就是车位,即一件成品的缝制过程。服装打版出来的样片做出来后必须用面料车成成品,我们看到的衣服绝大多数都是由一片片的布缝合在一起的,这些布片的形状就是根据纸样裁剪的。打版师打衣服的板子(服装纸样)时,要考虑缝制时的刀眼位置、丝绺方向、排料情况等很多问题。

4. 当然制作服装就会涉及不同的面料,就会有面料采购的过程。服装制作过程还会有生产管理过程。制作好以后,还会涉及服装营销。所有这些都会在服装设计与工程专业里体现。

### ➢ 学习内容

公共基础课与纺织类其他专业大同小异。在专业课方面,因学校不同,可能课程安排也不一样,不过总体应该差不了多少。接下来,我就根据服装的制作过程介绍一下相关应学习的课程:

1. 设计过程:需要学习素描、服装美术基础、服装色彩、服装设计基础、时装画技法与效果图等课程。

2. 打版过程:需要学习服装立体构成、服装 CAD/CAM、工业样板设计、服装结构设计、服装材料学、服装纸样与工艺等课程。

3. 车位过程:需要学习服装工艺与生产管理、服装机械与设备,甚至连缝纫机以及针法都要学习。

4. 当然还需要学习服装营销学、服装史、服装英语、服装心理学、服装采购学等课程。

### ➢ 专业方向

很多人会问一个问题,说我想出来当服装设计师,是不是就报这个专业?其实这个专业是分两个方向的:一个是设计方向;另一个是工程方向。

1. 设计方向：服装设计与工程专业的学生到了大二、大三之后可以主攻设计方向，但要求你有很高水平的服装审美，毕业后朝设计师的方向发展。

2. 工程方向：主要学习服装生产、服装营销和管理之类，侧重服装制版和服装工艺、生产管理这些方面，毕业后主要从事打版、样衣制作、生产采购、服装质检、跟单、跑业务等工作。

其实对很多大学来说，这个专业主要还是针对工程方向多一些，因为艺术类专业里边有个专门的"服装与服饰设计专业"，是单纯地朝服装设计师方向培养的，侧重设计创意。其实时装设计师门槛很低，入门容易，但淘汰率较高，不能成为市场认可的好设计师，连吃饭都成问题。

> ➢ 就业情况

1. 服装设计与工程专业的就业大方向是工程方向，毕业生大部分是去服装厂或服装贸易公司工作，有机会从事的工作或职业包括版师、版师助理、服装CAD制版、服装工艺设计、服装理单、跟单、服装设计师助理、样衣师、质量管理、流水线设计、采购员、品牌管理与运作、市场督导等。

总的来说，服装设计与工程专业的就业面还是比较广的，找个相关的工作也不难。我在太平鸟工作，像我周围的同学在广州报喜鸟服饰公司、波司登集团、茵曼等企业工作，还有一些在大的针织类服装公司如巴拉巴拉等企业工作。

刚开始薪水不会太高，但如果长期从事一个岗位，一般来说经验会逐渐丰富，技术水平也会不断提升，从而会有非常稳定的职位和收入。

2. 当然，如果你确实对设计很有兴趣，而且也确实有独特的创造性思维，也是可以从事设计方面的相关工作的，这就要看个人能力了。如果选设计方向的话，将来更多的是从事设计助理、设计师、买手、时尚编辑、搭配师等岗位的工作。因为设计毕竟是见仁见智的，能遇到赏识你的设计作品的老板或公司有时比设计能力还重要。经常能看到设计水平差不多的设计师，因为对机遇的把握不同，发展的程度差别很大。

3. 关于读研。服装设计与工程专业读研究生我个人觉得没有多少必要，因为服装设计与工程是个实践性较强的专业，早日就业会成长得更快。

> ➢ 注意事项

1. 如果做设计的话，除了需要创意和灵感，全面的服装设计还要注意很多，比如你要知道每一年的流行色，还要有自己的独特思维，还require注意时尚潮流。当然除了会画图，还要知道如何制作，否则画出来的东西与实际不能结合。对于服装设计师而言，在一定程度上，年轻些可能会更有利。在企业的招聘简章上，常常看到企业对设计师的年龄要求是不超过35岁。

2. 如果做打版师的话，几年的工作经验是最基本的要求之一。制版是一项技术性很强的工作，包含很多琐碎、繁杂的细节处理，而且对于人体结构的理解，对尺寸、部位的精确把握等，都需要丰富的经验。经验是衡量打版师的一个重要砝码。

3. 很多人当初学这个专业是为了想做设计师，可是进去后发现将来绝大多数毕业生其实是从事服装打版的工作，所以报专业的时候一定要看清方向。

# 817 轻工类

## 本专业类概况

### 一、各选科组合能报本专业类的比例

该数据反映的是在该专业类的所有高校招生计划中,各科目组合有多少学校能填报。详解见图书使用说明。

| 物理 化学 生物 | 物理 化学 历史 | 物理 化学 地理 | 物理 化学 思想政治 | 物理 生物 历史 |
| --- | --- | --- | --- | --- |
| 100.0% | 100.0% | 100.0% | 100.0% | 0.0% |
| 物理 生物 地理 | 物理 生物 思想政治 | 物理 历史 地理 | 物理 历史 思想政治 | 物理 地理 思想政治 |
| 0.0% | 0.0% | 0.0% | 0.0% | 0.0% |
| 化学 生物 历史 | 化学 生物 地理 | 化学 生物 思想政治 | 化学 历史 地理 | 化学 历史 思想政治 |
| 0.0% | 0.0% | 0.0% | 0.0% | 0.0% |
| 化学 地理 思想政治 | 生物 历史 地理 | 生物 历史 思想政治 | 生物 地理 思想政治 | 历史 地理 思想政治 |
| 0.0% | 0.0% | 0.0% | 0.0% | 0.0% |

### 二、该专业类的主要专业男女比例及每年大致毕业人数

| 专业类 | 专业代码 | 专业名称 | 各专业年度毕业人数 | 男女比例 |
| --- | --- | --- | --- | --- |
| 轻工类 | 081701 | 轻化工程 | 3000～3500人 | 男62% 女38% |
| 轻工类 | 081702 | 包装工程 | 3000～3500人 | 男48% 女52% |
| 轻工类 | 081703 | 印刷工程 | 1000～1500人 | 男57% 女43% |

### 三、本专业类主要考研方向

| 学科门类 | 一级学科 | 研究方向 | 学位授予 | |
| --- | --- | --- | --- | --- |
| 工学 | 0822 轻工技术与工程 | 学术硕士 | 可授硕士、博士专业学位 | |
| 工学 | 0856 材料与化工 | 专业硕士 | 可授硕士、博士专业学位 | |
| 参考往年可报考二级学科 | | | | |
| 轻工技术与工程 | 制浆造纸工程 | 制糖工程 | 发酵工程 | 皮革化学与工程 |
| 轻化工程(含皮革、纸张、织物加工等) | — | — | — | — |

## 本专业类重点专业解读

### 081701 轻化工程

本人是轻化工程毕业的,应"金榜事事懂"的邀请,介绍一下轻化工程专业。

➢ **专业介绍**

轻化工程专业主要有以下四个方向:

一是纸浆造纸工程方向;二是纺织化学与染整工程方向;三是皮革工程方向;四是添加剂化学与工程方向。

基本上这四个方向彼此之间都没有太大的联系。一般大学在招生的时候都会在志愿填报书的专业后边用括号标明方向。

➢ **专业方向**

1. **纸浆造纸工程方向**

一般大学里的轻化工程专业所开设的方向最多的就是纸浆造纸工程方向。其下有两个小方向:一个是制浆造纸工艺,与化学相关,侧重原理;另一个是制浆造纸装备与控制,侧重设备方面,对机械绘图的要求高。

轻化工程专业毕业生毕业后工作很好找,不过我们班有近一半的同学毕业后没有从事本专业的工作,改行的太多了,剩下的人大部分在实验室从事研究工作。原因是多方面的:第一,工作的地方一般比较偏远;第二,工作环境较差等。

2. **皮革工程方向**

这个方向毕业后基本上就是在人造革企业、皮革制品企业、化工材料及贸易企业、制鞋企业等企业工作。污染较大,对人身体伤害相比造纸行业来说还要大。

3. **纺织化学与染整工程方向**

染整工程方向,这个其实很好理解,就是加工纺织材料,你穿的衣服有各种面料,有各种颜色,上面有各种图案,这就是染整方向所涉及的。染整主要就是布料的预处理、染色,还有印花、洗水、各种后整理加工等。对化学的要求还是挺高的,学的内容包括无机化学、有机化学、分析化学、物理化学、生物化学、染料化学、纤维化学、纺织助剂化学等。

染整专业本科毕业也比较好找工作,毕业一般就是去一些印染厂、助剂厂、染料厂以及上下游公司。但工作环境较差,一般需要下车间。除非你是研究生毕业,从事产品研发工作,工作环境会好些。不过,现在许多单位也很注意员工健康安全,可能会采取一些保护措施。虽然服装销售的利润较高,但其上游产业的利润却很微薄。

4. **添加剂化学与工程方向**

几乎人人都听说过添加剂,最熟悉的就是食品添加剂了。不只是食品里边有添加剂,像化妆品和涂料里也有不少添加剂。该方向的毕业生大多是在实验室工作。开设这个方向的学校非常少。

我几乎把所有的方向都列出来了,供你在选报志愿时参考。预祝报考顺利。

## 081702 包装工程

本人是包装工程专业的毕业生,现在在一家小型国企从事包装设计及跟踪优化工作,现应"金榜事事懂"的邀请,简单介绍一下包装工程专业。

### ➢ 专业介绍

现在买的东西有几个没有外包装的?牛奶、药品、食品、新买的手机等,都是有包装的,这些包装都与包装工程这个专业有关。

但包装工程不止这么简单。比如说包装盒,有的结实,有的不结实,这与包装材料有关。包装盒上面的图片,有的好看,有的不好看,有的印得清晰,有的印得不清晰,这与包装工程的设计印刷有关。

正因为涉及这么多的方面,所以不同学校包装工程专业的侧重点也不一样,主要有以下五个方向:一是包装材料;二是包装设计;三是包装机械;四是包装运输;五是包装印刷。

### ➢ 包装工程的各个方面

第一,一个包装的产生先要选择材料,于是就有了"包装材料"这个方向。这个方向的课程有理论力学、材料力学、有机化学、无机化学、高分子物理等。我起初不知道开这些课程有什么作用,可到了后来才发现很重要,比如要测试一个包装是否合格,就要用化学方法测酸碱性,用物理方法测吸水性、阻隔性、强度,而这些都与基础课程所学的知识密切相关。

第二,材料选好了,就要进行包装设计,于是就有了"包装设计"方向。这个方向分两部分:一个是包装结构设计,主要指包装盒结构设计、纸箱结构设计以及模具包装设计,要求掌握包装 CAD、CorelDraw 等软件操作技能;另一个是包装装潢设计,盒子表面不能什么都没有吧?你要设计个图案、说明,还要考虑印刷技术、色彩搭配等知识,这就要求掌握 Photoshop 等软件操作技能。

第三,当你设计出包装之后,不能用人工去完成包装吧?这就涉及机械的问题,于是有了"包装机械"这个方向。这个方向包括机械设计、包装过程自动化、包装生产线、包装机械原理、包装工艺学等课程。

第四,当你把包装做好了,还要涉及包装运输、包装测试。没通过测试的包装是不允许进入市场的,这方面的要求特别高。包装运输结合了材料、结构和力学等多方面的技术,比较难学,对前面的基础知识要求也高,作为包装人才,这些是很有必要学好并掌握的知识与技能。

第五,包装人不懂印刷就不算包装人才,所以对印刷知识的了解也是非常有必要的。有很多设计师做出精美的设计却无法应用到产品中,原因就是他们不懂印刷,所以我们对印刷前、印刷中、印刷后的相关知识都要有一定的了解,对油墨、印刷机械、印刷材料、制版、印刷方法等也都要有所了解,虽然不用很深入地了解,但不懂是绝对不行的。

### ➢ 就业方向

1. 包装材料方向:毕业后一般就是从事研究工作,开发新包装材料。

2. 包装设计方向:现在的就业面比较窄,也不是什么高端技术,待遇和包装印刷差不多。如果是外包装设计方向,就往美术、平面设计方面发展。当然计算机软件、平面软件知识需要精通。

3. 包装机械方向:重点是机械设计绘图、包装机械设计。可以做包装机械工程师、机械工程师。

4. 包装运输方向：现在的就业形势好一些，随着物流业的发展，这个方向的前景也会更广阔，等工作经验多了，工资会提高较快。

5. 包装印刷方向：可以去一些印刷公司工作，当然开始还是挺辛苦的。包装印刷就属于印刷行业，属于传统制造业，行业平均待遇较低，发展空间不大。

另外，在一些大的食品企业，有包装技术部门，主要负责产品包装问题的解决、新产品的包装方案、企业包装标准的修订等。

具体到企业，有雀巢、娃哈哈等，当然日化用品也有，如高露洁、宝洁、蓝月亮等，都是招包装工程专业人才不错的公司。当然还有包装的上游企业，即包装材料公司，包装解决方案公司，如耐帆、希悦尔等。除此之外，需要包装专业的公司还有电器类企业如海尔，电子产品类企业如中兴，医药包装类企业等。

➢ 就业区域

从事包装设计的毕业生大多集中在北京，还有以上海为中心的长三角地区和以广州、深圳为中心的珠三角地区，且以大中城市为主，主要是因为大型的包装企业都集中在这几个区域。

从事包装生产及工艺的毕业生相对遍布的地域要广一些，中西部都有，且多以中小型加工、生产型企业为主。

➢ 注意事项

因为有不同方向，有的学校把这个专业设在机械学院、印刷学院、材料学院，也有设在食品学院的，还有设在轻工设计学院的，但总体学的东西基本相差无几。

## 081703 印刷工程

本人毕业于上海理工大学印刷工程专业，应"金榜事事懂"的邀请，简单介绍一下印刷工程专业。

➢ 专业介绍

印刷工程专业是由以前的印刷工程和数字印刷两个专业合并而成的。也就是说学习的内容包含了以前两个专业的内容。数字印刷是最近这些年慢慢发展起来的，是无版印刷，也就是说相对传统印刷工程少了制版过程，但也需要经过原稿的分析与设计、图文信息的处理、印刷、印后加工等过程。

➢ 学习内容

印刷工程专业具体学习什么，可以从印刷前、印刷中、印刷后三个方面来讲。

以一本高三化学书为例给你详细介绍一下。

1. 印刷前。假设客户让你印一万本化学书。首先需要对文字和图片进行编辑。哪一页印什么字、放什么图都得设计整理好。编辑好后，还得核对一下内容，看看有没有错误的地方，要确保印刷材料的准确性。至此还不行，还得出样给客户，让客户检查是否符合要求，若符合要求，就可以安排印刷了。

2. 印刷中。就是直接在机房车间进行印刷。但其中又包括跟单、印刷质量控制、看色、印刷机器操作、机器有简单故障时的维修等。

3. 印刷后。印刷后要进行裁切和装订。像书本的话还需要串线、上胶、上封面等才能成为一本完整的书。如果是有折页的还需要折页、套帖等。如果是包装盒子系列,要裁切下来,并进行裱糊等工序。

印刷前比较着重于软件的使用、电脑的操作、文件的制作以及生产流程的控制。这在印刷工程中环境算是比较好的。而印刷中和印刷后都是着重操作机器,工作环境就不是单纯地待在办公室里了。对印刷机的操作和维修比对装订折页等机器的要求高。

### ➤ 就业情况

毕业后一般是去一些与印刷相关的企事业单位工作。目前可就业的方向主要集中在印务公司、快印公司、印刷包装贸易公司、专业电脑制版公司、出版社、报社、印刷媒体与广告公司、印刷机制造公司等。

可以做的工作有设计员、工艺员、生产调度跟单员、质量管理员、材料管理员、设备操作员(上机器做操作工)。

现在印刷比较发达的地区是长三角、珠三角,还有环渤海和长株潭地区。如果将来不想留在上述这几个地区,要慎重选择印刷工程专业。

如果你计划报印刷工程专业,可能印刷机的操作维修好一点,刚毕业去开机器,工资能稍微高点。做印刷前的工作收入可能也差不多。不过在车间开机器的大学生不是很多,一般做设计和质量管理的多一些。

### ➤ 注意事项

1. 由于网络发达,像淘宝之类的各种线上商家的存在,使印刷行业的利润很透明,所以利润不是很大。目前印刷工程专业的毕业生大部分工资不是很高。

2. 部分印刷工作很辛苦,工作环境较差,与很多毕业生心中的工作环境不符。

3. 至于发展前景,四年后谁也无法预测。就像我上大学前压根不会想到还会有 3D 印刷,这不现在不也发展得很好吗?所以最终还是得你自己决定报哪个专业,别人的意见只是让你多一份了解。

# 818 交通运输类

## 本专业类概况

### 一、各选科组合能报本专业类的比例

该数据反映的是在该专业类的所有高校招生计划中,各科目组合有多少学校能填报。详解见图书使用说明。

| 物理 化学 生物 | 物理 化学 历史 | 物理 化学 地理 | 物理 化学 思想政治 | 物理 生物 历史 |
|---|---|---|---|---|
| 100.0% | 100.0% | 100.0% | 100.0% | 0.5% |
| 物理 生物 地理 | 物理 生物 思想政治 | 物理 历史 地理 | 物理 历史 思想政治 | 物理 地理 思想政治 |
| 0.5% | 0.5% | 0.5% | 0.5% | 0.5% |
| 化学 生物 历史 | 化学 生物 地理 | 化学 生物 思想政治 | 化学 历史 地理 | 化学 历史 思想政治 |
| 0.5% | 0.5% | 0.5% | 0.5% | 0.5% |
| 化学 地理 思想政治 | 生物 历史 地理 | 生物 历史 思想政治 | 生物 地理 思想政治 | 历史 地理 思想政治 |
| 0.5% | 0.5% | 0.5% | 0.5% | 0.5% |

### 二、该专业类的主要专业男女比例及每年大致毕业人数

| 专业类 | 专业代码 | 专业名称 | 各专业年度毕业人数 | 男女比例 |
|---|---|---|---|---|
| 交通运输类 | 081801 | 交通运输 | 12 000～14 000人 | 男66% 女34% |
| 交通运输类 | 081802 | 交通工程 | 8000～9000人 | 男74% 女26% |
| 交通运输类 | 081803K | 航海技术 | 2500～3000人 | 男95% 女5% |
| 交通运输类 | 081804K | 轮机工程 | 2500～3000人 | 男96% 女4% |
| 交通运输类 | 081808TK | 船舶电子电气工程 | 800～900人 | 男92% 女8% |

### 三、本专业类主要考研方向

| 学科门类 | 一级学科 | 研究方向 | 学位授予 | |
|---|---|---|---|---|
| 工学 | 0823 交通运输工程 | 学术硕士 | 可授硕士、博士专业学位 | |
| 工学 | 0861 交通运输 | 专业硕士 | 可授硕士、博士专业学位 | |
| 参考往年可报考二级学科 | | | | |
| 交通运输工程 | 道路与铁道工程 | 交通信息工程及控制 | 交通运输规划与管理 | 载运工具运用工程 |
| 交通运输 | 轨道交通运输 | 道路交通运输 | 水路交通运输 | 航空交通运输 |
| 管道交通运输 | — | — | — | — |

## 本专业类重点专业解读

### 081801 交通运输 & 081802 交通工程

本人是北京交通大学的学生，应"金榜事事懂"的邀请，介绍一下交通运输和交通工程这两个专业。

➢ **专业对比简介**

报志愿的时候有的人觉得这两个专业很难区分，我举几个例子可能你就容易明白了。

(1)修公路，这是交通工程专业；在公路上把货物从北京运到上海是交通运输专业。

(2)修铁路建隧道，这是交通工程专业；铁路上火车站的行车调度是交通运输专业。

(3)修机场跑道之类的是交通工程专业；空管调度方面指挥飞机的是交通运输专业。

也就是说，交通工程是修建交通基础设施，比如路桥修建、铁路修建等。交通运输是在已经有了交通基础设施的前提下进行的货物、旅客运输。

➢ **详细比较**

交通运输专业学习的主要偏向机械设备运行、机车原理、交通运输组织等，说白了就是组织交通。工作方向，就是在车站、交通局（公务员需要考试）或者交通运输企业里从事相关的工作，比如火车站的行车调度等。

交通工程专业偏向于工程类，指的就是桥梁、隧道、公路、水道等工程的建设、施工、设计等内容。现在国家对基础设施建设的投资加大，这个专业还是很有前途的，不过工程师是非常辛苦的职业，搞建设也是四海为家，报志愿时要仔细考虑清楚。就业方向就是在工程设计、施工、监理、检测、管理等企业或者部门从事相关工作。

第一，课程方面，两者都要学习工程方面的知识，但是交通工程专业学得比较深入，要涉及力学、结构等方面，而交通运输专业则要学管理学、物流学、经济学等课程。

第二，交通运输专业偏重于社会和人文学科方向，多侧重于管理、控制、物流、经济等方面。而交通工程专业顾名思义偏向工程、环境和能源方面。

第三，就我国现在的国情来说，交通运输专业工作相对轻松一些，但没有交通工程专业收入高。

➢ **交通工程专业教授补充**

交通工程专业是一门综合性较强的学科，专业的研究范围非常广泛，涵盖交通基础设施建设与维护以及交通运营管理等领域，具体来说，包括公路与城市道路、桥梁、隧道和轨道工程的规划、勘测、设计、施工与运营管理以及交通规划与控制等。

这个专业的主要学习内容有以下几个方面。

第一，学生要具有现代科学和应用数学基础知识。

第二，要学习交通基础设施（含测量、选线、路面、桥梁、隧道）、机电设备、信息与计算机等交通系统组成元素及其建养运技术知识。

第三，交通系统优化、决策与分析的专门知识，包括经济学、地理信息技术、统计学、交通流理论、通行能力、交通数据采集、交通仿真、交通规划、交通安全、交通控制、交通设计等。

第四,实操能力和经验获得。主要通过实验、实习、课程设计和毕业设计(论文)获得。

第五,大量的数据需要数据库存储,需要统计软件进行数据分析,需要从宏观到微观的模拟软件分析交通流特征与演变规律。交通工程专业的学生还需要训练运用最新计算机软件分析交通的能力。交通学习是一个学会处理复杂、多层级问题域,并不断考虑将新技术引入问题解决的过程。

核心课程中基础方面的课程有高等数学、线性代数、概率论与数理统计、电工学等。

基础设施课程包括测量学、道路勘测设计、工程力学、路桥隧道构造物、交通机电工程等。

交通科学基础课程包括交通工程学、交通规划、交通设计、道路交通信号控制、道路交叉规划与设计、道路交通安全及设施设计、道路经济与管理、城市轨道交通线路网规划与设计、城市轨道交通运营组织与管理、轨道交通信号及列车运行控制、城市轨道交通结构工程与施工、机场概论、机场规划与设计、机场地势设计、机场与道路排水设计、路基工程、路面设计等,交通工程学、交通调查与数据分析、道路经济与管理、系统工程学、交通工程计算技术等。

## ➢ 交通运输专业教授补充

交通运输作为国民经济的重要组成部分,与每个人的生活、工作息息相关。人员、货物、车辆、路线、场站以及运输信息等组成了一个庞大的交通运输系统。你可曾想过这么庞大的系统是如何运行的吗?为什么这么多系统要素能有条不紊地、日复一日、年复一年地正常运转?交通运输市场中的供给与需求是如何不断协调区域均衡的?一个个交通运输综合枢纽、城市综合体,一个个客运站、货运站,一个个物流园区、物流基地、配送中心,一个个公交站点、公交首末站、维修点等都是如何规划、建设、运营的?货物是如何装进集装箱,在道路、铁路、航线与航道上井然有序地流转的?城市交通中不同的运输组织方式是如何衔接起来的?这些正是交通运输专业所学习的内容。

严格来说,交通运输是研究铁路、公路、水路及航空运输基础设施的布局及修建、载运工具运用工程、交通信息工程及控制、交通运输经营和管理的工程学科。交通运输专业培养的就是能够研究生产交通运输设备,组织、规划和管理交通运输生产,实现经济和社会效益的专业人才。

交通运输专业的就业方向比较集中,主要包括如下几个方面。

第一,到大型的交通运输企业,比如中国远洋运输集团公司、中邮物流有限公司、中国对外贸易运输总公司等公司就业。这是交通运输专业对口的行业,并且门槛比较低,工作比较容易上手,待遇也不错,许多交通运输专业的毕业生可以直接到这些部门工作。

第二,到物流公司就业,比如顺丰、三通一达(申通、圆通、中通、韵达)、极兔速递等公司。随着电子商务近年来的蓬勃发展,物流行业也迅速壮大,吸收了大量交通运输专业的毕业生,有时还会出现交通运输专业毕业生供不应求的局面。

第三,到国家交通运输部、地方交通厅(局)、行业协会等单位就业。这些单位一般是公开招考,工作稳定,并且社会地位高,很受毕业生的青睐。

第四,到交通运输部下的各研究院、大专院校等就业。有些学历比较高的毕业生到研究院、高校等单位就业,有的从事研究工作,有的从事教学工作,也是很不错的就业方向。考研深造也是不少本科毕业生的选择。

## ➢ 就业情况

1. 交通工程根据各个学校不同,研究方向也不同,但主要以土木方向(道路与桥梁,偏硬方向,以工程居多)和交通运输规划(偏软方向)两个方向为主。如果对工作不太挑剔的话,男生就业倒不是问题。

(1)最好的去处是政府事业单位,如交通局、公路局、铁路局、轨道交通行业,但是必须参加考试。
(2)再者就是设计院,主要是地级市的设计院。
(3)考研的比例也很高,特别是女生。
(4)最差就是去施工单位,很累,条件比较苦,哪个工地需要你,你就得去哪里。如果确定去施工的话,肯定要学好CAD,还有道路勘测设计、路基路面工程、道路建筑材料、结构设计工程、结构力学等,这些都是基础性的知识。
2. 交通运输根据不同学校也分几个方向:
(1)北京交通大学的交通运输专业主要指铁路运输,当然也学道路、物流方面的知识。但铁路运输方向是其特长和特色,主要学的就是铁路运输组织管理,去铁路局的学生较多。
(2)哈尔滨工业大学的交通运输专业主攻汽车方向,可以去物流单位、汽车厂。
(3)中国民航大学的交通运输专业主要是指航空运输,可以从事空管调度(指挥飞机)的工作。
(4)大连海事大学、上海海事大学的交通运输专业主攻海上运输方向。在海运这块工作,有做货运代理的、船舶代理的和在船公司工作的,待遇都很好。
总之,选择专业需要根据你自己的情况做出决定。前途掌握在你自己的手里。祝报考顺利。

## 081803K 航海技术

本人毕业于大连海事大学,现在在一家外派海员公司工作,应"金榜事事懂"的邀请,简单介绍一下航海技术专业。

### ➢ 专业简介

航海技术专业,大部分就是当船员,在船上工作,毕业后在船上做三副、二副、大副直至船长。用教育部的话说就是:培养具备船舶航行、货物运输管理、船舶与人员安全管理,能在各港口企事业单位从事船舶驾驶、营运管理的高级航海技术的人才。

### ➢ 专业详情

整体来说航海技术专业的工作特点:辛苦,生活单调,工资高。
先说一下好处:
1. 航海类专业方向性比较强,比较好就业,而且待遇很不错。虽然这些年航运市场时好时坏,但整体比较来说还是可以的。
2. 海员工资待遇要比陆地工作人员高很多,但不同的公司、不同的航区还是有区别的。我们一般把航区分为三类:甲类航区是无限航区,也就是全球各地都跑的;乙类航区是近洋的,南到新加坡北到俄罗斯;丙类航区是沿海航区,就是沿着国内海边航行的。甲类航区肯定赚得最多。
但是也有不好的地方,我都给大家列举一下,使你做到心里有数。
1. 有危险性。说没危险,那是没人信的,海上风大浪大,一旦出事就很危险。不过危险远没想象的那么大。
2. 成家后不能照顾家人或被照顾,小孩子的教育就更谈不上了,打个电话都很奢侈。船员看见别的夫妻吵架都是羡慕的,因为船员连吵架的机会都没有。
3. 比较辛苦。船员没有星期天,不能享受国家的法定节假日,不能享受加班及假日补贴,因为船员天天在加班,如果天天拿加班费,老板会受不了的。船上噪声很大,而且经常在动,休息不好。

不要把大海想得很浪漫,它其实一大半的时候都在发威,台风、强气旋、季风等会让你摇得难受,更别说吃饭了。

4. 生活单调。几个月在浩荡的大海上见不到人烟,生活和食物都比较单调。生活空间狭小,工作场合和生活场所在同一个地方,工作压力大,精神经常绷得很紧。

5. 船员再就业的可选择性很小,长时间与世隔离,逐渐失去了人际关系。

> 学习内容

再说一下我们在大学时候的学习内容,让你心里有个大概的了解:第一年是基础类课程,第二年是专业基础课,同时,第三年是专业基础课加专业课。第三年就开始船舶教学,会到船上去实习一两个月。第四年专业课加海上毕业实习,最后一个学期要求学生到船上去。

> 就业情况

1. 毕业后80%以上是上船人员;就是到船公司,从水手干起,然后到驾驶员、三副、二副、大副、船长。

2. 剩下的可以去中石油或者中海油工作,是在近海。也可以在港口工作,可以正常上下班。

3. 考公务员,做海事监督管理人员;进交通运输部直属单位,如打捞局、救助局、航道局、国防科工局等政府机构。比方说飞船发射时,有个"远望号"测控船进行测控跟踪,那里需要的船员就是学航海技术专业的人。

4. 如果有机会去做引航员,一年也有十几万元的收入。

> 好的学校

在开设航海技术专业的学校里,比较好的大学有大连海事大学、上海海事大学、武汉理工大学、集美大学。这四个学校都是原来的交通部直属学校,或者是原来交通部直属的学校并入的。比如武汉理工大学就是原来的武汉交通科技大学并入的,集美大学的航海学院以前叫"集美航海学院"。还有一个青岛远洋船员学院,是一个专科学校,隶属于中国远洋运输集团(COSCO),目标是培养优秀高级船员。

> 注意事项

航海技术的一些特点:全是男生,基本没有女生。从身体角度考虑,要求视力好,身高有一定要求,形象也要五官端正,有些疾病也限制。具体的各个大学的招生简章上都有。

## 081804K 轮机工程

本人是集美大学轮机工程专业的学生,应"金榜事事懂"的邀请,简单介绍一下轮机工程专业。

> 专业介绍

轮机工程专业是和船有关系的一个专业。

轮机工程专业有两个方向:一个偏向于海上轮机管理,就是负责船的日常维护和检修,是船员;另一个偏向于陆地上的制造业,毕业后主要去船厂、船舶主机厂从事造船机舱设计。各个大学培养的方向不一样,报考的时候需要了解清楚。

如果是在船上的话,工资很高,但是辛苦单调。工作场所就是在大海上,人际交往的范围有限,生活单调、枯燥。一般是看看电影、打打扑克。每出去半年,才能回家两个月。升职就是三管、二管、大管、轮机长。

## ➤ 对比介绍

第一,海上方向。

在海上和轮机工程专业关系非常紧密的一个专业是航海技术专业。我就比较着介绍一下。

1. 就工作环境而言:都是在船上工作,但航海技术是驾驶船舶的,是在甲板上面,工作环境比较好。而轮机工程是在甲板下面,操作发动机等。如果船不是很好,噪声大,温度高,工作环境较差。

2. 就收入来说,两者收入虽然都还不错,但是做轮机的收入还是要比做航海的少一点点。

3. 晋升上,轮机工程专业做到最好只能做到轮机长。轮机长仅仅是机舱部门的部门长。航海技术专业却可以做到船长。轮机长还是要听船长的。

但轮机工程专业的好处就是到陆地上找工作比较容易,因为学的都是些技术活,就业面相对广一些,而航海技术专业就比较局限了。

所以如果单纯考虑在船上的工作环境、工作强度,推荐你学航海技术专业。如果考虑到以后可能因为太累转行,轮机工程专业还是有一定优势的。

第二,陆地方向。

如果去船厂,主要做设计,也就是画图。做船舶监造师的工作也很辛苦,但发展很好,将来去船级社、做服务商都不错。

如果去研究所,也差不多是设计,看你学的哪方面比较好,比如主机振动、减噪、控制排放等,还有就是轮机方面的设备、船体的分析设计等。

## ➤ 就业情况

轮机工程专业就业相当容易,高薪是它的一个特点,面对现在普通专业人才市场的压力,海员就成了"不愁嫁的姑娘"!

虽然近几年由于经济不景气,普通船员已近饱和,但高级船员(三管及以上)还是紧缺的。危机过后,船员市场注定还会回暖。

轮机工程专业前景也很好,我国是一个海洋大国,进出口贸易与日俱增,对高级海员的需求还是很旺盛。轮机工程专业就像一座金字塔一样,普通海员在最下面,人很多。接下来是三管轮,人比较多。升三管轮只要在毕业前考取三管轮适任证书,实习期满后转正即可。做二管轮的人又少一点。越往上人越少,工资越高。

## ➤ 注意事项

1. 我们学校在大四就开始实习。轮机工程专业实习很苦,不能回家。除了开航备车,如果遇到船舶吊缸是很累的。还要跟随各个轮机员三班倒,挑战体力。

2. 关于报考限制方面:轮机工程专业基本只招男生,不招女生。如果去船上工作的话,对于视力有些要求,可参考一下各学校的具体要求。

3. 比较适合家庭条件一般的考生,学费低,毕业后工资较高。

4. 船员职业是个相对有风险的职业,所以报考之前一定要考虑好。记住这个专业入行容易出行难,请三思而后报!

# 081808TK 船舶电子电气工程

本人是上海海事大学船舶电子电气工程专业的学生,应"金榜事事懂"的邀请,简单介绍一下船舶电子电气工程专业。

## ➢ 专业介绍及工作情况

船舶电子电气工程专业是国家特设控制专业,最基本的就业方向就是跑远洋运输船(船员),在船上当电机员,负责船上的电气电路的维护、修理。当然也有少部分可以在陆地上工作。说白了,这个专业和轮机工程专业是很类似的。过去在很多学校,这个专业就是轮机工程专业的一个方向。

和航海技术、轮机工程这两个专业一样,船舶电子电气工程专业是要上远洋船的,所以其工作特点都一样:上船后工资相对高,但是生活枯燥、单调,好几个月都待在船上。

至于具体在船上累不累,这个不好说。生活很艰苦,但整体不累。因为现在船舶都趋向大型化,各方面工作也都趋向自动化,这就大大降低了人力耗费,工作也就没有以前那么辛苦了。

风险稍微有点。现在还不能保证每条船都能顺利到目的港,但出事的概率比车祸还要低。

## ➢ 发展状况

很早之前,因为电机员不是船舶上强制要求的职员,远洋船上的电机员一度在船舶上消失,但前些年生效的 STCW 公约马尼拉修正案,规定每一艘主推进装置在 750 kW 及以上的船舶必须有一名持有适任证书的电机员的强制性最低要求。另外随着船舶配套设备的技术发展,尤其是网络及电子自动化设备在船上越来越广泛的使用,电机员又慢慢获得青睐,尤其是船龄较小、自动化程度比较高的船舶,由于其集成线路板和局域网络等在自动化设备中的应用,电机员更是不可或缺。因此船舶电子电气工程专业又迎来发展期。

以上海海事大学为例,以前上海海事大学有这个专业,最后归轮机工程专业负责了,就取消了这个专业。随着现代自动化技术在船舶的应用,和无人机舱的大量出现,又重新开设了这个专业。

## ➢ 薪酬待遇

就业率方面:船舶电子电气工程专业就业率很高。通常岗位数量会比毕业生的数量多。换句话说,每个毕业生都有好几个工作岗位可以挑。

工资方面:船舶电子电气工程专业的学生如果出海上船的话,一年实习后转正。电机员在船上相当于二管轮,工作也相对清闲,工资待遇因船而异,工资差不多 2000~3000 美元,也就是人民币 1 万元以上。

陆上就业的话,工资会低很多。不上船可以考虑港航企事业单位还有船厂等,也招本科生。还有海关、船级社、研究所等,有时候也招这个专业的毕业生。

## ➢ 注意事项

1. 船舶电子电气工程专业学好不容易,因为内容很杂,相当于学习一个轮机,又学习一个电气工程。课程难度很大,90%左右的人都有挂科经历。

2. 虽然工资高,不过电机员在船上的晋升比较费劲,因为没有合适的岗位让你晋升。

## ➢ 相似专业区分

因为相关性很强,我在这里比较一下航海方面的三个专业:航海技术专业、轮机工程专业、船舶电子电气工程专业。航海技术专业就是船舶驾驶,更通俗地说就是开船。而轮机工程专业也是开船,但是负责机器方面的。船舶电子电气工程专业负责船上的电气电路的维护、修理。总的来说,如果选择开船方面的话,首选航海技术专业。如果你不准备上船,建议你选择轮机工程专业或者船舶电子电气工程专业,这两个专业就业面比较宽,航海技术专业就业面比较窄,可以根据自己的情况适当选择。

# 819 海洋工程类

## 本专业类概况

### 一、各选科组合能报本专业类的比例

该数据反映的是在该专业类的所有高校招生计划中,各科目组合有多少学校能填报。详解见图书使用说明。

| 物理 化学 生物 | 物理 化学 历史 | 物理 化学 地理 | 物理 化学 思想政治 | 物理 生物 历史 |
|---|---|---|---|---|
| 100.0% | 100.0% | 100.0% | 100.0% | 0.0% |
| 物理 生物 地理 | 物理 生物 思想政治 | 物理 历史 地理 | 物理 历史 思想政治 | 物理 地理 思想政治 |
| 0.0% | 0.0% | 0.0% | 0.0% | 0.0% |
| 化学 生物 历史 | 化学 生物 地理 | 化学 生物 思想政治 | 化学 历史 地理 | 化学 历史 思想政治 |
| 0.0% | 0.0% | 0.0% | 0.0% | 0.0% |
| 化学 地理 思想政治 | 生物 历史 地理 | 生物 历史 思想政治 | 生物 地理 思想政治 | 历史 地理 思想政治 |
| 0.0% | 0.0% | 0.0% | 0.0% | 0.0% |

### 二、该专业类的主要专业男女比例及每年大致毕业人数

| 专业类 | 专业代码 | 专业名称 | 各专业年度毕业人数 | 男女比例 |
|---|---|---|---|---|
| 海洋工程类 | 081901 | 船舶与海洋工程 | 2500~3000 人 | 男 86% 女 14% |
| 海洋工程类 | 081902T | 海洋工程与技术 | 150~200 人 | 男 82% 女 18% |

### 三、本专业类主要考研方向

| 学科门类 | 一级学科 | 研究方向 | 学位授予 |
|---|---|---|---|
| 工学 | 0824 船舶与海洋工程 | 学术硕士 | 可授硕士、博士专业学位 |
| 工学 | 0859 土木水利 | 专业硕士 | 可授硕士、博士专业学位 |
| 参考往年可报考二级学科 | | | |
| 船舶与海洋工程 | 船舶与海洋结构物设计制造 | 轮机工程 | 水声工程 | 海洋工程 |

## 本专业类重点专业解读

### 081901 船舶与海洋工程

本人毕业于哈尔滨工程大学船舶与海洋工程专业，应"金榜事事懂"的邀请，简单介绍一下船舶与海洋工程专业。

➤ **专业介绍**

船舶与海洋工程主要包括两个方面：一个是船舶方面（船舶制造）；一个是海洋工程方面（钻井平台）。

1. 船舶方面：例如我们乘坐的每一条船，从最初船型的设计、建造过程的安全检验，到能否达到安全出海航行的指标，都离不开该专业的知识。主要学习船舶的构造、航行原理、设计方法等。

2. 海洋工程方面：是对石油开采平台、海上人工岛、海上机场以及海上的各类建筑物进行设计和建造。例如在陆地石油开采量越来越少的今天，通过石油开采平台从深海中开采石油的方法已经被越来越多的国家所使用。随着人类向海洋进军步伐的加快，人们开始在广阔的海洋上建造跨海桥梁、大型海水养殖场等各种各样的海上工程，这都需要海洋工程方面的专业知识。

➤ **学习内容**

两个方向有共性的地方，比如说公共的基础课、专业的基础课，以及实践教育环节是完全一样的，不同之处，只在于专业的选修课。

学习课程从大类上看，一共是四大类：公共基础课、专业基础课、专业选修课和实践实习教学环节。在这里我单从实习角度说一下。

我们离开学校的实习一共有两种：一种是大二的认识实习，一种是大四的毕业实习。出去实习的时候，一般由船厂或者是研究院的老师来给我们讲授。大二的实习，主要是概论的一些实习，对大概的情况有一个了解；大四的实习更侧重于专业技术方面。

➤ **就业方向**

1. 最主要是到造船厂。实践能力较强的毕业生可以去船厂做船舶设计师。在船厂工作的话还好。男生可能会经常去工地解决些实际问题，更多时候是在办公室画图做内部结构设计。还可以去造船厂当督工工程师。

2. 理论研究能力较强的毕业生可以去研究院、研究所从事研究工作，要求专业基础非常好。

3. 也可以到国内外船级社，也就是船舶质量检验所性质的地方，负责检测新船性能。像美国 ABS 船级社、法国 BV、中国 CCS 船级社等，待遇高，工作环境较好，但工作压力比较大。船级社要求研究生毕业或者有一定的工作经历。

4. 另外还有海洋石油单位，如中海油，以及海事局的公务员。中海油还有一个单位叫"海洋工程公司"，它是负责建造平台、铺管线的，属于基建单位。

➤ **就业情况**

具体来说船舶与海洋工程专业前些年就业一直很好，但最近这两年船市比较疲软，稍微影响就业。

船舶业跟全球航运业息息相关。现在国际航运业持续低迷,造船业相应也就跌入低谷,因此,近两年船舶与海洋工程专业就业情况不会太好。当然,好学校一样好就业,只是薪酬方面要受到一些影响。

不过要用发展的眼光来看这个问题。大学至少要读四年。四年以后,如果经济形势好起来了,船舶业也会好起来。至于海洋工程方向,我个人认为还是会一直比较好的。

总体来看,船舶与海洋工程专业找工作较容易,待遇相对来说也算是比较好的。

> 教授补充

1. 说起船舶,很多人会觉得我们这个专业就是研究船的,其实只答对了一半,因为我们学习研究的不仅仅是船舶,还有各类海洋建筑结构物,包括江海湖泊中各类移动和固定的建筑结构等,如水面浮台——水上移动机场,水下潜器——潜艇、深海潜水器、HOV(载人深潜器)、ROV(水下遥控机器人)、AUV(自治式水下机器人)、水下滑翔机,以及水下各类移动、固定式承压结构物(深海石油勘探、开采系统)等方面的研究。同时,我们也会研究这些海上运载器上的装备等。如载人深潜器"蛟龙号"就是水下运载器大家族中最典型的一个。

2. 船舶与海洋工程专业学生毕业后可到船舶与海洋工程设计研究单位、海事局、造船厂、研究院、国内外船级社、船舶公司、海洋石油单位、高等院校、船舶运输管理、船舶贸易与经营、海关、海上保险和海事仲裁等部门,从事船舶与海洋结构物设计、研究、制造、检验、使用和管理等工作,也可到相近行业和信息产业的有关单位就业。

船级社,也就是船舶质量检验的地方,负责检测新船性能。我国船级社的前身是中华人民共和国船舶检验局,是原交通运输部直属事业单位,是国家的船舶技术检验机构。

实践能力较强的毕业生可以去船厂做船舶设计师或在造船厂当督工工程师。工程师须现场督工,相对较苦,但报酬丰厚。理论研究能力较强的毕业生可以去研究院搞研究,或在大学任教。这类工作要求条件比较高,基本要学到博士研究生阶段,发展空间才比较大。

> 注意事项

1. 女生找工作不是很容易,因为搞生产的公司工程项目多。

2. 有人问晕船能不能上这个专业。这个专业和航海技术是有很大不同的,因为基本不是在船上工作,所以晕船这方面就不用担心了。

> 比较好的学校

好点的学校有上海交通大学、哈尔滨工程大学、大连理工大学、武汉理工大学、天津大学、华南理工大学、江苏科技大学。

上海交通大学在近几十年以来一直都稳坐船舶院校老大的位置。

哈尔滨工程大学继承了"哈军工"大部分家当,"三海一核"比较出名,军事系统中哈尔滨工程大学毕业的人有很多。

而武汉理工大学在船舶质量检验和交通运输部系统、航道局之类的人居多。

大连理工大学地理位置较好,与日韩造船高校交流较多,最近这些年风头比较旺盛。

天津大学,海洋工程专业特色比较明显。

江苏科技大学,船舶工艺方面比较有特色。

其余的学校我就不一一列举了。衷心祝愿大家报考顺利,金榜题名。

# 081902T 海洋工程与技术

本人是海洋工程与技术专业的学生，应"金榜事事懂"的邀请，简单介绍一下海洋工程与技术专业。

## ➢ 专业介绍

海洋工程与技术专业是把船舶与海洋工程专业里边的海洋工程这一个方面给单独分出来，然后学得更深入一些。

海洋工程与技术，是研究海洋自然现象及其变化规律、开发利用海洋资源、保护海洋环境以及维护国家海洋安全所使用的各种技术，以及为了实现研究海洋、开发利用海洋和保护海洋所形成的一切设备、系统和工程的总称。海洋工程与技术专业有两个核心词，"工程"与"技术"，旨在培养具有海洋工程基本知识和海洋高新技术开发研究能力的人才。

## ➢ 学习内容

海洋工程与技术专业主要学习的课程：海洋技术导论、海洋工程装备设计、工程图学、机械原理、机械设计、材料力学、流体力学、工程热力学、港口机械设计、船舶原理、海洋地质学、海洋石油钻采技术等。

开设海洋工程与技术专业的目的是什么呢？现在有很多的海洋资源（如石油、天然气等矿产，潮汐发电等）需要开发利用，而开发这些能源就需要在海上大量兴建工程，诸如搭建钻井平台等结构物，建造潮汐电站、波浪电站等。我们专业的目的就是解决这些海洋工程碰到的问题。

## ➢ 发展状况

现在对海洋开发利用的范围越来越广，涉及的海洋工程也越来越多，比方说：(1)海岸工程的海岸防护堤坝工程、围海工程、海港工程。(2)近海工程浅水域的海上钻井平台、人工岛景观开发工程。(3)深海工程的诸如海底锰结核采矿设施等建设工程。这种开发过程中碰到的问题越来越多，需要用到的技术也越来越全面，所以越来越需要海洋工程与技术这个专业的支持。

海洋工程一般耗资巨大，万一出了事故，后果就很严重，所以技术一定得过关。海洋环境复杂多变，海洋工程常要承受台风（飓风）、波浪、潮汐、海流、冰凌等强烈的影响，在浅海水域还要受复杂地形以及岸滩演变、泥沙运移的影响。同时温度、地震、辐射、电磁、腐蚀环境因素也对某些海洋工程有影响。因此，进行海洋建筑物和结构物的设计就需要专业的海洋工程和技术学习研究内容做支撑。以我国在南海海域开采石油以及海洋能开发为例，这些就需要我们类似专业的人员结合南海海域的自然环境条件，开展深海结构物的设计、开发与建造。

## ➢ 就业情况

正因为国家现在对海洋开发的力度越来越大，所以我感觉海洋工程与技术专业的前景还是不错的。

我们老师说，海洋工程与技术专业的学生毕业后可以到海洋装备制造业、海洋环境监测、海洋能源开发等相关的企业单位或科研院所，从事海洋结构物的研究、设计、制造、检验等工作，甚至可以从事海洋油气开发和管理，还可以到海洋开发、航务工程、船舶工程、道路与桥梁工程等相近专业部门工作。

# 820 航空航天类

## 本专业类概况

### 一、各选科组合能报本专业类的比例

该数据反映的是在该专业类的所有高校招生计划中,各科目组合有多少学校能填报。详解见图书使用说明。

| 物理 化学 生物 | 物理 化学 历史 | 物理 化学 地理 | 物理 化学 思想政治 | 物理 生物 历史 |
|---|---|---|---|---|
| 100.0% | 100.0% | 100.0% | 100.0% | 0.0% |
| 物理 生物 地理 | 物理 生物 思想政治 | 物理 历史 地理 | 物理 历史 思想政治 | 物理 地理 思想政治 |
| 0.0% | 0.0% | 0.0% | 0.0% | 0.0% |
| 化学 生物 历史 | 化学 生物 地理 | 化学 生物 思想政治 | 化学 历史 地理 | 化学 历史 思想政治 |
| 0.0% | 0.0% | 0.0% | 0.0% | 0.0% |
| 化学 地理 思想政治 | 生物 历史 地理 | 生物 历史 思想政治 | 生物 地理 思想政治 | 历史 地理 思想政治 |
| 0.0% | 0.0% | 0.0% | 0.0% | 0.0% |

### 二、该专业类的主要专业男女比例及每年大致毕业人数

| 专业类 | 专业代码 | 专业名称 | 各专业年度毕业人数 | 男女比例 |
|---|---|---|---|---|
| 航空航天类 | 082001 | 航空航天工程 | 300~350人 | 男87% 女13% |

### 三、本专业类主要考研方向

| 学科门类 | 一级学科 | 研究方向 | 学位授予 |
|---|---|---|---|
| 工学 | 0825 航空宇航科学与技术 | 学术硕士 | 可授硕士、博士专业学位 |
| 工学 | 0855 机械 | 专业硕士 | 可授硕士、博士专业学位 |
| 工学 | 0858 能源动力 | 专业硕士 | 可授硕士、博士专业学位 |
| 工学 | 0861 交通运输 | 专业硕士 | 可授硕士、博士专业学位 |
| 参考往年可报考二级学科 | | | |
| 航空宇航科学与技术 | 飞行器设计 | 航空宇航推进理论与工程 | 航空宇航制造工程 | 人机与环境工程 |
| 航空工程 | 航天工程 | 航空发动机工程 | 燃气轮机工程 | 航天动力工程 |
| 航空交通运输 | — | | | |

## 本专业类重点专业解读

### 082001 航空航天工程

本人是北京航空航天大学航空科学与工程学院毕业的,应"金榜事事懂"的邀请,详细介绍一下航空航天类专业。

➢ **专业介绍**

随着我国神州系列载人飞船陆续升空,嫦娥系列探测器的成功登月,中国空间站的建设,航天成了人们经常讨论的话题,而与此相关的航空航天类专业也逐渐引起了人们的关注,接下来我就详细介绍一下这类专业。

从名称上能看出,这类专业其实是包含"航空"与"航天"两大方向的。在很多人看来,这两大方向很相近,其实航空与航天还是有较大区别的。

简单区分的话就是"航空"研究的是在大气层内的飞行器,像平常我们坐的民航飞机、直升机、飞艇等。而"航天"研究的是航天器在太空、地球大气层以外的航行活动,像宇宙飞船、卫星、空间站、深空探测器运载火箭、战略导弹武器等。

如果仔细区分的话,可以从飞行环境、动力装置、升降方式、飞行时限、飞行速度等很多方面区分,这里就不赘述了。当然,不管是航空器还是航天器,都可以叫作飞行器。

在本科专业目录中,航空航天类专业主要包括航空航天工程、飞行器设计与工程、飞行器制造工程、飞行器动力工程、飞行器环境与生命保障工程等专业,这些专业都是相辅相成的,甚至有不少大学都是按照大类招生的。

"航空航天工程"是个总括性的专业,学得比较广,像后边几个专业的内容都会涉及一些。

"飞行器设计与工程"专业主要就是将飞行器设计出来,包含飞行器总体设计、结构设计、飞机外形设计、部件设计等。

"飞行器制造工程"专业主要是在设计的基础上将飞行器制造出来。这个专业最对口的工作是在飞机或航天器制造车间里做工艺员。设计人员给你图纸后,你把这图纸变成工艺流程,再让工人去生产。

"飞行器动力工程"专业主要是研究各类飞行器发动机的,也就是飞行器最核心的装置——动力装置。

"飞行器环境与生命保障工程"专业主要研究载人飞行器的生命保障系统。最简单的就是像民用飞机上的供氧设备,在万米高空上,将稀薄的空气经发动机压缩到人类可以正常呼吸的压强,然后将压缩的空气引入机舱的空调系统。复杂点的研究像宇航员穿的宇航服如何能在恶劣的太空环境下保障宇航员的生命安全等。

➢ **学习内容**

航空航天类的专业属于高精尖的专业,所以学习内容会涉及众多的知识领域。综观这几个专业,主干学科都会学航空宇航科学与技术、力学等。如果仔细比较各个专业的话,根据专业针对性不同,学习内容还是有差别的。

"飞行器设计与工程"的核心知识有结构力学、空气动力学、飞行器总体设计、飞行器结构设计、设计方面的课程多一些。

"飞行器制造工程"的主干学科还包含机械工程。核心知识更偏重一些机械制图、机械设计与制造、材料力学、计算机辅助飞机制造等课程。

"飞行器动力工程"的主干学科还包含动力工程及工程热物理。核心知识还有材料力学、流体力学、工程热力学、空气动力学、传热学、自动控制原理、航空发动机原理等课程。

"飞行器环境与生命保障工程"的核心知识还包含传热学、气体动力学、航空航天生理学、工程热力学等。

报志愿之前可以参考一下各个大学网站上的课程表，看看有没有你不清楚的课程。个人认为，这几个专业课程的安排是适合聪明、严谨、理科综合素质强的人学的。

## ➢ 就业方向

很多人觉得航空航天类专业的就业范围比较窄，其实我感觉就业途径还是比较多的。就业方向同样主要有两个：一个是航天方向，另一个是航空方向。

1. 航天方向

航天方向的主要就是去航天院所，从航天一院（运载火箭技术研究院）、航天二院（中国航天科技集团有限公司第二研究院）、航天三院（中国航天科工第三研究院）、航天四院（航天化学动力第四研究院）一直到航天十院等，每个航天院下都设很多的研究所和工厂，也就是我们经常听说的"中国航天科技集团"和"中国航天科工集团"，其实这两个集团下属的各研究院、研究所、研究事业部基本就是中国航天的主要科研力量了。也就是说，航天大部分型号产品都是这两个集团下属的各科研院所研制的。

2. 航空方向

(1)学得不错的话，可以到各大航空制造厂或飞机部件制造厂做研究、设计、生产。

(2)当然也可以去军工厂参与飞机的生产，也可以去部队做地勤。

(3)可以去民航公司工作，在各个航空公司做地勤，即通常说的机务。

(4)可以到飞机维修公司，像厦门太古。

总之，飞行器设计与工程专业的毕业生进研究型的单位多一些，比如研究所、研究院、设计局。飞行器制造工程的就业方向更多会是飞机制造厂、航空公司的机务等。飞行器动力工程的毕业生，一部分在研究所，一部分在机场做机务，去航空发动机制造厂的人比较多。

由于航空航天学的很多技术成果已经应用到了民用生产中，特别是像通信、气象、电子、汽车、空调等领域，所以很多这些领域的公司也都比较青睐航空航天类专业毕业的学生，这也就为毕业生提供了更多的选择。

## ➢ 就业情况

航空航天类专业就业形势还是比较乐观的，本科基本都是到国有企业，硕士可以进研究所。待遇的话就要看工作单位所处位置了，每个地方待遇都不同，不同的岗位工资也不一样，但总体来说还不错。

## ➢ 周围同学情况

就拿我们班来说，就业形势是很好的，我们班同学大部分签的是中国航空集团或者一些军工厂。为了写这篇文章，还跟西北工业大学、哈尔滨工业大学、南京航空航天大学、清华大学、厦门大学的一些朋友进行了讨论，基本上这些学校的就业率平均在90%以上，可能没有就业的是在大学里不学习最后毕不了业的。

> ## 发展前景

在我看来,在能数得过来的这些年,这类专业前景必然非常好。为什么这么说?看看近几年中国航空航天的动作。航空在建造大飞机,航天正在朝载人探月发展。另外,未来的资源争夺可能会面向太空资源,甚至未来战争都会是空天一体的。而我国已经认识到这方面的重要性了,国家肯定就需要这方面的人才,而且是高水平的人才。那你觉得会没有前景吗?

> ## 学校推荐

要我推荐大学的话,就是西北工业大学、哈尔滨工业大学、北京航空航天大学、南京航空航天大学、北京理工大学。

北京航空航天大学地理位置优越,近年吸引了很多优秀生源,但是高考录取分数高得吓人。

西北工业大学虽然地理位置不是很好,但有极其雄厚的师资力量,业内公认度极高。现在我国列装的、在研的所有机种如歼10、歼轰7、歼20等的总工全是西北工业大学的毕业生。

哈尔滨工业大学的博士、硕士数量很多,是大家公认的国防科工委的老大。"神舟"的总设计师和技术人员近一半是哈尔滨工业大学毕业的。

南京航空航天大学在东南沿海省份的认可度比较高。如果想在南方工作,南京航空航天大学是一个很好的选择。

至于具体说西北工业大学、哈尔滨工业大学、北京航空航天大学、南京航空航天大学四个大学哪个更好,就没必要比较了。当然还有别的一些学校我可能没有列举,你自己有意向的话,可以联系这些学校的招生办,询问、了解学校的具体情况。

> ## 注意事项

1. 航空航天近几年很热,然后大家都觉得这是个高大上的职业,都抢着报。但你要确定你是真喜欢还是好虚荣。这个行业不是你进去了就能分配到飞船、探月的任务。很多人也都会成为航空公司的机务的。也就是说,这只是一个很普通的行业,不是高高在上的。报志愿以前这些你都要考虑好,千万别满腔热忱地进入了这个行业,结果发现不是自己所想的那样。

2. 男女比例的话,一个专业或者一个班也就三四个女生。但是要是找工作的话,女生相对比较困难。

3. 有人会担心航空航天类专业将来毕业都要到艰苦的偏远地区工作。事实上现在在北京、上海、西安、青岛、沈阳等大城市也有很多的航空航天研究机构。

4. 报考航空航天类专业将来不是当飞行员或航天员,而是培养技术人才,所以这类专业对身体条件并没有特别的要求。

5. 另外,航空航天类专业要求学生有很好的逻辑思维能力和动手能力。对力学、数学、物理功底的要求比较高,所以,数学、物理成绩优异,且具有较强逻辑思维能力、有独立研究能力的学生更适合选择这类专业。

6. 航空航天类专业的研究方向是科技前沿。这不仅仅是知识的应用过程,更是一个科研的过程,因为仅用已有的知识是远远不够的,研发过程中必然会遇到一些现有技术无法解决的问题,这就需要开发新技术了。这些科研难题不是普通大学的学生所能解决的。所以想到好的航空航天单位工作,首先要有高学历,而且一定要名校才有较大的可能。当然,如果你确实对航空航天研究感兴趣,而不幸现在没有足够的分数能考上名牌大学,别急,还有机会,将来你可以考名牌大学的硕士或者博士。

7. 飞行器制造工程这个专业毕业的本科生很少去攻读这个专业的硕士,因为就业面有些问题。我身边北京航空航天大学、西北工业大学、南京航空航天大学、西安交通大学的毕业生一谈起这个专业,都表示相对其他几个专业来说还是稍有点差距的,因为毕竟"飞行器制造工程"和控制系统、设计等关系都不是非常密切,甚至更多的是机械类的内容,所以选的时候自己考虑清楚再选。

8. 基本上这类专业将来找到工作后一般就稳定了。有人认为,读这类专业可以实现"为国效力+个人发展"。我个人认为,为国效力是注定的,个人发展完全取决于自己的努力。

# 823 农业工程类

## 本专业类概况

### 一、各选科组合能报本专业类的比例

该数据反映的是在该专业类的所有高校招生计划中，各科目组合有多少学校能填报。详解见图书使用说明。

| 物理 化学 生物 | 物理 化学 历史 | 物理 化学 地理 | 物理 化学 思想政治 | 物理 生物 历史 |
|---|---|---|---|---|
| 100.0% | 100.0% | 100.0% | 100.0% | 0.0% |
| 物理 生物 地理 | 物理 生物 思想政治 | 物理 历史 地理 | 物理 历史 思想政治 | 物理 地理 思想政治 |
| 0.0% | 0.0% | 0.0% | 0.0% | 0.0% |
| 化学 生物 历史 | 化学 生物 地理 | 化学 生物 思想政治 | 化学 历史 地理 | 化学 历史 思想政治 |
| 0.0% | 0.0% | 0.0% | 0.0% | 0.0% |
| 化学 地理 思想政治 | 生物 历史 地理 | 生物 历史 思想政治 | 生物 地理 思想政治 | 历史 地理 思想政治 |
| 0.0% | 0.0% | 0.0% | 0.0% | 0.0% |

### 二、该专业类的主要专业男女比例及每年大致毕业人数

| 专业类 | 专业代码 | 专业名称 | 各专业年度毕业人数 | 男女比例 |
|---|---|---|---|---|
| 农业工程类 | 082302 | 农业机械化及其自动化 | 3000～3500人 | 男82％ 女18％ |
| 农业工程类 | 082303 | 农业电气化 | 900～1000人 | 男75％ 女25％ |
| 农业工程类 | 082305 | 农业水利工程 | 2000～2500人 | 男67％ 女33％ |

### 三、本专业类主要考研方向

| 学科门类 | 一级学科 | 研究方向 | 学位授予 |
|---|---|---|---|
| 工学 | 0828 农业工程 | 学术硕士 | 可授硕士、博士专业学位 |
| 工学 | 0855 机械 | 专业硕士 | 可授硕士、博士专业学位 |
| 工学 | 0859 土木水利 | 专业硕士 | 可授硕士、博士专业学位 |
| 参考往年可报考二级学科 | | | |
| 农业工程 | 农业机械化工程 | 农业水土工程 | 农业生物环境与能源工程 | 农业电气化与自动化 |
| 农机装备工程 | 农田水土工程 | — | — | |

## 本专业类重点专业解读

## 082302 农业机械化及其自动化

本人是山东理工大学毕业的,应"金榜事事懂"的邀请,简单介绍一下农业机械化及其自动化专业。首先声明一下,农业机械化及其自动化专业是工学类专业而非农学类专业。

### ➢ 专业介绍

农业机械化及其自动化,是指在农业生产中运用先进的农业机械装备,改善农业生产经营条件,不断提高农业的生产技术水平,把农民从繁重的体力劳动中解放出来。

我举几个例子就很容易看得明白了。

第一个例子:以前种水稻都是纯人工在稻田里插秧,现在很多地方已经改成了用水稻插秧机直接插秧了。

第二个例子:上了年纪的人都知道,以前收割玉米,都是农民一个个把玉米棒子掰下来,然后用手把玉米粒给剥下来,另外还得把玉米秸秆挨个砍倒,方便来年种植。现在方便了,用大型玉米收割机,直接就能把玉米秸秆推倒分成捆,同时把玉米棒子摘下来、剥下玉米粒并分装好,所有程序一步到位。

还有好多,比如说谷物联合收割机、棉花自动收割机、小麦自动收割脱粒机等,这些都是农业机械化及其自动化这个专业研究的成果在农业生产中的实际应用。

### ➢ 专业误区

有很多人听到农业机械化及其自动化专业的时候会有一个误区,说我们是农学类的专业,其实这是完全错误的。农学类的专业是和土地庄稼等打交道的,而农业机械化及其自动化专业是和机械打交道的,机械有大方向和小方向之分。农业机械化及其自动化就属于小方向,专攻农业机械,研究的是农业机械的生产制造。

### ➢ 学习内容

大学期间主要学习的课程有:工程力学、机械设计基础、机械制造基础、电工与电子技术、汽车与拖拉机、农业机械学、现代测试技术、农业生产机械化等。

### ➢ 就业情况

就业方面,这个专业的就业形势还是不错的,有90%以上的毕业生能找到工作。有很多人问这个专业毕业之后能干什么,在此简单列举一下。

第一,最低端的就是去一些农机厂,一般也就是农业机械的维护工作。如果口才好,可以从事农机的销售工作。我身边有不少同学做销售,但比较辛苦。

第二,虽然带有"农业"二字,但因为是研究机械类的,虽然是粗机械,所以非农机的机械类的企业也还是可以去的。像我们同学去汽车、摩托车、拖拉机生产厂家工作的都有。

第三,如果你有高学历,继续深造之后可以从事一些农业机械的设计研发工作。

第四,这个专业最好的就业方向应该是侧重于农业机械计算机方面的岗位。此岗位的工资以及工作条件相对较好,但需要计算机辅助设计(CAD)相关证件,包括计算机等级证书等。

第五，报考公务员或市级以上从事农机或农机推广方面工作的事业单位。这是大家都想挤进去的单位，不过公务员考试不是那么容易通过的。

➢ **注意事项**

农业机械化及其自动化专业的学生，虽然学的是机械，与机械设计自动化专业学的课程差别不大（大一、大二、大三学的基本一样，只不过后来稍微偏向农机），但在找工作的过程中会遇到一些麻烦，"农业"二字会打很大折扣，很多机械企业会因为我们是农业机械而歧视我们。虽然我们找工作也不愁，但建议你报专业的时候可以直接报机械制造类的专业，大部分厂家更喜欢要那些专业的。

最后祝你能报个好专业，加油。

# 082303 农业电气化

本人是内蒙古农业大学毕业的，应"金榜事事懂"的邀请，简单介绍一下农业电气化专业。

➢ **专业介绍**

农业电气化又叫农村电气化，是指在农村广泛地建立电站网，向农村输送电力，以提高农业生产和改善农民生活。

农业电气化是农业机械化的重要条件，比如，用电力拖拉机耕地、用电力收割机收割、用电力抽水机灌溉、用电动剪子剪羊毛、用电力挤奶器挤牛奶等，都离不开电力。农业电气化是农业生产机械化和自动化的重要技术基础。它包括农业中电能的生产、输送、分配和利用，以电力为动力的农用技术装备的发展，农村家用电子、电器设备的推广等。

➢ **学习内容**

大学期间学的知识基本上和普通电气化与自动化专业学习的内容差不多。

主要学习的课程有：电路理论、模拟与数字电子电路、电机学、信号与系统、自控理论与系统、电力系统工程、计算机原理及应用、计算机控制技术、计算机网络技术、农业工程导论等。

➢ **就业情况**

这个专业在就业上没有什么限制，因为是工科类专业，所以找工作比较容易，不过要找到好工作也不是那么容易。

第一，可以去一些企业的变配电室工作。

第二，也可以去一些生产设备厂、电控厂或者电线电缆厂工作，可以做技术研发、技术支持或者销售。

第三，这个专业最好的出路还是考国家电网，像这类公司各方面的福利待遇还是不错的，而且很稳定，但是如果你应聘的是施工或监理之类的工作，会比较辛苦。

我工作快两年了，总体觉得选这个专业还可以，工科需要的是扎实的基本功以及持久的勤奋。其实后者要远比前者重要。做过工程项目后，就会觉得专业知识是一个方面，工科学生还需要时间和实践经验来充实自己。这就是为什么一个高级工程师需要很多年才能修炼完成。

➢ **注意事项**

1. 虽然叫农业电气化，其实本专业是个工科专业，学的东西是工科，毕业出来我们都朝着电气类专业的方向找工作，与农业其实没什么太大的关系。

2. 这个专业适合男生学！女生学了找工作比较难！因为很多时候是和设备打交道的。

3. 选专业的时候，一定要遵循自己的兴趣，同时也要倾听家人、朋友的意见，并考虑将来找工作的现实。

# 082305 农业水利工程

本人是太原理工大学毕业的，应"金榜事事懂"的邀请，简单介绍一下农业水利工程专业。

## ➢ 专业介绍

农业水利工程专业从字面意思也不难理解，是学习有关农业方面的水利工程知识，主要是研究灌排工程学、水文学、水力学和工程力学等方面的基本知识和技能，以农业灌溉为主，进行水利工程的勘测、规划、设计等。例如：农田灌溉技术的研究，农业防洪防涝，雨水的集蓄利用等。概括地说，农业水利工程主要包括水利工程和土地整理两个方面。

水利工程就是水库、水电站、水闸、堤防等与水有关的工程。土地整理一般是农村耕地、灌溉渠道的规划，还有节水灌溉等方面。今后有机会从事农业水土资源开发利用与保护以及乡镇供水工程之类的工作。

举点实际的例子，比如说在大型农场修引水渠、取水闸或者喷灌滴灌设施。

## ➢ 学习内容

农业水利工程专业的课程很多，而且很难，有不少力学的课程，像工程力学、水力学、土力学、结构力学，所以高中物理基础不好的或者不喜欢物理的最好不要选择这个专业。

另外，我们学的多数课程和水利水电工程专业差不多，只不过多几门农田水利学之类的课程。

除了上边说的，大学期间主要学习的课程还有水文学、钢筋混凝土结构、土壤农作学、水利工程施工、灌溉与排水工程学、水资源规划利用与管理、水工建筑物等。

## ➢ 就业情况

1. 从理论上来说，农业水利专业可以在大型农场从事农业灌溉、工程设计、施工、农业水利工程设计或施工的工作，不过国内大型农场少，不像国外农场都实现规模化了。但是就算有这样的工作机会，许多学生也不愿意到农村去。

2. 也可以考公务员、考事业单位，去一些国家农业机关或水利机关相关部门任职，如自然资源和规划局、水利厅，这也许是这个专业最好的出路了。

3. 也可以到节水灌溉公司、水利勘探设计院等，不过到设计院工作，一定要做好加班到半夜的准备。

4. 进不了设计院的，可以考虑去施工单位建水电站、大坝等一些水工建筑物。我的同学就有不少进了工程单位，如长江三峡实业有限公司等。

5. 当然，除了上面说的专业对口的工作，还可以把眼光放宽一点。其实所有水利水电工程专业可以干的工作，我们农业水利工程专业也都可以干，因为两个专业学的内容都差不多。毕竟水利水电工程现在工作机会也比较多，像水利水电现场施工或监理之类的工作还是比较好找的。

6. 最后，也可以选择继续深造，研究生毕业之后有机会进科研所从事研究工作。

## ➢ 注意事项

1. 农业水利工程专业的名称让人觉得偏农业，但实际我们班毕业的同学当中很少是从事农业这方面工作的,很多朝着工程方面去找工作了。

2. 如果你真的想报农业水利工程专业,最好选择农业大学,当然一些综合大学也有此专业,不过一般没有农业大学的师资力量好。

3. 水利行业也类似建筑行业,不是很适合女生。像我现在工作的设计院就没几个女生。在水务局、国土局里工作的,农业水利工程专业毕业的女生可能会多一点。

以上仅是我的一些浅薄看法,希望能给你们些许帮助。

# 824 林业工程类

## 本专业类概况

### 一、各选科组合能报本专业类的比例

该数据反映的是在该专业类的所有高校招生计划中,各科目组合有多少学校能填报。详解见图书使用说明。

| 物理 化学 生物 | 物理 化学 历史 | 物理 化学 地理 | 物理 化学 思想政治 | 物理 生物 历史 |
| --- | --- | --- | --- | --- |
| 100.0% | 100.0% | 100.0% | 100.0% | 0.0% |
| 物理 生物 地理 | 物理 生物 思想政治 | 物理 历史 地理 | 物理 历史 思想政治 | 物理 地理 思想政治 |
| 0.0% | 0.0% | 0.0% | 0.0% | 0.0% |
| 化学 生物 历史 | 化学 生物 地理 | 化学 生物 思想政治 | 化学 历史 地理 | 化学 历史 思想政治 |
| 0.0% | 0.0% | 0.0% | 0.0% | 0.0% |
| 化学 地理 思想政治 | 生物 历史 地理 | 生物 历史 思想政治 | 生物 地理 思想政治 | 历史 地理 思想政治 |
| 0.0% | 0.0% | 0.0% | 0.0% | 0.0% |

### 二、该专业类的主要专业男女比例及每年大致毕业人数

| 专业类 | 专业代码 | 专业名称 | 各专业年度毕业人数 | 男女比例 |
| --- | --- | --- | --- | --- |
| 林业工程类 | 082401 | 森林工程 | 250～300人 | 男74% 女26% |
| 林业工程类 | 082402 | 木材科学与工程 | 1500～2000人 | 男58% 女42% |
| 林业工程类 | 082403 | 林产化工 | 450～500人 | 男57% 女43% |

### 三、本专业类主要考研方向

| 学科门类 | 一级学科 | 研究方向 | 学位授予 |
| --- | --- | --- | --- |
| 工学 | 0829 林业工程 | 学术硕士 | 可授硕士、博士专业学位 |
| 工学 | 0856 材料与化工 | 专业硕士 | 可授硕士、博士专业学位 |
| 参考往年可报考二级学科 | | | |
| 林业工程 | 森林工程 | 木材科学与技术 | 林产化学加工工程 | — |

## 本专业类重点专业解读

### 082401 森林工程

本人是中南林业科技大学森林工程专业毕业的，应"金榜事事懂"的邀请，简单介绍一下森林工程专业。

> ➤ **专业介绍**

森林工程专业名称上虽然带着森林，但是和林学之类的专业有很大的差别，它是一个工科专业。

森林工程专业是个偏门专业，名为森林工程，实际上是工程机械，不再是单纯的关于森林的研究，而和机械关系密切。全国各大林业院校基本如此。

> ➤ **专业方向**

森林工程主要有以下几个研究方向：森林采运工程方向、工程索道方向、道路桥梁与运输工程方向、公路工程机械方向等。

每个林业院校的森林工程专业所专注的方向有所不同，报志愿的时候最好打电话咨询一下所报院校。像我们学校的森林工程专业主要是运输工程机械与索道方向，大部分是研究运输工程机械方向的，少部分是研究索道方向的。

简而言之，森林工程主要就是从头到尾研究怎样伐木。怎么说呢？比如你要到大兴安岭伐木。首先，需要林业主管部门的批准。之后，你得计划好到哪儿伐木、哪里好砍、砍多少，这就要运用运筹学和测量学等学科的知识。接下来具体采伐时，就需要机械原理、森工机械等学科的知识。砍下来的木头很沉，就需要森工起重机等设备。砍完了，要把木头运输出来，你就又需要运用林区道路工程、工程索道等学科的知识。

> ➤ **学习内容**

森林工程专业的课程：既学土木的测量学，又学交通的驾驶实习，还学机电的金工实习。课程的设计我觉得不错。

核心课程：木材生产技术与管理、森林工程机械与装备、起重输送机械、道路工程、森林工程规划设计、机械工程、路桥工程、运筹学、测量学等。通过课程设置就能看出机械装备类的课程所占的比重很大，所以毕业后可以去机械类企业就业。

> ➤ **就业方向**

森林工程是工科专业，更适合男生报，毕竟是偏机械的，男生以后好找工作，向机械类其他方面发展也比较容易，甚至可以往土木工程专业的就业方向找工作。女生考研的居多，占女生人数的50%左右。

就业上以工程类为主，多数分布在中铁、中建、徐工等大型企业。研究生有签到林业口的事业单位、科研院所、学校或者工程类企业的。具体的就是在这些单位从事森林工程、道路桥梁的勘测、设计、施工、管理及国际森林工程项目开发管理。

> ➤ 就业率和发展前景

整体就业率还可以。毕竟全国开设这个专业的院校不多，属于偏门专业，所以就业相对竞争小，男生就业基本不成问题。反正我们学校的就业率挺高。我的同事中也有内蒙古农业大学森林工程专业毕业的，他们是道路桥梁方向，就业情况也不错。

待遇嘛，因人而异，但是普遍还行。

至于发展怎么样，就要看你自己了。因为很多工作是在施工单位，常年在外面工作，不容易稳定，所以别太想在大城市发展了。女生要想做设计的话，可以去一些民营企业，从事制图工、输入员等岗位的工作。

至于男女比例，我们班30多人，有将近10个女生，比例还算高的。虽然女生学这个专业也是可以的，但和男生比起来稍有劣势，所以报考的时候女生要仔细考虑。

以上是我个人的一些粗略看法，仅供参考。建议报专业时，一定要多询问，多了解不同的专业，千万不要盲目填报。

# 082402 木材科学与工程

本人是西北农林科技大学木材科学与工程专业的毕业生，现在在一个家具展的组委会从事经理工作，应"金榜事事懂"的邀请，简单介绍一下木材科学与工程专业。

> ➤ 专业方向

木材科学与工程专业主要分两个大方向。

1. 家具设计方向。我们业内叫小木工方向，主要是学家具的结构设计和造型设计，重点偏向家具设计和制造方面。

2. 木材加工方向。我们叫大木工方向，主要是木材加工，以及生产、制造人造板等。

有的学校木材科学与工程专业的方向分得更细，比如南京林业大学的木结构建筑方向、胶黏剂方向等，就是很小的方向了。我觉得这个分得太细了，对学生找工作不好，就业面太窄了。

有的学校在志愿填报书上所列的专业名称后边有个括号，括号里边所注的就是该专业的具体方向。有的是到了学校再细分，像我们学校就是到了学校军训之后分的方向。一个是家具设计，一个是木材加工方向。学生能自己选择。

> ➤ 学习内容

这两个方向相同的课程约占80%，甚至更高。大学里的主要课程包括木材学、木材干燥学、胶黏剂与涂料、人造板工艺学、木制品工艺学、木材加工等。

木材加工方向有大量的课程学习木材加工和人造板的合成，像木材制材、木工机械和刀具、人造板生产加工、人造板机械等，也学一些家具设计、家具制图等课程，但不多。

家具设计方向的会多学一些木制品造型设计、手绘等课程。但这很少的几门手绘课，却是比较核心的专业课。

怎么说呢？课程方面感觉还行吧，就是挺辛苦的，科目较多，大学四年要学习将近120门课程，平均每学期要上15门课！

> ➤ 就业情况和方向

就业方面，与这个专业相关的行业也不少，像家具、地板、木门、胶黏剂、涂料、木塑、木工机械等。

因为开设这个专业的学校不多,整体就业率还是可以的,只是整体就业环境不是很好。

毕业后工作去向:

1. 可以去家具厂从事家具设计、家具加工、生产管理,像全友家私、双虎家私、顾家家居之类的工作。

2. 可以去装饰公司从事室内设计或平面设计等方面的工作。

3. 去贸易公司从事木工机械贸易类的工作。

本科生毕业后一般去木工厂。进工厂一般是在车间里做技术活,如生产、制作人造板或是家具、门窗之类的,一般就只能在相关行业中担任中低层的管理人员。研究生毕业后一般也是进工厂,只不过可以不用进车间,而是在办公室从事行政管理工作。

就业地点的话,像广东佛山、四川成都、苏州蠡口、河北香河和胜芳,这些地方因为是中国的家具基地,找工作相对容易一些。

> **注意事项**

1. 木材科学与工程专业木材加工方向以男生居多,一般木材企业在招聘时第一条要求便是"男性"。男生的就业面相对宽松一些。对于男生,"大木工"比家具设计方向更适合,毕竟有可能会到生产线上去。对于女生,我建议选择家具设计方向,毕业后可以从事设计工作。木材加工方向需要下车间,不适合女生。

2. 木材科学与工程专业相对而言还是个冷门专业,因为开设这个专业的院校较少。

3. 车间的环境不太好,机器嘈杂。虽然生产线很多是自动化操作,但不可避免的都有甲醛、粉尘、噪声的污染。可以去网上观看家具展会上有关木工机械加工等方面的视频,全是轰隆隆的数控车床声。

4. 近几年经济情况对木材加工业冲击较大,导致竞争加剧。从历届展会的规模就能得出结论,所以无法预测几年后的就业情况。

5. 该专业的毕业生就业后通常工资不是很高,仅够维持正常的生活。

6. 不要担心家具设计需要美术基础。有美术基础最好,没有也没关系,老师会教的。

祝你报考顺利。

# 082403 林产化工

本人是林产化工专业毕业的,应"金榜事事懂"的邀请,简单介绍一下林产化工专业。

> **专业介绍**

林产化工专业就是用化学方法对林业产品进行加工,然后生产出各类产品。

化妆品里的植物精油、大自然中的天然香料、松香等天然树脂的加工,甚至还有竹木炭、活性炭等,这些大都是通过林产化工从植物里提取、深加工而产生的。还有最常见的造纸,也都是林产化工所涉及的领域。

总的来说,林产化工专业就是在林产品精细化工、植物提取物化学与工程、生物质能源与材料、制浆造纸等专业方向进行产品开发。

> **学生和社会认可度**

虽然林产化工专业是个很传统的专业,不过现在很多人对这个专业都不十分了解,也不认可。

甚至我们自己专业的学生对本专业的认可度也很低。我们老师曾经做过下面的调查。

在30个大四的学生中,只有5人觉得社会需要这个专业的毕业生。对就业有信心的只有4人。准备考研的有20多人,却只有3人可能还会报考林产化工专业,其余的都要转到别的专业去。看了这个调查数据,你大概就知道大家对这个专业的认可程度有多低了吧?

更不可思议的是,到了大四,30人里居然有24人不知道我们专业是林业工程类的,就那么稀里糊涂地过了4年。

也正因为如此,林产化工专业一般很难招到高考分数较高的学生,招到的不少都是稀里糊涂一点也不了解该专业而盲目报上的。

> 学习内容

大学学习课程包括化工原理、有机化学、天然产物化学、化工分离工程、植物资源化学、林产化学工艺学、生物质能源与化学品、林产精细、化学品工艺学等。实验有天然树脂加工实验、木材水解和热解实验等。我个人觉得学的内容偏向于化学化工方向。

> 就业情况及方向

就业方面,这个专业就业的方向主要包括造纸厂、橡胶厂、胶黏剂厂、化妆品(精细化工方向)、林科所等。但我们专业毕业后在对口岗位上的只有少数人,主要是因为林产化工相关企业大都地处偏远、规模小、生产技术落后,甚至不需要大学毕业生。

所以在这种情况下,大学生或多或少有些委屈感。你想想,我们学的主要也是化工课程,工作时却没有非常好的认同度,所以林产化工专业毕业生绝大多数转到了从事各类与化工类专业相关的工作。

> 注意事项

1. 有可能你在某某大学的官网上看到这个专业是某个学校的主流专业,就业率还行。但最终还是要自己做决定。

2. 还有一点就是女生毕业后从事这个专业工作的很少。

# 825 环境科学与工程类

## 本专业类概况

### 一、各选科组合能报本专业类的比例

该数据反映的是在该专业类的所有高校招生计划中,各科目组合有多少学校能填报。详解见图书使用说明。

| 物理 化学 生物 | 物理 化学 历史 | 物理 化学 地理 | 物理 化学 思想政治 | 物理 生物 历史 |
| --- | --- | --- | --- | --- |
| 100.0% | 98.7% | 98.7% | 98.7% | 0.0% |
| 物理 生物 地理 | 物理 生物 思想政治 | 物理 历史 地理 | 物理 历史 思想政治 | 物理 地理 思想政治 |
| 0.0% | 0.0% | 0.0% | 0.0% | 0.0% |
| 化学 生物 历史 | 化学 生物 地理 | 化学 生物 思想政治 | 化学 历史 地理 | 化学 历史 思想政治 |
| 0.0% | 0.0% | 0.0% | 0.0% | 0.0% |
| 化学 地理 思想政治 | 生物 历史 地理 | 生物 历史 思想政治 | 生物 地理 思想政治 | 历史 地理 思想政治 |
| 0.0% | 0.0% | 0.0% | 0.0% | 0.0% |

### 二、该专业类的主要专业男女比例及每年大致毕业人数

| 专业类 | 专业代码 | 专业名称 | 各专业年度毕业人数 | 男女比例 |
| --- | --- | --- | --- | --- |
| 环境科学与工程类 | 082501 | 环境科学与工程 | 1500～2000 人 | 男 50% 女 50% |
| 环境科学与工程类 | 082502 | 环境工程 | 24 000～26 000 人 | 男 52% 女 48% |
| 环境科学与工程类 | 082503 | 环境科学 | 9000～10 000 人 | 男 44% 女 56% |

### 三、本专业类主要考研方向

| 学科门类 | 一级学科 | 研究方向 | 学位授予 | |
| --- | --- | --- | --- | --- |
| 工学 | 0830 环境科学与工程 | 学术硕士 | 可授硕士、博士专业学位 | |
| 工学 | 0859 土木水利 | 专业硕士 | 可授硕士、博士专业学位 | |
| 工学 | 0853 城乡规划 | 专业硕士 | 仅可授硕士专业学位 | |
| 工学 | 0857 资源与环境 | 专业硕士 | 可授硕士、博士专业学位 | |
| 参考往年可报考二级学科 | | | | |
| 环境科学与工程 | 环境科学 | 环境工程 | 市政工程（含给排水等） | 人工环境工程(含供热、通风及空调等) |
| 城市规划 | 资源与环境 | — | — | — |

## 本专业类重点专业解读

### 082503 环境科学 & 082502 环境工程 & 082501 环境科学与工程

本人是南京大学毕业的,应"金榜事事懂"的邀请,把环境科学与工程类的几个专业一起介绍一下,主要介绍环境科学与工程类包含的三个专业:环境科学专业、环境工程专业、环境科学与工程专业。首先说一下前两个,说完前两个,你也就知道第三个了。

#### ➢ 两个专业的区别

第一,学士学位不同。

环境工程是名副其实的工科,毕业时授予的是工学学士。

而环境科学是少部分大学按工科培养,但大部分大学是按理科培养的。按工学培养的毕业时授予的是工学学士,按理科培养的授予的是理学学士。

第二,教学内容不同。

环境科学偏重于科学,也就是偏重理论方面的研究,主要学习的课程包括环境化学、环境监测、环境生物学、环境地理学、环境影响评价、环境管理等。

环境工程则偏重于工程设计方面,实践运用较多一些,主要学习的课程包括环境化学、物理化学、流体动力学、环境监测、水污染控制工程、大气污染与控制、固体废物处理与处置等。

第三,学科侧重点不同。

环境科学是一门研究环境的物理、化学、生物三个部分的学科,同时也是研究人类社会发展活动与环境演化规律之间相互作用关系,寻求人类社会与环境协同演化、持续发展途径与方法的科学。

而环境工程是研究和从事防治环境污染和提高环境质量的科学技术,重点研究污染的治理方法及措施。

第四,就业方向不同。

环境科学专业主要就业方向有环境监测和环境评价这两个方向,但是这类公司比较难进。

环境工程主要方向有污水处理、工艺设计方面等。相对而言,环保公司来招聘的话更多倾向于环境工程专业。

再说得形象一点,环境科学专业主要是培养搞研究的人员,环境工程专业主要是培养工程师。因此如果你今后想搞科研,就考环境科学专业的研究生或博士,毕业之后去研究院做科研方面的工作。如果你毕业后想直接参加工作,那还是选择就业面比较广、专业知识比较实用的环境工程专业比较好。

#### ➢ 教授补充(环境科学)

环境科学在宏观上研究人类同环境之间的相互作用、相互促进、相互制约的对立统一关系,揭示社会经济发展和环境保护协调发展的基本规律;

在微观上研究环境中的物质,尤其是人类活动排放的污染物在有机体内迁移、转化和积累的过程及其运动规律,探索其对生命的影响及其作用机理等。

环境科学专业教学以环境化学为核心,环境污染控制技术为重点。

核心课程有环境学、环境化学、环境监测、环境地学、环境微生物学、环境管理学、环境毒理学、水污染控制技术、大气污染控制技术、土壤污染控制与修复、噪声污染控制技术、固体废弃物污染控制技术、环境影响评价等。

环境科学专业主要应用在大气、水体、土壤等环境污染防治(如灰霾、酸雨、光化学烟雾、水体富营养化、固体废物污染防治等)、噪声、振动、电磁辐射等污染防治,环境监督管理以及农产品安全生产等方面。

### ➢ 教授补充（环境工程）

环境工程专业是环境类专业中具有非常显著的工程特色的专业。简单而言,就是以人工进行工程建设的方式来研究和治理环境污染,解决废水、废气、废渣和物理性污染(噪声、热、电磁等)等问题。即传统意义上的水气声渣问题的解决均由该专业承担。

当然,不仅如此,本专业还要进行城乡建设、交通运输、水资源和地质环境保护等领域环境规划编制和环境管理,以及环境工程领域的工程设计及运营管理、工艺和设备的研究和开发工作。

### ➢ 就业情况

第一,环境科学专业。

比较理性的出路就是去事业单位,可以进环保公司或者环评公司等。工资待遇还不错,不过要看分到什么岗位,有的职位会比较辛苦。

当然,也可以考公务员,比较对口的可以去生态环境局,绝对的铁饭碗,但是每年招的人都很少,难度较大。

还可以去污水处理厂或监测站之类的地方,从事行政方面的工作还是比较稳定、舒服的。

当然,你也可以选择考研或者出国深造,毕业之后有机会去学校从事教学工作或者进研究所从事科研方面的工作。

虽然这些地方都能去,但因为环境科学倾向于研究,所以在不少企业招聘本科生的时候更多的会倾向于招收环境工程专业的毕业生。

第二,环境工程专业。

环境工程专业比较好的出路肯定也是事业单位或者考公务员,有机会去监测站或者生态环境局之类的,但竞争异常激烈。

再就是可以去污水厂或者自来水厂工作,一般就是从事一些维护管理方面的工作。

除此之外,还可以去水务投资公司当助理工程师;可以去环保材料公司从事环保材料的销售工作;还可以去一些外资企业或私营企业从事制造业的环保管理工作等。

再就是可以继续深造。环境工程专业是不愁找工作的,所以学历越高越好,不管今后是去研究院还是去公司,都会有很大帮助。

### ➢ 周围同学情况

按照我周围班级今年的就业情况来说,环境科学专业对口的工作有:(1)环境影响评价工作,即"环评";(2)企业单位环境监测;(3)污水处理厂污泥调控;(4)环境健康安全体系。

环境工程专业对口工作有:(1)环保设备设计、安装;(2)环评;(3)污水处理厂出水控制。

女生多数从事环评和环境监测;男生在污水处理厂以及从事环保设备设计、安装工作的偏多。

### ➢ 注意事项

1. 总体来说,这两个专业有不少相似点,但是在具体报考的时候不妨先查一下你想报的那个学校的环境科学或环境工程专业是具体做什么的,因为有时候同一个葫芦里卖的可能是不同的药——同一个专业名称下不同院校差别很大。

2. 环境类专业在国外确实是很好的专业,工作很稳定,而且收入颇高。但是在我国,工业发展的水平还不够高,环境保护的工作远远没有达到一定规模的程度。

3. 从就业的角度来说,如果要报,两者中建议你报考环境工程专业。因为环境科学专业偏理论化,到就业的时候并不实用。

至于环境科学与工程专业,你只要了解了环境科学专业和环境工程专业,也就大概能明白了。

# 826 生物医学工程类

## 本专业类概况

### 一、各选科组合能报本专业类的比例

该数据反映的是在该专业类的所有高校招生计划中，各科目组合有多少学校能填报。详解见图书使用说明。

| 物理 化学 生物 | 物理 化学 历史 | 物理 化学 地理 | 物理 化学 思想政治 | 物理 生物 历史 |
|---|---|---|---|---|
| 100.0% | 95.8% | 95.8% | 95.8% | 0.0% |
| 物理 生物 地理 | 物理 生物 思想政治 | 物理 历史 地理 | 物理 历史 思想政治 | 物理 地理 思想政治 |
| 0.0% | 0.0% | 0.0% | 0.0% | 0.0% |
| 化学 生物 历史 | 化学 生物 地理 | 化学 生物 思想政治 | 化学 历史 地理 | 化学 历史 思想政治 |
| 0.0% | 0.0% | 0.0% | 0.0% | 0.0% |
| 化学 地理 思想政治 | 生物 历史 地理 | 生物 历史 思想政治 | 生物 地理 思想政治 | 历史 地理 思想政治 |
| 0.0% | 0.0% | 0.0% | 0.0% | 0.0% |

### 二、该专业类的主要专业男女比例及每年大致毕业人数

| 专业类 | 专业代码 | 专业名称 | 各专业年度毕业人数 | 男女比例 |
|---|---|---|---|---|
| 生物医学工程类 | 082601 | 生物医学工程 | 6000~7000人 | 男55% 女45% |
| 生物医学工程类 | 082602T | 假肢矫形工程 | 100~150人 | 男60% 女40% |

### 三、本专业类主要考研方向

| 学科门类 | 一级学科 | 研究方向 | 学位授予 |
|---|---|---|---|
| 工学 | 0831 生物医学工程 | 学术硕士 | 可授硕士、博士专业学位 |
| 工学 | 0860 生物与医药 | 专业硕士 | 可授硕士、博士专业学位 |
| 参考往年可报考二级学科 | | | |
| 生物医学工程 | 生物与医药 | 生物技术与工程 | — — |

## 本专业类重点专业解读

### 082601 生物医学工程 & 082602T 假肢矫形工程

本人是生物医学工程专业的学生,应"金榜事事懂"的邀请,介绍一下生物医学工程和假肢矫形工程这两个专业。

#### ➤ 专业介绍

什么是生物医学工程?其实它对于我们每个人来说一点都不陌生,因为我们每天都在接触。你到了医院,从听诊器开始,到CT(电子计算机断层扫描)、核磁共振等,这些都是生物医学工程研究的领域;再举个例子,比如有个人患有心脏病,需要装一个心脏起搏器;再比如说,现在国外很多人的身体某部分器官出现问题,会在身体里安装一个电子装置。所有的这些都属于生物医学工程领域,都与我们的生活息息相关。

生物医学工程,主要是研究机器和材料的。这些机器和材料与人密切相关。往大了说,核磁、CT、PET-CT等大型医学检查检验设备都属于该学科研制、改进的范围。往小了说,人工瓣膜(心外科)、人工晶体(眼科)、导管、球囊、支架(心内科),以及很多新型的材料,包括很小的缝合线、造影剂、特殊的生物膜都与该工程相关。

#### ➤ 不同学校方向

这个专业会在两类学校里开设。一类是以理工科为主的综合性大学,这个专业的特点就是在工科的基础上引入一些生物、医学学科的课程,设立自己的课程体系。另外一类是以医学为主的医学院校。这些院校比较侧重于医学的应用,因此会在医学的课程体系里面引入很多课程,形成体系。它们可能更偏重实际应用方面。

生物医学工程方向比较多,比如仅东南大学的生物医学工程就会在大二分成三个专业方向:(1)医学电子学(生物仪器和医用仪器的研制)。(2)生物信息学(利用计算机记录、存储、分析各种生物现象所包含的信息的一门科学,例如蛋白以及基因的测序等)。(3)生物电子学(研究生物体系的电子学;用电子信息科学解决生物问题)。

一般大学的生物医学工程主要偏向于医学电子学,即B超、X光、核磁共振等成像仪器的研究。有几所高校有自己的专长,四川大学生物电子学(即生化方向)较强;北京航空航天大学的生物力学比较强,主要侧重太空医疗;东南大学是全国最早建立生物医学工程院系的高校,各方面都比较全。

#### ➤ 专业误区

很多人有个误区,认为生物工程和生物医学工程是一个专业,这是错误的。简单区分,就是生物工程应用领域非常广,包括农业、工业、医学、药物学、能源、环保、冶金、化工原料等。可见,医学只是其中之一。生物医学工程的主要目的是解决医学中的有关问题,为人们提供疾病的预防、诊断、治疗和康复服务。生物工程是通过对微生物或动植物的加工,来提供产品为人们服务的。总的来说,生物医学工程是生物工程的一个分支,生物医学工程的专业性更明显。

如果你还不能理解二者的区别,那我就简单举例说一下什么是生物工程。比如,转基因玉米、转基因大豆等涉及生物工程。又比如像结核病或者新冠疫苗的研发，有效控制和消灭传染病涉及生物工程。再比如，现在大家都知道糖尿病是一种比较常见的病，病人非常依赖胰岛素。据不完全统计，现在国内有 6 千万糖尿病人，每人每年大约需要至少 1 克胰岛素，这样总计需要在 45 亿千克新鲜胰脏中提取，这是根本不可能的。然而利用生物工程中的基因工程恰恰解决了这些问题。生产 1 克胰岛素只需要 20 升发酵液，大大降低了成本。这些贡献和价值是无法用金钱来衡量的。当然，生物工程的应用领域远不止这些，它包括了农业、工业、医学、药物学、能源、环保、冶金、化工原料、动植物、净化等各个领域。但从另一个方面来说，这个专业的科研性比较强，是一门典型的需要继续深造的专业。

而生物医学工程我在前面也举例说明了。比如，小到听诊器、电子体温表、电子血压仪等，大到去医院做 CT、核磁共振等都涉及生物医学工程。由此不难看出，生物医学工程与咱们的生活联系得更加紧密，一般会运用到医疗设备或器械。而生物工程好像就神秘许多，好像跟它相关的都是些细菌、基因之类的。当然其实它应该算是背后的英雄，虽然默默无闻，不被人所知，但是它做出的贡献是无法衡量的。咱们的衣食住行方方面面背后都有它的影子。它为我们提供了丰富的供给和富足的生活。

### ➢ 就业情况

首先，不可否认的一点是，在未来数十年中，生物医学工程肯定会发展得越来越好，只是所需时间不太好判断。

其次，仅仅看现在的情况的话，生物医学工程专业的整体就业情况是本科毕业后工作相对难找，所以本专业一半以上的学生会选择读研、读博或者是出国深造。如果你没有吃苦的精神继续深造，毕业想找到对口的工作也基本是不现实的。本科毕业最好的出路也只能是医疗器械销售、医药代表或保健品销售。当然大部分还是选择转行，从事销售、管理或者教育等方面的工作。

### ➢ 学习内容

生物医学工程专业的主要课程有：现代生物学导论、生理学、定量生理学、生物学专题、生物医学工程概论、电路原理、数字电子技术基础、模拟电子技术基础、电磁测量、计算机文化基础、高级语言程序设计、微机原理与应用、计算机图形学、信号与系统、数字信号处理、自动控制原理、人体运动信息检测与处理、生物医学电子学、医用电子仪器、医学仪器设计、医学图像处理、医学模式识别等。

### ➢ 顺便说一下假肢矫形工程专业

最后，结合生物医学工程专业简单说一下假肢矫形工程专业。它是一门边缘性学科，是属于生物医学工程大门类里的。它主要涉及医学和工程学两大学科的相关专业，当时开设的目的是配合国内康复工程和假肢矫形的相关科研，因为在这些方面国内一直处于落后阶段。

我觉得这个专业虽然专业性很强，但毕竟是新兴学科，实用性较差，就业状况也较差。本科毕业之后也都是从事一些假肢类相关产品的销售工作。个人觉得报考这个专业需谨慎。

### ➢ 假肢矫形工程专业开设课程

1. 医学类（含康复类）课程包括医学伦理学、解剖学、生理学、病理学导论、临床医学导论、临床神经病学、外科学（骨科与整形外科学）、临床心理学、康复医学概论、运动学、康复评定学等。

2. 基础工程类课程包括应用数学、电路理论、基础生物力学、计算机语言程序设计技术、组织与生物材料力学、人体动作分析学、电子技术、医疗科技概论等。

3. 专业类课程包括假肢矫形器概论、假肢矫形器技术（含小腿、大腿及上肢假肢学）、假肢矫形器装配与训练学、假肢矫形器专业管理、相关法律与法规等。

# 827 食品科学与工程类

## 本专业类概况

### 一、各选科组合能报本专业类的比例

该数据反映的是在该专业类的所有高校招生计划中,各科目组合有多少学校能填报。详解见图书使用说明。

| 物理 化学 生物 | 物理 化学 历史 | 物理 化学 地理 | 物理 化学 思想政治 | 物理 生物 历史 |
|---|---|---|---|---|
| 100.0% | 93.9% | 93.9% | 93.9% | 2.8% |
| 物理 生物 地理 | 物理 生物 思想政治 | 物理 历史 地理 | 物理 历史 思想政治 | 物理 地理 思想政治 |
| 2.8% | 2.8% | 0.3% | 0.3% | 0.3% |
| 化学 生物 历史 | 化学 生物 地理 | 化学 生物 思想政治 | 化学 历史 地理 | 化学 历史 思想政治 |
| 0.0% | 0.0% | 0.0% | 0.0% | 0.0% |
| 化学 地理 思想政治 | 生物 历史 地理 | 生物 历史 思想政治 | 生物 地理 思想政治 | 历史 地理 思想政治 |
| 0.0% | 0.0% | 0.0% | 0.0% | 0.0% |

### 二、该专业类的主要专业男女比例及每年大致毕业人数

| 专业类 | 专业代码 | 专业名称 | 各专业年度毕业人数 | 男女比例 |
|---|---|---|---|---|
| 食品科学与工程类 | 082701 | 食品科学与工程 | 22 000～24 000人 | 男36% 女64% |
| 食品科学与工程类 | 082702 | 食品质量与安全 | 14 000～16 000人 | 男31% 女69% |
| 食品科学与工程类 | 082703 | 粮食工程 | 700～800人 | 男52% 女48% |
| 食品科学与工程类 | 082704 | 乳品工程 | 300～350人 | 男40% 女60% |
| 食品科学与工程类 | 082705 | 酿酒工程 | 800～900人 | 男49% 女51% |
| 食品科学与工程类 | 082706T | 葡萄与葡萄酒工程 | 800～900人 | 男37% 女63% |

### 三、本专业类主要考研方向

| 学科门类 | 一级学科 | 研究方向 | 学位授予 | |
|---|---|---|---|---|
| 工学 | 0832 食品科学与工程 | 学术硕士 | 可授硕士、博士专业学位 | |
| 工学 | 0860 生物与医药 | 专业硕士 | 可授硕士、博士专业学位 | |
| 参考往年可报考二级学科 | | | | |
| 食品科学与工程 | 食品科学 | 粮食、油脂及植物蛋白工程 | 农产品加工及贮藏工程 | 水产品加工及贮藏工程 |
| 食品工程 | 发酵工程 | — | — | — |

## 本专业类重点专业解读

### 082701 食品科学与工程

本人毕业于江西农业大学食品科学与工程专业,应"金榜事事懂"的邀请,简单介绍一下食品科学与工程专业。

#### ➢ 专业介绍

食品科学与工程是从多角度研究"饮食"的专业。我们每天吃的面包、喝的牛奶等都与这个专业有关。比如,娃哈哈、红牛等怎样调配才好喝、健康?康师傅里加多少食品添加剂才会既保证存放的时间长还对人们的健康没有危害?这些都是食品科学与工程所要解决的问题。

食品科学与工程专业听名字好像挺高深的,但今后从事的工作其实很普通。比如说,在车间里检验生产出来的食品,看是否合格;再比如说,对肉制品、乳制品进行加工,对水果蔬菜进行加工贮藏等。

当然,如果你有幸能进公司或者工厂的研发部门,也可以做一些高深的工作。比如说,你是康师傅方便面研发部门的,可以试着研发一款新口味的方便面,做出来投放市场。当然了,这种高端的工作一般需要的学历也很高,竞争也异常激烈。

#### ➢ 学习内容

开设的课程大致包括有机化学、生物化学、分析化学、食品微生物学、食品化学、食品工程原理、食品机械与设备、食品发酵学、食品分析与检验、食品营养与卫生、食品工艺原理、食品工厂设计基础、粮油加工学、畜产品加工、食品添加剂等。

#### ➢ 教授补充

在世界人口膨胀带来粮食危机、食品供应链的全球化和人们对食品营养与健康关注日益加深的大背景下,食品科学与工程专业以食品科学和工程技术为基础,研究食品的营养健康、工艺设计与工业生产、食品的贮藏保鲜与安全卫生。

根据学校不同,食品科学与工程专业有食品加工与装备、食品贮藏与运输、食品营养与健康、食品生物技术、食品品质管理与安全等方向。

#### ➢ 就业方向

食品科学与工程专业的就业大致包括以下几个大方向。

第一,从事食品检测工作,主要工作就是对食品中的营养成分进行检验。类似这方面的工作可以去食品企业或者工厂工作。当然能考上政府机关的相关检测部门是最优选项。

第二,从事食品工艺方面的工作,比如肉制品加工、乳制品加工、软饮料加工、果蔬加工与贮藏等,这个一般起点较低,去当地食品厂比较容易。

第三,从事食品销售方面的工作。这个工作底薪偏低,但提成很高,如果能谈成一家客户,仅提成就很可观。当然,这方面工作对专业也没什么要求,普通学市场营销专业的毕业生也能干。

还有从事其他方面的工作,比如食品研发、食品采购、品控员、化验员、生产管理等。

总之,食品科学与工程专业的最好出路是考公务员,有机会进药品监督管理局、海关、检疫局等部门工作,是绝对的铁饭碗。本科就业面很广,去一些食品工厂也不难,但起点太低,都是下车间从工人做起。

### ➢ 就业情况

就拿我来说,现在在食品企业做车间组长,基本工资大约 4000 元/月。这个专业本科毕业后找个工作不难,但基本工资普遍都不高。

其实如果你能吃苦,以后的发展空间还是不错的,可以慢慢做到总监或者销售经理,那个时候待遇就相当不错了。

不过话说回来,与食品沾边的工作都很辛苦,而且每天加班。开始的时候感觉压力很大,但从底层开始都一样,就当作是锻炼和考验自己的"学徒"阶段。

### ➢ 注意事项

1. 开设食品科学与工程专业的大学不少,培养方向也不尽相同。有的大学将食品科学与工程专业分为不同的研究方向,如谷物科学与工程方向、油脂与植物蛋白工程方向、农产品加工与贮藏工程方向等,报考的时候一定要多比较一下,看看哪个方向更适合你。

2. 一般来讲,重点高校倾向于培养研究型或应用研究型人才;一般本科院校侧重于培养应用型人才;而专科院校则立足于培养实践操作型人才。

3. 由于对卫生要求较高,所以报此专业的同学不能有传染性疾病。有的高校还要求考生进行肝功能检查。由于食品分析涉及很多化学、生物学的实验,所以色盲、色弱以及嗅觉迟钝的考生受到限制。

## 082702 食品质量与安全

本人是食品质量与安全专业的毕业生,应"金榜事事懂"的邀请,简单介绍一下食品质量与安全专业。

### ➢ 专业介绍

食品质量与安全专业是干什么的?其实从字面意思很容易就理解了,肯定是对食物的质量和安全进行把关,就是通过对食品生产、加工和贮藏各个环节的管理和控制,保证食品的营养品质和卫生质量。

比如说食品加工厂做出来一批面包,作为质检人员,你就需要抽查面包里面的添加剂超没超标,营养成分是不是跟包装上写的一样,保质期是否符合标准等。

很多年前炒得沸沸扬扬的地沟油、瘦肉精、毒豆芽等这些大家都听过吧?这一系列食品安全事件所涉及的事情,几乎都与食品质量与安全专业有关。食品质量与安全专业最终就是为了杜绝这类事情的发生。

### ➢ 学习内容

大学本科阶段的主要课程包括普通生物学、食品微生物学、生物化学、营养学、食品卫生学、食品化学、食品工艺学、食品安全与质量控制技术、食品质量检验技术、食品微生物检验技术等。

### ➢ 教授补充

提到食品,很多人立刻想到的就是食品安全问题。就整体而言,我国目前的食品安全形势比起 10 年前、20 年前有很大的进步,虽然有部分食品暴露了食品安全的缺陷,但就整体而言,我国的食品是安全的。食品安全是个系统工程,涉及环境、养殖、种植、食品加工、食品流通和消费等诸多环节。而食品质量与安全专业,就是为了研发和生产更营养、更健康、更安全的食品,保障消费者的安全。

> ➤ 专业方向

食品质量与安全专业主要有食品质量与安全控制、食品质量与安全监督管理两个方向,侧重点不在"食品",而在于"质量控制"和"安全管理"。

例如,在食品企业中负责制定和管理实施 HACCP 体系。这个体系可以通过危害识别来帮助企业找到生产过程中影响产品质量的关键控制点。

比如,发酵酸奶生产中接种及发酵的温度应是关键控制点,还有一些杀菌温度以及管道的清洗消毒都需要去监控。

一般来说,食品质量与安全是关系人们生命健康的重要专业,主要包括植物源性食品的安全性、动物源性食品的安全性、食品安全性评价、食品生产过程和加工过程的安全质量保证、食品流通和服务环节的安全质量控制等内容。

> ➤ 就业情况

现在国内食品质量与安全专业的就业情况一般。

这个专业毕业后如果想就业,最理想的就是直接考公务员。考上了,可以去药品监督管理局。个人认为,到目前为止,这算是最对口的工作了。

想做食品质检,一般要去些大公司,比如太太乐、味事达、银鹭等民族品牌。

我认识的大部分这个专业的同学除了考公务员,都转行了,一般也就是做公司行政或者各种产品的销售。

不过最近几年,国家越来越重视食品安全问题,说不定以后这个专业的就业情况会好转。

至于说什么人适合报这个专业,我觉得没太大限制。如果非要说的话,这个工作是一个良心活,有责任心的人才能做好这项工作。

## 082703 粮食工程

本人是粮食工程专业的毕业生,应"金榜事事懂"的邀请,简单介绍一下粮食工程专业。

> ➤ 专业介绍

粮食工程专业是个什么样的专业呢?顾名思义,肯定是跟粮食打交道,以后主要是从事粮食行业中涉及粮食加工、粮食制品以及粮食的贮藏与运输管理等方面的工作。

比如怎样对粮食进行深加工?国家商品粮基地如何建设?粮食怎样储存才能防鼠、防霉等?这些都是粮食工程专业所要涉及的问题。

粮食工程专业主要有粮食和油脂这两个方向。比如某食品企业计划推出一款新的无公害大米,这款大米经过特殊加工后要求营养成分比普通大米更高,而且口感、色泽要更好,那就要由粮食工程专业人员来负责产品研发。再比如说,这个专业的毕业生进了金龙鱼公司的话,可能会负责金龙鱼大米的产品加工等。

> ➤ 学习内容

大学本科阶段的主要课程包括粮食工程概论、粮食生产技术、粮食产品加工、粮食贮藏、粮食运输、粮食市场营销、食品工程原理、食品微生物、粮油加工工艺、发酵食品工艺、食品机械与设备等。当然各个大学因为方向不同可能会有一些不一样的特色课程。

### ➢ 毕业后工作情况

作为粮食工程专业的毕业生,我觉得学这个专业,今后就业还是比较容易的,特别是粮油加工类的工作应该是供不应求。一般像大中型的制粉、油脂、饲料公司和相关的合资企业比较容易就业,进去后一般从事生产加工、产品开发等工作。不过从事这些工作会很辛苦,大部分是从车间做起,生产环境总体不太好,工资待遇也不太高,一定要有心理准备。

当然了,也可以进与粮食有关的研发中心,各级粮食、粮油购销储运公司,粮食储备库等,从事行政和企业管理、产品品质检验之类的工作,像这些工作能更舒服一些,也更稳定。

当然,要说最稳定的,还是考公务员进粮食和物资储备局。

### ➢ 有没有什么误区

与粮食工程专业类似的专业是食品科学与工程专业。刚上大学的时候我们也分不清,可能你也会有疑问,这两个专业有什么联系和区别?我就简单地给你介绍一下。

这两个专业都包含了食品加工方面的内容,但粮食工程专业更宏观,培养的是从事粮食加工、粮食制品及粮食贮藏与运输等大方向的专业人才。

而食品科学与工程专业更注重具体某一类食品的营养和加工,诸如研究喝的牛奶、吃的方便面怎么样更好吃、更有营养,不会涉及粮食储存、运输等宏观的事情。

具体报考哪个专业,应根据个人的具体情况做出选择。祝报考顺利。

## 082704 乳品工程

本人是东北农业大学乳品工程专业的毕业生,应"金榜事事懂"的邀请,简单介绍一下乳品工程专业。

### ➢ 专业介绍

提到这个专业,你是不是会想到酸奶、奶粉等乳品?乳品工程专业确实和这些有关,不过这个专业涉及的面更广一些:从最上游的奶牛饲养场怎样建造、奶牛又是如何饲养这个阶段,到奶制品加工设备怎样设计与制造,最终到我们每天喝的乳制品怎样加工、质量怎样保障,等等,这些都是乳品工程专业要学习的内容。

### ➢ 专业现状和前景

乳品工程专业是食品类专业中比较冷门的,这可能也与国内奶粉市场比较混乱有关。学这个专业的学生毕业后可以去伊利、蒙牛、光明等奶粉企业从事生产加工,比如加工牛奶、乳酸菌饮料或者是奶粉之类的工作。

当然,如果你想继续深造的话,前景还是不错的。毕业后主要从事乳品新技术的研发或者乳制新产品的研发工作。

尽管这个专业相对较冷门,但是就业还是很容易的,因为乳品企业(如蒙牛、伊利、三元等)每年都招很多人,全国各地也都有自己的牛奶品牌。毕业生一般做的是生产加工乳制品工作,主要是操作机器;还可以做质检工作,对加工出的乳制品进行抽查检验,看看是否符合国家标准等。

坦率地说,乳品行业的薪资待遇在整个食品行业中是比较低的,而且员工的工作比较辛苦,他们经常加班到很晚。很多人干了一段时间后都坚持不住了,进而转行干其他工作去了。

这些现实情况的出现,归根结底是因为国内乳制品市场缺乏监管,相关法律法规也不健全,再加上乳品行业利润率太低,于是出现了一系列的恶性循环。

### ➢ 学习内容

在大学学习的过程中,乳品工程专业的学生需要掌握乳品稳定剂基础配方,熟悉乳品食品添加剂相关知识和技能,掌握相关乳品配料特性及应用组合。

大学本科阶段的主要课程包括乳品化学、乳品机械设备、食品生物化学、食品营养学、食品工程原理、乳品微生物学、液态乳品科学与技术、固态乳品科学与技术、原料奶生产技术、乳品工厂设计、乳品安全与质量控制、商业经济学、乳品分析等。

开设乳品工程专业的学校不多,报考时应根据你自己的意向慎重选择。祝报考顺利。

## 082705 酿酒工程 & 082706T 葡萄与葡萄酒工程

本人是江南大学酿酒工程专业毕业的,应"金榜事事懂"的邀请,简单介绍一下酿酒工程和葡萄与葡萄酒工程这两个专业。

### ➢ 酿酒工程专业介绍

首先说一下酿酒工程是干什么的。酿酒工程是一门研究酒类酿造工艺、鉴赏艺术和营销理念的专业。其基本任务是以粮食及优质葡萄等为原料,利用现代食品生物工程,酿造具有特定文化内涵和典型感官质量的系列酒产品,并通过先进营销理念和高雅鉴赏艺术的有机结合,引导和促进酒业的健康消费。

### ➢ 工作性质

很多人会简单地认为学了酿酒工程专业毕业后只能当酿酒工,只能做酒类的生产加工等工作,其实不然,我们还可以做更多相关工作。众所周知,酿酒在我国有着几千年的历史,随着酒类产品制造工艺的不断发展,从酿酒中衍生出很多新兴的职业,比如酿酒师或者品酒师。

酿酒师与酿酒工的工作性质、职责不同。酿酒师的工作体现在酿酒的核心技术层面,比如说如何做能使酒的口感更好、色泽更通透,再比如说清香型的酒如何勾兑更合理,浓香型的酒如何勾兑,芝麻香型的酒多少度口感更好、更容易被消费者接受等。

当然除了酿酒师,品酒师也是最近比较热门的职业。比如说茅台集团准备推出一款新的白酒,在投放市场之前就会请很多品酒师品鉴。品酒师的意见将直接决定此款白酒的价位、投放形式以及宣传的相关费用等。当然品酒师不只是能品鉴白酒,只要是酒都能品,所以他们必须具备很高的个人素质和良好的生活习惯,比如不能使用化妆品,不能吃辛辣的食物等。听朋友说,很多有名的品酒师还给自己的舌头买了保险。

很多人会有疑问:学这个专业,是不是天天都得喝酒?如果自己从来不喝酒怎么办?说实话,如果你喜欢这个专业,并且今后想从事这个行业,就必须喝酒。我们班的同学没有不会喝酒的,即使之前不会,但慢慢也都适应了。当然,这里说的会喝酒并不是说一次喝很多酒。不管是哪种酒,在品鉴的过程中都只是喝一小口,特别是白酒。

这个专业的就业情况总体还是不错的。有的做白酒酿造,有的做勾兑。当然干酒类销售的人也很多,具体怎么选择,还要看个人的喜好和能力。以前一般进酒厂或者酒类企业的人以男生居多,不过近几年,这种情况发生了改变,女生慢慢地成了品酒师这个职业的主角,如果形象再好一些,她们一般会有不错的发展前景。

## ➢ 学习内容

如果想学好酿酒工程这门专业,必须掌握好几项技术。比如如何选用酿酒原料和辅料,如何选用酿酒设备,选择什么样的糖化发酵剂,如何熟练应用糖化、发酵、蒸馏、储存、灌装等工艺并监控各工艺参数。除此之外还要不断创新,开发酿酒新原料、新工艺以及酒类新产品等。如果想继续深造,可以考发酵工程这方面的研究生,因为研究生毕业后就业前景会更好。

酿酒工程专业的主要课程包括化学、生物学、酿酒工艺学、酿造酒工程学、葡萄酒品尝学、酿造酒营养与卫生学、食品质量法规、食品工艺。

## ➢ 葡萄与葡萄酒工程专业介绍

我再简单说一下葡萄与葡萄酒工程专业。这个专业比较新,是从酿酒工程专业里分出来的。这个专业的毕业生从事的工作主要有葡萄酒酿造、葡萄酒原料的生产、分析检测、设备维护以及市场开发等。比如说,你是张裕集团的员工,你首先需要挑选上等的葡萄进行原料生产加工,然后将原材料酿造成葡萄酒,最后还需要对做好的酒进行检测,分析酒中的各种成分,并查看和检测酒的成色是否符合公司标准等。

葡萄与葡萄酒工程专业的课程有:园艺学、食品科学与工程主干课程、普通生物学、普通微生物学、分析化学、有机化学、葡萄酒化学、生物化学、分子生物学、葡萄酒微生物学、植物生理学等。

## ➢ 葡萄与葡萄酒工程就业情况

葡萄与葡萄酒工程专业的毕业生整体就业形势一般,主要从事葡萄与葡萄酒、果露酒的新产品研发、生产经营、商品检验、销售等方面的工作。虽然国内葡萄酒市场近几年有了很大发展,人们也渐渐接受了葡萄酒防癌抗衰老的功效,但从本质上来讲它还是属于高消费的奢侈品,而且本土的白酒份额一直较重,所以葡萄酒在我国的发展还有很大的空间。另外,国内的葡萄酒知名品牌较少,除了张裕和长城,其他品牌规模相对较小,产品层次比较杂,酿造工艺也有较大差距。所以,选择这个专业,挑战与机遇并存。我个人认为,国内葡萄酒市场的潜力还是非常大的。

我所知道的很多学这个专业的同学的境况还是不错的。比如有的做品酒师,专门给国内的葡萄酒厂做品鉴。当然也有一些企业家从法国买来葡萄酒,请他们做鉴定。再比如,有的做高端葡萄酒销售,也叫奢侈品销售。他们专门卖一些国外比较贵的葡萄酒,像拉菲或者拉图之类的法国品牌。消费群体主要是国内的富商,富商一般除了自己喝还喜欢收藏各种品牌的名酒,所以做这方面的销售比较赚钱。

总之,葡萄与葡萄酒工程专业的课程和整体就业情况都与酿酒工程专业的大致相同。只不过这个专业更加细化,只限于学习葡萄与葡萄酒这方面的知识。具体你想选择哪个专业,还是需要根据个人的实际情况和喜好进行综合性的判断。

# 828 建筑类

## 本专业类概况

### 一、各选科组合能报本专业类的比例

该数据反映的是在该专业类的所有高校招生计划中，各科目组合有多少学校能填报。详解见图书使用说明。

| 物理 化学 生物 | 物理 化学 历史 | 物理 化学 地理 | 物理 化学 思想政治 | 物理 生物 历史 |
|---|---|---|---|---|
| 94.9% | 95.1% | 97.7% | 94.4% | 88.9% |
| 物理 生物 地理 | 物理 生物 思想政治 | 物理 历史 地理 | 物理 历史 思想政治 | 物理 地理 思想政治 |
| 91.9% | 88.2% | 92.3% | 88.4% | 91.0% |
| 化学 生物 历史 | 化学 生物 地理 | 化学 生物 思想政治 | 化学 历史 地理 | 化学 历史 思想政治 |
| 72.4% | 74.0% | 71.7% | 74.7% | 71.9% |
| 化学 地理 思想政治 | 生物 历史 地理 | 生物 历史 思想政治 | 生物 地理 思想政治 | 历史 地理 思想政治 |
| 73.3% | 75.4% | 72.4% | 74.0% | 74.7% |

### 二、该专业类的主要专业男女比例及每年大致毕业人数

| 专业类 | 专业代码 | 专业名称 | 各专业年度毕业人数 | 男女比例 |
|---|---|---|---|---|
| 建筑类 | 082801 | 建筑学 | 16 000~18 000人 | 男58% 女42% |
| 建筑类 | 082802 | 城乡规划 | 9000~10 000人 | 男49% 女51% |
| 建筑类 | 082803 | 风景园林 | 9000~10 000人 | 男35% 女65% |

### 三、本专业类主要考研方向

| 学科门类 | 一级学科 | 研究方向 | 学位授予 |
|---|---|---|---|
| 工学 | 0813 建筑学 | 学术硕士 | 可授硕士、博士专业学位 |
| 工学 | 0833 城乡规划学 | 学术硕士 | 可授硕士、博士专业学位 |
| 工学 | 0853 城乡规划 | 专业硕士 | 仅可授硕士专业学位 |
| 工学 | 0862 风景园林 | 专业硕士 | 可授硕士、博士专业学位 |
| 参考往年可报考二级学科 | | | |
| 建筑学 | 建筑历史与理论 | 建筑设计及其理论 | 建筑技术科学 | 城乡规划学 |
| 风景园林学 | 城市规划 | — | — | — |

## 本专业类重点专业解读

### 082801 建筑学

本人是同济大学建筑学专业毕业的，应"金榜事事懂"的邀请，简单介绍一下建筑学专业。

➢ **专业介绍**

一定要注意，建筑学专业并不是学习怎样修建筑。通俗地讲，建筑学专业是培养建筑方面的设计师的。举个例子：奥运场馆鸟巢从无到有，首先得有人先构思出鸟巢整体的外观，然后还得具体设计好怎样搭建、出口在哪里、窗户在哪里、用什么材料等。这些就是建筑学专业要做的。建筑设计师只有先拿出方案设计和施工图等，工人才能建造。也就是说，这个专业重在设计。至于如何把建筑物修起来，那是土木工程专业做的事情。

像建筑物的设计、室内装修的效果设计、园林设计、城市规划设计等都属于建筑学专业的方向。

➢ **学习内容**

建筑学专业本科核心课程主要包含设计系列课程、理论系列课程、技术系列课程、人文艺术系列课程等。

设计系列课程主要包括建筑设计系列课程、住区规划设计、景观园林设计、建筑设计院生产实习和毕业设计等；

理论系列课程主要包括中国建筑史、外国建筑史、公共建筑设计原理、居住建筑设计原理、城乡规划原理、中外园林史等；

人文艺术系列课程主要包括美术、建筑表现技法、美术实习等；技术系列课程如建筑构造、建筑物理、建筑结构选型、建筑施工等。

➢ **就业情况**

建筑学一直是比较热门的专业。它的应用性很强，就业面也相对较广。

建筑学专业的毕业生就业主要有四个方向：

第一，进入建筑设计研究院和建筑设计事务所等建筑行业的设计单位，主要从事建筑物的设计和有关建筑的研究工作。

第二，留在高校做研究工作或任教（一般是硕士生和博士生）。

第三，考取公务员，在城建部门从事管理规划工作。

第四，进入房地产行业，从事房地产开发工作。

建筑学专业毕业生参加工作后可以参加国家建设部的一级和二级注册建筑师的考试。若考试合格，便可以获得注册建筑师的职业资格。这样，就可以在相应等级的建筑设计书上获得签字的权利，也就相当于手中掌握了建筑设计的"生杀大权"了。

➢ **热门的原因**

现在热门是因为很多高校的建筑学专业并不大量招生。因为建筑学专业不同于其他专业，它是一个高门槛的学科。它的特点主要有：(1)集理工的严密、艺术的想象于一体。在学生进入大学建筑学专业学习之前要有一个良好的绘画基础及较好的形象思维能力，这种高要求限制了大量学生的涌入。(2)一般录取分数相对较高,这也限制了建筑学专业的膨胀发展。(3)学费比较高,要比普通专业多花不少钱。(4)有的学校的建筑学专业为五年制,培养周期比普通专业长。因此建筑学专业一直都处在平稳向前发展中,该专业的毕业生也始终都处在一个就业形势良好的优越环境之中。总之,我觉得建筑学是目前国内就业前景较好的专业之一。

### ➢ 注意事项

说了这么多好的方面,最后还要说一下普通人不了解的地方。

首先,学建筑学不是那么容易。社会上往往认为,只要会画画就能轻松学好建筑学,这种说法是片面的。建筑房屋要保证坚固、安全与适用,这就要涉及工程技术领域的力学、结构、材料、物理(声、光、热)、设备(给排水、采暖通风、强电弱电);另外,建筑空间涉及造型、比例、色彩、韵律、节奏、光影、心理等,这就需要艺术创意领域的音乐、绘画、造型、文学等方面的造诣;还有,建筑是为了不同性质、不同人群的使用,营建于不同地区、不同场所的,具有很强的地域历史、人文与社会性,因此,就所需具备的素质与技能而言,建筑学覆盖了各个大类的学科,"会画画"只不过是其中的一个基本技能。

其次,不要觉得这个专业毕业后就能设计出很多高大上的建筑。鸟巢只有一个,水立方也只有一个。你只有千分之一,甚至万分之一的机会可能成为建筑设计的大师。百分之九十以上的人都在默默地画着施工图案。注意是施工图案,不是设计方案。

再次,真正的设计师压力超级大。第一,一般一个设计项目都是好几个设计单位同时竞争,而最终只有一个设计方案能被客户采纳。也就是说,你设计的方案一旦不被采纳,那之前所有的付出都将化为零。第二,在一般的设计单位中,建筑师还是一个项目的主持人。建筑师不仅要完成属于自己的技术设计部分,还要负责召集结构和设备的工程师来共同完成项目的其他部分。而方案一旦失败,将导致建筑施工图、结构、给排水、采暖、空调、电气、概预算等各个部门所有的付出都白费。所以设计师的心理压力可想而知,被淘汰率相当高。

最后,建筑学专业相对很多专业来说有个特点:学生有自己专门的教室,教室里经常会出现学生熬夜绘图做模型的场景,一不留神就到了大半夜。

毕业工作后的心得有很多,在这里没法一一讲出来。我自己另外写了一份心得给了"金榜事事懂"。决定报这个专业的同学可以抽空好好看看。

### ➢ 学长寄语摘录

建筑学大三学生:如果你跟别人说你是学建筑学的,别人一般会认为你未来会是一个盖房子的工程师。其实,建筑学的范围很广,与工程学、文化学、历史学、社会学等都有交集。会盖房子的人不一定是建筑师。三年的学习中,我最大的收获就是开阔了眼界。不同于其他学科,建筑学要想学好必须了解各方面的信息。或许文学、书法、音乐都能影响一个建筑设计的结果。单从发展的流派而言,它也是独树一帜。所以,在学习的过程中,老师、书本、信息都会影响你的思考方法,而方法的形成便会影响每个人对专业的不同态度。也许这就是建筑学中创新的来源吧。

建筑学大三学生:建筑学带给我的最重要的东西,就是促使我不断去思考。这几年的学习是一个不停思考的过程,也是一个不断地发掘自己、培养自己的过程。在建筑学中,学到的不仅是专业知识、艺术修养,还有很多其他方面的东西。建筑学说起来很简单,但却是一门需要大量知识积累的学科。它不断地促使你去学习新的东西,了解历史、文化、社会……建筑学的学习是痛苦的,也是快乐的,但是痛苦最终会成为幸福的回忆。俗话说得好,学了建筑学你会后悔,但是不学建筑学你会更后悔!

建筑学大四学生：学习建筑学专业这几年带给我的最大变化就是：在越来越感性的同时也越来越理性。大一、大二，通过学习画画、雕塑等课程，到风景优美的地方写生，用画笔记录一路看到的风景，我学会了去发现生活中的美，去感受生活中的点滴；大三、大四，通过学习建造技术、结构、材料、绿色建筑的先进设计方法等，我明白一座经典建筑的诞生不仅需要如诗人、画家、音乐家等艺术家的感性，还要有科学家、工程师、数学家那样严谨而理性的思考。建筑学给予了我艺术家的感性和科学家的理性，让我体验到了丰富的生活。

建筑学研究生：建筑学有一种"潜移默化"的魔力，它让我学会如何站在别人的角度去思考问题。跟大多数独生子女一样，过去的我常常以自己的标准来衡量事物，以主观的态度来发表观点。然而，接触建筑设计之后，我学会了如何从使用者的角度出发，思考建筑的适宜性与合理性。大到一个建筑的立意、功能、造型，小到门窗、台阶、扶手等，创造满足使用者物质与心理需求的活动空间与环境。关爱他人，换位思考，这是建筑学专业教给我的一种生活态度！

## 082802 城乡规划

本人是武汉大学城乡规划专业的毕业生，应"金榜事事懂"的邀请，简单介绍一下城乡规划专业。

### ➢ 专业介绍

城乡规划专业主要是做什么的呢？看专业名字也能了解个大概，通俗点说就是整体规划一下城市或者乡镇的布局，比如在哪里建工业区，在哪里建商业区，再比如规划一个旅游风景区。大到规划设计一座城市，小到规划一个小区、一个校园，都是城乡规划专业涉及的内容。

举个简单的例子，为应对日趋严重的城市交通问题，如何构建高效的城市道路网络；公园、医院、体育中心、商业中心、车站码头乃至污水处理厂、消防站应布置在城市的哪个区域，它们的占地规模应多大；小区的住宅楼应如何排布，哪些是多层住宅，哪些是小高层、高层住宅，小区绿地和配套设施（如幼儿园、小学）如何安排；等等。这些问题均有待城乡规划专业的人才来解决。

### ➢ 学习内容

城乡规划专业的学生不但要学习城市总体规划、控制性详细规划和修建性详细规划等核心规划课程，还要修习或自学其他相关学科的理论知识与专业技能，如建筑学、风景园林、地理学、生态学、社会学、经济学、美学等。

城乡规划专业的核心课程作业多以图件形式表达，做起来复杂且花费时间。

总体上城乡规划专业很重视设计课，从大一就开设了，贯穿大学五年。大部分大学在大一、大二的课程设计上和建筑学专业的课程设置差不多，大三时会分方向。具体的课程有：城市规划原理、城市规划设计、城市设计、城市规划理论与城市发展史、城市道路与交通、城市生态与环境保护、城市地理学、城市经济学、区域规划等。

### ➢ 教授补充

城乡规划是一种综合性的、涵盖城乡居民点的空间布局规划，通过它对一定时期内城乡的土地利用、空间布局及各项建设进行综合部署、具体安排和实施管理，其根本目的是促进城乡经济社会的全面协调可持续发展、城乡土地的科学使用、城乡居民点人居环境的根本改善。城乡规划包括城镇体系规划、城市规划、镇规划、乡规划和村庄规划。

城乡规划学科的综合性很强，涉及自然科学、社会科学、工程技术和人文艺术等多学科知识。

要想成为一名合格的规划师,需要宽泛的知识基础做支撑,既要掌握非常丰富的理论知识,又要有过硬的技术方法。

城乡规划专业本科核心课程有:城乡规划原理、城乡生态与环境规划、地理信息系统应用、城市建设史与规划史、城乡基础设施规划、城乡道路与交通规划、城市总体规划与村镇规划、详细规划与城市设计、城乡社会综合调查研究与城乡管理与法规等。

主要的课程内容包括三个方面:其一,认识城市与乡村,了解其产生、发展的规律,懂得各项功能的空间需求,明白人与城乡空间、生态环境之间的关系;其二,掌握专业的基础理论和技术方法,利用文字与图纸描绘一个理想的城乡建设蓝图,当然了,这个蓝图必须立足建设现状,具有很强的可操作性才有价值;其三,仅有蓝图是远远不够的,更重要的是如何实现它,但实现规划目标的过程是艰难的,因此需要掌握规划建设政策的制定,懂得通过科学、合法的途径实施规划,实现社会、经济与环境可持续发展的目标。

> ### 城乡规划专业就业情况

城乡规划专业就业情况整体来说比较好。

1. 比较好的出路就是考公务员,考上了之后有机会进自然资源和规划局、房产局、环保局等,在这些单位的城建管理部门和计划委员会等,是典型的比较适合走仕途道路的专业。

2. 还有就是在规划院、建筑设计院或设计事务所从事城市规划设计、建筑设计、景观设计等工作。

3. 另外还可以去旅游规划设计公司或者大一点的房地产企业。像这种企业刚进去时工资较低,不过只要有能力,晋升的空间还是比较大的。

4. 最后我再强调一下,如果你想毕业之后走仕途的道路,这个专业非常合适,课程安排也很合理。你有充足的时间可以准备毕业之后的公务员或者事业单位考试。

> ### 实习情况

可以找一家好的单位去实习,比如深圳规划院、北京规划院。实习期间很辛苦,有可能天天加班,不过苦三个月换一张好的评价表,这对找工作是很有帮助的。

> ### 哪些学校比较好

开设城乡规划专业的学校,最权威的是我们行业内的"老八校"(清华大学、同济大学、东南大学、天津大学、西安建筑科技大学、重庆大学、华南理工大学、哈尔滨工业大学),还有行业内的"新四军"(浙江大学、武汉大学、华中科技大学、南京大学)也挺好。还有些"211工程"的院校也都不错。当然分数越高你能选择的余地越大,这个专业的学生求职时候招聘单位还是比较看重学校牌子的。

# 082803 风景园林

本人是风景园林专业毕业的,现在在一个设计院工作,主要负责招聘大学毕业生这方面的工作,现应"金榜事事懂"的邀请,简单介绍一下风景园林专业和我们业内筛选毕业生的几个要素。

> ### 专业介绍

风景园林专业主要是干什么的呢?在介绍之前我先帮你区分一下两个容易搞混的专业。一个是风景园林专业,一个是园林专业。它们的关系不是简单的风景园林专业属于园林专业里的一小部分或一个方向,如果你这么想就大错特错了。

第一,风景园林是工科专业,属于建筑类;园林是农学,属于农学里边的林学小类。两者属于两个完全不同的类别。

第二，风景园林主要是搞设计规划，美术功底要求深一些。而园林也学习部分设计，但还要学习植物栽培、苗木种植等，偏向于植物和栽培。

第三，学习课程上，园林专业的学生既学园林植物栽培，也学一部分规划设计的课程，但相对较少。而风景园林专业的学生很少学习植物学，更多的是学习建筑类的工程制图、测绘等课程。

第四，如果你非常喜欢设计，并且立志做一名出色的设计师，建议报风景园林专业；如果你既想懂点设计又想摆弄摆弄植物、种种树，建议报园林专业。后者可能稍微辛苦些，以后可以进育种公司或者苗木公司，搞研发或者栽培维护、工程苗木施工等。

总的来说，风景园林专业就是在一定的地方运用工程技术和艺术手段，进行风景园林规划设计、风景名胜区和各类城市绿地的规划设计。

### ➢ 学习内容

风景园林专业本科核心课程包括风景园林设计、风景园林建筑设计、城市绿地系统规划、风景园林工程、风景区规划、建筑结构与构造、风景园林艺术原理、观赏植物学、园林植物景观设计等。

这里还要强调一点，学习风景园林专业需要有一定的美术基础，还要有良好的色彩感觉和艺术灵感。最好在入学之前去学习一下美术，关注一下艺术方面的东西，对你以后的学习会很有帮助。

### ➢ 就业情况

总的来说风景园林专业的就业面还是很广的。与专业对口的单位有：园林局、市政、规划局、园林公司、规划设计公司等。与专业相关联的有：房地产公司、建筑设计公司、广告公司、平面设计公司等。

1. 具体而言，风景园林专业的毕业生可以做城市规划师或景观设计师，这两个职业比较高端，各方面待遇非常好，但难度也很大。

2. 当然也可以考事业单位或者公务员，去园林局等行政部门从事园林工程监理类工作等。

3. 除此之外，还可以去各省市园林绿化、景观类设计、施工企业、房地产开发公司、建造行业等。在房地产公司工作，一般从事审图和设计管理。工资主要来源于项目提成。底薪一般不高，取决于所负责项目的设计费和对项目的贡献，典型的多劳多得。工作几年后，考个相关证书发展前景就会更好一些。

### ➢ 注意事项

1. 客观地说，近五年，很多高校相继开设了风景园林、园林设计、景观设计等相关专业。虽然企业对应届生有许多需求，但对其素质的要求也很高。以我招聘风景园林专业学生五年的经验来看，建筑"老八校"（清华大学、同济大学、东南大学、天津大学、西安建筑科技大学、重庆大学、华南理工大学、哈尔滨工业大学）和林业院校的风景园林毕业生在专业方面会有一些优势。

2. 建筑"老八校"的风景园林专业一般属于建筑学院，跟建筑系挂钩，毕业学生的设计功底比较深厚；林业院校风景园林专业偏植物方面的会比较专，毕竟植物学理论不是某个高校一两年就可以研究出来的。所以若是考虑风景园林专业，如果分数够高，建议在建筑"老八校"和林业院校（主要推荐北京林业大学、南京林业大学和东北林业大学）中选择。

3. 总体上就业还算不错，不过本科生就业压力逐年加大，而很多设计院的门槛已经提高到研究生学历了。如果有规划，可以考虑本科毕业之后再考取上面两大类学校的研究生。

提醒一下，报专业一定要多比较，通过比较做出选择。

# 829 安全科学与工程类

## 本专业类概况

### 一、各选科组合能报本专业类的比例

该数据反映的是在该专业类的所有高校招生计划中,各科目组合有多少学校能填报。详解见图书使用说明。

| 物理 化学 生物 | 物理 化学 历史 | 物理 化学 地理 | 物理 化学 思想政治 | 物理 生物 历史 |
|---|---|---|---|---|
| 100.0% | 100.0% | 100.0% | 100.0% | 0.0% |
| 物理 生物 地理 | 物理 生物 思想政治 | 物理 历史 地理 | 物理 历史 思想政治 | 物理 地理 思想政治 |
| 0.0% | 0.0% | 0.0% | 0.0% | 0.0% |
| 化学 生物 历史 | 化学 生物 地理 | 化学 生物 思想政治 | 化学 历史 地理 | 化学 历史 思想政治 |
| 0.0% | 0.0% | 0.0% | 0.0% | 0.0% |
| 化学 地理 思想政治 | 生物 历史 地理 | 生物 历史 思想政治 | 生物 地理 思想政治 | 历史 地理 思想政治 |
| 0.0% | 0.0% | 0.0% | 0.0% | 0.0% |

### 二、该专业类的主要专业男女比例及每年大致毕业人数

| 专业类 | 专业代码 | 专业名称 | 各专业年度毕业人数 | 男女比例 |
|---|---|---|---|---|
| 安全科学与工程类 | 082901 | 安全工程 | 10 000~12 000 人 | 男 67% 女 33% |

### 三、本专业类主要考研方向

| 学科门类 | 一级学科 | 研究方向 | 学位授予 |
|---|---|---|---|
| 工学 | 0837 安全科学与工程 | 学术硕士 | 可授硕士、博士专业学位 |
| 工学 | 0857 资源与环境 | 专业硕士 | 可授硕士、博士专业学位 |
| 参考往年可报考二级学科 | | | |
| 安全科学与工程 | 安全工程 | — | — |

# 本专业类重点专业解读

## 082901 安全工程

本人是中国矿业大学安全工程专业毕业的,应"金榜事事懂"的邀请,简单介绍一下安全工程专业。

### ➤ 专业介绍

安全工程专业,通俗地说就是抓各个领域的安全工作。比如说到矿井下面查看有没有塌方或者漏水等安全隐患;又或者去化工厂查看设备设施是否安全,有没有发生泄漏的安全隐患等。设置安全工程专业的初衷主要是针对矿山安全隐患,现在已经扩展到各个行业。

我国官方对安全工程的定义是,安全工程是一个以工业生产中的风险和事故为主要研究对象,综合运用工程技术和管理科学等知识,辨识和预测存在的风险因素,防止事故发生或减轻事故损失的工程领域。

### ➤ 学习内容

很多学校的安全工程专业的侧重点是不一样的,一般是根据区域的需求而开设不同的课程:南方大部分开设安全工程专业的高校是侧重化工、机械方面;北方开设安全工程专业的高校大部分侧重矿业方面。安全工程专业本科核心课程主要包括燃烧与爆炸学、安全工程学、通风空调与净化、安全监测与监控、职业卫生学、流体力学与流体机械、工程热力学与传热学、分析化学与物理化学等。

如果你决定要选择安全工程专业,我的建议是:要么读研究生加深、细化你的知识,要么在本科期间修第二学位,比如工程管理、公路、桥梁、化学等,这个要根据你自己的喜好而定。

### ➤ 就业方向

为了更清楚地介绍这个专业是干什么的,我就直接说一下就业方向吧,当然只是大概情况,每年的具体情况并不一样。

1. 可以考公务员:对口单位还是不少的,像生态环境局(有关空气净化,当然不是每个学校都学)、应急管理局(这个最对口)、住房和城乡建设局等。

2. 可以去建筑单位:中国铁路工程总公司、中交投资有限公司、中国建筑工程总公司、中国核工业集团公司等,各大中字头企业广泛需求安全工程专业的学生。

3. 可以去煤矿及非煤矿山:因为要下井,所以工资待遇稍微比中字头的那些企业要高一些,而且这种工作男生较适合。由于条件比较恶劣艰苦,因此除了我知道的一个同学现在工作得还不错,其他人都受不了,离开矿山选择其他工作了。

4. 可以去机场、地铁、火车站、汽车站等做交通运输的安检人员。当然这个是需要考试的,如果考上了就很不错,尤其是机场和地铁。

5. 可以去军工企业,比如某兵器厂、某雷达厂都招安全工程专业的毕业生,但是要求比较严格,不好进。

6. 可以去钢厂、化工厂等,比如攀钢集团有限公司、中国石油化工集团有限公司等大型企业。

7. 可以去勘探、地质单位负责安全这块,但这些单位要求毕业生有过硬的岩土安全方面的知识。这个职业如果在野外作业收入会很高。

当然你也能看出来,同一专业不同方向的毕业生,就业去向也存在较大差别。

### ➢ 就业情况

因为我认识的很多人是这个专业的,单从身边的朋友情况看,这个专业找工作比较容易。我们两个班共 66 人,考上研究生的有 24 人,其余的基本都落实了工作单位,大多数集中在建筑行业和石油化工行业。我们宿舍 6 个人中有 3 人在建筑施工企业,另外 2 人在化工行业。我在钢铁企业从事安全管理工作,具体工作就是负责员工的安全培训、特种设备和特种作业人员的管理等。如果在施工现场,就要负责检查设备、抓违章违纪、查事故隐患等方面的工作。

### ➢ 现状及前景

安全工程专业一直比较好找工作,就业根本不是问题。就目前来看,大量这方面的从业者根本不是本专业出身,大多是技术人员兼安全员,只能根据工作实践经验来判断安全问题,不懂事故树,不懂鱼刺图,只能遇到问题解决问题,根本不能很好地做到为企业预防安全事故。可想而知,这当然是不靠谱的。我们经常能听到企业的各种重大事故,比如 2021 年震惊全国的烟台金矿爆炸事故,2022 年年底的河南安阳厂房火灾事故,这都已经引起国家和社会的广泛关注。新的安全生产法的全面实施推广说明政府已将此问题提到一个新的高度。未来几年内,具有一定危险性的生产企业绝对都会硬性配备上安全工程师,所以说这个行业真正饱和预估要持续到 2030 年左右。

至于说将来是否需要考研,不同人有不同的看法。有的人觉得这个专业的学生要从事的工作并不需要很深厚的理论基础,而是需要丰富的实践经验,而这不是读研就能解决的问题。但也有人觉得读硕士可以接受系统的思维逻辑训练,综合能力也会得到提高,而这些带给你的自信将会使你在工作中如鱼得水,步履清风。

所以说针对安全工程专业,如果你迫切地希望本科毕业后就就业,那就要在上学期间多实习。如果你家庭条件可以,自己也喜欢读书,就可以继续深造。

### ➢ 注意事项

有一点我觉得有必要说明一下:学了安全工程专业,未来在工作中可能需要承担比别的工作更大的责任,因为安全问题大于天。

以上是我对本专业情况的一些看法。情况基本就是这样的,当然每年情况会有所差别,仅供考生参考。

# 830 生物工程类

## 本专业类概况

### 一、各选科组合能报本专业类的比例

该数据反映的是在该专业类的所有高校招生计划中,各科目组合有多少学校能填报。详解见图书使用说明。

| 物理 化学 生物 | 物理 化学 历史 | 物理 化学 地理 | 物理 化学 思想政治 | 物理 生物 历史 |
|---|---|---|---|---|
| 100.0% | 94.0% | 94.0% | 94.0% | 0.0% |
| 物理 生物 地理 | 物理 生物 思想政治 | 物理 历史 地理 | 物理 历史 思想政治 | 物理 地理 思想政治 |
| 0.0% | 0.0% | 0.0% | 0.0% | 0.0% |
| 化学 生物 历史 | 化学 生物 地理 | 化学 生物 思想政治 | 化学 历史 地理 | 化学 历史 思想政治 |
| 0.0% | 0.0% | 0.0% | 0.0% | 0.0% |
| 化学 地理 思想政治 | 生物 历史 地理 | 生物 历史 思想政治 | 生物 地理 思想政治 | 历史 地理 思想政治 |
| 0.0% | 0.0% | 0.0% | 0.0% | 0.0% |

### 二、该专业类的主要专业男女比例及每年大致毕业人数

| 专业类 | 专业代码 | 专业名称 | 各专业年度毕业人数 | 男女比例 |
|---|---|---|---|---|
| 生物工程类 | 083001 | 生物工程 | 14 000~16 000人 | 男50% 女50% |

### 三、本专业类主要考研方向

| 学科门类 | 一级学科 | 研究方向 | 学位授予 |
|---|---|---|---|
| 工学 | 0836 生物工程 | 学术硕士 | 可授硕士、博士专业学位 |
| 工学 | 0860 生物与医药 | 专业硕士 | 可授硕士、博士专业学位 |
| 参考往年可报考二级学科 | | | |
| 生物工程 | 生物技术与工程 | — | — |

# 本专业类重点专业解读

## 083001 生物工程

本人是四川大学生物工程专业毕业的,应"金榜事事懂"的邀请,简单介绍一下生物工程专业。

### ➤ 专业介绍

什么是生物工程呢?生物工程包括五大工程,即遗传工程(基因工程)、细胞工程、微生物工程(发酵工程)、酶工程(生化工程)和生物反应器工程。

乍一听好像挺难理解,但是有些与此相关的名称或概念你肯定听说过,比如转基因玉米、转基因大豆等,又比如像结核病或者破伤风病的疫苗研发等。

当然,生物工程的应用领域远不止这些,它包括农业、工业、医学、药物学、能源、环保、冶金、化工原料、动植物、净化等各个领域。但从另一个方面来说,这个专业的科研性比较强,是一门典型的需要继续深造的专业。

### ➤ 学习内容

生物工程专业的主要专业课程有:无机化学与化学分析、植物组织培养技术、有机化学、生物化学、化工原理、生化工程、微生物学、细胞生物学、遗传学、分子生物学、基因工程、细胞工程、蛋白质工程、微生物工程、生物工程下游技术、发酵工程设备、概率论与数理统计、动物生理学等。

### ➤ 教授补充

生物工程的学习和研究对象从微观的生物分子(如氨基酸、蛋白质、核酸),到微生物的个体或群体(如细胞、细菌、病毒等),再到复杂的生命个体(如动物、植物甚至人),最后到宏观的生态环境(如生态修复、环境生物工程等)。既有利用现代分子生物技术和基因工程对生物分子和生物体的改造,例如利用分子级别的基因通过一系列生物工程技术手段培育出"多莉"这样的生命体。也有利用工程技术将生物科学的发现变成产品,最经典的实例是生物学家弗莱明发现了青霉素是一种抗生素,但在其发现之初,大规模制备很困难,且价格昂贵,难以被普通人接受。生物工程的知识解决了青霉素大规模制备过程中的各种问题,例如大规模液体发酵、产物的高效分离与纯化等。

因此,生物工程专业的学生需要以人类生物产品需求为导向,通过学习生物学、化学、物理学和工程学的理论和方法,系统性地设计、优化和改造生物体系与功能,着重解决生命科学研究成果在产业化过程中所面临的技术与工程问题,将生命科学的研究发现转化为实际产品、过程和系统,以满足社会的需求。

### ➤ 专业优缺点

接下来说一下生物工程专业的优势与劣势。

第一,优势是:

①新兴学科,社会对本专业的未来有较高的期望;

②知识范围广,生物学基础强,工程知识扎实,二者有机结合;

③应用广泛,可以很容易地转到生物科学方向或其他相关应用专业,比如食品科学与工程、制药工程等专业;

④注重理性思维,注重动手操作能力,可以进行独立课题实验;
⑤保研考研率很高,很多毕业生有机会出国继续深造。

第二,劣势是:
①专业发展较快,很多学校专业课设置滞后,各学校水平参差不齐;
②生物科学专业课和工科知识学习深度均有限;
③所要求的科目较多,课业较重,想要学好学精必须花费大量精力,课余时间不充足;
④本科毕业工作前景不是十分明朗,相关就业领域要求较高的学历。

## ➢ 就业情况

再说一下就业,因为生物工程专业科研性比较强,所以整体就业情况是:本科生毕业之后工作相对难找,即使找到了,工作内容也比较单调。所以本专业一半以上的学生会选择考研或者是出国深造。生物工程专业相关公司有华美生物工程有限公司、中国生物工程公司等,方向比较窄。

如果你不想继续深造,那么毕业后想找到对口的工作就比较难,本科毕业后最好的出路也只能是医疗器械销售、医药代表或保健品销售。当然大部分人会选择转行,从事销售、管理或者教育等方面的工作。仔细在网上查一下便会发现,生物工程专业多年来一直被很多机构评为较难就业的专业之一。

## ➢ 专业细分

当然有些学校的生物工程专业为了有利于学生就业,还会在专业内划分微生物、动物或植物等方向。

对于学微生物方向的学生,可以瞄准一些生物制药厂和生产疫苗的公司,现在社会上外资和医院附属的制药厂比较多,生产疫苗的公司也不少,不妨一试。虽说不是专门学生物制药的,但是基础知识都具备,不足的可以在岗位上学。要注意的是,你要有思想准备,就业时会受到生物制药专业毕业生的挑战。

对于学动物方向的,可以瞄准一些畜牧兽医站、养殖场和相关单位等,当然同样要受到畜牧兽医专业毕业生的挑战。

对于学植物方向的,可以瞄准一些植物所、公园、苗木园、园艺场、种苗公司等,当然也会受到园艺园林、植保等专业毕业生的冲击。

# 901 植物生产类

## 本专业类概况

### 一、各选科组合能报本专业类的比例

该数据反映的是在该专业类的所有高校招生计划中，各科目组合有多少学校能填报。详解见图书使用说明。

| 物理 化学 生物 | 物理 化学 历史 | 物理 化学 地理 | 物理 化学 思想政治 | 物理 生物 历史 |
|---|---|---|---|---|
| 100.0% | 94.6% | 94.6% | 94.6% | 0.0% |
| 物理 生物 地理 | 物理 生物 思想政治 | 物理 历史 地理 | 物理 历史 思想政治 | 物理 地理 思想政治 |
| 0.0% | 0.0% | 0.0% | 0.0% | 0.0% |
| 化学 生物 历史 | 化学 生物 地理 | 化学 生物 思想政治 | 化学 历史 地理 | 化学 历史 思想政治 |
| 0.0% | 0.0% | 0.0% | 0.0% | 0.0% |
| 化学 地理 思想政治 | 生物 历史 地理 | 生物 历史 思想政治 | 生物 地理 思想政治 | 历史 地理 思想政治 |
| 0.0% | 0.0% | 0.0% | 0.0% | 0.0% |

### 二、该专业类的主要专业男女比例及每年大致毕业人数

| 专业类 | 专业代码 | 专业名称 | 各专业年度毕业人数 | 男女比例 |
|---|---|---|---|---|
| 植物生产类 | 090101 | 农学 | 5000~6000人 | 男50% 女50% |
| 植物生产类 | 090102 | 园艺 | 8000~9000人 | 男37% 女63% |
| 植物生产类 | 090103 | 植物保护 | 4500~5000人 | 男46% 女54% |
| 植物生产类 | 090105 | 种子科学与工程 | 2000~2500人 | 男49% 女51% |
| 植物生产类 | 090106 | 设施农业科学与工程 | 1500~2000人 | 男55% 女45% |

### 三、本专业类主要考研方向

| 学科门类 | 一级学科 | 研究方向 | 学位授予 |
|---|---|---|---|
| 农学 | 0901 作物学 | 学术硕士 | 可授硕士、博士专业学位 |
| 农学 | 0902 园艺学 | 学术硕士 | 可授硕士、博士专业学位 |
| 农学 | 0904 植物保护 | 学术硕士 | 可授硕士、博士专业学位 |
| 农学 | 0951 农业 | 专业硕士 | 可授硕士、博士专业学位 |
| 参考往年可报考二级学科 | | | |
| 作物学 | 作物栽培学与耕作学 | 作物遗传育种 | 园艺学 | 果树学 |
| 蔬菜学 | 茶学 | 植物保护 | 植物病理学 | 农业昆虫与害虫防治 |
| 农药学 | 农业 | 农艺与种业 | 资源利用与植物保护 | 畜牧 |
| 渔业发展 | 食品加工与安全 | 农业工程与信息技术 | 农业管理 | 农村发展 |

# 本专业类重点专业解读

## 090101 农学

本人是农学专业的毕业生,应"金榜事事懂"的邀请,简单介绍一下农学专业。

### ➢ 专业简介

农学是一个很大的概念,一提起农学,很多人马上就会联想到农村、农民以及种地,这其实都是对农业院校和农学专业的误解。

大学里的"农学专业"不是要培养你怎么样面朝黄土背朝天,而是要培养一个懂得农作物先进的栽培技术、育种技术等的研究人员或者指导人员。我举例说明一下你就明白了:

农民种地是不是想要产量高的种子?

农民种地是不是想知道什么样的土壤环境更适合种什么农作物?

农民种玉米的时候是不是想知道多远的植株间距总产量最高?

农民为了提高土地的产量,想了解很多内容,但是他们不可能去花几年的时间做试验,因为现实情况不允许。于是就需要有专门的人做研究,农学专业的学生就是其中的一部分。

### ➢ 专业方向

农学专业的内容很广泛,从微观农作物分子细胞的研究到宏观农业产业的经营,都是农学专业研究的范畴。

农学专业大体上可以根据农民的需求分为两个大方向:

第一,农民不是想要高产的种子吗?那我们农学专业有一个方向是作物育种方向。该方向主要就是通过像杂交育种、选择育种、抗病虫育种等培育优良的农作物种子。比方说杂交高产水稻、抗虫害大豆就是这个方向的。

第二,农民不是想要知道什么样的土壤环境适合什么农作物,农作物间距多少最高产吗?那我们也有相应的方向,就是作物耕作栽培方向。该方向主要研究的就是什么样的土壤适合什么样的作物,某种农作物的分布密度为多少最好,什么样的农作物最适合什么样的温度、光照和水分,等等。研究好了就推广给农民用。

### ➢ 学习内容

当然,为了达到上面的研究目的,就需要学相应的专业课程。农学专业的主要课程包括遗传学、田间试验设计、植物学、土壤肥料学、植物生理与生物化学、应用概率统计、农业生态学、作物栽培与耕作学、育种学、种子学、耕作学、农业经济管理、农业推广学、植物病虫害学等。

除了在学校学习,和所有的涉农专业一样,农学专业实践课也比较多,基本上所有的农学类专业学生都会到试验田里劳动,种植一些农作物等。

农学专业知识范围很广,而我们应该做的是:既要广学又要针对某一方面精学,这样自己就不会那么迷茫了。前辈说,最好是继续深造,读研究生等,那样发展前途更广。

### ➢ 教授补充

提起农学,人们马上会联想到"农民伯伯在田地里辛勤地劳作",其实广义的农学涵盖了农、林、牧、副、渔等多个行业。但专业里边的农学是狭义的农学，也就是农作物栽培与育种。它属于大农学门类下的植物生产专业类的一个分支专业。农学专业主要研究四部分内容：一是遗传育种理论方法；二是培育新品种；三是高效栽培技术；四是耕作制度。简单地说，农学专业研究的是如何选种、育种；如何增加农作物产量；在全国范围内，哪些地方种植什么作物最好；在同样一个地方，怎么样进行轮作、兼作等。这些都是农学需要研究的问题。

农学专业研究的对象，总的来说，应该是自然界的所有农作物，包括粮食作物、纤维作物、油料作物、糖料作物、香料作物、药用作物、能源作物、植物胶作物等。其研究对象的多样性和复杂性，决定了农学的范围广泛和门类繁多。其中有侧重基础理论的，也有侧重应用技术的，特别是粮、棉、油等大田作物生产的理论与技术是农学专业学习和研究的重点。这些学习和研究的对象均涉及民生大计，与国民经济的发展和人民生活密切相关，具有很强的实践性，成果多应用于生产以提高国家农业生产水平。

## ➢ 什么学生适合

1. 富有责任感，心系国家农业发展、三农问题和粮食安全，有兴趣从事农业相关的政务工作；
2. 对农业科研感兴趣，并立志成为一名与农业相关的科研人员；
3. 对农业教育感兴趣，并立志成为一名与农业相关的教育工作者；
4. 学农爱农，有钻研精神，耐得住寂寞，能不为外界的浮躁气氛所影响。

## ➢ 就业情况

按教科书上的说法，农学专业是培养具备作物生产、作物病害、作物遗传育种以及种子生产与经营管理等方面的基本理论和技能，能在农业及其他相关的部门或单位从事与农学有关的技术与设计、推广与开发、经营与管理、教学与科研等工作的高级科学技术人才。

现实生活中这个专业的就业情况整体一般，如果想在农业领域找工作，工资一般不高，很多同学本科毕业后便去种子、化肥、农药等相关的公司从事销售工作，整天跑业务，也可能会去郊区的一些种子厂、化肥厂等从事行政工作。

如果你想从事相关工作，还想待遇各方面都好些，可以考公务员，考上了有可能进农业农村局、粮食局等政府部门。

当然这个专业最好的出路还是继续深造，读硕士、博士。如果博士毕业后再去国外学习几年，那么回来后就更加抢手了。

还有很大一部分同学转行了，当然也有自主创业的。

## ➢ 注意事项

1. 因为专业名字的关系，很多同学在志愿中不会优先选择这个专业，所以平常录取分都是比较低的。
2. 虽然这个专业就业率一般，不过国家对农业的支持力度还是比较大的，所以我认为它的前景还是可观的。
3. 农学专业毕业生能留在大城市的比较少，因为大城市中很少有农田。
4. 有很多人问我："农学不是应该包含动物、植物、水产等吗？"还有的人问："农学专业学不学动物、水产等方面的内容？"我可以很负责任地告诉你：不学！我们的农学专业仅仅是一个小专业，是属于植物生产大类下边的一个专业。

# 090102 园艺

本人是北京林业大学园艺专业的毕业生,应"金榜事事懂"的邀请,介绍一下园艺专业。

## ➢ 专业介绍

提起园艺可能大家不是很熟悉,但是我举一些例子你就应该知道了。大家都见过婚车吧,婚车前边总有一大束漂漂亮亮的花;还有办公室里边常常有从花卉市场买回来的像吊兰、绿萝、发财树、富贵竹等各种装饰性盆栽;还有节庆日的时候,很多广场会摆五颜六色的盆花。那些花可不是在路边随便采的,都是园艺师经过辛苦劳作而培育出来的。当然这些观赏装饰性的盆栽花束等只是园艺中涉及的一小部分,其实像果树、蔬菜和观赏植物这三大类都属于园艺作物,一般以较小规模集约栽培的具有较高经济价值的作物都可以叫园艺作物。而园艺专业的学生就是学习园艺作物(诸如果树、花卉和蔬菜等)的生产、栽培、改良、应用以及相关企业经营管理与营销等知识的。

## ➢ 易混专业

在本科专业里边有"园艺专业"和"园林专业"。很多人容易搞混这两个专业,其实两个专业差别还是很大的。

从学习内容上,园林专业主要涉及景观设计和植物,而园艺专业主要涉及果树、蔬菜和观赏植物。在学习内容上不难看出,两者是截然不同的。

园林追求的是观赏植物在园林中的造景效果,主要倾向于园林艺术设计、园林建筑设计、园林植物种植设计、园林绿化等,比如依据一个公园的整体地形地貌对公园内的植物、园路、水景进行整体布局设计。而园艺关注的是植物本身,主要倾向于植物的栽培与养护,包括水果、蔬菜和花卉等的观赏特性、生态习性。园艺还包括引种、繁殖、栽培、育种等,其中有的学校还要学插花。

举例来说,现在很多公园里边移栽了很多棕榈树,园艺专业的人会考虑什么样的温度、湿度、光照、土壤会让棕榈树成长得枝繁叶茂,更漂亮;而园林专业更关注的是棕榈树种植到哪里才能和公园里的假山、凉亭融为一个有机整体,形成独特的景观。

## ➢ 学习内容

因为园艺作物分果树、蔬菜和观赏植物三大类,一般大学四年也不可能都学全,所以各个大学在研究方向上还是有些差别的,比如有的学校以观赏植物为主,有的学校以果树研究为主,有的学校则主要偏重于蔬菜和果树方向,还有些学校是涉及各个方向的。北京林业大学主要以观赏植物为主,下面以此为例介绍一下园艺专业的学习内容。

为了便于了解,我大致把课程归纳为:认植物、种植物、改良植物、植物应用四类课程。

第一,认植物。学习园艺专业,认植物是最重要的任务。这样的课程有园林树木学、园林花卉学、植物学、蔬菜概论、果树概论等。认植物要知道植物的名称、科属、生态习性、特征、观赏特性;要知道什么植物适宜什么温度、土壤、光照,什么时候开花,开什么花,等等。只有把植物认准了、摸透了,才能知道如何把它种植好、培育好、应用好。

第二,种植物。认准了植物接下来就是种植物,这样的课程有土壤学、土壤肥料学、气象学、农科化学、花卉营养学、园艺设施、植物栽培养护、花卉栽培、蔬菜栽培、观赏植物病虫害防治等。

第三,改良植物。对于观赏类的植物,自然培育的已经不能满足人们的需求了,这就需要改良植物,比方说如何让花开得更鲜艳?如何让蔬菜长得更大?这样的课程有植物遗传育种学、植物生理学、生物技术与观赏植物、观赏植物组织培养等。

第四，植物应用。改良了植物，目的是让植物投入生产后有更多应用，产生更大效益。而植物应用方面的课程有观赏植物采后保鲜、采后处理，切花生产理论与技术，盆花生产理论与技术，干花的制作与应用，花卉市场与国际贸易。这些课程的学习要特别注重其应用性。

除了在课堂上课，平常我们的实践课相对别的专业往往会多一些，大学里园艺专业的学生一般会亲自去栽种作物等，然后还会经常参观一些植物园、公园、花卉市场等。

### ➢ 教授补充

园艺是属于农学中植物生产类的一个专业，园艺主要是教会人们如何对果树、蔬菜、花卉及观赏树木进行栽培与繁育的一门技术。

园艺学属于大农学的范畴，和大家熟知的传统农学的研究对象如水稻、玉米等大田作物（粮食）不同，园艺学的研究对象是种植在园子里的植物，主要包括果树、蔬菜、花卉和观赏植物等。大田作物和畜产品等是满足人类基本生存需求的，而园艺产品不仅提供了人类所必需的营养，而且满足人类的视觉、味觉和嗅觉需要，在某种意义上还具有满足精神需求和生活情趣的作用，因此可以提高人们的生活质量。

园艺学主要学习和研究园艺作物新品种的培育方法、栽培技术及园艺产品的贮藏和运输技术，分别对应园艺产业的产前、产中和产后。园艺学的研究范围涵盖了整个园艺产业链中的各个环节，涉及生物学基础（如植物生理学、分子生物学、生物化学、遗传学等）、信息技术（技术环节的自动控制），甚至工程学领域（如设施的建造等）的问题。

### ➢ 就业情况

学这个专业毕业后能从事什么样的工作呢？

第一，一个对口的工作就是到园艺公司去，不过做这方面工作相对较累。举个例子，某大型商场在门口搞活动时需要很多花卉做装饰，这时，你就可以在现场帮着工作人员布置花卉——摆在哪些位置更显眼，摆放什么样的花更好，等等。很多时候需要在外面加班，当然这个行业也是比较公平的，付出和收获成正比，想多挣钱就得多付出。

第二，做婚庆花艺师。这是个比较新兴的职业，一般婚庆公司都需要，主要工作就是用鲜花布置婚礼会场或婚车之类的。现在结婚现场用的基本上都是鲜花，花艺师这个职业也随着市场的需求越来越火，特别是在比较大的城市，花艺师的收入相当可观。

第三，去郊区工作，比如去苗木公司、蔬菜基地、种子公司等，主要从事园艺作物的繁殖、栽培工作。

第四，去园艺作物的贸易公司工作，包括花卉的代理、运输、销售企业等。

第五，考事业单位或者公务员，农科所、农业局、林业局、园林局等都比较对口。

当然还可以自主创业，如开鲜花店、开插花培训机构等。也有部分同学转行了。其实毕业之后的就业情况哪个专业都差不多，关键是看你自己的能力，是金子总会发光的。

### ➢ 发展前景

就目前来说，我国园艺产业还没有形成很大规模，所以毕业后可能会面临就业面相对较窄、待遇一般等问题。但园艺作为农业种植业的组成部分，与城市建设和人们的生活息息相关，对丰富人类营养和美化、改造人类生存环境有重要意义。随着人们对生活质量的要求越来越高，园艺作物的作用也逐渐被重视起来，特别是在较为发达的大城市。所以园艺专业未来的前景还是不错的。

# 090103 植物保护

本人是植物保护专业的毕业生,应"金榜事事懂"的邀请,简单介绍一下植物保护专业。

## ➢ 专业介绍

农民种植物是不容易的,因为植物在生长过程中会碰到各种不同的状况,比方说地里会有很多杂草和它争夺养分、植物有时候也会生病等,这时候,我们需要采取措施保护它,让它好好成长,给它除草、治病等。这些从事植物的病虫害防治等方面的工作就叫植物保护。植物保护专业主要研究的就是怎么防治植物主要的病虫害,让植物健康生长,从而提高其产量。

## ➢ 学习内容

接下来我说一下学习的课程。有很多人在查看专业介绍的时候往往不想看学习的课程,可是不看课程你怎么能更好地了解各个专业?所以你也需要了解在大学你打算要报的专业要学习什么课程。

第一,要保护植物就需要先了解植物。所以要学习植物学、作物栽培学、植物生理学等课程。

第二,植物不能健康生长,有好几方面的原因。一是因为有虫害,二是因为植物生病,三是因为有杂草。那就得了解植物常见的病害、常见的虫害(包括引起虫害的昆虫的生活习性),还有杂草的生长特性等。所以学习的课程有植物病害流行学、普通植物病理学、农业植物病理学、普通昆虫学、农业昆虫学、杂草科学等。

第三,知道昆虫习性之后,准备研究相对应的农药,那么相关的化学类的知识就得了解,所以需要学习化学、农药学、农药分析与毒性测定等课程。

第四,想知道生产的农药有没有效果,你就要试验,就要做统计分析,所以还得学习一些昆虫生态与测报、统计学等方面的课程。

## ➢ 教授补充

植物保护专业是以植物学、动物学、微生物学、农业生态学、信息科学为基础,研究有害生物的发生发展规律,并提出综合治理技术的学科,它是植物界的医学。

植物保护是针对植物主要的病害、虫害,研究怎样防治,从而来提高植物的产量和品质。简单来说,植物保护专业的任务主要是治疗植物疾病和害虫。就好比医学,只不过它是植物界的医学,不仅要治好植物的疾病,还要研究相关药物,甚至是帮植物做手术。所以过去的植保站有的叫植物医院,实际上和医院的工作是一样的,只不过对象不同而已。

我国是一个农业大国,粮食安全有重要的地位。农作物易受到多种病虫害的危害,若无防治措施,产量损失率将达到30%~40%。植物保护专业的目的就是通过研究病虫杂草等各种有害生物的发生规律,研发安全高效的农药或通过生物防治等方法减少化学农药使用,有效防治有害生物,保障作物稳产高产和农产品安全。

我国正处于农业转型的关键阶段,小规模的农业生产对病虫害防治的要求可能不高,但是一旦开始以规模化的农场进行农业生产,病虫害防治需要的成本以及对环境的影响将受到重视。研究出更科学、高效、安全的病虫害防治措施将是一件非常有价值的事。

## ➢ 就业情况

1. 这个专业偏理论而且比较冷门,一般一半以上的毕业生会选择继续深造,将来毕业从事科研工作。

2. 如果不考研,最好的出路就是考公务员,可以去海关、进出口检疫检验局或者植保所等相关部门,从事行政或者安全监管等工作。

3. 可以去各级基层农场、林场、森林公园等,还可以去地方基层农业局、植保站、农技推广中心以及各级农业、林业部门。

4. 如果想去企业的话,可以去一些种子公司或者农药公司工作。举个例子,比如说你在一家农药公司工作,可以搞研发,可以搞测评,可以搞生产,也可以做销售。

### ➤ 注意事项

1. 专业比较偏,我们省当时录取方式还是平行志愿,所以就我周围人来看,不少人是被调剂过来的。这也提醒你,报志愿的时候一定要了解清楚规则,别报上自己本来不太喜欢的专业。

2. 相对别的专业来说,这个专业的就业范围比较窄,名牌学校毕业的学生机会相对多一些,但一般大学的毕业生的就业情况就没那么乐观了。

3. 如果选择了这个专业,要么你就努力地准备考试,考研究生或考公务员;要么就下基层工作。

## 090105 种子科学与工程

本人是种子科学与工程专业的毕业生,应"金榜事事懂"的邀请,简单介绍一下种子科学与工程专业。

### ➤ 专业介绍

种子科学与工程专业,说通俗点就是研究怎么育种,怎么加工、贮藏种子的。比如说,毕业以后你有可能去种子公司对种子的质量进行检测,研究如何才能培育出更好的种子等。

种子科学与工程专业在植物生产类专业里算比较好的了,毕竟中国是个农业大国,不管种什么植物必须先培育好种子。现在全国的种子公司也很多,大约有几千家。如果能考上硕士或者博士,就业前景还是很不错的。

### ➤ 学习内容

种子科学与工程专业学习的主干学科有:植物育种原理、作物栽培学、作物育种专题、种子生理学、种子生产学、种子检验、种子贮藏加工与种子经营、成本会计、公共关系学、农业推广学、国际贸易原理、市场营销等。

种子科学与工程专业的主要课程有:植物学、植物分类学、植物生理与生物化学、作物栽培学、种子生物学、种子加工与贮藏、种子检验技术、种子生产技术、种质资源学、种子经营与管理学、应用概率统计(生物统计)、普通遗传学、田间试验设计、植物育种原理、遗传学等。

学习种子科学与工程专业可以具备植物育种、种子加工贮藏、种子质量检测、种子营销及其相关领域的基本理论、基本知识和基本技能,能从事技术推广与开发、生产经营与管理等方面的工作。除此之外还需要掌握经营管理、成本会计、国际商法等专业知识,做复合型人才。

### ➤ 就业方向

种子科学与工程专业的学生就业方向主要有种子公司、种子管理站、农场、农业类公司、科研与教学单位、农业行政部门、相关涉农单位等。当然本科毕业后一般是去农场、种子公司或者农业类公司工作,考上公务员才能去农业农村局等农业行政部门工作。

本科毕业的话对口的工作单位就是去种子公司,做办公室行政工作或者做销售工作。办公室行政比较安逸,但是整体工资不高;种子销售基本工资不高,不过提成还是挺可观的,但比较辛苦,适合男生干。

## 090106 设施农业科学与工程

本人是设施农业科学与工程专业的学生,应"金榜事事懂"的邀请,简单介绍一下设施农业科学与工程专业。

### ➢ 专业介绍

这是一个对普通人来说比较难理解的专业,因为涉及一个很少听说过的专有名词——设施农业。

这是一个不同学校颁发的学位可能完全不同的专业。因为有的大学是按工学的专业培养的,而有的大学是按农学的专业培养的。

接下来我就先解释一下什么是设施农业,其实听了解释你就会恍然大悟。设施农业指在环境相对可控条件下,采用人工技术手段,改变自然光温条件,优化植物生长的环境,使之能够全天候生长的一种现代农业方式,也可以叫它"可控环境农业"。用通俗点的话说就是平常我们种植物都是在露天的地里,而设施农业就是在特定的人造设施中、可控的环境中培育植物。比如在温室大棚中种植物、花卉、瓜果等,在安全型菇房中种食用菌都属于设施农业的范畴。

知道了设施农业的含义,那设施农业科学与工程专业主要学习的内容也就比较明朗了,主要学的是农业设施(如温室大棚)的设计、制造和安装,设施环境的调控,传感与测试技术和工程,种苗工厂化生产,设施作物栽培和育种等。

上面提到过,设施农业科学与工程专业具有特殊性——同一个专业可以颁发不同的学位证。这是由不同学校的侧重方向不同所造成的。

有的大学学的内容主要是工科类的知识,比方说主要是学怎么样设计、修建温室大棚,怎么样设计制造排水灌溉系统等。工学类方向的核心课程是设施环境工程学、建筑设计基础、温室建筑与结构、农业园区规划等。

农学类方向学的不是怎样设计、修建温室大棚等,而主要是学农学类的知识,比方说在大棚里种什么植物,培育什么花卉和种子,应该给设施里的不同植物提供什么样的生长环境等。核心课程是设施作物栽培学、设施作物育种学、温室设计基础、无土栽培等。

侧重于工学方向的学生本科毕业后取得的就是工学学士的学位,侧重于农学方向的学生本科毕业后取得的就是农学学士的学位。这个差别还是不小的,所以填报以前一定要甄别清楚。

### ➢ 学习内容

设施农业科学与工程专业在大学本科阶段开设的主要课程如下。

基础类课程:植物学、气象学、土壤学、遗传学等。

农业方向的课程:植物生理学、作物栽培学、园艺植物病理学、园艺设施学、农业设施环境控制、设施栽培学技术、无土栽培、农业园区规划设计与管理、工厂化育苗、土壤学与肥料学、设施环境检测和调控、设施作物产品采后处理等。

工学方向的课程:工程制图、工程力学、结构力学、材料力学、自动控制原理、工程热力学与传热学、水利学试验、现代灌排原理与技术、农业环境学、设施农业工程、设施农业环境控制、农业设施设计制造、设施农业工程概预算等。

> ➢ 就业情况

设施农业科学与工程专业是新兴专业,所以整体就业情况只能说一般。本科毕业后对口的工作就是供职于温室工程公司或者农业规划公司等,不过待遇一般。举个例子,比如毕业之后你在一家温室工程公司工作,工作内容可以是设计温室结构,也可以是研究温室内温控、湿度控制、灌溉技术,还可以是参与温室的整体施工等。

倾向于农学方向的人可以到蔬菜花卉及果品企业、大型温室及种子种苗公司、现代农场及现代化高科技示范园等。很少有人愿意从事育种或者栽培方面的工作,因为条件艰苦,而且是在农村。

其他相关的工作就是在农资企业、农产品外贸公司等从事销售工作,这部分工作的需求量很大。

剩下的就是考村干部或者公务员,再就是转行从事其他行业的工作。

另外,如果想继续深造的话,还可以选择攻读蔬菜学、农业建筑环境与工程、设施设计与改良、设施环境工程与调控、设施生产技术、无土栽培等方向,毕业后就可以从事研究工作。现在我国设施农业发展有两条道路:一条道路是我国自主研发的塑料大棚和拱棚,逐渐发展为日光温室和连栋温室等;另一条道路是引进国外具有自动化、智能化、机械化并具备人工升温、光照、通风和喷灌设施,可进行立体种植的现代化大型温室,但是因为成本太高没有普及开来。如果你感兴趣的话可以好好研究一下这些内容。

# 902 自然保护与环境生态类

## 本专业类概况

### 一、各选科组合能报本专业类的比例

该数据反映的是在该专业类的所有高校招生计划中,各科目组合有多少学校能填报。详解见图书使用说明。

| 物理 化学 生物 | 物理 化学 历史 | 物理 化学 地理 | 物理 化学 思想政治 | 物理 生物 历史 |
|---|---|---|---|---|
| 100.0% | 97.6% | 97.6% | 97.6% | 0.0% |
| 物理 生物 地理 | 物理 生物 思想政治 | 物理 历史 地理 | 物理 历史 思想政治 | 物理 地理 思想政治 |
| 0.0% | 0.0% | 0.0% | 0.0% | 0.0% |
| 化学 生物 历史 | 化学 生物 地理 | 化学 生物 思想政治 | 化学 历史 地理 | 化学 历史 思想政治 |
| 0.0% | 0.0% | 0.0% | 0.0% | 0.0% |
| 化学 地理 思想政治 | 生物 历史 地理 | 生物 历史 思想政治 | 生物 地理 思想政治 | 历史 地理 思想政治 |
| 0.0% | 0.0% | 0.0% | 0.0% | 0.0% |

### 二、该专业类的主要专业男女比例及每年大致毕业人数

| 专业类 | 专业代码 | 专业名称 | 各专业年度毕业人数 | 男女比例 |
|---|---|---|---|---|
| 自然保护与环境生态类 | 090201 | 农业资源与环境 | 2500~3000人 | 男51% 女49% |
| 自然保护与环境生态类 | 090202 | 野生动物与自然保护区管理 | 300~350人 | 男40% 女60% |
| 自然保护与环境生态类 | 090203 | 水土保持与荒漠化防治 | 900~1000人 | 男58% 女42% |

### 三、本专业类主要考研方向

| 学科门类 | 一级学科 | 研究方向 | 学位授予 |
|---|---|---|---|
| 农学 | 0903 农业资源与环境 | 学术硕士 | 可授硕士、博士专业学位 |
| 农学 | 0910 水土保持与荒漠化防治学 | 学术硕士 | 可授硕士、博士专业学位 |
| 参考往年可报考二级学科 | | | |
| 农业资源与环境 | 土壤学 | 植物营养学 | 环境科学与工程 | 环境科学 |
| 环境工程 | — | — | — | — |

# 本专业类重点专业解读

## 090201 农业资源与环境

本人是农业资源与环境专业的学生,应"金榜事事懂"的邀请,简单介绍一下农业资源与环境专业。

### ➢ 专业介绍

这个专业分为两部分:一部分是农业资源,另一部分是农业环境。

先说农业资源。农业资源指农业生产可以利用的自然环境要素,如土地资源、水资源、气候资源和生物资源等。比方说我们种植物就要考虑很多的因素,像土壤肥力是否充足、水资源是否适宜、气候环境是否合适、不同的土壤类型最适宜种植什么植物等,这都属于农业资源的范畴。

再说农业环境。农业环境由气候、土壤、水、地形、生物要素及人为因子所组成,主要包括土地、森林、草原、水资源、空气等。开发利用农业资源不可避免地就会涉及相关的环境,比如过量使用化肥就会引起硝酸盐积累和水体富营养化,不节制地利用会导致水土流失、土壤沙化、土壤盐渍化等环境问题。如何在开发利用农业资源的同时平衡好周边农业环境也是农业资源与环境专业需要研究的问题。

总之农业资源与环境专业的目标就是既要充分开发利用农业资源,又要合理保护周边农业环境,同时防止农业资源退化。

### ➢ 学习内容

从学习内容上看,农业资源与环境专业大学本科核心课程包括土壤学、植物营养与施肥、土壤农化分析与环境监测、土壤改良技术、肥料工艺学、科学施肥与农田水分管理、农业微生物学、环境质量评价、地质地貌学基础、农业再生资源综合利用、农业环境学、农业气象学、生态学、水土保持学等。

具体到我们学校的话,大一、大二公共课较多。大一学习无机及分析化学加实验、有机化学、概率、计算机基础、植物学等课程;大二学习农业资源学、农业环境学、生物化学、植物生理、环境生态学等课程。

大三专业课较多,有土壤学、植物营养学、土壤污染防治、土壤资源调查与评价、土壤资源利用。大四基本没课,可以做一些实习工作,为毕业找工作做准备。总体来说主要就是各种植物学、土壤学、环境污染和治理的课程。这个专业比较注重实验,实验课很多。

### ➢ 就业情况

就业方向主要是去农业局、环保局,还有就是土肥站、化肥厂或者与农业相关的企业。不过在毕业招聘会上很少会看到相关企业的影子,需要自己找。毕业后最可能的去向是化肥厂或者与农业相关的企业,这类企业多半位于偏僻的地方。

## 090202 野生动物与自然保护区管理

本人是东北林业大学野生动物与自然保护区管理专业本科毕业的,应"金榜事事懂"的邀请,简单介绍一下野生动物与自然保护区管理专业。

### ➢ 专业介绍

野生动物与自然保护区管理专业从字面意思就不难理解，主要学习的内容跟野生动物保护有关，通俗地讲就是学习如何保护自然保护区的环境、保护野生动物、保护地球上的各种野生动物资源。

### ➢ 学习内容

野生动物与自然保护区管理专业本科核心课程包括保护生物学、野生动物管理学、自然保护区学、普通动物学、动物生态学、景观生态学、野生动物产品学、动物行为学、动物遗传学、动物生理学等。

野生动物与自然保护区管理专业学起来比较轻松，东北林业大学每年组织这个专业的学生实习一次，分别去海边、山上、动物园、保护区等地方，非常有收获。

### ➢ 就业情况

下面我简单说一下野生动物与自然保护区管理专业的就业情况。毕业后最对口的工作单位是自然保护区、森林公园、国家公园、野生动物科研院所、国家海关和边境口岸等。

很多人对这个专业有一个认识上的误区，只是简单地认为学完这个专业之后就能进国家森林公园、林场或者野生动物园。就以我们班为例，整个班级50人，除去保研考研的，只有5个人找到的工作和野生动物有关，剩下的人都做其他行业的工作了，各行业各领域都有。总体来说毕业之后工作不难找，但是要能吃苦。

这个专业在国外比较吃香，比如肯尼亚、印度等，因为这些国家重视野生动物环境问题，野生动物资源一直保护得相当好，从而带动了当地的旅游业。但就国内现状来说，这个专业比较冷门，而且前景不是很乐观。我国的野生动物资源破坏得比较严重，国家自然保护法相对滞后，保护区的保护理念也相对落后。如果你想学好这个专业，并且今后从事这项事业，就必须做到坚韧不拔地面对一切挫折和困难，具有极高的奉献精神。

### ➢ 注意事项

真正有野生动物需要保护的自然保护区经济一般不是很发达，工作人员的待遇不是很高。而极少数具有国际知名度的个别保护区则待遇比较好（如卧龙、盐城等），但是由于编制有限，进去很不容易。

## 090203 水土保持与荒漠化防治

本人是南京林业大学水土保持与荒漠化防治专业毕业的，应"金榜事事懂"的邀请，简单介绍一下水土保持与荒漠化防治专业。

### ➢ 专业介绍

水土保持与荒漠化防治专业学出来具体是做什么的，从专业名称不难理解。这个专业主要分两个方向，一个是水土保持，一个是荒漠化防治。

水土保持换个说法就是防止水土流失。我们国家的一些地方水土流失很严重，比如黄河、长江河道边的土壤由于被冲刷很容易导致水土流失，黄土高原由于地形起伏破碎，沟多坡陡植被少，水土流失也比较严重，要防止水土流失就需要采取种植林草或者修筑拦沙坝等很多措施，这就是水土保持。

荒漠化防治研究的是如何解决我国特别是西北部地区被大风吹蚀、被流水侵蚀以及人类过度开发使用而导致的土壤肥力退化的土地资源问题。退耕还林、防风固沙、退牧还草都是荒漠化防治的内容，比较出名的三北防护林就是其一。

### ➢ 学习内容

水土保持与荒漠化防治专业学得挺杂，学科涉及植物、土壤、水力、生态、测量等许多课程，但是每门课程学得并不深，只是类似概论的内容。

水土保持与荒漠化防治本科核心课程包括水土保持工程学、水土保持规划、地质地貌学、普通植物学、林业生态工程学、土壤学、树木学、土壤侵蚀原理、工程力学、水文与水资源学、测量学、水土保持规划、农田水利学等。

比如说你要修一个挡墙或拦沙坝，则需要掌握工科的知识，如水力学、水文学、建筑材料、工程力学、测量学、岩土力学等。

如果你想防治土壤侵蚀，则需要植树种草，要学习植物学、树木学、水土保持林学、造林学、森林培育学、草业科学等。

由此可以看出，水土保持与荒漠化防治包括两大门类课程——工科和林业，主要是根据水土保持与荒漠化防治措施而设置的。

学习水土保持与荒漠化防治专业时不需要天天闷在教室里，而是要经常出去爬山、钻树林等，从户外体验更多内容。

### ➢ 就业情况

水土保持与荒漠化防治专业毕业后主要有以下几个就业方向：

1. 最主要的一个就业方向是进一些水保监理公司工作，这部分人占了50%左右。主要的工作内容就是水土保持监测、水土保持工程规划、水土保持施工方案编制等。在各地都有许多这样的单位，包括企业和事业单位（如水利水电勘察设计院等）。我们班的毕业生中有两人进入青海水利水电勘察设计院工作。

2. 进入一些建筑工程单位工作。房地产、架桥、修路、建矿等大型的建筑工程单位也都需要做水土影响评估的专门人员，因为现在国家规定任何大型建筑项目都需要做水土影响评估报告。

3. 通过公务员或事业单位考试等途径进入县林业和草原局、水务局等。

4. 考研。因为本科就业工作比较苦，所以大部分女生都会选择考研，继续深造之后有机会从事科研工作。

水土保持与荒漠化防治专业在中国农学类专业里还算比较好的，就业总体还可以。

# 903 动物生产类

## 本专业类概况

### 一、各选科组合能报本专业类的比例

该数据反映的是在该专业类的所有高校招生计划中,各科目组合有多少学校能填报。详解见图书使用说明。

| 物理 化学 生物 | 物理 化学 历史 | 物理 化学 地理 | 物理 化学 思想政治 | 物理 生物 历史 |
|---|---|---|---|---|
| 100.0% | 97.8% | 97.8% | 97.8% | 0.0% |
| 物理 生物 地理 | 物理 生物 思想政治 | 物理 历史 地理 | 物理 历史 思想政治 | 物理 地理 思想政治 |
| 0.0% | 0.0% | 0.0% | 0.0% | 0.0% |
| 化学 生物 历史 | 化学 生物 地理 | 化学 生物 思想政治 | 化学 历史 地理 | 化学 历史 思想政治 |
| 0.0% | 0.0% | 0.0% | 0.0% | 0.0% |
| 化学 地理 思想政治 | 生物 历史 地理 | 生物 历史 思想政治 | 生物 地理 思想政治 | 历史 地理 思想政治 |
| 0.0% | 0.0% | 0.0% | 0.0% | 0.0% |

### 二、该专业类的主要专业男女比例及每年大致毕业人数

| 专业类 | 专业代码 | 专业名称 | 各专业年度毕业人数 | 男女比例 |
|---|---|---|---|---|
| 动物生产类 | 090301 | 动物科学 | 7000~8000人 | 男52% 女48% |

### 三、本专业类主要考研方向

| 学科门类 | 一级学科 | 研究方向 | 学位授予 |
|---|---|---|---|
| 农学 | 0905 畜牧学 | 学术硕士 | 可授硕士、博士专业学位 |
| 农学 | 0951 农业 | 专业硕士 | 可授硕士、博士专业学位 |
| 参考往年可报考二级学科 | | | |
| 畜牧学 | 动物遗传育种与繁殖 | 动物营养与饲料科学 | 特种经济动物饲养 | 畜牧 |

## 本专业类重点专业解读

### 090301 动物科学

本人是河北农业大学动物科学专业毕业的,应"金榜事事懂"的邀请,简单介绍一下动物科学专业。

> ➢ 专业介绍

首先说一下什么是动物科学,动物科学就是为满足人们日益增长的高档肉类饮食需求而进行的动物营养与饲养、饲料资源开发、动物育种及改良等方面的研究。

现在农民饲养猪、牛、鸡、鸭等动物,为了让它们长得快一些,长得肥一些,早点出栏或早点生蛋,会喂很多类型的饲料,那这些饲料是谁研制生产的?就是从事动物科学专业的人员。

过去农民每家都会养猪或牛,但规模不大,而现在许多地方已经有了标准化大规模的养殖场了。养殖场里动辄成千上万头猪、牛等,要想经营好需要考虑很多问题,比如繁殖、接产、打疫苗、清洁畜舍等。这些都需要专业的人去操作,而这些专业人士一般也是动物科学专业毕业的。随着人们生活水平的提高,对肉类的要求也越来越高,比方说牛肉要味道鲜美的,于是就得改良动物品种,改进饲养方法等,但是如何改良也是从事动物科学专业的人研究的问题。

> ➢ 学习内容

在大学里学习的课程不少,首先是关于动物本身的课程:动物生理学、动物遗传学、动物育种学、动物繁殖学、动物生产学、兽医学概论。

接下来就是关于动物饲料的课程:动物营养学、饲料学、饲料安全与营养价值评定等。

还有就是畜舍及相关企业管理的课程:动物环境卫生与牧场设计、畜牧业经济管理、畜牧场经营管理等。

主要专业实验有:动物繁殖学实验、饲料分析、消化代谢实验及饲料配方、畜牧场环境分析及牧场设计、动物生产学实验(如妊娠检查、精液收集与人工授精、屠宰测定、挤奶、孵化以及产品质量分析)等。通过大量的动物实验和畜禽生产实践,大致能了解牛、猪、鸡,甚至猫和犬等动物的生理特点和生活习性,并学习对其进行饲养管理、帮助它们繁殖后代等的科学方法。

> ➢ 教授补充

动物科学主要研究农业动物,也就是猪、牛、羊、禽等畜禽动物及家蚕、蜜蜂、水产等特种经济动物的遗传育种、营养饲料、产品加工等,以得到好的品种、好的饲料、好的产品。

这是动物科学专业的一条链。好的品种靠育种,比如如何让猪的饲养更加高效,产品更安全,更符合人们的需要;如何让牛奶产量更高,让家鸡产蛋更多;如何让家蚕结出更优质的丝,让蜜蜂酿出更优质的蜜等。育种,就是培育出更优秀的品种。好的饲料则是在育种的基础上,给动物更好、更安全的饲料,以满足我们的需求。好的产品则更进一步,通过加工,使产品更符合人们需求,比如将牛奶做成奶酪、炼乳等。围绕这条链,还可以向外延伸。例如转基因中的抗病育种,目前也是全世界科学家研究和关注的热点。

从营养饲料的角度来看,"养好"看似很简单,实际却奥妙无穷。动物到底需要什么?我们怎样能满足它的需求？这是相当复杂的一件事情。比如不同的猪对饲料的要求是不一样的。

从品种的角度来看，一个好的品种我们首先必须要知道它的遗传基础是什么。自从人类基因组草图被公布起，科学家就已经研究出了更多动物的基因组。相比现在，早期的育种，主要是根据表型选种，一批动物在那儿，观察哪个长得快哪个长得好，然后将好的留下来，但是育种的周期很长。如今，我们进入了"后基因组时代"，只要研究它的遗传背景，检测一些指标，就可以更好地进行分子育种。这需要现代的人用现代的知识来完成。

不过，因为农业动物一般个体都比较大，为了便于研究，我们可以用"模式动物"来代替，比如大鼠，"模式动物"同时也是人类医疗领域的主要研究对象。

## ➤ 就业情况

根据专业方向，可选的行业有饲料、奶牛场、猪场、兽药、养殖、孵化、屠宰、冷藏、添加剂、饲料设备等。具体主要包括下几个方向。

1. 去养殖场。去养殖场是比较对口的选择，像各生产农场、鸡场、猪场、牛场等养殖单位都可以去。去了之后一般做一些最简单的底层管理工作，像给猪打疫苗，甚至接产之类的都会涉及，这方面的工作比较辛苦，工作环境也不太好（畜舍里各种味道都有）。而且大型的养殖场都是全封闭式的，想干这种工作必须耐得住寂寞、吃得了苦。这种职业的优势是：稳定，工资虽然不高，但是没什么压力。我有好几个同学就是在一些标准化养猪场工作。

2. 做研发。可以去公司或研究院做技术员或研发人员。而不得不说的是，好的公司，要求研发人员的学历一定是硕士以上。所以想做研发最好读到博士，这样才有发展。

3. 做销售。本科毕业有很大一部分人会去饲料厂、兽药公司、动物保健公司做销售，虽然累，有压力，但是只要有能力，一定会有好的发展前景。

4. 考公务员或者事业单位，比如像出入境检验检疫局、畜牧兽医局、防疫站、动物卫生监督所或者当地的畜牧兽医站等。

5. 有志于科研的本科毕业生可以继续深造，考研或者考博，今后从事科研工作，主要研究方向是动物营养以及动物遗传育种等。考研的话，选个好的学校和好的导师是有必要的。

就我周围的同学来看，到饲料厂的有，到标准化养殖场的有（比较出名的像正大、中粮、正邦、六和、河南牧原等），到乳业公司的也有，还有两个考上畜牧兽医局的，不过也有不少人因为这个行业太累而转行了。

## ➤ 注意事项

1. 动物科学专业找工作还是不难的，就业也不错，就是环境条件相对差一些，大部分人就是因为环境不好而不愿意去。中国有句成语"苦尽甘来"，就是鼓励我们要经受住苦难的考验，在面对苦难的时候要忍耐，要有希望，只有保持这样一种心态，才会走向人生的辉煌。

2. 特别强调一下，这个专业更适合农村来的或有意向去农村发展的男生。到大四的时候，会有许多企业（应该说是些不大不小的公司）来招聘，但被招聘走的大都是男生，女生主要是从事饲料厂化验员、文员一类的工作，所以动物科学专业毕业的女生大多数都转行了。

3. 只要踏实干三年左右基本就能度过"最艰苦的岁月"，所以不要太悲观，工作环境是差了一些，工资是低了一点，可是前景说实话还是不错的。

# 904 动物医学类

## 本专业类概况

### 一、各选科组合能报本专业类的比例

该数据反映的是在该专业类的所有高校招生计划中,各科目组合有多少学校能填报。详解见图书使用说明。

| 物理 化学 生物 | 物理 化学 历史 | 物理 化学 地理 | 物理 化学 思想政治 | 物理 生物 历史 |
|---|---|---|---|---|
| 100.0% | 98.6% | 98.6% | 98.6% | 1.4% |
| 物理 生物 地理 | 物理 生物 思想政治 | 物理 历史 地理 | 物理 历史 思想政治 | 物理 地理 思想政治 |
| 1.4% | 1.4% | 1.4% | 1.4% | 1.4% |
| 化学 生物 历史 | 化学 生物 地理 | 化学 生物 思想政治 | 化学 历史 地理 | 化学 历史 思想政治 |
| 0.0% | 0.0% | 0.0% | 0.0% | 0.0% |
| 化学 地理 思想政治 | 生物 历史 地理 | 生物 历史 思想政治 | 生物 地理 思想政治 | 历史 地理 思想政治 |
| 0.0% | 0.0% | 0.0% | 0.0% | 0.0% |

### 二、该专业类的主要专业男女比例及每年大致毕业人数

| 专业类 | 专业代码 | 专业名称 | 各专业年度毕业人数 | 男女比例 |
|---|---|---|---|---|
| 动物医学类 | 090401 | 动物医学 | 9000~10 000人 | 男41% 女59% |
| 动物医学类 | 090402 | 动物药学 | 800~900人 | 男45% 女55% |

### 三、本专业类主要考研方向

| 学科门类 | 一级学科 | 研究方向 | 学位授予 |
|---|---|---|---|
| 农学 | 0906 兽医学 | 学术硕士 | 可授硕士、博士专业学位 |
| 农学 | 0952 兽医 | 专业硕士 | 可授硕士、博士专业学位 |
| 参考往年可报考二级学科 ||||
| 兽医学 | 基础兽医学 | 预防兽医学 | 临床兽医学 | 兽医 |

## 本专业类重点专业解读

### 090401 动物医学 & 090402 动物药学

本人是湖南农业大学的毕业生,应"金榜事事懂"的邀请,简单介绍一下动物医学和动物药学这两个专业。

> **动物医学专业和动物药学专业的区别**

其实从字面意思很容易理解两个专业分别是做什么的,下面我用最通俗的表达来说一下两者的区别:动物医学专业是治疗动物疾病的;动物药学专业是研究兽药的。在这里我顺便提一下动物科学专业,以便更好地区分。动物科学专业主要涉及动物养殖、育种、繁殖、饲料等。

从学习内容上来说,动物医学专业学习的知识一般是偏医学方面的,而动物药学主要的课程一般是化学。

从就业方面来说,动物医学以后主要是从事临床兽医、疫病防治、疫苗开发等方面的工作,而动物药学一般是从事兽药研发、生物制药之类的工作。

> **学习内容**

通常动物医学专业本科的核心课程包括动物解剖与组织胚胎学、动物生理学、动物生物化学、兽医病理学、兽医药理学、兽医内科学、兽医外科学、动物传染病学等。动物医学专业往细了分主要分为三个专业方向:动物基础医学方向、动物预防医学方向和动物临床医学方向。动物基础医学方向主要学习病理、药理以及看组织切片等;动物预防医学方向主要偏向于细菌、病毒和疫苗等的研究;动物临床医学方向主要是具备动手能力,给宠物检查、诊断、治疗疾病等。在这三个专业方向中,动物临床医学方向由于专业性强、就业率高,成为很多动物医学专业同学的首选。

动物药学专业本科的核心课程包括分析化学、动物生理学、兽医微生物学、动物免疫学、动物毒理学、制药工艺学、药物制剂学、实验动物学、临床诊断学、动物病理学、兽医学基础等。

> **教授补充**

动物医学是以预防和治疗动物疾病,保持动物机体健康为目的的科学。与人体医学专业不同的是:动物医学专业研究的对象是食品动物(如猪、牛、鸡等)和伴侣动物(如狗、猫等),包括伴侣动物疾病的诊断治疗、食品动物的群体保健,以及与动物性食品安全相关的方方面面,几乎都属于这个专业的研究范围。

作为动物医学专业的学生,首先必须详细了解动物机体的解剖和组织结构及其功能。其次要学习引起动物疾病的各种致病因子,如生物性致病因子(细菌、病毒、寄生虫等)、化学性致病因子(维生素和微量元素缺乏、毒素或有毒植物中毒等)的特性;掌握这些因子或动物内在机能紊乱引起疾病的发病机制及其病理变化的特点。另外,要学会动物外科病、内科病、产科病、传染性疾病的诊断和治疗方法;学习动物疾病的预防和检疫、疫苗的制备、动物药品的开发等。由此,便建立了动物疾病防治的整个知识结构体系。

> **专业现状和前景以及就业情况**

动物医学专业较好的出路通常是考公务员或事业单位,比如说可以考畜牧兽医局、动物防疫检疫站等。再就是可以去一些比较正规的宠物医院或宠物店工作,一般从事宠物医生的工作。现在养宠物的人越来越多,而且宠物的品种有很多是进口的,可能是水土不服的缘故,越是品种好价格贵的宠物,在国内越是容易得病,所以这个职业整体来说还是很有发展前途的。当然,等你积累了一定的管理经验和治疗经验之后,可以考虑自己开宠物店或宠物医院,毕竟在国内这还是一个新兴的行业。

  动物药学专业的就业前景一般,毕竟这是个新兴专业,全国只有二十多所高校开设了动物药学专业。这个专业较好的出路也是考公务员,如果考上了可以进药检局、防疫站等,从事行政管理工作。当然也可以进一些制药企业,从事药品生产、检验、销售、研发等方面的工作。除此之外较对口的工作就是去一些兽药公司,从事兽药开发或销售工作,但一般从事这方面的工作竞争比较激烈,而且一般大的兽药公司对学历有严格的要求。最后,退一步来说,其实这个专业的毕业生也可以去宠物医院或宠物店工作,一般从事宠物护理或宠物看护等工作,毕竟这种工作门槛比较低,但相对来说待遇也很一般。

# 905 林学类

## 本专业类概况

### 一、各选科组合能报本专业类的比例

该数据反映的是在该专业类的所有高校招生计划中，各科目组合有多少学校能填报。详解见图书使用说明。

| 物理 化学 生物 | 物理 化学 历史 | 物理 化学 地理 | 物理 化学 思想政治 | 物理 生物 历史 |
|---|---|---|---|---|
| 98.1% | 38.1% | 38.1% | 38.1% | 57.1% |
| 物理 生物 地理 | 物理 生物 思想政治 | 物理 历史 地理 | 物理 历史 思想政治 | 物理 地理 思想政治 |
| 55.2% | 55.2% | 0.0% | 0.0% | 0.0% |
| 化学 生物 历史 | 化学 生物 地理 | 化学 生物 思想政治 | 化学 历史 地理 | 化学 历史 思想政治 |
| 52.4% | 50.5% | 50.5% | 0.0% | 0.0% |
| 化学 地理 思想政治 | 生物 历史 地理 | 生物 历史 思想政治 | 生物 地理 思想政治 | 历史 地理 思想政治 |
| 0.0% | 48.6% | 48.6% | 46.7% | 0.0% |

### 二、该专业类的主要专业男女比例及每年大致毕业人数

| 专业类 | 专业代码 | 专业名称 | 各专业年度毕业人数 | 男女比例 |
|---|---|---|---|---|
| 林学类 | 090501 | 林学 | 3000～3500人 | 男49% 女51% |
| 林学类 | 090502 | 园林 | 10 000～12 000人 | 男35% 女65% |

### 三、本专业类主要考研方向

| 学科门类 | 一级学科 | 研究方向 | 学位授予 |
|---|---|---|---|
| 农学 | 0907 林学 | 学术硕士 | 可授硕士、博士专业学位 |
| 农学 | 0954 林业 | 专业硕士 | 可授硕士、博士专业学位 |
| 参考往年可报考二级学科 | | | |
| 林学 | 林木遗传育种 | 森林培育 | 森林保护学 | 森林经理学 |
| 野生动植物保护与利用 | 园林植物与观赏园艺 | 水土保持与荒漠化防治 | 林业 | — |

## 本专业类重点专业解读

### 090501 林学

本人是一所重点大学林学专业的毕业生,现在在市级林业和草原局工作,应"金榜事事懂"的邀请,简单介绍一下林学专业。

> **专业介绍**

有人问,林学专业是干什么的?记得上大学开学第一天,就有人对我们说:"咱们就是种树的。"我们平常没事也这么调侃自己。

林学行业内有句话叫:"但愿黄河流碧水,誓将赤地变青山。"细细地品味一下这句话,大概你就能知道我们将来是做什么的。

官方的定义是,林学的主要研究对象是森林,是一门研究森林的形成、培育森林、经营管理森林、保护森林和合理利用森林的专业。研究的对象包括自然界保存的未经人类活动显著影响的原始天然林、原始林经采伐或破坏后自然恢复起来的天然次生林以及人工林等。

> **学习内容**

林学专业本科的核心课程包括森林植物学、林木遗传育种、植物生理学、植物营养学、土壤肥料学、森林环境学、森林昆虫学、林木病理学、森林生态学、测量与遥感等。从林木的育种到栽培,到林木病虫害防治,再到开发利用几乎全都涉及了。

林学有个显著特点就是把可持续发展的经营理念渗透到森林经营中,重视的不是砍伐而是科学地发展利用。

林学专业的学习内容比较广泛,很多课程应用性较强。比如:从宏观上调控林业的林业经济管理、森林资源经营管理等;从微观上照顾林木的植物生长与遗传、土壤肥料学、营养学、生物技术、病理学;从多角度保护林木的植物学、昆虫学、环境学;还有运用现代技术观测林区的测量与遥感等。当然,不同的院校会在课程设置上各有侧重。

> **实践情况**

因为林学专业是属于大农学里边的一个小专业,而农学类专业共同的特征就是实践内容非常多,我们在学校的时候,每隔一段时间就跟着老师到山上研究树木、采摘树叶标本等,然后对着一袋子一袋子的树叶标本和植物志、植物图鉴对比识别。

学校经常会组织学生参观植物园、防护林、森林公园以及园林绿化处等。

我们还有机会到林场亲自参与造林或补植等,也就是你会亲自处理苗木、挖穴、种树等。

> **就业情况**

林学专业的就业方向主要有以下几类:

1. 林场、林业站等是主流去向,园林公司、苗木公司也都是不错的选择。刚开始工作比较苦,如果能熬过去,干个五六年待遇就比较好了。

2. 较理想的工作是去当公务员或去事业单位,对口单位是林业和草原局。

3. 有能力的话就考研,研究生毕业后可以从事科研工作。

毕业后转行的同学比较多，只有30%左右从事本行业的工作。原因是多方面的，包括待遇不好、环境条件较差等。

> ➤ **亲身经历**

毕业后我先是在福建的一个林业公司工作了一年多，并不十分满意，于是年底便辞职了。然后便狠心下来准备考公务员，那时候算是豁出去了，足足筹备了近一年的时间，学习劲头可以赶得上高三那会了，也算我走运吧，还真就考上了，于是就进入市级林业和草原局从事行政管理工作了。

> ➤ **注意事项**

1. 与林学专业相关的有个林业工程专业，虽然都以林业为学习和研究对象，但在专业性质和就业方向上两个专业区别是相当大的，林学是农学门类的一个专业，而林业工程属于工科；林学注重森林本身的研究，林业工程侧重的是开发林业资源的设施及机械、建设工程等。

2. 林学总体上说是冷门专业，学生毕业后的工资待遇和其他专业的有不小的差距。

## 090502 园林

本人是北京林业大学园林专业毕业的，现在在绿化部门工作，应"金榜事事懂"的邀请，简单介绍一下园林专业。

> ➤ **学习方向**

园林现在大概分两个大方向：一是设计方向；二是植物方向。这就看你准备报什么类型的学校了。

农业院校就偏重植物和施工方向。学的大多是植物的相关知识，一般是搞植物育种、植物配置，室外工作较多，室内的较少。也要掌握必备的计算机设计等方面的知识。

建筑院校就偏重景观规划设计。以后可以做景观设计师，从事建筑、观赏园林等的设计工作。学习的内容偏向风景园林专业，但没风景园林专业学得细，人家就是专门学设计规划的。

总的来说，园林专业的毕业生既要熟悉园林植物种类与习性，又要具有园林艺术修养和制图功底；既可以从事园林植物繁育、栽培，又能进行园林规划、设计、施工和养护工作。

> ➤ **报考注意事项**

因为教育部把园林专业划到了农学下边，所以现在的园林专业大多数是偏向植物方向的，虽然也学设计，不过主要方向不在设计这方面，而工科院校建筑类的风景园林专业的主要方向是设计。建议你了解这个专业的时候也看下风景园林专业，相互比较一下。同时也打学校电话问一下它们的方向。

> ➤ **学习内容**

不同方向学的东西虽然差不多，但是侧重点不同。像园林树木学、园林花卉学、园林建筑、园林绿地规划原理、园林规划设计、园林工程、生态学、园林植物造景、生态景观规划等是两个方向都需要学习的课程。植物方向的除学习上述课程外，还要学习遗传育种等植物研究方向的课程。

另外绘画技能也是必需的，不过要求不是很高，很多同学是入学后才学的绘画，所以报的时候不用太担心自己没有绘画基础。

此外后期还需掌握计算机制图知识和技能，以后工作用得着。

总的来说园林专业很辛苦，我上大学时设计图纸的作业很多，经常需要熬夜画图。要想学好还得吃苦。不过我个人对园林专业比较感兴趣，我们上课经常会去公园，毕竟学的是园林专业。

### ➢ 教授补充

园林就是在一定的地域运用工程技术和艺术手段,通过改造地形(或叠石、理水)种植树木花草、营造建筑和布置园路等途径创造美的自然环境和游憩境域。它是一门综合利用科学和艺术手段营造人类美好室内外生活的学科。

园林专业属于农学中的林学类,这个专业学习的是怎样用园林植物来营造怡人的绿色空间,它最大的特点就是建筑和花卉植物融合在一起。

说起"园林",就不得不说另两个专业——"风景园林"和"园艺"。很多人会混淆这三个专业,其实它们还是有很大区别的。从所属门类来看,园林属于农学中的林学类;园艺属于农学中的植物生产类;而风景园林则是个工学专业,属于建筑类。

我们北京林业大学就同时开设了园林、园艺和风景园林这三个专业。

其中园林专业的课程包括园林植物的繁殖、栽培、养护、管理,也包含各类园林绿地的规划与设计、园林施工组织与管理。简单而言,园林涵盖了植物与设计这两部分,毕业时授予的是农学学士学位。

而风景园林专业更侧重于设计领域,包括了园林绿地规划与设计、风景名胜区规划、城市景观规划设计、园林建筑设计、风景园林工程设计及园林植物种植设计等,也会有部分的植物相关课程,毕业时授予的是工学学士学位。

园艺虽然也属于农学,但属于植物生产类范畴。它与园林虽然只有一字之差,却是迥然不同。主要区别在于:园林偏重景观设计、绿化等,而园艺侧重植物栽培。

### ➢ 就业情况

园林专业现在就业也不差,特别是男生,能从事设计也能从事工程类的工作,我们学院的男生没到毕业的时候就都被签完了。

植物方面施工的话苦一点,工作比较累,但还过得去。设计的工作环境要好一些,但一直在电脑前面坐着,时间长了也受不了。

做园林施工的话,要学会管理及安排,争取成为项目经理,以后自己做分包工程,虽然工作环境不好,但是做好了收入也是不错的。不过毕竟优秀的总是少数人,这就看个人能力了。

所以现在学生毕业了更多喜欢去做设计,施工方向就业的毕业生较少。

女生很少从事施工方面的工作,她们一般做设计员或资料员,像整理工地上的技术资料、办公室的招投标资料等。时间久了也可以做一些工程造价方面的工作。

就就业方向而言,南方比北方有更多的机会。

### ➢ 就业单位有哪些

1. 可以进设计院、省建筑公司、园林局、城建局、自然资源和规划局等单位。各省市园林绿化、施工企业是主要就业途径。

2. 可以进园林设计公司、室内外装饰公司。

3. 可以进房产开发公司,像万科地产。主要从事居民区环境设计、小区植物栽培养护等工作。建筑类企业,主要为建筑做景观配套设计。

4. 可以进公园、风景区管理部门等。

不过需要注意近两年经济不是特别景气,导致很多公司没有项目,可能就业竞争大一些。希望我说的这些情况对你能有所帮助,祝你报考顺利。

# 907 草学类

## 本专业类概况

### 一、各选科组合能报本专业类的比例

该数据反映的是在该专业类的所有高校招生计划中,各科目组合有多少学校能填报。详解见图书使用说明。

| 物理 化学 生物 | 物理 化学 历史 | 物理 化学 地理 | 物理 化学 思想政治 | 物理 生物 历史 |
|---|---|---|---|---|
| 100.0% | 93.8% | 93.8% | 93.8% | 0.0% |
| 物理 生物 地理 | 物理 生物 思想政治 | 物理 历史 地理 | 物理 历史 思想政治 | 物理 地理 思想政治 |
| 0.0% | 0.0% | 0.0% | 0.0% | 0.0% |
| 化学 生物 历史 | 化学 生物 地理 | 化学 生物 思想政治 | 化学 历史 地理 | 化学 历史 思想政治 |
| 0.0% | 0.0% | 0.0% | 0.0% | 0.0% |
| 化学 地理 思想政治 | 生物 历史 地理 | 生物 历史 思想政治 | 生物 地理 思想政治 | 历史 地理 思想政治 |
| 0.0% | 0.0% | 0.0% | 0.0% | 0.0% |

### 二、该专业类的主要专业男女比例及每年大致毕业人数

| 专业类 | 专业代码 | 专业名称 | 各专业年度毕业人数 | 男女比例 |
|---|---|---|---|---|
| 草学类 | 090701 | 草业科学 | 1000~1500人 | 男48% 女52% |

### 三、本专业类主要考研方向

| 学科门类 | 一级学科 | 研究方向 | 学位授予 |
|---|---|---|---|
| 农学 | 0909 草学 | 学术硕士 | 可授硕士、博士专业学位 |
| 参考往年可报考二级学科 | | | |
| 草学 | — | — | — |

## 本专业类重点专业解读

### 090701 草业科学

本人是草业科学专业毕业的,现应"金榜事事懂"的邀请,简单介绍一下草业科学这个专业。

➤ **专业介绍**

光看草业科学这个名称,你可能说:"不就是草吗,有什么可学的啊?"我先举几个例子,你就会觉得草业科学也是挺有用的,是值得研究的。

越来越多的高尔夫球场,远远望去绿油油的一片,高尔夫球场果岭草常年保持在一定高度。为什么?因为每天都有人精心打理。

正规足球场的草坪,那上面的草也是需要养护的。

内蒙古的呼伦贝尔大草原,一望无际的都是牧草,如果不注意保护可能就会遭虫害或者被破坏。

很多公园、城市广场有整整齐齐的草坪,这也需要专业人员管理。

看了这么多,你应该觉得草业科学是值得研究的吧?而这就是草业科学专业存在的意义。

➤ **专业方向**

草业科学专业主要有以下三个大方向:

第一个是传统的饲草养殖,主要以饲草资源研究为主,研究饲草的栽培育种、种植利用等,为我国的农业和畜牧业服务。

第二个是草原方向,草原在我们生态保护建设当中占据重要位置,是生态屏障建设的主体之一,退耕还林还草、京津风沙源治理和退牧还草等工程主要是以草覆盖地面、减少沙尘。

第三个是草坪工程方向,主要服务于园林绿化、城乡绿化,公路护坡、工矿废弃地治理或者运动场草坪建植管护等。

➤ **学习内容**

看似简简单单,因为研究方向不同,就会涉及很多不同的学习内容。比方说草地生产方向就是主要学习牧草能源草、品种选育与生产、草地管理与草产品加工等内容。而草坪工程方向主要研究的是运动场、高尔夫球场、城乡绿化等各类草坪的生产与管理。

草业科学专业本科的核心课程包括植物学、植物生理学、土壤学、草坪学、草地学、树木学、草坪草与牧草遗传育种学、草坪与牧草病虫害、草坪灌排水学、草坪机械、草坪杂草、草坪营养与施肥、牧草加工学、园林绿地规划等。基本涵盖了草的育种、栽培、改良、养护、管理等各个方面的知识。

➤ **就业情况**

草业科学专业有以下几个就业方向:

1. 进政府机关或事业单位,如林业局、草原站等,确实有考进去的,但能进去的概率很低。

2. 考研深造后到研究院所,如环境科学院、农业科学院,进行优良牧草和草坪草的选育、人工牧草培育、优良草种品种种子生产等。考研的同学比例每年都很高。

3. 去各种园林企业做园林绿化工程。我们专业毕业的学生做园林绿化施工还是比较有优势的,因为真正做绿化施工的企业懂得草的人非常少,一般是学林的,所以如果会画图,认识常用植物,在这种企业会非常抢手。

4. 去企业销售相关产品,如去克劳沃草产业集团、绿冠集团等企业从事草种销售工作。

5. 我的同班同学也有到牧场工作的,但是都觉得工作环境太偏僻、太闭塞,几乎与世隔绝。

6. 在球场(比如足球场、高尔夫球场)做草坪养护。去球场是一个不错的方向,但是前期非常苦,基本是与工人一起干活,后面经验丰富了,机遇好的话可以慢慢转做草坪主管或草坪总监,虽然现在的高尔夫球场越来越多,但是也吸纳不了太多草业科学专业的毕业生。

有人认为草业科学专业出来做高尔夫草坪是个不错的选择,我是这方面的过来人,有切身体会,我就从个人的从业经历说一下。我曾经在高尔夫球场工作过一年,但后来主动辞职了,总结了几点:(1)高尔夫产业看似光鲜,但行业的普通从业者收入太低;(2)上班时间和作息不正常,早上六点多就得起床准备工作;(3)工作强度大,常年户外工作加大量体力劳动(打农药、剪草等),特别是夏天,更是在室外暴晒;(4)行业狭窄,要发展到金字塔顶端才能有好的工作环境和收入,但成功的概率不一定和付出成正比。确定放弃后,我也考虑尝试过高尔夫草坪养护、农药、化肥类销售等方面的工作,进一步了解后,发现这方面目前基本属于饱和状态,不会有太大发展。

> **注意事项**

草业科学专业属于冷门专业,选择冷门专业的后果就是找工作也冷门。由于专业不济,很多人毕业找工作时可能会比较难。

# 1001 基础医学类

## 本专业类概况

### 一、各选科组合能报本专业类的比例

该数据反映的是在该专业类的所有高校招生计划中,各科目组合有多少学校能填报。详解见图书使用说明。

| 物理 化学 生物 | 物理 化学 历史 | 物理 化学 地理 | 物理 化学 思想政治 | 物理 生物 历史 |
|---|---|---|---|---|
| 100.0% | 76.7% | 76.7% | 76.7% | 0.0% |
| 物理 生物 地理 | 物理 生物 思想政治 | 物理 历史 地理 | 物理 历史 思想政治 | 物理 地理 思想政治 |
| 0.0% | 0.0% | 0.0% | 0.0% | 0.0% |
| 化学 生物 历史 | 化学 生物 地理 | 化学 生物 思想政治 | 化学 历史 地理 | 化学 历史 思想政治 |
| 0.0% | 0.0% | 0.0% | 0.0% | 0.0% |
| 化学 地理 思想政治 | 生物 历史 地理 | 生物 历史 思想政治 | 生物 地理 思想政治 | 历史 地理 思想政治 |
| 0.0% | 0.0% | 0.0% | 0.0% | 0.0% |

### 二、该专业类的主要专业男女比例及每年大致毕业人数

| 专业类 | 专业代码 | 专业名称 | 各专业年度毕业人数 | 男女比例 |
|---|---|---|---|---|
| 基础医学类 | 100101K | 基础医学 | 400~450人 | 男35% 女65% |

### 三、本专业类主要考研方向

| 学科门类 | 一级学科 | 研究方向 | 学位授予 |
|---|---|---|---|
| 医学 | 1001 基础医学 | 学术硕士 | 可授硕士、博士专业学位 |
| 参考往年可报考二级学科 | | | |
| 基础医学 | 人体解剖与组织胚胎学 | 免疫学 | 病原生物学 | 病理学与病理生理学 |
| 法医学 | 放射医学 | — | — | — |

# 本专业类重点专业解读

## 100101K 基础医学

本人是复旦大学基础医学专业毕业的,应"金榜事事懂"的邀请,简单介绍一下这个专业,供大家高考填报志愿的时候参考。

### ➢ 专业简介及误区

基础医学专业属于基础医学大专业类,但一定要注意,这个专业与我们平常所说的学医是不一样的,平常所说的学医是临床医学,毕业出来后到医院当大夫的那种。但基础医学专业偏重的是研究,主要是培养医学教学和科研人才,工作方向是到研究所从事研究工作,到大学从事教学工作等。出来基本是不能当医生的。

它以疾病研究为主要目的,主要研究疾病是如何产生的,以及如何预防和治疗疾病。比如肿瘤、癌症、心血管病及艾滋病都是如何产生的,如何采取应对措施。另外,还研究治疗过程中某种药物为什么能治病等。基础医学的研究成果对临床疾病的治疗可以起到指导作用。

### ➢ 学习内容

基础医学专业本科的核心课程包括人体解剖学、组织胚胎学、细胞生物学、生理学、神经生理学、生物化学与分子生物学、医学遗传学、微生物学与免疫学、病理学、药理学、临床医学等。

学习内容与临床医学需要学习的基础知识基本相同,只不过缺少临床医学的一些实践性课程。临床医学专业还有一年的临床实习期,基础医学是没有的,基础医学多一些实验课。

### ➢ 什么样的人适合

基础医学专业和别的医学专业一样,学习过程比较枯燥,是偏理论的,有大量的医学基础知识需要学习。选择基础医学,多数人应该想着做研究。说白了就是如果读了这个专业而你又想从事这个专业的工作的话,那就要读到博士甚至要到国外读博士后才能胜任这样的工作。

总之读基础医学专业,就要有吃苦的打算。选择这个专业最好考虑到这一点。如果是缺少耐心,不能吃苦,没办法静下心来做研究,那不建议选择这个专业。

### ➢ 就业情况

就业方面,基础医学不如别的医学类专业好找工作,但如果在基础医学专业深造之后,一般起薪较高,工作相对稳定。留在大学教书不错,工作轻松挣得也多。毕业后从事研究的话,不会像医院的医生一样太过劳累,你会有很多时间去做其他事情,同时也可以利用这些时间给医药公司做技术支持。

基础医学专业究竟好不好,要看你想成为怎样的一个人。如果你想做医生,那当然不要选基础医学专业;如果倾向于搞研究,做医学科研人员,并且也决定努力读到硕士、博士的话就可以考虑这个专业。

# 1002 临床医学类

## 本专业类概况

### 一、各选科组合能报本专业类的比例

该数据反映的是在该专业类的所有高校招生计划中,各科目组合有多少学校能填报。详解见图书使用说明。

| 物理 化学 生物 | 物理 化学 历史 | 物理 化学 地理 | 物理 化学 思想政治 | 物理 生物 历史 |
|---|---|---|---|---|
| 100.0% | 76.3% | 76.3% | 76.3% | 0.0% |
| 物理 生物 地理 | 物理 生物 思想政治 | 物理 历史 地理 | 物理 历史 思想政治 | 物理 地理 思想政治 |
| 0.0% | 0.0% | 0.0% | 0.0% | 0.0% |
| 化学 生物 历史 | 化学 生物 地理 | 化学 生物 思想政治 | 化学 历史 地理 | 化学 历史 思想政治 |
| 0.0% | 0.0% | 0.0% | 0.0% | 0.0% |
| 化学 地理 思想政治 | 生物 历史 地理 | 生物 历史 思想政治 | 生物 地理 思想政治 | 历史 地理 思想政治 |
| 0.0% | 0.0% | 0.0% | 0.0% | 0.0% |

### 二、该专业类的主要专业男女比例及每年大致毕业人数

| 专业类 | 专业代码 | 专业名称 | 各专业年度毕业人数 | 男女比例 |
|---|---|---|---|---|
| 临床医学类 | 100201K | 临床医学 | 80 000～85 000人 | 男45% 女55% |
| 临床医学类 | 100202TK | 麻醉学 | 5000～6000人 | 男37% 女63% |
| 临床医学类 | 100203TK | 医学影像学 | 7000～8000人 | 男34% 女66% |

### 三、本专业类主要考研方向

| 学科门类 | 一级学科 | 研究方向 | 学位授予 |
|---|---|---|---|
| 医学 | 1002 临床医学 | 学术硕士 | 可授硕士、博士专业学位 |
| 医学 | 1058 医学技术 | 专业硕士 | 可授硕士、博士专业学位 |
| 参考往年可报考二级学科 | | | |
| 临床医学 | 内科学 | 儿科学 | 老年医学 | 神经病学 |
| 精神病与精神卫生学 | 皮肤病与性病学 | 影像医学与核医学 | 临床检验诊断学 | 外科学 |
| 妇产科学 | 眼科学 | 耳鼻咽喉科学 | 肿瘤学 | 康复医学与理疗学 |
| 运动医学 | 麻醉学 | 急诊医学 | 医学技术 | — |

## 本专业类重点专业解读

### 100201K 临床医学

本人毕业于北京大学医学部临床医学专业,现就职于一家三级甲等医院,应"金榜事事懂"的邀请,简单介绍一下临床医学专业。

➤ **专业释义**

顾名思义,临床医学就是为了学好之后去医院当临床医生的,所以临床医学学习的内容全是为医院工作做准备的。通俗地说,这就是一个专门培养医生的专业。

➤ **学习哪些课程**

临床医学就是所谓的西医学,主要学习内科学、外科学、儿科学和妇科学等方面的知识。

临床医学专业一般是五年制,课程会从最基础的医学知识学起,刚开始是学人体机理的课程,学病的原理,包含生理学、组织胚胎学、解剖学、医学免疫学、医学微生物学、病理生理学、诊断学等基础课。到大三开始学内科学、外科学、妇科学、儿科学、眼科、耳鼻喉、口腔等临床课程。

➤ **专业实验和实习状况**

我们在学习理论的同时会做很多实验,比如说病理学实验、药理学实验、解剖学实验等。一般和小白鼠、兔子打交道比较多。

最后一年到两年的时间需要到医院见习和实习,会在各个科室轮流进行,能了解医院的大体情况。每个大学可能都不太一样,但大同小异。本科阶段学习的内容比较宽泛,如果要考硕士研究生或者博士研究生,研究方向会比较细,到时候可以选择自己感兴趣的专业。

➤ **注意事项**

1. 学习临床医学之前一定要对这个专业有足够了解,这个专业可以真正学到很有用的知识,成不成功全靠个人努力。

2. 学了临床医学以后要去做医生,一般要拿手术刀做手术,所以起码胆子要大。只有胆大心细,有足够的耐心和学到老的决心,才能在这一行有所成就。

3. 一般当医生的工作会比较辛苦,没有固定的节假日,一般是连上几天班之后休息一天或者上大夜班之后休息半天。如果没有考虑清楚是否从事医生行业,建议还是不要选择临床医学专业,免得学到半道想改行就全白费了。

4. 有一点必须要注意,自国家卫健委、国务院发布关于开展专科医师规范化培训制度试点的指导意见以后,目前全国已经广泛施行住院医师规范化培养,医学生在正式上岗前,必须完成"5年本科+3年规培或专硕"。通俗点就是说,最少你得8年以后才能当医生。

5. 学医的人脾气必须温和,暴脾气的千万别报这个专业。还有对绝大多数人来说,如果工作了,那医院将是你要工作一辈子的地方,你的一举一动都将造成深远的影响,而你的同事也很可能要和你共度很多年,人际关系的重要性不言自明。

➤ **特别说明**

一名医学毕业生多久可以成为一名医生?

5年本科毕业后,如果考取专硕,3年毕业之后即可同时获得"执业医师资格证"和"住院医师规范化合格证",可以立即走马上任成为一名医生。

5年本科毕业后,如果考取学硕,3年毕业之后,需要进行3年规范化培养,规培完成后就会获得"执业医师资格证"和"住院医师规范化合格证",也可顺利成为一名医生。

如果专硕考博,毕业后可以直接当医生;如果学硕考博,只要没有"住院医师规范化合格证",都需要先规培后上班。

8年本博连读后,规培年限不同工作单位有不同的规定,一般是1~2年,完成后即可正式成为一名医生。

### ➢ 工作情况

现在临床医学本科毕业出来出路特别的窄。如果3年规培完,能有些出路。如果仅仅本科毕业规培没满3年,那彻底没有当医生的资格,只可以选择一些事业单位的岗位或者其他与医学有关的工作,比如医药公司药代、医药器械公司销售等。不过这些岗位收入一般有限,学了临床医学之后去这些行业有点浪费。

硕士生或者博士生毕业之后才能工作,这个时候工作相对也会比较好找,如果进公立医院,收入还是很可观的,在社会上也比较受认可。但是现在医生岗位比较饱和,竞争还是比较激烈的,所以学到实用的知识还是比较重要的。毕竟医生接触的是病人,精准的专业知识非常有用。

举几个例子让你感受一下医生的生活:

第一个:我曾给"金榜事事懂"录过一个视频,上边有张图是我们在做手术时的情景(在保护病人隐私的前提下),主任身后吊着一个输液瓶,这是因为手术持续了9个多小时,医生不能下台吃饭,只能注射葡萄糖补充体力。不过让人郁闷的是,手术结束病人家属居然责问:"为什么做这么慢,让我们在外边等这么久?"当时听到这些话顿时觉得医患之间真是很难沟通。

第二个:很多外科医生必须24小时手机开机,夜里一个电话就得爬起来会诊,很多医生晚上不敢睡得太沉。

第三个:电视剧中的正面事件比较多,比如医生奋战多个小时最后把病人救活了,给观众带来了很大的鼓舞。而现实中医生面对疾病无力回天的时候太多了。

第四个:如果大学一个宿舍有四个人,四个人的书摞起来能有两人高,你或许觉得这已经挺累的了,殊不知只有学医的人才知道毕业后从医才是累的起点,大学学习简直太轻松了。

第五个:最直观的一个例子,大家都经历过新冠疫情,疫情初始流行时,那么危险的情况下逆行冲在第一线的是医生。2023年初疫情政策调整后,短时间内医院病人爆满,大部分医护人员即使在自己阳性高烧39℃的情况下,都仍然坚持上岗。

所以友情提示一下,慎重考虑后再决定要不要学医。因为医生承担的责任比你想象的重得多。

最后呼吁一下,不是医生的人永远感受不到医生有多么累和承受了多大的压力,希望大家能更多地理解医生。

## 100202TK 麻醉学

本人毕业于上海交通大学麻醉学专业,应"金榜事事懂"的邀请,简单介绍一下麻醉学专业。

### ➢ 专业介绍

麻醉学属于临床医学大类,这个比较好理解,也就是在手术中负责给病人麻醉的。现在麻醉在临床应用还是比较广泛的,除了应用在手术或者急救上,还应用在疼痛诊疗上。

有件事情大家可能不了解,在医学界,麻醉被公认为是最具风险性的部分。麻醉就是要保证病人在无痛的情况下安全地完成手术,但是因为每个人的体质不一样,所以麻醉之后可能会出现不同的状况。这就需要麻醉师掌握各种突发状况的急救处理措施。

### ➢ 学习内容

麻醉学是一门基础医学和临床医学结合的专业。

在基础医学方面,课程主要有药理、生理、生物化学、病理生理学、人体解剖学等。同时还要学习内科学、外科学等。

在临床医学方面,有临床麻醉学、麻醉设备学、疼痛诊疗学等与临床相关的课程。

麻醉学专业对理论知识和动手能力的要求比较高,除专业课程外,临床见习课也有不少。和普通医学类专业一样,麻醉学也是五年制加三年规培:四年理论学习,最后一年是到医院实习,再加上三年的规范化培养。

### ➢ 工作情况

麻醉学专业的就业领域包括各类医院,毕业生到了医院主要从事临床上的麻醉、急救和复苏等工作,也可以在大学从事麻醉学的相关教学和科研工作。

就业方面,麻醉学专业是临床医学大类里面较好的,深造之后就业前景会更好。麻醉师是各医院必需的专业技术人员,近几年毕业生经常是供不应求。很多统计表明,近几年麻醉学专业的对口就业率都特别高,有的学校甚至可以达到100%。到了医院就会知道麻醉专业人员很缺,首麻更缺,全世界都缺,比主刀大夫还缺。

### ➢ 注意事项

1. 需要提醒的是,受麻醉学工作性质所限,色弱或色盲的同学不能报考麻醉学专业;另外任何一眼近视度数大于800度、斜视、嗅觉迟钝、口吃的考生也不宜报考。具体要求还是查看一下志愿填报书上的详细介绍比较好。

2. 用调侃的话讲,麻醉医生的工作一是让病人不疼,二是让病人还能苏醒,其中第二条更为重要,也是相对来说比较有难度的,所以麻醉医生都是急救的高手。麻醉要么没事,要么直接出大事,压力很大。

3. 麻醉学专业属于临床医学大类,毕业后也必须得规培。麻醉学专业的规培有所倚重,还是以麻醉科的工作为主,在麻醉科的工作时间可以占到 $1/3 \sim 2/3$。

4. 医学生最低要学8年,进三甲基本要11年以上博士毕业,学医时间长、投入大、风险高。

### ➢ 哪些大学好

开设麻醉学比较好的学校包括华中科技大学、上海交通大学、四川大学、中南大学、复旦大学、中国医科大学、北京大学、首都医科大学等,大家可以根据自己的情况进行选择。

### ➢ 提示

1. 很多人抱怨看病难,看病贵,但这真的不是医生能左右的。

2. 有兴趣学医的建议先了解一下住院总医师,制度规定是 $7 \times 24$ 小时在岗,不能回家,有特殊事情离开医院必须向科主任请假。

3. 麻醉科是很苦很累的,白班每天很早就必须把第一台手术的药准备好,工具也要准备好。至于几点下班,你今天安排的手术几点做完就几点下班。下班前还要对你明天的手术病人做术前访视,然后才能离开医院。晚班就更别说了。

## 100203TK 医学影像学 & 101003 医学影像技术

本人是重庆医科大学医学影像学专业的,应"金榜事事懂"的邀请,简单介绍一下医学影像学专业,同时我会把医学影像技术专业也一起对比介绍一下,因为很多人分不清这两个专业。

为了避免弄混,我在这里先特别强调一点:医学影像学专业属于临床医学类,但医学影像技术专业不属于临床医学类,而是属于医学技术类。

### ➢ 对比介绍医学影像学及医学影像技术

这两个专业都属于医学影像。

但医学影像技术专业是技术方向,医学影像学是诊断方向。

毕业证上医学影像学是医学学士,医学影像技术是理学学士。

毕业后工作时,医学影像学专业的人能考医师。医学影像技术专业的人能考技师,不能考医师,换句话说没有大夫的看病诊断权。

医学影像学是指在不用开刀手术的前提下,用现代成像技术检查,并诊断出疾病所在。诊断方式包括透视、放射线片、CT、超声、血管造影等。另外在治疗疾病的时候也会用到,主要是介入治疗、放疗等方面。

### ➢ 学习内容上两个专业有什么区别

从学习的内容上来说,医学影像技术因为与机器打交道,对物理、计算机编程要求比较高,VB、C语言、宏汇编、单片机都要学,当然还有图像处理,对英语要求也高。

医学影像学专业是医生诊断方向的,更接近临床,临床医学专业要学的,医学影像学专业都要学,包括外科手术。但相比医学影像技术,医学影像学对计算机和物理的要求要低得多,是限选课。比如医学图像处理这门课,医学影像学专业上 36 课时,而医学影像技术专业则要上 108 课时。

这两个专业也和所有医学生一样是要学临床课的,而且也很重要,像解剖、生化、诊断、生理、内外科、妇科、儿科都是要学的。

但是医学影像技术专业一般不需要学药理,之所以不学药理,是因为技师没有处方权。

这两个专业要涉猎的面比较广,重要的是实际操作经验。

除了学习,还会有物理电路实验、解剖实验等。解剖实验一般不用动手,主要是看,了解人体各部位构造。最后一年在医院实习,主要学习各种仪器设备的使用以及诊断疾病。少部分时间会去各个科室转一下,了解具体情况。

### ➢ 毕业后深造或工作方向有什么区别

毕业后,医学影像技术专业的人能考技师证,领的是理学学位证书,不能考执业医师资格证。医学影像学专业是可以考医师资格证的。

医学影像技术专业需要会修机器、会操作、会摆体位、会照片子,也要会看片子。看片子是两个专业都要学习的。

医学影像学按照卫健委要求必须是本科毕业后规培三年才能取得行医资质。而医学影像技术因为是技术类,不是医师,所以目前的政策是不用规培。

另外,从这几年部分省份的情况来看,部分大学的医学影像学专业逐渐会减少招生,而改为像妇产科、儿科医生一样等由临床医学专业的学生到了研究生阶段再具体培养。

### ➢ 两个专业分别适合什么样的人报考

如果你想深造或者说想做医生的话,就读医学影像学专业,而且最好是长学年制,连带规培一起执行完的,研究生毕业以后就有机会能进入三级乙等医院。

如果你更看重初期薪水的话,就读医学影像技术专业,7年基本就可以做到高级技师,就是最高职称了。但是向医院的行政层转是比较困难的,再往高处发展很难。

总的来说,医学影像技术专业更难,更偏重与机器打交道;医学影像学专业更辛苦,更要求勤奋。这从课程设置上就能看出来:前两个学期两个专业的忙碌程度是一样的。但是到了大三下学期,医学影像技术只考2门课,而医学影像学要考7门课。

### ➢ 毕业后工作情况怎么样

就业上,这两个专业主要进入医院,可以选择的科室比较多,可以分别在放射科做影像医师,可以在B超室做医师,还可以在放疗科做放射技师、物理师等。总之,这些工作在医院里算是比较轻松的岗位,压力相对较小。

该类工作稍微有些放射线,不过不是很强,不用太担心,况且现在的防护技术很好,医生都是在专门的阅片室阅片,CT室的墙都是铅墙,能够阻挡放射线。此外,医学影像医师是越有经验越吃香,因为看的片子多了,有经验了,才能第一时间诊断出疾病。所以发展前景也主要看个人的努力了,如果在看片子方面有一定的经验,别人看不出来,你能看出来,那病人肯定都愿意找你拍片子看病。我们医院这样的例子很多,同样的片子,有的医师可以看出病症所在,有的医师就看不出来,所以经验是很重要的。

# 1003 口腔医学类

## 本专业类概况

### 一、各选科组合能报本专业类的比例

该数据反映的是在该专业类的所有高校招生计划中，各科目组合有多少学校能填报。详解见图书使用说明。

| 物理 化学 生物 | 物理 化学 历史 | 物理 化学 地理 | 物理 化学 思想政治 | 物理 生物 历史 |
|---|---|---|---|---|
| 100.0% | 81.3% | 81.3% | 81.3% | 0.0% |
| 物理 生物 地理 | 物理 生物 思想政治 | 物理 历史 地理 | 物理 历史 思想政治 | 物理 地理 思想政治 |
| 0.0% | 0.0% | 0.0% | 0.0% | 0.0% |
| 化学 生物 历史 | 化学 生物 地理 | 化学 生物 思想政治 | 化学 历史 地理 | 化学 历史 思想政治 |
| 0.0% | 0.0% | 0.0% | 0.0% | 0.0% |
| 化学 地理 思想政治 | 生物 历史 地理 | 生物 历史 思想政治 | 生物 地理 思想政治 | 历史 地理 思想政治 |
| 0.0% | 0.0% | 0.0% | 0.0% | 0.0% |

### 二、该专业类的主要专业男女比例及每年大致毕业人数

| 专业类 | 专业代码 | 专业名称 | 各专业年度毕业人数 | 男女比例 |
|---|---|---|---|---|
| 口腔医学类 | 100301K | 口腔医学 | 9000～10 000人 | 男37% 女63% |

### 三、本专业类主要考研方向

| 学科门类 | 一级学科 | 研究方向 | 学位授予 |
|---|---|---|---|
| 医学 | 1003 口腔医学 | 学术硕士 | 可授硕士、博士专业学位 |
| 医学 | 1058 医学技术 | 专业硕士 | 可授硕士、博士专业学位 |
| 参考往年可报考二级学科 | | | |
| 口腔医学 | 口腔基础医学 | 口腔临床医学 | 医学技术 | — |

# 本专业类重点专业解读

## 100301K 口腔医学 & 101006 口腔医学技术

本人是口腔医学专业毕业的，在北京一家医院口腔科工作，应"金榜事事懂"的邀请，简单介绍一下口腔医学专业和口腔医学技术专业。

### ➢ 特别说明

对于绝大多数人来说，在报志愿的时候对这两个专业有个很大的误解：当人们看到口腔医学技术的时候，95%以上的人想当然地觉得是学了出来当牙医的，这是大错特错的认识。因为口腔医学技术专业大学毕业后是不能当牙医的，连医师资格证都不能考。真正学出来能看牙病、当牙医的是口腔医学专业。差一个"技术"就是天壤之别。

### ➢ 专业介绍

大家都知道，口腔是消化道的起始部位，口腔最主要的部分就是牙齿。"牙疼不是病，疼起来要人命"也是形象的说法。你想吧，都疼得要命了你能不去看医生吗？所以牙医是不可缺少的。另外，你或多或少在网上也能知道一些，越是发达的地方对牙医的需求量越大，而且国内牙医相比国外牙医还是有很大缺口的。所以学习口腔医学这个方向还是挺有前途的，我也是当时了解到这一情况才选择了口腔医学专业。

### ➢ 专业对比

第一，对于口腔医学专业来说，本科培养的目标是口腔医师，有些专科培养方向是技能型的口腔助理医师，也就是口腔医师的助手。

而对于口腔医学技术这个专业来说，我前面也说了这个专业和口腔医学专业是不同的。它培养的是口腔技师。

第二，口腔医学专业侧重于口腔常见病，如龋齿等的诊断治疗，是属于医学类的，可以考医师资格证。

而口腔医学技术专业则侧重于各种假牙以及各种修复体、矫治器的制作工艺和技术，是属于技术类的，这个专业毕业后是不能参加医师考试做医师的，能考的是技师证。

第三，如果是五年毕业，按照最新政策口腔医学专业是需要再进行为期三年的规范化培养的。而口腔医学技术因为将来的方向不属于医师所以不用规培。

### ➢ 学习内容

口腔医学涉及的课程除了基础医学内容，还有口腔专业课程，包括口腔内科学、口腔颌面外科学、口腔修复学、口腔正畸学、口腔材料学等，主要涉及虫牙补牙、麻醉拔牙、镶牙、牙齿矫正、各类假牙制作的理论知识。除了理论学习，还会有大量的实训锻炼和实习。实验课，都是我们学校附属医院的老师来学校给我们授课，更加有针对性地讲解实际给病人医牙的时候需要注意的事项。而且实际操作练手用的都是专业器材，再加上专业医师的指导，能为日后的工作打下坚实的基础。

总体来说，因为是属于医学类的专业，学习的辛苦程度是不言而喻的，需要有充足的心理准备。

## ➤ 就业情况

口腔医学专业毕业后的就业面还是比较广的,我的同学有些去了三甲、二甲医院做口腔医师,还有一部分人去了私人诊所。如果有条件,也可以自己开诊所。毕业后如果做医师的话需要参加口腔医师资格考试,有资格证之后收入也会增加,而且随着经验的增加,工资收入还是有很大的增长空间的。此外,还可以选择到各个科研机构从事研究工作,到学校从事教学工作或者到牙科医疗器械公司、牙膏公司等单位工作。

而口腔医学技术专业的就业就有些局限了,因为不能考医师资格证,那大夫肯定是不能当了,并且没有医师资格证的话诊所也是不能开的,换句话说,你是没有资格看牙病的。就业一般就是考了技师证后从事牙齿的定制加工,主要是到加工厂制作假牙、烤瓷牙之类的工作。很多进了这个专业的同学初衷不是这样的。所以报考的时候一定要看清了再报。别的专业也一样,你一定要好好琢磨琢磨,完全搞懂了专业具体的内容再报,不要想当然地报。

至于说哪些学校好,查看大学排名基本上就可以得出结论了,希望广大热爱医学的同学能加入我们的队伍。

# 1004 公共卫生与预防医学类

## 本专业类概况

### 一、各选科组合能报本专业类的比例

该数据反映的是在该专业类的所有高校招生计划中,各科目组合有多少学校能填报。详解见图书使用说明。

| 物理 化学 生物 | 物理 化学 历史 | 物理 化学 地理 | 物理 化学 思想政治 | 物理 生物 历史 |
| --- | --- | --- | --- | --- |
| 100.0% | 90.2% | 90.2% | 90.2% | 0.0% |
| 物理 生物 地理 | 物理 生物 思想政治 | 物理 历史 地理 | 物理 历史 思想政治 | 物理 地理 思想政治 |
| 0.0% | 0.0% | 0.0% | 0.0% | 0.0% |
| 化学 生物 历史 | 化学 生物 地理 | 化学 生物 思想政治 | 化学 历史 地理 | 化学 历史 思想政治 |
| 0.0% | 0.0% | 0.0% | 0.0% | 0.0% |
| 化学 地理 思想政治 | 生物 历史 地理 | 生物 历史 思想政治 | 生物 地理 思想政治 | 历史 地理 思想政治 |
| 0.0% | 0.0% | 0.0% | 0.0% | 0.0% |

### 二、该专业类的主要专业男女比例及每年大致毕业人数

| 专业类 | 专业代码 | 专业名称 | 各专业年度毕业人数 | 男女比例 |
| --- | --- | --- | --- | --- |
| 公共卫生与预防医学类 | 100401K | 预防医学 | 8000~9000人 | 男34% 女66% |
| 公共卫生与预防医学类 | 100402 | 食品卫生与营养学 | 1000~1500人 | 男29% 女71% |
| 公共卫生与预防医学类 | 100404TK | 卫生监督 | 50人以下 | 男33% 女67% |

### 三、本专业类主要考研方向

| 学科门类 | 一级学科 | 研究方向 | 学位授予 |
| --- | --- | --- | --- |
| 医学 | 1004 公共卫生与预防医学 | 学术硕士 | 可授硕士、博士专业学位 |
| 医学 | 1053 公共卫生 | 专业硕士 | 可授硕士、博士专业学位 |
| 参考往年可报考二级学科 | | | |
| 公共卫生与预防医学 | 流行病与卫生统计学 | 劳动卫生与环境卫生学 | 营养与食品卫生学 | 儿少卫生与妇幼保健学 |
| 卫生毒理学 | 军事预防医学 | 公共卫生 | — | — |

## 本专业类重点专业解读

## 100401K 预防医学

本人毕业于同济大学预防医学专业,现在在上海的一家社区医院工作,应"金榜事事懂"的邀请,简单介绍一下预防医学专业。

### ➤ 专业介绍

在介绍预防医学专业之前,我先用一句话概括一下:预防医学和临床医学的区别很大,预防医学专业的毕业生很少会去大医院当医生,一般去的是疾控中心和社区医院。

预防医学是从医学科学体系中分化出来的,预防医学专业培养出来的医生叫作公共卫生执业医师。

普通临床医生的对象是生病的人,而预防医学的工作对象包括个体及确定的群体,重点是健康者和无症状患者,其工作重点主要在预防疾病和健康管理方面,是很少看病治病的。

但在课程设置方面,预防医学专业和普通医学专业的学生学的内容相差无几。

### ➤ 就业方向

我目前知道的预防医学专业就业方向有以下几个:疾控中心、社区医院、普通医院的防保科、乡镇医院,以及担任一些企业里的环境监测方面的专员。另外,国家机关里面也有很多单位需要该专业的毕业生,像海关和出入境检验检疫局等。对学历方面的要求大家参考当年的具体要求,一般本科生就可以。

疾控方面的工作一般要求研究生以上学历。

社区医院,目前是预防医学专业的毕业生就业最多的地方。近些年来,国家开始大力发展社区和基层的医疗卫生事业,包括乡村卫生室这样的地方开始需要很多的预防医学专业人才。目前该专业就业比较容易,但是 2025 年以后,情况就不太明朗了,因为国家正在将部分地区的预防医学也纳入试点规培,目前大家都处在观望阶段。

乡村卫生室,某些大城市周边的乡村地区,招人数量也不少,不过工资收入不是很高。

一些医院,无论是私立还是公立医院的防保科,也是很好的就业方向,收入稳定,工作清闲,但是不太好进。一方面一个医院可能好几年才招聘一次,而且一次也就招聘一个人。不像社区一次会有三四个招聘名额。

### ➤ 工作内容

关于工作内容,社区和疾控这两个地方的工作都不错,基本都是文职类。疾控的话,大家都经历过三年新冠疫情,疫情防控期间大家关注最多的就是疾控中心发布的消息,对疾控的工作内容应该很熟悉了。所以我在这里就着重说一下社区。

第一个工作重点就是计划免疫,也就是打防疫针,吃糖丸什么的。

第二个工作重点是统计慢性病如高血压、糖尿病、肿瘤的人数,建立档案,上报给疾控中心。疾控中心的工作也大致类似。

第三个工作重点是健康教育部分,定期在社区搞宣传,比如预防蛀牙、控制血糖等。

### ➢ 要以什么样的态度面对预防医学

预防医学是一个很有前途的专业,当然我说的有前途是理论上的。因为大家都渐渐明白了,治病不如不生病,你就算是有再高的医术总要碰到一些治不好的病。那从根源上不得病不就好了。就是这么一个简单得不能再简单的理论,创造了预防医学这个专业。

说说我们同学的就业情况。只要不太挑剔,都可以就业。

学预防对于女生来说还是很不错的,以后只要能找到工作基本都很稳定,至少目前看来是这样的。虽然说很多单位偏向招男生,但是只要你肯努力找还是有很多地方要女生的。

## 100402 食品卫生与营养学

本人是食品卫生与营养学专业的毕业生,应"金榜事事懂"的邀请,简单介绍一下食品卫生与营养学这个专业。

### ➢ 专业介绍

食品卫生与营养学专业虽然是公共卫生与预防医学大类下的本科专业,但和医学类专业不同的是,一般这个专业毕业拿的是理学学位,所以报以前需要特别注意。这个专业是由"营养学"和"食品营养与检验"两个专业合并发展起来的。从名字上就知道这个专业涉及食品营养和食品卫生问题。

食品卫生方面,前几年频发公共卫生安全事件,比如瘦肉精、注胶虾、毒豆芽、地沟油等,使得食品卫生成为热议话题。各大高校纷纷设立该专业也体现了国家对食品卫生安全的重视。

食品营养这块,这个专业主要研究人体营养规律以及怎样改善人体营养状况。研究平常吃的食物与人体的相互作用以及营养成分在人体内的代谢过程,比如说蛋白质的消化吸收。目的就是指导人们合理配置食品,对人们进行营养指导。

### ➢ 学习内容

因各学校设置不同,食品卫生与营养学专业学制有四年、五年之分。该专业需要掌握医学基础知识、临床技能以及食品卫生营养知识,熟悉流行病学、卫生统计学等基本理论方法和卫生防疫技能。需要学习的具体课程可能因学校情况也各有不同,大体上有医学基础课程、基础营养学、临床营养学、食品卫生学、公众营养与管理学、食品卫生与安全等。

现在营养学方向就有许多分支,如运动营养学、临床营养学、美容营养学、学前营养学等,分别从不同的领域和方面展开研究。像运动营养学就是研究运动员的营养需要,利用营养因素来提高运动能力,促进体力恢复和预防疾病,比如像给运动员搭配食谱等。

### ➢ 就业情况

食品卫生与营养学专业的毕业生可在疾病控制中心、各级医疗卫生机构、动植物检验部门、营养与食品安全服务部门、食品相关企业、餐饮行业等从事营养与食品卫生技术工作,以及从事食品安全检测、社区人群营养卫生管理和社区人群卫生保健工作等。

如果毕业从事食品卫生营养方向的工作,需要考取营养师证,但是需要提醒的是现今国内营养学发展并不是很成熟,营养师的水平也良莠不齐。

如果从事食品卫生方面的工作,需要多了解些偏向法律方面的知识,因为会去检查一些食品企业。

➢ **专业前景**

现在人们对食品卫生以及营养这方面越来越关注和重视了,所以这个专业未来可能会比较吃香。但是对于国内来说,目前行业不是很规范,发展不是很成熟,有些毕业生毕业后可能就去卖保健品了,这样是特别浪费人才的。其实国内对这方面人才需求的缺口很大,比如有很多人是需要营养师做专业营养配餐的,所以我感觉只要是把食品卫生营养研究好了,再过些年的话还是大有可为的。

## 100404TK 卫生监督

本人是卫生监督专业的学生,应"金榜事事懂"的邀请,简单介绍一下卫生监督专业。我先简单介绍一下卫生监督专业的具体情况,最后我会详细介绍一下这个专业现在的尴尬处境。

➢ **专业介绍**

卫生监督专业是公共卫生系的,属于预防医学类别。顾名思义,卫生监督主要是监督公共资源的卫生情况。

具体涉及哪些方面呢?近年来出现的食品安全问题、饮水安全问题、学校卫生问题、职业病的危害、放射卫生等公共卫生问题都属于卫生监督的范畴。比方说,早上卖油条店铺的卫生安全监督、高中食堂的卫生安全检查都是卫生监督的工作。这个专业毕业后是要走上执法岗位的,所以需要掌握公共卫生知识和法律知识,沟通能力及社会管理能力要强。这就需要在大学里学习相关的知识。

➢ **学习内容**

卫生监督专业主要学习医学知识、法律知识、公共卫生知识、监督知识,培养大家在法律允许的情况下现场快速检测和参与公共卫生事件的现场监督技能。

本科目的核心课程包括管理学基础、宪法学、刑法学、卫生法学、卫生事业管理学、公共卫生监督法学、计算机基础与应用、卫生行政执法文书与写作等。

➢ **就业情况**

毕业后,通常可以在各级卫生监督所、各级食品药品监督管理局、各级安全生产监督管理局、各级卫生行政部门、各级环境保护局、疾病预防控制中心和医院的预防保健科、出入境检验检疫局等从事卫生监督执法工作,也可以到饮食行业、食品厂、学校等企事业单位从事管理工作。

➢ **尴尬处境**

目前,卫生监督专业的处境比较尴尬。由于卫生监督专业划归为医学类,医学和法律知识都需要学习,但因为开设这个专业的学校太少了,社会上对卫生监督专业的了解还不是很全面,导致卫生监督专业的就业有很大的局限性。

至于学校,哈尔滨医科大学是全国第一个开设卫生监督专业的高校。之前医学专科学校也有设置这个专业的,大家可以根据自己的情况综合选择。一定要多对比一下。

# 1005 中医学类

## 本专业类概况

### 一、各选科组合能报本专业类的比例

该数据反映的是在该专业类的所有高校招生计划中,各科目组合有多少学校能填报。详解见图书使用说明。

| 物理 化学 生物 | 物理 化学 历史 | 物理 化学 地理 | 物理 化学 思想政治 | 物理 生物 历史 |
|---|---|---|---|---|
| 100.0% | 78.4% | 78.4% | 78.4% | 15.4% |
| 物理 生物 地理 | 物理 生物 思想政治 | 物理 历史 地理 | 物理 历史 思想政治 | 物理 地理 思想政治 |
| 15.4% | 15.4% | 0.0% | 0.0% | 0.0% |
| 化学 生物 历史 | 化学 生物 地理 | 化学 生物 思想政治 | 化学 历史 地理 | 化学 历史 思想政治 |
| 0.0% | 0.0% | 0.0% | 0.0% | 0.0% |
| 化学 地理 思想政治 | 生物 历史 地理 | 生物 历史 思想政治 | 生物 地理 思想政治 | 历史 地理 思想政治 |
| 0.0% | 0.0% | 0.0% | 0.0% | 0.0% |

### 二、该专业类的主要专业男女比例及每年大致毕业人数

| 专业类 | 专业代码 | 专业名称 | 各专业年度毕业人数 | 男女比例 |
|---|---|---|---|---|
| 中医学类 | 100501K | 中医学 | 16 000~18 000 人 | 男35% 女65% |
| 中医学类 | 100502K | 针灸推拿学 | 7000~8000 人 | 男34% 女66% |

### 三、本专业类主要考研方向

| 学科门类 | 一级学科 | 研究方向 | 学位授予 |
|---|---|---|---|
| 医学 | 1005 中医学 | 学术硕士 | 可授硕士、博士专业学位 |
| 医学 | 1057 中医 | 专业硕士 | 可授硕士、博士专业学位 |
| 医学 | 1059 针灸 | 专业硕士 | 仅可授硕士专业学位 |
| 参考往年可报考二级学科 | | | |
| 中医学 | 中医基础理论 | 中医临床基础 | 中医医史文献 | 方剂学 |
| 中医诊断学 | 中医内科学 | 中医外科学 | 中医骨伤科学 | 中医妇科学 |
| 中医儿科学 | 中医五官科学 | 针灸推拿学 | 民族医学(含藏医学、蒙医学等) | 中医 |

## 本专业类重点专业解读

### 100501K 中医学

本人是天津中医药大学中医学专业毕业的，应"金榜事事懂"的邀请，简单介绍一下中医学专业。

#### ➢ 专业介绍

中医学大家应该都挺熟悉的，有时候身体需要调理什么的一般会想到去找中医抓几服药。中医学是相对于现代医学（西医）而言的传统医学，与西医学观念差别很大。针灸、拔罐、刮痧、推拿等，这些都是中医学专业学的内容。

经过大学的学习，我们会了解诸如中医所讲的气血津液、脏腑经络是什么，如何通过询问、观察、切脉等方法进行初步诊断，了解几百种中草药的功效，懂得如何组合运用它们来达到治病救人的目的；怎样用针刺、拔罐、推拿、按摩等方法治病；如何根据季节的变化来调整饮食结构，以达到养生、保健、美容等目的。

中医相对于西医有自身独特的诊病思维和治疗方法，特色是辨证论治和整体观念。简而言之，所谓辨证论治，是根据不同患者、不同阶段的具体病症表现来量身定制的治疗原则和处方，充分表现了中医学个体化治疗的科学理念。所谓整体观念，是中医把人与自然、社会看成是一个"大"整体，把人自身的脏腑、经络等组织看成是一个"小"整体，在诊疗疾病时，中医会考虑到自然、社会的影响因素，也会兼顾病变脏腑以外的其他脏腑组织，非常注重联系性、整体性。

#### ➢ 中西医的区别

中医学和西医学有什么不同呢？中医对待疾病从气化论、阴阳五行学、脏腑经络出发，讲究一个整体的概念，认为人体是一个动态平衡体，一旦平衡被破坏，人就会生病。

第一，在诊断方面，中医学讲求"望闻问切"四法。而西医学是依靠各种检验和生化指标判断。

第二，在治疗上，中医靠的是调理。西医靠的是介入，依靠外来的药物直接作用于病原体甚至直接进行手术。

第三，在治病方案上，中医的治疗手段和方法丰富多样，会因时因地因人制定不同的治疗方案，既有一般内服药物的内治法，又有药物外敷、热熨、熏洗等外治法，以及独特的针灸、拔罐、刮痧、推拿、按摩、气功等非药物疗法，还有以药膳为代表的日常食品疗法。不会像西医一样，一种疾病只有一种药方、一种治疗方法。

#### ➢ 学习内容

中医学专业主要涉及中医基础理论和临床实践技能，一般学制为五年。行业准入考试是中医执业医师考试。

中医学专业本科的核心课程包括中医学基础、现代医学基础、中医古典医籍、中医诊断学、中药学、方剂学、中医内科学、中医外科学、中医妇科学、中医儿科学、中医骨伤科学、针灸学以及针灸等实践技能。

但是，中医学有个特点，就是真正的本领在学校是不可能很轻松就掌握的，只有通过临床实践,积累丰富的经验,才能理解和掌握。

### ➢ 就业情况

中医学专业的毕业生可以去各级中医院、中医科研机构及各级综合性医院等部门从事中医临床医疗和科学研究工作,也可以去私人中医诊所或者自己开诊所。

中医这个专业和其他的医学专业一样,就业面比较窄,但如果热爱中医,想当一名医生,还是很不错的。但有一点需要注意,这几年医疗行业对学历的要求越来越高,要想在好的医院工作,在医学上有所建树,必须成为医学博士,想选这个专业的话就得做好长期吃苦的打算了。

### ➢ 发展前景

随着中医的发展,中医学越来越为国际所认同。尤其是针灸在减轻手术后疼痛、怀孕期反胃、化疗所产生的反胃和呕吐、牙齿疼痛等方面是有效的且其副作用非常低,相对于西医有相当大的优势。所以我觉得随着中医的发展,越来越多的人会接受中医的治疗方法。

### ➢ 开设的大学

开设中医学专业的大学很多,有专门的中医药大学,也有综合性的医学院校。专门的中医药大学比如上海中医药大学、成都中医药大学、天津中医药大学、山东中医药大学、北京中医药大学等。大家如果热爱中医,想为国医的传承做一份努力的话,可以好好选择一下。

## 100502K 针灸推拿学

本人是针灸推拿学专业的学生,应"金榜事事懂"的邀请,简单介绍一下针灸推拿学专业。

### ➢ 专业介绍

针灸推拿属于养生治病之道,针主要是指在体表穴位进行针刺、叩击、放血等,灸则是在点燃艾条、艾柱或者艾绒之后熏灼一定穴位处的皮肤,推拿即按摩。所以针灸推拿学专业就是学习以上技巧和手法以达到养生或者医治疾病效果的学科。针灸推拿学属于中医的一个学科,对一些疼痛性的疾病,像头痛(特别是偏头痛)、坐骨神经痛(包括神经痛)、痛经,用针刺治疗效果还是很不错的。

### ➢ 学习内容

针灸推拿学专业为五年制,所学知识主要分为以下三种:

一是西医基础知识,比如说生理、病理、解剖等;

二是中医基础知识,包括中药知识和如何摸脉、看舌诊断疾病及穴位知识等;

三是针灸推拿的手法等专业知识。因为这个专业是一个实践性特别强的学科,除了要掌握穴位,找准穴位,还需要有正确的手法,要不效果也是达不到的,所以学习完理论知识之后主要就是练习手法。练习手法的方式包括一些计算机的模拟和一些动物实验,之后同学之间会互相练习,练习好了之后才可以给病人下针。

### ➢ 就业情况

随着中医学针灸推拿治病在世界各国的推广,该专业毕业之后还是比较好就业的。首先,可以做临床针灸推拿,现在来看针灸推拿在日常生活中还是应用挺广泛的:工作一族会选择推拿来消除一天的疲劳;父母碰到婴幼儿普通发烧感冒的情况一般也不选择给孩子吃药而是选择更加安全可靠的推拿来治疗。此外,针灸推拿也广泛应用于各种疑难杂症的缓解治疗和养生。其次,毕业生也可以从事教学工作,甚至可以去国外教学。当然,也可以毕业后继续深造,从事相关的研究工作。

### ➢ 大学推荐

开设针灸推拿学专业的学校有成都中医药大学、天津中医药大学、上海中医药大学、广州中医药大学、安徽中医药大学、重庆医科大学、云南中医学院、陕西中医学院、甘肃中医学院等。大家可以选择报考。此外需要提醒大家的是,色盲的同学是不适合报这个专业的。

# 1006 中西医结合类

## 本专业类概况

### 一、各选科组合能报本专业类的比例

该数据反映的是在该专业类的所有高校招生计划中，各科目组合有多少学校能填报。详解见图书使用说明。

| 物理 化学 生物 | 物理 化学 历史 | 物理 化学 地理 | 物理 化学 思想政治 | 物理 生物 历史 |
|---|---|---|---|---|
| 100.0% | 100.0% | 100.0% | 100.0% | 0.0% |
| 物理 生物 地理 | 物理 生物 思想政治 | 物理 历史 地理 | 物理 历史 思想政治 | 物理 地理 思想政治 |
| 0.0% | 0.0% | 0.0% | 0.0% | 0.0% |
| 化学 生物 历史 | 化学 生物 地理 | 化学 生物 思想政治 | 化学 历史 地理 | 化学 历史 思想政治 |
| 0.0% | 0.0% | 0.0% | 0.0% | 0.0% |
| 化学 地理 思想政治 | 生物 历史 地理 | 生物 历史 思想政治 | 生物 地理 思想政治 | 历史 地理 思想政治 |
| 0.0% | 0.0% | 0.0% | 0.0% | 0.0% |

### 二、该专业类的主要专业男女比例及每年大致毕业人数

| 专业类 | 专业代码 | 专业名称 | 各专业年度毕业人数 | 男女比例 |
|---|---|---|---|---|
| 中西医结合类 | 100601K | 中西医临床医学 | — | — |

### 三、本专业类主要考研方向

| 学科门类 | 一级学科 | 研究方向 | 学位授予 |
|---|---|---|---|
| 医学 | 1006 中西医结合 | 学术硕士 | 可授硕士、博士专业学位 |
| 参考往年可报考二级学科 | | | |
| 中西医结合 | 中西医结合基础 | 中西医结合临床 | — | — |

## 本专业类重点专业解读

### 100601K 中西医临床医学

本人是大连医科大学中西医临床医学专业的学生，应"金榜事事懂"的邀请，简单介绍一下中西医临床医学专业。

#### ➢ 专业介绍

中西医临床医学其实就是最早的中西医结合。是将中医和西医结合起来，既研究中国传统医学理论又研究西方现代医学技术，在治病方面达到治标又治本的目的。

中西医临床医学专业和临床医学是有区别的，中西医临床医学在学校学习过程中采用中西医两套技能培训，但在本质上讲还是中医学类别内的，起码现在是不能报考西医临床执业医师的。而临床医学就是纯粹的西医临床学。

中西医临床医学专业的毕业生可以考取中西医结合执业医师，这个是属于中医类下边的，在工作中可以采用中医和西医两种手段，就是可以开中药和西药；而单纯的中医师和执业医师（也就是临床医学出来的）在临床上是中西医分开的。

#### ➢ 学习内容

中西医临床医学专业主要学习的课程有中医基础理论、中医诊断学、中药学、方剂学、伤寒论、金匮要略、中医内科学、中医妇科学、临床骨伤科学、针灸学、正常人体解剖学、生理学、生物化学、病理学、药理学、诊断学、内科学、外科学。

中西医临床医学在传授传统中医学理论的同时，加强对西方现代医学新成就、新技术的学习，注重学生的实践能力和创新能力的培养。这个专业设立的目的是使中医药能进入世界主流医疗体系，使中医药能为更多的人所接受。

#### ➢ 就业情况

一般医学类本科毕业后以考研为主，本专业硕士研究生招生量较大，本科毕业后可继续求学深造，也可报考临床医学各专业及中医学专业硕士研究生继续深造。

如果毕业之后工作的话，可以选择在各级各类医院、高等医学院校、卫生行政管理部门、有关科研院所从事中西医结合或中医专业医疗、教学、管理、科研等工作。一般去的是中医院或者是普通医院的中医科。

#### ➢ 注意事项

大家如果特别喜欢中医药的话，可以报考这个专业，虽然没中医学得精，但一般人的看法是这个专业比单纯的中医药专业更有发展前途。

但如果单纯是想进医院做手术当医生，建议还是不要报考这个专业。因为现行政策规定，中西医临床医学专业的毕业生是不能报考西医临床执业医师的，考的是中西医执业医师，是属于中医类（普及一下：执业医师资格考试分为两级四类，即执业医师和执业助理医师两级；每级分为临床、口腔、公共卫生、中医四类。中医类包括中医、中西医结合和民族医），除非之后考研，改选临床医学的专业。但是考研的话，有些学校已经在招生简章中直接规定不接收这个专业考临床的研究生。最后再强调一下，千万不要从名字上觉得这个专业是中医西医都精通，绝大多数的中西医临床医学是偏中医方面的。

# 1007 药学类

## 本专业类概况

### 一、各选科组合能报本专业类的比例

该数据反映的是在该专业类的所有高校招生计划中,各科目组合有多少学校能填报。详解见图书使用说明。

| 物理 化学 生物 | 物理 化学 历史 | 物理 化学 地理 | 物理 化学 思想政治 | 物理 生物 历史 |
| --- | --- | --- | --- | --- |
| 100.0% | 93.6% | 93.6% | 93.6% | 0.4% |
| 物理 生物 地理 | 物理 生物 思想政治 | 物理 历史 地理 | 物理 历史 思想政治 | 物理 地理 思想政治 |
| 0.4% | 0.4% | 0.4% | 0.4% | 0.4% |
| 化学 生物 历史 | 化学 生物 地理 | 化学 生物 思想政治 | 化学 历史 地理 | 化学 历史 思想政治 |
| 1.7% | 1.7% | 1.7% | 1.7% | 1.7% |
| 化学 地理 思想政治 | 生物 历史 地理 | 生物 历史 思想政治 | 生物 地理 思想政治 | 历史 地理 思想政治 |
| 1.7% | 0.0% | 0.0% | 0.0% | 0.0% |

### 二、该专业类的主要专业男女比例及每年大致毕业人数

| 专业类 | 专业代码 | 专业名称 | 各专业年度毕业人数 | 男女比例 |
| --- | --- | --- | --- | --- |
| 药学类 | 100701 | 药学 | 22 000~24 000人 | 男33% 女67% |
| 药学类 | 100703TK | 临床药学 | 1500~2000人 | 男35% 女65% |
| 药学类 | 100704T | 药事管理 | 600~700人 | 男24% 女76% |
| 药学类 | 100705T | 药物分析 | 600~700人 | 男31% 女69% |
| 药学类 | 100706T | 药物化学 | 200~250人 | 男53% 女47% |
| 药学类 | 100707T | 海洋药学 | 100~150人 | 男38% 女62% |

### 三、本专业类主要考研方向

| 学科门类 | 一级学科 | 研究方向 | 学位授予 |
| --- | --- | --- | --- |
| 医学 | 1007 药学 | 学术硕士 | 可授硕士、博士专业学位 |
| 参考往年可报考二级学科 | | | |
| 药学 | 药物化学 | 药剂学 | 生药学 | 药物分析学 |
| 微生物与生化药学 | 药理学 | — | — | — |

## 本专业类重点专业解读

### 100701 药学 & 100703TK 临床药学

本人是中国海洋大学药学专业的研究生,应"金榜事事懂"的邀请,简单介绍一下药学专业和临床药学专业。

> ➤ **专业介绍**

你在查看志愿填报指南时肯定能看到一般大学要是招药学的话,同时都会一起招诸如临床医学、口腔医学、预防医学等专业。虽然你报的时候可能觉得这些都是医学类的专业,都差不多,但是其实你的想法是完全错误的。为什么呢?不得不说,这些专业看似都是医学大类,但区别是非常大的,特别是在将来从事的工作上。比如说在考执业证上,临床医学专业考的是执业医师证,出来可以开刀、治病,当大夫和病人接触,而药学类考的是执业药师证,是不能开刀、治病的,是负责和药品打交道的。

下面对比介绍下药学和临床药学这两个专业。

药学专业相对来说算是药学类专业里学习内容比较全面的专业,学习内容主要包括药学基本理论知识和实验技能。

临床药学专业则是研究药物和人的关系的学科,研究药物如何在人体内发挥最强疗效,包括研究用药禁忌和用药不良反应。临床药学的应用主要是药剂师进行临床指导合理用药和临床用药监测。因为新药的不断出现和老药新疗效的不断发现,药品种类越来越多,以至于医生只能熟悉最基本的用药,但是一种疾病往往需要多种药物配合使用,而且有的患者又患多种疾病或者个人体质不同,所以药师在医生诊断疾病之后进行合理辅助配药是很有必要的。

> ➤ **学习内容**

这两个专业的学习内容有相似之处,也有区别之处。首先因为归于医学大类,所以两个专业都会学习医学类的基础课。

药学专业除了前两年学习医学基础课程,还会学习专业课如药物化学、药剂学、药理学、药物分析学、药事管理学。药学专业一般是四年制。

临床药学专业除了学习药学知识,还需要学习一些药学临床知识,比如说临床药物代谢动力学、临床药理学、药物毒理学、药物不良反应与药物警戒等。因为学得多,临床药学专业一般是五年制。

> ➤ **就业情况**

药学类在医学院来说是就业率比较高、压力比较小的专业,除非打算将来从事研究工作,要不然一般在本科毕业之后就可以就业。

首先来说药学专业:

一是可以去药厂做生产、化验、质检等工作。

二是进医院,一般是在药剂科的门诊药房、药库、配置中心等岗位工作。

三是可以到学校做相关专业的老师。

四是可以去医药公司、药厂或者医疗器械公司做销售代表,但是也比较考验人,需要有很强的沟通能力,一般男生选择做销售代表的比较多,但是随着国家医药改革的深入,销售代表发展空间已经越来越小。

五是可以去研究所或者医院的研究室从事研究工作,一般医院的研究室不会太累,也没有太大压力,但是不一定每个医院都设有研究室,而且相对来说这样的岗位收入也是有限的。一般去医院都需要经过事业单位考试。

六是可以通过公务员考试进入药监局、药检所,尤其对于女生来说是一个稳定的好去处。但是近几年来公务员考试的要求比较高,药监局、药检所很多职位可能需要研究生学历。

接下来是临床药学专业的就业情况:首先以上药学专业的大多数就业岗位临床药学也可以去。另外,临床药学对口的工作就是在医院跟着医生查房,测测血药浓度,基本上就是给患者抽血,然后用 HPLC(高效液相色谱)测药时曲线,挺轻松的。临床药学专业性更强,门槛更高。据我了解,三甲医院的临床药学都是硕士、博士在做。不过不得不说因为国内这个岗位的重要性还没有被足够认识到,绝大多数情况下临床医生用药是不会听临床药剂师的(你见过哪个医生开药的时候不是自己开的?有问别人的吗?),所以需求似乎还不是很大。

### ➢ 发展前景

药学类可以说是一个比较年轻的学科。发达国家药学发展得比较成熟,新药品研发都做得比较好,但是在国内来说还处于起步阶段,国内不少药品是仿制药,并不是自己研究出来的,所以国内急需药学专业人才来填补这个空缺。如果大学选择药学类专业,毕业后过些年的发展前景还是不错的。

另外,必须要说的一点是,药学类专业虽然本科就业率比较高,但是收入肯定还是比不上临床医生、医院大夫的。不过大家也不能光看收入来决定报考专业,也要结合自身情况和兴趣爱好来选择适合自己的职业发展方向。

### ➢ 就业情况

就我周围同学来说,毕业后主要在以下单位工作。

本科毕业的同学分布主要有两部分:一部分就是在烟台、青岛等各个城市的各级医院药房工作;另一部分就是在各个制药公司,有从事研究工作的,有当医药代表的,医药代表绝大多数是男生。

考了研究生的同学毕业后大部分是到了各个地级市的医院和药检所。

### ➢ 比较好的大学

药学类专业比较好的学校有南药和北药,也就是中国药科大学和沈阳药科大学。很多同学考研基本上首选这两个学校。

## 100704T 药事管理

本人是药事管理专业毕业的,应"金榜事事懂"的邀请,简单介绍一下药事管理专业。

### ➢ 专业介绍

药事管理是药学的分支学科,是一个新兴学科。简单来说,就是在国家法律法规下利用经济学、管理学知识来管理药事活动。所以这个学科所涉及的知识面会比较广,包含法学、经济学、管理学和药学知识,涉及范围比较广,应用性较强,与其他传统药学专业有很大差别。该学科的最终目的是通过科学管理,运用先进的管理技术和手段,对药品在研究、生产、经营和使用过程中进行协调监督,以合理的人力、财力、物力的投入取得最佳的治疗和预防疾病的目的,从而提高人们的健康水平。

### ➢ 学习内容

药事管理专业与传统药学专业相比,所学习的课程也有很大不同。药事管理专业除了要学习临床医学概论、基础医学概论等西医学知识,还需要学中医方药学、中药商品学、中药药剂学、中药炮制与加工、药理学、中药药理学等方面的知识,以及药事管理学、经济学、管理学、药学概论、会计学、财务管理、药事企业管理、运筹学、国际贸易、人力资源管理、企业发展战略与企业文化等经济学和管理学等方面的知识。

### ➢ 就业情况

药事管理专业学习的内容比较宽泛,就业面也很广。可以参加公务员考试进入药品监督管理局、卫生健康局等;还可以去医院的相应岗位,大多数毕业生选择去大医院,因为大医院软硬件设施比较齐全,才可能有药事管理岗位。

## 100705T 药物分析 & 100706T 药物化学

应"金榜事事懂"的邀请,简单介绍一下药物分析和药物化学这两个专业。

### ➢ 专业介绍

药物分析是指利用物理、化学、生物学的技术和方法来研究已知的化学药物及其成品药物制剂的质量。近年来药物分析逐渐发展为一门学科,主要是利用对药物的分析来获得药物的各种基本信息。它包括药物成品的化学检验、药物生产过程的质量控制、药物储存过程的质量考察、临床药物分析、体内药物分析,以及法医毒物分析、兴奋剂检测和药物制剂分析。由此可以看出,药物分析的应用范围特别广,所以是一个特别重要的学科。

药物化学是利用化学方法和技术开发新药物,以及从分子水平上研究药物在人体内的作用方式和作用机理的一门学科。相比之下,药物分析应用性比较强,药物化学知识性、研究性比较强,需要学生掌握常用药物的合成原理,以及它们的物理化学性质、体内代谢与药理作用之间的关系;同时熟悉新药研究的基本方法和近代新药的发展方向,为有效合理使用化学制药提供依据,为从事新药研究奠定基础。

### ➢ 学习内容

药物分析专业的专业课程除基本药学知识外,主要学习药物化学知识,比如分析化学、生物化学、天然药物化学、化学原理与化学分析,以及药品质量管理技术、药品生产过程验证、现代药剂应用技术、现代药物分析检验技术、药品生物鉴定技术、药物分析质量管理规范、药事概论、药学微生物基础技术、仪器分析、药学英语等专业课程。总体来说,药物分析学是一个实践性比较强的专业,所以需要学生有很强的动手能力。除了学习专业知识,还需要加强药物分析实验能力。

药物化学专业学习的主要课程包括有机化学,生物化学,生理学,药理学,高等药物化学,药物合成设计,药物合成反应,近代有机合成,甾体、抗肿瘤、抗病毒前沿研究跟踪,药物设计进展,天然产物化学,有机光谱鉴定,有机结构测定的物理方法,现代生物技术与新药研究开发等。

从所学的课程就能看出来,药物分析专业偏重分析药物的一些性状来进行药物检测和分析,而药物化学专业主要是研究药物的合成来进行新药开发和研究。

大学四年通常的安排是第一学年完成公共必修课、专业基础课及选修课程的学习并开始查阅本研究领域内的文献资料;第二学年和第三学年,开始进入教研室、实验室,完成教学实践及学术活动,同时进行专业课、专业外语的学习,开始课题研究,完成开题论证,撰写文献综述等;第三学年至第四学年,主要进行课题研究,完成学位论文撰写以及完成论文答辩。

> ➢ 专业现状

药物分析专业和药物化学专业都是新增的本科专业。药物分析专业一般是作为硕士学科存在的,比如说沈阳药科大学、中国药科大学、浙江大学、北京大学、复旦大学都有药物分析硕士点,之前部分医科大学在本科专业中,开设了药学专业的药物分析方向,如沈阳药科大学、重庆医科大学、福建医科大学等,中国药科大学早些年率先开设了药物分析学的本科专业。

药物化学专业也是中国药科大学率先开始设置本科专业的,其他学校大部分是作为硕士专业存在的。目前,中国药科大学、沈阳药科大学和北京大学药学院已成为药物化学课程教学的示范中心。

> ➢ 发展前景

近几年国内药学事业迅猛发展,专业人才稀缺,所以药物分析专业在医药化工行业还是有着较好的就业前景的。该专业的学生,毕业后一般能在高等院校、科研机构、医药企业和其他相应的产业部门从事教学、研究、科技开发以及管理工作,主要到药品生产、检验、流通、使用和研究与开发领域,从事鉴定、药物设计、一般药物制剂及临床合理用药等方面的工作。也有学生申请出国深造,也都比较容易找到对口的进修专业。

药物化学专业的毕业生,因为有着扎实的生化研究和分析的基础,所以有着多方面的就业机会:一是可以进入日用化工行业;二是可以进入生化药品行业;三是可以进入石油化工行业;四是可以直接进入制药行业和从事药物制剂开发、研究、质检以及销售代理等方面的工作。

## 100707T 海洋药学

本人是海洋药学专业的毕业生,应"金榜事事懂"的邀请,介绍一下海洋药学专业。

> ➢ 专业介绍

海洋药学专业是个非常冷门的专业,开设此专业的学校非常少,据我所知中国药科大学的海洋药学专业是我国最早的海洋药学本科专业,到现在也就约20年左右的时间,后来又有广东药科大学、宁波大学、海南医学院等少数大学陆续开设,每年的毕业生数量有限。

由于海洋环境下的光照和营养等特殊的条件,很多海洋生物能产生或者带有杀菌、抗癌、抗病毒、抗凝血、镇痛、生长抑制等活性物质,比如海洋中的海绵之类的生物从来不得病,它们却并不产生抗体,原因是海洋生物经过五亿多年的演化史发展了它们自身的奇异化学武器,从而能防御入侵的细菌和杀死身体内可能发生癌变的细胞。所以海洋生物是人类巨大的医药宝库。

> ➢ 研究内容

海洋药学专业主要研究海洋药物,就是海洋中能作为药物治疗疾病的生物,包括海洋植物药、海洋动物药、海洋矿物药,这些海洋药物存在于海洋动植物中。海洋药学就是研究如何把这些药物中的活性物质提取分离出来。海洋药物的研究热点有：海洋抗肿瘤药物、海洋心脑血管疾病药物、海洋消化系统药物、海洋泌尿生殖系统药物、海洋抗菌抗病毒药物、海洋免疫调节药物等。

概括地说主要研究海洋药物资源的分布、采集、鉴定、保护和可持续性发展的理论和技术；使学生掌握海洋药物活性物质的分离提取、结构鉴定等基本技能。

### ➤ 学习内容

海洋药学专业是四年制，大一、大二隶属于基础部，学习内容和药学系等是相同的；大三、大四属于生命科学与技术学院，开始学习一些专业知识。专业主干课程包括海洋生物学、海洋药物化学、海洋药用生物资源学、海洋药物生物技术、海洋制药学，除此之外还有无机化学、分析化学、有机化学、物理化学、生物化学、药理学、生物制药工艺学等。通过药学、海洋生物学理论以及现代生物技术等技能的传授，培养学生的海洋药物研究、生产与工艺设计以及海洋生物工程技术能力。

### ➤ 就业方向

海洋药学专业毕业后的就业方向：一是可以读本校的硕士生、博士生，继续深造；二是可以从事生物医药领域的相关工作；三是可以从事海洋生物资源开发利用以及海洋药物研发等相关的工作，比如药物研发、质量控制、生产管理、药品销售等。

# 1008 中药学类

## 本专业类概况

### 一、各选科组合能报本专业类的比例

该数据反映的是在该专业类的所有高校招生计划中,各科目组合有多少学校能填报。详解见图书使用说明。

| 物理 化学 生物 | 物理 化学 历史 | 物理 化学 地理 | 物理 化学 思想政治 | 物理 生物 历史 |
|---|---|---|---|---|
| 100.0% | 97.1% | 97.1% | 97.1% | 2.0% |
| 物理 生物 地理 | 物理 生物 思想政治 | 物理 历史 地理 | 物理 历史 思想政治 | 物理 地理 思想政治 |
| 2.0% | 2.0% | 2.0% | 2.0% | 2.0% |
| 化学 生物 历史 | 化学 生物 地理 | 化学 生物 思想政治 | 化学 历史 地理 | 化学 历史 思想政治 |
| 1.0% | 1.0% | 1.0% | 1.0% | 1.0% |
| 化学 地理 思想政治 | 生物 历史 地理 | 生物 历史 思想政治 | 生物 地理 思想政治 | 历史 地理 思想政治 |
| 1.0% | 1.0% | 1.0% | 1.0% | 1.0% |

### 二、该专业类的主要专业男女比例及每年大致毕业人数

| 专业类 | 专业代码 | 专业名称 | 各专业年度毕业人数 | 男女比例 |
|---|---|---|---|---|
| 中药学类 | 100801 | 中药学 | 8000～9000人 | 男31% 女69% |
| 中药学类 | 100802 | 中药资源与开发 | 1000～1500人 | 男39% 女61% |

### 三、本专业类主要考研方向

| 学科门类 | 一级学科 | 研究方向 | 学位授予 |
|---|---|---|---|
| 医学 | 1008 中药学 | 学术硕士 | 可授硕士、博士专业学位 |
| 医学 | 1056 中药 | 专业硕士 | 仅可授硕士专业学位 |
| 参考往年可报考二级学科 | | | |
| 中药学 | — | — | — |

## 本专业类重点专业解读

### 100801 中药学

本人是中国医科大学中药学专业毕业的,应"金榜事事懂"的邀请,介绍一下中药学专业。

#### ➢ 专业介绍

中药学就是研究中药的基本理论和临床应用的专业。内容包括中药、中药学的概念,中药的起源和发展;中药的产地与采集,药材的概念,以及在保证药效的前提下,如何发展道地药材;中药炮制的概念、目的与方法;中药药性的概念、中药治病的机理,中药配伍的目的、原则及药物"七情"的概念、中药配合应用规律;用药禁忌的概念及主要内容;用药剂量与用法,剂量与疗效的关系,确定剂量的依据及中药煎服法等内容。

#### ➢ 学习内容

中药学专业本科的核心课程包括生物化学、病原学概论、医学生物学、药理学、无机化学、定量分析、有机化学、仪器分析、中医学基础、中药学、方剂学、药物的波谱分析、中药化学、药用植物学、中药鉴定学、中药炮制学、中药药剂学、中药药理学、中药制剂分析和药事管理学等。

#### ➢ 就业情况

学习中药学专业将有机会在各级医院及医疗机构、制药及药品经营企业、药品检验部门、药品管理部门、科研单位及医药院校等从事研究开发、中药检验、质量控制、生产管理、药品营销等方面的工作。

1. 毕业之后较好的出路就是考公务员,特别是如果能进药监局的相关部门工作,那绝对是铁饭碗了,而且各方面福利待遇都还不错。当然,想进政府部门工作,竞争是异常激烈的,我身边有很多同学是考了四五年之后才考上的,因此如果你今后想从事这方面的工作就必须坚持到底。

2. 除了考公务员,去医院工作也是很好的出路。一般比较容易从事的工作就是调剂员,每天就是按照医生的处方调剂药物、审查处方,处方无错才能发药,审查处方主要是注意处方内药物是否存在剂量错误、用法不当、有无联合用药禁忌等。

3. 大部分中药学专业的毕业生都是去一些中药企业或者药厂工作。在医药企业工作一定要对自己有一个合理的定位,如果你今后想从事药品开发、研究方面的工作,那么对专业能力和学历要求是非常高的;如果你想从事生产质量方面的工作,那么对学历的要求就没有那么高,但对相关专业知识的要求依然是很严格的。相比较而言,从事销售工作的要求则要低很多,主要是侧重于个人的销售能力。

4. 除了以上几种就业方向,很多毕业生还会选择去私人药店工作。这个方向一般对毕业生学历方面要求较低,只要有一定的用药常识和销售能力都能从事这方面的工作。当然,这方面工作的薪资待遇还是要差很多的,而且工作时间较长,但好处是门槛很低,如果刚毕业没有合适工作的话,可以先找一些类似的工作积累一段时间的工作经验和社会经验,也是不错的一种选择。

#### ➢ 注意事项

有人在志愿书上肯定还能看到有一个叫"药学"的专业。觉得中药学专业属于药学专业,这个观点是不对的。

药学专业的主要学习对象是西药,对中药的相关内容只是了解一下而已,药学专业对中药的研究重点只放在对中药有效成分的研究上,而不会学习药材的优良识别。

而中药学专业则是专门学习中药的相关知识,会学到中药炮制、中药配伍、中药煎服等,比如会学一些中药的制备,像如何制蜜丸、制糖浆等。但是对中药的学习方法不局限在传统的学习中,同样需要利用西药中的相关知识对中药进行合理分析和运用。

# 100802 中药资源与开发

本人是中国药科大学中药资源与开发专业毕业的,应"金榜事事懂"的邀请,简单介绍一下中药资源与开发专业。

### ➢ 专业介绍

先说一下这个专业都学什么。顾名思义,中药资源与开发是研究中药药材的各种相关情况,比如说中药药材的开发、养护、资源等,通俗一点来讲就是研究某种中药,哪些是道地药材(道地药材是指在一特定自然条件、生态环境的地域内所产的药材,因生产较为集中,栽培技术、采收加工也都有一定的讲究,以至于较同种药材在其他地区所产者品质佳、疗效好。古今医家都喜欢使用道地药材,在中医处方笺上,许多药名前标有"川"、"云"、"广"等产地,这些药物大多就是道地药材),怎么种药用价值最高,怎么将某个优秀的中药资源开发技术推向社会,从而提高市场上这种药的质量,进而方便中医用药。中药资源与开发专业主要包括两个方面:一个是资源,另一个是开发。

资源方向包含了中药资源的调查,中药濒危资源的保护以及再生,中药资源的保障供应等。

而开发方向则包括了如何将中药资源加以有效利用,如药品、保健食品和化妆品的制造。产品开发需要资源,寻找资源是为了开发产品,这是结合点。

中药资源不仅包括药材的调查、保护、培育与抚育,还包括药材种植基因库的建立、化学成分资源库的建立;药材的分布状况、储存量、开发与利用的历史及现状。开发主要是把现有的资源开发成产品,如药品、保健品、化妆品等服务于社会。

资源是基础,开发是目的。所以一个产品从立项之时就应该了解其资源状况,如天然的冬虫夏草从药效和历史的应用上看,开发药品和保健品是很好的市场,但是只有知道冬虫夏草资源才会知道这个项目开发的可行性。

### ➢ 学习内容

中药资源与开发专业本科的核心课程包括分析化学、有机化学、生物化学、中医学基础、中药学、中药药理学、中药鉴定学、中药药剂学、中药炮制学、药用植物学、中药资源学、药用植物栽培学、中药材商品市场学、中药材采收与加工技术、新药开发概论、药事管理学等。

### ➢ 就业情况

中药资源与开发专业是比较冷门的。理论上来说,学习该专业今后可以从事中药资源调查、中药材栽培、中药材鉴定、中药原料采购、中药新药研究开发、中药资源的综合开发和合理利用等方面的工作。

中药资源与开发专业的实际就业情况是,本科毕业之后大部分学生都去做保健品销售或者医药销售去了。剩下的同学除了考研和考公务员的基本都转行了。其实从最近这几年的学生出路看,最多的就是考研,继续跟老师做课题,用中药学老师的话说是溯本清源,从提高药材质量这个方面为我们更全面地认识传统医药打下坚实的基础。总之,"师傅领进门,修行在个人",具体今后的发展全靠个人能力,不要仅仅局限于自己的专业或者学校的好坏,选择适合自己的行业,踏实走好每一步,就一定会达到自己所期望的目标。

# 1009 法医学类

## 本专业类概况

### 一、各选科组合能报本专业类的比例

该数据反映的是在该专业类的所有高校招生计划中,各科目组合有多少学校能填报。详解见图书使用说明。

| 物理 化学 生物 | 物理 化学 历史 | 物理 化学 地理 | 物理 化学 思想政治 | 物理 生物 历史 |
|---|---|---|---|---|
| 100.0% | 73.3% | 73.3% | 73.3% | 0.0% |
| 物理 生物 地理 | 物理 生物 思想政治 | 物理 历史 地理 | 物理 历史 思想政治 | 物理 地理 思想政治 |
| 0.0% | 0.0% | 0.0% | 0.0% | 0.0% |
| 化学 生物 历史 | 化学 生物 地理 | 化学 生物 思想政治 | 化学 历史 地理 | 化学 历史 思想政治 |
| 0.0% | 0.0% | 0.0% | 0.0% | 0.0% |
| 化学 地理 思想政治 | 生物 历史 地理 | 生物 历史 思想政治 | 生物 地理 思想政治 | 历史 地理 思想政治 |
| 0.0% | 0.0% | 0.0% | 0.0% | 0.0% |

### 二、该专业类的主要专业男女比例及每年大致毕业人数

| 专业类 | 专业代码 | 专业名称 | 各专业年度毕业人数 | 男女比例 |
|---|---|---|---|---|
| 法医学类 | 100901 | 法医学 | 1000~1500人 | 男57% 女43% |

### 三、本专业类主要考研方向

| 学科门类 | 一级学科 | 研究方向 | 学位授予 | |
|---|---|---|---|---|
| 医学 | 1012 法医学 | 学术硕士 | 可授硕士、博士专业学位 | |
| 参考往年可报考二级学科 | | | | |
| 基础医学 | 人体解剖与组织胚胎学 | 病理学与病理生理学 | 法医学 | — |

## 本专业类重点专业解读

## 100901 法医学

本人是复旦大学上海医学院法医学专业毕业的,应"金榜事事懂"的邀请,简单介绍一下法医学专业。

### ➢ 法医学专业学什么

首先,法医学虽然属于医学,但法医学和医学有本质的区别。医学培养出来的医生主要是在医院里为人开刀治病、救死扶伤的;而法医学主要是为法律服务的,其中尸体检验是最重要的研究对象,主要目的是判明死亡原因、推断死亡时间、分析犯罪手段和过程等,为侦查、审判提供线索和证据。

说到法医学,大多数人首先想到的可能是要和尸体打交道。其实现在法医学有很多分支学科,这些学科中有的是要接触尸体的,有的是不用接触尸体的。

法医病理学:专门鉴定尸体(如应用病理学和生理学的理论和技术研究死因);

法医物证学:物证检验、DNA 分析、亲子鉴定;

临床法医学:伤情鉴定(判断是轻伤还是重伤);

法医人类学:面貌复原、个人识别(通过观察尸骨形态、测量尸骨的长度,应用体质人类学的理论与技术和计算机技术来分析无名尸体的年龄、性别、身高等特征,进行个人识别);

法医毒物分析:有毒物质及毒品检验。

但是大学本科法医学专业对于以上所有学科都是要学习的,特别是法医病理学是要重点掌握的。如果本科毕业继续读研,专业就分得更细了。你可以专门选择一个分支学科来学习研究,比如女生一般读的是法医物证学。

总体来说,法医学是应用医学基础知识和临床知识、生物学、化学及其他自然科学理论和技能解决法律问题的,主要用于侦查犯罪,审理民事、刑事案件,以及金融保险的核保和理赔等领域。

法医学为五年制,前四年主要在学校学习基础医学、临床医学各门课程以及法医学近十门课程,如法医病理学、临床法医学、法医物证学、法医精神病学、法医毒物分析学、司法鉴定、诉讼法学以及侦察课程等。最后一年进行实习,通过接触法医的实际工作环境来锻炼鉴定能力。

### ➢ 注意事项

报名法医学专业要有一定的心理承受能力和调节能力。不管是在学校学习中还是在毕业后的日常工作中,都要接触很多尸体的不同状态。可能刚开始是接受不了的,但是经过自我心理疏导,一般会慢慢习惯。大学二年级开始上解剖课,有些学生是没有思想准备的。可能会晕,甚至呕吐,关键在于自己的心理承受能力是不是能够去排解、去化解。

### ➢ 毕业之后的去向

一般法医学本科毕业学生都要到公安基层工作,可以通过公务员考试,到公安局、检察院、法院从事法医工作。最主要的工作一是对命案的尸体进行检验,为侦查破案提供帮助。

二是可以到保险理赔业务中从事法医学鉴定工作,鉴定轻伤重伤。

三是可以留在院校从事教学工作或者到科研部门从事研究工作。

所以法医学的就业面还不是太窄。另外，法医学专业毕业后工作五年可以取得法医资格，这是做法医所必需的。

## ➢ 大学推荐

开设法医学专业比较好的院校主要包括复旦大学上海医学院、中国医科大学、西安交通大学医学院、中山大学医学院等。一般医学类专业后几年都不在学校本部上课。比如复旦大学的医学类专业后几年在枫林校区也就是医学院单独的校区上课，中山大学后几年在北校区上课，西安交通大学在医学院所在校区上课。另外个别学校可能有身高、视力方面的限制，如果选择法医学专业，在选择学校之前需要注意并仔细了解各个院校的具体要求。

# 1010 医学技术类

## 本专业类概况

### 一、各选科组合能报本专业类的比例

该数据反映的是在该专业类的所有高校招生计划中，各科目组合有多少学校能填报。详解见图书使用说明。

| 物理 化学 生物 | 物理 化学 历史 | 物理 化学 地理 | 物理 化学 思想政治 | 物理 生物 历史 |
|---|---|---|---|---|
| 100.0% | 92.4% | 92.4% | 92.4% | 0.0% |
| 物理 生物 地理 | 物理 生物 思想政治 | 物理 历史 地理 | 物理 历史 思想政治 | 物理 地理 思想政治 |
| 0.0% | 0.0% | 0.0% | 0.0% | 0.0% |
| 化学 生物 历史 | 化学 生物 地理 | 化学 生物 思想政治 | 化学 历史 地理 | 化学 历史 思想政治 |
| 0.0% | 0.0% | 0.0% | 0.0% | 0.0% |
| 化学 地理 思想政治 | 生物 历史 地理 | 生物 历史 思想政治 | 生物 地理 思想政治 | 历史 地理 思想政治 |
| 0.0% | 0.0% | 0.0% | 0.0% | 0.0% |

### 二、该专业类的主要专业男女比例及每年大致毕业人数

| 专业类 | 专业代码 | 专业名称 | 各专业年度毕业人数 | 男女比例 |
|---|---|---|---|---|
| 医学技术类 | 101001 | 医学检验技术 | 14 000～16 000 人 | 男 27% 女 73% |
| 医学技术类 | 101003 | 医学影像技术 | 6000～7000 人 | 男 35% 女 65% |
| 医学技术类 | 101005 | 康复治疗学 | 10 000～12 000 人 | 男 32% 女 68% |
| 医学技术类 | 101006 | 口腔医学技术 | 450～500 人 | 男 34% 女 66% |

### 三、本专业类主要考研方向

| 学科门类 | 一级学科 | 研究方向 | 学位授予 |
|---|---|---|---|
| 医学 | 1058 医学技术 | 专业硕士 | 可授硕士、博士专业学位 |
| 参考往年可报考二级学科 | | | |
| 医学技术 | — | — | — |

## 本专业类重点专业解读

### 101001 医学检验技术

本人毕业于南京医科大学医学检验技术专业，现在在一家市级医院检验科工作，应"金榜事事懂"的邀请，简单介绍一下医学检验技术专业。

➢ **专业介绍**

医学检验技术专业其实很好懂。平常人们感冒了，到医院看病，医生一般会先让化验血常规。这项工作就需要医院的检验科来完成。还比如说化验肝功能、肾功能等，都是检验科所涉及的工作。

医学检验是指利用物理、化学方法，通过实验室技术或者医疗仪器对人体的血液、体液、分泌物等标本进行检验，为医生诊断和治疗疾病提供依据。医学检验技术相对临床医学来说稍微注重理工科知识，要求使用各种光电仪器以及化学试剂完成实验分析，需要有较好的物理、化学基础。

➢ **学习内容**

医学检验技术专业本科的核心课程包含基础医学、临床医学和检验学等基础课程。检验专业课包含寄生虫学及检验、微生物学及检验、免疫学及检验、血液学及检验、临床生物化学及检验、临床输血及检验、临床基础检验等。

➢ **就业情况**

医学检验技术专业本科毕业之后，可以选择考研，也可以选择就业。总体来说本科就业不难，因为现在的医院，即使是三甲医院对检验岗位的学历要求都不是很高，况且这个专业是国家控制设立的专业，一般去向还是比较好的。如果要考研的话，目前医学检验专业的研究生并不是很多，考研的面比较广，主要有下面几个方向：免疫学、生理学、生化和分子生物学、微生物学等，也可以考临床方面的。就看到时候行业发展的状况了。

工作之后可以参加临床医学检验技士/技师/主管技师资格考试，取得相应的资格证书，可以给自己的工作加分不少。

➢ **这个专业的毕业生主要在哪里工作**

就业方面，最主要的途径当然是进入医院的检验科。

其次是临检中心或者检疫站。

近几年提倡医检分家之后，各地兴起了不少健康体检中心，又拓宽了医学检验的就业方向。

另外还有一些海关检验检疫、卫生局、血站、防疫站等事业单位。

也可以选择化工行业的质检工作。

可以选择当老师或者到医疗试剂公司和医疗仪器公司工作。

➢ **推荐学校**

不同学校的学制不一样，通常是四年或五年。开设这个学科的学校比较多，如南京医科大学、重庆医科大学、中山大学、北京大学等。虽然重庆医科大学录取分数比北京大学低很多，但在这个专业上重庆医科大学和北京大学不相上下。希望有志从事医学检验工作的同学可以按照自己的情况比较选择一下。

# 101005 康复治疗学

本人是南方医科大学康复治疗学专业毕业的,应"金榜事事懂"的邀请,简单介绍一下康复治疗学专业,需要先说明的一点是:康复治疗学专业虽然属于医学类专业,但毕业之后不是穿白大褂做医生的,而是在医院里为病人做康复治疗的。

### ➢ 专业介绍

临床医学水平的提高使许多病患的生存期延长,人们对疾病的治疗要求也不再仅仅限于生命的延续,而是更重视功能的恢复、社会参与能力的恢复以及生活质量的提高。所以现在的综合性医院、康复机构、社区医疗机构、特殊教育学校等机构均需要康复治疗方面的专业人才,康复治疗学专业便应运而生。可以说这是一个融合康复、医疗、预防、保健为一体的专业。

### ➢ 学习内容

康复治疗学专业在大学里主要学习的内容包含基础医学、临床医学和康复治疗学以及中国传统康复治疗学的基本理论和知识,目的是要能熟练进行康复治疗的各种工作。

这是一个实践性非常强的专业,学习中会用到物理治疗、作业治疗、语言治疗、日常生活活动能力训练、脊柱相关疾病实验、表面肌电分析系统、减重步行训练系统、平衡障碍评估与治疗系统、心肺功能评定系统、语言及认知障碍诊治系统、心理实验平台、高低温矫形器。

做康复不是一件简单的事情,不仅是体力活,而且也是技术活。好的治疗师不仅要掌握解剖、生理、病理等方面的基础知识,康复评定、运动生理、生物力学等本专业知识也要扎实,PNF(神经肌肉本体促进技术)、ICF(关于功能、残疾和健康的国际分类)等技术要娴熟,还要能和临床医师探讨治疗计划等。

### ➢ 专业方向

康复治疗学专业有两个专业方向:物理治疗学(PT)和作业治疗学(OT)。

简单来说,物理治疗包括按摩、针灸、电疗、光疗、磁疗等,主要是利用各种物理因子作用于人体来改善肌力、肌耐力等,增加关节的活动范围,为作业治疗做准备。

而作业治疗是让病人参加一定的生产劳动,来治疗疾病的一种方法,主要改善肢体的精细协调能力,适用于临床治疗之后到正常生活的过渡阶段。

当然更细的学习治疗方法内容就多了,主要包括以下几类:

1. 物理治疗:包括物理疗法、体育疗法、运动疗法。
2. 作业治疗:包括功能训练、心理治疗、职业训练及日常生活训练方面的作业疗法,目的是使患者能适合个人生活、家庭生活及社会生活的环境。
3. 语言治疗:对失语、构音障碍及听觉障碍的患者进行训练。
4. 心理治疗:对心理、精神、情绪和行为有异常患者进行个别或集体心理调整或治疗。
5. 康复护理:如体位处理、心理支持、膀胱护理、肠道护理、辅助器械的使用指导等,促进患者康复,预防继发性残疾。
6. 康复工程:利用矫形器、假肢及辅助器械等以补偿生活能力和感官的缺陷。
7. 职业疗法:就业前职业咨询,职业前训练。

8. 传统康复疗法：利用传统中医针灸、按摩、推拿等疗法促进康复。

## ➢ 就业方向

康复治疗学专业的毕业生可以去各级综合性医院、专科医院、社区医院、保健康复机构从事康复治疗、保健与评价等方面的工作。到综合医院康复医学科、康复中心（康复医院）从事康复治疗技术工作。也可到疗养院、保健中心、运动队医务室、社区卫生服务机构等单位从事康复治疗等工作或继续攻读研究生。国内比较好的学校有：首都医科大学、中山医科大学、华西医科大学、南方医科大学、南京医科大学等。

不过国内可以提供在本专业深造的学校比较少，首都医科大学是有硕士和博士点的。如果想深造的话可以去首都医科大学、香港理工大学，也可以去国外的大学，相对来说，国外的 PT（物理治疗）、OT（作业治疗）专业化发展比较成熟。

## ➢ 注意事项以及可能存在的误区

1. 康复分 PT 和 OT，一般做 PT 的就一定要有力气；做 OT 的一定要具备清晰的头脑。OT 女生做得多；PT 就有点费力，男生做得多。在找工作的过程中，我们发现很多有康复科室的医院比较偏好男生，招女生也是招身强体壮的。

2. 当然，对待病人还要有耐心，因为康复是一个很漫长的过程。

3. 本科毕业时该专业授予的学位是理学学士学位，而非医学学士学位，因为拿的不是医学学位，所以很多学校这个专业出来之后不能考医师，也就是不能当医生。毕业后只能考康复治疗师职业技术资格证，然后当技师（医师法里有规定，只有获得医学学士学位的能考执业医师证。康复治疗学不在其范围内。医师和治疗师的区别就在于医师是有处方权的，可以开药、可以出诊疗方案，但是治疗师是作为辅助或者执行功能存在的，可以和医生商议，但是没有处方决定权）。

4. 建议选择康复治疗学专业的时候要慎重，选择了就好好做康复治疗师，收入也是很可观的。如果不想做康复治疗师，只想当医生的话，就不要选择这个专业。

# 1011 护理学类

## 本专业类概况

### 一、各选科组合能报本专业类的比例

该数据反映的是在该专业类的所有高校招生计划中,各科目组合有多少学校能填报。详解见图书使用说明。

| 物理 化学 生物 | 物理 化学 历史 | 物理 化学 地理 | 物理 化学 思想政治 | 物理 生物 历史 |
|---|---|---|---|---|
| 100.0% | 59.5% | 59.5% | 59.5% | 35.1% |
| 物理 生物 地理 | 物理 生物 思想政治 | 物理 历史 地理 | 物理 历史 思想政治 | 物理 地理 思想政治 |
| 35.1% | 35.1% | 0.0% | 0.0% | 0.0% |
| 化学 生物 历史 | 化学 生物 地理 | 化学 生物 思想政治 | 化学 历史 地理 | 化学 历史 思想政治 |
| 87.8% | 87.8% | 87.8% | 50.7% | 50.7% |
| 化学 地理 思想政治 | 生物 历史 地理 | 生物 历史 思想政治 | 生物 地理 思想政治 | 历史 地理 思想政治 |
| 50.7% | 34.1% | 34.1% | 34.1% | 0.0% |

### 二、该专业类的主要专业男女比例及每年大致毕业人数

| 专业类 | 专业代码 | 专业名称 | 各专业年度毕业人数 | 男女比例 |
|---|---|---|---|---|
| 护理学类 | 101101 | 护理学 | 60 000~65 000人 | 男12% 女88% |

### 三、本专业类主要考研方向

| 学科门类 | 一级学科 | 研究方向 | 学位授予 |
|---|---|---|---|
| 医学 | 1011 护理学 | 学术硕士 | 可授硕士、博士专业学位 |
| 医学 | 1054 护理 | 专业硕士 | 仅可授硕士专业学位 |
| 参考往年可报考二级学科 | | | |
| 护理学 | 护理 | — | — |

## 本专业类重点专业解读

### 101101 护理学

本人毕业于天津医科大学护理学专业,应"金榜事事懂"的邀请,简单介绍一下护理学专业。

#### ➤ 专业介绍

护理学应该是大家都比较熟知的,护理学专业的毕业生一般从事护士护理工作。不同学校开设的方向不一样,常听说的"重症护理方向"(即ICU护理)就是护理学的一个重要分支。

总体来说,护理学专业女生报考的人数较多。女生细心、耐心的特点,比较适合做护理工作;不过性格文静、细心的男生也可以报考,因为护士有很多工作还是需要沉着、冷静的男生去承担的,而且最近几年男护士的行业需求特别大,并且工资待遇也很高。

#### ➤ 学习内容

护理学需要学习的课程除基础医学和临床医学外,还有专业课程,例如护理学基础、内科护理学、外科护理学、妇产科护理学、儿科护理学、急救护理学等。除专业课程外,还有实际操作技能的练习,要去医院进行实习。护士工作需要取得执业护士资格证。

#### ➤ 是否需要上本科

有人会问护理有没有必要上本科。其实在工作岗位上,护士的学历可能差别很大,有本科生、有中专生、有大专生,可能刚开始看不出区别来,但是在工作了一段时间后有晋升机会的时候,本科生就会看出优势来了,所以在学校里多积累一些知识还是很有必要的。

#### ➤ 就业情况

虽然依照往年的情况来说很多同学会抱怨收入不理想,但护理学专业的就业前景还是很乐观的。从现阶段来看护理学是医学院就业率最高的专业,一般只要想干,护士都能找到工作。

常规的工作岗位,一是可以选择各类综合医院、专科医院、急救康复中心、社区医疗服务中心从事临床护理工作。

二是可以到学校当老师。

三是我国慢慢进入了老龄化社会,对为个人服务的护理人员的需求量也将增大。将来选择从事老人医学的保健医师、家庭护士也会慢慢吃香起来。

四是目前不仅在国内,国际上护理人才缺口也巨大。我们学校就有上大一之后去澳大利亚继续学习,毕业后在澳大利亚就业的。学习期间几乎不用自己掏钱,毕业后在国外有几年服务期,工资还是挺高的。家境不大好的同学也可以凭借这个途径实现自己的理想,唯一的缺点就是可能有几年不能回家。

祝报考顺利。

# 1201 管理科学与工程类

## 本专业类概况

### 一、各选科组合能报本专业类的比例

该数据反映的是在该专业类的所有高校招生计划中,各科目组合有多少学校能填报。详解见图书使用说明。

| 物理 化学 生物 | 物理 化学 历史 | 物理 化学 地理 | 物理 化学 思想政治 | 物理 生物 历史 |
|---|---|---|---|---|
| 100.0% | 99.6% | 99.6% | 99.6% | 92.7% |
| 物理 生物 地理 | 物理 生物 思想政治 | 物理 历史 地理 | 物理 历史 思想政治 | 物理 地理 思想政治 |
| 92.7% | 92.7% | 92.5% | 92.5% | 92.5% |
| 化学 生物 历史 | 化学 生物 地理 | 化学 生物 思想政治 | 化学 历史 地理 | 化学 历史 思想政治 |
| 0.0% | 0.0% | 0.0% | 0.0% | 0.0% |
| 化学 地理 思想政治 | 生物 历史 地理 | 生物 历史 思想政治 | 生物 地理 思想政治 | 历史 地理 思想政治 |
| 0.0% | 0.0% | 0.0% | 0.0% | 0.0% |

### 二、该专业类的主要专业男女比例及每年大致毕业人数

| 专业类 | 专业代码 | 专业名称 | 各专业年度毕业人数 | 男女比例 |
|---|---|---|---|---|
| 管理科学与工程类 | 120102 | 信息管理与信息系统 | 34 000～36 000 人 | 男46% 女54% |
| 管理科学与工程类 | 120103 | 工程管理 | 36 000～38 000 人 | 男57% 女43% |
| 管理科学与工程类 | 120104 | 房地产开发与管理 | 3000～3500 人 | 男44% 女56% |
| 管理科学与工程类 | 120105 | 工程造价 | 24 000～26 000 人 | 男48% 女52% |

### 三、本专业类主要考研方向

| 学科门类 | 一级学科 | 研究方向 | 学位授予 |
|---|---|---|---|
| 管理学 | 1201 管理科学与工程 | 学术硕士 | 可授硕士、博士专业学位 |
| 管理学 | 1251 工商管理 | 专业硕士 | 仅可授硕士专业学位(要求毕业年限) |
| 管理学 | 1252 公共管理 | 专业硕士 | 仅可授硕士专业学位(要求毕业年限) |
| 管理学 | 1253 会计 | 专业硕士 | 可授硕士、博士专业学位 |
| 管理学 | 1254 旅游管理 | 专业硕士 | 仅可授硕士专业学位(要求毕业年限) |
| 管理学 | 1255 图书情报 | 专业硕士 | 仅可授硕士专业学位 |
| 管理学 | 1256 工程管理 | 专业硕士 | 仅可授硕士专业学位<br>(部分二级学科要求毕业年限) |
| 管理学 | 1257 审计 | 专业硕士 | 可授硕士、博士专业学位 |
| 参考往年可报考二级学科 | | | |
| 管理科学与工程 | 工商管理 | 公共管理 | 会计 | 旅游管理 |
| 图书情报 | 审计 | 工程管理 | 项目管理 | 工业工程与管理 |
| 物流工程与管理 | — | — | — | — |

## 本专业类重点专业解读

### 120102 信息管理与信息系统（第一篇）

本人是浙江大学信息管理与信息系统专业毕业的，应"金榜事事懂"的邀请，介绍一下信息管理与信息系统专业。

➢ **专业介绍**

什么是信息管理与信息系统呢？信息管理系统就是一个管理信息的大型软件平台，它将企业的各种信息有机地结合起来形成一个整体，维持企业的正常经营运转。信息管理系统管理的对象覆盖面很广，包括企业的经营信息、人员信息、财务信息等。

正因为覆盖范围广，学信息管理与信息系统专业中构建系统和编写软件的人员需要掌握经营管理、人员管理、财务、信息处理和计算机编程等知识并且能够综合运用。因此可以这样说，信息管理与信息系统专业培养的是既懂管理又懂计算机及信息处理技术的人才。

➢ **专业方向**

各学校的信息管理与信息系统专业多是因地制宜，根据学校背景条件而设定的，主要分为以下三大类：

第一类是由清华大学这类理工科型学校开设的信息管理与信息系统专业。这类学校重视信息系统的构建，说通俗点就是重视培养动手编程能力。如果不喜欢编程的同学在填报志愿时就要多加考虑了。

第二类是以北京大学、南开大学等文科型学校为代表的开设的信息管理与信息系统专业。这类学校的信息管理与信息系统由图书馆专业整编而成，注重信息的处理工作，说浅显点就是做信息的分类整理和管理咨询工作。

第三类是由一些专门学校开设的信息管理与信息系统专业。这类学校有农业大学、外语院校等。它们将信息管理与信息系统与学校行业方向结合在一起，如农业大学重视农业方面的信息系统建设问题，外语院校重视信息化在外语中的作用。

➢ **学习内容**

信息管理与信息系统专业毕业的学生主要有两个发展方向：一个是信息系统程序员，另一个是其他领域的信息化管理人员。下面我以信息系统程序员为例介绍大学的主干课程设置。

信息管理与信息系统专业的主干课程大致可以分为三大类，即管理学基础类、软件基础类、交叉学科类。

第一，信息系统的程序员所构建的软件系统都是管理软件。管理的对象是公司的现金流、物流、人员乃至信息流，必须得掌握这些对象的性质和特点。所以在大一、大二，大多数学校都会开设管理学等基础类课程，这些课程包括管理学、宏微观经济学、会计学、运筹学等。

第二，在有了一定基础之后，再继续开设软件编程基础类课程，使学生在学习编程技术时能够有的放矢地进行学习。在学习软件基础知识期间，学校还会加入一些实践的内容让学生动手开发一些软件系统。软件基础类的课程包括C语言程序设计、数据通信与计算机网络、数据库等。

第三,在较高年级学校会开设交叉学科类的课程,这些课程需要综合使用管理类和软件技术类所学的知识再学习交叉的知识。打个比方,学习这类课程就是炼钢最后的锻造阶段,需要反复将两种知识相互融合,这个阶段也是造就信息管理高端人才最关键的阶段。这类课程包括网络营销、电子商务、电子商务安全、信息经济学等。

### ➢ 就业方向

信息管理与信息系统专业从事的工作大致可以分为四个大方向。

一是计算机方向。如软件编程、数据库、网站建立与维护、计算机网络等。如果在专业学习中较偏向技术,且有过技术类实习经验,就可以考虑进入专业的系统开发公司,比如IBM、金蝶、用友、SAP这些提供计算机软件信息服务的公司,从事开发信息系统软件或者从事信息咨询工作。这类公司每年会招收不少相关毕业生。

二是管理方向。作为管理和信息技术结合的专业,信息管理与信息系统专业的另一择业方向自然是管理,特别对口的是从事信息系统集成的市场开发、销售、客服之类的岗位。具体来说,围绕着信息系统的市场营销、项目管理、物流、电子商务、管理咨询、系统集成、软件销售等工作岗位都可以。举个具体的例子,每个大公司都有自己的信息服务部门,工作是维护管理信息系统,解决其他部门的计算机设备问题,管理办公自动化设备等。该专业的毕业生应聘该部门有很大的优势。

三是文档管理方向。这是信息管理与信息系统专业中前身为图书馆情报学的就业方向,其核心专业技术就是文档管理。就业去向比如说到图书馆数据中心从事文档、数据、信息分类管理工作,去资料中心从事文献检索、资料查询、收集工作等。

四是财务会计方向。在大学四年的学习过程当中,由于管理基础课的熏陶,很多学生可能会对财务产生浓厚的兴趣,甚至在财务会计方面的综合素质还要高于财会专业毕业的学生。所以部分学得不错的毕业生可以进入会计师事务所、财务咨询公司等从事会计、财务工作。

总的来说,选择第一、第二类方向的毕业生较多。选择第一类方向,最好有计算机专业的证书,如高级程序员资格证书等。而第二类方向,虽然熟悉信息系统的管理人才,特别是供应链管理方面的高级人才非常匮乏,但是这些部门的入门门槛较高,专业经验是最大的拦路虎。若能找到一个合适的机会,从低入手,完成经验积累,将来的职业前景会很不错。

### ➢ 注意事项

1. 因为信息管理与信息系统专业方向较多,每个学校不尽相同,比如上面说到的,部分学校的这个专业学习内容与图书馆学等有很大关联,所以报专业的时候需要看清学校专业的侧重方向。

2. 信息管理与信息系统专业的覆盖面比较广,计算机、经济学、管理等方面内容都要学习。有的人觉得学的内容多了将来就业面广,但有的人觉得学得太多的话可能导致每一项都学得不精通,经受不住竞争的压力。不同人的看法很难统一,只能看你自己的抉择了。

## 120102 信息管理与信息系统(第二篇)

本人是天津大学信息管理与信息系统专业的毕业生,应"金榜事事懂"的邀请,介绍一下信息管理与信息系统专业。

### ➢ 专业介绍

信息管理,顾名思义就是对信息进行管理,信息管理的活动包括信息的获取、整理、存储、加工、传输和输出等,管理的目的是让人们在需要的时刻获得所需要的信息。

信息系统,就是为了实现信息管理的目标而建立的一套工作系统,它的组成包括信息、管理信息的人、管理信息的规程、管理信息的设备等。

如今在我们的生活和工作中信息系统无处不在,政府、企业、学校、超市、医院、航空公司等各行各类的组织机构都建立了计算机信息系统,像银行储蓄管理系统、铁路售票管理系统、超市购物管理系统、税收管理系统、车辆管理系统、交通指挥系统等。

例如铁路订票系统,就是对车票这种信息的查询和管理系统。还有一些规模较大的医院的患者信息服务管理系统,患者在划价缴费后,药方的信息通过管理平台传到配药部门,药剂师看到电脑显示的患者药方信息后,马上配好药方,电脑系统再通过自动叫号的方式,通知患者在指定窗口取药。

这些程序都是由信息管理与信息系统的专业人员设计、安装、管理并维护的。

## ➢ 学习内容

专业知识的学习主要包括以下几个方面:
1.学习管理学、经济学、运筹学等管理科学;
2.学习数据库、网络和编程语言等信息技术;
3.学习管理信息系统、信息系统分析与设计等信息系统的理论与方法;
4.学习信息系统配置与管理;
5.学习信息系统职业教育。

此外,信息管理与信息系统专业也强调实践性,从编程开始,通过数据库应用,网络应用程序开发,一直到信息系统的设计与开发,学生在四年内一直有动手实践的机会。

好像只要是和经济、管理、计算机有关的课程几乎都学了。个人认为,这样的课程安排各有利弊,好处是什么都能接触得到,学得比较全面;坏处是学得都不精通,大部分学生毕业之后总是有种似懂非懂的感觉。

## ➢ 就业情况

信息管理与信息系统专业毕业生就业的方向和渠道相对比较广,大致可分为三个方面:

第一,信息系统开发业:从事信息系统开发的工作,属于IT行业,在信息系统开发公司就业,如SAP、金蝶、用友都是著名的信息系统开发商,中小型的开发商也有很多;管理软件开发工程师、软件测试工程师。

第二,信息系统管理业:信息系统管理的工作遍布各行各业,几乎所有的组织机构都已经或即将成立独立的信息管理部门,有的称为信息中心,有的叫信息处,有的叫信息办,不管怎么称呼,其职能都是负责该组织的信息系统的建设和正常运行,这些部门为信息系统专业的学生提供了大量的就业机会。具体有如下岗位:
1.网络管理或机房维护岗位;
2.大型数据库管理;
3.数据挖掘;
4.其他管理类岗位。

第三,信息系统咨询服务业:信息系统咨询服务是一个新兴的行业,是一个中介性质的行业,它独立于系统开发商,为企业等组织提供关于信息系统可行的解决方案,这样的公司正如雨后春笋般出现。具体有如下岗位:

1.ERP 实施工程师或 ERP 实施顾问。
2.银行职员、公务员、图书馆管理员以及各行各业的信息咨询岗位。

### ➤ 专业方向

各个学校的专业方向不同,大致有三大类:管理类、图书情报类、技术类。
1.管理类:偏重于管理职能学习、结构化信息管理,像 ERP、CRM、SCM 等。
2.图书情报类:见长于文献管理,但过于僵化,知识领域过窄。
3.技术类:重编程、轻业务,靠近计算机专业。

### ➤ 注意事项

1.这个专业逻辑性强,文科生要报考,数学要学到一定程度,同时对计算机要有一定兴趣。

2.信息管理与信息系统专业在全国各地区高校所属的学科类别是有所差异的,有些学校把类别分在计算机系,有些把类别分在经济管理系,所以各校制定的培养方式和计划是不相同的,毕业后学生对专业的认识有较大的差别。大体上工科院校偏重对计算机应用的学习,文理院校偏重在管理上的研究。

3.由于专业学习内容的广泛性造成了它的两面性:一方面可能专业范围广,没有术业专攻,没有突出重点;另一方面,也可以从中选择自己喜欢的方向钻研下去。

## 120103 工程管理

本人是东北大学工程管理专业的毕业生,应"金榜事事懂"的邀请,介绍一下工程管理专业。

### ➤ 专业介绍

首先我简单说一下什么是工程管理以及工程管理现在的一些基本情况。工程管理就是对工程或者说工程建设进行管理,这里的工程指的是土木建筑工程。工程管理是对一个工程从概念设想到正式运营的全过程进行管理,具体工作可能会涉及勘察设计、招标、采购、施工、试运行等。

比如大家熟悉的长江三峡水电站、葛洲坝、小浪底工程的建设实施过程都要用到工程管理。

### ➤ 误区分析

有不少人认为工程管理就是一种单纯的管理学科,这是不正确的。工程管理需要学习的不仅仅是一种管理的思想,同时还要求有一定的工程背景和数学知识。在工程管理专业的学习中,应该明白一个基本的等式就是"工程管理=工程技术+经济管理",当然这也绝不是简单地相加,学工程管理专业你需要做到以下几个方面:掌握以土木工程技术为主的理论,掌握相关的管理理论,掌握相关的经济理论,掌握相关的法律法规,具有一定的实践能力,具有一定的计算机能力等。

### ➤ 学习内容

首先,优秀的工程管理者首先要有经济和管理头脑,要清楚一个工程耗时多少、成本多少、如何实现成本的最小化。这就要求在大学里学习会计学、财务管理、建筑技术经济、工程经济学、模拟工程报价等课程。

其次,既然是涉及土木工程,那像土木工程概论、工程项目管理、工程力学、工程结构、工程招标与投标、工程制图与识图、建筑施工及组织设计等也都是工程管理专业要学习的课程。

再次,工程进行中不免有法律问题,如何通过合同来保护工程甲方或者乙方的权益,就必须学经济法和法律基础、合同管理等课程。

最后，总体来说课程安排很满，所以学习这个专业必须做好吃苦的准备。在校期间必须博览群书，不管是专业上的还是跟专业相关的，都要拿来不断充实自己。

### ➢ 专业方向

开设工程管理专业的各个大学有把该专业归入管理学院的，如天津大学；有把该专业作为土木建筑学院的土木工程专业里的一个专业方向的，如中南大学、武汉大学。而每个学校的侧重方向又有所不同：

有的偏向工程项目管理方向，如工程项目的投资、进度、质量控制及合同管理；

有的侧重房地产经营与管理方向，如地产项目的开发与评估、房地产营销、房地产投资与融资、房地产估价；

有的侧重投资与造价管理方向，如编制招标、投标文件，评定投标书，编制和审核工程项目估算、概算、预算和决算；

有的侧重国际工程管理方向，如国际工程项目的谈判、招标与投标、合同管理、投资与融资等。

总之，有偏重管理的，有偏重技术的，各有特色。因此，在报考时关键还是要看你的选择，要充分了解开设此专业的院校，其侧重的是哪一个方向，是否与自己的志趣和爱好一致。

### ➢ 就业情况

工程管理专业的就业范围还是比较广的，主要包括房屋建筑企业、铁路、公路路桥、房地产开发企业、工程监理企业、工程咨询公司等。

一般本科毕业生都会进一些施工单位，我觉得刚开始在施工单位做施工技术挺好的，可以弥补我们在专业技术方面的不足。但是毕竟施工条件艰苦，不能一直干这个，等干个三五年施工，可以去试着应聘专业造价或者业主监理。总之，想干工程管理专业的工作，就得有毅力，慢慢积累工作经验，一旦时机成熟，还是会有不错的发展的。

我看到很多同学对于工程管理专业的就业前景抱有怀疑态度。我以过来人的身份讲，工程管理专业就业完全没有问题。拿我们班级来说，班级45人的就业率是百分百，而且基本都很不错，其中进万科6人，碧桂园2人，上海惠生2人，华远1人，其他各类房企5人，余下的也是进的中建和中铁。

我国现有的工程管理方面的高级管理人才还很少，只要你愿意并且在大学奋斗了，毕业就可以找到不错的工作。

### ➢ 注意事项

1. 仔细看看就很容易发现，工程管理专业学的内容多，但是不太可能对每一个方向都进行深入的研究。因此不少人认为工程管理专业"博而不精"，不如精通一个方面好找工作，但也有人不这么认为。其实说到底这是对"通才"和"专才"的不同看法，本身这两者都是社会发展所需要的人才，至于你适合哪类型就必须根据自身情况来确定。

2. 因为涉及管理内容，所以个人认为那些人际交往能力强，又善于用理性去思考问题的考生报工程管理专业将来会有优势。

## 120104 房地产开发与管理

本人是重庆大学房地产开发与管理专业毕业的，应"金榜事事懂"的邀请，介绍一下房地产开发与管理专业。

> 专业介绍

平常人们谈论最多的内容可能就是房子了,人们天天讨论说哪里又开盘了,哪里房子又涨价或又降价了,目前房地产行业对人们生活有重大影响,这也催生了一个新兴的专业,也就是房地产开发与管理专业。但这个专业既不是简单地学习修房子,也不是简单地卖房子。这个专业是属于管理类的,主要有两个培养方向:一个是房地产开发方向,另一个是物业管理方向,涉及的内容相当广泛。

你想一下吧,从一片荒地到建好房子卖出去得经历多少步骤。分为项目前期(包括项目开展、产品研发、报批审建),项目中期(筹资融资、工程建设等),项目后期(营销推广、客户服务、物业管理)。

其中会涉及诸如选址、买地、研发、设计、报批、融资、建造、销售、管理、服务等环节,这些都要在房地产开发与管理专业的学习过程中涉及。

> 学习内容

因为涉及的面广,所以学习的课程有很多,各个领域的都有,不过每一门学得都不深,所以学起来还是比较轻松的。

课程主要包括:
1.估价方面的课程:房地产估价、建设工程估计、估价实务。
2.城市经济与规划类课程:城市经济学、城市规划、建造环境。
3.房地产金融与投资:金融、会计、市场分析、国际房地产。
4.房地产管理和市场:物业管理、企业管理、房地产市场、资产管理、项目管理、商业谈判。
5.技术方面的课程:建筑科学、测量、建筑材料。
6.法律方面的课程:房地产法、建筑法、经济法。
7.数学基础类课程:统计、计算机、信息处理、研究方法。

房地产估价可能属于计算最多的课程了,但不难学,一些公式和方法都是固定的,其他课程也有一些涉及金融会计方面的知识,但总体来说并不难。

> 就业情况

因为房地产开发涉及面广,所以各个环节也都需要不同类型的人才,学了房地产开发与管理专业能掌握不同类型的技能,成为不同类型的人才:

1. 投资分析类人才:负责项目投资论证、评估与拓展。
2. 产品研发类人才:负责产品研发、设计跟踪管理。
3. 前期报建类人才:负责批文申报、拆迁组织管理。
4. 财务融资类人才:负责财务会计、银行融资协调。
5. 工程管理类人才:负责造价及合约管理、现场工程管理、材料设备采购。
6. 营销推广类人才:负责市场调查、营销策划、销售推广、执行管控。
7. 物业服务类人才:负责客户服务、物业管理。

因为能掌握不同类型的技能,所以就业机会也会相对广泛一些。

1. 房地产开发公司:负责项目拓展工作、前期策划工作、拆迁安置工作、行政报批工作、现场管理工作、造价管理工作、销售推广工作、物业招商工作。
2. 建筑施工企业:负责现场管理工作、造价管理工作、策划代理工作、策划研究工作、销售执行工作。

3. 资产评估公司：负责价格评估工作、造价咨询工作、造价编审工作。

4. 物业管理公司：负责物业服务工作、物业招商工作。

5. 银行：资产核定工作、造价评审工作。

6. 其他单位：从事高校房地产院系教学工作、政府主管部门工作、报刊地产栏目记者工作。虽然有机会可以进入这么多企业，但现在房地产开发与管理缺的是高级人才，低端岗位的就业竞争压力还是不小的，甚至有好多别的专业来和本专业的毕业生竞争，比方说：

投资论证方面，有投资管理专业竞争；

产品研发方面，有规划设计专业竞争；

项目报建方面，有行政管理专业竞争；

现场管理方面，有工程管理专业竞争；

造价控制方面，有造价管理专业竞争；

销售推广方面，有市场营销专业竞争；

物业服务方面，有物业管理专业竞争。

当然为了有更好的竞争力和美好的前途，在学习和工作中你可以努力考一些资格证：

一是注册房地产估价师；二是注册土地估价师；三是注册资产评估师；四是注册房地产经纪人；五是注册监理工程师；六是注册造价工程师；七是注册建造师；八是注册咨询工程师；九是注册物业管理师；十是注册商务策划师。

### ➢ 注意事项

1. 不同的学校，专业的性质也不同。有的重视管理，有的重视工程。比如重庆大学就是以工程为主，偏重于工科性质，主要涉及土木的制图、三大力学（理论力学、材料力学、结构力学）、混凝土等知识。所以假如你想报考这个专业，一定要提前了解清楚各个学校的情况。

2. 很多人幻想进了大型房地产公司就很光鲜，其实不然，进去你得先从底层做起。以策划为例：一开始接触策划，你所做的都是辅助性的工作，而且毫不夸张地说你会做很久，先做助手、助理一两年，你逐渐了解了房地产是什么，再做两三年辅助性的工作，你会做房地产了，继续沉下心来做若干年，你才会发现你慢慢迎来了曙光。总之，毕业后需要成长的路很长，要做好心理准备。

3. 房地产开发与管理专业受国家政策影响较大，近些年很多城市的房地产行业处于紧缩阶段，很多地产公司都取消了扩张的步伐，所以暂时找工作比以前难度会大一些。当然个人竞争力强的话到哪里都好找工作。

以上是我对本专业的一些看法，仅供参考。

# 120105 工程造价

本人是山东建筑大学工程造价专业的毕业生，应"金榜事事懂"的邀请，介绍一下工程造价专业。

### ➢ 专业介绍

先说说工程造价的定义。大家都知道，一栋楼要修建起来有很多地方要花钱，买地得花钱，审批得花钱，修建买材料更得花钱，基本各个环节都要花钱。每个环节预计要花多少钱，老板心里总得有个数吧，这就要有专门的人来计算，负责计算的人就是预算员或造价师，而培养这样人才的专业就是工程造价专业。

工程造价就是工程的建造价格。具体是指进行某项工程建设所花费的全部费用。工程造价是一个广义概念,在不同的场合,工程造价含义不同。根据研究对象的不同,工程造价可分为建设工程造价、市政工程造价、单位工程造价以及建筑安装工程造价等。

详细地说,工程造价的任务是根据图纸、定额以及清单规范,计算出工程中所包含的直接费、间接费、规费及税金等。专业核心的内容是投资估算、设计概算、修正概算、施工图预算、工程结算、竣工决算等。

## ➢ 学习内容

工程造价是一项艰苦细致的工作,需要我们有过硬的基本功,如果将来你想从事工程造价相关的工作,必须具备以下几种能力:具有较强的工程量计算能力,能编制施工图预结算、工程量清单、造价控制价、投标报价、工程结算,熟练应用造价软件,有一定的资料管理能力等。而要具备这些能力,大学就得学习相应的课程:

1. 因为是造价,那造价计算课程肯定是基础了。像资产评估与房地产估价、建筑与装饰工程估价、安装工程估价等课程都得学。

2. 造价又得经常同计算打交道,现在的造价计算都是采用计量软件和计价软件来进行的,所以得学会应用这些软件。

3. 而要给工程造价,那你必须得了解施工方面的知识,必须得能看懂施工图纸,所以还得学房屋建筑方面的课程,像工程结构、工程图学、工程材料等。

这些课程整体上都不太难,在学习这些课程的同时,最关键的是要准备多考几个证。像造价员、注册造价师之类的,如果考不出证,毕业很可能很难找到对口的工作。

## ➢ 就业情况

每个工程都需要造价预算,比如在安装、土建、市政等方面,都需要用到造价知识,再加上现在造价方面的考试十分严格,工程造价专业考试通过率也十分低,所以造价方面的人才比较稀缺,也就是说,工程造价行业目前就业前景还是不错的。

将来毕业了主要能到工程造价咨询公司、建筑施工企业、建筑装潢装饰工程公司、工程建设监理公司、房地产开发企业等工作。

主要从事的工作是工程造价招标代理、建设项目投融资和投资控制、投标报价决策、合同管理、工程预(结)决算、工程成本分析、工程咨询以及工程监理等工作。

总之如果你对工程、管理、计算都比较感兴趣的话这个专业还是值得考虑的。

# 1202 工商管理类

## 本专业类概况

### 一、各选科组合能报本专业类的比例

该数据反映的是在该专业类的所有高校招生计划中,各科目组合有多少学校能填报。详解见图书使用说明。

| 物理 化学 生物 | 物理 化学 历史 | 物理 化学 地理 | 物理 化学 思想政治 | 物理 生物 历史 |
|---|---|---|---|---|
| 99.0% | 99.6% | 99.0% | 99.2% | 99.1% |
| 物理 生物 地理 | 物理 生物 思想政治 | 物理 历史 地理 | 物理 历史 思想政治 | 物理 地理 思想政治 |
| 98.5% | 98.7% | 99.1% | 99.4% | 98.7% |
| 化学 生物 历史 | 化学 生物 地理 | 化学 生物 思想政治 | 化学 历史 地理 | 化学 历史 思想政治 |
| 97.1% | 96.4% | 96.6% | 97.1% | 97.3% |
| 化学 地理 思想政治 | 生物 历史 地理 | 生物 历史 思想政治 | 生物 地理 思想政治 | 历史 地理 思想政治 |
| 96.5% | 97.1% | 97.4% | 96.6% | 97.3% |

### 二、该专业类的主要专业男女比例及每年大致毕业人数

| 专业类 | 专业代码 | 专业名称 | 各专业年度毕业人数 | 男女比例 |
|---|---|---|---|---|
| 工商管理类 | 120201K | 工商管理 | 55 000～60 000人 | 男36% 女64% |
| 工商管理类 | 120202 | 市场营销 | 55 000～60 000人 | 男38% 女62% |
| 工商管理类 | 120203K | 会计学 | 100 000人以上 | 男23% 女77% |
| 工商管理类 | 120204 | 财务管理 | 100 000人以上 | 男24% 女76% |
| 工商管理类 | 120205 | 国际商务 | 8000～9000人 | 男28% 女72% |
| 工商管理类 | 120206 | 人力资源管理 | 34 000～36 000人 | 男24% 女76% |
| 工商管理类 | 120207 | 审计学 | 14 000～16 000人 | 男27% 女73% |
| 工商管理类 | 120209 | 物业管理 | 1000～1500人 | 男35% 女65% |
| 工商管理类 | 120210 | 文化产业管理 | 8000～9000人 | 男24% 女76% |

### 三、本专业类主要考研方向

| 学科门类 | 一级学科 | 研究方向 | 学位授予 |
|---|---|---|---|
| 管理学 | 1202 工商管理学 | 学术硕士 | 可授硕士、博士专业学位 |
| 管理学 | 1251 工商管理 | 专业硕士 | 仅可授硕士专业学位(要求毕业年限) |
| 管理学 | 1253 会计 | 专业硕士 | 可授硕士、博士专业学位 |
| 管理学 | 1256 工程管理 | 专业硕士 | 仅可授硕士专业学位(部分二级学科要求毕业年限) |
| 管理学 | 1257 审计 | 专业硕士 | 可授硕士、博士专业学位 |
| 参考往年可报考二级学科 | | | |
| 工商管理 | 会计学 | 企业管理 | 旅游管理 | 技术经济及管理 |
| 公共管理 | 会计 | 图书情报 | 审计 | 工程管理 |
| 项目管理 | 工业工程与管理 | 物流工程与管理 | — | — |

## 本专业类重点专业解读

## 120201K 工商管理

本人是湖南大学工商管理专业的毕业生,应"金榜事事懂"的邀请,介绍一下工商管理专业。

### ➤ 专业介绍

先介绍一下工商管理专业的基本概况。工商管理是大学里较常见的一个专业,也是市场经济中较常见的一种管理专业,一般指工商企业管理,主要研究的是企业的经营战略制定和内部行为管理两个方面。

用通俗、简单的话来说,工商管理就是一门研究怎样办好企业、管理好企业的专业。企业的成功,不仅取决于技术水平,与企业的管理水平也有很大的关联。如何充分调动员工的积极性,如何削减商业成本,如何抓住稍纵即逝的商机,如何根据市场前景制定企业发展战略从而保证企业的生存和发展,这些都是工商管理要解决的问题。

### ➤ 学习内容

说到课程,一个企业涉及的面太广了,要想做个管理者,那肯定要了解很多方面的事情,经济、财务、人力、生产、管理、市场等。这势必就要求工商管理专业学习很多方面的课程。基本上管理学、经济学、会计学、财务管理、市场营销、人力资源管理、战略管理、生产运作管理、管理信息系统等课程在大学里都会学到。但课堂上讲授的理论一般比较抽象,所以平常我们都会在课堂上结合很多的实际案例分析。

但有一点需要注意的是,因为要涉及这么多的课程,自然不可能学得太仔细太深入。所以概括起来就是,工商管理专业学习的课程多而泛。

### ➤ 就业情况

再说一下就业问题,工商管理专业的就业面很广,不同的就业岗位情况也有所不同。

1. 首先是一般企业的传统管理类岗位,但由于专业性不太强,在人才市场上,没有经验的工商管理类毕业生应聘一般传统管理类岗位将受到有技术背景并有一定管理经验的其他专业毕业生的有力冲击。比如你本科毕业后到石油类企业应聘管理类的职位,肯定有石油工程专业的人和你竞争,如果你是石油公司的负责人,你会选工商管理专业的毕业生还是选石油工程类专业的毕业生?

2. 也可以去人力资源管理类的岗位或者物流管理的岗位等,因为本身这些专业以前都属于工商管理专业,所以去这些岗位工作还是对口的。去了可以负责企业招聘、员工培训、绩效考核、人事调度等相关事宜。

但这也就出现了一些实际的问题,就拿人力资源管理这块来说,之前它属于工商管理专业,但经过一段时间的发展,全国各类大学都把这门专业从工商管理专业中分出来,完全形成了一门独立的专业,在人力资源这一块学得更精通。这就导致了工商管理这个专业,在用人单位眼里显得越来越空洞,如果某企业想招聘人事部的员工,首先会考虑人力资源管理毕业的学生,而工商管理专业的学生就显得比较力不从心了。

> **注意事项**

1. 首先,工商管理专业本身是挺不错的,在思维上或视野上,会让你比学单一的技术要开阔与灵活得多,但是由于这个专业学的东西太多,财务、人力资源、企业管理、贸易,甚至法律都涉及了,也就难免只能学到一些基础知识。

2. 工商管理专业,本科毕业就从事管理工作不太现实,现在大学毕业生就业压力这么大,找个工作被人管都很难,假如你学工商管理,就业以后你去管理谁?

3. 工商管理的出发点是到企业从事实际管理工作,但是没有一个企业敢把这个位置交给一个大学刚毕业的学生。去了企业要经过很长的时间,证明你有管理的素质与能力,公司可以相信你,你才有机会做到管理层,刚毕业很难,都是从基层做辅助工作开始,会与你现在报志愿的期望有一定心理落差。

4. 工商管理专业的专业硕士较为特别,叫 MBA,前几年非常红火,潜力很大,但需要注意的是应届生不能直接报考。

5. 工商管理专业,早些年极其热门。但现在开设此专业的学校太多了,所以如今的状况是普通大学该专业的本科毕业生不好找工作,即使找到了也很难从事真正对口的工作。但从另一方面讲,工商管理专业学的东西很多,就业面也广,可以从事很多方面的工作,人力、营销、物流、金融、会计等都可以,可以从自己的兴趣出发,选择自己喜爱的方向进行学习与发展。以后无论你做什么工作,只要你不想一直当一个小职员,这些管理知识就有用。

6. 你看到的志愿填报书上可能是"工商管理类",要注意它和工商管理专业是不一样的,加"类"字的是包含了很多方向,需要确认一下它将来的方向。

以上是我对本专业的一些看法,仅供参考。

> **学长寄语**

首先,工商管理是个好专业,我国也缺乏这类的专业人才,从企业管理到十多年前 MBA 的兴起,确实是因为市场需要而产生的。但是,本专业也存在一定的问题,可以从不同方面分析一下本专业的优劣。

一、从专业本身分析

1. 工商管理专业的优势(内部):涉猎广泛,从营销到财务到相关法规,从个体技能到领导团队都有相关课程,为毕业生成长为一个管理者打下了理论基础。

2. 工商管理专业的劣势(内部):很多大学盲目追求热门专业,而恰恰大学新增这个专业相比技术类专业并不需要投入太多的成本,从其他系抽调一些老师就可以组建。这些老师严重缺乏企业实战经验,理论脱离实际。当然,比如清华大学、北京大学等学校自然实力强悍,它们的毕业生抢手是肯定的。

师资力量薄弱,专业泛而不精,造成毕业生走上管理岗位之前,不能非常明显地表现出比其他专业学生的优势(在同一个岗位上),比如营销岗位、财务岗位、行政岗位等。并且以国内现状来说,很难有企业把毕业生作为定向管理岗位招聘和持续培养,能否走上管理岗位,是要看在基层的业绩的。

因此,我们在生产企业里可以看到,很多管理岗位的人在大学期间实际学的是技术专业(当然,在工作中,随着职位的提升,他会去读管理专业或者 MBA)。而在销售部门或者公司里,大多情况下,销售业绩是决定能否走上管理岗位的最重要因素。

二、从就业市场分析

1. 市场机会(外部):管理人才在我国企业中是绝对缺乏的,一个公司管理层的水平决定了公司的发展。优秀的管理人才前途无限。

2. 市场威胁(外部)：开设工商管理专业的大学太多了，供大于求的局面远远超过其他技术类专业。这个专业的毕业生找工作容易，但是要找到一份适合自己专业发展的工作很难。

# 120202 市场营销

本人是山东大学市场营销专业的毕业生，应"金榜事事懂"的邀请，介绍一下市场营销专业。

### ➢ 专业介绍

我先说一下什么是市场营销以及这个专业的概况。关于市场营销，现在最新的定义为：市场营销是以回答顾客最关心的问题为核心，以快速推动顾客购买进程为目的的活动和过程。

为什么沃尔玛公司成了世界上最大的零售商？为什么迪士尼主题公园的设计者能够创造奇迹？为什么苹果公司能够占据个人电脑市场的领先地位？因为这些公司及其他一些成功的公司都懂得，只要关心顾客，就会获得市场份额和利润！而简单来说，营销就是管理有价值的顾客关系。良好的营销对每个组织的成功都至关重要。像微软、索尼、沃尔玛、联想和宝洁这样的大型营利性公司都进行营销活动。而大学、医院、博物馆、交响乐团，甚至寺庙这样的非营利组织也同样进行市场营销活动。

事实上，你已经对营销了解很多了，因为营销无处不在。你看到营销带来附近商店货架上的丰富产品；你在电视、杂志、电影、网页上的广告中看到了营销；在家里、在学校、在工作单位、在地铁站，甚至在娱乐场所，无论你在何处都被置于营销之中。实际上，营销活动还包含许多消费者看不见的内容，在它后面是大量的人与活动在为获得你的注意力和购买力而竞争。而营销专业正是要使你学会如何通过自己的努力使你所在的公司、组织或机构在激烈竞争的市场上赢得较其他对手更多的顾客和更多的价值。

我觉得市场营销＝市场策划＋市场销售＋市场管理，其主要学的就是：如何按照市场需求来开发产品，如何选择并进行正确的市场定位，如何进行产品的广告宣传，如何根据消费者的需求和购买力来推销产品等内容。

### ➢ 学习内容

市场营销专业的主要课程有：管理学、经济学、统计学、财务管理、市场营销、消费者行为学、消费心理学、市场调查、企业销售策划、市场调查与预测、分销渠道管理、代推销技术、营销创新、广告理论与实务等。

我认为，学好市场营销专业需要做到以下四点：(1)掌握管理学、经济学和现代市场营销学的基本理论、基本知识；(2)掌握市场营销的定性、定量分析方法；(3)具有较强的语言与文字表达、人际沟通能力；(4)分析和解决营销实际问题的基本能力。

除了学习课本理论知识，更重要的是实践能力。比如你的沟通能力、谈判能力、策划方案写作能力，这些都不是一蹴而就的，需要经过长期的锻炼。

### ➢ 就业方向

市场营销专业的毕业生主要从事市场调研、营销策划、广告策划、市场开发、营销管理、推销服务等工作。主要择业方向是销售类的和市场类的工作。

销售类工作前期可能会辛苦一点，从一个普通的业务员开始，慢慢积累经验建立自己的客户群,业绩突出的话可以提升到主管或销售经理,然后再向总监或者分公司负责人发展。

市场类工作一般开始也会要求先熟悉业务,前期会从事一段时间的销售工作,然后再转做市场。市场类工作主要以市场策划为主,负责市场调研、分析,针对市场制定适合的销售策略及公司发展规划,这在销售类工作中也会有所涉及。

销售工作与市场工作是有区别的,销售工作前期比市场工作会辛苦困难些,但是成长起来后后期的发展和"钱"途要更大;市场工作相对销售工作要更稳定一些,底薪会比较高一些,但是一般没有提成,只有奖金。就多年来的工作经验来看,不管从事哪方面的工作,与人沟通的能力和人脉是最重要的,这些技能和条件是需要在日后的工作中慢慢体会和积累的。

➢ 注意事项

1. 还有一点就是,如果大学是特色类大学,比方说医学类大学、石油类大学,这些学校和综合类大学有个不同点就是,市场营销专业在培养上会有针对的方向,如医学类院校的市场营销专业侧重培养医药营销方向的人才,在学习一般性营销理论的同时还会学习很多有关药学的专业知识。

2. 在就业上,只要不挑,找到工作是没有问题的,因为这个岗位需求量太大了。只是,相当多的人没有考虑到,需求量大的背后隐藏着一个事实:流动量大。

市场营销是一个残酷的行业,一切以业绩论英雄,招聘时许诺有丰厚的薪水,但是是有前提的,那就是要完成多少任务量,完成了才能拿到理想中的薪水,完不成的,就有可能被淘汰。用"大浪淘沙"来形容营销业并不为过。如此一来,招聘门槛也就降低了,对专业出身并无太硬性的要求,相当多的公司都表明"能者上",不搞专业出身论。于是,市场营销专业并没有占到多少便宜。

以上是我对市场营销专业的一些心得,仅供参考。

## 120203K 会计学 & 120204 财务管理

本人是上海财经大学会计学专业毕业的,工作三年了,应"金榜事事懂"的邀请,结合这三年的实际工作情况介绍一下会计学和财务管理这两个专业,供大家填报志愿参考。

之所以把这两个专业放在一起介绍,是因为在行业内这两个专业总体框架基本是相同的,只有细微的差别。要说不同的话,财务管理重在管理,会计重在操作。用不恰当的比喻来说:会计是古代大户人家的账房先生,财务管理是管家。

➢ 对比介绍

第一,从学习课程上看,两者的专业课非常相似,像管理学、微观经济学、宏观经济学、统计学、会计学、财务会计、管理会计、审计学等课程这两个专业都学。不同的是会计学专业多学点中级财务会计、高级财务会计,财务管理专业多学点中级财务管理、高级财务管理、商业银行经营管理等。

第二,从工作内容上说,财务管理是在会计的报表基础上进行管理,还有就是财务管理稍微涉及一点金融行业、证券投资和金融市场这些。而会计学则是深入研究会计的知识和核算技巧。

例如,在一个企业,会计人员做的是日常的核算工作,办理汇款、取现、转账、报销等,只管记录,这就是"会计";财务管理则是全方位掌握企业的财务状况,并不做具体业务,只是指导一下大方向。

第三,从工作岗位上来说,会计是基础,财务管理是上升到一定职位后才会用到的,只有管理层的中高层干的活是财务管理。

➢ 相互关联

很多同学选择了会计学专业,最后做到了财务管理的位置。学了会计学专业,有了良好的学业基础,加上就业后在公司里更多的实际经验,就会得到单位和领导越来越多的信任和器重,到时再学习一些管理方面的知识,从事财务管理也就水到渠成了。

很多选择了财务管理专业的人,毕业后也还是要从基础的会计工作做起,然后慢慢被提拔。为什么呢？很简单,没有公司会让一个刚毕业的大学生直接做财务管理的。会计你都不懂的话怎么做管理？

总的来说,学了会计能做到财务管理的位置;学了财务管理,今后也完全能适应会计工作的需要。两者是相通的。一般大家都把财务管理和会计作为同行来对待。

### ➢ 专业方向

在招生计划中经常会看到会计学(CPA 注册会计师)、会计学(国际会计)、会计学(ACCA 方向),这三个方向的侧重点有所不同:

会计学(CPA 注册会计师方向)侧重中国注册会计师业务知识的学习,是中国认证的,在国内认可度比较高。

会计学(国际会计)是因为现在各国的会计制度和准则不同,国际会计就是为了在不同中找到一个平衡点,找到一个标准。

会计学(ACCA 方向)侧重英国特许公认会计师知识的学习。英国特许公认会计师公会简称ACCA,一般在课程上对英文要求比较高,这个方向主要针对欧盟,在国际上认可度较高。

有的大学没有详细区分国际会计和 ACCA,所以如果有更细的方向建议一定要咨询一下相关高校。

### ➢ 就业情况

就业方面,现在几乎每个高等院校都有财会专业的毕业生,而且不在少数。也就是说就业时将会面临较大竞争。不过一般的企事业单位都要求有会计人员,所以只要你的期望值不高,还是可以找到一份比较满意的工作的。而且会计就业环境较好。

从目前的实际情况来看,现在这两个专业低层次的人才供过于求,高层次的人才供不应求,需求缺口还很大。会计的层次很分明,如果拿到了含金量较大的证书,比如会计师、注册会计师等,再加上几年的工作经验,这样就能很快成为人才市场的"抢手货"。当然,拥有名牌院校的学历证书,对就业而言,也是如虎添翼。

### ➢ 就业岗位

1. 国营企业或外资企业。很多中小企业特别是民营企业,对于会计岗位需要找的只是"账房先生",所以本科毕业生就能满足。外资企业的待遇相对较好。

2. 会计师事务所。很多考会计学的研究生选择了会计师事务所,事务所的工作强度是很大的,不过有一分付出就有一分收获,报酬也是很可观的。

3. 公务员或高校教师。女生做教师其实是一个不错的选择。

4. 理财咨询。去过银行等金融机构招聘会的同学应该知道,现在对个人理财咨询职位的需求量正在慢慢扩大。

### ➢ 注意事项

1. 什么样的人适合报这两个专业呢？这两个专业需要从业者具有耐心、恒心、细心、静态的性格和对数据有一定的敏感度。如果你的性格特点能够满足会计类的职业需求的话,可以考虑这两个专业。如果自己坐不住,静不下来,不建议报这两个专业。因为这行很枯燥,如果坚持不下来,半途而废就不划算了。

2. 有人可能担心高中数学不好会不适合这两个专业，这个就别担心了，这两个专业没有那么复杂的数学内容。

3. 选择会计学专业重在择校，如果有机会可偏重中国人民大学、中央财经大学、上海财经大学、厦门大学、南京审计大学等。

## 120205 国际商务

本人是山东大学国际商务专业的毕业生，应"金榜事事懂"的邀请，介绍一下国际商务专业。

### ➢ 专业介绍

通俗来讲，国际商务就是通过掌握国际商务理论、国际商法基础以及一定的国际法规和国际惯例来开展的国际商务活动。

### ➢ 学习内容

学习国际商务专业必须学好三方面的课程：经济类、法律类和外语类。

主要课程有：专业英语、外贸英语函电、国际贸易、国际金融、国际贸易实务、国际结算、货币银行学、国际市场营销学、国际经济合作、国际商法、谈判与技巧、公共关系学等。

在学习过程中还可以考报关员、单证员、外销员、报检员、货代等岗位资格证书，这样会使我们的学习和实践更好地结合。

### ➢ 就业情况

国际商务专业毕业生可以在专业外贸公司、工贸公司、自营进出口企业等单位从事进出口业务工作；也可以在外商投资企业从事国际采购、营销管理等工作；还可以在其他各类企事业单位从事涉外经济贸易及管理等工作。

具体而言，我认为国际商务专业有以下几个工作方向：

一是外贸业务员（或外销员）、业务员、采购员等。这些职位对外贸知识及专业技能要求较高。外销方向英语非常重要，面试时基本上每家企业都要求过大学英语四、六级或者英语专业八级，如果没有过基本上免谈了。

二是国际物流操作员（或船务操作员）、海运操作员、外运代理等。这些职位对货运知识及技能要求较高。

三是外贸跟单员（或外贸助理）等。这类职位对商品以及质量管理的知识与技能要求较为突出。

四是报关员和单证员。此职位对外贸知识要求尽管较全面，却不高，但对填制各类单证的技能要求较高，这类职位比较稳定。

五是外贸经理、物流经理。这些职位对比外贸业务员和国际物流操作员而言，增加了管理知识、技能及经验的要求。

六是一些需求量较少、素质要求较高的职位，如：银行等金融机构中的国际结算、外汇业务文员，科研教学单位中的国际经济、国际贸易、国际商务等专业方向的科研与教学人员，政府公务员，尤其是从事国际商务、国际经济贸易管理与服务的公务员。

在考研方面，我认为国际商务硕士突破了国际贸易学专业的局限性，除了具有国际贸易知识，还具有国际投资、国际经济合作、涉外企业经营与管理方面的知识。其知识结构更具应用性和适应性,毕业后具有直接上手的能力。所以对于国际商务专业的毕业生来说,考研也是个不错的选择。

> ➤ **相似专业区分**

和国际商务专业非常相似的有个国际经济与贸易专业。两个专业主要的基础课程基本相同,不同的是专业侧重点不一样:

国际商务专业比较宏观,相对来说侧重于商务知识、法律法规、礼仪谈判。

而国际经济与贸易专业则是侧重做生意,侧重于对外贸易的程序、各个环节,比较微观。

至于你想选哪个,完全是看自己喜好,你要觉得自己能做国际销售,那也可以学国际经济与贸易专业(外销员是这个专业的核心职位)。具体的可以参考一下国际经济与贸易这个专业的介绍。

另外,如果想报类似的专业,建议选东部沿海城市或比较发达的城市,太靠内陆地区的学校类似专业找工作相对要困难一些。

以上是我对国际商务专业的一些个人看法,仅供各位考生参考。

# 120206 人力资源管理

本人是厦门大学人力资源管理专业的毕业生,应"金榜事事懂"邀请,介绍一下人力资源管理专业。

> ➤ **专业介绍**

用专业点的话说,人力资源管理就是运用现代化的科学方法,对企业人力进行合理的培训、组织和调配,使人力、物力经常保持最佳比例,同时对人的思想、心理和行为进行恰当的诱导、控制和协调,充分发挥人的主观能动性,使人尽其才,事得其人,人事相宜。

用通俗点的话说,人力资源管理是一个研究如何识别、选拔、使用、培养人才以及有效激发他们的积极性、主动性和创造性的专业。

现在社会发展迅速,企业之间竞争异常激烈,一不留神就会被其他企业超越,而企业最核心的就是人才。企业要想拥有竞争优势,立于不败之地,就必须更好地吸引、保留和发展其所需人才。于是,企业越来越重视人才的管理。

人才管理包括人才的招聘、培养、配置、激励和绩效考核等内容,而这些事务就需要专业的人力资源管理人员来执行。

> ➤ **学习内容**

从事人力资源工作的人需要掌握的东西很多,例如招聘时如何判断一个人是否适合当前岗位,录取后如何对员工进行培训让他寻找到最适合的岗位,如何正确处理员工的劳动与报酬之间的关系、考核员工工作业绩等,如何设立竞争机制才能让员工最大限度地发挥自身潜能等。这些都需要通过人力资源管理专业的学习才能掌握。

你或许觉得这些都很简单,没必要去大学专门学就能掌握。其实不然。就拿人才配置来说:人才配置就是将合适的人放到合适的岗位上。虽然说起来简单,但人从性格、气质、兴趣到专业都有着巨大的差别,如果能各尽所长,对于企业的发展将是非常有利的。反之,既无法完成企业的既定目标,又会使得员工心中不满,从而降低企业的工作效率。只有学了人力资源管理专业你才会懂得如何合理地安排。

人力资源管理专业本科的核心学科包含工商管理、法学、公共管理等。主要的专业课程有：组织行为学、组织与工作设计、劳动关系与劳动法、招聘与人才测评、绩效管理、薪酬与福利、培训与人力资源开发等。

## ➢ 就业情况

我认为人力资源管理专业在国内的就业前景整体状况还是不错的，基本上本科毕业后就能找到工作。因为稍微有点规模的企业都会招几个该专业的学生，毕竟现在企业越来越重视人力资源岗位了。

不过一般有点规模的企业招人力资源管理专业的毕业生的时候都要有一年的工作经历，所以可能本科毕业的时候还得先去小公司锻炼一下，积累经验，有了经验再想跳槽就会好得多，说白了就是找一个好的踏板。人力资源管理专业的学生将来进入大企业才是硬道理，小企业是没有施展空间的。

将来进入企业工作的话，主要做的就是招聘、培训、绩效、薪资、劳动合同及档案方面的工作，还有一个重要的职责就是维护员工关系。

## ➢ 特别说明

1. 在这里不得不说一下，国内普通企业的人力资源管理和其他国家的人力资源有本质上的区别。简单来说，在国外HR(人力资源)的地位非常重要，HR所从事的相关协调组织工作，会对整个公司的运作和发展起到决定性的作用。而在我国，却存在很多弊端，HR更像是行政部门或内勤部门，除了招聘和培训，很多杂事和琐碎的事情都是由HR来完成的。所以如果选了这个专业，最好将来朝着大企业或外资企业看齐。

2. 如果刚开始幸运的话能进大企业从HR专员做起，那是再好不过了，最大优势有两点：一是学习内容更系统规范化；二是为将来职业发展提供非常优质的基础。但绝大多数人通常都不会那么幸运的，更多的应届生会进入一些中小型企业，不过这也有它的优势：一是门槛相对较低，有利于积累经验；二是接触的事务较广，短时间内成长迅速。

3. HR属于文职类工作，刚开始的薪资都不算太高。不怕你笑话，我第一份工作薪资刚够吃饭租房的。但是因为工作内容的关系，会比别人更全面地了解公司，这就是HR非常大的优势！这也是你晋升的资本！

4. HR是一群矛盾的群体，从根本上要站在公司的利益点去考虑问题，但也不得不站在员工的角度考虑问题！我们要为员工制定职业规划，裁员时要亲手送走那些可能是你亲自迎进公司的伙伴，每天周旋于员工利益和公司利益之间，所以在大部分公司HR与员工之间可能会存在一定的隔阂，你得先考虑清楚你能不能接受将来的这种状况，再决定报不报这个专业。

5. 当然，就目前而言人力资源这个工作总体在国内还是属于比较稳定的，工作内容比较简单，工作环境也比较舒适，很多人形容它是养老的工作，一点也不夸张。不过最近几年越来越多的人往这个专业里边挤，就怕过几年毕业的人太多了会加剧竞争。

希望我的介绍能给你带来一些帮助。祝报考顺利。

# 120207 审计学

本人是山西财经大学审计学专业的毕业生,应"金榜事事懂"的邀请,介绍一下审计学专业。

## ➢ 专业介绍

审计就是审核、稽查、计算之意,是一种独立的经济监督活动,是由专人对被审计单位的财务资料和经济活动进行审计。

狭义的审计是指在会计账目的基础上进行审查,看是否有违法违规做假账等问题。

从专业角度来说,审计学是一门专门研究审计理论和方法,对经济活动进行有效监督的专业。通俗地讲,审计是注重查漏补缺,通过对财务、内控制度、管理方法的审查检查,起到查找问题、改进管理的作用。

## ➢ 相似专业区分

有人会问审计学是不是和会计一样?审计是不是就是查账?

在这里还不得不澄清一个问题,审计是一个独立的学科,并不是会计的一个分支。审计是一种具有独立性的经济监督。审计的对象是被审计单位的经济活动和会计资料。审查的内容包括会计,但不限于会计。而查账只反映审计的一个侧面,但审计不等于查账。查账只是检查账目,而审计一般是指审核稽查计算,它不仅包含了查账的全部内容,而且包括了对计算行为及经济活动进行实地考察、调查、分析和检验。同时,审计只能由专职的审计机构和人员进行,而查账则不受此限制。

那么会计和审计的具体区别到底是什么呢?以我个人的理解,会计可以看成是把经济活动用会计这种语言记录下来,而审计则是将会计记录的东西还原成经济活动加以理解审核。所以审计必须有会计知识作基础,学审计要先学会计、税务、经济管理等。

## ➢ 专业方向

审计学专业也分几个方向,一般学校在大三时会细分方向,一般有社会审计、国家审计、内部审计、工程审计(基建审计)等几个方向。

社会审计就是会计师事务所干的活,一般就是给企业查账,然后由注册会计师签字,鉴定完毕,告诉社会各方面,这家企业的状况是我们鉴定过的,有什么样的问题。经过审计的企业的状况是有社会公信力的,选这个方向最牛的就是考注册会计师,虽然很难,但考上了就很厉害。

内部审计是企业内部设立稽核机构,审计师对企业所有者负责,进行监督活动,考个国际注册内审师也是很厉害的,特别是在外资企业。

国家审计在我国就是政府审计,对应的部门就是审计局,可以理解为国家的内部审计。

工程审计这个分类应该说和前三个分类标准不太一样,是对工程概预算在执行中是否超支,有无隐匿资金、截留基建收入和投资包干结余以及有无以投资包干结余的名义私分基建投资的违纪行为等进行审计。包含工程造价审计和竣工财务决算审计,这个方向偏理工科,要学很多建筑、工程之类的知识。

## ➢ 学习内容

如前所述,如果想学好审计学,必须学好会计、税务、经济管理等,就算不精通,也一定要做到掌握。

首先是会计方面的课程:财务会计、成本会计、财务管理、经济学等。

因为是隶属于管理学,所以有管理方面的课程:管理学原理、管理信息系统等。

税务方面的课程:经济法、税法等。

还有就是审计方面的专门的课程:内部控制审计、财务审计、管理审计、计算机审计、法务审计、建设项目审计等。

### ➢ 需要具备的品质

一定要注意,有些人的性格是不太适合审计学专业的,因为每天对着大量的财务数据,要是你没有足够的耐心是坚持不了的。

我的体会是,因为专业特点,一般情况下,审计事务所对员工的要求如下:

人品上:要诚实守信、正直果敢、服务他人。

素质上:要志向远大、踏实肯干、细心谨慎、耐心平静、持之以恒。

能力上:需要具备团队合作、英语熟练、会计知识扎实、对数字敏感等能力。

### ➢ 就业情况

审计专业毕业后就业有多种选择:

1. 可以进入大公司、大中型企业和跨国公司从事内部审计工作。

2. 也可以像会计专业的毕业生一样去做公司的会计、财务工作。

3. 还可以选择到事务所,包括会计师事务所、律师事务所和审计事务所等,如果能考上注册会计师,可以说找工作没有一点问题。

4. 如果想报考公务员的话,可考政府审计机关和司法机关从事审计检查与鉴定工作,也可以进税务部门和需要内审的单位。

5. 如果你将来毕业之后想从事审计的工作,我认为本科学历就够了。因为对于这个专业来说,除了有扎实的财务和会计方面的知识,更重要的是有审计的思路、思维,以及能够明确地理解领导的想法和意图。说白了,对于审计学专业来说用人单位更看重个人能力和丰富的阅历。至于要不要考研,应根据自身的实际情况和意愿来选择。

总体来说,如果学好了这个专业,出路还是很不错的,几乎所有的行业都涉及。我的同学、学长、学姐毕业后要么进国际四大会计师事务所,要么考上公务员,去了海关、税务局、保监局、审计署等单位,要么去了大学的审计处等单位,当然还有进了普通企业的。

以上是我对审计学专业的一些简单认识和个人看法,仅供参考,具体情况还是需要根据个人的规划,自己做决定。

## 120209 物业管理

本人是武汉大学物业管理专业的毕业生,在家人的帮助下开了一家物业管理公司,应"金榜事事懂"的邀请,介绍一下物业管理专业。

### ➢ 专业介绍

首先我先简单说一下什么是物业管理以及现在国内物业管理的概况。

物业管理这个行业在城市里太常见了,现在哪个小区没有物业?哪个写字楼里没有物业?平常小区里的环境管理、绿化管理、道路管理、安全管理、保洁管理以及小区供暖管理等都是由物业管理公司来进行统一管理的。

用专业一点的话说：物业管理是指物业管理企业受物业所有人的委托，依据物业管理委托合同，对物业的房屋建筑及其设备、市政公用设施、绿化、卫生、交通、治安和环境容貌等管理项目进行维护、修缮和整治，并向物业所有人和使用人提供综合性的有偿服务。

物业管理专业致力于培养物业管理的中高层次"职业经理人"。培养具备物业管理理论和专业知识水平的、熟悉物业管理的运作程序、能胜任中高层岗位的管理人才。

## ➢ 专业现状与前景

物业管理是一个新兴行业，在我国仅有二三十年的发展历史，首先发端于沿海发达城市，逐步向内陆地区延伸。正因为物业管理行业是一个新兴行业，很多老百姓还不太接受，所以导致出现了物业管理工作很难开展等问题，具体原因在最后注意事项中会再详细介绍。但因为是新兴的行业，所以相对来说发展前景还可以。

## ➢ 学习内容

物业管理专业在大学里的主要课程包括计算机应用基础（办公软件）、物业管理概论、物业管理实务、物业管理法规、物业设备设施管理、楼宇智能化管理、物业管理企业会计、房地产法规、房地产开发经营与管理、物业管理信息系统开发、治安管理等。

主要学习的知识大致包括以下八个方面。

1. 建筑和设备管理方面的知识：比如了解小区楼梯、下水道、采暖系统、供电系统设备、燃气管道设备等方面的知识。

2. 安保管理方面的知识：比如小区消防管理的知识、流动摊贩管理、小区财物防盗的知识等。

3. 保洁管理方面的知识：比如建筑物外公共区域清洁、建筑物内公共区域清洁、垃圾收集与处理、管道疏通服务等知识。

4. 绿化管理方面的知识：比如什么季节应该种植什么植物，如何对植物修剪整形、除病虫害、涂白、立支柱、围护等知识。

5. 客户服务方面的知识。

6. 物业管理财务管理方面的知识：(1)管理服务人员的工资、社会保险和按规定提取的福利费等；(2)物业共用部位、共用设施设备的日常运行、维护费用；(3)物业管理区域清洁卫生费用；(4)物业管理区域绿化养护费用等知识。

7. 物业管理劳动人事方面的知识：比如职工的五险一金、工资管理等。

8. 物业管理相关的法律知识：比如《物权法》、《物业管理条例》等。

整体来说，我觉得大学里的课程安排都比较合理，学的东西都是在以后物业管理当中肯定能用到的。

## ➢ 就业方向

现在物业管理专业的就业范围越来越大，逐步由小区、写字楼覆盖到很多地方。具体来说就业方向主要有：

1. 住宅小区物业管理工作；

2. 饭店、商厦、写字楼物业的经营与管理工作；

3. 企事业单位的物业管理及火车站、汽车站等公共场所的物业管理；

4. 房地产开发与营销的具体服务工作；

5. 社区规划与物业管理服务工作。

> 注意事项

1. 物业管理专业的学生毕业后不是到物业公司做保洁、保安什么的,是到物业管理公司中从事管理工作的。但是很多物业公司舍不得掏那么多钱,所以这个行业工资待遇普遍较低。

2. 物业管理行业相对来说现在还比较好找工作,就业率相当高,但是工作时间长,节假日少。

3. 还有一点,那就是物业管理的工作非常烦琐,我给你举些我毕业后亲身经历的例子你就知道了。首先打交道的部门太多:供电单位、供水单位、供热单位、房管局、业委会、消委会、物价局、消防局等。这还不算什么,最主要的是和业主打交道,比如电梯坏了,你得管,但有人就是不愿意交维修费。还有人嫌暖气不够热,所以不交物业费。如果赶上暴雨地下停车场漏水什么的,一天得有十几个投诉电话找你,到时你既得赔礼还得赶紧处理。所以如果你没有足够的耐心和好脾气,最好是慎重考虑物业管理专业。

以上就是我对物业管理专业的一些个人看法,仅供各位考生参考。

# 120210 文化产业管理

本人是山东大学文化产业管理专业的毕业生,应"金榜事事懂"的邀请,介绍一下文化产业管理专业。

> 专业介绍

文化产业管理,简称文管,属于管理学类专业。

首先说一下什么是文化产业。文化产业即生产和经营文化产品、提供文化服务的企业行为和活动。说起文化产业,大部分人都会感觉比较陌生,但是说起美国迪士尼的"米老鼠",相信没有人不知道。事实上,"米老鼠"就是一个文化产业的典型范例。现在,它已经为美国带来超过上千亿美元的巨大利润。

文化产业是一门在全球化的背景下发展起来的新兴产业,它的本质就是以"文化创意"为核心,综合现代科技技术以创造巨大的经济效益。

有学者将我国的文化产业分为十三种,即演艺业、娱乐业、音像业、传媒业、出版业、电影业、旅游业、网络服务业、电子游戏业、体育产业、文化培训业、艺术品拍卖业、城市会展业。

也可以概括为"三大领域"(文化产品生产领域、文化产品经营领域和文化设备制造领域)和"七大文化行业"。这七大文化行业具体是:

1. 纸质文化产品的出版、制作、发行,如书籍、报纸、刊物等。
2. 电子文化产品的出版、制作、发行,如广播、影视、互联网等。
3. 娱乐服务,如各种文艺表演服务等。
4. 旅游文化服务,如旅行社、风景名胜、纪念地(馆)等。
5. 文化管理和研究等服务,如文物、文博、会展和文化遗产保护,图书馆服务,文化社会团体活动等。
6. 为文化、娱乐产品提供设备、材料的生产和销售活动,如印刷设备、文具、广播电视设备、电影设备等生产和销售活动。
7. 与文化、娱乐相关的其他活动,如工艺美术、设计等活动。

由此可见,文化产业的内涵是十分丰富和宽广的,虽同为文化产品,但各有特点,有着自身的产业规律。相同的是,各行业都需要组织策划、研发品牌,都需要改善经营、降低成本,都需要实现销售、创造效益。

而文化产业管理专业就是为适应国家文化产业快速发展而设立的专业,目的是为国家文化资源的有效管理、文化市场的科学运营和文化产业的全面发展提供高层次的人才支撑。

这么说的话,文化产业管理实际上也可理解为是将文化元素变成经济效益的一个纽带。

### ➢ 专业方向

正因为文化产业涵盖的领域太广,所以到现在为止,各个大学的培养方向可以说各有特点,很多大学是有具体方向的,并且有不少大学会开好几个方向,比如浙江传媒学院在大二就会细分为媒介经营管理、企业文化管理、文化经济、制片等不同方向。总的概括一下,本专业可分为以下几个方向:

1. 公共管理类。包括文化管理、制片管理、媒介管理、艺术管理、设计策划与管理等;
2. 大众传播类。包括影视传播、戏剧传播、广播电视新闻学、戏剧文学、广电文学等;
3. 创作编导类。包括影视编导、文艺编导、戏剧编导、舞蹈编导、音乐编导、节目制作等;
4. 公关主持类。包括涉外文秘、空中乘务、酒店管理、国际文化交流等。

因为方向多,报的时候一定要看清楚学校的侧重方向,别报了自己不喜欢的方向。

### ➢ 学习内容

一个较完善的文化产业管理专业课程内容大致可分为以下四类:

1. 公共基础课程。这类课程一般由学校集中开设,包括政治理论、外语、计算机应用等。相关学科课程一般包括法律、经济、历史、新闻传播、广告等。

2. 文化产业管理基础课程。这类课程包括文化管理学、文化产业管理概论、中西方文化史、管理心理学、统计学、品牌管理等。这一课程群要使学生掌握管理学方面,特别是文化产业管理的基本原理和方法,为从事文化产业具体的市场营销、品牌运营、人力资源等方面的管理工作从理论和实践上做充分的准备。

3. 文化产业管理专业课程。这类课程包括文化创意与策划、文化投资学、文化安全学、会展经济与管理、休闲产业管理、艺术品收藏与投资、数字媒体艺术、艺术管理、媒介经营管理等。这一课程群要为学生奠定文化学方面的坚实基础,使学生明了文化的规律与特质,熟悉文化的过去与未来,并引导学生有效地拓展文化学科方面的学习,形成宽广的文化视野和深厚的文化素养。

4. 相关学科课程。这类课程包括会计学、公共财政学、知识产权法学、民俗学、文化品牌专题研究等课程。这一课程群要使学生深入认识文化产业的经济学属性,通晓文化产业的运作过程及规律,并掌握基本的经济学理论和方法。

在学习理论的基础上,也会涉及很多艺术实现创意的成功案例以及游戏、影视、广告、建筑、画廊、会展等文化创意产业的经营与管理等。

就专业课程来说,需要靠自己平日多搜集专业相关的资料,对专业本身有个清晰的认识和合理的规划。否则,毕业之后你会感觉什么都知道一点,但又什么都不精通。

### ➢ 就业情况

文化产业管理专业的毕业生主要的就业方向包括文化产业类,如影视产业、音像制作、出版发行、演艺娱乐、动漫与数字产业、网络游戏、艺术品市场、文化贸易与投资、文博、文化旅游、会展、广告传播等部门,政府文化管理部门以及文化事业单位如图书馆、博物馆、文化馆等,也可到其他类企业从事企业文化建设等方面的工作。

但就目前这个专业的就业情况来说,考公务员比较现实,考上了,就直接进文化和旅游局之类的政府文化管理部门。当然,很多事情是风险与机遇并存的,在这里也建议所有考生要结合自身的具体情况,考虑是否选择这个专业。

> **注意事项**

1. 这个专业很年轻。很多企业包括文化企业的管理人员对这个专业了解得不多,所以一般企业去招聘的时候不会写出来说要招这个专业的毕业生。毕业生找工作的时候都很茫然。

2. 从产业圈子来看,文化产业本身是一个小圈子,它需要从业者具有大量的行业资源,包括信息、人脉等。可刚毕业的学生哪里有什么人脉资源,也就是说这个行业整体就没有做好接纳大量应届生的准备。

3. 从学校方面看,很多学校整个的教育体系也不完善,还在摸索中,对学生的培训不足,导致学生能力欠缺,所以有些学生即使找到工作也做不长。

总的来说,尽管文化产业管理本身是个不错的专业,"文化产业有前途、文化产业最缺人"的说法也不绝于耳,但落实到毕业生身上,找工作特别是找与自己所学专业对口的工作却并没有那么好找。感觉文化产业在国家这个层面上挺热,但是在企业这里似乎还没热起来,整体就业情况还没有想象的那么乐观,只能期待过几年能好起来。

以上是我个人的一些观点和看法,仅供参考。

# 1203 农业经济管理类

## 本专业类概况

### 一、各选科组合能报本专业类的比例

该数据反映的是在该专业类的所有高校招生计划中,各科目组合有多少学校能填报。详解见图书使用说明。

| 物理 化学 生物 | 物理 化学 历史 | 物理 化学 地理 | 物理 化学 思想政治 | 物理 生物 历史 |
|---|---|---|---|---|
| 100.0% | 100.0% | 100.0% | 100.0% | 100.0% |
| 物理 生物 地理 | 物理 生物 思想政治 | 物理 历史 地理 | 物理 历史 思想政治 | 物理 地理 思想政治 |
| 100.0% | 100.0% | 100.0% | 100.0% | 100.0% |
| 化学 生物 历史 | 化学 生物 地理 | 化学 生物 思想政治 | 化学 历史 地理 | 化学 历史 思想政治 |
| 100.0% | 100.0% | 100.0% | 100.0% | 100.0% |
| 化学 地理 思想政治 | 生物 历史 地理 | 生物 历史 思想政治 | 生物 地理 思想政治 | 历史 地理 思想政治 |
| 100.0% | 100.0% | 100.0% | 100.0% | 100.0% |

### 二、该专业类的主要专业男女比例及每年大致毕业人数

| 专业类 | 专业代码 | 专业名称 | 各专业年度毕业人数 | 男女比例 |
|---|---|---|---|---|
| 农业经济管理类 | 120301 | 农林经济管理 | 4000～4500人 | 男37% 女63% |

### 三、本专业类主要考研方向

| 学科门类 | 一级学科 | 研究方向 | 学位授予 |
|---|---|---|---|
| 管理学 | 1203 农林经济管理 | 学术硕士 | 可授硕士、博士专业学位 |
| 参考往年可报考二级学科 | | | |
| 农林经济管理 | 林业经济管理 | — | — |

## 本专业类重点专业解读

### 120301 农林经济管理

本人是华南农业大学农林经济管理专业毕业的,应"金榜事事懂"的邀请,介绍一下农林经济管理专业。

➢ **专业介绍**

现在农村经济社会发展的形势是农业产业化,农产品商品化、市场化程度不断提高,在这样的形势下,就需要更多的在农林领域"会技术、懂经济、善管理"的人才,于是乎就有了农林经济管理专业。

首先强调一下,这个专业是属于管理类的,不属于农学类。从这个专业的名字上很容易就能看出它是干什么的,从字面理解"农林经济管理"就是把经济学、管理学的知识应用到农业和林业生产中,促进农林经济的快速与健康发展。详细点的话就是研究内容还包括如何配置涉农领域稀缺的自然与经济资源,如何利用国内外市场,如何对农业实行保护政策,如何实施农业可持续发展战略等。

举个大一点的例子说明一下:自从加入WTO后,国家间的农产品流通就相对容易多了,这样我国的农产品将不可避免地面临与粮食出口大国(比如美国、澳大利亚)的激烈竞争,这些国家的农业机械化程度高,他们生产的农产品价格就相对低很多,像我国从美国进口的玉米、从澳大利亚进口的小麦等,运到国内的进口价格都比我们本土产的便宜,你说我们能有竞争力吗?那么如何与之抗衡呢?如果学了"农林经济管理"的如何合理布局农业产业结构等知识,你就应该能够结合中国的国情,分析出我们应该多种植一些茶、蔬菜、水果等农产品才会有更大的竞争优势。这就是农林经济管理专业在农业生产中的一个简单应用。

➢ **不同大学不同方向**

第一,先从专业名称上分析一下:"农林经济管理"中既含"农"又含"林",所以实际上是由两部分组成的,一部分是"农业经济管理",另一部分是"林业经济管理"。一般财经、农业院校的"农林经济管理"主要侧重于前者,而林业院校的"农林经济管理"主要侧重于后者。

第二,综合院校和财经院校的农林经济管理专业,一般学宏观层面的经济管理知识多一些,侧重于对宏观经济运行规律的把握和宏观经济管理。而农业院校一般学农业技术和农业企业管理内容稍多一些,侧重于农林微观组织(包括农村合作经济组织、乡镇企业和农户等)的管理问题。

➢ **学习内容**

从专业名称就能看出,农林经济管理专业课程体系中应该包含三大方面的内容:经济类课程、管理类课程,还有农(林)业技术方面的课程。

经济类的课程有:经济学、微观经济学、宏观经济学、农(林)业经济学、农产品国际贸易学、农业价格分析等。

管理类的课程有:管理学原理、涉农(林)企业经营管理学、农(林)产品营销学等。

农业技术方面的课程有:农(林)业概论、农(林)业政策学、农(林)业技术经济学等。

但在前面也说了不同大学有不同的侧重方向,而不同方向在课程设置上就会有较大的差别。一般情况下,农业院校的专业课程以农业经济管理课程为主,很少涉及林业经济管理的内容;而林业院校的课程以林业经济管理课程为主,又很少涉及农业经济管理的内容;而财经类高校设置的农林经济管理本科专业,除了极少数涉"农"课程,如农业经济学、农业政策学等,其他课程的财经性质十分明显。至于说选哪种方向的学校,就要看你将来主要是想走农业方向、林业方向还是财经方向了。

➢ **就业方向**

就业方向对口的有农业综合管理部门、农村基层管理岗位、涉农(林)企业。

1. 很多学生肯定想奔着农业综合管理部门去,一般农林经济管理专业会让你了解世界农产品的分布状况,了解怎样对农业市场进行分析和预测,如何合理布局农业产业结构等。如果有幸到了农业部门,那就可以用统计学、经济学的知识进行分析、制订计划,从市场动作的角度对农林生产进行宏观调控与统筹管理。

2. 近年来,许多省份都实施了在高校应届毕业生中选拔优秀的毕业生充实农村基层管理岗位的计划,也就是平常所说的考村干部,这个方向可以说是和我们专业相当对口了。如果当了村干部,用掌握的经济管理知识带领大家一起致富还是不错的。

3. 当然到涉农(林)的企业工作也是一个大方向,可以进入像大中型农牧企业、食品加工贸易企业以及与农林和食品产业有关的加工运输企业等,从事农产品的市场营销、经营管理、国际贸易等工作。现在从事农产品加工、贸易的企业及公司不断增多,这些企业逐渐成为农林经济管理专业毕业生就业的主要途径。

4. 当然很多同学还选择了别的道路发展,因为毕竟农林经济管理专业属于管理学大类,在大学里也会学很多经济管理类的知识,那直接朝着经济管理方向找工作也可以。

➢ **注意事项**

1. 个人认为,农林经济管理专业总体来说专业性不是很强。从就业情况来说,与其他经济类或管理类专业的情况大同小异,想找非常对口的好工作还是有些难度的。不过毕竟毕业拿的是管理学学士学位,不断提升自己的能力,找份工作还是没问题的。

2. 很多人会质疑如果找不到对口的工作那不是白学了吗,其实不能这样片面理解,不管你学哪个专业,上大学培养的是你自主学习的能力和独立思考的能力,师父领进门,修行在个人,就算你学了再好的专业,自己不努力,也肯定是一事无成的。

3. 相对其他管理类专业来说,略懂农林科技应该是农林经济管理专业区别于其他经济管理类专业的特色,但和诸多管理学专业一样,通病是课程涉及面很广,课程多但没有深度,博而不精。

4. 与工科类专业相比,因为农林业毕竟是一个利润率较低的行业,暂时来看,在相关部门工作的收入不是很高,有些同学的就业也的确存在困难。但从长远来看,国家对农业经济的重视程度应该会不断提高。

# 1204 公共管理类

## 本专业类概况

### 一、各选科组合能报本专业类的比例

该数据反映的是在该专业类的所有高校招生计划中,各科目组合有多少学校能填报。详解见图书使用说明。

| 物理 化学 生物 | 物理 化学 历史 | 物理 化学 地理 | 物理 化学 思想政治 | 物理 生物 历史 |
| --- | --- | --- | --- | --- |
| 95.7% | 97.2% | 96.3% | 97.4% | 95.5% |
| 物理 生物 地理 | 物理 生物 思想政治 | 物理 历史 地理 | 物理 历史 思想政治 | 物理 地理 思想政治 |
| 94.6% | 95.9% | 96.1% | 97.6% | 96.3% |
| 化学 生物 历史 | 化学 生物 地理 | 化学 生物 思想政治 | 化学 历史 地理 | 化学 历史 思想政治 |
| 94.4% | 93.3% | 94.8% | 94.8% | 96.5% |
| 化学 地理 思想政治 | 生物 历史 地理 | 生物 历史 思想政治 | 生物 地理 思想政治 | 历史 地理 思想政治 |
| 95.0% | 94.4% | 96.3% | 94.8% | 96.5% |

### 二、该专业类的主要专业男女比例及每年大致毕业人数

| 专业类 | 专业代码 | 专业名称 | 各专业年度毕业人数 | 男女比例 |
| --- | --- | --- | --- | --- |
| 公共管理类 | 120401 | 公共事业管理 | 18 000~20 000人 | 男31% 女69% |
| 公共管理类 | 120402 | 行政管理 | 20 000~22 000人 | 男30% 女70% |
| 公共管理类 | 120403 | 劳动与社会保障 | 7000~8000人 | 男28% 女72% |
| 公共管理类 | 120404 | 土地资源管理 | 5000~6000人 | 男42% 女58% |
| 公共管理类 | 120405 | 城市管理 | 2000~2500人 | 男35% 女65% |

### 三、本专业类主要考研方向

| 学科门类 | 一级学科 | 研究方向 | 学位授予 |
| --- | --- | --- | --- |
| 管理学 | 1204 公共管理学 | 学术硕士 | 可授硕士、博士专业学位 |
| 管理学 | 1251 工商管理 | 专业硕士 | 仅可授硕士专业学位(要求毕业年限) |
| 管理学 | 1252 公共管理 | 专业硕士 | 仅可授硕士专业学位(要求毕业年限) |
| 管理学 | 1253 会计 | 专业硕士 | 可授硕士、博士专业学位 |
| 管理学 | 1254 旅游管理 | 专业硕士 | 仅可授硕士专业学位(要求毕业年限) |
| 管理学 | 1255 图书情报 | 专业硕士 | 仅可授硕士专业学位 |
| 管理学 | 1256 工程管理 | 专业硕士 | 仅可授硕士专业学位(部分二级学科要求毕业年限) |
| 管理学 | 1257 审计 | 专业硕士 | 可授硕士、博士专业学位 |
| 参考往年可报考二级学科 | | | |
| 公共管理 | 行政管理 | 社会医学与卫生事业管理 | 教育经济与管理 | 社会保障 |
| 土地资源管理 | 工商管理 | 会计 | 旅游管理 | 图书情报 |
| 审计 | 工程管理 | 项目管理 | 工业工程与管理 | 物流工程与管理 |

# 本专业类重点专业解读

## 120401 公共事业管理

本人是湖北大学公共事业管理专业的学生,应"金榜事事懂"的邀请,介绍一下公共事业管理专业。

### ➢ 专业介绍

所谓公共事业管理,主要是指在一定的环境中,政府管理部门和不以营利为目的的非政府组织依法对满足社会公共需要为主要目的的各项公共事业的发展进行规划、组织、指挥、协调和控制,以保障和增进社会公共利益公平分配的活动。

科教文卫体等都属于公共事业,这些都是公共事业管理专业的服务对象。公共事业管理专业主要研究科学、教育、文化、卫生、体育、社会保障等公共事业组织的管理活动,包括研究如何明确单位中各部门的责权,如何协调好各部门间的利益冲突等。

### ➢ 专业方向

既然涉及科教文卫体等好多的部门,而在大学里不可能把所有的知识都学到手,所以很多大学的公共事业管理专业是有具体偏重方向的。比如,一般医科类大学开设的公共事业管理倾向于医院管理方向、卫生方向或者药事管理方向,师范类学校一般倾向于教育管理方向,体育类大学倾向于体育管理方向,还有一些经济方向、媒体方向、城市管理方向等,甚至有的在一个大学里就会分好几个方向。所以在报志愿的时候一定要看清楚学校的专业方向。

### ➢ 学习内容

在大学里,公共事业管理专业的核心课程是管理学原理(公共管理学)、公共经济学、公共政策学、公共组织财务管理、非政府组织管理、公共工程项目管理等。另外,这个专业学得比较广泛,诸如统计、会计、概率论、公共行政学、公共关系学都会涉及。所谓"样样精通、个个稀松",想做通才还是做专才就凭自己的兴趣了。

### ➢ 就业情况

关于就业,最近几年对普通的大学来说公共事业管理专业的就业率不高。用一些毕业生的话来说就是"谁的事业需要我去管理?"。

当然还是有就业方向的,较好的出路是考公务员或者进事业单位,到目前为止在政府部门工作还是最稳定的。比方说,医学管理方向的一般就往卫生系统考,像医院、卫生局、疾控中心都是不错的选择,可以去医院的院办,还有在医务处工作的。

但众所周知,考公务员十分困难,所以,公共事业管理专业毕业生真正进事业单位、政府部门的很少。大多数进了中小型企业,而企业也不愿招收没有经验只有理论的管理人员,所以一般毕业后最多到人事部门当行政职员。

### ➢ 注意事项

1. 公共事业管理专业虽说是新兴专业、朝阳产业,在国外是非常热门、吃香的专业,但目前国内公共事业的体制改革与国外相比还有很大差距,导致目前社会就业市场对该专业人才的需求量很小,公共事业管理专业目前在国内的发展并不成熟,普通院校的就业率较低,很多人毕业后找工作时才发现专业的尴尬,很难找到专业对口的岗位,大部分人毕业后不得不从事就业门槛较低的工作,与当初专业培养目标相距甚远。

2. 其他专业的学生都有很明确的就业方向,比如学医的将来进医院当医生,学金融的将来进银行当职员,学法律的将来当律师。但公共事业管理专业和这些就业明确的专业不同,因为公共事业管理本身就是一个就业口径非常宽泛的专业,课程设置包罗万象,表面上看什么都学,将来毕业从事哪一行都可以。但实际上样样都学的结果是,样样都学不精通。在就业市场上,公共事业管理专业的学生是无法与其他专精一门专业的学生相竞争的,导致很多本专业的在校生对自己毕业后的前途感到迷茫,毕业后在残酷的就业市场中,更是容易迷失就业方向。

3. 虽然这个专业近两年很难找工作,但是一旦找到了,还是很不错的,比较适合有能力的女生。如果是男生的话,我不建议读这个专业。

## 120402 行政管理

本人是南京大学行政管理专业的研究生,现应"金榜事事懂"的邀请,介绍一下行政管理专业。

### ➢ 专业介绍

行政管理专业属于公共管理门类的一个分支,主要学习的是如何处理行政后勤方面的相关事务,比较宽泛。总的来说,行政管理专业面对的是所有后勤、行政工作,大到政府、跨国公司,小到个体户、创业型公司都需要有这个专业的人才做支持。但不同层次的行政管理专业的毕业生服务的对象不同,高层次的行政管理人才对于政府政策决策、大企业的内部结构都有很强的建议性影响,本科层次的行政管理毕业生主要从事基层管理、人力资源的具体工作。

### ➢ 专业方向

不同学校对行政管理的侧重点有所不同。
综合性大学的行政管理专业更侧重政治学,比如强调公共政策等方面的课程;
师范类大学的行政管理专业侧重教育管理或者思想政治教育,在文教系统有比较多的资源;
理工科大学的行政管理专业强调理性分析和调查研究,往往在决策研究方面有专长;
政法类学院的行政管理专业侧重实用性,下面还有具体方向,比如监狱管理、公安管理等。
这个只是大致的情况,具体学校的专业方向填报的时候要详细询问。

### ➢ 就业方向

行政管理专业的就业方向主要有:
第一,去高校工作现在看来是行政管理专业的最佳去处,高校工作环境舒适,待遇稳定,不过进入高校工作的门槛已经越来越高了。这一就业方向也有饱和的趋势。
第二,选调和公务员是行政管理专业的第二大就业方向,选调是个比较有前途的方向,但是选调要求报名资格高、名额少,同时选调一般会有专业规定。至于公务员,很多人认为是行政管理专业就业的正宗领域。行政管理专业的确研究行政管理活动,研究公务员,研究如何做好公务员,但是在我国的公务员考试方面,行政管理专业并没有受到额外的照顾,考试的科目也没有什么太强的行政管理专业色彩。
第三,到企业单位,一般是从事人力资源管理、文秘、行政、后勤等工作,工资较为稳定但不会有很高升幅。企业行政方面的工作比较烦琐,各种各样的工作都有,诸如买办公用品、整理各种资料,有时候还帮着人力资源负责考勤等。

### ➢ 注意事项

1. 关于就业,很多人认为学行政管理毕业后只能从事行政工作,进政府部门或事业单位。其实这个专业毕业生到政府机关工作的也只是很小的一部分,绝大多数人毕业后还是到公司从事行政工作。

2. 在招考公务员时,国家对行政管理专业的人员没有额外照顾,相比别的专业,这个专业在考公务员的竞争上其实没有多大优势。只不过因为许多同学从一开始就准备走报考公务员这条路,行动得比较早,所以能考进政府机关的比例略高一些而已。

3. 行政管理专业本身的培养定位是如何管理好社会事务,如何领导好行政机关,方向是领导方向,可是一般公务员考试招聘的都是主任科员以下的非领导职务,对报考人员的实际操作能力要求很高,所以行政管理专业的学生在公务员考试复试中很难显示出特别的优势。

4. 这个专业稍微具有的优势就是行政管理专业的老师往往都身兼政府人员的培训工作,与政府部门和大型国有企业有比较密切的联系,因此开设行政管理专业的学校,尤其是省属综合性大学和重点大学都有机会安排学生在政府机关实习。许多同学可以把握机会,努力熟悉政府工作流程和办事方式、行政文化,为以后考公务员做准备。还有的同学在大型国有企业的某个部门实习,积累了对某一行业的认识及工作经验,可以为以后从事这一行业的工作奠定基础。

5. 行政管理学得广泛,几乎文科、经济、法律、财会都有涉及,就业选择面广,但是由于学得都不深入,因此发展的空间需要自己付出较大努力去开拓。

6. 最后再说一下,很多人分不清行政管理专业和公共事业管理专业。它和公共事业管理专业确实很相似,二者都属于公共管理类下的专业,课程设置也挺相似。但也有很大区别:如果把整个管理学比喻成一棵大树,公共管理类的专业就是树上的一条枝,而行政管理专业和公共事业管理专业则是公共管理这条枝上的两个小分枝。行政管理专业侧重为政府输送专门的管理人才。公共事业管理专业则注重为企事业单位培养专业人才,主要是对文教、体育、卫生、环保、社会保险、各种社会管理等公共事业的管理。

我要谈的就这些,祝报考顺利。

# 120403 劳动与社会保障

本人是吉林大学劳动与社会保障专业毕业的,考的选调生,现被分配到市人力资源和社会保障局工作,应"金榜事事懂"的邀请,介绍一下劳动与社会保障专业。

### ➢ 专业介绍

看到劳动与社会保障这个专业时,你脑海里是不是闪现出媒体中常出现的"人力资源和社会保障部",还有电视里经常提到的"社会保险""最低生活保障""医保""养老保险"等词语?确实如你所想,劳动与社会保障就是国家和社会建立的一种保障制度,目的是保障国民的基本生活需要,保障劳动就业,提高生活水平。我们专业学的东西将来就是为了更好地服务于这种保障制度。

1. 比如我们在大学会学习对社会就业进行管理、调控的方法,毕业后就能对求职人员特别是底层劳动力开展就业培训、就业指导等工作。

2. 我们还会学社会保障理论及运作模式,将来工作了就能够依据法律法规对养老、失业、医疗、工伤、生育等保险体系进行管理。

## ➢ 学习内容

劳动与社会保障专业隶属于公共管理学院,是一个跨学科的专业,内容涉及经济学、管理学、法学和社会学等多个学科的知识。

该专业主要学习以下四大类的课程:

一是基础课程,包括英语、人文、哲学、数学等;

二是专业基础课程,包括西方经济学、统计学等;

三是专业课程,包括工资薪酬管理、社会保险、人事心理学、劳动关系、工作岗位分析、劳动市场概论等;

四是实习实训,除了理论学习,我们还要跟随老师进行实践,开展调查研究、个例分析等。一般上课的话会建立"社会保障信息管理系统",让学生模拟操作,开展养老保险、医疗保险、工伤保险等方面的实训操作。

需要注意的是:

第一,我们学的很多东西是社会保障的宏观政策,一些社会保障的相关法律条文,会比较枯燥,但在劳动关系处理和人力方面能用得上。

第二,因为涉及统计调查等,相对其他管理类专业对数学要求稍微高些。

第三,你可能还知道人力资源管理专业,劳动与社会保障专业学习的课程有很多是和人力资源管理紧密相关的,只不过是更加细分,更加侧重劳动关系管理方向。

## ➢ 就业情况

从就业的角度来说,劳动与社会保障专业的就业方向主要包括各级政府行政部门、大中型企事业单位和社会团体、社会服务部门、劳动仲裁机构、司法部门、人力资源管理部门等。

第一,政府行政部门或事业单位,如民政部或人力资源和社会保障部等。这些部门是我们专业毕业生最直接对口的部门。可是这些部门招收人员比较少,而且都要通过国家公务员考试或者是地方公务员考试。

第二,另一个专业对口的就是大型国有企业的人力资源部门。人力资源部门中社会保险的部分会招聘社会保障专业的毕业生。

第三,本科生可以参加一些没有特别专业要求的企业招聘,企业会有很多机会与社会保障局等政府部门打交道,所以可以进入企事业单位的人事部门或人力资源部门从事具体业务工作。

第四,保险公司。有些毕业生在保险公司做内勤人员。由于社会保险和商业保险在某些方面是相通的,而且大部分学校也开设保险学的课程,所以这也是一个比较好的就业方向。

总体上,虽然考公务员和选调生对我们这个专业的学生而言是很不错的选择,尤其是社保局这样的单位,但是相对来说不大好进,绝大多数同学毕业后都去企业工作了,一般是做人力资源的工作或者做企业的社会保险或员工福利、企业年金等。

## ➢ 发展前景

虽然劳动与社会保障是社会的热门话题,但这个专业目前不算热门,就业情况只能说一般。

我当时选择劳动与社会保障这个专业的很大部分原因就是看重就业前景了,现在国家经济发展比较快,但社会保障事业起步的时间比较晚,体系不完善,国家将来肯定会越来越重视劳动与社会保障方面的建设,也就是肯定需要不少这方面的人才,所以过些年前景应该还是不错的。

# 120404 土地资源管理

本人是天津大学土地资源与管理专业的毕业生,应"金榜事事懂"的邀请,介绍一下土地资源管理专业。

### ➢ 专业介绍

土地资源管理专业,俗称土管专业,是一门综合经济学、管理学等诸多学科来解决土地规划与利用的一个专业。顾名思义,土地资源管理是对土地资源进行有效的管理及合理的配置。

下面我举几个例子说明什么是土地资源管理。

现在国家加快城镇化建设,在电视里经常能听到哪里的地块被拍卖了,也经常能听到某某村子的土地被征收了修成楼房或者盖成工厂了。但是不是所有的土地都能被改作他用呢?显然不是!

那么,哪些土地可以被开发拍卖?哪些土地可以被改为建设用地?哪些是林业用地或木业用地而不能随便开垦?哪些土地必须保留作为耕地?哪些土地是宅基地只能建住宅?哪些土地属于工业用地可以建厂房?这些都是有统一的规划管理的。如何规划和利用土地来使其达到效用的最大化,这就是土地资源管理要做的事情。

### ➢ 学习内容

土地资源管理是一个综合性的专业,需要掌握土地调查、土地评估、土地管理、土地利用规划、地籍管理、土地信息系统应用及土地开发经营等各方面的知识。

因此在学校需要学习各方面的知识。首先,土地管理学、土地资源学、土地利用规划学这些课程必须得学,这是基础。其次,要进行土地调查你就得学测量学,要进行土地评估还得学土地经济学,要规划地块具体是用于农林还是畜牧就得学习与环境有关的学科,而了解土地信息系统就需要学习计算机方面的课程,总体来说课程是多而杂,学完后需要具有"测、绘、规、估、表、籍"和计算机应用等实践能力。

### ➢ 研究方向

土地资源管理专业主要有土地制度、土地利用规划、不动产产权产籍管理与土地信息系统、不动产估价与市场、土地经济五个研究方向。

1. 土地制度:主要研究土地的产权制度、土地利用制度、土地税收制度以及土地征用、土地市场、土地价格等方面的政策与法律法规。

2. 土地利用规划:主要研究土地资源可持续利用发展、土地利用战略与模式,土地资源的调查、评价技术以及土地利用总体规划、城镇规划和土地开发整理、土地资源保护等专项规划的编制理论、方法与技术,土地利用工程项目策划、规划、设计和管理。

3. 不动产产权产籍管理与土地信息系统:主要研究不动产产权产籍管理的基本理论与方法,以及 3S 在不动产管理中的应用。

4. 不动产估价与市场:主要研究房地产评估的理论与方法,还有土地收购储备、出让转让,招标拍卖运行机制和操作方法,也包括地产市场的运行规律。

5. 土地经济:主要从经济学的角度研究土地问题,研究土地利用中的经济关系及其运动规律。

### ➢ 就业情况

因为研究方向比较多,因此就业方向也就比较多元化了,但还是脱离不了土地两个字,基本上有两个大方向：

一个大方向就是考公务员,去到土地管理部门、城乡规划与建设管理部门及农林部门。单位具体有：自然资源和规划局、住房和城乡建设局等。

另一个大方向就是企业,主要有房地产开发估价部门、不动产咨询评估机构。去了这些单位可以利用不动产估价的知识对企业使用的土地价值和特点进行评估测算,便于企业以此为依据发展合适的产业或者以此为担保进行社会融资等。

### ➢ 注意事项

本科阶段因为不同大学侧重的方向不同,将来毕业时有的大学授予的是工学学位,有的大学授予的是管理学学位,报专业之前你一定要打学校招生办的电话了解清楚。

## 120405 城市管理

本人是青岛科技大学城市管理专业的毕业生,毕业后考了公务员,现在在街道办事处工作,现应"金榜事事懂"的邀请,简单介绍一下城市管理专业的基本情况,供大家报志愿时参考。

### ➢ 专业介绍

随着城市化的加快,城市是迅猛发展的,大到整个城市的规划,小到一个社区、一个街道的管理,都需要专业性人才的介入,于是乎就有了城市管理这个专业。

城市管理专业,乍一听,大家可能不由自主地都是往城管方面想,然后就有很多人会提这样的问题,问我们毕业之后是不是去当城管。我想说,我们专业毕业之后确实是可以考城管编制的。城市管理专业的毕业生若去做城管也算是对口,但那仅仅是一个很小很小的就业面。实际上,这个专业毕业后就业的方向相当宽泛。因为城市管理专业属于公共管理类专业,所以理想的就业方向更多的是从事公共事务管理、公共政策分析、公共资源管理、城市危机管理、市政项目评估、城市经营实践,甚至从事城市规划等工作,为城市的发展提供智力支持。

### ➢ 学习内容

其实要想知道在大学里具体学什么,只需要看一下课程表就能大致了解了。我们大学四年比较重要的专业课程有：城市规划原理、城市道路与交通管理、土地管理、城市基础设施管理、城市环境、城市绿化,甚至还有房地产基本知识、公共政策、城市经济学、城市社区管理、城市数字化管理等。其实凡是与城市公共生活相关的东西都会涉及,可以说是五花八门、包罗万象。

另外因为专业相对不是很成熟,每年课程的设置可能都有变化,我听说我们的下一届就开始偏重制图了,这也是根据社会需求在微调吧,但总体不会变化太多。

### ➢ 各个大学的课程

另外同样是城市管理专业,每个院校设置可能略有不同。为了便于大家理解,我找朋友要了另外几个大学的学习内容,在这里简单介绍一下。

北京大学城市管理专业的核心课程包括：微观经济学、宏观经济学、城市与区域经济学、城市规划原理、城市管理学、管理经济学、地理信息系统、公共政策与管理等。

中国人民大学城市管理专业就设在公共管理学院城市规划与管理系,主要研究内容包括以下四个方面：(1)城市化的基本理论,中国城市化的轨迹、重大问题及政策框架；(2)城市管理的体制安排、主要理论和治理工具,城市管理的主要领域(交通、公共住宅、环境等),公共政策分析；(3)城镇体系规划、城市发展战略、城市规划管理、社区发展规划、城市设计;(4)数字化技术在城市管理中的运用、现代城市管理模式。

苏州大学城市管理专业的核心课程有:城市科学概论、现代管理学、行政管理学、城市管理概论、建筑学概论、城市经济学、城市地理学、城市生态学、城市规划原理、城市社会学、现代城市景观、城市管理法规。

云南大学城市管理专业的核心课程有:现代管理学、城市经济学、城市社会学、城市管理学、社会经济统计学、城市规划管理与法规、管理信息系统、数据库原理及应用、市场预测与管理决策等。

沈阳建筑大学的城市管理专业和别的大学区别稍微大一点,核心课程有:城市史、土木建筑工程概论、城市规划原理、房屋建筑学、城市公用事业管理、城市建设与管理法规、现代城市景观、城市土地价格评估、运筹学、城市经济与管理、城市土地利用与规划、城市管理信息系统、城市安全与应急管理、社会经济统计学、房地产经营管理、经济地理学、工程项目管理、工程估价、城市社会学等,涉及较全。

中央财经大学的城市管理专业设在政府管理学院,开设的专业主干课程有:区域经济学、城市经济学、城市与区域规划、城市管理学、城市与区域发展政策与管理、城市与区域分析方法等;专业拓展课程有:城市社区管理、城市财政学、城市住宅管理、GIS 应用、行政法、公共项目管理、电子政务、政府危机管理、资源与环境管理、社会保障管理、政府采购、土地资产评估、产业发展政策等。

### ➢ 就业方向

城市管理专业的就业方向有公务员和事业单位方向(社区、居委会、街道等)、城市管理部门、规划部门、企业等。

公务员和事业单位方向:城市管理专业属于公共管理类专业,而公共管理类专业因为工作方向主要倾向于政府部门,一般需要进行公务员或事业单位考试,所以一般我们专业的毕业生最开始都会考虑参加公务员考试或事业单位招考,像报考社区、街道、城市公用事业单位等。当然像海关、园林绿化管理部门之类的单位也会招公共管理类方向的毕业生,所以也可以报考。

城市管理部门:进入城市管理部门工作,可谓是很对口的一个就业方向。其实在现在的就业环境下,拥有事业编制的城管岗位也是热门,但是也得参加公务员考试。

城市规划部门:进入城市规划部门,对于毕业生来说,也是一个不错的选择,当然,前提是必须有高学历和高水平。说实话我们专业不是不可以朝城市规划方向发展,但是由于规划部门偏理科,技术性较强,像很多国考、省考如果指明招城市规划专业我们就报不了,因为我们专业和城市规划专业差别很大,我们所学的城市规划方面的课程只不过是很多课程中的一门,并不专业。

企业方向:城市管理专业也是管理学大类之一,我们在大学都会系统学习管理学的课程,所以进入企业进行管理工作也是个不错的选择。

### ➢ 就业情况

虽然就业方向很多,但对于城市管理专业毕业生的就业,各人都有各人的看法,褒贬不一。从总体情况来说,考公务员是比较好的出路,但一般国考、省考很少有指明要城市管理专业的,一般是要公共管理类的或者是综合管理类的,所以一般我们只能报公共管理类的或不限专业的。对考上公务员的人来说,这个专业肯定不错,很对口。但是如果没考上的话,找工作就会稍有些问题,因为没有公司会指明要城市管理专业的。如果你以管理学大类的名义去找工作的话,因为我们专业的社会认知度其实不是很高,所以免不了会碰壁。

我自己是因为考上了街道公务员所以感觉我们专业还可以,但是从同班同学的情况来看,说实话整体上对口工作还是比较难找的。我们班三十多个人,考上公务员的只有三四人,考研的两人,其余的做各种工作的都有,但好像都不是很对口。

> 注意事项

1. 城市管理专业的毕业生在毕业时获得管理学学士学位,从课程设置中就可以看出专业偏管理类。

2. 城市管理专业虽说毕业之后大都是从基层做起,并且现在的社会认知度也不是很高,在找工作上也还不是很受认可,但随着城市发展建设越来越完善,城市管理肯定会越来越受重视,所以城市管理专业也还是有自己的一些闪光点的。其实任何一个专业都有其优点和缺点,每个人只需要根据自己的喜好和性格来选择合适的专业就可以了。

# 1205 图书情报与档案管理类

## 本专业类概况

### 一、各选科组合能报本专业类的比例

该数据反映的是在该专业类的所有高校招生计划中，各科目组合有多少学校能填报。详解见图书使用说明。

| 物理 化学 生物 | 物理 化学 历史 | 物理 化学 地理 | 物理 化学 思想政治 | 物理 生物 历史 |
| --- | --- | --- | --- | --- |
| 95.8% | 100.0% | 95.8% | 95.8% | 100.0% |
| 物理 生物 地理 | 物理 生物 思想政治 | 物理 历史 地理 | 物理 历史 思想政治 | 物理 地理 思想政治 |
| 95.8% | 95.8% | 100.0% | 100.0% | 95.8% |
| 化学 生物 历史 | 化学 生物 地理 | 化学 生物 思想政治 | 化学 历史 地理 | 化学 历史 思想政治 |
| 95.8% | 91.7% | 91.7% | 95.8% | 95.8% |
| 化学 地理 思想政治 | 生物 历史 地理 | 生物 历史 思想政治 | 生物 地理 思想政治 | 历史 地理 思想政治 |
| 91.7% | 95.8% | 95.8% | 91.7% | 95.8% |

### 二、该专业类的主要专业男女比例及每年大致毕业人数

| 专业类 | 专业代码 | 专业名称 | 各专业年度毕业人数 | 男女比例 |
| --- | --- | --- | --- | --- |
| 图书情报与档案管理类 | 120501 | 图书馆学 | 600～700人 | 男21% 女79% |
| 图书情报与档案管理类 | 120502 | 档案学 | 1500～2000人 | 男24% 女76% |
| 图书情报与档案管理类 | 120503 | 信息资源管理 | 450～500人 | 男43% 女57% |

### 三、本专业类主要考研方向

| 学科门类 | 一级学科 | 研究方向 | 学位授予 |
| --- | --- | --- | --- |
| 管理学 | 1205 信息资源管理 | 学术硕士 | 可授硕士、博士专业学位 |
| 管理学 | 1255 图书情报 | 专业硕士 | 仅可授硕士专业学位 |
| 参考往年可报考二级学科 | | | |
| 图书情报与档案管理 | 图书馆学 | 情报学 | 档案学 | 图书情报 |

## 本专业类重点专业解读

### 120501 图书馆学

本人是安徽大学图书馆学专业毕业的,应"金榜事事懂"的邀请,简单介绍一下图书馆学专业。

➢ **专业介绍**

图书馆学专业是属于管理类大类里的专业,其实从字面意思很容易就理解,学了这个专业以后主要的就业机会是去图书馆工作,一般也就是从事一些图书分类或整理图书的工作。

图书馆学专业怎么说呢,我觉得学的课程不少,但都是些理论性的知识,需要掌握的基本就是文献信息搜集、组织、检索、分析研究、开发利用等技能。当然,这也是与毕业后的工作性质有关,不管你今后是在市级图书馆工作还是在高校图书馆工作,无非就是从事图书分类、检索之类的工作。

➢ **就业情况**

既然是图书馆学专业,毕业后最主要的去向就是去图书馆工作,毕竟这个专业的专业性比较强,去别的地方不合适。

1. 各种图书馆中首选是高校图书馆!因为相比较而言:
(1)高校图书馆享有两个假期,假期中可以做一些自己想做的事;
(2)高校图书馆所接触的读者素质比一般图书馆高;
(3)高校图书馆一般资金来源稳定。

2. 第二选择就是各个省市的图书馆,考虑到职业发展前景,去一些中小型的图书馆发展会快些。大型图书馆的人员、设备完善,普通的本科生没有相当的能力很难脱颖而出!小型馆的专业人才匮乏,图书馆学本科毕业生在那里能得到重视,锻炼的机会多,以后升迁的可能性大。

3. 另外还有各级文献、资料研究部门,图书情报机构,政府部门,数据产品开发机构,出版发行机构以及相关有需求单位的内部图书资料库等工作岗位。毕业生也可凭借所学知识从事研究、教学等工作。

4. 因为学了图书馆学能培养较好的资料分析整理能力,也可以选择行政助理、编辑等工作。

总体来说,近几年图书馆学专业的就业情况只能说很一般。很多人简单地认为,学了图书馆学,最差毕业也能去图书馆工作。这个想法比较幼稚。本科毕业生想直接进市级的图书馆是很难的,有些就算进去了,也都是做一些基础和辅助性的工作,而且没有编制。现在想进这类图书馆工作,必须参加事业单位考试,只有考上了才能进社会上的图书馆。不过,如果真能进市级图书馆也是比较好的了,工资虽然不会太高,但是福利待遇还是不错的,最关键的是工作环境好,比较安逸。当然,各个高校的图书馆也很难进,正规地应聘至少也需要研究生学历。在高校图书馆工作的待遇还是不错的,好歹也算是大学老师的待遇。当然了,跟真正授课的老师还是没法比的,但也算是收入很稳定的工作了。

➢ **学习内容**

图书馆学专业主要学的就是管理学、文献学与传播学、计算机科学与技术等几大方面的课程。主要有:图书馆学基础、文献目录学、信息资源建设、信息组织、信息检索、信息服务、信息分析、图书馆管理、数字图书馆等。另外因为涉及外语书籍或者文献查找,所以外语也比较重要。

具体到各个大学的话,课程安排要看各个学校的教学计划,不过大体相同,专业课大概也就二三十门。

### ➢ 注意事项

如果你喜欢安逸的工作,可以选择图书馆学专业;如果不想把终身都奉献给图书馆事业就不要选了,尤其是男生。

对于女生来说图书馆学专业还可以,现在大部分图书方面的管理都是通过电脑操作的,工作比较清闲。但是现在所有专业都有一种趋势,就是女生不好找工作,所以选择这个专业后再读研,然后到图书馆里工作,对女生来说还是不错的选择。

## 120502 档案学

本人是中国人民大学档案学专业硕士毕业的,应"金榜事事懂"的邀请,简单介绍一下档案学专业。

### ➢ 专业介绍

从字面意思也很容易理解这个专业是做什么的,档案局、档案馆等这些地方都知道吧,还有法院、检察院等地方的档案室等,我们这个专业毕业之后基本上就是在这些单位做档案整理工作,具体就是对档案进行收集、整理、保管、归类、编码等工作。

在档案学中有句话能形象地描述档案学:档案学家关注的是如何为了未来而把现在完整地保存为过去。

### ➢ 学习内容

在大学里主要学档案管理学、科技档案管理学(或企业档案管理、专门档案管理)、档案保护技术学、档案信息资源开发利用(含档案文献编纂学)、文书学、电子文件管理等。档案学要求学计算机,有的研究生方向就是档案自动化、电子政务等,需要对计算机网络知识有一定的掌握,但是对技术性要求不高。

实习主要就是去一些档案部门操练实践技能。从档案的整理、缩微复制,到档案的保护、检索,还有电子文件管理等都会涉及。

### ➢ 选择学校

要是报档案学专业,选择学校的时候尽量选择经济发达地方的"211工程""双一流"大学。就地方而言,最佳选择是北京、上海、武汉,其次是天津、苏州、广州、浙江等。就学校而言,中国人民大学、南开大学、武汉大学、上海大学、中山大学、苏州大学比较好。这样考虑的主要出发点是毕业后的就业:

1. 经济发达的地方,企业发展水平高,公司管理规范,信息多,对档案管理的需求大。

2. 选择"211工程""双一流"大学,是因为现在有部分企业在招聘时会要求重点大学毕业。

### ➢ 就业情况

现在社会的档案意识正逐步增强,毕竟档案就是历史。无论是企业还是行政机关都非常重视这一环节,现在很多企事业单位有自己的档案室,尤其是国有事业单位。但相对来说开设档案学专业的大学还比较少,所以近两年就业情况还不错,特别是中国人民大学、武汉大学、中山大学这样的学校,档案学毕业生就业形式尤其大好。

我本人本科和研究生都学的是档案学,就从我们班同学的就业情况及往届同专业的毕业生的就业来看也是不错的。一般找的工作都比较稳定,压力小,不过待遇很一般,发展潜力也很一般。对于女生来说,也还算得上是比较好的选择,但对于男生及那些希望有更大发展空间、更多收入、喜欢挑战的人来说,可能档案学对口的工作就不太适合了。

### ➢ 就业方向

第一,去得最多的是事业单位,如各地档案馆以及高校的档案馆。到事业单位就业比较清闲,高校档案馆也不错,清闲还有假期。研究生毕业后一般是从事笔头工作多些,技术含量不是很高,相对比较枯燥。

第二,也可以去考公务员,有很多招收档案管理职位的政府部门,我当年考的就是深圳海关。在两院(检察院系统和法院系统)以及公安、税务的公务员招录中一般会招档案学专业的人。

第三,如果能进入航天集团、中广核等大型国营企业以及重要的科研机构,待遇也是不错的,福利也很好。

第四,现在大型的企业特别是国营企业都比较重视档案了,也会有一些相关的职位。

### ➢ 注意事项

1. 从我周围的人来看,档案学专业是一个有点冷门的专业,主动填报的考生人数寥寥可数,与其他专业动辄几百人的招生规模相比显然是不能同日而语的。但我觉得冷门并非完全不好。报考的人比较少,以后就业竞争的压力也比较小。

2. 说实话,这个专业的就业在文科里算不错的了,相对来说比历史等专业好不少。

3. 只有在一些经济比较发达、文化程度比较高的地方和单位,档案工作才会得到重视,才会需要档案学专业的人员,因此,选这个专业尽量选经济发达的城市和知名度较高的学校,否则就业会比较困难。

4. 档案专业发展空间比较小,档案工作也基本上是以琐碎的事务性工作为主,考生在填报志愿时要考虑清楚。

## 120503 信息资源管理

本人是四川大学信息资源管理专业毕业的,应"金榜事事懂"的邀请,简单介绍一下信息资源管理专业。

### ➢ 专业介绍

信息资源管理(IRM)是为确保信息资源的有效利用,以现代信息技术为手段,对信息资源实施管理活动,主要研究社会信息化环境下各种信息的采集、处理、组织、检索、保管等。

简单地说,就是管理一切可以管理的信息资源。世界上一切记录下来的信息资源都可以管理,如图书、资料、文件、档案以及各种数据。信息资源管理专业对这些信息资源的研究范围涵盖其全程,即从其生成、流转、留存到开发利用等。

### ➢ 举例说明

信息资源管理专业比较抽象,为了让大家更好地明白这个专业具体做什么,首先我讲一下这个专业毕业后在公司里大概能做什么。

一般一个比较大的企业需要不同层次的信息资源管理人员,做到最高级别即CIO(首席信息官)。CIO有一个明确的定义:"CIO是负责制定公司的信息政策、标准、程序的方法,并对全公司的信息资源进行管理和控制的高级行政管理人员。"

企业或单位的信息资源管理的任务是有效地搜集、获取和处理企业内外信息,最大限度地提高企业或单位的信息资源的质量、可用性和价值,并使企业或单位的各部门能够共享这些信息资源(注意:这个信息是广义的,既可以指运营数据,也可以指各种运营文件信息)。

那么,企业为什么要有人来管理信息资源呢?抽象地看,一个企业的运营过程其实都是一个信息不断产生、传递、分析到最后删除的过程。对信息进行很好的管理,事实上也就是对企业的运营有一个很好的管理。

就企业而言,通过及时产生各种运营数据,及时传递到合适的人,对各种海量数据进行及时、准确的分析,并确保数据的安全和完整,那么这家企业就能建立起比较明显的竞争优势。

> 学习内容

在信息时代,信息资源管理融合了诸如管理信息系统、记录管理、自动数据处理、电子通信网络等不同的信息技术和学科。所以我们既要学习管理学,又要学习计算机基础、信息资源管理基础、信息检索等课程,学习的面比较广。

> 就业情况

因为是最近一二十年才新出现的专业,所以很多人还对它不是太熟悉,但信息资源管理已经变成一类正在兴起、发展的职业,包括信息资源的生产、传播、加工、服务、管理等工作岗位,是对信息化进程具有重要影响的一种职业。信息资源管理毕业生就业的单位主要包括以下几类:

1. 专业信息机构(图书馆、档案馆、信息中心等);
2. 遍布于社会各个方面的政府机关、企事业单位(党政军群、各行各业);
3. 社会化专业机构,如专营信息组织、开发、保管的公司等。

目前,全国对信息资源管理人才的需求旺盛,供不应求。凡是具有一定规模的单位都需要专业化的信息资源管理人员,几乎每个地区、每个行业都需要。

> 注意事项

1. 信息资源管理专业看似择业范围很广,但在实际就业的过程中,该专业的一些毕业生却往往很难找到明确的职业定位与方向。其实信息资源管理同其他管理专业一样,需要结合自身的兴趣、能力、性格特点、知识结构等重新进行行业定位,而不能简单地认为学了这个专业毕业后只能做固定的几类行业。具体的职业规划还是要看自己大学毕业时的综合能力更倾向于从事哪方面的工作,从而做出正确的选择。

2. 另外需要注意的一点是,大家可能对首席执行官(CEO)、首席财务官(CFO)了解不少,但对CIO却可能基本没听过,这从一方面也说明这个专业还没有被所有的企业所重视,但随着企业信息化的逐步推进,很多企业开始设置CIO或者类似的职务,将来会给信息资源管理专业的学生增加一些就业机会。

# 1206 物流管理与工程类

## 本专业类概况

### 一、各选科组合能报本专业类的比例

该数据反映的是在该专业类的所有高校招生计划中,各科目组合有多少学校能填报。详解见图书使用说明。

| 物理 化学 生物 | 物理 化学 历史 | 物理 化学 地理 | 物理 化学 思想政治 | 物理 生物 历史 |
|---|---|---|---|---|
| 99.7% | 99.7% | 100.0% | 99.7% | 95.2% |
| 物理 生物 地理 | 物理 生物 思想政治 | 物理 历史 地理 | 物理 历史 思想政治 | 物理 地理 思想政治 |
| 95.5% | 95.2% | 95.5% | 95.2% | 95.5% |
| 化学 生物 历史 | 化学 生物 地理 | 化学 生物 思想政治 | 化学 历史 地理 | 化学 历史 思想政治 |
| 73.7% | 74.0% | 73.7% | 74.0% | 73.7% |
| 化学 地理 思想政治 | 生物 历史 地理 | 生物 历史 思想政治 | 生物 地理 思想政治 | 历史 地理 思想政治 |
| 74.0% | 74.0% | 73.7% | 74.0% | 74.0% |

### 二、该专业类的主要专业男女比例及每年大致毕业人数

| 专业类 | 专业代码 | 专业名称 | 各专业年度毕业人数 | 男女比例 |
|---|---|---|---|---|
| 物流管理与工程类 | 120601 | 物流管理 | 38 000~40 000人 | 男38% 女62% |
| 物流管理与工程类 | 120602 | 物流工程 | 7000~8000人 | 男47% 女53% |

### 三、本专业类主要考研方向

| 学科门类 | 一级学科 | 研究方向 | 学位授予 |
|---|---|---|---|
| 管理学 | 1201 管理科学与工程 | 学术硕士 | 可授硕士、博士专业学位 |
| 管理学 | 1251 工商管理 | 专业硕士 | 仅可授硕士专业学位(要求毕业年限) |
| 管理学 | 1252 公共管理 | 专业硕士 | 仅可授硕士专业学位(要求毕业年限) |
| 管理学 | 1253 会计 | 专业硕士 | 可授硕士、博士专业学位 |
| 管理学 | 1254 旅游管理 | 专业硕士 | 仅可授硕士专业学位(要求毕业年限) |
| 管理学 | 1255 图书情报 | 专业硕士 | 仅可授硕士专业学位 |
| 管理学 | 1256 工程管理 | 专业硕士 | 仅可授硕士专业学位（部分二级学科要求毕业年限） |
| 管理学 | 1257 审计 | 专业硕士 | 可授硕士、博士专业学位 |
| 参考往年可报考二级学科 | | | |
| 管理科学与工程 | 工商管理 | 公共管理 | 会计 | 旅游管理 |
| 图书情报 | 审计 | 工程管理 | 项目管理 | 工业工程与管理 |
| 物流工程与管理 | — | — | — | — |

# 本专业类重点专业解读

## 120601 物流管理 & 120602 物流工程

本人是物流工程专业毕业的学生,在物流行业工作了三年,应"金榜事事懂"的邀请,介绍一下物流管理和物流工程这两个专业。

### ➢ 专业介绍

很多同学在报志愿的时候分不清物流管理专业和物流工程专业,看着专业名字里带着"物流"两字就按自己的理解很随意地报了,其实这两个专业的区别还是不小的。

物流管理专业——应用管理学的基本原理和方法,对物流活动进行计划、组织、指挥、协调、控制和监督,使物流系统的运行达到最佳状态,实现降低物流成本、提高物流效率和经济效益的目标。简单地说,物流管理就是要想尽办法把企业物流成本最小化,利益最大化。

物流工程专业——从工程和技术的角度,对物流系统的硬件进行设计、制造、安装、调试等,同时也需要规划软件的能力。

这是我们一本教材对这两个专业的界定,我觉得界定得相当准确。接下来我从几个方面对比一下:

第一,首先是切入点不同。物流管理以工商管理为切入点,物流工程以工程为切入点。物流管理主要是对物流整个环节的管理,特别是供应链的管理。而物流工程则主要是对设施或者厂房的规划、设备的布局等。

第二,学位差异。物流工程专业绝大多数学校颁发的是工学学位,个别学校颁发管理学学位。而物流管理专业肯定拿的是管理学学位。

第三,教学差异。物流工程专业因为是工程类的,开设的课程难些,对数学要求较高,除了物流基础知识课程比较注重物流技术方面的知识,比如物流园区规划、系统优化、选址、计算机语言、仿真等。而物流管理相对物流工程来说对数学要求不高,偏重经济和管理方向知识的培养。总体上物流管理学得比较虚,而物流工程实的东西比较多。

第四,就业前景差异。物流工程专业偏向于工科,同等条件下对学生能力培养效果要好些。公司在情况大致相同的时候可能比较偏向于物流工程专业的同学。不过像女生一般更多会选择物流管理专业。

### ➢ 物流范围细分

听到物流,是不是你就想到诸如顺丰、申通等快递?这些确实属于物流,但物流远不止这些,物流的范围是很广的,像企业物流、第三方物流、整车物流或是零担物流,还有门店物流等,具体细分情况如下。

一、企业物流

企业物流是一个总称!包含着采购、运输、存储、搬运、生产计划、订单处理、包装、客户服务以及存货预测等若干项功能。比如,我接触过的典型代表就是海尔、华为。企业物流贯穿了企业整个运营过程,其存在是为了将生产—库存—销售等环节维持一个微妙的平衡,使企业在各个环节得到最大化的利益!

而当有的公司不足以承担这么多物流机能的情况下，就产生了如下的第三方物流。

二、第三方物流(第三方物流才是将物流专业化的一种模式!)

第三方物流是指由物流劳务的供方、需方之外的第三方去完成物流服务的物流运作方式。

第三方既不属于第一方(生产方——对应生产物流)，也不属于第二方(需求方——对应采购物流)，而是通过与第一方或第二方的合作来提供其专业化的物流服务。它不拥有商品，不参与商品的买卖，而是为客户提供物流代理服务。我接触最多的是招商局物流。

三、货运公司(现实中接触最多的物流是零担物流与整车物流)

货运公司分为很多类，大多数的货运公司都会和第三方物流公司合作。其主要构成为大中小型的配货站所组成的线路运输模式，这也体现出了我国物流中下层的运输现状是以配货站的出现以及延伸出来的线路运输模式。其优点是方便了大中小城市的货物配送。德邦就是货运公司模式发展起来成型的物流公司。

四、快递公司

这个大家就应该耳熟能详了！顺丰、申通、圆通等都是快递公司。快递是一种邮递和快速物流的活动。

五、除了以上还有很多物流

海运、空运、集装箱运输、冷藏运输、门店物流等。篇幅有限，就不在此一一介绍了。

## ➢ 就业情况

近两年物流发展很迅速，毕业生能选择的就业方向也比较多，主要包括以下五个方面。

一、物流公司的相关职位

主要指国内传统意义上的陆路运输、仓储企业，我们常说的3PL。这类企业包括做日化石油的宝供物流，做家电的安得物流，做仓储的中储，中外运久凌，山东省的零担大佬佳怡物流以及快递行业的大佬顺丰，介于快递与物流行业中间的德邦物流、华宇物流等。

这类公司的职位一般分为三大类：

1. 运作岗位，例如仓库管理员、理货员、叉车工、车辆调度、仓储主管、运输主管等。
2. 销售岗位，例如业务员、销售主管、销售经理等。
3. 管理、规划岗位。

二、比较大的生产制造企业的相关职位

很多大型制造公司都专门开设了物流部门，一般提供企业物流管理或采购管理相关的职位。

三、货运代理、海运相关的公司

如中远集团、中国外运等，这类公司本人很少打交道，不是很了解。一般的职位对语言要求较高，也是分操作和销售两部分，相对来说销售比操作要有前景。

四、物流设施设备相关的企业

像全球知名托盘和物流周转箱共用租赁公司CHEP(集保物流)，这类企业与物流类专业相关的职位一般是销售类，一般要求有从业经验，要求很高，不过这类公司的待遇也是一流的。

五、电子商务公司的相关职位

电子商务类的公司，在采购、运营、客服等各方面都需要物流类的人才，物流管理专业的同学在电商行业还是大有可为的。比如可以在京东商城等的物流系统内，从事商品资料、配送客户资料等工作，还有从事储位、库存工作或从事进货、理货、发货等工作。

> **发展前景**

物流对我们国家来说其实是个新概念,物流相关专业也是近一二十年来兴起的,总的来说物流专业就业前景理论上是很好的,毕竟现在也是国家扶持的产业,但现在物流的理论发展领先于实际发展。

> **注意事项**

1. 如果你是男生,如果真的想学物流就学物流工程吧,多学些工科和理科的知识对自己有帮助,多跟老师交流,有可能的话做些项目。

2. 文科生一般是学物流管理。物流管理是文理都招,物流工程只招理科生。

3. 刚毕业的大学生下基层是必需的,即使你很有能力也要从基层做起,刚开始接触的工作都是比较累的,恐怕女生是受不了。不过一般不是你想的那种带搬运的工作,有专门的搬运工做搬运。

4. 但也有适合女生的职务,女生在物流公司主要负责客服、统计、出纳、结算等。当然现在物流界好多女生做得也不错,我们公司的总经理就是女性。

5. 工作强度大,工作环境偏差是物流行业的共性,基本没有什么休息日,天天加班,别人休息的时候就是物流工作人员最忙的时候。

以上仅限个人意见,供报考时参考。祝报考顺利。

# 1207 工业工程类

## 本专业类概况

### 一、各选科组合能报本专业类的比例

该数据反映的是在该专业类的所有高校招生计划中,各科目组合有多少学校能填报。详解见图书使用说明。

| 物理 化学 生物 | 物理 化学 历史 | 物理 化学 地理 | 物理 化学 思想政治 | 物理 生物 历史 |
|---|---|---|---|---|
| 100.0% | 100.0% | 100.0% | 100.0% | 87.6% |
| 物理 生物 地理 | 物理 生物 思想政治 | 物理 历史 地理 | 物理 历史 思想政治 | 物理 地理 思想政治 |
| 87.6% | 87.6% | 87.6% | 87.6% | 87.6% |
| 化学 生物 历史 | 化学 生物 地理 | 化学 生物 思想政治 | 化学 历史 地理 | 化学 历史 思想政治 |
| 0.0% | 0.0% | 0.0% | 0.0% | 0.0% |
| 化学 地理 思想政治 | 生物 历史 地理 | 生物 历史 思想政治 | 生物 地理 思想政治 | 历史 地理 思想政治 |
| 0.0% | 0.0% | 0.0% | 0.0% | 0.0% |

### 二、该专业类的主要专业男女比例及每年大致毕业人数

| 专业类 | 专业代码 | 专业名称 | 各专业年度毕业人数 | 男女比例 |
|---|---|---|---|---|
| 工业工程类 | 120701 | 工业工程 | 9000~10 000人 | 男71% 女29% |

### 三、本专业类主要考研方向

| 学科门类 | 一级学科 | 研究方向 | 学位授予 |
|---|---|---|---|
| 管理学 | 1201 管理科学与工程 | 学术硕士 | 可授硕士、博士专业学位 |
| 管理学 | 1251 工商管理 | 专业硕士 | 仅可授硕士专业学位(要求毕业年限) |
| 管理学 | 1252 公共管理 | 专业硕士 | 仅可授硕士专业学位(要求毕业年限) |
| 管理学 | 1253 会计 | 专业硕士 | 可授硕士、博士专业学位 |
| 管理学 | 1254 旅游管理 | 专业硕士 | 仅可授硕士专业学位(要求毕业年限) |
| 管理学 | 1255 图书情报 | 专业硕士 | 仅可授硕士专业学位 |
| 管理学 | 1256 工程管理 | 专业硕士 | 仅可授硕士专业学位(部分二级学科要求毕业年限) |
| 管理学 | 1257 审计 | 专业硕士 | 可授硕士、博士专业学位 |
| 参考往年可报考二级学科 | | | |
| 管理科学与工程 | 工商管理 | 公共管理 | 会计 | 旅游管理 |
| 图书情报 | 审计 | 工程管理 | 项目管理 | 工业工程与管理 |
| 物流工程与管理 | — | — | — | — |

# 本专业类重点专业解读

## 120701 工业工程

本人是同济大学工业工程专业毕业的,应"金榜事事懂"的邀请,简单介绍一下工业工程专业。

### ➢ 专业介绍

如果你是一个工厂的管理者,你会不会想尽办法提高工厂的生产效率,降低生产成本呢?

工业工程专业学习的核心内容就是提高生产率、降低生产成本。

工业工程(IE),主要就是运用运筹学、人因工程、工程经济等解决生产、物流和管理决策中的问题。为了企业利润最大化,整个公司的布局、成本、人力等都需要工业工程来计算。

提高效率、降低成本涉及的地方有很多,我以丰田汽车要开一个分厂举例说明一下:

首先是工厂的选址,是建在日本合适还是建在中国合适呢?这就要分析两个地方的材料成本和人工成本等。

建好工厂后,就是生产过程了。汽车是一个复杂的产品,其零部件品种繁多,装配流程也很多。那么在生产过程中应该如何规划生产线才能让整个汽车的生产装配过程最顺利最高效地进行呢?

而生产汽车用的那么多的零部件是从不同地方的厂家运过来的,汽车生产好以后还得运送到各个城市的汽车销售点,在所有的物流过程中,如何安排才能最便捷最节省物流成本呢?

所有以上这些都是工业工程专业要研究的问题。

### ➢ 学习内容

看了上述专业介绍你应该也能看得出来,工业工程专业需要学的内容不少,除了基础类的课程,主要学习的专业类课程包括以下四个方面:

第一,因为涉及企业利润等,经济学类、统计类的课程是必需的。

第二,因为关联的东西太多,从生产前、生产中、生产后的各个部门都要牵涉,那管理学类的课程也是必需的。

第三,因为涉及工业生产,那基础工业工程、生产管理、机械类的课程也要有所涉猎。

第四,因为牵涉生产前后的运输成本问题,那物流工程类的课程也要学习。

### ➢ 专业方向

总的来说,这个专业是集管理和技术为一体的,不过各个学校的侧重稍有不同,有的偏技术,有的偏管理。

偏技术的一般会设在机械工程类学院下边,偏管理的一般会设在经管类学院下边。

偏技术的学校给的是工学学位,偏管理的学校给的是管理学学位。

### ➢ 就业情况

因为工业工程专业所涉及的知识很广,所以能够从事的行业也比较多。譬如可以做工业工程师、物流师、人力资源、战略管理等。

第一,首先就业还是以制造业为主,比如电子企业、钢铁企业等,主要从事生产线的改良,很多制造部的经理和厂长是工业工程专业的毕业生。

第二，除此之外还有一些物流、物料、生产管理部门的大多数职位都适合工业工程人员。

第三，大部分外资企业都有工业工程部门，主要是负责工厂产能规划和效率提升。外企对这个专业的人才需求量比较大，基本上在外企都会有比较好的发展空间和好的个人待遇，工作3年就能够年薪10万元了。

第四，在有了丰富的经验，掌握了系统的管理理念和方法以后，可以从事管理咨询和顾问的工作。

第五，因为也学机械的课程，所以毕业了即使不从事工业工程方面的工作，也可以在机械行业有立足之地，我有个同学就回了老家，在沈阳第一机床厂工作。

### ➢ 工作内容及发展前景

工业工程专业因为工作性质原因，涉及的部门比较多，而对企业利润最关注的是总裁或者经理之类的人员，所以工业工程专业的毕业生毕业后交往的会是一些高层管理人员，这一点对个人的发展还是不错的，工业工程专业毕业的人以后都有可能变成管理者。

不过对刚刚毕业的学生来说，一般会做一些基础的事情，像做一些WI（工作指导书）；或者可能会去教产线的人怎样按流程组装一台产品；还要通过试产来测试工时，计算配备，为量产进购设备等。如果时间做得久一点，有经验了，就会做一些工厂的布置图、物流图、产线的合理安排等。从事工业工程专业的工作一定要有耐心、细心和责任心。

### ➢ 自我感觉

就我自己和周围朋友的总体感觉，这几年工业工程的就业情况还是比较好的，不过现在大多数需求都来自一些外资企业和我国台湾的企业或者南方的企业。现在北方对工业工程专业的认同度还不高，主要是因为工业工程专业开设了没多少年，加上北方国企比较多。不过相信随着社会的发展，企业会越来越多地关注工业工程专业，所以前景应该也不错。

就目前来说，工业工程专业的工作是比较容易找的，但是最初的工资并不是常人想象中的那么高，随着时间和经验的积累，工资会有很大提升的。

当然，工业工程所涉及的面实在太广，不是几句话就可以概括的。对我来说，选择工业工程专业我是没有后悔的。对于每个考生而言，一定要结合自己的实际情况选适合自己的专业。

# 1208 电子商务类

## 本专业类概况

### 一、各选科组合能报本专业类的比例

该数据反映的是在该专业类的所有高校招生计划中,各科目组合有多少学校能填报。详解见图书使用说明。

| 物理 化学 生物 | 物理 化学 历史 | 物理 化学 地理 | 物理 化学 思想政治 | 物理 生物 历史 |
|---|---|---|---|---|
| 100.0% | 100.0% | 100.0% | 100.0% | 98.6% |
| 物理 生物 地理 | 物理 生物 思想政治 | 物理 历史 地理 | 物理 历史 思想政治 | 物理 地理 思想政治 |
| 98.6% | 98.6% | 98.6% | 98.6% | 98.6% |
| 化学 生物 历史 | 化学 生物 地理 | 化学 生物 思想政治 | 化学 历史 地理 | 化学 历史 思想政治 |
| 87.5% | 87.5% | 87.5% | 87.5% | 87.5% |
| 化学 地理 思想政治 | 生物 历史 地理 | 生物 历史 思想政治 | 生物 地理 思想政治 | 历史 地理 思想政治 |
| 87.5% | 87.5% | 87.5% | 87.5% | 87.5% |

### 二、该专业类的主要专业男女比例及每年大致毕业人数

| 专业类 | 专业代码 | 专业名称 | 各专业年度毕业人数 | 男女比例 |
|---|---|---|---|---|
| 电子商务类 | 120801 | 电子商务 | 36 000~38 000人 | 男40% 女60% |

### 三、本专业类主要考研方向

| 学科门类 | 一级学科 | 研究方向 | 学位授予 |
|---|---|---|---|
| 管理学 | 1202 工商管理学 | 学术硕士 | 可授硕士、博士专业学位 |
| 管理学 | 1251 工商管理 | 专业硕士 | 仅可授硕士专业学位(要求毕业年限) |
| 管理学 | 1253 会计 | 专业硕士 | 可授硕士、博士专业学位 |
| 管理学 | 1256 工程管理 | 专业硕士 | 仅可授硕士专业学位<br>(部分二级学科要求毕业年限) |
| 管理学 | 1257 审计 | 专业硕士 | 可授硕士、博士专业学位 |
| 参考往年可报考二级学科 | | | | |
| 工商管理 | 会计学 | 企业管理 | 旅游管理 | 技术经济及管理 |
| 公共管理 | 会计 | 图书情报 | 审计 | 工程管理 |
| 项目管理 | 工业工程与管理 | 物流工程与管理 | — | — |

## 本专业类重点专业解读

### 120801 电子商务

本人是中山大学电子商务专业毕业的,现在在京东工作,主要负责京东网上商城的电子商务部分,应"金榜事事懂"的邀请,介绍一下电子商务专业。

#### ➢ 专业介绍

专业名称好理解,电子商务是指利用互联网为工具,使买卖双方不谋面进行的交易。比较出名的电商平台有淘宝、阿里巴巴等。电子商务发展得可以说是热火朝天,像京东、淘宝、当当网各类购物网站等自不用说,现在就连海尔、海信都往电子商务方向转移靠拢。在规模较大的城市,现在基本上买瓶酱油都可以直接在网上下订单,然后就会有专人直接给你送上门,连超市都不用去了,由此可见电子商务可以说是无处不在。

不夸张地说,现在如果一个企业不开展电子商务,将来的结果可想而知。换句话说,电子商务专业前景非常广阔,也正是因为如此,近几年全国很多大学都开设了电子商务专业。

#### ➢ 专业方向

虽然开设电子商务专业的大学很多,但电子商务专业在不同大学里的侧重方向有所不同:一些大学注重网络技术、计算机技术,偏向网站设计与程序方向。

还有一些大学会把课程重点放在商务模式上,注重网络营销编辑方向。

电子商务专业在不同学校所在院系也不一样,有的大学会设置在管理学院,有的会设置在信息科学与技术学院,还有的会设置在软件学院。

#### ➢ 学习内容

电子商务专业融合了计算机、经济与管理等各个方面的知识,所以在大学学的内容也比较广泛。

我虽然在京东工作,但对淘宝也做过详细的研究。这里就以淘宝为例说一下。

首先淘宝网本身就是一个网站,所以构建维护这个网站必须学计算机类的课程。

而淘宝这么大一个系统,里面肯定会涉及如何管理。

淘宝又涉及买卖双方的交易,那经济类的知识必不可少。

交易完成后你还得把客户所购商品从卖家送到买家,这就要涉及电子商务、物流等方面的知识。

那淘宝本身怎么会这么出名呢?是因为营销推广做得好,所以要学习营销策划的知识。

但总的来说,大学的课程可以分为以下三大类:

第一,计算机技术类课程:数据库基础(ACCESS)、计算机网络基础及应用、C语言程序设计、网页设计制作、网络数据库。一般来说,电子商务专业不会学习太多技术方面的知识,没有计算机专业学得深入。

第二,经济管理类课程:基础会计、市场营销基础、经济学原理、商务管理、会计电算化。

第三,专业类课程:电子商务概论、电子商务网站策划、建设与维护、电子政务与政府公共管理、网络信息安全,电子商务与现代物流,网络营销等课程。

## ➢ 就业方向

根据周围朋友的情况,结合近几年网络发布的电子商务专业毕业生就业情况看,我个人觉得电子商务专业毕业生的就业方向分为以下几大类。

一、偏技术类的

1. 电子商务平台设计(代表性岗位如网站策划/编辑人员):主要从事电子商务平台规划、网络编程、电子商务平台安全设计等工作。像淘宝就需要大量这样的人员。

2. 电子商务网站设计(代表性岗位如网站设计/开发人员):主要从事电子商务网站的网页设计、数据库建设、程序设计、站点管理与技术维护等工作。像海尔网上商城的建设和管理。

3. 电子商务平台美术设计(代表性岗位如网站美工人员):主要从事平台颜色处理、文字处理、图像处理、视频处理等工作。

偏技术类的工作压力大。

二、偏商务类的

1. 企业网络营销业务(代表性岗位如网络营销人员):主要是利用网站为企业开拓网上业务、网络品牌管理、客户服务等工作。比如"金榜事事懂"的视频主要就是在网络上销售。

2. 电子商务创业:借助电子商务这个平台,自己建网站或者开网店。

三、偏管理类的

1. 电子商务平台综合管理(代表性岗位如电子商务项目经理):这类人才要求既对计算机、网络和社会经济有深刻的认识,同时又具备项目管理能力。

2. 企业电子商务综合管理(代表性岗位如电子商务部门经理):主要从事企业电子商务整体规划、建设、运营和管理等工作。

不同的方向,需要掌握不同的知识和能力。比方说:

1. 对于技术类的岗位,上了大学就得学会网站平台的设计,包括网站开发、编辑与美工。

2. 对于商务类的岗位,要熟悉网站、企业产品、客户服务、信息发布等要素的综合应用。

3. 对于综合管理类的岗位,就需要熟悉计算机与网络、经济学方面的知识,能巧妙地综合实践起来。

## ➢ 现实状况

虽然说电子商务专业现在非常红火,已经进入白热化的竞争时代,企业对该专业人才的需求量也很大,但不得不说开设本专业的学校太多了,很多学校近几年都在开设这个专业。另外,因为电子商务类的工作实践性很强,很多企业都想招有经验的人员,没有经验的几乎是不要的。所以说实话,就这一两年来看,刚毕业的大学生找到非常中意的工作是不容易的。

另外一点是电子商务专业学得比较广,但是没有具体的核心内容、核心课程,大学毕业后不会精通某一方面,也导致在就业上有时候会有些被动。

## ➢ 薪酬状况

电子商务专业的大体薪酬状况还真没法概括,因为它不像机械类、医学类、教育类的专业,大家都知道毕业后基本工资是个什么情况。电子商务专业连具体毕业以后到哪个行业都说不准,因为很多行业可以采用电子商务这种方式,像汽车家电行业能通过电子商务来做部分业务,教育培训行业也能通过电子商务进行网络授课,就连服装、日用品等生产企业也通过网络扩张业务,不同行业的待遇可以说是千差万别。

具体到我们同学就能看出来。像我们班的同学毕业后，有的同学到了海尔，负责海尔网上商城。有的同学去了阿里巴巴。我是到了京东。有的同学负责家具企业的网上家具商城，还有去公务员培训机构负责网络课程推广的。还有同学自己在大学期间就开了网店，现在一个月能挣好几万元。所以差距相当大，具体将来能发展到什么程度只能看你自己的能力了。

最后，需要提醒的是，如果想报这个专业，一定要查看并详细了解不同大学该专业的侧重方向。

# 1209 旅游管理类

## 本专业类概况

### 一、各选科组合能报本专业类的比例

该数据反映的是在该专业类的所有高校招生计划中,各科目组合有多少学校能填报。详解见图书使用说明。

| 物理 化学 生物 | 物理 化学 历史 | 物理 化学 地理 | 物理 化学 思想政治 | 物理 生物 历史 |
|---|---|---|---|---|
| 98.7% | 99.5% | 99.0% | 98.7% | 99.5% |
| 物理 生物 地理 | 物理 生物 思想政治 | 物理 历史 地理 | 物理 历史 思想政治 | 物理 地理 思想政治 |
| 99.0% | 98.7% | 100.0% | 99.5% | 99.0% |
| 化学 生物 历史 | 化学 生物 地理 | 化学 生物 思想政治 | 化学 历史 地理 | 化学 历史 思想政治 |
| 99.5% | 99.0% | 98.7% | 100.0% | 99.5% |
| 化学 地理 思想政治 | 生物 历史 地理 | 生物 历史 思想政治 | 生物 地理 思想政治 | 历史 地理 思想政治 |
| 99.0% | 100.0% | 99.5% | 99.0% | 100.0% |

### 二、该专业类的主要专业男女比例及每年大致毕业人数

| 专业类 | 专业代码 | 专业名称 | 各专业年度毕业人数 | 男女比例 |
|---|---|---|---|---|
| 旅游管理类 | 120901K | 旅游管理 | 38 000～40 000人 | 男23% 女77% |
| 旅游管理类 | 120902 | 酒店管理 | 14 000～16 000人 | 男27% 女73% |
| 旅游管理类 | 120903 | 会展经济与管理 | 5000～6000人 | 男25% 女75% |

### 三、本专业类主要考研方向

| 学科门类 | 一级学科 | 研究方向 | 学位授予 |
|---|---|---|---|
| 管理学 | 1201 管理科学与工程 | 学术硕士 | 可授硕士、博士专业学位 |
| 管理学 | 1251 工商管理 | 专业硕士 | 仅可授硕士专业学位(要求毕业年限) |
| 管理学 | 1252 公共管理 | 专业硕士 | 仅可授硕士专业学位(要求毕业年限) |
| 管理学 | 1253 会计 | 专业硕士 | 可授硕士、博士专业学位 |
| 管理学 | 1254 旅游管理 | 专业硕士 | 仅可授硕士专业学位(要求毕业年限) |
| 管理学 | 1255 图书情报 | 专业硕士 | 仅可授硕士专业学位 |
| 管理学 | 1256 工程管理 | 专业硕士 | 仅可授硕士专业学位(部分二级学科要求毕业年限) |
| 管理学 | 1257 审计 | 专业硕士 | 可授硕士、博士专业学位 |
| 参考往年可报考二级学科 | | | | |
| 管理科学与工程 | 工商管理 | 公共管理 | 会计 | 旅游管理 |
| 图书情报 | 审计 | 工程管理 | 项目管理 | 工业工程与管理 |
| 物流工程与管理 | — | — | — | — |

## 本专业类重点专业解读

### 120901K 旅游管理

本人是中国人民大学旅游管理专业毕业的,应"金榜事事懂"的邀请,介绍一下旅游管理专业。

#### ➢ 专业介绍

早些年当"旅游"二字出现在我们的生活中时,关于旅游的一切便一发不可收拾。电视、网络铺天盖地的旅游类信息;街边旅行社中悠闲询问的人群;小长假时旅游景区内的人头攒动……现在的旅游业是如此火爆,于是在大学里便出现了专门培养旅游类人才的专业——旅游管理。

可能你会觉得旅游管理专业很轻松,能游山玩水,也能学到一些管理知识,学旅游管理专业的人将来可以做个复合型人才。我报志愿的时候也是这么想的,殊不知,现实和理想的差距很大,且听我慢慢道来。

#### ➢ 学习内容

首先说学习内容,现在旅游管理专业已经是管理学的一个重要分支,它是集旅游、餐饮、住宿、地理、历史、咨询集于一身的综合性专业。旅游管理者必须具备丰富的专业知识,主要包括管理学知识、旅游经济学知识、旅游法学知识、旅游地理学知识、旅游历史学知识、旅游文化学知识、旅游规划学知识以及国际旅游学知识等。这就需要有相对应的课程。专业课程主要包括以下六类。

1. 因为专业属于管理类,管理学原理这门课必不可少。本课程主要学习和研究管理学的一般原理,通过本课程的学习,能了解管理的概念、管理的功能、管理的原理、管理的技术和管理实务等。

2. 既然是旅游,旅游学概论这门课是重中之重。本课程对旅游学的研究内容进行了系统、深入的阐述,通过学习能了解旅游及旅游业的基本概念,其内容包括:旅游发展史、现代旅游状况、旅游者、旅游资源、旅游业的概念、旅游客源、旅游的作用等。

3. 旅游市场学。本课程让学生了解旅游市场学的基本理论和各种市场吸引策略。其内容包括:旅游市场学的研究对象和方法、旅游市场细分和旅游目标市场的选择、旅游市场调查研究与预测、旅游市场规划和营销组合、旅游产品策略、旅游价格策略、旅游销售渠道、旅游宣传策略等。

4. 旅游经济学。通过本课程的学习,让学生了解旅游经济的发展和基本特点。主要内容包括:旅游需求与供给、旅游价格与市场、旅游消费与收入以及旅游经济效益等。

5. 旅游地理、商务礼仪、旅游会计学等课也要学。

6. 从事旅游管理专业还必须熟练掌握英语,因为管理者在工作中会经常处理英文的文件,也经常会和一些外国人打交道,而且很多旅游企业的招聘面试是全英文的,英语好的人就会很占优势。

实习方面,旅游管理专业还注重理论和实践相结合,我们上学时每年都会安排相应的专业实操,到著名的旅行社进行专业见习。

#### ➢ 就业方向

旅游管理专业的毕业生理论上可以到旅游行政管理部门、旅行社、旅游景区、旅游咨询公司、旅游电子商务企业、旅游规划策划机构、主题公园和企业从事管理工作。具体理论上的就业岗位主要包括以下十一种。

1. 旅游行政管理部门。旅游行政管理部门就业要通过考取公务员的方式,就业单位包括各省市地县旅游局及其附属企事业单位。

2. 旅行社。旅行社各职能部门分为:业务部、计调部、接待部、导游部、外联部、财务部等。

(1)业务部:负责旅行社产品的营销策划、招徕组团、地接等旅行社业务以及会议、中小型展览的组织营销业务;主要有经理、助理、文秘、组团、地接等职位。

(2)计调部:具体操作旅行社业务,包括设计旅游线路及报价等。

(3)接待部:接待来咨询的客人及来访的其他人员。

(4)导游部:安排导游带团,导游人员需有导游证。

(5)外联部:旅行社在外地的代言人,经常到其他城市宣传该旅行社等。

(6)财务部:负责旅行社所有资金运作,工作人员需有一定的财会知识。

3. 旅游咨询公司。主要业务包括出境旅游咨询、国内旅游咨询、旅游中介、商务考察咨询、移民及留学咨询、代订全国各地酒店、代订旅游(商务)用车、会议会展、旅游顾问、导游培训服务等。

4. 旅游电子商务企业。旅游业被认为是对互联网敏感度最强的产业之一,与金融、软件和网上书店一起被称为最适合在网上经营的四大行业,由此可见,旅游电子商务企业发展前景看好。旅游电子商务企业主要业务范围包括提供旅游信息,预订酒店、机票、旅行线路及商旅实用信息查询检索等。国内比较知名的旅游电子商务企业有携程旅行网和艺龙旅行网等。

5. 旅游规划策划机构。旅游管理专业的毕业生可从事旅游规划与策划。旅游规划策划机构主要包括旅游业发展规划、旅游景区规划、旅游策划等业务。

6. 旅游营销策划企业。近年新兴的旅游营销策划企业,是从原旅行社业务部的营销策划工作延展扩大成为独立旅游市场的营销策划企业,是旅游产业发展过程中企业通过重新分工产生的旅游新行业。业务包括旅游景区、大型旅游演出、大型旅游活动、旅游线路以及旅游目的地的市场营销策划。近年来,一些旅游大型产品在市场中的火爆与旅游营销策划企业的操作不无关系。

7. 旅游景区。旅游管理专业的毕业生可从事旅游景区的经营和管理工作。旅游景区已经成为我国旅游业的半壁江山。这些景区遍布全国各地,任何一类旅游景区都是一条就业出路。如此众多的旅游景区为旅游与休闲管理专业就业创造了良好的机会。

8. 主题公园。旅游管理专业的毕业生可从事主题公园的经营和管理工作。主题公园分为乐园型、民俗型、历史型、浓缩景观型、科技型等类型。乐园型的有欢乐谷、海洋世界、冰雪大世界等;民俗型的有民俗文化村、民族文化村等;历史型诸如杭州的宋城、无锡的唐城、三国城,广西的乐满地、世外桃源等;浓缩景观型比如深圳的世界之窗、锦绣中华等;科技型比如恐龙馆、航宇科普中心等。

9. 旅游、休闲俱乐部。毕业生可从事诸如高尔夫俱乐部、健身俱乐部、攀岩俱乐部、沙滩浴场、沙漠滑沙俱乐部等行业的经营和管理工作,除此之外还有酒吧、KTV等娱乐场所的经营和管理。除上述传统的俱乐部外,一些大中城市或旅游目的地也出现了中小型的适应当前休闲消费发展的俱乐部、"屋"、"吧"等,如陶艺俱乐部(陶吧)、蜡染吧、钓鱼俱乐部、烹饪俱乐部等。

10. 旅游度假村。旅游度假村是集娱乐、住宿、餐饮、歌舞厅、会议厅、大型停车场于一体的旅游场所,环境优美、设施齐全,是度假休闲旅游的好去处,越来越受到游客的青睐。旅游管理专业毕业生可从事旅游度假村的经营和管理工作。

11. 旅游职业中学、旅游职业中专的教学工作。旅游业的快速发展,导致对旅游基层人才需求越来越多,各地旅游职业中学、旅游职业中专或职业中专、中学的旅游班发展较快,从事旅游中职教育也是旅游本科毕业生不错的就业选择。

> ➢ **就业情况**

上面列举的只是理论上的就业岗位,但是旅游管理专业就业前景真会如旅游行业一样那么火爆吗。我自己给的答案是不一定。的确,上面那些公司岗位都能去,可是挨个分析,却会发现很多尴尬的情况。

尴尬之一:虽然我在旅游局工作,但对绝大多数人来说,考公务员到旅游行政管理部门太难了。看看各省市的公务员招考简章,鲜见有专门招聘旅游管理专业毕业生的单位,这样的形势着实让一心想从事本专业机关事业单位的毕业生头疼和无奈。

尴尬之二:说到旅行社,很多人首先想到导游,想到很赚钱,想到每天游山玩水。导游看似风光,却是无工资、无养老、无医疗的三无职业。你愿意从事这样的职业吗?

尴尬之三:再说旅游策划公司。这类公司的工作内容是给某地、某个景点做规划,比如说给颐和园做旅游策划等,对工作人员大都要求很专业,换句话说它们大都需要建筑人才、环境人才、美工人才等,只要很少量的旅游管理人才。

尴尬之四:就业率走低,转行率高。本来这个专业本科培养的是高素质的旅游管理人才,然而在真正的职场求职中企业不可能让本科毕业生去管理公司,因此本科毕业生只能和中专、大专毕业生在同样的岗位上竞争,所以有部分毕业生坚持了一两年依旧感觉升迁无望,还不如有几年经验的中专生混得好、待遇高,从而黯然离开。

选择旅游管理专业,总的来说有利有弊,具体的判断还得根据你自身情况做决定。

## 120902 酒店管理

本人是酒店管理专业毕业的,曾到新西兰太平洋国际酒店管理学院深造过,现在是上海半岛酒店的人力资源总监,应"金榜事事懂"的邀请,简单介绍一下酒店管理专业。

> ➢ **专业介绍**

现在随便走到一个城市都能看到遍地林立的酒店,为适应酒店业对管理人才的需求,我国许多大学开设了酒店管理专业,来培养高素质的酒店管理人才。

酒店管理专业就是通过熟练掌握现代酒店经营管理的基本知识和服务技能,从而成为从事现代酒店经营管理和接待服务的专门人才。也就是说,学了这个专业毕业之后一般去大中型的星级酒店或高级餐饮企业等从事服务管理工作。

> ➢ **误区说明**

1. 不少人认为酒店管理是伺候人的工作。其实,我们常常看到的服务员、接待员、房务人员等属于酒店的运作部分职务,负责酒店操作层面的工作,即便是非酒店管理专业的毕业生通过培训都可以胜任,完全不需要酒店管理专业的毕业生。

人们看不到的酒店的后台行政部分,才是酒店的强大支柱,这些职务不仅要求从业者熟悉服务标准、服务流程,还要有组织管理能力、经营能力、实操经验。这些酒店行政部的职务,才是酒店管理专业毕业生的就业方向。

此外,负责制定酒店发展方针和营销计划的市场营销部、策划酒店大型活动及接待的宴会部,构建及维护酒店与客户、公众之间良好关系的公关部等部门,都是酒店强大的后台部分,这才是真正酒店管理专业毕业生应该去做的。

2. 很多人认为这个专业是一个吃青春饭的行业，这是有偏见的。其实，这个行业干的时间越久摸得越透，干得越顺手，也就是说干得越久掌握的管理经验越多，以后的路越广。

### ➢ 就业情况

目前，我国酒店的本土管理者基本上都是以前中专、职业技校相关专业的毕业生在从事酒店业务积累经验后从基层提拔上去的，普遍存在理论知识不足的情况。因此，有一定经验的本科毕业生是相当受欢迎的。找一家不错的酒店工作对大学生来说应该是轻而易举的事。

然而现实的情况却不容乐观，以至于许多酒店管理专业毕业生在就业时宁愿暂时失业，也不愿到酒店工作，还有一部分人到酒店工作了一段时间之后就转行了。为什么呢？

第一，从大学生方向看，大学开设酒店管理专业的目的就是为社会培养酒店业的管理人才，因此大学生往往把自己定位为具备酒店管理能力的人才，以为毕业后进入酒店就可以获得管理层岗位。但是根据酒店工作的特点，其管理人员除了需要具备一定的专业理论知识，还要具备熟练的专业技术操作能力、丰富的管理经验等。而大学生往往缺少实际操作能力，无法胜任管理层的工作。为了提高大学生这方面的能力，酒店会安排前来就业的大学生从基层服务员干起。对大学生来说，从管理人才的定位降到现实中的基层服务岗位，从事着简单的体力劳动，这样巨大的落差是很难接受的，再加上朋友、家人方面的压力以及社会上有些人对服务工作的偏见，使不少人放弃酒店的工作。

第二，从酒店方面来看，许多酒店只看眼前利益，在旺季时招徕包括大学毕业生在内的大批人员，只进行简单的培训，把他们当作劳动力来使用，在淡季时把精力投注于削减成本，而不考虑对人员进行培训提升。酒店这种低成本运作的模式导致的后果就是，本来渴望在酒店得到发展并长期为酒店工作的大学生最后也往往选择跳槽了。

### ➢ 学习内容

我们在大学主要学的就是酒店前厅与客房管理、酒店餐饮管理、酒店财务管理、酒店人力资源管理、酒店品牌建设与管理、酒店商务英语、酒店公关礼仪等课程。

要强调一点，如果今后想进星级的酒店必须学好英语，一口流利的英语对于这个行业来说至关重要，它会决定你今后的发展空间和升职进程，当然如果你能多掌握几门外语肯定会有更好的发展。

### ➢ 薪酬状况

大多数选择读酒店管理专业的同学都是被酒店业良好的就业前景所吸引。在众多资料中，职业酒店经理人都被称为"21世纪十大黄金职业"之一。

但事实是否如此呢？实际上相比于其他行业，酒店业的收入其实是呈倒金字塔形的。举个例子，同样是入门级别的职位，酒店业的薪水要远低于财务、金融、IT等行业。但如果能够做到著名连锁酒店的部门总监以上级别，以北京、上海为例，其年收入甚至能到100万元人民币，这样的收入远远高于很多其他行业的高管。

那么，怎么样才能做到这样一个职位呢？答案是：丰富的实践经验＋良好的沟通/学习能力＋良好的知识储备。从一名初级员工到一名总监，大概需要十年的时间，但实践经验往往是最难过的一关。能坚持到最后并领到高薪的人凤毛麟角。绝大多数毕业生头几年都是领着刚够生活的工资。

> 小结

1. 酒店业有一句名言：如果你没有当过服务员，你永远都不知道怎么管理一个服务员。试想，当你拿着大学本科的学位，站在餐饮部为客人服务的时候，你是否能承受如此之大的心理落差？因此，在报专业前，我建议同学们要问自己一个问题："我真的能在大学毕业后的前两年抹开面子承受巨大压力去做个服务员吗？"

2. 另外一点不得不说的就是，现阶段我国很多酒店在进行招聘时缺乏系统规划，缺少合理、公平原则。一些酒店企业在招聘时很注重外表，把好的空缺留给在相貌上有优势的人，我周围朋友中就有很多本来希望通过自己能力来赢得酒店肯定的大学生，结果由于缺少人际关系、相貌平平，在竞争时屡遭不公待遇，从而放弃在酒店行业就业。

3. 当然如果你为自身职业生涯设计了长远规划，有吃苦的心理准备，愿意从基层服务做起，坚信自己通过一段时间的经验积累能闯出名堂，可以尝试着报这个专业。

总之，在报专业前一定要根据自身的情况和就业意向对将要从事行业的实际情况进行充分了解。在此预祝大家报考顺利。

# 120903 会展经济与管理

本人是上海理工大学会展经济与管理专业毕业的，现在是上海国际家具展的招商部经理，应"金榜事事懂"的邀请，简单介绍一下会展经济与管理专业。

> 专业介绍

展览会大家应该都听过，像车展、家具展、酒展、轮胎展等，学了会展经济与管理专业将来就是从事与这些展览会相关的工作。

一个展会主要涉及三类人：主办方、参展商、观众。

主办方就是筹划展会的，展会从头到尾都是由主办方来操作，像策划、推广、招商、邀请观众参观等。主办方就是先找好展馆，然后邀请企业来参展，再邀请观众来看展，努力促成企业和观众的交易。

参展商就是在展馆里展示产品的厂家，在汽车展上如大众、宝马、奥迪等汽车生产厂家；在家具展上如全友、皇朝、曲美等家具厂。

会展经济与管理专业的毕业生主要是到展会的主办方的企业里去工作。比如说在会展企业里从事会展策划、招商、推广、设计、会展营销和会展项目管理等工作。

> 举例详解

为了让你更清楚地明白会展经济与管理专业在大学学什么、将来毕业具体做什么，我就以家具展来详细说下展会的整个流程。

第一，要举办一个家具展，首先你得定好在哪里举办，什么时候举办，同时你得提前找好合适的展馆和场地，这就需要学习会展项目策划与管理等课程。

第二，确定好举办场地和时间后，最主要的就是招商招展了，比如我们招商部就经常去全国各地的各个家具厂家邀请他们来参展。参展商是掏钱的人，来参展的厂家越多我们公司挣得就越多。招商部的人有个很大特点就是要经常出差。

第三，像我们展会每年大概能招到1000多家参展商，那怎么规划场地，怎么分配每个参展商的位置，每个展位应该怎么设计，就需要设计部来规划设计。设计部的人要熟练运用各种制图软件等,要学习展示空间与设计等课程。

第四,招好参展商,没观众来看肯定不行,参展商就是希望更多的人来了解他们展出的产品。这就需要我们的宣传部做推广了,像在报纸上、电视上、网上登广告等。宣传部的人要熟知各类宣传手段,这就要学习会展市场营销、传播学等课程。

第五,展会开展的前几天,参展商就要提前进展馆搭建好展台展位,布置展品,这时就需要懂展位设计和搭建的专业人员。

第六,展会当天,现场每天会有许多人来参观,这就要懂得如何维护现场秩序,让展会有序进行,就需要学习诸如节庆活动策划与管理、会展场馆经营与管理等课程。

第七,另外,因为展会的参展商一般是来自全国各地,甚至有很多是外国的企业想来开拓中国市场的,所以我们会和很多外国人打交道,那会展商务英语也必须得精通。

上面说的这些基本上囊括了展会从开始筹备到展会结束的全过程。

> ### 不同学校侧重点不同

开设会展经济与管理专业的大学不少,各个大学的侧重点有所不同,大体分为以下两大类:

1. 因为会展经济与管理是属于旅游管理大类里的专业,与旅游管理关系相当大,所以有不少大学是在原旅游类专业基础上开设的。像四川大学、北京第二外国语学院、湖南商学院、云南财经大学、湖北经济学院、重庆文理学院、上海师范大学等。

2. 因为会展经济与管理涉及不少设计类的内容,所以有的大学是在原艺术类专业基础上转过来的。如东华大学、三亚学院、上海电影艺术学院、艺术设计学院等。此类大学更多侧重展台与展位的设计。

> ### 就业情况

我个人认为,会展业在我国目前还是一个新兴行业,潜力不小,早期大多数从业者都是半路出家,很少有正规科班出身的。比如说从前做平面设计的,如今改搞会展空间设计;从前做企业管理的,现在从事展会管理等。这就导致了现在国内的会展行业无论是设计、创意还是服务等方面,都与国外发达国家存在很大的差距。

人才的紧缺必然带来较高的回报,今后如果有机会能从事会展方面的工作,薪资待遇是相当可观的。国内的行情一般是如果你能独立策划完成一个展会,收入动辄几十万元,甚至上百万元,不过你得熬几年积累一定的人脉才行。但即使你只是一位普通的会展管理员工,薪水也不低。像从事招商工作的还有很多的出差补贴和奖金等,比如招到一个参展商就会有一部分提成。

> ### 就业方向

1. 这个专业毕业后最主要的就业方向就是到展会主办方,从事会展策划、公关、设计、制作、现场运营管理工作。

2. 当然还有一部分可以到与会展相关的服务类公司,比如展台设计公司、展台搭建公司等。

3. 还有人到参展商企业工作,因为有些很大的参展商企业会经常性地参加各类展会,他们需要专业的懂展会的人员来专门进行管理。到公司后可以从事企业参展策划、会展设计、广告推广工作等。

4. 当然也可以去一些政府机构、会展行业协会和会展专业组织,从事会展调研、行业规划、研究与管理工作。

希望能给大家的志愿填报带来一点帮助。祝报考顺利。